PENAS MÁXIMAS NO PROCESSO ADMINISTRATIVO DISCIPLINAR

Uma visão neoconstitucionalista do
poder vinculado da Administração Pública

ANTONIO CARLOS ALENCAR CARVALHO

Advogado em Brasília-DF há 27 anos. Subprocurador-Geral do Distrito Federal, integrante da carreira desde 1996. Mestre em direito constitucional pelo Instituto Brasiliense de Direito Público (IDP). Especialista em Direito Público pelo IDP. Autor do livro Manual de processo administrativo disciplinar e sindicância: à luz da jurisprudência dos tribunais e da casuística da Administração Pública (8. ed., Editora Fórum, 2024).

https://alencarcarvalho.adv.br/
Instagram: Advogado Antonio Carlos Alencar Carvalho;
Facebook: Antonio Carlos Alencar Carvalho Advogado;
E-mail: antoniocarlos.direito@yahoo.com.br / antoniocarlos.direito@gmail.com

PENAS MÁXIMAS NO PROCESSO ADMINISTRATIVO DISCIPLINAR

Uma visão neoconstitucionalista do poder vinculado da Administração Pública

2ª edição revista, atualizada e ampliada

De acordo com a Lei de Introdução às Normas do Direito Brasileiro (LINDB)

Prefácio da 1ª edição
Paulo Gustavo Gonet Branco

Belo Horizonte

2024

© 2016 Editora Fórum Ltda.
2024 2ª edição

É proibida a reprodução total ou parcial desta obra, por qualquer meio eletrônico, inclusive por processos xerográficos, sem autorização expressa do Editor.

Conselho Editorial

Adilson Abreu Dallari
Alécia Paolucci Nogueira Bicalho
Alexandre Coutinho Pagliarini
André Ramos Tavares
Carlos Ayres Britto
Carlos Mário da Silva Velloso
Cármen Lúcia Antunes Rocha
Cesar Augusto Guimarães Pereira
Clovis Beznos
Cristiana Fortini
Dinorá Adelaide Musetti Grotti
Diogo de Figueiredo Moreira Neto (in memoriam)
Egon Bockmann Moreira
Emerson Gabardo
Fabrício Motta
Fernando Rossi
Flávio Henrique Unes Pereira

Floriano de Azevedo Marques Neto
Gustavo Justino de Oliveira
Inês Virgínia Prado Soares
Jorge Ulisses Jacoby Fernandes
Juarez Freitas
Luciano Ferraz
Lúcio Delfino
Marcia Carla Pereira Ribeiro
Márcio Cammarosano
Marcos Ehrhardt Jr.
Maria Sylvia Zanella Di Pietro
Ney José de Freitas
Oswaldo Othon de Pontes Saraiva Filho
Paulo Modesto
Romeu Felipe Bacellar Filho
Sérgio Guerra
Walber de Moura Agra

FÓRUM
CONHECIMENTO JURÍDICO

Luís Cláudio Rodrigues Ferreira
Presidente e Editor

Coordenação editorial: Leonardo Eustáquio Siqueira Araújo
Aline Sobreira de Oliveira

Rua Paulo Ribeiro Bastos, 211 – Jardim Atlântico – CEP 31710-430
Belo Horizonte – Minas Gerais – Tel.: (31) 99412.0131
www.editoraforum.com.br – editoraforum@editoraforum.com.br

Técnica. Empenho. Zelo. Esses foram alguns dos cuidados aplicados na edição desta obra. No entanto, podem ocorrer erros de impressão, digitação ou mesmo restar alguma dúvida conceitual. Caso se constate algo assim, solicitamos a gentileza de nos comunicar através do e-mail editorial@editoraforum.com.br para que possamos esclarecer, no que couber. A sua contribuição é muito importante para mantermos a excelência editorial. A Editora Fórum agradece a sua contribuição.

Dados Internacionais de Catalogação na Publicação (CIP) de acordo com ISBD

C331p	Carvalho, Antonio Carlos Alencar Penas máximas no processo administrativo disciplinar: uma visão neoconstitucionalista do poder vinculado da Administração Pública – 2. ed. – / Antonio Carlos Alencar Carvalho. Belo Horizonte: Fórum, 2024. 548 p. 14,5x21,5cm ISBN 978-65-5518-640-6 1. Processo administrativo disciplinar. 2. Direito administrativo disciplinar. 3. Responsabilidade disciplinar dos servidores públicos. 4. Regime disciplinar dos servidores públicos. 5. Penas disciplinares contra servidores públicos efetivos. 6. Demissão, cassação de aposentadoria/disponibilidade. I. Título. CDD: 342 CDU: 342

Ficha catalográfica elaborada por Lissandra Ruas Lima – CRB/6 – 2851

Informação bibliográfica deste livro, conforme a NBR 6023:2018 da Associação Brasileira de Normas Técnicas (ABNT):

CARVALHO, Antonio Carlos Alencar. *Penas máximas no processo administrativo disciplinar*: uma visão neoconstitucionalista do poder vinculado da Administração Pública. 2. ed. Belo Horizonte: Fórum, 2024. 548 p. ISBN 978-65-5518-640-6.

Para os meus inesquecíveis pais, José Luiz Carvalho e Milena Alencar Carvalho (*in memoriam*).
Para Milena e Aline.
Para minhas irmãs e para Antonio Filho.

"A misericórdia e a verdade se encontraram; a justiça e a paz se beijaram. A verdade brotará da terra, e a justiça olhará desde os céus."
(Salmos 85:10-11)

SUMÁRIO

PREFÁCIO DA 2ª EDIÇÃO 15

PREFÁCIO DA 1ª EDIÇÃO
Paulo Gustavo Gonet Branco 21

INTRODUÇÃO 25

CAPÍTULO 1
A CRISE DO POSITIVISMO EXEGÉTICO E DA SUBSUNÇÃO E O ADVENTO DO NEOCONSTITUCIONALISMO 45

1.1 Crise do positivismo exegético e do método da subsunção 48

1.2 Importância dos princípios na aplicação do direito e papel criativo (argumentativo) do intérprete – Crise da subsunção 72

1.3 O paradigma do neoconstitucionalismo 77

1.4 A constitucionalização do direito como fundamento do neoconstitucionalismo: a eficácia irradiante dos direitos fundamentais e seu significado 83

1.5 A existência de limites materiais ao direito: a positivação da moral incorporada nos direitos fundamentais 93

1.6 Uma nova vista sobre a prática do direito em função do neoconstitucionalismo 99

1.7 Constitucionalização do direito administrativo e consequências 106

1.8 Princípio da juridicidade da Administração Pública 111

CAPÍTULO 2
O VELHO MODELO DE FUNDO AUTORITÁRIO DO DIREITO ADMINISTRATIVO E A NECESSIDADE DE CONSTITUCIONALIZAÇÃO DE SEUS INSTITUTOS 115

2.1 Antiga feição autoritária do direito administrativo 115

2.2 O novo modelo constitucional: a primazia do ser humano no direito administrativo 124

2.3	Mudança de paradigma do modelo autoritário clássico para uma nova concepção do Estado: o exemplo do procedimento como técnica de decisão e os limites à autotutela da Administração Pública	127
2.4	Reflexos da dimensão humanista do direito administrativo e da importância do cidadão na anulação de atos administrativos	133
2.4.1	Reflexos da dimensão humanista do direito administrativo e da importância do cidadão: direito ao recurso hierárquico contra penas disciplinares impostas por autoridades administrativas com competência julgadora delegada	134
2.4.2	Reflexos da dimensão humanista do direito administrativo e da importância do cidadão: limites à revisão do processo administrativo disciplinar e à anulação de penas disciplinares menos graves para imposição de penalidade mais severa	135
2.4.3	Reflexos da dimensão humanista do direito administrativo e da importância do cidadão: a Lei de Abuso de Autoridade e a coibição do exercício persecutório ou sem justa causa do poder disciplinar da Administração Pública...	139

CAPÍTULO 3
A POSSIBILIDADE DE AFASTAMENTO DE REGRAS NA APLICAÇÃO DO DIREITO 141

3.1	A superação da hegemonia absoluta das regras	141
3.1.1	Ainda mais marcos teóricos acerca da ponderação e afastamento de regras nos casos concretos administrativos	146
3.2	Afastamento de regra por força de um princípio contrário (Alexy): o paralelo requisito da coerência no direito (Dworkin)	170
3.3	Flexibilização do princípio da legalidade	178
3.4	A aplicação do direito se define no caso concreto, não de antemão meramente pelo dispositivo: texto do dispositivo não se confunde com a norma – A relevância da facticidade	182
3.4.1	Repercussões da Lei de Introdução às Normas do Direito Brasileiro sobre o poder disciplinar: abrangência da lei no direito administrativo	192
3.4.1.1	A Lei de Introdução às Normas do Direito Brasileiro e as soluções jurídicas formuladas em valores abstratos ou fórmulas genéricas...	193
3.4.1.2	A Lei de Introdução às Normas do Direito Brasileiro e a proscrição de resposta única e absoluta/a priori determinada na interpretação legal (confronto com a Súmula nº 650/STJ)	196
3.4.1.3	A Lei de Introdução às Normas do Direito Brasileiro e a consideração de alternativas decisórias...	199

3.4.1.4	A Lei de Introdução às Normas do Direito Brasileiro e a proporcionalidade das penas administrativas e disciplinares....	200
3.4.1.5	A Lei de Introdução às Normas do Direito Brasileiro e a visão consequencialista das decisões administrativas............................	203
3.4.1.6	A Lei de Introdução às Normas do Direito Brasileiro e a obrigatória consideração da facticidade/realidade na aplicação do direito administrativo..	206
3.4.1.7	A Lei de Introdução às Normas do Direito Brasileiro e a individualização da pena no processo administrativo.................	212
3.4.1.8	Conclusões sobre os efeitos da Lei de Introdução às Normas do Direito Brasileiro no exercício do poder disciplinar da Administração Pública e na aplicação de penas máximas no processo administrativo disciplinar...	216
3.5	A referência teórica do princípio da primazia da materialidade subjacente no direito luso..	220

CAPÍTULO 4
PODER DISCIPLINAR VINCULADO CONTRA SERVIDORES PÚBLICOS – CONCEITOS FUNDAMENTAIS E REVISÕES À LUZ DA CONSTITUCIONALIZAÇÃO DO DIREITO ADMINISTRATIVO............ 229

4.1	Servidores públicos	229
4.2	Noção e fins do direito administrativo disciplinar (ou direito disciplinário)..	241
4.3	Conceito e fundamento do poder disciplinar...................................	243
4.4	Caráter sancionatório e fins do poder disciplinar............................	245
4.5	Relação estatutária do Estado com seus servidores ocupantes de cargos efetivos...	246
4.6	Conceito e densidade normativa do regime disciplinar dos servidores públicos...	247
4.7	Reserva legal para dispor sobre o regime disciplinar dos servidores públicos...	250
4.8	Ilícito administrativo ou infração disciplinar	251
4.9	Sanções jurídicas e sanções disciplinares..	253
4.10	Noção tradicional (mais antiga/pré-constitucionalizada) do poder vinculado no direito administrativo..	254
4.11	Função protetiva do cidadão no poder vinculado da Administração Pública: crise ou releitura do conceito de vinculação – A repercussão da constitucionalização do direito administrativo e do princípio da juridicidade sobre o instituto.	258
4.12	Tipicidade das infrações disciplinares passíveis de penas máximas como decorrência do princípio constitucional da segurança jurídica e da legalidade...	303

4.13 Mais considerações em torno da perspectiva garantista da previsão legal das infrações mais graves em tipos disciplinares ... 318

CAPÍTULO 5
PRINCÍPIOS DA RAZOABILIDADE, PROPORCIONALIDADE E INDIVIDUALIZAÇÃO DA PENA E VALORES CONSTITUCIONAIS E DIREITOS FUNDAMENTAIS COMO MECANISMOS DE CONTROLE DO PODER DISCIPLINAR VINCULADO NA IMPOSIÇÃO DE PENAS MÁXIMAS – CONTEÚDO, EXEMPLOS E JURISPRUDÊNCIA 327

5.1 Conteúdo e fundamentos do princípio da individualização da pena disciplinar segundo a doutrina pátria e estrangeira e a Lei federal nº 8.112/1990 e a Constituição Federal de 1988 327

5.1.1 Parâmetros para a individualização da pena no processo administrativo disciplinar 344

5.1.2 Combinação do princípio da individualização da pena com o princípio da motivação das decisões administrativas e a desigualação de situações distintas como decorrência do princípio constitucional da igualdade 350

5.2 A aplicação do princípio da individualização da pena pela jurisprudência para controle jurisdicional sobre atos disciplinares vinculados cominadores de penas máximas 356

5.3 Conteúdo e fundamentos do princípio da proporcionalidade segundo a doutrina e legislação 364

5.4 Aplicação do princípio da proporcionalidade pela jurisprudência e pela doutrina no controle do poder disciplinar vinculado 369

5.5 Conteúdo e exemplos de controle jurisdicional sob a ótica do princípio da razoabilidade 373

5.6 Valores constitucionais e direitos fundamentais a serem observados no exercício do poder disciplinar vinculado 386

5.6.1 Valor e princípio constitucional de acesso amplo aos cargos públicos (e permanência neles) e efeitos danosos das penas disciplinares máximas a direitos sociais fundamentais dos servidores estatais (direito de proteção de idosos, previdência social/aposentadoria, busca da felicidade, sustento da família). 391

5.6.2 Valor constitucional do trabalho como direito social do servidor público 413

5.6.3 Valor constitucional da carreira que deve ser ponderado no caso de aplicação de penas máximas 420

5.6.4 Estabilidade como princípio constitucional que deve ser ponderado no caso de aplicação de penas máximas: sua conexão com o interesse coletivo/da sociedade numa Administração Pública imparcial/impessoal e proba 432

5.6.5	Direito de proteção da honra do servidor...	443
5.7	Exemplos de situações que permitem afastar a regra (solução decisória legislativa abstrata) da pena disciplinar máxima, a despeito do enquadramento formal dos fatos no art. 132, da Lei federal nº 8.112/1990, em razão da facticidade do caso.........	455
5.8	Crítica à Súmula nº 650/Superior Tribunal de Justiça.................	474

CONCLUSÃO 523

REFERÊNCIAS... 533

PREFÁCIO DA 2ª EDIÇÃO

O presente livro é resultado de dissertação de mestrado apresentada e aprovada perante o Instituto Brasiliense de Direito Público, originalmente com o título "O exercício do poder disciplinar vinculado na aplicação de penas máximas a servidores públicos: uma releitura à luz do paradigma do neoconstitucionalismo e da constitucionalização do direito administrativo".

A justificativa da pesquisa derivou da perplexidade de ver, na Administração Pública e na esfera do controle jurisdicional dos atos administrativos, sob pretexto do exercício (de matriz positivista) de poder vinculado no direito administrativo, uma simplista aplicação indiscriminada de penas máximas em processos administrativos disciplinares, sem maior rigor de consideração da facticidade presente, das consequências da medida sancionadora mais grave sobre a pessoa do servidor público efetivo ou do aposentado, nem sequer a reflexão sobre direitos fundamentais atingidos.

Passados mais de 6 anos desde a publicação da 1ª edição desta obra, esgotada por seu largo acolhimento no mercado editorial jurídico, persiste e se agudiza a notável importância do tema da interpretação/aplicação do poder vinculado da Administração Pública na aplicação de penas disciplinares máximas aos servidores públicos efetivos (cassação de aposentadoria, demissão e cassação de disponibilidade, no regime da Lei federal nº 8.112/1990).

O direito administrativo, particularmente o regime disciplinar do funcionariado estatal, ainda reclama o repensar de seus velhos/ tradicionais institutos sob o influxo da constitucionalização, da eficácia irradiante dos direitos fundamentais e da normatividade dos pertinentes princípios constitucionais implícitos (razoabilidade, justiça, proporcionalidade) e explícitos (individualização da pena, igualdade).

O presente estudo expressa sua indisputável relevância porque desenvolve abordagem igualmente necessária (não suficientemente discutida/analisada na dogmática jusadministrativista nem na jurisprudência dos Tribunais) sobre a imperiosa aplicação, no complexo/amplo juízo acerca da inflição de penas máximas no processo administrativo disciplinar (cassação de aposentadoria, demissão e cassação de disponibilidade, art. 132, I a XIII, e art. 134, Lei federal nº 8.112/1990), dos valores constitucionais consagrados na Constituição Federal de 1988 quanto ao pessoal permanente da Administração Pública (servidores em atividade e aposentados): carreira, estabilidade, direito de acesso e permanência nos cargos efetivos (com a proteção do processo administrativo disciplinar contra a perda arbitrária do posto), direito social ao trabalho, proteção da honra/reputação/bom nome, direito à previdência social, sustento da família, direito de buscar a felicidade/dignidade da pessoa humana etc.).

Mais, não bastasse o largo leque de assuntos envolvidos nos precedentes tópicos e que requisitam prudente e sólida consideração dos juristas/aplicadores do direito, a temática do exercício do poder disciplinar sobre os servidores públicos efetivos (imposição de penas máximas na Administração Pública) sofreu muitos reflexos da superveniente Lei de Introdução às Normas do Direito Brasileiro – LINDB, a qual veiculou (arts. 20 a 23) também uma série de regras de interpretação e aplicação do direito administrativo, entre as quais merecem destaque:

a) a consideração da facticidade;
b) a vedação de resposta única do administrador público;
c) a coibição de solução decisória embasada em fórmulas abstratas;
d) a superação do mito da onipotência do legislador;
e) o dever de motivação ampla e consequencialista dos atos administrativos sancionadores;
f) o juízo de necessidade e adequação e proporcionalidade em sentido estrito da decisão;
g) a individualização das penas administrativas.

Esses diversos e fundamentais postulados legislativos, todavia, não receberam até o momento uma elucidativa e devida atenção/reflexão, na casuística da Administração Pública e na jurisprudência do controle jurisdicional, sobre os efeitos que devem produzir no julgamento com penas máximas (em face do antigo entendimento do poder vinculado de grau absoluto ou de inarredável vinculação da autoridade julgadora em todos os casos), no processo administrativo disciplinar contra servidores públicos efetivos, considerado o modelo do Estatuto do Funcionalismo da União (Lei federal nº 8.112/1990, interpretação de seu art. 132, I a XIII, e art. 134, combinado com art. 128, da Lei federal nº 8.112/1990) referência nacional.

Suscitam-se, nesta larga pesquisa legislativa, jurisprudencial e doutrinária no direito administrativo estrangeiro (francês, português, espanhol) e brasileiro, questões de altíssima expressão na atualidade:

a) a constitucionalização do direito administrativo repercute (e como) no repensar do positivista poder vinculado de aplicação de penas máximas no processo administrativo disciplinar contra servidores públicos? A vinculação da autoridade administrativa julgadora, nesse particular, é absoluta ou pode ser relativizada – e sob quais circunstâncias e justificativas/fundamentos jurídicos se pode deixar de aplicar uma regra como a do art. 132, ou art. 134, da Lei federal nº 8.112/1990?

b) a autoridade administrativa está obrigada a aplicar penalidades máximas em todos os casos, invariavelmente, uma vez que os fatos sejam enquadrados em preceitos legais a que em tese cominadas sanções disciplinares mais graves (regra do art. 132, I a XIII, e art. 134, Lei federal nº 8.112/1990)? A resposta decisória única (reprimenda máxima imposta em todos os casos) confronta-se com as regras da Lei de Introdução às Normas do Direito Brasileiro – LINDB? Ou persiste a obrigatoriedade inarredável do dogma da inflição de penas mais severas por meio de subsunção como mecanismo decisório inarredável, sempre, implementado a título de fórmula abstrata (solução que não se importa com a facticidade nem as peculiaridades do caso concreto), determinada por um legislador onipotente?

c) a expressa e exaustiva descrição (TIPICIDADE), no Estatuto dos Servidores Públicos, das condutas classificáveis como infrações disciplinares graves, passíveis de penalidades máximas, foi instituída pelo legislador com o propósito de obrigar a autoridade administrativa a sempre/inarredavelmente demitir, cassar a aposentadoria ou a disponibilidade dos disciplinados, depois da tipificação dos fatos em uma das hipóteses do art. 132, I a XIII, e art. 134, Lei federal nº 8.112/1990?

c.1) ou a própria vinculação da autoridade administrativa, bem como a tipicidade dos comportamentos dos servidores públicos sujeitos a sanções mais severas (no sentido de que os funcionários estatais não podem perder o cargo nem a aposentadoria/disponibilidade em situações outras não previstas legalmente), foram estabelecidas pelo legislador como garantia dos servidores públicos (ferramenta de segurança jurídica) contra os históricos abusos que a discricionariedade ampla sempre demonstrou na aplicação do direito administrativo disciplinar? Tratando-se de normas favoráveis aos agentes públicos, em vista de preservá-los no cargo permanente (salvo nas situações constitucionais e legais de perda do posto ou da aposentadoria/disponibilidade), a hermenêutica do direito pugna por que sejam interpretadas contra aqueles que a regra legal visou a proteger?

d) afigura-se pertinente a interpretação sistemática da Lei federal nº 8.112/1990 (art. 132, I a XIII, e art. 134, c.c. art. 128) para que a autoridade administrativa resolva sobre a aplicação de pena disciplinar menos grave do que a sanção máxima, se justificado no caso pelos parâmetros/circunstâncias específicos da situação vertente?

d.1) ou é acertada/constitucional a exegese de que as regras de adequação/justa medida sobre aplicação de penas disciplinares (Lei federal nº 8.112/1990, art. 128) somente poderiam ser observadas em caso de penalidade de suspensão? Os princípios da proporcionalidade, da razoabilidade, da justiça, da individualização da pena, da igualdade não devem ser ponderados na inflição de penas máximas de demissão, cassação de aposentadoria ou cassação de disponibilidade, ainda que o texto do aludido dispositivo legal se refira à aplicação de penalidades, no plural?

e) a superveniente e, *data venia*, retrógrada Súmula nº 650/Superior Tribunal de Justiça (tese que, regredindo na melhor jurisprudência da Corte, adota o criticado mito da resposta decisória única e da onipotência da solução abstrata do legislador, obrigatória em todos os casos, e que ignora a realidade/contexto de cada situação – poder vinculado absoluto na imposição de reprimendas disciplinares mais graves invariavelmente) –, é conforme à Constituição Federal e à Lei de Introdução às Normas do Direito Brasileiro – LINDB? Trata-se de compreensão que se afina ou colide com a majoritária doutrina do direito administrativo brasileiro e estrangeiro?

f) o controle jurisdicional nos Tribunais pátrios, no Supremo Tribunal Federal e no âmbito de competência do Conselho Nacional de Justiça, tem manejado os princípios da razoabilidade/justiça, proporcionalidade, individualização da pena para admitir solução decisória adequada ao caso concreto, ainda que, em princípio, os fatos se ajustem aos preceitos legais que cominam penalidades mais graves para a conduta?

Portanto, o livro enfrenta, com exaustivo marco teórico dogmático no direito administrativo brasileiro e alienígena, acesas discussões/reflexões em assuntos dos mais essenciais para a Administração Pública e a sociedade (poder vinculado no processo administrativo disciplinar/inflição de penas máximas para os funcionários concursados), já que o exercício imparcial, probo, eficiente, com independência, das funções estatais por pessoal permanente interessa a todos os cidadãos e contribuintes, os quais esperam que o funcionamento das atividades dos órgãos do Estado se paute pelo interesse público e legalidade/moralidade, para o que concorrem, com vigor, as garantias constitucionais dos servidores públicos efetivos contra a vulnerabilidade de intimidação da perda arbitrária dos postos ocupados ou da aposentadoria, por meio de medida discricionária da autoridade administrativa perseguidora, caso não atendam a pretensões escusas de grupos econômicos/partidários ou se não cumpram ordens manifestamente ilegais de hierarcas superiores.

Por conseguinte, trata-se de obra atualíssima e que traz respostas constitucionalizadas para os aplicadores do direito administrativo disciplinar em assuntos difíceis e de esgrimados debates, com arrimo em sólido marco teórico.

O texto foi inteiramente revisto e ampliado, atualizado, com destaques em maiúsculas, para facilitar a leitura/estudo do tema.

Novembro de 2023.

O autor.

PREFÁCIO DA 1ª EDIÇÃO

O modelo de Estado constitucional que acompanhou a democratização da Europa depois da 2ª Guerra Mundial e da América Latina em tempos mais próximos impôs mudanças no pensamento e na prática do direito que, decerto, ainda não foram exploradas na sua totalidade. A absorção pelo Texto Constitucional de valores materiais com as incorporações de concepções morais, frequentemente abertas a disputas de inteligência numa sociedade plural, conduziu a uma revisão do modelo de interpretação do direito, à consciência de que não poucas controvérsias jurídicas demandam uma visão multidisciplinar para a sua melhor abordagem e a admitir que nem todas as normas se aplicam imediata e inexoravelmente pela só verificação na realidade do seu suposto de fato. Acrescente-se ao modelo o prestígio máximo da Constituição no ordenamento jurídico, com a sua eficácia assegurada por instituições concebidas para que prevaleça a disposição constitucional sobre a de qualquer dos poderes do Estado. Tem-se, então, aí delineados os fatores centrais informadores do que, à falta de nome melhor, se tem chamado de *neoconstitucionalismo*.

Como é comum em mudanças de paradigmas, os padrões que chegam não são aplicados nem imediata nem simultaneamente em todos os setores do direito afetados pela renovação do direito constitucional. Por vezes, as balizas que sucedem a antiga perspectiva experimentam atrasos na sua implementação – quer pela resistência oferecida pelo conforto das posições assentadas, quer à conta da desatenção do aplicador e da doutrina.

Não há aí uma peculiaridade exclusiva do nosso ramo do saber. Thomas Kuhn observa que, ao contrário, essa é uma característica marcante das viragens de modelos de conhecimento. Uma nova teoria, diz ele, "nunca ou quase nunca é um mero incremento do que já é conhecido. Sua assimilação requer a reconstrução da teoria precedente e a reavaliação dos fatos anteriores".[1] Expõe que, como

---

[1] KUHN, Thomas. *A estrutura das revoluções científicas*. São Paulo: Perspectiva. 1982. p. 26.

"os novos paradigmas nascem dos antigos, incorporam comumente grande parte do vocabulário e dos aparatos, tanto conceituais como de manipulação, que o paradigma tradicional já empregara". Esclarece que, nessa dinâmica, porém, "dentro do novo paradigma, termos, conceitos e experiências antigos estabelecem novas relações entre si".[1]

A descrição do progresso científico reflete o que também acontece na prática e na teoria do direito, quando os seus lineamentos fundamentais sofrem mudanças radicais. Não obstante a resistência ao novo seja, no âmbito jurídico, minorada pelo caráter impositivo do ordenamento mais recente, a descrição de Kuhn é pertinente, sobretudo onde a superação de aspectos da velha ordem não é explícita. Conosco, ainda, há o elemento adicional e complicador de se ter que aplicar o direito mais moderno no calor dos conflitos sociais, de que a edição das normas mais recentes é apenas um capítulo do drama em curso.

Não surpreende, portanto, que se prossiga, por vezes, analisando novas regras sob o enfoque de princípios vencidos. Não surpreende, tampouco, que a inspiração do novo modo de ver o direito custe a ser conectada a institutos incorporados ao saber intuitivo propiciado pelas ideias reiteradas.

A demonstração disso não sofre de escassez de exemplos. A compreensão de que o núcleo do nosso sistema constitucional em vigor consiste, com acento jamais igualado na nossa história, na máxima proteção da dignidade da pessoa não neutralizou, de modo instantâneo, princípios de outras inspirações, como o da prevalência necessária do interesse público sobre interesse privado e o da estrita vinculação do administrador à literalidade da lei, em tema de punição.

É sobre este último caso que o livro de Antonio Carlos Alencar Carvalho se detém. A indagação básica do texto, que serve de motivo para os acurados exames a que o autor se lança, chama ao debate exatamente as contaminações do antigo no novo. O livro se dedica a apontar o anacronismo da compreensão mecanicista da lei, que torna vinculativa a pena de demissão em certas hipóteses de fato descritas sem minúcias que as tornem casos de sempre indisputável gravidade. O autor reclama para o tratamento do assunto a escala de valores e princípios com que a ordem constitucional em vigor

---

[1] KUHN, Thomas. *A estrutura das revoluções científicas*. São Paulo: Perspectiva. 1982. p. 189.

quer impregnar a Administração Pública. Daí o livro recorrer aos princípios da individualização da pena, à ponderação do poder-dever de punir com situações jusfundamentais protagonizadas pelo servidor investigado e, em especial, ao princípio reitor da dignidade da pessoa, para sustentar uma leitura constitucionalmente adequada do direito disciplinar editado logo às primeiras luzes da ordem de 1988.

O leitor pode concordar ou dissentir das conclusões a que o autor chegou. Não poderá deixar de aceitar, porém, que as suas razões são relevantes e estão persuasivamente concebidas, com apoio em estudada visão da moldura constitucional envolvida, nem sempre posta no plano da atenção direta dos que escrevem a respeito.

Cabe-me, afinal, noticiar ao leitor já animado com a temática e com o seu modo de exposição que o texto básico do livro passou pelo crivo de banca de mestrado do Instituto Brasiliense de Direito Público – IDP, havendo sido aprovado com a recomendação de que fosse dado à imprensa.

Boa leitura!

Paulo Gustavo Gonet Branco
Doutor em Direito. Coordenador do Programa de Mestrado do Instituto Brasiliense de Direito Público – IDP. Membro do Ministério Público Federal.

INTRODUÇÃO

A compreensão histórica do direito administrativo proporciona melhor visão acerca dos seus institutos e do viés autoritário que marca a gênese da disciplina jurídica (e ainda hoje macula a sua casuística, a despeito do destoante avanço doutrinário desse ramo do direito), em cujo âmbito se insere o importante problema do poder vinculado na aplicação de penas máximas (cassação de aposentadoria, demissão e cassação de disponibilidade), na esfera do regime disciplinar dos servidores públicos, considerado o modelo da Lei federal nº 8.112/1990 (Estatuto do Funcionalismo da União) para fins desta obra.

A história do direito administrativo perpassa por uma organização da Administração Pública, no Estado absolutista[1] do modelo francês, moldada por um corpo de funcionários, a serviço do rei,[2] todavia então sob a égide da *irrecorribilidade das decisões reais pelos súditos –*[3] *salvo na esfera da própria Administração Pública do Ancien Régime e para intendentes e conselhos do rei, limitadamente,*[4] num sistema

---

[1] Medauar leciona que, no antigo regime, todo o poder político ou o poder absoluto residia no monarca, que era a lei animada na terra. O que importava era saber a vontade do rei, que permanecia superior às leis (MEDAUAR, Odete. Ato administrativo: origem, concepções, abrangência. *In*: MEDAUAR, Odete; SCHIRATO, Vitor Rhein (Coord.). *Os caminhos do ato administrativo*. São Paulo: Revista dos Tribunais, 2011. p. 16).

[2] No século XVIII, época do despotismo esclarecido, o Estado administrativo conhece um forte incremento, com as políticas de CENTRALIZAÇÃO DO PODER NA CORTE e a consequente CRIAÇÃO DE UM CORPO DE FUNCIONÁRIOS INTEGRADOS NUMA CADEIA DE HIERARQUIAS RÍGIDAS, e com as políticas públicas de direção e intervenção na economia (mercantilismo) ou na cultura (*v.g.*, criação de universidades) (GONÇALVES, Pedro Costa. *Manual de direito administrativo*. Coimbra: Almedina, 2019. v. 1. p. 33-36).

[3] O traço mais antigo e identificador do direito administrativo era a subordinação, que é potencialmente ilimitada, do cidadão ao Estado-poder, segundo Machete (MACHETE, Pedro. *Estado de direito democrático e administração paritária*. Coimbra: Almedina, 2007. p. 448-449.).

[4] Os intendentes (exercentes de atividade de polícia, justiça e finanças) e conselhos reais reforçavam o controle do poder ministerial e do próprio monarca no estado absolutista (confira-se em DURAND, Dominique. *Une histoire de la fonction publique territoriale*. Paris: La

em que OS INTENDENTES (exercentes de atividade de polícia, justiça e finanças, criticada como deletéria, injusta e perniciosa nas comunas francesas)[5] E CONSELHOS REAIS REFORÇAVAM O CONTROLE DO PODER MINISTERIAL E DO PRÓPRIO MONARCA NO ABSOLUTISMO ESTATAL.[6]

Souza[7] explica:

a) o rei, sendo o representante divino na terra, era a única fonte de soberania, com poder ilimitado;
b) era o monarca que criava as leis para todos os súditos respeitarem, sua vontade tinha força de lei e, portanto, a ela não se submetia;
c) a mesma supremacia vigorava na questão de julgamentos, em que o rei era o juiz supremo, não cabendo a ninguém lhe julgar, haja vista que, se o rei era a vontade de Deus na terra e o Estado era o rei, este não poderia errar;
d) cabia ao soberano o poder de exigir obediência e de punir, em caso de descumprimento de suas imposições.[8][9]

Reconhece-se, porém, a origem do direito administrativo,[10] enquanto sistema informado pela proteção dos direitos do cidadão

---

Dispute, 2004. p. 34; ou ainda em: DRÉVILLON, Hervé. *Les rois absolus*: 1629-1715, histoire de France. Paris: Belin, 2014. p. 267).

[5] DURAND, Dominique. *Une histoire de la fonction publique territoriale*. Paris: La Dispute, 2004. p. 34.

[6] DRÉVILLON, Hervé. *Les rois absolus*: 1629-1715, histoire de France. Paris: Belin, 2014. p. 267.

[7] SOUZA, Eduardo Stevanato Pereira de. *Atos administrativos inválidos*. Belo Horizonte: Fórum, 2012. p. 15.

[8] O Estado administrativo do despotismo esclarecido – designado, por influência germânica, Estado de Polícia (*Polizeistaat*), em que "polícia" identifica a ação administrativa no seu conjunto, com exceção do exército e finanças – caracteriza-se pela ausência de uma separação entre justiça e Administração: a Justiça achava-se também confundida com a Administração; e por isso o mesmo senhor da terra a dirigia, nomeando pessoas, que a houvessem de administrar (GONÇALVES, Pedro Costa. *Manual de direito administrativo*. Coimbra: Almedina, 2019. v. 1. p. 33-36).

[9] O monarca, "príncipe iluminado", não se submetia a quaisquer regras externas: O PRÍNCIPE É SENHOR DE DECIDIR ARBITRARIAMENTE O QUE CONVÉM AO BEM PÚBLICO DO ESTADO, EM VIRTUDE DO QUE RESULTAVA A INEXISTÊNCIA DE QUALQUER SISTEMA INDEPENDENTE DE PROTEÇÃO EFETIVA DOS GOVERNADOS CONTRA AS AÇÕES ARBITRÁRIAS DA COROA E DOS SEUS SERVIDORES (GONÇALVES, Pedro Costa. *Manual de direito administrativo*. Coimbra: Almedina, 2019. v. 1. p. 33-36).

[10] Existia uma Administração Pública no Estado absolutista. Como ensina o aclamado professor luso Pedro Costa Gonçalves, a "Administração Pública é uma criação do Estado moderno (século XV) e surge, após a época feudal, associada ao processo de centralização do Poder no monarca e à exigência de instituição de um aparelho de órgãos públicos e um corpo de funcionários e de servidores aos quais o soberano confiava funções públicas, no início, na

em face do Estado (num modelo constitucional de separação de poderes, marcado por um controle judicial dos atos administrativos por tribunais e juízes independentes do chefe do Poder Executivo),[11] nos fins do século XVIII, com a queda do absolutismo monárquico[12] e com o advento da Revolução Francesa,[13] quando se celebra o marco histórico de o Estado passar a se subordinar ao direito (*rule of law*, governo segundo as leis – o Estado de direito – é aquele que se sujeita às próprias normas jurídicas que cria: "O DIREITO ADMINISTRATIVO NASCE QUANDO O PODER ACEITA SUBMETER-SE AO DIREITO"),[14] em face dos efeitos do liberalismo e do mister de limitação do poder do Estado.[15]

O direito administrativo consolidou-se, primordialmente, com os princípios próprios que lhe foram sendo reconhecidos com as decisões do prestigioso CONSELHO DE ESTADO FRANCÊS (órgão inicialmente consultivo, que depois foi investido de competência

---

base de uma relação de confiança pessoal" (GONÇALVES, Pedro Costa. *Manual de direito administrativo*. Coimbra: Almedina, 2019. v. 1. p. 33-34).

[11] Evidente que o Estado de Polícia, anterior à consagração do direito administrativo assegurador de direitos do cidadão contra o Estado, possuía uma organização burocrática dos que serviam ao rei, mas sem a concessão de direitos aos meros súditos. "Parcela da doutrina, acertadamente, aduz que mesmo antes da submissão do poder estatal à ordem jurídica (Estado de Direito), já havia normas administrativas no período medieval, mas que se enquadravam em outros ramos jurídicos, tal como no Direito Civil. Ademais, era possível detectar no Estado Absolutista a presença de um conjunto de normas que regulava as relações do Estado com os particulares. Quanto a esse último, o Direito Administrativo (ou, melhor dizendo, as suas raízes) esgotava-se em uma única regra: um poder ilimitado para o Estado administrar, sem o reconhecimento de direitos aos indivíduos. [...] muito embora se deva admitir que já havia normas jurídicas que disciplinavam as relações entre Estado e indivíduo anteriormente ao Estado de Direito, certo é que a sua sistematização em uma disciplina autônoma do saber só ocorreu após um lento processo de amadurecimento doutrinário e jurisprudencial" (GABARDO, Emerson; HACHEM, Daniel Wunder. O suposto caráter autoritário da supremacia do interesse público e das origens do direito administrativo – Uma crítica da crítica. *In*: BACELLAR FILHO, Romeu Felipe; HACHEM, Daniel Wunder (Coord.). *Direito administrativo e interesse público*: estudos em homenagem ao professor Celso Antônio Bandeira de Mello. Belo Horizonte: Fórum, 2010. p. 183-184).

[12] Medauar leciona que, no antigo regime, todo o poder político ou o poder absoluto residia no monarca, que era a lei animada na terra. O que importava era saber a vontade do rei, que permanecia superior às leis (MEDAUAR, Odete. Ato administrativo: origem, concepções, abrangência. *In*: MEDAUAR, Odete; SCHIRATO, Vitor Rhein (Coord.). *Os caminhos do ato administrativo*. São Paulo: Revista dos Tribunais, 2011. p. 16).

[13] AMARAL, Diogo Freitas do. *Curso de direito administrativo*. 3. ed. Coimbra: Almedina, 2012. v. I. p. 162.

[14] AMARAL, Diogo Freitas do. *Curso de direito administrativo*. 3. ed. Coimbra: Almedina, 2012. v. I. p. 160.

[15] BARROSO, Luís Roberto. *Curso de direito constitucional contemporâneo*: os conceitos fundamentais e a construção do novo modelo. São Paulo: Saraiva, 2009. p. 372-373.

jurisdicional, em 1872),[16] órgão máximo competente para julgar as causas em que o Estado é parte naquele país europeu, visto que, na França, vigora o sistema de contencioso administrativo: os julgados de órgãos administrativos, não integrantes do Poder Judiciário,[17] formam coisa julgada e são INSUSCETÍVEIS DE REVISÃO PELA JUSTIÇA ORDINÁRIA (Edito de 21.2.1641, de Luís XIII,[18] como remarcado na Lei de 16 e 24.10.1790 [art. 13] e no Decreto de 16 de Frutidor),[19] ao contrário do sistema britânico de controle de legalidade dos atos administrativos.[20] [21]

Com efeito, essa peculiaridade do sistema francês resultou da desconfiança dos revolucionários de 1789 com os juízes do Velho Regime Absolutista, o que justificou a restrição e *PROIBIÇÃO DE OS JUÍZES CONHECEREM ASSUNTOS DA ADMINISTRAÇÃO PÚBLICA, OS QUAIS ERAM DA COMPETÊNCIA EXCLUSIVA DA JUSTIÇA ADMINISTRATIVA*, O CONSELHO DO REI, MAIS TARDE O CONSELHO DE ESTADO (que deixou sua matriz original

---

[16] "A organização jurisdicional da França era de certo a melhor preparada para desenvolvimento do direito administrativo e das garantias dos cidadãos, contra as ilegalidades e os 'agravos', cometidos pelo poder público [sic]" (CASIN, René. A recente evolução das jurisdições administrativas na França. Tradução de Honorina Abreu. *Revista do Serviço Público*, p. 42-53, out. 1954. Disponível em: https://revista.enap.gov.br/index.php/RSP/article/view/5682).

[17] Era praxe, no Antigo Regime francês, adotada pelo intendente do rei ou pelo conselho real com o epíteto de EVOCAÇÃO, a medida de subtrair da justiça comum (restrita ao julgamento de casos de interesses entre particulares) os processos em que a Administração seja interessada, entremeados pelo interesse público ou em casos que nasceram da interpretação de um ato administrativo, como nas hipóteses de litígios concernentes a impostos, controle do transporte de mercadorias, veículos de uso público, estradas, navegação fluvial: "É PERANTE TRIBUNAIS ADMINISTRATIVOS QUE SE RESOLVEM TODOS OS PROCESSOS EM QUE A AUTORIDADE PÚBLICA TEM INTERESSE" (TOCQUEVILLE, Alexis de. *O antigo regime e a revolução*. São Paulo: Martins Fontes, 2017. p. 62).

[18] DRÉVILLON, Hervé. *Les rois absolus*: 1629-1715, histoire de France. Paris: Belin, 2014. p. 140.

[19] LANG, Agathe Van; GONDOUIN, Geneviève; BRISSET, Véronique Inseguet. *Dictionnaire de droit administratif*. 7. ed. Paris: Dalloz e Sirey, 2015. p. 263.

[20] É, no ensino do administrativista de Coimbra, prof. Ferreira de Almeida, o chamado SISTEMA ADMINISTRATIVO DE TIPO BRITÂNICO OU DE ADMINISTRAÇÃO JUDICIÁRIA, caracterizado pelo predomínio do costume, de lenta formação ao longo dos séculos, e do papel dos tribunais (PRECEDENTES JUDICIAIS) na definição do direito vigente (SUBORDINAÇÃO DA ADMINISTRAÇÃO AO DIREITO COMUM). TODOS OS ÓRGÃOS E AGENTES DA ADMINISTRAÇÃO PÚBLICA, INCLUSIVE O REI, ESTÃO SUBMETIDOS AO DIREITO COMUM: "os litígios opondo autoridades administrativas e particulares recaem na jurisdição normal desses tribunais (ALMEIDA, Francisco António de M. L. de. *Direito administrativo*. Coimbra: Almedina, 2018. p. 46-47).

[21] O sistema francês destoa do modelo brasileiro, de inspiração inglesa, em que se abraçou o *JUDICIAL REVIEW*: "Nenhuma lesão ou ameaça a direito poderá ser subtraída da apreciação do Poder Judiciário" (art. 5º, XXXV, Constituição Federal de 1988).

de órgão de consulta monárquico/imperial e assumiu, no final do século XIX, função jurisdicional, 1872).

Vigorava e ainda é inerente ao SISTEMA DE JUSTIÇA ADMINISTRATIVA,[22] na França, com o Judiciário como guardião dos direitos fundamentais, sob a égide do princípio da legalidade dos delitos e penas na esfera do direito administrativo francês, o conceito de que *JULGAR A ADMINISTRAÇÃO AINDA É ADMINISTRAR*.[23] [24]

Por isso que se assinala que o direito administrativo é um ramo jurídico de raiz pretoriana. "O Conselho de Estado segregou o Direito Administrativo tal como uma glândula segrega a sua hormona".[25]

O Conselho de Estado francês, com efeito, estabeleceu preceitos consagrados, como o da responsabilidade civil do Estado pelos danos causados por seus agentes nessa qualidade a terceiros; a moralidade administrativa; a doutrina do desvio de poder, entre outros postulados que se converteram em princípios basilares do novel ramo jurídico.[26]

Originário fundamentalmente, em seus cânones, portanto, da França pós-revolucionária liberal do legicentrismo e do positivismo exegético, a dogmática do direito administrativo cuida, tradicionalmente, do conhecido tema do PODER VINCULADO DA ADMINISTRAÇÃO PÚBLICA, especificamente em face da costumeira previsão (tipos em SISTEMA DE INCRIMINAÇÃO

---

[22] "La juridiction administrative bénéficie, en vertu d'un principe fondamental reconnu par les lois de la République", d'une compétence réservée en matière d'annulation et de réformation des actes de puissance publique pris par les autorités administratives, Le Cons. Const, a donc constitué un «noyau dur» de compétence administrative, à valeur constitutionnelle, défini à partir de critères matériels et organiques (LANG, Agathe Van; GONDOUIN, Geneviève; BRISSET, Véronique Inseguet. *Dictionnaire de droit administratif*. 7. ed. Paris: Dalloz e Sirey, 2015. p. 436)

[23] GONÇALVES, Pedro Costa. *Manual de direito administrativo*. Coimbra: Almedina, 2019. v. 1. p. 71.

[24] "Juger L'Administration, c'est encore administrer" (LANG, Agathe Van; GONDOUIN, Geneviève; BRISSET, Véronique Inseguet. *Dictionnaire de droit administratif*. 7. ed. Paris: Dalloz e Sirey, 2015. p. 436)

[25] AMARAL, Diogo Freitas do. *Curso de direito administrativo*. 3. ed. Coimbra: Almedina, 2012. v. I. p. 164.

[26] "Num segundo domínio próprio no direito administrativo, a evolução se caracteriza pela multiplicação de organismos públicos, seja administrativos, seja jurisdicionais, dos quais o Conselho de Estado controla as decisões ilegais de uma maneira cada vez mais rigorosa relativamente a excesso de poder ou como juiz de cassação [sic]" (CASIN, René. A recente evolução das jurisdições administrativas na França. Tradução de Honorina Abreu. *Revista do Serviço Público*, p. 42-53, out. 1954. Disponível em: https://revista.enap.gov.br/index.php/RSP/article/view/5682).

DIRETA[27] ou INDIRETA),[28] [29] nos estatutos do funcionalismo, de comportamentos classificados como infrações graves, determinantes de (acrítica) aplicação (costumeiramente automática) pela autoridade competente de PENAS MÁXIMAS contra os servidores públicos, como a demissão, ou a cassação de aposentadoria ou a cassação de disponibilidade (*vide*, como exemplo, o capitulado nos arts. 132 e 134, da Lei federal nº 8.112/1990, Estatuto dos Servidores Públicos da União),[30] uma vez silogisticamente verificados os motivos de fato descritos na lei.

O problema enfrentado na presente dissertação concerne às seguintes perguntas:

1.a) A costumeira compreensão de que não haveria possibilidade de medida diversa, senão a MECÂNICA/ legalista IMPOSIÇÃO DE SANÇÕES ADMINISTRATIVAS (DISCIPLINARES) EXTREMAS aos servidores do Estado, reclama uma nova interpretação diante da crise do modelo legicentrista do século XIX e do novo paradigma albergado na teoria do direito, em razão do advento do neoconstitucionalismo?

1.b) Como repercute no tema a CONSTITUCIONALIZAÇÃO de todos os ramos jurídicos, inclusive DO DIREITO ADMINISTRATIVO, além da difusão de interpretação

---

[27] SISTEMA DE INCRIMINAÇÃO DIRETA: as infrações disciplinares são previstas em tipos (princípio da tipicidade), que descrevem exaustivamente as ações puníveis – é tendência no caso das infrações disciplinares mais graves, determinantes de sanções máximas.

[28] SISTEMA DE INCRIMINAÇÃO INDIRETA: a lei descreve os deveres exigidos dos agentes da Administração Pública e considera infração disciplinar o descumprimento dessas regras comportamentais ou proibições, sem que se definam, exaustivamente, todas as condutas (tipicidade) ou comportamentos caracterizadores de transgressão funcional. É essencialmente o modelo francês, com exceção de algumas classes de servidores públicos, como militares, Polícia Nacional, Serviço Hospitalar na França.

[29] Constata-se que a ideia antiga, do direito francês, de que AS INFRAÇÕES DISCIPLINARES NÃO CARECERIAM DE PREVISÃO LEGAL (NEM SE LHES APLICARIA A EXIGÊNCIA DE TIPICIDADE COMO NO DIREITO PENAL, SISTEMA DE INCRIMINAÇÃO INDIRETA COM MERA RELAÇÃO DE DEVERES), podendo ser punidas todas as condutas dos servidores que infrinjam deveres funcionais em sentido amplo (sem sequer a enunciação das infrações passíveis de penas mais graves, mas somente com a descrição do rol de penalidades cabíveis – SISTEMA DE INCRIMINAÇÃO INDIRETA) tem cedido terreno para a obrigatoriedade de previsão legal, taxativa, das faltas sujeitas a penalidades de demissão, cassação de aposentadoria ou disponibilidade, em nome do princípio da legalidade (sistema de incriminação direta).

[30] "Art. 132. A demissão será aplicada nos seguintes casos: [...] Art. 134. Será cassada a aposentadoria ou a disponibilidade do inativo que houver praticado, na atividade, falta punível com a demissão" (*vide* ADPF nº 418).

jurídica à luz dos direitos fundamentais e dos princípios e valores incorporados na Constituição Federal de 1988?
2) Como o PRINCÍPIO DA JURIDICIDADE (art. 2º, par. único, I, Lei Federal nº 9.784/1999),[31] como compreensão mais ampla do estrito princípio da legalidade, com a submissão da Administração Pública não apenas à lei ordinária, mas *ao direito como um todo* e logo AOS PRINCÍPIOS JURÍDICOS (como essencialmente normas jurídicas), INCIDE SOBRE O PODER DISCIPLINAR VINCULADO ADMINISTRATIVO?
3) O princípio constitucional da INDIVIDUALIZAÇÃO DA PENA incide (e de que forma) no exercício do poder disciplinar vinculado na aplicação de penalidades máximas?
4.a) É possível desconsiderar que o exercício do poder disciplinar pela Administração Pública lida diretamente com DIREITOS FUNDAMENTAIS DOS SERVIDORES DO ESTADO, como a preservação de sua REPUTAÇÃO PROFISSIONAL, sua MANUTENÇÃO FINANCEIRA E DE SUA FAMÍLIA, *DIREITO À PREVIDÊNCIA SOCIAL, PROTEÇÃO DOS IDOSOS, DIREITO AO TRABALHO, DIREITO DE BUSCAR A FELICIDADE* e *dignidade da pessoa humana*, com a tutela de sua HONRA pessoal, com a PERMANÊNCIA NOS CARGOS (que é reflexo do princípio de amplo acesso aos postos públicos), com a justa expectativa de não sofrer punições desproporcionais, MANIFESTAMENTE DESARRAZOADAS ou não individualizadas?
4.b) Esses valores constitucionais devem ser ponderados na MOTIVAÇÃO DOS ATOS DECISÓRIOS DE PROCESSOS DISCIPLINARES, em caso de análise sobre a aplicação de PENAS MÁXIMAS aos funcionários estatais?
4.c) Esses valores e princípios constitucionais ostentam normatividade? Devem influenciar a motivação e apreciação das consequências da decisão disciplinar sancionadora?

---

[31] "Art. 2º A Administração Pública obedecerá, dentre outros, aos princípios da legalidade, finalidade, motivação, razoabilidade, proporcionalidade, moralidade, ampla defesa, contraditório, segurança jurídica, interesse público e eficiência. Parágrafo único. Nos processos administrativos serão observados, entre outros, os critérios de: I - ATUAÇÃO CONFORME A LEI E O DIREITO; [...]".

5) A vinculação da autoridade julgadora de processos disciplinares, no que tange à vulgarizada imposição da SOLUÇÃO-PADRÃO DE PENAS MÁXIMAS, no que tange aos comportamentos previstos genericamente na lei administrativa (como no caso do art. 132, ou art. 134, da Lei federal nº 8.112/1990), deveria ser compatibilizada e repensada, na mais moderna aplicação prática do direito, com os reflexos dos princípios e valores albergados na Constituição Federal de 1988, inclusive a ESTABILIDADE DOS TITULARES DE CARGO DE PROVIMENTO EFETIVO, O DIREITO À CARREIRA, O DIREITO SOCIAL AO TRABALHO, reputação profissional (HONRA), sua manutenção financeira e de sua família, *direito à PREVIDÊNCIA SOCIAL, proteção dos IDOSOS, direito de BUSCAR A FELICIDADE e dignidade da pessoa humana,* com a PERMANÊNCIA nos cargos?

6.a) Nos julgamentos de processos administrativos disciplinares em que as penas cabíveis para as condutas praticadas constituem, em tese e *a priori*, atos editados sob um poder vinculado, há possibilidade de a autoridade ou órgão decisor aplicar PENA MENOS GRAVE do que a prevista prévia e genericamente no Estatuto dos Servidores Públicos? O poder disciplinar, no contexto da Lei federal nº 8.112/1990, é absoluta ou relativamente (preponderantemente) vinculado?

6.b) O art. 128, da Lei federal nº 8.112/1990,[32] não incide nesses casos, mediante interpretação sistemática?

6.c) Deve haver a mecânica aplicação da regra (arts. 132 e 134, da Lei federal nº 8.112/1990), numa solução única/abstrata, À REVELIA DAS CIRCUNSTÂNCIAS DO CASO CONCRETO (facticidade)? Não há situações em que se justifica temperamento ao exercício mecanizado da competência vinculada?

7.a) As disposições da Lei de Introdução às Normas do Direito Brasileiro – LINDB se aplicam ao direito administrativo

---

[32] "Art. 128. Na aplicação das penalidades serão consideradas a natureza e a gravidade da infração cometida, os danos que dela provierem para o serviço público, as circunstâncias agravantes ou atenuantes e os antecedentes funcionais".

sancionador e ao regime disciplinar do Estatuto dos Servidores Públicos da União? Os preceitos da LINDB (arts. 20 a 22, 23) podem fundamentar o julgamento apenador com reprimenda distinta da máxima (necessidade + adequação + proporcionalidade em sentido estrito), individualizada ao caso?

7.b) De que modo as disposições da LINDB (arts. 20 a 22) acerca de REALISMO/CONTEXTUALIZAÇÃO/FACTICIDADE, PROPORCIONALIDADE, INDIVIDUALIZAÇÃO DA PENA, MOTIVAÇÃO CONSEQUENCIALISTA, exclusão do mito positivista/legalista da RESPOSTA ÚNICA na interpretação/aplicação do direito administrativo, entre outros preceitos, influenciam o processo administrativo disciplinar no modelo da Lei federal nº 8.112/1990 e sobre a exegese dos seus arts. 132 e 134 (penas máximas), inclusive a teor do seu art. 128?

8.a) Na quadra constitucional corrente, o administrador público deve curvar-se ao império absoluto da lei, numa mecânica incidência da vinculação administrativa de fundo positivista exegético, ou, conforme a doutrina, caberia A HIERARQUIZAÇÃO AXIOLÓGICA[33]/ponderação DE OUTROS PRINCÍPIOS CONSTITUCIONAIS explícitos e implícitos (COMO DA RAZOABILIDADE, DA PROPORCIONALIDADE, da INDIVIDUALIZAÇÃO DA PENA, igualdade) sobre o exercício do poder disciplinar, seja vinculado ou discricionário?

8.b) Essa interpretação mais RACIONAL do direito administrativo disciplinar encontra fundamento nos preceptivos da Lei de Introdução às Normas do Direito Brasileiro (arts. 20 a 22)?

---

[33] "Compreender e aplicar o Direito em geral e o Direito Administrativo de modo particular há de ser, antes de mais, sabiamente hierarquizar. Bem por isso, em matéria de controle de juridicidade dos atos administrativos, não há fórmulas acabadas que dispensem a sensatez, a inteligência e a sensibilidade do controlador" (FREITAS, Juarez. *O controle dos atos administrativos e os princípios fundamentais*. 2. ed. rev. e ampl. São Paulo: Malheiros, 1999. p. 28). No particular, parece trilhar a mesma conclusão João Batista Gomes Moreira ao sublinhar que o processo administrativo é um meio de implementação de regras de direito material, prevenindo e minimizando privações incorretas e injustas (MOREIRA, João Batista Gomes. *Direito administrativo*: da rigidez autoritária à flexibilidade democrática. Belo Horizonte: Fórum, 2005. p. 313).

9.a) Em que medida esses princípios constitucionais se refletem sobre o manejo do poder administrativo vinculado?

9.b) A jurisprudência dos Tribunais tem acolhido os PRINCÍPIOS DA PROPORCIONALIDADE, RAZOABILIDADE e INDIVIDUALIZAÇÃO DA PENA como parâmetros de controle da atuação administrativa disciplinária mesmo em casos de vinculação?

9.c) O Supremo Tribunal Federal e o Conselho Nacional de Justiça, ou outros Tribunais, têm invocado/invocaram essa fundamentação em seus julgados, em matéria de regime disciplinar dos servidores públicos efetivos ou quanto a pessoal permanente organizado em regime de carreira?

10) As regras cominadoras de penas máximas sobre o exercício da competência disciplinar vinculada podem ceder diante de valores constitucionais e de princípios constitucionais implícitos e explícitos/circunstâncias peculiares do caso concreto (FACTICIDADE) que, axiologicamente, recomendam a não aplicação da solução padronizada predeterminada pela regra?

11.a) A vinculação, no direito administrativo sancionador, particularmente quanto à aplicação obrigatória e inarredável (solução única) de penas disciplinares máximas, tem sido interpretada adequadamente pela dogmática tradicional, ou nova concepção deve ser emprestada às regras legais que relacionam os tipos (comportamentos puníveis) considerados mais graves de infrações, passíveis de demissão ou cassação de aposentadoria ou cassação de disponibilidade?

11.b) Existe um matiz de proteção dos direitos (tipicidade das faltas/penas disciplinares como mecanismo de franquia de segurança jurídica aos servidores públicos) dos cidadãos no instituto do poder vinculado, que visa a restringir/afastar a discricionariedade da autoridade administrativa no exercício do poder sancionador disciplinar, com o escopo de coibir arbitrariedade?

11.c) A vinculação (poder regrado ou vinculado) tem origem histórica no resguardo dos direitos dos cidadãos contra os abusos e excessos do poder discricionário do/a Estado/ Administração Pública?

11.d) Em se cuidando o poder vinculado, na verdade, de mecanismo de salvaguarda dos direitos dos funcionários estatais como limite ao poder disciplinar (e restrição de uma indesejada amplitude excessiva e até autoritária liberdade sancionadora do Estado, na aplicação de penas máximas no processo administrativo disciplinar), a interpretação de dispositivos cominadores de sanções administrativas mais graves (demissão, cassação de aposentadoria ou cassação de disponibilidade, Lei federal nº 8.112/1990, arts. 132 e 134) deve orientar-se a proteger aqueles (os servidores submetidos ao regime disciplinar, aquinhoados com segurança jurídica via tipicidade das infrações funcionais) a quem a norma jurídica procurou tutelar? É como propugna a hermenêutica do direito em tema de interpretação de normas jurídicas?

11.e) Ou se deve interpretar a regra (Lei federal nº 8.112/1990, arts. 132 e 134), ao contrário, contra os agentes públicos, no sentido de que a imposição de penalidades mais severas deve ocorrer em todos os casos, indiscriminadamente, com a assunção da resposta única do sistema jurídico, como o fez a Súmula nº 650/STJ?[34]

12.a) O poder administrativo vinculado, na seara do exercício do poder disciplinar sancionador com reprimendas máximas (Lei federal nº 8.112/1990, arts. 132 e 134), tem grau absoluto, inarredável, ou deve ser considerado preponderante, relativo, com franquia de solução distinta da provisão geral do legislador, se justificado amplamente pela autoridade administrativa, em face das peculiaridades do caso?

12.b) Como é o pensamento dogmático mais antigo e o atual/vanguardista no direito administrativo em torno do assunto do poder vinculado?

---

[34] "Súmula 650/STJ – A autoridade administrativa não dispõe de discricionariedade para aplicar ao servidor pena diversa de demissão quando caraterizadas as hipóteses previstas no artigo 132 da Lei 8.112/1990".

12.c) A aplicação da norma jurídica se deve construir ante a facticidade/realidade do caso? Ou sempre se observará uma resposta única invariável, predeterminada pelo legislador numa pressuposta (ficta) onipotente capacidade de prever, de modo exaustivo, todas as situações ocorrentes da vida real, em todas as suas minúcias?

13.a) Merece críticas a solução estandardizada de imposição de penalidades máximas em todos os casos, sem exceções, adotada pela Súmula nº 650/Superior Tribunal de Justiça, como quando da interpretação do disposto no art. 132, da Lei federal nº 8.112/1990? Não seria aplicável a interpretação sistemática do preceito em combinação com o disposto no art. 128, do Estatuto dos Servidores Públicos da União?

13.b) Encontra-se compreensão pretoriana distinta/divergente, no âmbito do colendo Supremo Tribunal Federal e no Conselho Nacional de Justiça na matéria?

A hipótese ora aventada é de que, como a demissão ou a cassação de aposentadoria, ou a cassação de disponibilidade, produzem efeitos financeiros, pessoais/morais e profissionais graves e até devastadores sobre o servidor público e sua família (e respectivos direitos fundamentais), parece ser – e é o que ora se busca confirmar – compatível com o sistema constitucional que a casuística da Administração Pública e a jurisprudência dos Tribunais contornem/modulem, em vários casos, com a construção de certos critérios referenciais (especificidades do caso/FACTICIDADE/REALISMO/CONSEQUENCIALISMO na aplicação do direito, desproporcionalidade ou irrazoabilidade manifesta da pena máxima na situação vertente, concordância prática com valores constitucionais), o entendimento da velha dogmática do direito administrativo (poder vinculado em grau absoluto), anterior à Constituição de 1988, de que o administrador público sempre exercitaria sua competência apenadora de forma automática, vinculada, enquanto mero autômato serviçal da norma, à revelia de circunstâncias relevantes do caso concreto (FACTICIDADE) indicativas do cabimento de penalidade menos severa.

Busca-se confirmar se a solução estandardizada na regra da aplicação de pena máxima (como nos casos dos arts. 132 e 134, da Lei federal nº 8.112/1990), em certas situações inequivocamente justificadas, pode ceder espaço à hierarquização axiológica ou da facticidade (interpretação compatível com os direitos fundamentais e os valores e princípios constitucionais implícitos e explícitos), em vista de propiciar que o administrador público adote solução específica e individualizada, no caso concreto, compatível com os valores constitucionais ou com um princípio constitucional implícito ou explícito, quando recomendável afastar a incidência automática da medida prevista na regra, ainda que com ônus argumentativo maior para o intérprete do direito na situação posta.[35]

Colima-se, outrossim, corroborar a hipótese de que a vinculação administrativa, na temática do poder disciplinar quanto à imposição de penas máximas a servidores públicos transgressores, não está imune do mister de o aplicador do direito adotar RESPOSTA ADEQUADA (aquela produzida num discurso de aplicação da norma jurídica com a consideração de todas as especificidades do caso concreto), SOB A ÓTICA DA CONSTITUIÇÃO E DE SEUS VALORES E PRINCÍPIOS explícitos e implícitos, À LUZ DOS DIREITOS FUNDAMENTAIS e sua eficácia irradiante, a bem da constitucionalização do direito administrativo, do princípio da juridicidade administrativa e da superação da lei (provisão do legislador não seria inarredável) como eixo central do sistema jurídico.

Almeja-se confirmar, igualmente, que a linha mais fechada/resistente de entendimento da dogmática do direito administrativo (aplicação mecânica de penas máximas, poder vinculado em grau absoluto, inarredável) desconsideraria o PRINCÍPIO DA JURIDICIDADE (atuação da Administração Pública conforme o direito como um todo, inclusive os princípios, e não meramente de acordo com a lei ordinária), além de não ponderar, aparentemente, a incidência dos PRINCÍPIOS DA RAZOABILIDADE, DA PROPORCIONALIDADE, DA INDIVIDUALIZAÇÃO DA PENA, ao mesmo tempo em que valores constitucionais não poderiam ser menosprezados pela autoridade competente para julgar o processo disciplinar, como a PROTEÇÃO DA HONRA PROFISSIONAL E PESSOAL DO SERVIDOR, O DIREITO AO TRABALHO E À CARREIRA, A ESTABILIDADE, manutenção financeira do disciplinado e de sua

---

[35] Robert Alexy destaca a advertência de que "o PRINCÍPIO DA GENERALIZABILIDADE exige que aquele que quer tratar uma pessoa de forma diferente de outra pessoa deve apresentar uma razão para isso" (ALEXY, Robert. *Teoria discursiva do direito*. Tradução de Alexandre Travessoni Gomes Trivisonno. Rio de Janeiro: Forense Universitária, 2014. p. 56).

família, *direito à previdência social, proteção dos idosos, direito de buscar a felicidade (conexo com dignidade da pessoa humana)*, princípio do amplo acesso e seu intrínseco direito de permanência nos cargos públicos efetivos (ressalvadas as situações constitucionais de perda do posto), inclusive como forma de participação republicana na gestão da coisa pública, *a restringir a inflição de sanções máximas sem uma exigência de* RACIONALIDADE/adequação factual ao caso concreto.

Outrossim, pretende-se certificar uma nova perspectiva do poder vinculado no direito administrativo como assegurador de direitos ao cidadão (e protetor contra o arbítrio estatal) e se isso demandaria uma leitura/interpretação diferente (DIFERENCIAÇÃO DE SITUAÇÕES, inerente ao princípio constitucional da IGUALDADE e do tratamento diferente de pessoas em posição distinta perante o Estado), quando se trata da liberdade decisória da Administração Pública ao conceder um direito ao particular e QUANDO APLICA SANÇÕES, no que seria necessário repensar e remodelar a dogmática tradicional que influencia parte da jurisprudência e da casuística administrativa.

Também se busca atestar que os preceptivos dos arts. 132 e 134, da Lei federal nº 8.112/1990, ao descreverem exaustivamente (tipicidade, sistema de incriminação direta) os casos passíveis de penas máximas, como medida de proteção (segurança jurídica) dos agentes públicos contra arbitrariedades no exercício de um poder disciplinar discricionário e sem limites/abusivo, deveriam ser alvo de exegese segundo as balizas da hermenêutica do direito, que proclama que as normas jurídicas são interpretadas em favor de quem procuraram proteger, e não contra os servidores públicos (quando se interpreta que se constituiria ato vinculado obrigatório de solução única em todos os casos).

Outro aspecto que se buscará evidenciar é que a exegese tradicional (resistente à constitucionalização do direito administrativo) do art. 132, da Lei federal nº 8.112/1990, parece também ignorar a FACTICIDADE, a aplicação do direito segundo as ESPECIFICIDADES DO CASO CONCRETO (realidade/contextualização) e todos os seus sinais característicos, a vedação de soluções embasadas em valores abstratos e a RESPOSTA ÚNICA para todas as situações (rechaçando a aplicação indiscriminada de penas máximas, sem diferenciação das características de cada contexto fático – mito da cultura jurídica da solução predeterminada, apriorística e única, inarredável, provida pelo legislador), agora por força dos ditames da Lei de Introdução às Normas do Direito Brasileiro[36] (arts. 20 a 22), com o que não se compaginaria, aparentemente, a MECÂNICA/legalista/obrigatória IMPOSIÇÃO DE PENAS MÁXIMAS EM TODOS OS CASOS, a partir meramente do enquadramento jurídico da conduta no art. 132 (e art. 134), da Lei federal nº 8.112/1990, o que dispensaria, na ótica mais arcaica, de ÔNUS ARGUMENTATIVO MAIOR PELA AUTORIDADE DECISORA,[37] a qual se resumiria a singelamente tipificar o fato no preceptivo cominador de sanção extrema.

Intenta-se conferir a aparente inconstitucionalidade e injuridicidade da Súmula nº 650/Superior Tribunal de Justiça, ao interpretar o art. 132, da Lei federal nº 8.112/1990, como regra de obrigatória aplicação de pena máxima inarredável (ato absolutamente vinculado), sem discriminar os casos, independentemente do contexto situacional de aplicação do direito administrativo:

---

[36] "Decreto-Lei nº 4.657/1942: "Art. 20. Nas esferas administrativa, controladora e judicial, NÃO SE DECIDIRÁ COM BASE EM VALORES JURÍDICOS ABSTRATOS SEM QUE SEJAM CONSIDERADAS AS CONSEQUÊNCIAS PRÁTICAS DA DECISÃO (Incluído pela Lei nº 13.655, de 2018) (Regulamento) Parágrafo único. A MOTIVAÇÃO DEMONSTRARÁ A NECESSIDADE E A ADEQUAÇÃO DA MEDIDA IMPOSTA ou da invalidação de ato, contrato, ajuste, processo ou norma administrativa, INCLUSIVE EM FACE DAS POSSÍVEIS ALTERNATIVAS (Incluído pela Lei nº 13.655, de 2018) Art. 21. A decisão que, nas esferas administrativa, controladora ou judicial, decretar a invalidação de ato, contrato, ajuste, processo ou norma administrativa deverá indicar de modo expresso suas consequências jurídicas e administrativas (Incluído pela Lei nº 13.655, de 2018) (Regulamento) Parágrafo único. A decisão a que se refere o caput deste artigo deverá, quando for o caso, indicar as condições para que a regularização ocorra de modo proporcional e equânime e sem prejuízo aos interesses gerais, não se podendo impor aos sujeitos atingidos ônus ou perdas que, EM FUNÇÃO DAS PECULIARIDADES DO CASO, SEJAM ANORMAIS OU EXCESSIVOS (Incluído pela Lei nº 13.655, de 2018) Art. 22. NA INTERPRETAÇÃO DE NORMAS SOBRE GESTÃO PÚBLICA, SERÃO CONSIDERADOS OS OBSTÁCULOS E AS DIFICULDADES REAIS DO GESTOR e as exigências das políticas públicas a seu cargo, sem prejuízo dos direitos dos administrados (Regulamento) §1º EM DECISÃO SOBRE REGULARIDADE DE CONDUTA ou validade de ato, contrato, ajuste, processo ou norma administrativa, SERÃO CONSIDERADAS AS CIRCUNSTÂNCIAS PRÁTICAS QUE HOUVEREM IMPOSTO, LIMITADO OU CONDICIONADO A AÇÃO DO AGENTE (Incluído pela Lei nº 13.655, de 2018) §2º NA APLICAÇÃO DE SANÇÕES, SERÃO CONSIDERADAS A NATUREZA E A GRAVIDADE DA INFRAÇÃO COMETIDA, OS DANOS QUE DELA PROVIEREM PARA A ADMINISTRAÇÃO PÚBLICA, AS CIRCUNSTÂNCIAS AGRAVANTES OU ATENUANTES E OS ANTECEDENTES DO AGENTE (Incluído pela Lei nº 13.655, de 2018) §3º As sanções aplicadas ao agente serão levadas em conta na dosimetria das demais sanções de mesma natureza e relativas ao mesmo fato (Incluído pela Lei nº 13.655, de 2018)".

[37] Robert Alexy destaca a advertência de que "o PRINCÍPIO DA GENERALIZABILIDADE exige que aquele que tratar uma pessoa de forma diferente de outra pessoa deve apresentar uma razão para isso" (ALEXY, Robert. *Teoria discursiva do direito*. Tradução de Alexandre Travessoni Gomes Trivisonno. Rio de Janeiro: Forense Universitária, 2014. p. 56).

a) essa orientação pretoriana seria inconstitucional, na medida em que parece desprestigiar os reflexos dos princípios e valores albergados na Constituição Federal de 1988 quanto ao funcionariado público, inclusive a ESTABILIDADE DOS TITULARES DE CARGO DE PROVIMENTO EFETIVO, O DIREITO À CARREIRA, O DIREITO SOCIAL AO TRABALHO, a salvaguarda da reputação profissional (honra), o direito de manutenção financeira do servidor disciplinado e de sua família, o *direito à previdência social, a proteção dos idosos, o direito de buscar a felicidade e a dignidade da pessoa humana*, o direito de permanência nos cargos?

b) A Súmula nº 650/STJ se afigura colidente com as disposições da LINDB acerca de realismo/contextualização/ facticidade, proporcionalidade, individualização da pena, motivação consequencialista, exclusão do apontado mito positivista/legalista da resposta única na interpretação/ aplicação do direito administrativo, entre outros preceitos, que deveriam influenciar o julgamento do processo administrativo disciplinar no modelo da Lei federal nº 8.112/1990 e sobre a exegese dos seus arts. 132 e 134 (penas máximas)?

Anela-se confirmar, também, que o procedimento decisório mecanicista não parece que se afinaria, numa perspectiva inicial, com o próprio PRINCÍPIO DA MOTIVAÇÃO (CONSEQUENCIALISTA) DOS ATOS ADMINISTRATIVOS, o qual, na perspectiva constitucionalizada do poder disciplinar vinculado de aplicação de sanções extremas, não se resumiria a simplesmente apontar o enquadramento dos fatos no art. 132, da Lei federal nº 8.112/1990, mas demandaria um *EXAME MAIS COMPLEXO* dos fatores circunstanciais descritos no art. 128, do Estatuto dos Servidores Públicos da União, *diante dos elementos fáticos do caso concreto*, inclusive em face dos consectários da Lei de Introdução às Normas do Direito Brasileiro (arts. 20 a 22), em virtude do que devem ser sopesados na aplicação da norma jurídica sancionadora os critérios:

    a) a gravidade do fato;
    b) a natureza da infração;
    c) as circunstâncias atenuantes;
    d) as circunstâncias agravantes;

e) os antecedentes funcionais;
f) a problemática da quebra efetiva da confiança da Administração Pública na pessoa do infrator;
g) a justificativa da impossibilidade de manutenção do vínculo funcionarial;
h) a ponderação dos efeitos dos princípios da proporcionalidade, razoabilidade, individualização da pena, em meio à facticidade;
i) as consequências da pena máxima sobre o disciplinado.

Visa-se a corroborar o fato de que o disposto nos arts. 132 e 134, da Lei federal nº 8.112/1990 (penas de demissão, cassação de aposentadoria ou de disponibilidade), deve ser objeto de interpretação sistemática com o respectivo art. 128 (parâmetros para aplicação/individualização de penalidades), ainda em consonância com as regras da LINDB (arts. 20 a 22).

A justificativa do problema do estudo do exercício da competência disciplinar vinculada da Administração Pública, à luz da constitucionalização do direito administrativo e da perspectiva do neoconstitucionalismo, com a superação da lei ordinária do eixo central do sistema jurídico, por força da SUPREMACIA DA CONSTITUIÇÃO COM SEUS PRINCÍPIOS E VALORES, reside no mister de considerar a relevância da titularidade do cargo público (*jus ad et in officium*)[38] e a COIBIÇÃO DA DESARRAZOADA OU DESPROPORCIONAL DEMISSÃO DOS SERVIDORES EFETIVOS, como ato administrativo meramente mecânico, por representar medida desastrosa sobre a vida profissional e pessoal dos agentes do Estado, ao mesmo tempo em que representa paralelo interesse da sociedade em que a independência dos funcionários promova o exercício das funções da Administração Pública com imparcialidade, moralidade, zelo pelo interesse público, legalidade, publicidade e eficiência, e não para um manejo patrimonialista do pessoal e do patrimônio estatal, para atender a interesses político-partidários não republicanos, ou para satisfazer a cupidez/favorecimentos/preferências desonestos de grupos econômicos, ou para sujeição a ordens

---
[38] A dogmática do direito constitucional luso corrobora que o direito constitucional de acesso aos cargos públicos (*jus ad officium*) compreende o correlato direito de ser mantido nas funções (*jus in officio*) (CANOTILHO, J. J. Gomes; MOREIRA, Vital. *Constituição da República Portuguesa anotada*. 4. ed. rev. São Paulo e Coimbra: Coimbra e Revista dos Tribunais, 2007. p. 660).

ilegais de superiores hierárquicos comprometidos eventualmente até com o crime organizado.

O grande RUI BARBOSA[39] já recriminava, há mais de 100 anos, as perseguições administrativas, políticas e policiais, por cujo intermédio se demitem funcionários indemissíveis.

O objetivo da presente dissertação é analisar de que forma o INSTITUTO DA VINCULAÇÃO no direito administrativo, enquanto lida com os direitos e garantias fundamentais dos servidores públicos acusados em processo disciplinar, desafia, numa perspectiva do neoconstitucionalismo, uma análise sob as luzes dos PRINCÍPIOS DA CONSTITUIÇÃO FEDERAL DE 1988, RAZOABILIDADE E PROPORCIONALIDADE, individualização da pena, além de valores constitucionais como a PERMANÊNCIA NO CARGO[40] (ESTABILIDADE), A CARREIRA, O DIREITO AO TRABALHO, A HONRA E BOM NOME DO DISCIPLINADO, DIREITO À PREVIDÊNCIA SOCIAL, SUSTENTO DA FAMÍLIA, PROTEÇÃO DE IDOSOS (no caso de cassação de aposentadoria, especialmente).

Igualmente, colima-se confirmar a compreensão da majoritária e mais vanguardista doutrina do direito administrativo acerca da RELATIVIDADE DA VINCULAÇÃO NO PODER DISCIPLINAR E IMPOSIÇÃO DE PENAS MÁXIMAS (não existiria provisão legislativa absoluta, mas deveria ser considerada, no *contexto fático específico e num discurso próprio de aplicação,* possível queda do MITO DA RESPOSTA ÚNICA na interpretação do direito administrativo sancionador, com efeitos sobre os fundamentos da polemizada Súmula nº 650/Superior Tribunal de Justiça).[41]

Em virtude disso, será consignado o marco teórico da abordagem com a exposição da crise do modelo positivista exegético, do advento do novo paradigma do neoconstitucionalismo, que envolve uma nova prática do direito, a constitucionalização dos ramos jurídicos, inclusive do direito administrativo, a incorporação da moral no direito positivo pelos valores e princípios nos DIREITOS

---

[39] BARBOSA, Rui. *Oração aos moços.* São Paulo: H B, 2016. p. 59.
[40] FRAGA, Carlos Alberto Conde da Silva. *O poder disciplinar no Estatuto dos Trabalhadores da Administração Pública*: Lei 58/2008: doutrina: jurisprudência. Alfornelos: Petrony, 2011. p. 118, 164-165.
[41] "Súmula 650/STJ – A autoridade administrativa não dispõe de discricionariedade para aplicar ao servidor pena diversa de demissão quando caraterizadas as hipóteses previstas no artigo 132 da Lei 8.112/1990".

FUNDAMENTAIS, a POSSIBILIDADE DE AFASTAMENTO DE REGRAS E DA SOLUÇÃO ESTANDARDIZADA EM CERTOS CASOS CONCRETOS, A IMPORTÂNCIA DA FACTICIDADE, o princípio da *primazia da materialidade subjacente*, os corolários dos princípios constitucionais da PROPORCIONALIDADE, RAZOABILIDADE, individualização da pena, dos valores albergados na Constituição no exercício do poder disciplinar vinculado, a ideia maior de JURIDICIDADE ADMINISTRATIVA, a magnitude da FACTICIDADE/realismo/contextualização, o CONSEQUENCIALISMO das medidas decisórias, entre outros temas importantes.

A metodologia é a pesquisa legislativa, doutrinária e jurisprudencial brasileira e estrangeira e de alguma casuística da Administração Pública.

Para fins da pesquisa, será considerado o modelo legislativo do Estatuto dos Servidores Públicos da União (Lei federal nº 8.112/1990), cuja importância decorre de ser referência para o Estatuto dos Servidores Públicos dos estados, municípios e Distrito Federal, a ponto de ser recepcionado em nível local, por lei municipal/estadual.

No primeiro capítulo, discorre-se sobre a crise do positivismo exegético e do método da subsunção, o advento e o paradigma do neoconstitucionalismo, a importância dos princípios na aplicação do direito, o papel criativo (argumentativo) do intérprete, a CONSTITUCIONALIZAÇÃO do direito como fundamento da teoria neoconstitucionalista, a eficácia irradiante dos direitos fundamentais, as consequências da constitucionalização no âmbito específico do direito administrativo, o princípio da juridicidade administrativa.

No segundo capítulo, aborda-se o *velho modelo de fundo autoritário do direito administrativo*, centrado na supremacia do interesse público, a necessidade de constitucionalização dos institutos do direito administrativo, o novo modelo constitucional de primazia do ser humano no direito administrativo, exemplos de mudança de paradigma do direito administrativo, como o procedimento enquanto forma/técnica de decisão da Administração Pública, limites à autotutela dos atos administrativos, entre outros temas importantes.

No terceiro capítulo, estuda-se a *possibilidade de afastamento de regras em face de um princípio, a superação da hegemonia absoluta das regras, a flexibilização do princípio da legalidade, a relevância da facticidade* e da aplicação das normas jurídicas segundo as peculiaridades do caso concreto, o princípio da primazia da materialidade subjacente, repercussão da superveniente Lei de Introdução às Normas do Direito Brasileiro (Decreto-Lei nº 4.657/1942, com alterações) sobre o direito administrativo e o exercício do poder disciplinar da Administração Pública.

No quarto capítulo, explora-se o poder disciplinar vinculado e conceitos fundamentais adjacentes, a constitucionalização do direito administrativo e seus reflexos sobre os institutos, a noção de servidores públicos para fins da pesquisa, ideia e fins do direito administrativo disciplinar, poder disciplinar e seu caráter sancionatório, relação estatutária entre ocupantes de cargos efetivos e Estado, regime disciplinar, ilícito disciplinar, sanções disciplinares e o modelo da Lei federal nº 8.112/1990, poder vinculado e seu caráter protetivo dos direitos dos cidadãos, princípio da juridicidade administrativa e sua repercussão sobre o poder administrativo vinculado, tipicidade das infrações disciplinares determinantes de penas máximas enquanto princípio decorrente da segurança jurídica, interpretação de viés tutelar dos tipos disciplinares como garantia dos agentes públicos.

No quinto capítulo, estuda-se o conteúdo e aplicação dos princípios da individualização da pena, da proporcionalidade, da razoabilidade, no controle jurisdicional sobre atos administrativos decorrentes de vinculação em penalidades disciplinares máximas, além de se enfatizar o cotejo dos valores constitucionais que devem nortear a aplicabilidade das medidas sancionadoras vinculadas, como os princípios da carreira, da estabilidade, direito de permanência no cargo[42]/amplo acesso aos cargos públicos, a proteção da honra dos funcionários, o direito ao trabalho, proteção previdenciária do funcionalismo e tutela dos idosos, direito de buscar a felicidade, preservação da família, enquanto direitos fundamentais. Também se promove uma profunda reflexão crítica em torno da Súmula nº 650/Superior Tribunal de Justiça.

---

[42] FRAGA, Carlos Alberto Conde da Silva. *O poder disciplinar no Estatuto dos Trabalhadores da Administração Pública*: Lei 58/2008: doutrina: jurisprudência. Alfornelos: Petrony, 2011.p. 118, 164-165.

A CRISE DO POSITIVISMO EXEGÉTICO E DA SUBSUNÇÃO E O ADVENTO DO NEOCONSTITUCIONALISMO

O estudo da crítica ao positivismo exegético se fez presente nesta pesquisa em virtude de o problema analisado cuidar exatamente da aplicação formalista/mecânica (na concepção tradicional) de PENAS MÁXIMAS, na presunção de VINCULAÇÃO ABSOLUTA DO ADMINISTRADOR PÚBLICO À PROVISÃO GERAL DO LEGISLADOR, no exercício do poder disciplinar quanto à imposição de penas de demissão, cassação de aposentadoria ou de disponibilidade, na interpretação mais antiga da Lei federal nº 8.112/1990, por seu art. 132,[43] em face da compreensão literal do dispositivo no quanto enuncia que "a demissão será aplicada nos seguintes casos" *(confusão entre texto da lei, como resultado definitivo da interpretação, e de norma jurídica, enquanto sentido do dispositivo no quadro geral do estatuto legal e do sistema jurídico).*

A jurisprudência mais antiga (mais a retrógrada Súmula nº 650/Superior Tribunal de Justiça, que promove grave retrocesso no direito administrativo, com a devida vênia) e certa parte da doutrina mais tradicional (não constitucionalizada devidamente) têm empregado o conceito formalista de PODER DISCIPLINAR VINCULADO no caso, no sentido de que, quando do julgamento do processo administrativo apenador, *O HIERARCA DECISOR NÃO DISPORIA DE OUTRA POSSIBILIDADE, EM TODOS OS CASOS, INDISCRIMINADAMENTE, SENÃO APLICAR A PENA MÁXIMA (DEMISSÃO/CASSAÇÃO DE APOSENTADORIA),*

---

[43] "Art. 132. A demissão será aplicada nos seguintes casos [...]".

numa interpretação literal do art. 132 e do art. 134, da Lei federal nº 8.112/1990, e num predomínio da legalidade em sentido estrito (positivismo silogístico).

Veja-se exemplo da jurisprudência mais antiga. Enunciou o Superior Tribunal de Justiça – STJ:

> 1. Não há falta de razoabilidade na aplicação da pena de demissão, se ao impetrante foi imputada a conduta que, nos termos da Lei Estadual nº 6.123/68, tem como única penalidade cabível a demissão. 2. Observância, na espécie, da devida motivação do ato de demissão do servidor público, que apontou provas suficientes da prática de infrações previstas na lei. (RMS nº 18.391/PE, Sexta Turma, j. 9.6.2009)

O STJ ainda decidiu dessa forma (*vide* nota).[44]

Por sua vez, a 1ª Seção do Superior Tribunal de Justiça, ressalvados os elogios merecidos do vanguardista voto do eminente ministro Napoleão Nunes Maia Filho, adotou o entendimento (resistente à constitucionalização do direito administrativo disciplinar, data venia) de que "A administração pública, quando se depara com situações em que a conduta do investigado se amolda às hipóteses de demissão ou cassação de aposentadoria, não dispõe de discricionariedade para aplicar pena menos gravosa por se tratar de ato vinculado" – ou seja, é obrigada a demitir. Com base nessa tese, a Seção manteve a demissão de agentes administrativos do Ministério da Fazenda. Eles permitiram o pagamento irregular de valores retroativos a aposentados em processos fraudulentos, inclusive com falsificação de assinaturas e de portarias. Eles alegaram falta de proporcionalidade e razoabilidade na punição, e inexistência de prejuízo ao erário. Para a maioria dos ministros, o prejuízo é evidente, porque os valores indevidos foram pagos e não retornaram aos cofres públicos. Entenderam que ficou comprovada a gravidade das condutas apuradas e que a pena de demissão foi adequadamente aplicada. Nesse caso, o ministro Napoleão Nunes Maia Filho ficou vencido. Ele concedia a segurança para reintegração dos demitidos, permitindo a aplicação de pena menos severa. O ministro considerou que os servidores tinham mais de 34 anos de serviço público sem punição administrativa anterior (MS nº 12.200).

---

[44] "Não fere os princípios da proporcionalidade e da razoabilidade a imposição da pena de demissão aos servidores se, ao final do processo administrativo, resta demonstrada a prática da conduta prevista no art. 117, inciso X, da Lei nº 8.112/90, qual seja, participar de gerência ou administração de empresa privada, de sociedade civil, ou exercer o comércio, exceto na qualidade de acionista, cotista ou comanditário, nos termos do art. 132 daquele dispositivo legal" (STJ, 3ª Seção, MS nº 7491/DF, Rel. Min. Fernando Gonçalves, *DJ*, 4 mar. 2002).

Essa exegese mais retrógrada (*permissa venia*), precedente à constitucionalização do direito administrativo e contraposta ao firme avanço doutrinário majoritário, desaguou na Súmula nº 650/ Superior Tribunal de Justiça:

> A AUTORIDADE ADMINISTRATIVA NÃO DISPÕE DE DISCRICIO-NARIEDADE PARA APLICAR AO SERVIDOR PENA DIVERSA DE DEMISSÃO QUANDO CARATERIZADAS AS HIPÓTESES PREVISTAS NO ARTIGO 132 DA LEI 8.112/1990.

No âmbito da doutrina antiga (de matriz positivista, marcada pela lei como centro do sistema jurídico – e informada pelo mito da onipotência da provisão do legislador à revelia da facticidade, do realismo, do consequencialismo das decisões administrativas), o problema é espelhado na concepção de poder administrativo vinculado de Miguel Seabra Fagundes, quando instrui que a competência administrativa vinculada é aquela estritamente posta na lei:

> Existentes determinadas circunstâncias, proceda dentro de certo prazo e certo modo [...] a Administração Pública não é livre em resolver sobre a conveniência do ato, nem sobre o seu conteúdo. Só lhe cabe constatar a ocorrência dos motivos e, com base neles, praticar o ato, daí que o doutrinador sublinha que, no campo da vinculação, falece à Administração a apreciação do conteúdo político (mérito) da emanação de vontade, porque a medida determinada já foi objeto de prévia escolha pelo legislador: "O administrador apenas torna efetiva a solução pré-assentada".[45]

Nesse mesmo sentido, Fernando Gustavo Knoerr e Cibele Fernandes Dias Knoerr quando ajuntam que, na vinculação, a lei esgotaria todos os aspectos da atividade administrativa e se põe como causa imediata do agir administrativo, de tal efeito que a Administração não poderia senão agir como legalmente estabelecido, a única forma de atuação, sem margem de opção diversa ao administrador diante da situação de fato.[46]

---

[45] FAGUNDES, Miguel Seabra. *O controle dos atos administrativos pelo Poder Judiciário*. 4. ed. atual. Rio de Janeiro: Forense, 1967. p. 150.

[46] KNOERR, Fernando Gustavo; KNOERR, Cibele Fernandes Dias. Efeitos da vinculação e da discricionariedade. *In*: GUIMARÃES, Edgar (Coord.). *Cenários do direito administrativo*:

José Cretella Júnior, expressando a visão da década de 1970 e anterior à constitucionalização do direito administrativo, entende que a demissão de servidor estável é típico ato vinculado, porque a Administração o pratica sob pressupostos anteriores delineados e é tolhida de decidir que o afastamento do funcionário, apesar de culpado, não seja oportuno ou conveniente à luz do funcionamento do serviço público.[47]

O problema decorrente do entendimento de aplicação mecânica de penas máximas, além de em certa parte da doutrina, é demonstrado na casuística, como no seguinte parecer da Advocacia-Geral da União,[48] aprovado pelo Presidente da República, com efeito vinculante para toda a Administração Pública federal:

> Verificadas a autoria e a infração disciplinar a que a lei comina a penalidade de demissão, falece competência à autoridade instauradora do processo para emitir julgamento e atenuar a penalidade, sob pena de nulidade de tal ato.

Subjacente ao problema de aplicação mecânica de penas disciplinares máximas a seus servidores pela Administração Pública, todavia, não se pode ignorar que entram em cena as CRISES DO POSITIVISMO EXEGÉTICO E DA TÉCNICA DA MERA SUBSUNÇÃO (E COM ELAS A NECESSIDADE DE REINTERPRETAÇÃO DO PODER ADMINISTRATIVO VINCULADO) à luz da moderna teoria do direito e os consectários do neoconstitucionalismo, notadamente em face da problemática da (superada) pretensão de hegemonia absoluta das regras como normas jurídicas.

1.1 Crise do positivismo exegético e do método da subsunção

O modelo legicentrista liberal (em que A ÚNICA FONTE DO DIREITO ERA A LEI e na qual a atividade judicial se resumia à

---

estudos em homenagem ao Professor Romeu Felipe Bacellar Filho. Belo Horizonte: Fórum, 2004. p. 255; 260.

[47] CRETELLA JÚNIOR, José. *Do ato administrativo*. São Paulo: José Bushatsky, 1977. p. 78.

[48] Parecer AGU/WM nº 24/98, anexo do Parecer GQ nº 177, autor o Dr. Wilson Teles de Macedo, aprovado pelo Presidente da República e publicado no *DOU*, 7.12.1998, com efeito vinculante para a Administração Pública Federal.

SUBSUNÇÃO DA NORMA AOS FATOS de modo autômato, o *exegetismo*) entrou em crise com a maior complexidade do corpo social e da realidade, com a mudança do modelo do liberalismo restrito à burguesia, inclusive pela figura do Estado do bem-estar social.

Lenio Streck[49] ensina sobre os postulados da visão exegetista do direito e da subsunção:
   a) o POSITIVISMO era uma postura ideológica concebida para sustentar aquilo que foi imposto pelo novo sujeito histórico: o legislador revolucionário, por isso que positivismo significa uma teoria para assegurar o produto que, de forma discricionária, o legislador colocou como o modo de o manter no poder;
   b) no auge do POSITIVISMO JURÍDICO, toda a argumentação jurídica deve tributar seus méritos aos CÓDIGOS, que passam a possuir a estatura de verdadeiros "textos sagrados", porquanto são o dado positivo com o qual deverá lidar a ciência do direito, ainda que já naquela época tenham surgido problemas na interpretação desses textos.

BOBBIO recorda que a ESCOLA DA EXEGESE tem caráter peculiar pela *admiração incondicional pela obra realizada pelo legislador por meio da CODIFICAÇÃO, uma confiança cega na suficiência das leis, a crença de que o código, uma vez promulgado, basta-se completamente a si próprio, isto é, não tem lacunas*; numa palavra, o dogma da completude jurídica.[50]

DWORKIN critica o arroubo de completude jurídico-normativa do positivismo com a nota de que A ENUNCIAÇÃO "PLENA" DE UMA REGRA DEVERIA INCLUIR SUAS EXCEÇÕES e que uma regra que desprezem as exceções será incompleta.[51]

Streck[52] pondera também que:
   a) nem sequer bastaria pensar, em uma dogmática ideal, que a força produtora de direito inerente ao caso particular

---

[49] STRECK, Lenio. *Jurisdição constitucional e decisão jurídica*. 3. ed. São Paulo: Thomson Reuters, 2013. p. 200.
[50] BOBBIO, Norberto. *Teoria do ordenamento jurídico*. 10. ed. Brasília: Universidade de Brasília, 1999. p. 121; 125.
[51] DWORKIN, Ronald. *Levando os direitos a sério*. São Paulo: Martins Fontes, 2002. p. 120.
[52] STRECK, Lenio. *Hermenêutica jurídica e(m) crise*: uma exploração hermenêutica da construção do direito. 10. ed. rev., atual. e ampl. Porto Alegre: Livraria do Advogado, 2011. p. 274.

está predeterminada logicamente, no sentido de que caberia imaginar uma *dogmática que contivesse ao menos potencialmente todas as verdades jurídicas em um sistema coerente;*

b) a simples ideia "de uma tal dogmática completa parece absurda, e isto sem levar em conta que, de fato, a capacidade criadora de direito de cada caso está constantemente preparando a base a novas codificações".

Atienza[53] acresce:

a) como as normas costumam ser formuladas de maneira abstrata, é possível que, ao aplicá-las a um caso concreto, sem mais, seja produzido um resultado injusto, simplesmente porque O AUTOR DA NORMA NÃO PÔDE OU NÃO SOUBE TER EM CONTA CERTAS CARACTERÍSTICAS SINGULARES INERENTES A ESSE CASO;

b) para evitá-lo, recorre-se à equidade, que se pode definir como a justiça do caso concreto, porquanto a aplicação equitativa de uma norma pressupõe um acerto dela mediante uma INTERPRETAÇÃO que, até certo ponto, MODIFICA A NORMA PARA MOLDÁ-LA ÀS CIRCUNSTÂNCIAS DA SITUAÇÃO;

c) além disso, só se justifica falar, em sentido pleno, de justiça na aplicação de uma norma se ela, considerada em si mesma, é justa; noutro caso, a aplicação correta ("justa") de uma norma injusta só pode originar injustiça.

Gustavo Binenbojm[54] explana:

a) a lei, no pensamento liberal iluminista, era um produto da razão, emanada dos representantes da sociedade e capaz de regular todo e qualquer assunto relevante, constituindo-se na mais importante fonte do direito, notadamente na Europa, onde o constitucionalismo somente tomou força depois da Segunda Guerra Mundial;

b) no continente europeu, desenvolveu-se um POSITIVISMO LEGALISTA que conduziu a uma quase divinização da lei:

---

[53] ATIENZA, Manuel. *O sentido do direito*. Lisboa: Escolar, 2014. p. 211.

[54] BINENBOJM, Gustavo. O sentido da vinculação administrativa à juridicidade no direito brasileiro. In: ARAGÃO, Alexandre Santos de; MARQUES NETO, Floriano de Azevedo (Coord.). *Direito administrativo e seus novos paradigmas*. Belo Horizonte: Fórum, 2012. p. 146-147.

não havia limites para a atuação do legislador, e os juízes e administradores eram meros repetidores do texto legal, na máxima de que a função administrativa se resumia a "aplicar a lei de ofício".

Enfrentando o tormentoso problema do POSITIVISMO *em não abrigar necessariamente a JUSTIÇA como critério de validade*, Norberto Bobbio[55] discorre sobre o positivismo jurídico na ótica de KELSEN e averba:

a) a validade do direito, para essa teoria, não quer em absoluto dizer que o direito válido seja também justo, porque os ideais de justiça, na concepção kelseniana, seriam subjetivos e irracionais, um problema ético distinto da questão da validade;

b) cita HOBBES quando este afirma que *não haveria critério do injusto ou do justo fora da lei positiva, isto é, fora do comando do soberano*. É justo o que é comandado; é injusto o que é proibido, somente pelo fato de ser proibido;

c) HOBBES fundamenta sua alegação na premissa de que, saindo do estado de natureza, em que cada um estaria à mercê de seus instintos e sem leis determinantes do que pertence a cada qual, nasce a guerra de todos entre si, situação intolerável na qual o justo e o injusto são definidos sem critérios senão o arbítrio e o poder individual;

d) nesse cenário, em busca da paz, os homens pactuam pela transmissão de seus direitos que tinham *in natura* a um soberano (*pactum subiectionis*), o qual recebe o poder de decidir o que é justo ou injusto;

e) por isso, O ÚNICO CRITÉRIO A RESPEITO DA JUSTIÇA É A VONTADE DO SOBERANO. Ou seja, para HOBBES vigora a concepção de simples convencionalidade dos valores morais e da justiça, do que segue que A VALIDADE DE UMA NORMA JURÍDICA E A JUSTIÇA DESSA NORMA NÃO SE DISTINGUIRIAM, PORQUANTO A JUSTIÇA E A INJUSTIÇA NASCERIAM JUNTAMENTE COM O DIREITO POSITIVO, isto é, juntas com a validade.[56]

---

[55] BOBBIO, Norberto. *Teoria da norma jurídica*. 5. ed. rev. São Paulo: Edipro, 2012. p. 60-62.
[56] BOBBIO, Norberto. *Teoria da norma jurídica*. 5. ed. rev. São Paulo: Edipro, 2012. p. 60-62.

Essa corrente de pensamento recebe recente crítica doutrinária:[57]

> ACIMA DO PRINCÍPIO DA LEGALIDADE ESTÁ A JUSTIÇA. *Nem sempre o legal representa o sentido do justo. A lei serviu de fundamento para o fascismo e o nazismo. A lei, dependendo de quem a faz, pode atender a qualquer propósito.* A lei tem seu aspecto formal que significa simplesmente a obediência ao processo de sua aprovação. Seu conteúdo decorre de quem a faz. Dirão os afoitos: é o Par- lamento. Calma. Quem domina o Congresso? Sempre será um grupo de dominação que, então, estabelece as regras que quer. É isso que, realmente, se pretende significar com o princípio da legalidade? Deve-se ponderar que o sentido maior é o do justo.

O positivismo, mais a abstração da justiça como fundamento de validade do direito positivo, com a hegemonia da lei (regra), independentemente de seu conteúdo, desaguou no registro da célebre sobrevivente de Auschwitz:[58]

> Foram as REGRAS que nos fizeram bordar estrelas amarelas em nossos casacos e NOS ENVIARAM EM TRENS DE GADO EM DIREÇÃO À MORTE. Onde estavam as regras sobre a compaixão, a humanidade e o ato de não matar seres humanos, quando mais precisávamos delas?

BOBBIO, admitindo de certa forma as *DEFICIÊNCIAS DO POSITIVISMO*, admite que essa doutrina padece do defeito de *REDUZIR A JUSTIÇA À FORÇA*. Se não existe outro critério do justo e do injusto senão a vontade do soberano, é preciso aceitar como justo o que agrada ao mais forte, uma vez que o soberano, se não é o mais justo entre os homens, é o mais forte entre eles. Lembra a crítica de Platão (*A República*) de que a justiça não é outra coisa senão o útil para o mais forte.[59] BOBBIO arremata: "O DIREITO, COMO ELE É, É EXPRESSÃO DOS MAIS FORTES, NÃO DOS MAIS JUSTOS".[60]

---

[57] FREIRE, André Luiz. Direito público sancionador: vinte anos de reflexões acerca das sanções e das infrações administrativas: revolvendo alguns temas polêmicos, complexos e atuais. *In*: OLIVEIRA, José Roberto Pimenta (Coord.). *Direito administrativo sancionador*: estudos em homenagem ao professor emérito da PUC-SP Celso Antônio Bandeira de Mello. São Paulo: Malheiros, 2019. p. 56.

[58] SCHLOSS, Eva. *Depois de Auschwitz*. São Paulo: Universo dos Livros, 2015. p. 247.

[59] BOBBIO, Norberto. *Teoria do ordenamento jurídico*. 10. ed. Brasília: Universidade de Brasília, 1999. p. 60-62.

[60] BOBBIO, Norberto. *Teoria do ordenamento jurídico*. 10. ed. Brasília: Universidade de Brasília, 1999. p. 67.

Cabe, num parêntese, a crítica de Bauman[61] ao direito nazista: "*O Estado Territorial Soberano reivindica, como parte integrante de sua soberania, o direito de cometer GENOCÍDIO*".

BOBBIO ainda lembra a concepção de KELSEN quando afirma que "o ordenamento jurídico é um ordenamento no qual o enquadramento de normas é julgado com base num CRITÉRIO MERAMENTE FORMAL, ISTO É, INDEPENDENTEMENTE DO CONTEÚDO".[62]

Em desdobramento dessa teoria positivista do direito, Arendt escreve sobre o julgamento de Eichman:[63]

a) PARA O SISTEMA LEGAL NAZISTA ENTÃO EXISTENTE, EICHMAN NÃO FIZERA NADA DE ERRADO;
b) as acusações contra ele articuladas, enquanto arquiteto da logística de transporte do Holocausto, NÃO CONSTITUÍAM CRIMES, MAS "ATOS DE ESTADO", aos quais meramente rendera seu DEVER DE OBEDIÊNCIA;
c) o burocrata nazista "não deixou dúvida de que TERIA MATADO O PRÓPRIO PAI SE HOUVESSE RECEBIDO ORDEM NESSE SENTIDO".

Os seguidores de Hitler *obedeciam cegamente* às *ordens imorais* sem recorrer à sua consciência, inclusive para impor o EXTERMÍNIO de pessoas, a escravidão de povos conquistados,[64] a despeito de ostentarem sólida formação como militares eficientes, burocratas e funcionários de carreira.[65]

O infame médico nazista Mengele, nesse contexto legalista do Estado alemão de Hitler, via as MORTES DOS JUDEUS, nas câmaras de gás, sem ódio nem fanatismo, mas como a "ÚNICA SOLUÇÃO SENSATA" (tarefa a que acenava, sóbrio, como um ato de dever, SEM RESERVAS MORAIS ou entorpecimento de sentidos),[66] ao mesmo tempo em que, por absurdo, ainda considerava que, JÁ QUE IRIAM MORRER DE QUALQUER FORMA PELO VENENOSO GÁS

---

[61] BAUMAN, Zygmunt. *Modernidade e holocausto*. Rio de Janeiro: Zahar, 1988. p. 30.
[62] BOBBIO, Norberto. *Teoria do ordenamento jurídico*. 10. ed. Brasília: Universidade de Brasília, 1999. p. 73.
[63] ARENDT, Hannah. *Eichman em Jerusalém*: um relato sobre a banalidade do mal. São Paulo: Companhia das Letras, 1999. p. 32-33.
[64] ROLAND, Paul. *Os julgamentos de Nuremberg*. São Paulo: M. Books, 2013. p. 162.
[65] ROLAND, Paul. *Os julgamentos de Nuremberg*. São Paulo: M. Books, 2013. p. 9.
[66] POSNER, Gerald L.; WARE, John. *Mengele*. São Paulo: Cultrix, 2019. p. 11.

ZYCLON, NADA IMPEDIA QUE ANTES FOSSEM SUBMETIDOS A PENOSAS EXPERIÊNCIAS MÉDICAS,[67] o que mais tarde foi objeto de sentença condenatória do Tribunal de Nuremberg contra outros 23 médicos alemães, motivada pela realização de experimentos biológicos com prisioneiros.[68]

Essa corrente teórica do direito, RESTRITA AO MERO FORMALISMO PROCEDIMENTAL LEGISLATIVO COMO CRITÉRIO DE VALIDADE DAS NORMAS JURÍDICAS (INDEPENDENTEMENTE DE UM FUNDAMENTO DE JUSTIÇA), deu azo à promulgação das Leis de Nuremberg, publicadas em 1935, que promoveram:[69]
  a) a exclusão social, política, cultural e econômica dos judeus na Alemanha, por força da campanha de arianização;
  b) o confisco de propriedades,[70] contas bancárias[71] e bens dos judeus;[72]
  c) acirramento com marco inicial mais duro apontado na Noite dos Cristais, em 9.11.1938 (incêndio e destruição de sinagogas, invasão de domicílios judaicos, assassinatos, quebra de vidros de lojas e comércios de judeus, estupros e violência, multas indenizatórias);[73]
  d) a transformação dos perseguidos em párias, desprezando-se a contribuição secular (mais, que remonta a mil anos de influência e habitação judaicas) dos marginalizados para a sociedade alemã e europeia[74] nas áreas de medicina, literatura, ciência, música e indústria germânicas.

Seguiu-se, como repercussão da disciplina do direito nazista, também a proibição aos judeus de frequentar locais públicos, parques públicos, teatros, piscinas, cinemas, restaurantes, cafés, além do uso

---

[67] SERENY, Gitta. *O trauma alemão*. Rio de Janeiro: Bertrand Brasil, 2007. p. 305.
[68] Sujeição aos efeitos do gás mostarda, ferimentos com bombas incendiárias, inoculação proposital de vírus ou bacilos, efeitos atmosféricos ou climáticos, como altas ou baixas temperaturas, ingestão de água do mar, esterilização involuntária, alvejados com tiros de balas envenenadas etc. (ROLAND, Paul. *Os julgamentos de Nuremberg*. São Paulo: M. Books, 2013. p. 193).
[69] GILBERT, Martin. *O Holocausto*. 2. ed. São Paulo: Hucitek, 2010. p. 37; 39.
[70] ROLAND, Paul. *Os julgamentos de Nuremberg*. São Paulo: M. Books, 2013. p. 128.
[71] LEWIS, Helen. *É hora de falar*. Rio de Janeiro: Bertrand Brasil, 2013. p. 42.
[72] BUTLER, Rupert. *Gestapo*. Brasil: Lafonte, 2020. p. 70.
[73] GILBERT, Martin. *O Holocausto*. 2. ed. São Paulo: Hucitek, 2010. p. 74; 77.
[74] MARRUS, Michael R. *A assustadora história do holocausto*. Rio de Janeiro: Ediouro, 2003. p. 12-13.

visível da Estrela de Davi como símbolo de identificação nas ruas, supressão do direito à informação (entrega compulsórias de aparelhos de rádio),[75] ou ainda o simples "desaparecimento" de pessoas.[76]
OS DIREITOS FUNDAMENTAIS DA PESSOA HUMANA FORAM BRUTALMENTE ANIQUILADOS PELO REGIME NAZISTA, segundo o testemunho do famoso sobrevivente de Auschwitz, o químico judeu Primo Levi,[77] porquanto *a organização dos campos de concentração estava voltada para anular, antes do homem, sua própria personalidade*, a começar pelo nome, que era substituído por um número tatuado no braço do prisioneiro:

> Nenhum valor humano psíquico ou cultural era levado em conta; todos passavam indistintamente a fazer parte de uma massa amorfa, mantida em ordem pelo medo e pelos castigos físicos. Em poucos dias, todo prisioneiro se reduzia a um animal, para quem a única razão de vida era a ração de pão e a tigela de sopa.

Tanto que, quando Primo Levi morreu num acidente em 1987, por queda de escada, o renomado escritor Elie Wiesel, ganhador do Prêmio Nobel de Literatura e também sobrevivente de Auschwitz, declarou que LEVI MORRERA, NA VERDADE, NA ALMA, HÁ QUARENTA ANOS, DEPOIS DA EXPERIÊNCIA AVASSALADORA DO CAMPO DE CONCENTRAÇÃO.[78]

Levi grafara que "A NOSSA LÍNGUA NÃO TEM PALAVRAS PARA EXPRESSAR A OFENSA DA ANIQUILAÇÃO DE UM HOMEM".[79]

Talvez pelo mesmo motivo e horror, perante a atrocidade nazista, Jennifer Johnston disse que *"SOMENTE OS MORTOS CONHECEM A VERDADE INTEGRAL"*.[80]

Gustavo Binenbojm[81] admoesta que uma das razões que contribuiu significativamente para a *perda da importância da lei foi a*

---

[75] LEWIS, Helen. *É hora de falar*. Rio de Janeiro: Bertrand Brasil, 2013. p. 43; 48; 51.
[76] SERENY, Gitta. *O trauma alemão*. Rio de Janeiro: Bertrand Brasil, 2007. p. 30.
[77] LEVI, Primo; BENEDETTI, Leonardo de. *Assim foi Auschwitz*. São Paulo: Companhia das Letras, 2015. p. 59.
[78] Disponível em: https://pt.wikipedia.org/wiki/Primo_Levi#Liga%C3%A7%C3%B5es_externas.
[79] LEVI, Primo. *É isto um homem*. Rio de Janeiro: Rocco, 1988. p. 24.
[80] JOHNSTON, Jennifer. Prefácio. *In*: LEWIS, Helen. *É hora de falar*. Rio de Janeiro: Bertrand Brasil, 2013. p. 21.
[81] BINENBOJM, Gustavo. *Uma teoria do direito administrativo*: direitos fundamentais, democracia e constitucionalização. 3. ed. Rio de Janeiro: Renovar, 2014. p. 134-135.

constatação histórica de que esta pode, muito além de veicular a injustiça, ser fundamento para a barbárie. Lembra que a DESSACRALIZAÇÃO DA LEI *resulta do fato de que a história provou que* ELA PODE SER O VEÍCULO DA INJUSTIÇA e da falta de liberdade.

A selvageria nazista impressionou até mesmo o comandante supremo das Forças Aliadas durante a 2ª Guerra Mundial, o general Einsenhower: "EU NUNCA IMAGINEI QUE TANTA CRUELDADE, BESTIALIDADE E SELVAGERIA PUDESSEM EXISTIR NESTE MUNDO".[82]

Tanto que os historiadores pontuam que os judeus não foram as únicas vítimas do Holocausto (embora constituam as principais,[83] em face da aniquilação de dois terços da população judaica europeia mediante a Solução Final e execução em massa pela SS e grupos de extermínio do exército nazista), porquanto foram também alvos os ciganos, testemunhas de Jeová, homossexuais, prisioneiros de guerra soviéticos, elites nacionais polacas.[84]

Como resultado, patenteou-se a imperatividade de *resguardar, nas Constituições, DIREITOS FUNDAMENTAIS DOS INDIVÍDUOS e das minorias legislativas e sociais,* do que se sagrou o movimento NEOCONSTITUCIONALISTA.

Bem sentenciou uma famosa sobrevivente de Auschwitz que *"o conceito de civilização é um véu fino fácil de ser arrancado".*[85]

Os perigos da dispensa da *JUSTIÇA COMO FATOR DE LEGI-TIMAÇÃO DO DIREITO,* substituída pela lei formal como centro do sistema jurídico (admitido qualquer conteúdo à vontade da maioria parlamentar), justificam o pensamento crítico de Bauman:[86]

> HOUVESSE O PODER NAZISTA PREVALECIDO, E A AUTORIDADE PARA DETERMINAR O QUE DEVE SER TERIA ACHADO QUE NENHUMA LEI NATURAL FOI TRANSGREDIDA E NENHUM CRIME CONTRA DEUS E A HUMANIDADE FOI COMETIDO NO HOLOCAUSTO.

---

[82] ROLAND, Paul. *Os julgamentos de Nuremberg.* São Paulo: M. Books, 2013. p. 17.
[83] BAUMAN, Zygmunt. *Modernidade e holocausto.* Rio de Janeiro: Zahar, 1988. p. 12.
[84] MARRUS, Michael R. *A assustadora história do holocausto.* Rio de Janeiro: Ediouro, 2003. p. 12-13.
[85] SCHLOSS, Eva. *Depois de Auschwitz.* São Paulo: Universo dos Livros, 2015. p. 109.
[86] BAUMAN, Zygmunt. *Modernidade e holocausto.* Rio de Janeiro: Zahar, 1988. p. 25.

Como se alinhavou sobre o sistema legal nazista genocida, "AQUI PREVALECE A INJUSTIÇA. A INJUSTIÇA VENCE".[87]

Em tom hipócrita e contraditório para o REGIME DE EXTERMÍNIO DE MINORIAS E DE RAÇAS/ETNIAS PERSEGUIDAS, Hitler discursou em 1938, durante a Anexação do Estado austríaco, em Viena, que *"a justiça é a base de todos os governos"*.[88]

Como reação à barbárie positivista nazista, Gustavo Binenbojm[89] afirma que a superioridade formal e a ascendência axiológica da CONSTITUIÇÃO sobre todo o ordenamento jurídico produzem uma importantíssima *MODIFICAÇÃO NO DIREITO ADMINISTRATIVO*: a lei é substituída pela Carta Magna como a principal fonte dessa disciplina – a reserva vertical da lei foi substituída pela reserva vertical da CONSTITUIÇÃO, a qual passa a servir não só como norma habilitadora imediatamente de competências administrativas, mas ainda como CRITÉRIO IMEDIATO DA TOMADA DE DECISÕES PELO ADMINISTRADOR PÚBLICO.[90]

A lição é endossada por Alexy[91] no quanto acentua que *OS DIREITOS FUNDAMENTAIS SÃO REGULAMENTADOS NA CONSTITUIÇÃO*, em virtude do que, dadas as máximas *lex superior derogat legi inferiori* e "direito federal prevalece sobre direito estadual" (art. 31 da Lei Fundamental alemã), segue que toda norma jurídica que os contradiz é inconstitucional e por isso, em regra, nula, ao mesmo tempo em que o art. 1º, §3º, da Lei Fundamental germânica, determina que OS DIREITOS FUNDAMENTAIS VINCULAM, COMO DIREITO IMEDIATAMENTE VÁLIDO, A LEGISLAÇÃO, O PODER EXECUTIVO e a jurisdição.

---

[87] POSNER, Gerald L.; WARE, John. *Mengele*. São Paulo: Cultrix, 2019. p. 15.

[88] SCHLOSS, Eva. *Depois de Auschwitz*. São Paulo: Universo dos Livros, 2015. p. 33.

[89] BINENBOJM, Gustavo. *Uma teoria do direito administrativo*: direitos fundamentais, democracia e constitucionalização. 3. ed. Rio de Janeiro: Renovar, 2014. p. 136-137.

[90] "I – Embora – restrita ao âmbito do Judiciário a Resolução 7/2005 do Conselho Nacional de Justiça, a prática do nepotismo nos demais Poderes é ilícita. II – A vedação do nepotismo não exige a edição de lei formal para coibir a prática. III – Proibição que decorre diretamente dos princípios contidos no art. 37, caput, da CF/1988. [RE 579.951, Rel. Min. Ricardo Lewandowski, P, j. 20-8-2008, *DJe*, 202 de 24-10-2008, Tema 66.]". No mesmo sentido o julgado na ADC nº 12, Rel. Min. Ayres Britto, P, j. 20.8.2008, *DJe*, 237 de 18.12.2008.

[91] ALEXY, Robert. *Teoria discursiva do direito*. Tradução de Alexandre Travessoni Gomes Trivisonno. Rio de Janeiro: Forense Universitária, 2014. p. 127.

Marçal Justen Filho[92] grava que TODO E QUALQUER direito, interesse, poder, COMPETÊNCIA ou ônus SÃO LIMITADOS SEMPRE PELOS DIREITOS FUNDAMENTAIS. *Nenhuma decisão administrativa ofensiva dos direitos fundamentais pode ser reconhecida como válida.*

Ricardo Marcondes Martins[93] ensina que a ordem objetiva de valores constitucionalmente positivada aplica-se diretamente à Administração Pública, modo por que esta, na aplicação das leis, não pode fechar os olhos para a axiologia constitucional, podendo inclusive, EXCEPCIONALMENTE, AFASTAR NO CASO CONCRETO A PONDERAÇÃO LEGISLATIVA. Adiciona que a aplicação do direito não se dá apenas pela observância dos textos normativos; exige uma COMPLEXA ANÁLISE VALORATIVA; afirma que um valor deve prevalecer sobre outro e em que medida deve preponderar envolve mais do que uma análise textual – O DIREITO EXIGE QUE A SOLUÇÃO SEJA JUSTA.

Alexy[94] cita Dworkin ao assinalar que os sistemas jurídicos modernos não são geralmente caracterizados na base do tudo ou nada, ou seja, no modelo de regras que não aceitam exceções, salvo aquelas expressamente estatuídas, até porque, EM INÚMEROS CASOS, NÃO SE PODE TER CERTEZA DE QUE MAIS UMA NOVA EXCEÇÃO DEVE SER ESTATUÍDA, o que se resolve, portanto, por meio da relação entre regras e princípios. Por isso, Dworkin ensina que, COM FUNDAMENTO EM UM PRINCÍPIO, TODA REGRA PODE TORNAR-SE INAPLICÁVEL EM CIRCUNSTÂNCIAS ESPECIAIS.

Alexy[95] explica que uma regra pode deixar de ser aplicada numa situação concreta por força de um princípio e respectivas conclusões a respeito:

a) a INAPLICABILIDADE DE UMA REGRA, NUM CASO CONCRETO, POR FORÇA DE UM PRINCÍPIO, não significa que ela se torna simplesmente inválida, porém

---

[92] JUSTEN FILHO, Marçal. *Curso de direito administrativo*. 14. ed. Rio de Janeiro: Forense, 2023. p. 40.
[93] MARTINS, Ricardo Marcondes. *Estudos de direito administrativo neoconstitucional*. São Paulo: Malheiros, 2015. p. 16.
[94] ALEXY, Robert. *Teoria discursiva do direito*. Tradução de Alexandre Travessoni Gomes Trivisonno. Rio de Janeiro: Forense Universitária, 2014. p. 176.
[95] ALEXY, Robert. *Teoria discursiva do direito*. Tradução de Alexandre Travessoni Gomes Trivisonno. Rio de Janeiro: Forense Universitária, 2014. p. 176.

representa que, nessa hipótese, *UMA CLÁUSULA DE EXCEÇÃO À REGRA É ESTATUÍDA;*
b) se se aceita que os contraexemplos a princípios não são enumeráveis, então se deve também aceitar que OS CASOS DE SUA APLICAÇÃO NÃO SÃO ENUMERÁVEIS;
c) SE OS CASOS DA APLICAÇÃO DE PRINCÍPIOS NÃO SÃO ENUMERÁVEIS E SE A APLICAÇÃO DE PRINCÍPIOS PODE CONDUZIR A EXCEÇÕES A REGRAS, ENTÃO, EM VIRTUDE DISSO, NÃO PODEM AS EXCEÇÕES A REGRAS SER ENUMERÁVEIS;
d) se princípios não são aplicáveis em um modo tudo ou nada, em virtude disso as regras também não são.

Eduardo García de Enterría e Tomás-Ramón Fernández[96] invocam o ditado do Tribunal Constitucional da Espanha de que segue da interpretação conforme a Constituição que seja elidida qualquer construção interpretativa ou dogmática cujo resultado seja, direta ou indiretamente, contraditório com os valores constitucionais. "OS PRINCÍPIOS INCLUÍDOS NA CONSTITUIÇÃO TÊM CARÁTER INFORMADOR DE TODO O ORDENAMENTO JURÍDICO, QUE DEVE SER ASSIM INTERPRETADO DE ACORDO COM ELES".

Foi o que asseverou o Superior Tribunal de Justiça em julgado expressivo de sua melhor jurisprudência – a anterior à Súmula nº 650/STJ.[97]

---

[96] GARCÍA DE ENTERRÍA, Eduardo; FERNÁNDEZ, Tomás-Ramón. *Curso de direito administrativo*. São Paulo: Revista dos Tribunais, 2014. v. 1. p. 123; 125.
[97] "MS 19991/DF, MANDADO DE SEGURANÇA 2013/0089727-4, Rel. Min. MAURO CAMPBELL MARQUES (1141), Órgão Julgador S1 - PRIMEIRA SEÇÃO, data do julgamento 09/04/2014, public./Fonte DJe 23/04/2014. 1. Trata-se de mandado de segurança atacando ato do Ministro de Estado da Fazenda consistente na demissão da impetrante do cargo de Agente Administrativa do Quadro de Pessoal do Ministério da Fazenda, em razão do recebimento indevido de diárias de viagem. 2. Sustenta a impetrante que a pena de demissão é desproporcional, eis que não atende ao disposto no art. 128 da Lei 8.112/90 ('Na aplicação das penalidades serão consideradas a natureza e a gravidade da infração cometida, os danos que dela provierem para o serviço público, as circunstâncias agravantes ou atenuantes e os antecedentes funcionais'), especialmente porque (i) contava com trinta e um anos de serviço público, sem jamais ter sofrido qualquer registro desabonador de sua conduta; (ii) é muito baixo o prejuízo suportado pelo Erário; e (iii) houve devolução de modo espontâneo de parte dos valores, ainda que no curso do processo administrativo disciplinar. 3. Conforme o parecer do Ministério Público Federal, não houve observância do art. 128 da Lei 8.112/90, pois, '[...] embora diante dos fatos apurados no procedimento administrativo disciplinar pudesse haver ensejo à aplicação de uma punição (necessidade), a sanção aplicada a demandante no processo administrativo não foi adequada à situação, uma vez que o ato imputado à impetrante e que teria causado dano ao erário público, prejuízo de valor não vultoso [...]. Hipótese em que se mostra desproporcional a aplicação

Gustavo Binenbojm[98] propugna inclusive, de forma ainda mais ampla, que, perante leis ostensivamente violadoras de direitos fundamentais, a Administração Pública se encontra vinculada a preferir a Constituição à lei, desaplicando as respectivas leis feridas de inconstitucionalidade.

Dissertando sobre o conceito de PODER VINCULADO NO DIREITO ADMINISTRATIVO, Eduardo García de Enterría e Tomás-Ramón Fernández[99] advertem que *o processo de aplicação da lei, por exaustivas que sejam as previsões nesta contidas, raramente permite utilizar com propriedade a ideia de AUTOMATISMO, diante da necessidade de processos interpretativos que incluem obrigatoriamente avaliações*.

Caio Tácito[100] já enaltecia que A LEI NÃO É UM ARTIFÍCIO AUTOMÁTICO, mas um processo de graduação de valores materiais em função de critérios abstratos e gerais. A existência jurídica do ato não se resume na propriedade da norma invocada, mas em seu PLENO AJUSTAMENTO À HIPÓTESE CONCRETA.

Daniel Ferreira[101] ressalta que o saudoso Carlos Maximiliano continua tendo razão em suas seculares lições quando apregoava que a maioria absoluta dos juristas quer LIBERTAR DA LETRA DA LEI O JULGADOR, PELO MENOS QUANDO DA APLICAÇÃO RIGOROSA DOS TEXTOS RESULTE INJUSTA DUREZA, ou até mesmo simples antagonismo com os ditames da equidade. Assim vai perdendo apologistas na prática a frase de Ulpiano – *durum jus, sed ita lex scripta est* – "duro Direito, porém assim foi redigida a lei" – e prevalecendo, em seu lugar, o *summum jus, summa injuria* – "DO EXCESSO DO DIREITO RESULTA A SUPREMA JUSTIÇA".

Heraldo Garcia Vitta[102] adverte que o método da SUBSUNÇÃO nem sempre é apto para resolver todos os problemas concretos da

---

da pena de demissão a ora impetrante, que exercia o cargo de Agente Administrativa do Quadro de Pessoal do Ministério da Fazenda, com mais de trinta anos de serviço e sem antecedentes disciplinares'. 4. Segurança concedida".

[98] BINENBOJM, Gustavo. *Uma teoria do direito administrativo*: direitos fundamentais, democracia e constitucionalização. 3. ed. Rio de Janeiro: Renovar, 2014. p. 138.

[99] GARCÍA DE ENTERRÍA, Eduardo; FERNÁNDEZ, Tomás-Ramón. *Curso de direito administrativo*. São Paulo: Revista dos Tribunais, 2014. v. 1. p. 462.

[100] TÁCITO, Caio. *Temas de direito público*: estudos e pareceres. Renovar: Rio de Janeiro, 1997. v. 1. p. 944.

[101] FERREIRA, Daniel. *Teoria geral da infração administrativa a partir da Constituição Federal de 1988*. Belo Horizonte: Fórum, 2009. p. 50-51.

[102] VITTA, Heraldo Garcia. A atividade administrativa sancionadora e o princípio da segurança jurídica. *In*: VALIM, Rafael; OLIVEIRA, José Roberto Pimenta; POZZO, Augusto Neves Dal

vida cotidiana, requerendo dos cultores do direito a análise dos interesses em jogo, ponderando-os, que se encontram subjacentes à norma, utilizando-se, para esse mister, dos VALORES DA ORDEM JURÍDICA, ESPECIALMENTE AQUELES ESTABELECIDOS PELA CONSTITUIÇÃO.

O emérito administrativista lusitano Pedro Costa Gonçalves[103] ensina:
 a) a evolução no sentido de subordinação da Administração ao direito é uma resposta à insuficiência da visão clássica, liberal, da subordinação à lei;
 b) A AÇÃO ADMINISTRATIVA NÃO SE ESGOTA NUM PROCESSO DE APLICAÇÃO DE SOLUÇÕES GIZADAS PELO LEGISLADOR; na maior parte dos casos, o agente administrativo é convocado para, com o seu saber, se empenhar, de uma forma dinâmica, mas também autônoma, na "CONSTRUÇÃO DAS DECISÕES" que deve proferir. Esta tarefa, desenvolvida a partir de "normas abertas", que NÃO OFERECEM UMA SOLUÇÃO ÚNICA, tem de ser juridicamente orientada e parametrizada e não pode deixar de estar, a final, sujeita a controles jurídicos;
 c) a Administração está, pois, constrangida a respeitar um conjunto aberto e evolutivo de regras jurídicas e de princípios que vão sendo elaborados e apurados com o propósito de dirigir, de orientar e de condicionar a ação daquela, bem como, em regra, de oferecer aos tribunais um padrão ou parâmetro de controle das opções administrativas;
 d) por conseguinte, SÃO ILEGAIS OS ATOS ADMINISTRATIVOS PRATICADOS COM OFENSA DOS PRINCÍPIOS ou outras normas jurídicas aplicáveis.

Comentando sobre *temperamentos* à *legalidade*, Eduardo Stevanato Pereira de Souza[104] admoesta que, dependendo do caso concreto, os princípios podem se harmonizar ou até mesmo se omitir para que

---

(Coord.). *Tratado sobre o princípio da segurança jurídica no direito administrativo*. Belo Horizonte: Fórum, 2013. p. 667-679.
[103] GONÇALVES, Pedro Costa. *Manual de direito administrativo*. Coimbra: Almedina, 2019. v. 1. p. 185.
[104] SOUZA, Eduardo Stevanato Pereira de. *Atos administrativos inválidos*. Belo Horizonte: Fórum, 2012. p. 115.

prevaleçam outros, como a segurança jurídica, a confiança legítima, o direito adquirido e o ato jurídico perfeito.

A temeridade da compreensão positivista, no particular, foi claramente patenteada, reitere-se, pelo direito positivo nazista alemão, em que A ORDEM JURÍDICA GERMÂNICA CONSAGROU VIOLAÇÕES ABOMINÁVEIS DE DIREITOS HUMANOS E EXTERMÍNIO DE MINORIAS, *sob a premissa de que a justiça se confundiria com a mera validade (produção da norma segundo os procedimentos estabelecidos pelo sistema jurídico vigente)*[105] da norma posta.

Mutatis mutandis, foi isso que chocou o célebre químico judeu sobrevivente de Auschwitz, Primo Levi, quando, aturdido pelas barbaridades que diariamente presenciava nos campos de concentração, foi subitamente impedido por um guarda nazista de beber um pedaço de gelo para aplacar a sede que o lancinava, ao que indagou a razão daquela arbitrariedade e ouviu, perplexo, a resposta: "AQUI NÃO EXISTE POR QUÊ".[106]

Talvez seja idêntica a reflexão de Bauman:[107] "Como foi possível tamanho horror? Como isso pôde acontecer no coração da região mais civilizada do mundo?".

Ou seja, A EXCLUSÃO DA JUSTIÇA COMO CRITÉRIO DE VALIDADE DO DIREITO, EM FUNÇÃO DE UMA VISÃO estritamente FORMALISTA, ENSEJOU A PRÁTICA DE CRIMES CONTRA A HUMANIDADE, lastreada nas normas positivas do direito tedesco de Hitler, inclusive com a *internação de opositores políticos em campos de concentração* já em 1933[108] [109] pela ação da Polícia Política – Gestapo e da SS[110] (Dachau, 100 mil presos ainda

---

[105] Bobbio explica que validade é a relação de pertinência de uma norma a um ordenamento jurídico. Finca que a primeira condição para que uma norma seja considerada válida é que ela advenha de uma autoridade com poder legítimo de estabelecer normas jurídicas (BOBBIO, Norberto. *Teoria do ordenamento jurídico*. 10. ed. Brasília: Universidade de Brasília, 1999. p. 60-61).

[106] "Por exemplo: com toda aquela sede, vi, do lado de fora da janela, ao alcance da mão, um bonito caramelo de gelo. Abro a janela, quebro o caramelo, mas logo adianta-se um grandalhão que está dando voltas lá fora e o arranca brutalmente da minha mão. – *Warum?* – pergunto, em meu pobre alemão. – *Hier ist kein Warum* – (aqui não existe "por quê"), responde, empurrando-me para trás" (LEVI, Primo. *É isto um homem*. Rio de Janeiro: Rocco, 1988. p. 27; 35).

[107] BAUMAN, Zygmunt. *Modernidade e holocausto*. Rio de Janeiro: Zahar, 1988. p. 13.

[108] BUTLER, Rupert. *Gestapo*. Brasil: Lafonte, 2020. p. 115.

[109] GILBERT, Martin. *O Holocausto*. 2. ed. São Paulo: Hucitek, 2010. p. 34-35.

[110] GILBERT, Martin. *O Holocausto*. 2. ed. São Paulo: Hucitek, 2010. p. 40.

nesse ano), fechamento de sindicatos socialistas, queima de livros de psicologia, filosofia, publicações de orientação socialista, comunista, democrática e humanista, livros sobre judeus, obras contra a guerra, expulsão de todos os judeus sem ascendência ariana dentre o funcionalismo público[111] (inclusive na Áustria e na Holanda)[112] e da atividade docente nas universidades,[113] abolição dos partidos políticos e instalação da unicidade partidária nazista, esterilização compulsória de portadores de deficiências físicas ou mentais,[114] cegos e surdos[115] (mais tarde eliminados, por serem as chamadas *"BOCAS INÚTEIS"*, consoante sentença do Tribunal de Nuremberg contra o nazista Frick).[116]

Pior ainda que o mecanismo de efetivar a barbárie, a par da crueldade, brutalidade e completa INDIFERENÇA com os sentimentos humanos por parte dos carrascos e dos nazistas,[117] radicava na DESUMANIZAÇÃO DAS VÍTIMAS, tornando-as fantoches que, passivamente, renunciavam à sua humanidade, deixavam de afirmar sua identidade, de sorte que os torturados e aprisionados já estavam destruídos muito antes de subirem ao cadafalso ou marcharem em procissão até a câmara de gás, em submissão, em escravidão, como o observou Arendt.[118]

Luís Manoel Fonseca Pires[119] critica:
a) a escola exegética tinha a *solução de um caso concreto por pretensa subsunção formalística*, como se, ao expor um fato sob um ordenamento jurídico, fosse mesmo possível inequívoca e imediatamente encontrar, por uma operação *mecanicista*, desprovida de qualquer envolvimento volitivo do intérprete, uma norma jurídica que versasse hipoteticamente sobre o assunto, com a

---

[111] GILBERT, Martin. *O Holocausto*. 2. ed. São Paulo: Hucitek, 2010. p. 49.
[112] SCHLOSS, Eva. *Depois de Auschwitz*. São Paulo: Universo dos Livros, 2015. p. 35; 67.
[113] ARENDT, Hannah. *Eichman em Jerusalém*: um relato sobre a banalidade do mal. São Paulo: Companhia das Letras, 1999. p. 50.
[114] MINERBI, Alessandra. *A história ilustrada do nazismo*. São Paulo: Larousse do Brasil, 2008. p. 178.
[115] GILBERT, Martin. *A história do século XX*. São Paulo: Planeta, 2016. p. 244-248.
[116] ROLAND, Paul. *Os julgamentos de Nuremberg*. São Paulo: M. Books, 2013. p. 175.
[117] SCHLOSS, Eva. *Depois de Auschwitz*. São Paulo: Universo dos Livros, 2015. p. 100.
[118] ARENDT, Hannah. *Eichman em Jerusalém*: um relato sobre a banalidade do mal. São Paulo: Companhia das Letras, 1999. p. 22.
[119] PIRES, Luis Manuel Fonseca. *Controle judicial da discricionariedade administrativa*. 2. ed. Belo Horizonte: Fórum, 2013. p. 26-27.

EXATA CORRESPONDÊNCIA DE TODOS OS SEUS ELEMENTOS, de modo que, por consequência com este alinhamento entre a norma e o fato, fosse simples chegar à conclusão – com a concepção positivista, O DIREITO ERA A LEI (O TEXTO DA LEI) – a vontade e o relativismo axiológico eram absolutamente vedados à ciência jurídica;
b) havia um *fetichismo pela letra da lei*, uma crença de que seria realmente possível desenvolver um método que serviria a apenas descrever (descobrir) o direito – ou a intenção do legislador, ou a finalidade/propósito da norma, mas, de um jeito ou de outro, sem qualquer componente subjetivo por quem fosse proceder à interpretação e aplicação do direito.[120]

Gustavo Binenbojm,[121] particularizando o problema na seara da dogmática administrativa, atesta que o conceito-chave de ato administrativo como declaração concreta de vontade com a qual a Administração Pública particulariza e aplica uma previsão normativa geral, por seu distanciamento olímpico da realidade, não tardou a cair em desuso, porquanto, se mesmo referentemente à decisão judicial A IDEIA DA VINCULAÇÃO TOTAL E MECÂNICA À LEI SOA HOJE COMO FANTASIOSA OU CEREBRINA, por ainda maior razão sua invocação sem ressalvas é equivocada, visto que a noção de legalidade administrativa, enquanto VINCULAÇÃO À LEI FORMAL, NÃO APENAS É INAPTA A ALCANÇAR PERFORMATICAMENTE TODA A ATIVIDADE DA ADMINISTRAÇÃO, como, mais do que isso, não deve pretender alcançá-la.

Alfonso García Figueroa[122] registra que a cultura jurídica europeia, antigamente legicêntrica e formalista, mudou sua forma de ver o direito com as Constituições materializadas. Enfatizando sua crítica ao positivismo, o articulista expõe o célebre episódio de Primo Levi:

---

[120] PIRES, Luis Manuel Fonseca. *Controle judicial da discricionariedade administrativa*. 2. ed. Belo Horizonte: Fórum, 2013. p. 26-27.
[121] BINENBOJM, Gustavo. O sentido da vinculação administrativa à juridicidade no direito brasileiro. *In*: ARAGÃO, Alexandre Santos de; MARQUES NETO, Floriano de Azevedo (Coord.). *Direito administrativo e seus novos paradigmas*. Belo Horizonte: Fórum, 2012. p. 155.
[122] FIGUEROA, Alfonso García. Positivismo corrigido e positivistas incorrigíveis. *In*: MOREIRA, Eduardo Ribeiro (Coord.). *Argumentação e estado constitucional*. São Paulo: Ícone, 2012. p. 293; 303.

Existe um dramático episódio ocorrido em Auschwitz que expressa em toda a sua crueza esta situação quando é levada ao extremo. Parece que, em seu primeiro encontro com seu guardião no campo de concentração, Primo Levi lhe perguntou "Por quê?", ao que o guardião respondeu "Aqui não existe por quê". O positivismo nos obriga analogamente a dizer em um determinado momento "Aqui não há mais por quê" e isto é inadmissível do ponto de vista da justificação.

Di Pietro lembra que a Escola Legalista ou Exegética do direito administrativo compreendia a disciplina como sinônimo do direito positivo[123] e rememora as críticas que esse modelo recebia no sentido de que O DIREITO ADMINISTRATIVO NÃO SE ESGOTA NAS LEIS e regulamentos administrativos, porque o direito tem uma extensão bem mais ampla, a compreender os conceitos e PRINCÍPIOS produzidos pelo labor científico dos juristas e pela doutrina: "*A ciência jurídica é um conjunto de princípios e não pode consistir em comentários da legislação positiva*".

O POSITIVISMO JURÍDICO foi posto em xeque também pelos abusos cometidos pelos regimes autoritários nazifascistas, com a perseguição e genocídio de minorias (ao menos 6 milhões de judeus mortos, segundo o famoso historiador Martin Gilbert),[124] o que fez eclodir, após a Segunda Guerra Mundial, um movimento CONSTITUCIONALISTA, em razão do qual se DESLOCOU O CENTRO DO DIREITO DA LEI PARA A CONSTITUIÇÃO e em que a vontade do legislador perdia espaço para a norma constitucional e para a complexa atividade judicial, que *deixou de se resumir a uma mera operação subsuntiva, mecânica, para uma prática mais elaborada e pautada pela normatividade dos valores e princípios constitucionais e dos direitos fundamentais*, que deveriam ser encimados.

Paulo Bonavides[125] escreve:
a) a par da reviravolta antipositivista de Dworkin, num momento culminante para o advento do pós-positivismo, urge, no tocante aos princípios, reconhecer-lhes a normatividade, em face das posições mais recentes e definidas do CONSTITUCIONALISMO contemporâneo e seus

---
[123] DI PIETRO, Maria Sylvia Zanella. *Direito administrativo*. 27. ed. São Paulo: Saraiva, 2014. p. 41-42.
[124] GILBERT, Martin. *A história do século XX*. São Paulo: Planeta, 2016. p. 350.
[125] BONAVIDES, Paulo. *Curso de direito constitucional*. 29. ed. atual. São Paulo: Malheiros, 2014. p. 271; 273.

precursores, que erigiram os PRINCÍPIOS a categorias de NORMAS, numa reflexão profunda e aperfeiçoadora;
b) existem no direito proposições às quais séries de soluções positivas se subordinam. Essas proposições devem ser consideradas princípios;
c) "A verdade que fica é a de que OS PRINCÍPIOS SÃO UM INDISPENSÁVEL ELEMENTO DE FECUNDAÇÃO DA ORDEM JURÍDICA POSITIVA. CONTÊM EM ESTADO DE VIRTUALIDADE GRANDE NÚMERO DAS SOLUÇÕES QUE A PRÁTICA EXIGE".

Pedro Costa Gonçalves[126] pontilha que os princípios do Estado de direito (PROPORCIONALIDADE, não retroatividade, confiança, SEGURANÇA) e os princípios constitucionais da Administração Pública (legalidade, imparcialidade, JUSTIÇA) forçaram a RECONSTRUÇÃO DO DIREITO ADMINISTRATIVO À LUZ DO DIREITO CONSTITUCIONAL.

A doutrina agudiza,[127] comentando sobre o art. 20, da Lei de Introdução às Normas do Direito Brasileiro:

> Como hoje se acredita cada vez mais que OS PRINCÍPIOS PODEM TER FORÇA NORMATIVA – não só nas omissões legais, mas em qualquer caso – o mínimo que se pode exigir é que juízes e controladores (assim como os administradores) tenham de ponderar sobre "as consequências práticas da decisão" e considerar as "possíveis alternativas".

Gustavo Binenbojm[128] delineia as razões da CRISE DA LEI EM GERAL (legicentrismo) e da legalidade administrativa:
1) a proliferação ou inflação legislativa, estribada no mito da capacidade da lei de resolver todos os problemas sociais e de tratar de qualquer assunto e da completude

---

[126] GONÇALVES, Pedro Costa. *Manual de direito administrativo*. Coimbra: Almedina, 2019. v. 1. p. 345.
[127] BILIERI, Mário Dittrich; FALK, Matheus. O controle judicial ablativo e mandamental dos atos administrativos com baixo e médio grau de juridicidade e a Nova Lei de Introdução às Normas do Direito Brasileiro (Lei nº 13.655/2018). *In*: VALIATI, Thiago Priess; HUNGARO, Luis Alberto; CASTELLA, Gabriel Morettini e (Coord.). *A Lei de Introdução e o direito administrativo brasileiro*. Rio de Janeiro: Lumen Juris, 2019. p. 381.
[128] BINENBOJM, Gustavo. O sentido da vinculação administrativa à juridicidade no direito brasileiro. *In*: ARAGÃO, Alexandre Santos de; MARQUES NETO, Floriano de Azevedo (Coord.). *Direito administrativo e seus novos paradigmas*. Belo Horizonte: Fórum, 2012. p. 147-149.

do ordenamento jurídico, o que redundou em banalização das normas legais e prejuízo ao ideal de segurança jurídica e estabilidade das relações em sociedade;
2) *o formalismo jurídico positivista ensejou leis iníquas* no século XX, fulminando a visão ideal da lei como expressão da vontade geral, como as medidas nazifascistas;
3) o CONSTITUCIONALISMO substituiu o LEGALISMO nas esperanças de liberdade e justiça, com a adoção da CONSTITUIÇÃO COMO SISTEMA DE PRINCÍPIOS (expressão deontológica de valores) *com efeitos irradiantes sobre todo o ordenamento jurídico*, surgindo o fenômeno da constitucionalização do direito; NO DIREITO ADMINISTRATIVO, A LEI É SUBSTITUÍDA PELA CONSTITUIÇÃO, com sua superioridade formal e ascendência axiológica sobre o ordenamento jurídico: a reserva vertical da lei foi substituída pela reserva vertical da Constituição, a qual passa a figurar como HABILITADORA DA ATUAÇÃO ADMINISTRATIVA E CRITÉRIO IMEDIATO DA DECISÃO ADMINISTRATIVA, do que segue a constitucionalização do direito administrativo.

Percebeu-se que as NORMAS JURÍDICAS não se resumem a regras, mas também abrangem os PRINCÍPIOS, em razão do que se passa a requerer *MAIS COMPLEXA ATIVIDADE DO INTÉRPRETE E APLICADOR DO DIREITO do que a mera subsunção do exegetismo positivista*.

Tanto que a dogmática sustenta que[129] *A LEI DE INTRODUÇÃO ÀS NORMAS DO DIREITO BRASILEIRO IMPLEMENTOU OS DIREITOS FUNDAMENTAIS, OS PRINCÍPIOS E GARANTIAS DA CONSTITUIÇÃO FEDERAL*, designadamente o direito do administrado à MOTIVAÇÃO EXAUSTIVA das decisões administrativas.

João Batista Gomes Moreira,[130] nesse sentido, adverte que *a aplicação do direito é um trabalho crítico, e não mecânico*. Antônio Carlos

---

[129] KENICKE, Pedro Henrique Gallotti; CLÈVE, Ana Carolina de Camargo; MARTYNYCHEN, Marina Michel de Macedo. A Nova Lei de Introdução às Normas do Direito Brasileiro (LINDB) e a efetivação dos direitos e garantias fundamentais. In: VALIATI, Thiago Priess; HUNGARO, Luis Alberto; CASTELLA, Gabriel Morettini e (Coord.). *A Lei de Introdução e o direito administrativo brasileiro*. Rio de Janeiro: Lumen Juris, 2019. p. 642.

[130] MOREIRA, João Batista Gomes. *Direito administrativo*: da rigidez autoritária à flexibilidade democrática. Belo Horizonte: Fórum, 2005. p. 113.

Cintra do Amaral[131] endossa: "O papel do jurista não é apenas descritivo. É também argumentativo".

O administrativista luso Caupers[132] confirma:

> Ao contrário do que muitos julgam, A DECISÃO ADMINISTRATIVA NÃO CONSISTE, nem poderia consistir, NA APLICAÇÃO AUTOMÁTICA DA LEI: a norma jurídica não é um algoritmo e A APLICAÇÃO DO DIREITO PELA ADMINISTRAÇÃO PÚBLICA NÃO É UMA OPERAÇÃO MERAMENTE LÓGICA. É impossível apreciar a conformidade legal de uma actuação administrativa como quem corrige uma equação.

Paralelamente, a onipotência da lei entra em colapso na visão de parte da doutrina.

Max Möller[133] ensina que *ruiu o mito do positivismo exegético quanto* à *possibilidade de o legislador prever todas as condutas possíveis* e da adequação da PREVISÃO DE UMA SOLUÇÃO PADRONIZADA PARA TODAS AS SITUAÇÕES CONSTANTES DO MESMO SUPOSTO FÁTICO. Por isso, para o autor, o administrador público, que é também um intérprete da norma constitucional, se sujeita ao deslocamento da soberania da lei para a soberania da Constituição e não pode estar sempre submetido apenas às especificidades da lei, assim como PODE DECORRER DA APLICAÇÃO DE UM PRINCÍPIO O AFASTAMENTO DA NORMA LEGAL, subvertendo ou mitigando a máxima da legalidade própria do Estado liberal:

> O OBJETIVO DO CONSTITUCIONALISMO CONTEMPORÂNEO SERÁ O DE LIBERTAR O CIDADÃO DO ABSOLUTISMO DA LEI, DO MODELO DA LEI PELA LEI, da lei como instrumento soberano que não encontra nenhum limite senão na vontade do legislador.

Paulo Otero[134] assenta que o tradicional modelo de uma *legalidade administrativa fechada e rígida, produzindo uma Administração Pública serva da lei* por meio de uma APLICAÇÃO MECÂNICA OU

---

[131] AMARAL, Antônio Carlos Cintra. *Teoria do ato administrativo*. Belo Horizonte: Fórum, 2008. p. 94.

[132] CAUPERS, João. *Introdução à ciência do direito administrativo*. Lisboa: Âncora, 2002. p. 174.

[133] MÖLLER, Max. *Teoria geral do neoconstitucionalismo*: bases teóricas do constitucionalismo contemporâneo. Porto Alegre: Livraria do Advogado, 2011. p. 179-181.

[134] OTERO, Paulo. *Legalidade e administração pública*: o sentido da vinculação administrativa à juridicidade. Coimbra: Almedina, 2011. p. 894.

PURAMENTE SUBSUNTIVA DAS SOLUÇÕES CONTIDAS EM NORMAS LEGAIS heterovinculativas, tal como havia sido teorizada em certos setores liberais, encontra-se hoje *desesperadamente ultrapassado*.
Lenio Streck complementa:
a) um dos grandes problemas do positivismo jurídico é a questão das lacunas e da INSUFICIÊNCIA DAS REGRAS PARA ABARCAR TODO O UNIVERSO DO FENÔMENO DO DIREITO EM SUA POLIFACÉTICA REALIDADE NO MUNDO PRÁTICO, sobretudo quando da impossibilidade de aplicação do método dedutivo ou de subsunção, perante situações difíceis;[135]
b) se existisse um texto que abarcasse todas as hipóteses de aplicação, seria um "texto perfeito", fundamentado em si mesmo, o que, porém, é impossível, o que era a pretensão do positivismo exegético. Acresce que "O DIREITO NÃO PODE SER ANALISADO SEM QUE SEJA POSTO EM RELAÇÃO COM O CASO";[136]
c) discurso exegético-positivista enseja críticas por representar retrocesso, porque continua a sustentar discursos objetivistas, IDENTIFICANDO SENTIDO DO TEXTO (NORMA) E TEXTO, concomitantemente à subjetivização do texto ao assujeitamento pelo intérprete, "transformando o processo interpretativo em uma subsunção dualística do fato à norma, *COMO SE FATO E DIREITO FOSSEM COISAS CINDÍVEIS E OS TEXTOS (JURÍDICOS) FOSSEM MEROS ENUNCIADOS LINGÜÍSTICOS*".[137]

Max Möller[138] assinala o movimento neoconstitucionalista como reação crítica ao modelo jurídico do Estado legislativo liberal, em vista de atribuir limites perenes ao direito, balizas mínimas das quais este não poderia afastar-se, a despeito das disposições das maiorias parlamentares ocasionais, além de que O DIREITO

---

[135] STRECK, Lenio. *Verdade e consenso*: constituição, hermenêutica e teorias discursivas. 4. ed. São Paulo: Saraiva, 2012. p. 60.
[136] STRECK, Lenio. *Jurisdição constitucional e decisão jurídica*. 3. ed. São Paulo: Thomson Reuters, 2013. p. 224-225.
[137] STRECK, Lenio. *Verdade e consenso*: constituição, hermenêutica e teorias discursivas. 4. ed. São Paulo: Saraiva, 2012. p. 66.
[138] MÖLLER, Max. *Teoria geral do neoconstitucionalismo*: bases teóricas do constitucionalismo contemporâneo. Porto Alegre: Livraria do Advogado, 2011. p. 21.

PODE BUSCAR SOLUÇÕES JUSTAS E ADEQUADAS AOS CASOS CONCRETOS, AFASTANDO-SE DAS SOLUÇÕES-PADRÃO PREDEFINIDAS QUANDO ESTAS SE MOSTRAREM INADEQUADAS.

Alexy[139] verbera que DECISÕES INJUSTAS não se limitam a colidir com a moral, mas SÃO AINDA JURIDICAMENTE DEFEITUOSAS. Assim o direito não está aberto somente à crítica que vem de fora. A dimensão crítica é restituída exatamente dentro do próprio direito.

Paulo Otero[140] consigna:
a) o princípio constitucional da JUSTIÇA do agir administrativo assume a configuração de um "superprincípio geral", traduzindo "o critério autêntico" do SENTIDO MATERIAL DO ESTADO DE DIREITO ou a síntese da "ideia de direito";
b) o princípio da justiça configura-se como um "princípio de princípios, dele resultando a relevância operativa dos princípios constitucionais da igualdade", da proporcionalidade, da imparcialidade e da boa-fé junto da Administração Pública;
c) O PRINCÍPIO DA JUSTIÇA surge como "pedra de fecho" do sistema, verdadeira cláusula residual que permite a REJEIÇÃO DA VALIDADE DAS "SOLUÇÕES MANIFESTAMENTE [...] INCOMPATÍVEIS COM A IDEIA DE DIREITO";
d) A RELEVÂNCIA DAS SITUAÇÕES DE FATO NA CONFIGURAÇÃO E CONFORMAÇÃO DO AGIR ADMINISTRATIVO fundamenta-se, em última análise, no princípio da JUSTIÇA; é *a ideia de justiça material que postula a proibição de ausência de articulação ou a existência de uma disparidade radical entre a conduta da Administração Pública e facticidade envolvida;*
e) a atendibilidade das situações de fato no agir administrativo, revelando que estamos diante de uma questão de fato de certa questão de direito, pois "O DIREITO NÃO PODE PRESCINDIR DO FACTO e o facto não pode

---

[139] ALEXY, Robert. *Teoria discursiva do direito*. Tradução de Alexandre Travessoni Gomes Trivisonno. Rio de Janeiro: Forense Universitária, 2014. p. 103.
[140] OTERO, Paulo. *Direito do procedimento administrativo*. Coimbra: Almedina, 2016. p. 216; 259.

prescindir do direito", conduz à juridificação da factualidade: *A ATENDIBILIDADE DA SITUAÇÃO FACTUAL PELA ADMINISTRAÇÃO PÚBLICA* ainda é, em todas as suas dimensões e sempre, *uma QUESTÃO DE DIREITO*.

O festejado constitucionalista Jorge Miranda[141] avaliza que um *Estado de direito material, UM ESTADO DE DIREITOS FUNDAMENTAIS, não pode deixar de ser também* um ESTADO DE JUSTIÇA, a pressupor um PRINCÍPIO DE JUSTIÇA.

João Batista Gomes Moreira,[142] alumiando com a nova perspectiva, consigna:
a) o princípio da legalidade evoluiu de um puro legalismo formal, como era concebido no Estado liberal, para uma LEGALIDADE PERMEADA DE VALORES E DE PRINCÍPIOS DE JUSTIÇA material e solidariedade, os quais ocupam a atenção também do jurista, de sorte que A ESCOLHA DO MELHOR CAMINHO, NA ELABORAÇÃO E APLICAÇÃO (NA ELEIÇÃO DO MELHOR RESULTADO DA INTERPRETAÇÃO) DO DIREITO, é tarefa interdisciplinar;
b) a evolução do ambiente social e econômico, uma realidade em contínua transformação, e a superveniência de relações sociais mais complexas expuseram a fragilidade da Escola Exegética do Direito e explicitação unívoca dos textos normativos;[143]
c) A ORDEM JURÍDICA POSITIVA NÃO POSSUI "APARATO MECÂNICO MEDIANTE O QUAL, APERTANDO-SE O CORRESPONDENTE BOTÃO, APAREÇA A NORMA ADEQUADA PARA O CASO CONCRETO".[144]

Sérgio Sérvulo da Cunha[145] critica:
a) o positivismo jurídico se equivoca quanto à natureza do direito – que confunde com a norma – e quanto à natureza

---

[141] MIRANDA, Jorge. *Manual de direito constitucional*: direitos fundamentais. 5. ed. Coimbra: Coimbra, 2012. t. IV. p. 254.
[142] MOREIRA, João Batista Gomes. *Direito administrativo*: da rigidez autoritária à flexibilidade democrática. Belo Horizonte: Fórum, 2005. p. 98.
[143] MOREIRA, João Batista Gomes. *Direito administrativo*: da rigidez autoritária à flexibilidade democrática. Belo Horizonte: Fórum, 2005. p. 99.
[144] MOREIRA, João Batista Gomes. *Direito administrativo*: da rigidez autoritária à flexibilidade democrática. Belo Horizonte: Fórum, 2005. p. 105.
[145] CUNHA, Sérgio Sérvulo. *Princípios constitucionais*. 2. ed. São Paulo: Saraiva, 2013. p. 105.

da norma, que confunde com o comando do governante. A questão da legitimidade não pode ser afastada da reflexão jurídica, como se não existisse. Nem se compreende a realidade abstraindo-se de seus elementos de idealidade. Iniciando-se com o reducionismo, uma visão incompleta da realidade, O POSITIVISMO DESEMBOCA NO IRRACIONALISMO e caminha para o AUTORITARISMO. *"AO EXPULSAR A PREOCUPAÇÃO DA JUSTIÇA para o território da lua, cometeu-se um engano básico, que baniu das ciências sociais a própria* ética";

b) identificar a norma que incide na espécie é apenas o primeiro passo na busca da solução justa, mais justa ou menos injusta; A APLICAÇÃO DA LEI EM SUA LITERALIDADE, EM SUA ABSTRATIVIDADE, OU EM SEU RIGOR, SEM ATENÇÃO ÀS CIRCUNSTÂNCIAS, PODE REPRESENTAR UM DESVIO DE FINALIDADE, DAÍ A IMPORTÂNCIA DA INDIVIDUALIZAÇÃO DA PENA, da equidade, encimando o relevo da JUSTIÇA COMO PRINCÍPIO CONSTITUCIONAL.[146]

1.2 Importância dos princípios na aplicação do direito e papel criativo (argumentativo) do intérprete – Crise da subsunção

A crise da subsunção, enquanto mecanismo de solução de todos os casos de aplicação do direito, decorre de que OS PRINCÍPIOS SÃO NORMAS JURÍDICAS, paralelamente às regras.

Carlos Ari Sundfeld[147] anota:

a) O PRINCÍPIO JURÍDICO É NORMA DE HIERARQUIA SUPERIOR ÀS REGRAS e que determina o sentido e alcance destas, que não podem contrariá-lo, sob pena de pôr em risco a globalidade do ordenamento jurídico: "Deve haver coerência entre os princípios e as regras, no sentido que vai daqueles para estas";

---

[146] CUNHA, Sérgio Sérvulo. *Princípios constitucionais.* 2. ed. São Paulo: Saraiva, 2013. p. 107.
[147] SUNDFELD, Carlos Ari. *Fundamentos de direito público.* São Paulo: Malheiros, 1992. p. 140.

b) aquele que somente conhece as regras ignora a parcela mais importante do direito, justamente a que faz dele um todo coerente, lógico, ordenado, logo aplica o direito pela metade; OS PRINCÍPIOS DETERMINAM A ADEQUADA INTERPRETAÇÃO DAS REGRAS, DIZENDO QUE É INCORRETA A INTERPRETAÇÃO DA REGRA QUANDO DELA DERIVAR CONTRADIÇÃO, EXPLÍCITA OU VELADA, COM OS PRINCÍPIOS;
c) quando a regra tiver sido redigida de modo tal que resulte mais extensa ou mais restrita do que o princípio, justifica-se a interpretação restritiva ou extensiva, respectivamente, para calibrar o alcance da regra com o do princípio: "*A aplicação das regras não se faz de modo isolado, mas em conjunto com todo o ordenamento. Ninguém pode aplicar uma regra, tem sempre de aplicar todo o Direito*".[148]

Jessé Torres Pereira Júnior,[149] condenando o EXEGETISMO POSITIVISTA, salienta que a evolução da dogmática dos PRINCÍPIOS também se projeta no desenvolvimento do direito administrativo ao DEVOLVER AOS OPERADORES JURÍDICOS A PREOCUPAÇÃO COM OS FINS E VALORES, antes restrita à pura consideração dos legisladores, em virtude do que todos os profissionais do direito, em qualquer grau que operem, assumem hoje responsabilidades que ultrapassam o mecanismo da aplicação silogística para contribuírem pessoalmente para o objetivo comum da realização da juridicidade plena.

Eduardo García de Enterría e Tomás-Ramón Fernández[150] observam que:
a) é um erro da concepção positivista do direito reduzi-lo a simples normas e tentar materializar nelas todas as características do sistema jurídico;
b) a interpretação de cada norma (a compreensão de seu sentido como operação necessariamente prévia à sua aplicação) é, por igual motivo, uma interpretação de

---
[148] SUNDFELD, Carlos Ari. *Fundamentos de direito público*. São Paulo: Malheiros, 1992. p. 141-142.
[149] PEREIRA JÚNIOR, Jessé Torres. *Controle judicial da administração pública*: da legalidade estrita à lógica do razoável. 2. ed. Belo Horizonte: Fórum, 2009. p. 92-93.
[150] GARCÍA DE ENTERRÍA, Eduardo; FERNÁNDEZ, Tomás-Ramón. *Curso de direito administrativo*. São Paulo: Revista dos Tribunais, 2014. v. 1. p. 84-86.

todo o ordenamento no qual essa norma está integrada e dentro do qual adquire seu significado;

c) o direito não pode ser afastado de uma concepção material de justiça, profundamente arraigada no coração dos homens. "As lacunas que sempre são deixadas pelas normas quando isoladamente consideradas devem ser integradas dentro desse complexo unitário e sistemático que é o ordenamento jurídico, integração que é feita, principalmente, com base nos princípios que o regem".

García de Enterría e Fernández[151] escrevem, outrossim, que OS PRINCÍPIOS GERAIS DO DIREITO têm uma capacidade heurística (para SOLUCIONAR OS PROBLEMAS DE INTERPRETAÇÃO DAS LEIS E DOS ATOS JURÍDICOS, COM VISTAS A UMA SOLUÇÃO), inventiva (para organizar ou descobrir novas organizações) e organizacional, para ordenar os atos heterogêneos, mutáveis e até *contraditórios da vida jurídica* – são os princípios que emprestam a esta seu dinamismo característico, sua inovação e sua evolução contínuas.

Lenio Streck[152] censura o predomínio do método, do dispositivo, da tecnização, da especialização, numa *CULTURA JURÍDICA ESTANDARDIZADA,* na qual O DIREITO NÃO É PENSADO EM SEU ACONTECER, reprovando ainda o pensamento jurídico objetificador, a *PRÁTICA DEDUTIVISTA E SUBSUNTIVA,* que impede o aparecer do direito naquilo que ele tem ou deve ter de transformador.

O administrativista luso Colaço Antunes[153] censura o drama-devaneio do jurista contemporâneo de, no fundo, EXPULSAR A REALIDADE DO MUNDO DO DIREITO.

Luiz S. Cabral de Moncada[154] expõe que É MEDIANTE O CONTRIBUTO DOS PRINCÍPIOS GERAIS QUE O AGENTE PODE FAZER, COM SUCESSO, A PONDERAÇÃO ADEQUADA NA SENDA DE UMA APLICAÇÃO CONFORMADORA DO DIREITO, que dá vazão a critérios axiológicos, na medida em que, se, na aplicação do direito, a Administração estivesse apenas subordinada ao

---

[151] GARCÍA DE ENTERRÍA, Eduardo; FERNÁNDEZ, Tomás-Ramón. *Curso de direito administrativo.* São Paulo: Revista dos Tribunais, 2014. v. 1. p. 100.

[152] STRECK, Lenio. *Verdade e consenso*: constituição, hermenêutica e teorias discursivas. 4. ed. São Paulo: Saraiva, 2012. p. 216.

[153] ANTUNES, Luís Filipe Colaço. *A ciência jurídica administrativa.* Coimbra: Almedina, 2016. p. 326-327.

[154] MONCADA, Luiz S. Cabral de. *Autoridade e liberdade na teoria do acto administrativo*: contributo dogmático. Coimbra: Editora Coimbra, 2014. p. 659.

texto da lei, por não poder contar com mais nada, a valia axiológica da respectiva conduta nem sempre seria a melhor. Os princípios gerais assumem, destarte, o papel de normas convergentes com a que consta do texto legal na tarefa de conformação do direito: "É DA JUNÇÃO DO TEXTO DA LEI COM O PRINCÍPIO GERAL QUE RESULTA A MELHOR APLICAÇÃO DO DIREITO".

Luiz S. Cabral de Moncada[155] adita que:
a) a riqueza dos PRINCÍPIOS GERAIS DO DIREITO, COMO FONTE DE JURIDICIDADE ADMINISTRATIVA, compreende-se mediante o respectivo confronto com as regras jurídicas, pois os princípios se oferecem como critérios gerais e permanentes, eivados de conteúdo ético, que acrescentam novos elementos de ponderação aos que derivam imediatamente do texto positivo e escrito da lei: "Permitem assim chegar onde o controlo do simples texto legal não chegaria na medida em que acrescentam novos elementos de ponderação aprofundada aos elementos que a lei oferece";
b) OS PRINCÍPIOS GERAIS DO DIREITO SERVEM PARA ELIMINAR SOLUÇÕES DESAJUSTADAS OU INADEQUADAS NOS CASOS CONCRETOS DECIDIDOS PELA ADMINISTRAÇÃO PÚBLICA, EXCLUINDO AS PIORES SOLUÇÕES.

José Carlos Vieira de Andrade enaltece a importância acrescida e decisiva dos PRINCÍPIOS JURÍDICOS COMO PADRÕES JURÍDICOS AUTÔNOMOS NA APLICAÇÃO (INTERPRETAÇÃO, CONCRETIZAÇÃO, ADAPTAÇÃO, CORREÇÃO E CONTROLE DA LEGITIMIDADE) das disposições normativas e legislativas, utilizados para RESOLUÇÃO PONDERADA DOS "CASOS DIFÍCEIS",[156] e acresce:
a) OS PRINCÍPIOS JURÍDICOS FUNDAMENTAIS PASSAM A REGER DIRETAMENTE A ATIVIDADE ADMINISTRATIVA, como concretização do princípio da juridicidade;
b) a interpretação das normas não se reduz à determinação de uma vontade preexistente, antes implica, nos casos

---

[155] MONCADA, Luiz S. Cabral de. *Autoridade e liberdade na teoria do acto administrativo*: contributo dogmático. Coimbra: Editora Coimbra, 2014. p. 661-662.
[156] ANDRADE, José Carlos Vieira de. *Lições de direito administrativo*. 3. ed. Coimbra: Universidade de Coimbra, 2013. p. 47; 54.

concretos, uma concretização criadora (constitutiva), que é evidente quando a lei utiliza conceitos vagos ou conceitos imprecisos de tipo;
c) NÃO HÁ UMA SOLUÇÃO ÚNICA NA DETERMINAÇÃO CONCRETA DA HIPÓTESE NORMATIVA;
d) não é possível uma separação absoluta entre hipótese e estatuição da norma legal, entre cognição e volição, ou entre interpretação e subsunção na aplicação do direito, designadamente das leis administrativas.

Paulo Bonavides[157] pondera que *os princípios, em grau de positivação, encabeçam o sistema, guiam e fundamentam todas as demais normas que a ordem jurídica institui e, finalmente, tendem a exercitar aquela função axiológica vazada em novos conceitos de sua relevância.*

Paulo Otero[158] salienta que A SOLUÇÃO DO CASO CONCRETO NÃO SE LIMITA A UMA MERA OPERAÇÃO DE SUBSUNÇÃO, antes envolve por parte do aplicador o exercício de uma tarefa que consubstancia a introdução na ordem jurídica de algo novo; APLICAR O DIREITO É SEMPRE UM ATO DE CRIAÇÃO; a Administração Pública desenvolve um papel ativo e criativo na realização do direito.

João Batista Gomes Moreira,[159] abraçando esse norte, sentencia que A APLICAÇÃO DO DIREITO É UM TRABALHO CRÍTICO, NÃO MECÂNICO, com uma atitude necessária de canalizar o progresso, de acordo com as tendências de evolução social.

Lenio Streck confirma que[160] não se realiza mais uma pirâmide formal de conceitos para apurar o sentido do direito positivo, mas SE UTILIZA O INTÉRPRETE COMO CANAL ATRAVÉS DO QUAL OS VALORES SOCIAIS INVADEM O DIREITO, como se *o sujeito que julga fosse o fiador de que as regras jurídicas não seriam aplicadas de um modo excessivamente formalista.*

---

[157] BONAVIDES, Paulo. *Curso de direito constitucional*. 29. ed. atual. São Paulo: Malheiros, 2014. p. 299.

[158] OTERO, Paulo. *Legalidade e administração pública*: o sentido da vinculação administrativa à juridicidade. Coimbra: Almedina, 2011. p. 215.

[159] MOREIRA, João Batista Gomes. *Direito administrativo*: da rigidez autoritária à flexibilidade democrática. Belo Horizonte: Fórum, 2005. p. 113.

[160] STRECK, Lenio. *Jurisdição constitucional e decisão jurídica*. 3. ed. São Paulo: Thomson Reuters, 2013. p. 204.

Paulo Otero[161] adiciona que *cada decisão concreta de aplicação do direito* deverá ser objeto de controle tendente a determinar a respectiva recondução aos critérios que, no sistema global em questão, A FUNDAMENTAM RACIONALMENTE.

1.3 O paradigma do neoconstitucionalismo

Max Möller[162] destaca que o neoconstitucionalismo, enquanto ideologia, apresenta-se como o movimento jurídico de oposição à lógica do Estado decimônico, em que imperava o LEGALISMO, O CULTO À LEI, A CONCEPÇÃO DE ATIVIDADE JUDICIAL COMO FORMA MECÂNICA DE APLICAÇÃO DA LEI, substituindo esse velho paradigma pelo papel decisivo de uma nova vista da CONSTITUIÇÃO, já não mais como mero limitador formal do poder, mas como VERDADEIRA NORMA JURÍDICA, a impor direitos e obrigações ao Estado e aos particulares, na qualidade de DOCUMENTO JURÍDICO DE MAIOR HIERARQUIA NOS SISTEMAS JURÍDICOS.

Luís Roberto Barroso[163] resume que o NEOCONSTITUCIONALISMO identifica um conjunto amplo de transformações ocorridas no Estado e no direito constitucional, em meio às quais podem ser assinalados:

(i) como marco histórico, a formação do Estado constitucional de direito, cuja consolidação se deu ao longo das décadas finais do século XX;

(ii) como marco filosófico, o pós-positivismo, com a centralidade dos direitos fundamentais e a reaproximação entre direito e ética;

(iii) como marco teórico, o conjunto de mudanças que incluem a força normativa da Constituição, a expansão da jurisdição constitucional e o desenvolvimento de uma nova dogmática da interpretação constitucional. Desse conjunto

---

[161] OTERO, Paulo. *Legalidade e administração pública*: o sentido da vinculação administrativa à juridicidade. Coimbra: Almedina, 2011. p. 216.

[162] MÖLLER, Max. *Teoria geral do neoconstitucionalismo*: bases teóricas do constitucionalismo contemporâneo. Porto Alegre: Livraria do Advogado, 2011. p. 21.

[163] BARROSO, Luís Roberto. Neoconstitucionalismo e constitucionalização do direito. O triunfo tardio do direito constitucional no Brasil. *Jus Navigandi*, Teresina, ano 10, n. 851, 1º nov. 2005. Disponível em: http://jus.com.br/artigos/7547. Acesso em: 22 abr. 2014.

de fenômenos resultou um processo extenso e profundo de constitucionalização do direito.

Max Möller[164] averba:

a) conquanto vise também a limitar o poder e garantir a liberdade dos cidadãos, o neoconstitucionalismo não compartilha do culto à lei, pois considera que este foi irrecuperavelmente abalado ante a manipulação das maiorias legislativas pelos regimes totalitários característicos da metade do século XX, em virtude do que o movimento neoconstitucionalista propõe uma RELEITURA DA CONSTITUIÇÃO COMO INSTRUMENTO NORMATIVO LIMITADOR DA PRÓPRIA LEI;

b) o neoconstitucionalismo marca, de forma acentuada, a diferenciação da prática constitucional contemporânea ao privilegiar o CARÁTER NORMATIVO DA CONSTITUIÇÃO E A VINCULAÇÃO MATERIAL AOS DIREITOS FUNDAMENTAIS, relativamente ao modelo liberal de constitucionalismo, em que a supremacia constitucional era meramente formal;[165]

c) os juízes, no movimento neoconstitucionalista, já NÃO EXERCEM UMA FUNÇÃO DE MODO AUTÔMATO, APLICANDO A LEI DE FORMA MECÂNICA, MAS EXSURGE A IMPORTÂNCIA DA INTERPRETAÇÃO DO DIREITO, EM FACE DA ABRANGÊNCIA DOS PRINCÍPIOS E VALORES ou das zonas de indeterminação das normas constitucionais, de sorte que mesmo as regras, ainda que apresentem uma solução específica, estão sujeitas a parâmetros de validade fundados em normas de estrutura aberta, tornando complexos os juízos interpretativos;[166]

d) o neoconstitucionalismo, embora proporcione uma reinserção da DISCUSSÃO MATERIAL DA VALIDADE DO DIREITO, O FAZ A PARTIR DA CONSTITUIÇÃO,

---

[164] MÖLLER, Max. *Teoria geral do neoconstitucionalismo*: bases teóricas do constitucionalismo contemporâneo. Porto Alegre: Livraria do Advogado, 2011. p. 24-25.

[165] MÖLLER, Max. *Teoria geral do neoconstitucionalismo*: bases teóricas do constitucionalismo contemporâneo. Porto Alegre: Livraria do Advogado, 2011. p. 28.

[166] MÖLLER, Max. *Teoria geral do neoconstitucionalismo*: bases teóricas do constitucionalismo contemporâneo. Porto Alegre: Livraria do Advogado, 2011. p. 39.

motivo por que não representa um mero retorno do direito natural, haja vista que os critérios materiais de validade já estão incorporados aos ordenamentos jurídicos, mas reconhece a contribuição do jusnaturalismo ao neoconstitucionalismo pela possibilidade de construção de uma ciência de interpretação adequada à presença de normas de conteúdo material situadas no cume dos ordenamentos jurídicos e o controle material das demais normas do sistema a partir dessas normas superiores;[167]

e) a crítica ao positivismo jurídico se robustece pelo neoconstitucionalismo em virtude do CARÁTER NORMATIVO DA CONSTITUIÇÃO, da existência de tribunais constitucionais capazes de proceder a juízos de adequação material das leis, da presença ainda de CATÁLOGO DE DIREITOS FUNDAMENTAIS, normalmente previstos em forma de PRINCÍPIOS;[168]

f) resta superado o positivismo do único modelo possível de regra em que se conecta um suposto fático a uma consequência ou resultado jurídico mediante uma atividade de modo autômato de interpretação.[169]

Miguel Carbonell,[170] ao se perguntar o que marca distintamente o neoconstitucionalismo, elenca três elementos que caracterizariam esse fenômeno:

1) as Constituições do pós-guerra que não se limitam a estabelecer as competências estatais e a separar os poderes públicos, mas também contêm normas substantivas, como os catálogos de direitos fundamentais, que condicionam a atuação do Estado por meio da ordenação de certos fins e objetivos;

---

[167] MÖLLER, Max. *Teoria geral do neoconstitucionalismo*: bases teóricas do constitucionalismo contemporâneo. Porto Alegre: Livraria do Advogado, 2011. p. 46-47; 61.

[168] MÖLLER, Max. *Teoria geral do neoconstitucionalismo*: bases teóricas do constitucionalismo contemporâneo. Porto Alegre: Livraria do Advogado, 2011. p. 56-57.

[169] MÖLLER, Max. *Teoria geral do neoconstitucionalismo*: bases teóricas do constitucionalismo contemporâneo. Porto Alegre: Livraria do Advogado, 2011. p. 93.

[170] CARBONELL, Miguel. Neoconstitucionalismo: elementos para una definición. *In*: MOREIRA, Eduardo; PUGLIESI, Marcio. 20 anos da Constituição brasileira. São Paulo: Saraiva, 2009 *apud* GALVÃO, Jorge Octávio Lavocat. *O neoconstitucionalismo e o fim do Estado de direito*. São Paulo: Saraiva, 2013. p. 36.

2) práticas jurisprudenciais mais complexas a partir da construção de parâmetros interpretativos adequados para lidar com essa axiologia do texto constitucional, como as TÉCNICAS INTERPRETATIVAS PRÓPRIAS DA UTILIZAÇÃO DE PRINCÍPIOS – A PONDERAÇÃO, A PROPORCIONALIDADE, A RAZOABILIDADE, A MÁXIMA EFETIVIDADE DAS NORMAS CONSTITUCIONAIS, a irradiação horizontal dos direitos fundamentais etc. – o que acarreta uma explosão da atividade judicial e requer de alguma forma o ativismo judicial;
3) desenvolvimentos teóricos novos a partir dos textos constitucionais fortemente substantivos que não pretendem apenas explicar o fenômeno jurídico, mas também contribuir decisivamente na sua modificação.

Jorge Octavio Lavocat Galvão[171] acentua que se pode considerar o neoconstitucionalismo como sendo uma interpretação da prática jurídica a partir da perspectiva dos juízes, em que a Constituição – editada após o restabelecimento do regime democrático – é tida como uma norma substantiva, composta primariamente por princípios, exigindo do intérprete o manuseio de técnicas especiais, notadamente a ponderação.

O autor[172] comenta que o traço do neoconstitucionalismo, com a expansão do Poder Judiciário, remete à ideia de proteção de direitos fundamentais. O argumento segue o seguinte raciocínio: após as atrocidades cometidas pelos nazistas na Segunda Guerra Mundial, verificou-se a necessidade de insular-se um núcleo mínimo de direitos da esfera política, a fim de evitar-se que novos abusos fossem cometidos.[173] Estabeleceu-se, então, o controle das opções legislativas

---

[171] GALVÃO, Jorge Octávio Lavocat. *O neoconstitucionalismo e o fim do Estado de direito*. São Paulo: Saraiva, 2013. p. 37.

[172] GALVÃO, Jorge Octávio Lavocat. *O neoconstitucionalismo e o fim do Estado de direito*. São Paulo: Saraiva, 2013. p. 63.

[173] Eduardo Cambi, árduo defensor do *argumento da proteção de direitos*, desenvolve o seu raciocínio da seguinte forma: "Com a derrota dos regimes totalitários (nazi-fascistas), verificou-se a necessidade de criarem catálogos de direitos e garantias fundamentais para a defesa do cidadão frente aos abusos que poderiam vir a ser cometidos pelo Estado ou por quaisquer detentores do poder em suas manifestações políticas, econômicas, intelectuais etc.", concluindo que "a derrota dos regimes totalitários também evidenciou a necessidade de criação de mecanismos efetivos de controle da Constituição, por intermédio do aperfeiçoamento [...] da jurisdição constitucional" (CAMBI, Eduardo. *Neoconstitucionalismo e neoprocessualismo*: direitos fundamentais, políticas públicas e protagonismo judiciário.

a partir da constitucionalização de um catálogo de direitos que serve de parâmetro de controle utilizado por cortes constitucionais criadas especialmente para conter eventuais transgressões à dignidade da pessoa humana por parte dos órgãos públicos.[174] Após algumas décadas de prática, em que se formou uma cultura de proteção a direitos, a experiência bem-sucedida europeia espalhou-se mundo afora.[175] A adoção de cartas constitucionais substantivas e tribunais constitucionais tornou-se padrão em países que atravessaram longos períodos de autoritarismo e restabeleceram o regime democrático nas últimas décadas.

Kildare Gonçaves Carvalho[176] explica:

a) o neoconstitucionalismo deve ser compreendido pelo papel de SUPREMACIA ATRIBUÍDA À CONSTITUIÇÃO como elemento integrador da comunidade política, na superação da dicotomia direito natural e direito positivo, por meio da percepção de que a Constituição positiva preceitos morais e, portanto, carrega em seu bojo elementos valorativos capazes de servir de PARÂMETROS

São Paulo: Revista dos Tribunais, 2010. p. 31; 35 *apud* GALVÃO, Jorge Octávio Lavocat. *O neoconstitucionalismo e o fim do Estado de direito*. São Paulo: Saraiva, 2013).

[174] Martin Borowski, em estudo sobre a formação da Corte Constitucional alemã, corrobora esse entendimento ao afirmar: "A fundamental reason for the striking powers of the Federal Constitutional Court lies in the experience of the collapse of the Weimer Republic. The institutions of the Weimer Republic reflected what proved to be an undue optimism about things democratic. [...] There can be no doubt, however, that the fundamental motive lay in the experience with the lawless regime of the National Socialists. Against this backdrop, the safeguard provided by the legislator's substantive commitment to the basic rights is a natural step" (BOROWSKI, Martin. The Beginnings of Germany's Federal Constitutional Court. *Ratio Juris*, v. 16, n. 2, p. 155-186, jun. 2003 *apud* GALVÃO, Jorge Octávio Lavocat. *O neoconstitucionalismo e o fim do Estado de direito*. São Paulo: Saraiva, 2013).

[175] Alec Stone Sweet assim descreve esta tendência mundial: "After the World War II, a 'new-constitutionalism' has emerged and widely diffused. Human rights have been codified and given a privileged place in the constitutional law; and quasi-judicial organs called constitutional courts have been charged with ensuring the normative superiority of the constitution. Such courts have been established in Austria (1945), Italy (1948), the Federal Republic of Germany (1949), France (1958), Portugal (1976), Spain (1978), Belgium (1985) and, after 1989, in the post-Communist Czech Republic, Hungary, Poland, Romania, Russia, Slovakia, the Baltics, and in several states of the former Yugoslavia" (SWEET, Alec Stone; MATHEWS, Jud. Proportionality Balancing and Global Constitutionalism. *Columbia Journal of Transnational Law*, v. 47, p. 73-165, 2008 *apud* GALVÃO, Jorge Octávio Lavocat. *O neoconstitucionalismo e o fim do Estado de direito*. São Paulo: Saraiva, 2013).

[176] CARVALHO, Kildare Gonçalves. *Direito constitucional*: teoria do Estado e da Constituição – Direito constitucional positivo. 15. ed. rev., atual. e ampl. Belo Horizonte: Del Rey, 2009. p. 251.

MATERIAIS PARA AFERIÇÃO DA LEGITIMIDADE DO DIREITO INFRACONSTITUCIONAL;
b) operou-se a suplantação da hermenêutica tradicional para uma técnica de interpretação capaz de dar conta da dupla necessidade de FUNDAMENTAÇÃO RACIONAL DAS DECISÕES CONSTITUCIONAIS, bem como pela adequada resolução sistemática dos conflitos de valores oferecidos pela positivação das pretensões normativas díspares de uma sociedade complexa e pós-tradicional;
c) encima-se no neoconstitucionalismo a ideia de CENTRALIDADE DA CONSTITUIÇÃO NO SISTEMA JURÍDICO, A SUPREMACIA MATERIAL DAS NORMAS CONSTITUCIONAIS, A FORÇA NORMATIVA DOS PRINCÍPIOS, A ÊNFASE NOS DIREITOS FUNDAMENTAIS.

Alberto Guimarães Andrade[177] sustenta que apenas com uma leitura da lei impregnada de ordem e valores morais se pode entender o direito público moderno, com o efeito de que se ponha um adeus nas lições que tentavam estabelecer uma linha limítrofe estanque entre direito e moral, na medida em que o direito moderno, em sua pretensão de justiça e dignidade, incorporou valores morais à letra da lei escrita, prometendo ao cidadão uma disciplina mais iluminada por valores morais e éticos. "O Direito Moderno não pode se firmar em um positivismo avesso a considerações de ordem moral. O DIREITO, ASSIM, HUMANIZOU-SE, incorporou valores sociais que uma leitura fria da letra da lei jamais poderia traduzir".

Kildare Gonçaves Carvalho[178] também identifica como propriedades ou acepções do neoconstitucionalismo:
a) o panprincipialismo, por cujo efeito O ARGUMENTO DOS PRINCÍPIOS SE JUNTA A OUTROS DOIS ARGUMENTOS – O DA CORREÇÃO E O DA INJUSTIÇA, com a aceitação da tese de conexão do direito e da moral;

---

[177] ANDRADE, Alberto Guimarães. Advocacia pública ética e eficaz. In: PIRES, Maria Coeli Simões; PINTO, Luciana Moraes Raso Sardinha (Coord.). *Paulo Neves de Carvalho* – Suas lições por seus discípulos. Belo Horizonte: Fórum, 2012. p. 104.

[178] CARVALHO, Kildare Gonçalves. *Direito constitucional:* teoria do Estado e da Constituição – Direito constitucional positivo. 15. ed. rev., atual. e ampl. Belo Horizonte: Del Rey, 2009. p. 251.

b) o judicialismo ético-jurídico, com o exercício pelos operadores do direito de juízos de adequação e de justificação, a par das técnicas subsuntivas;
c) a interpretação moral da Constituição, significando que a perspectiva interpretativa da moralidade da Constituição com pressuposto nos valores morais da pessoa humana, ou seja, a Constituição, numa perspectiva construtiva de valores democráticos, deve ser interpretada também como um conjunto de princípios morais;
d) *a superação da visão meramente descritiva do direito, positivista,* com um modelo ideal axiológico-normativo do direito, ao qual o direito positivo deve atender;
e) a ponderação dos princípios e métodos próprios para a interpretação constitucional.

Já as críticas ao neoconstitucionalismo giram em torno do maior subjetivismo do aplicador e intérprete do direito, com riscos de decisionismo ou decisões baseadas na vontade pessoal do exegeta, além dos riscos à segurança jurídica e à lei como emanação da vontade geral do povo, relativizados pelos princípios, os quais abrigam uma leitura moral e mais ampla do sistema jurídico.

Critica-se que o juiz assumiria o centro da produção do direito, em vez do processo democrático legislativo.

1.4 A constitucionalização do direito como fundamento do neoconstitucionalismo: a eficácia irradiante dos direitos fundamentais e seu significado

Luís Roberto Barroso[179] registra que os precedentes de Marbury *v.* Madison, na Suprema Corte dos Estados Unidos da América, em 1803, mais o suporte da doutrina de *O Federalista*, cimentaram as origens da constitucionalização estadunidense, com a INTERPRETAÇÃO DE TODO O DIREITO POSTO À LUZ DA CONSTITUIÇÃO, enquanto característica histórica da experiência americana, e não uma singularidade contemporânea.

---

[179] BARROSO, Luís Roberto. A constitucionalização do direito e suas repercussões no âmbito administrativo. *In*: ARAGÃO, Alexandre Santos de; MARQUES NETO, Floriano de Azevedo (Coord.). *Direito administrativo e seus novos paradigmas.* Belo Horizonte: Fórum, 2012. p. 34.

O constitucionalista,[180] no entanto, atribui o marco inicial do processo de constitucionalização do direito na Alemanha, no regime da Lei Fundamental de 1949, em face da posição do Tribunal Constitucional Federal no quanto assentou que os direitos fundamentais, além de sua dimensão subjetiva de proteção de situações individuais, desempenham uma outra função: a de instituir uma ordem objetiva de valores. O sistema jurídico, por isso, deve proteger determinados direitos e valores, não apenas pelo eventual proveito que possa trazer a uma ou algumas pessoas, mas pelo interesse geral da sociedade na sua satisfação. Outrossim, ESSAS NORMAS CONSTITUCIONAIS CONDICIONAM A INTERPRETAÇÃO DE TODOS OS RAMOS DO DIREITO, PÚBLICO E PRIVADO, E VINCULAM OS PODERES ESTATAIS.

O administrativista lusitano Pedro Costa Gonçalves[181] reforça:
a) a Administração Pública deve preferir a interpretação mais afeiçoada à CONSTITUIÇÃO, AOS VALORES CONSTITUCIONAIS, e aplicar a lei em conformidade;
b) a doutrina norte-americana alude, neste âmbito, a um constitucionalismo administrativo, descrito como um processo pelo qual A ADMINISTRAÇÃO PÚBLICA É CHAMADA A APLICAR DIRETAMENTE A CONSTITUIÇÃO E A INCORPORAR OS VALORES CONSTITUCIONAIS NAS SUAS DECISÕES; pelo menos uma parte da doutrina encoraja este processo *"to take constitutional values and concerns into account in their decisionmaking"*;
c) o constitucionalismo administrativo assenta na ideia de que existe uma deslocação do fulcro da efetividade da Constituição do legislador para a Administração;
d) sobressai o fato de AS NORMAS CONSTITUCIONAIS SURGIREM COMO CRITÉRIOS DE ORIENTAÇÃO DA AÇÃO E DA DECISÃO ADMINISTRATIVA, porquanto ocupam um lugar de destaque as normas sobre DIREITOS FUNDAMENTAIS. A vinculação administrativa às

---

[180] BARROSO, Luís Roberto. A constitucionalização do direito e suas repercussões no âmbito administrativo. *In*: ARAGÃO, Alexandre Santos de; MARQUES NETO, Floriano de Azevedo (Coord.). *Direito administrativo e seus novos paradigmas*. Belo Horizonte: Fórum, 2012. p. 35.
[181] GONÇALVES, Pedro Costa. *Manual de direito administrativo*. Coimbra: Almedina, 2019. v. 1. p. 352, 360.

normas que consagram direitos, liberdades e garantias opera diretamente.

Robert Alexy[182] afiança que, no Estado constitucional, postulados morais são incorporados ao sistema jurídico na forma de DIREITOS FUNDAMENTAIS, em face da necessidade de proteção de direitos humanos na ordem jurídica, particularmente como reação aos desmandos de leis totalitárias e cruéis implantadas no regime nazista contra minorias.

Luís Roberto Barroso[183] explicita:
a) a Constituição passa a ser não apenas um sistema em si, com a sua ordem, unidade e harmonia, mas também *um modo de olhar e interpretar todos os demais ramos do direito*;
b) esse fenômeno, *a filtragem constitucional*, consiste em que TODA A ORDEM JURÍDICA DEVE SER LIDA E APREENDIDA SOB A LENTE DA CONSTITUIÇÃO, DE MODO A REALIZAR OS VALORES NELA CONSAGRADOS;
c) ao aplicar uma norma, o intérprete deve orientar seu sentido e alcance à REALIZAÇÃO DOS FINS CONSTITUCIONAIS;
d) em suma: A CONSTITUIÇÃO FIGURA HOJE NO CENTRO DO SISTEMA JURÍDICO, de onde irradia sua força normativa, dotada de supremacia formal e material, e funciona não apenas como parâmetro de validade para a ordem infraconstitucional, mas também como VETOR DE INTERPRETAÇÃO DE TODAS AS NORMAS DO SISTEMA.

O autor[184] explica que a ideia de CONSTITUCIONALIZAÇÃO do direito está associada a um *efeito expansivo das normas constitucionais, cujo conteúdo material e axiológico se irradia, com força normativa, por todo o sistema jurídico*. OS VALORES, *os fins públicos e os comportamentos contemplados NOS PRINCÍPIOS e regras DA CONSTITUIÇÃO*

---

[182] ALEXY, Robert. *Teoria discursiva do direito*. Tradução de Alexandre Travessoni Gomes Trivisonno. Rio de Janeiro: Forense Universitária, 2014. p. 328.
[183] BARROSO, Luís Roberto. A constitucionalização do direito e suas repercussões no âmbito administrativo. In: ARAGÃO, Alexandre Santos de; MARQUES NETO, Floriano de Azevedo (Coord.). *Direito administrativo e seus novos paradigmas*. Belo Horizonte: Fórum, 2012. p. 43.
[184] BARROSO, Luís Roberto. A constitucionalização do direito e suas repercussões no âmbito administrativo. In: ARAGÃO, Alexandre Santos de; MARQUES NETO, Floriano de Azevedo (Coord.). *Direito administrativo e seus novos paradigmas*. Belo Horizonte: Fórum, 2012. p. 32.

passam a CONDICIONAR a validade e O SENTIDO DE TODAS AS NORMAS DO DIREITO INFRACONSTITUCIONAL.

O constitucionalista fluminense[185] enaltece que a supremacia formal e axiológica da Constituição determina a técnica da interpretação conforme à Constituição, a significar a LEITURA DA NORMA INFRACONSTITUCIONAL DA FORMA QUE MELHOR REALIZE O SENTIDO E O ALCANCE DOS VALORES E FINS CONSTITUCIONAIS a ela subjacentes e que pode operar, ainda, uma singela determinação de sentido da norma, por sua NÃO INCIDÊNCIA A DETERMINADA SITUAÇÃO DE FATO ou a exclusão, por inconstitucional, de uma das normas que podem ser extraídas do texto.

Bulos[186] endossa que a FILTRAGEM CONSTITUCIONAL advém da ideia de que toda a ordem jurídica deve ser lida e apreendida sob a lente da Carta Magna, permitindo que TODOS OS RAMOS DO DIREITO SEJAM INTERPRETADOS e lidos À LUZ DA CONSTITUIÇÃO BRASILEIRA DE 1988.

Cláudio Pereira de Souza Neto e Daniel Sarmento[187] discorrem sobre a interpretação conforme a Constituição como determinante da interpretação de todo o ordenamento e que deriva do fundamento da unidade do ordenamento jurídico, sob a supremacia da Constituição, a qual é hierarquicamente superior aos demais atos normativos que com ela compõem uma única ordem, de sorte que A LEI FUNDAMENTAL DEVE FUNCIONAR COMO DIRETRIZ NA INTERPRETAÇÃO DE TODAS AS NORMAS JURÍDICAS.

Eduardo García de Enterría e Tomás-Ramón Fernández[188] pronunciam:

    a) A CONSTITUIÇÃO ESTABELECE O CONTEXTO NECESSÁRIO DE TODAS E CADA UMA DAS LEIS PARA FINS DE SUA INTERPRETAÇÃO E APLICAÇÃO, ainda que seja um contexto no qual a todas excede em significado e em categoria;

---

[185] BARROSO, Luís Roberto. A constitucionalização do direito e suas repercussões no âmbito administrativo. *In*: ARAGÃO, Alexandre Santos de; MARQUES NETO, Floriano de Azevedo (Coord.). *Direito administrativo e seus novos paradigmas*. Belo Horizonte: Fórum, 2012. p. 44-45.

[186] BULOS, Uadi Lammêgo. *Curso de direito constitucional*. 16. ed. São Paulo: SaraivaJur, 2023. p. 353.

[187] SOUZA NETO, Cláudio Pereira de Souza; SARMENTO, Daniel. *Direito constitucional*: teoria, história e métodos de trabalho. Belo Horizonte: Fórum, 2013. p. 455.

[188] GARCÍA DE ENTERRÍA, Eduardo; FERNÁNDEZ, Tomás-Ramón. *Curso de direito administrativo*. São Paulo: Revista dos Tribunais, 2014. v. 1. p. 123.

b) é o entendimento do Tribunal Constitucional espanhol que A INTERPRETAÇÃO CONFORME À CONSTITUIÇÃO DE TODA E QUALQUER NORMA DO ORDENAMENTO *possui uma correlação lógica na VEDAÇÃO, que é necessário entender como implícita, A QUALQUER CONSTRUÇÃO INTERPRETATIVA ou dogmática cujo resultado seja, direta ou indiretamente, CONTRADITÓRIO COM OS VALORES CONSTITUCIONAIS.*

A doutrina pós-positivista, sob o marco do neoconstitucionalismo, é albergada na jurisprudência brasileira. O Superior Tribunal de Justiça pontificou:[189]

> 1. A exegese Pós-Positivista, imposta pelo atual estágio da ciência jurídica, impõe na análise da legislação infraconstitucional o crivo da principiologia da Carta Maior, que lhe revela a denominada "vontade constitucional", cunhada por Konrad Hesse na justificativa da força normativa da Constituição.
> 2. Sob esse ângulo, assume relevo a colocação topográfica da matéria constitucional no afã de aferir a que vetor principiológico pertence, para que, observando o princípio maior, a partir dele, transitar pelos princípios específicos, até o alcance da norma infraconstitucional.

Cláudio Pereira de Souza Neto e Daniel Sarmento[190] rememoram que A INTERPRETAÇÃO CONFORME À CONSTITUIÇÃO, como princípio hermenêutico, não se direciona apenas ao Poder Judiciário, mas A TODOS OS QUE INTERPRETAM E APLICAM AS NORMAS JURÍDICAS, INCLUSIVE A ADMINISTRAÇÃO PÚBLICA, OS QUAIS DEVEM FAZÊ-LO DE ACORDO COM A CONSTITUIÇÃO, preferindo sempre as exegeses legais que mais prestigiem os comandos constitucionais. Lenio Streck[191] pontifica, nessa perspectiva, que "é dever dos juízes e tribunais aplicar as leis em conformidade com os direitos fundamentais".

Lenio Streck enaltece o PAPEL DA CONSTITUIÇÃO COMO EMBEBEDORA, INVASORA, CAPAZ DE CONDICIONAR TANTO

---

[189] Ag nº 1.186.124, Rel. Min. Luiz Fux, public. 25.9.2009.
[190] SOUZA NETO, Cláudio Pereira de Souza; SARMENTO, Daniel. *Direito constitucional*: teoria, história e métodos de trabalho. Belo Horizonte: Fórum, 2013. p. 457.
[191] STRECK, Lenio. *Verdade e consenso*: constituição, hermenêutica e teorias discursivas. 4. ed. São Paulo: Saraiva, 2012. p. 209.

A LEGISLAÇÃO, A JURISPRUDÊNCIA COMO O ESTILO DOUTRINÁRIO À AÇÃO DOS AGENTES PÚBLICOS.[192]

Jorge Miranda, a seu turno, explica que *não são os direitos fundamentais que agora se movem no* âmbito *da lei, mas A LEI QUE DEVE MOVER-SE NO ÂMBITO DOS DIREITOS FUNDAMENTAIS*.[193]

Nesse particular, um dos fundamentos do neoconstitucionalismo, como o defende Miguel Carbonell,[194] é a ideia de que *a Constituição é invasiva dos vários ramos do direito e de todo o sistema jurídico, devendo-se proceder* à *conformação de toda interpretação jurídica aos postulados e normas constitucionais.*

Robert Alexy[195] justifica que A EFICÁCIA IRRADIANTE não opera por acaso, mas sim porque OS DIREITOS FUNDAMENTAIS, além de sua dignidade constitucional, versam sobre a estrutura fundamental da sociedade.

Luís Roberto Barroso[196] aponta que a Constituição passa a ser não apenas um sistema em si – com a sua ordem, unidade e harmonia –, mas também um modo de olhar e interpretar todos os demais ramos do direito. Este fenômeno, identificado por alguns autores como filtragem constitucional, consiste em que TODA A ORDEM JURÍDICA DEVE SER LIDA E APREENDIDA SOB A LENTE DA CONSTITUIÇÃO, DE MODO A REALIZAR OS VALORES NELA CONSAGRADOS. Como antes já assinalado, a constitucionalização do direito infraconstitucional não tem como sua principal marca a inclusão na Lei Maior de normas próprias de outros domínios, mas, sobretudo, a REINTERPRETAÇÃO DE SEUS INSTITUTOS SOB UMA ÓTICA CONSTITUCIONAL. À LUZ DE TAIS PREMISSAS, TODA INTERPRETAÇÃO JURÍDICA É TAMBÉM INTERPRETAÇÃO CONSTITUCIONAL. *Qualquer operação de realização do direito envolve a aplicação direta ou indireta da Lei Maior.*

---

[192] STRECK, Lenio. *Verdade e consenso*: constituição, hermenêutica e teorias discursivas. 4. ed. São Paulo: Saraiva, 2012. p. 60.

[193] MIRANDA, Jorge. *Manual de direito constitucional*: direitos fundamentais. 5. ed. Coimbra: Coimbra, 2012. t. IV. p. 320.

[194] CARBONELL, Miguel. *Neoconstitucionalismo(s)*. Madrid: Trota, 2009. p. 286.

[195] ALEXY, Robert. *Teoria discursiva do direito*. Tradução de Alexandre Travessoni Gomes Trivisonno. Rio de Janeiro: Forense Universitária, 2014. p. 129.

[196] BARROSO, Luís Roberto. A constitucionalização do direito e suas repercussões no âmbito administrativo. *In*: ARAGÃO, Alexandre Santos de; MARQUES NETO, Floriano de Azevedo (Coord.). *Direito administrativo e seus novos paradigmas*. Belo Horizonte: Fórum, 2012.

Maria Sylvia Zanella Di Pietro[197] confirma:

> O Estado Democrático de Direito pretende VINCULAR AS LEIS aos ideais de JUSTIÇA, ou seja, *submeter o Estado não apenas à lei em sentido puramente formal, mas ao Direito*, abrangendo TODOS OS VALORES INSERIDOS EXPRESSA OU IMPLICITAMENTE NA CONSTITUIÇÃO.

Max Möller[198] sublinha o crescimento do neoconstitucionalismo e sua consolidação gradativa nos sistemas jurídicos, com o efeito de constitucionalização dos ordenamentos jurídicos, de sorte que *os dispositivos constitucionais passam a ter clara influência e repercussão em todos os ramos do direito*, mesmo os segmentados pelos Códigos.

Miguel Carbonell[199] enuncia que, segundo o neoconstitucionalismo, os juízes devem trabalhar com *valores que estão constitucionalizados e que requerem uma tarefa hermenêutica capaz de aplicá-los a casos concretos de forma justificada e razoável*, dotando-os de conteúdos normativos concretos, tendo em vista que *a Constituição é invasora, intrometida tanto sobre a legislação, a jurisprudência, como a doutrina*, no modelo neoconstitucionalista.

Lenio Streck[200] prossegue dizendo que sempre se deve perquirir a compatibilidade constitucional de um dispositivo legal com a Constituição (entendido na sua principiologia). "DEVE-SE SEMPRE PERGUNTAR SE, À LUZ DA CONSTITUIÇÃO, A REGRA JURÍDICA É APLICÁVEL À HIPÓTESE (AO CASO)".

O jurista[201] destaca que deve haver a filtragem hermenêutico-constitucional, com a aplicação de decisão redutiva (direito luso), ou anulação parcial qualitativa (Béguin), quando a norma, no seu conjunto, não deve ser aplicada a certa situação por tal aplicação ser

---

[197] DI PIETRO, Maria Sylvia Zanella. *Direito administrativo*. 27. ed. São Paulo: Saraiva, 2014. p. 29.
[198] MÖLLER, Max. *Teoria geral do neoconstitucionalismo*: bases teóricas do constitucionalismo contemporâneo. Porto Alegre: Livraria do Advogado, 2011. p. 21.
[199] CARBONELL, Miguel. El neoconstitucionalismo: significado y niveles de análisis. In: CARBONELL, Miguel; GARCÍA JARAMILO, Leonardo. *El canon neoconstitucional*. Madrid: Trotta, 2010. p. 155; 159.
[200] STRECK, Lenio. *Verdade e consenso*: constituição, hermenêutica e teorias discursivas. 4. ed. São Paulo: Saraiva, 2012. p. 311.
[201] STRECK, Lenio. *Verdade e consenso*: constituição, hermenêutica e teorias discursivas. 4. ed. São Paulo: Saraiva, 2012. p. 313.

inconstitucional. "O TEXTO DA REGRA NÃO RESISTE À CONS-
TITUIÇÃO (E SUA PRINCIPIOLOGIA)".[202]

O professor gaúcho adiciona que a afirmação de que sempre existirá uma resposta constitucionalmente adequada, que, em face do caso concreto, será a resposta correta, decorre do fato de que UMA REGRA SOMENTE SE MANTÉM SE ESTIVER EM CONFORMIDADE COM A CONSTITUIÇÃO.[203]

Luigi Ferrajoli atesta que *os juízes devem interpretar as leis à luz da Constituição e com o efeito de ampliar ou restringir o alcance normativo das leis segundo os princípios constitucionais.*[204]

Lenio Streck endossa que a construção das condições para a concretização da Constituição implica entender a CONSTITUIÇÃO COMO UMA DIMENSÃO QUE BANHA TODO O UNIVERSO DOS TEXTOS JURÍDICOS, transformando-os em normas, e ocorre sempre a partir de um ato aplicativo, que ENVOLVE TODA A HISTORICIDADE E A FACTICIDADE, ENFIM, A SITUAÇÃO HERMENÊUTICA EM QUE SE ENCONTRA O JURISTA/INTÉRPRETE.[205]

Lacombe[206] confirma, citando Recasens Siches, que residem três níveis de problema:

(1) o problema de se descobrir qual a norma válida para o caso controvertido;

(2) O PROBLEMA DE CONVERTER OS TERMOS GERAIS DA LEI ou do regulamento EM UMA NORMA SINGULAR E CONCRETA PARA O CASO PARTICULAR debatido, de modo que nesta NORMA INDIVIDUALIZADA SE CUMPRA O PROPÓSITO QUE INSPIROU A REGRA GERAL;

(3) o problema de eleger o melhor método de interpretação para tratar o caso concreto, para não falar nos casos mais

---

[202] STRECK, Lenio. *Verdade e consenso*: constituição, hermenêutica e teorias discursivas. 4. ed. São Paulo: Saraiva, 2012. p. 340.

[203] STRECK, Lenio. *Verdade e consenso*: constituição, hermenêutica e teorias discursivas. 4. ed. São Paulo: Saraiva, 2012. p. 415.

[204] FERRAJOLI, Luigi. *Constitucionalismo garantista e neoconstitucionalismo*. Anais do IX Simpósio Nacional de Direito Constitucional. Curitiba: Academia Brasileira de Direito Constitucional, [s.d.].

[205] STRECK, Lenio. *Hermenêutica jurídica e(m) crise*: uma exploração hermenêutica da construção do direito. 10. ed. rev., atual. e ampl. Porto Alegre: Livraria do Advogado, 2011. p. 360.

[206] CAMARGO, Margarida Maria Lacombe. *Hermenêutica e argumentação*: uma contribuição ao estudo do direito. 3. ed. Rio de Janeiro: Renovar, 2003. p. 164.

contundentes de lacuna e de antinomia; uma de suas principais preocupações é com um método capaz de encontrar a SOLUÇÃO JUSTA PARA O CASO SINGULAR.

Streck[207] aprofunda a explicação de seu ponto de vista:
a) a hermenêutica será o exsurgir da compreensão, a qual dependerá da FATICIDADE e da historicidade do intérprete;
b) essa faticidade e historicidade é o *locus* da pré-compreensão, condição de possibilidade para qualquer interpretação. Dizendo de um modo mais simples: só interpreto se compreendo; só compreendo se tenho a pré-compreensão, que é constituída de uma estrutura prévia (*Vorhabe*), visão prévia (*Vorsicht*) e concepção prévia (*Vorgriff*), que já une todas as partes (textos) do "sistema";
c) como a hermenêutica de matriz gadameriana (que não difere neste sentido da matriz da ontologia fundamental) não é um método, mas, sim, filosofia, é a condição-de-ser-no-mundo do intérprete que vai determinar o sentido;
d) a pergunta pelo sentido do texto é uma pergunta pelo modo como esse sentido se dá, qual seja, através do intérprete, inserido na tradição, que compreende esse sentido;
e) não se interpreta, pois, um texto (jurídico) desvinculado da antecipação de sentido representado pelo sentido que o intérprete tem (no caso que para o direito mais interessa, da Constituição).

Flavio Henrique Unes Pereira[208] aprova a lição de Menelick de Carvalho Netto quando este observa que A SENSIBILIDADE DO OPERADOR DO DIREITO PARA AS ESPECIFICIDADES DO CASO CONCRETO É FUNDAMENTAL PARA QUE SE POSSA ENCONTRAR A NORMA ADEQUADA PARA FAZER JUSTIÇA

---

[207] STRECK, Lenio. *Hermenêutica jurídica e(m) crise*: uma exploração hermenêutica da construção do direito. 10. ed. rev., atual. e ampl. Porto Alegre: Livraria do Advogado, 2011. p. 271.
[208] PEREIRA, Flavio Henrique Unes. O controle jurisdicional da sanção disciplinar: por uma reflexão crítica sobre o posicionamento do STJ a partir do MS n. 12.927/DF. *In*: PEREIRA, Flavio Henrique Unes et al. *O direito administrativo na jurisprudência do STF e do STJ*. Belo Horizonte: Fórum, 2014. p. 243-251.

NAQUELA SITUAÇÃO ESPECÍFICA (senso de adequabilidade – Klaus Gunther).

Nesse compasso, leciona Alexy:[209]

> Segundo Günther, existe entre a FUNDAMENTAÇÃO e a APLICAÇÃO DE UMA NORMA uma diferença fundamental. Na fundamentação de uma norma trata-se de sua validade, e somente de sua validade; na sua APLICAÇÃO, de sua conveniência, e somente de sua conveniência. A conveniência de uma norma somente pode ser determinada com vista a uma situação de aplicação determinada. PARA COMPROVAR SE UMA NORMA, EM UMA SITUAÇÃO DETERMINADA, É CONVENIENTE, É NECESSÁRIO APRECIÁ-LA COM VISTA A TODAS AS CARACTERÍSTICAS DESSA SITUAÇÃO E COM VISTA A TODAS AS NORMAS QUE, ALTERNATIVAMENTE, ENTRAM EM QUESTÃO. A conveniência de uma norma compõe-se, por conseguinte, de dois componentes: de sua relação (1) para com uma situação determinada e (2) para com todas as outras normas que entram em questão nessa situação Günther tenta compreender isso com auxílio do conceito de coerência. UM DISCURSO DE APLICAÇÃO É, POR CONSEGUINTE, UM DISCURSO NO QUAL É TENTADO CONSIDERAR TODAS AS CARACTERÍSTICAS DE UMA SITUAÇÃO.

Nesse ponto, impenderia observar os efeitos do princípio da EFICÁCIA IRRADIANTE DOS DIREITOS FUNDAMENTAIS[210][211] COMO VETOR DE INTERPRETAÇÃO DAS NORMAS INFRACONSTITUCIONAIS,[212] inclusive as respeitantes à classificação de certas penalidades disciplinares como atos vinculados, até porque "o aspecto objetivo dos direitos fundamentais comunica-lhes,

---

[209] ALEXY, Robert. *Direito, razão, discurso*: estudos para a filosofia do direito. Tradução de Luís Afonso Heck. Porto Alegre: Livraria do Advogado, 2010. p. 46.

[210] "Eficácia irradiante ou efeito de irradiação dos direitos fundamentais, no sentido de que estes, na sua condição de direito objetivo, fornecem impulsos e diretrizes para a aplicação e interpretação do direito infraconstitucional, implicando uma interpretação conforme aos direitos fundamentais de todo o ordenamento jurídico" (SARLET, Ingo Wolfgang; MARINONI, Luiz Guilherme; MITIDIERO, Daniel. *Curso de direito constitucional*. São Paulo: Revista dos Tribunais, 2012. p. 296).

[211] ALEXY, Robert. *Direito, razão, discurso*: estudos para a filosofia do direito. Tradução de Luís Afonso Heck. Porto Alegre: Livraria do Advogado, 2010. p. 162.

[212] "São as normas constitucionais que vinculam toda a atividade estatal infraconstitucional, e não o contrário" (SCHAFER, Jairo. *Classificação dos direitos fundamentais do sistema geracional ao sistema unitário*: uma proposta de compreensão. 2. ed. rev. e atual. Porto Alegre: Livraria do Advogado, 2013. p. 92).

também, uma eficácia irradiante, o que os converte em diretriz para a interpretação e aplicação das normas dos demais ramos do Direito".[213]

Como admoesta Lenio Streck, "O TEXTO DA REGRA NÃO RESISTE À CONSTITUIÇÃO (E SUA PRINCIPIOLOGIA)",[214] advertindo que A RESPOSTA HERMENÊUTICA CORRETA É AQUELA ADEQUADA À CONSTITUIÇÃO.

1.5 A existência de limites materiais ao direito: a positivação da moral incorporada nos direitos fundamentais

Outro aspecto importante de reação do neoconstitucionalismo ao positivismo jurídico (no quanto concerne à defesa rigorosa deste último de separação do direito da moral) é a perspectiva de que as Constituições pós-modernas introduziram e incorporaram a moral no direito por meio dos direitos fundamentais, com textura aberta, ensejando *maior importância na aplicação do direito e na atividade do intérprete, não mais pela mera subsunção do exegetismo*.

Edimur Ferreira de Faria lembra a lição de Mendes Júnior no sentido de que, por mais explícita que seja a norma, A INTERPRETAÇÃO É INDISPENSÁVEL, NO MOMENTO DE SUA APLICAÇÃO AO CASO CONCRETO, motivo por que conclui que, em regra, NÃO EXISTEM ATOS ADMINISTRATIVOS INTEIRAMENTE VINCULADOS.[215] [216]

---

[213] MENDES, Gilmar Ferreira; COELHO, Inocêncio Mártires; BRANCO, Paulo Gustavo Gonet. *Curso de direito constitucional.* 7. ed. São Paulo: Saraiva, 2012. p. 192; SARLET, Ingo Wolfgang; MARINONI, Luiz Guilherme; MITIDIERO, Daniel. *Curso de direito constitucional.* São Paulo: Revista dos Tribunais, 2012. p. 217.

[214] STRECK, Lenio. *Verdade e consenso*: constituição, hermenêutica e teorias discursivas. 4. ed. São Paulo: Saraiva, 2012. p. 340; 351.

[215] FARIA, Edimur Ferreira de. *Controle do mérito do ato administrativo pelo judiciário.* Belo Horizonte: Fórum, 2011. p. 159.

[216] Sem desapreço ao escólio doutrinário, há restritas exceções de vinculação absoluta, como de aposentadoria compulsória por limite de idade de agentes públicos (*vide* Constituição Federal, art. 40, §1º, II, com a redação dada pela Emenda Constitucional nº 88, de 2015). O que em nada refuta a tese ora desenvolvida neste livro quanto ao exercício do poder disciplinar da Administração Pública como vinculação em grau preponderantemente vinculado, não em nível absoluto, inarredável, já que impende interpretar os preceitos legais cominadores de penas máximas em cotejo com a Constituição Federal e seus princípios e em compasso com os direitos fundamentais.

É a compreensão no direito português e angolano, como o alinham Diogo Freitas do Amaral e Carlos Feijó[217] acerca do problema do poder vinculado da Administração Pública, no sentido de que

> NÃO HÁ ACTOS TOTALMENTE VINCULADOS, TOTALMENTE DISCRICIONÁRIOS. Os actos administrativos são sempre o resultado de uma mistura ou combinação, em doses variadas, entre o exercício de poderes vinculados e o exercício de poderes discricionários. O que faz sentido é indagar EM QUE MEDIDA SÃO VINCULADOS E EM QUE MEDIDA SÃO DISCRICIONÁRIOS.

Juarez Freitas[218] fundamenta que, em linha geral, não se realiza em nenhuma província do direito administrativo a subsunção automática da regra ao caso, motivo por que é indispensável desfazer a quimera do dedutivismo formal e REJEITAR UMA VINCULAÇÃO ESCRAVA, UMA VEZ QUE É DEVER DO AGENTE PÚBLICO REJEITAR A ORDEM CONTRÁRIA ÀS DIRETRIZES AXIOLÓGICAS DO ORDENAMENTO, o que supõe liberdade para emitir juízos de valor. "O fundamentado balanceamento de valores revela-se inarredável e onipresente". O festejado professor chama esse postulado de DIREITO À ADMINISTRAÇÃO PÚBLICA RESPEITADORA DA LEGALIDADE TEMPERADA, QUE NÃO SE RENDE À ABSOLUTIZAÇÃO IRREFLETIDA DAS REGRAS.

Max Möller[219] pontua:

a) verifica-se a presença de conteúdos materiais relacionados à moral, como os DIREITOS FUNDAMENTAIS, NO PROCESSO INTERPRETATIVO, em vista de que *a CONSTITUIÇÃO dispõe, além da produção das normas jurídicas e da distribuição dos poderes, sobre grande parte do conteúdo que devem ter as normas e os limites materiais do ordenamento jurídico;*

---

[217] AMARAL, Diogo Freitas do; FEIJÓ, Carlos. *Direito administrativo angolano*. Coimbra: Almedina, 2016. p. 348.

[218] FREITAS, Juarez. *Direito fundamental à boa administração pública*. 3. ed. São Paulo: Malheiros, 2014. p. 14; 22.

[219] MÖLLER, Max. *Teoria geral do neoconstitucionalismo*: bases teóricas do constitucionalismo contemporâneo. Porto Alegre: Livraria do Advogado, 2011. p. 58; 36; 38; 72.

b) os PRINCÍPIOS constituem VERDADEIRAS NORMAS JURÍDICAS, do que segue sua EFICÁCIA VINCULANTE sobre todo o ordenamento jurídico, inclusive as leis, condicionando-as a parâmetros materiais superiores dos quais o direito não se pode afastar;
c) nos ordenamentos constitucionais modernos, que preveem VALORES e normas gerais e abertas, É DEVER DO JUIZ E APLICADOR DO DIREITO BUSCAR UMA SOLUÇÃO CONFORME À NORMA CONSTITUCIONAL, de forma *A NÃO CONTRARIAR NENHUM DOS VALORES CONSTITUCIONAIS*;
d) já não é mais possível afirmar que os direitos fundamentais somente tenham aplicação por interposição da lei, mas que possuem validade em si mesmos, de sorte que a lei pode facilitar a aplicação deles, mas não é ela mais indispensável a isso;
e) destaca-se o vigor da TEORIA DOS DIREITOS FUNDAMENTAIS, agora incorporados nas constituições como efetivos instrumentos jurídicos, não como meras promessas políticas, mas como legitimadores e justificadores de todo o ordenamento jurídico, a robustecer a importância da atuação interpretativa, em face de OS PRINCÍPIOS CONSTITUÍREM NORMAS JURÍDICAS DE ESTRUTURA ABERTA, e o direito não ser somente aquilo que é assim previsto, mas o que é aplicado como direito, de sorte que a fonte do direito não mais se restringe à vontade do legislador, mas também é condicionada pelo relevante papel do intérprete, modo por que "SOMENTE APÓS A INTERPRETAÇÃO É POSSÍVEL DIZER EFETIVAMENTE O QUE É O DIREITO, pelo que não mais é tão importante a discussão entre o ser e o dever ser, mas do que é".

A EFICÁCIA IRRADIANTE DOS DIREITOS FUNDAMENTAIS, de caráter relativamente aberto, determina a *AMPLIAÇÃO DE FATO DO PAPEL DO INTÉRPRETE, INCLUSIVE NA INTERPRETAÇÃO CONFORME A CONSTITUIÇÃO DO DIREITO INFRACONSTITUCIONAL*. Essa constatação é referendada por Alexy[220]

---

[220] ALEXY, Robert. *Teoria discursiva do direito*. Tradução de Alexandre Travessoni Gomes Trivisonno. Rio de Janeiro: Forense Universitária, 2014. p. 129-131.

ao assinalar que "tudo na interpretação dos direitos fundamentais é interpretação".

O mestre alemão lembra que, no direito tedesco, o que os direitos fundamentais são hoje não se deixa extrair do texto seco da Lei Fundamental, mas sim dos 94 volumes da jurisdição do Tribunal Constitucional Federal, com sua atuação desde 1951, Corte que desenvolveu a fórmula de que também direitos fundamentais garantidos sem reserva podem ser restringidos a favor de direitos fundamentais colidentes de terceiros e de outros valores jurídicos que possuem nível constitucional. "OS DIREITOS FUNDAMENTAIS SÃO AQUILO QUE SÃO SOBRETUDO ATRAVÉS DA INTERPRETAÇÃO".[221]

Robustece-se aqui a importância da APLICAÇÃO DO DIREITO DIANTE DAS ESPECIFICIDADES DO CASO CONCRETO e do relevante papel do intérprete, em vista da constatação de que *A LEI NÃO É CAPAZ*, com a superação do mito positivista da completitude, *DE ABARCAR TODAS AS SITUAÇÕES OCORRENTES NA VIDA SOCIAL E SUAS PECULIARIDADES*.

Mais ainda, a pura discricionariedade outorgada ao intérprete pelo positivismo hartiano,[222] no caso de reconhecimento de lacunas legislativas, ensejadora de decisionismo, parece ser mais bem enfrentada na perspectiva neoconstitucionalista de alcance de uma RESPOSTA ADEQUADA À CONSTITUIÇÃO E RACIONAL SEGUNDO O SISTEMA JURÍDICO, EM QUE O APLICADOR DO DIREITO legitimará sua decisão pela fundamentação sólida, criteriosa e lúcida conforme OS PRINCÍPIOS E VALORES CONSTITUCIONAIS, removendo o mero decisionismo por uma RESPOSTA SISTÊMICA informada pela argumentação lógica e coerente.

Confirma-o Lenio Streck[223] ao registrar que inclusive Kelsen, no ponto, se rende aos seus adversários e reconhece que a interpretação do direito é eivada de subjetivismos provenientes de uma razão prática solipsista.

---

[221] ALEXY, Robert. *Teoria discursiva do direito*. Tradução de Alexandre Travessoni Gomes Trivisonno. Rio de Janeiro: Forense Universitária, 2014. p. 129-131.

[222] HART, Herbert Lionel Adolphus. *O conceito de direito*. São Paulo: Martins Fontes, 2012. p. 351.

[223] STRECK, Lenio. *Jurisdição constitucional e decisão jurídica*. 3. ed. São Paulo: Thomson Reuters, 2013. p. 201.

O papel do intérprete encima a *força normativa da Constituição como centro do sistema jurídico e como vetor irradiante de direitos fundamentais por todo o ordenamento infraconstitucional.*

Ademais, SUPERA-SE COM ISSO TAMBÉM A INCAPACIDADE DE A LEI ORDINÁRIA PROPORCIONAR A MELHOR DECISÃO SISTÊMICA DE CADA CASO CONCRETO, NÃO ANTEVISTO EM SUAS MINÚCIAS PELO LEGISLADOR, EVITANDO-SE INCOERÊNCIAS E PERPLEXIDADES POR MEIO DO IMPORTANTE PAPEL DA INTERPRETAÇÃO DOS *CASES* SEGUNDO AS LUZES DO SISTEMA E DA CONSTITUIÇÃO, NUM PAPEL DE VELAR PELA LOGICIDADE, COERÊNCIA E INTEGRIDADE DO DIREITO COMO UM TODO.

Por outro prisma, o problema da crítica de falta de legitimidade do aplicador do direito diante do legislador ordinário democraticamente eleito, também oposta à própria jurisdição constitucional, é equacionado, a seu modo, pela *FUNDAMENTAÇÃO E ARGUMENTAÇÃO DO ATO DECISÓRIO NA BUSCA DE UMA RESPOSTA RACIONAL, SISTÊMICA, ADEQUADA E CORRETA EM FACE DA CONSTITUIÇÃO, COMO NORMA FUNDAMENTAL DO DIREITO DE UM ESTADO.*

Max Möller[224] frisa que o NEOCONSTITUCIONALISMO reconhece a incorporação, nos ordenamentos constitucionais positivados, de termos com inegável associação a critérios morais, como os DIREITOS FUNDAMENTAIS catalogados normativamente e vinculantes.

Irene Nohara[225] corrobora que, com o pós-positivismo, diversos princípios foram alçados às Constituições, ganhando não apenas o *status* de normas jurídicas, mas de normas jurídicas constitucionais.

No âmbito do direito disciplinário, parece trilhar esse caminho com sua importante nota António Francisco de Sousa ao citar o PRINCÍPIO DA JUSTIÇA, incorporado no direito positivo luso:

> No entanto, ESTE PRINCÍPIO TEM PLENA E ESPECIAL APLICAÇÃO QUANDO O PODER EXERCIDO É VINCULADO E LEVA A SITUAÇÕES CONCRETAS DE MANIFESTA E GRAVE INJUSTIÇA [...] O PRINCÍPIO DA JUSTIÇA DEVE SER APLICADO SEM COMPLEXOS DE QUALQUER ESPÉCIE, SEMPRE QUE A SUA INVOCAÇÃO SE REVELE NECESSÁRIA OU ÚTIL À REALIZAÇÃO DA JUSTIÇA

---

[224] MÖLLER, Max. *Teoria geral do neoconstitucionalismo*: bases teóricas do constitucionalismo contemporâneo. Porto Alegre: Livraria do Advogado, 2011. p. 97; 118.
[225] NOHARA, Irene Patrícia. *Direito administrativo*. 4. ed. São Paulo: Atlas, 2014. p. 53.

NO CASO CONCRETO, INDEPENDENTEMENTE DE OS PODERES EXERCIDOS SEREM DISCRICIONÁRIOS OU VINCULADOS. A ACTIVIDADE DA ADMINISTRAÇÃO PÚBLICA DE APLICAÇÃO DA LEI AO CASO CONCRETO NÃO PODE CINGIR-SE A UMA APLICAÇÃO MERAMENTE MECÂNICA DA LEI, NÃO PODENDO REVELAR-SE INSENSÍVEL À REALIZAÇÃO DA JUSTIÇA MATERIAL e à prossecução do interesse público. A legalidade da actuação da Administração não é um conceito de que possa conceber-se sem justiça no caso concreto e sem realização do interesse público.[226]

Bulos[227] pontua que A JUSTIÇA, entre tantos outros valores constitucionais, pode, no caso concreto, COMPELIR O INTÉRPRETE A REALIZAR UMA RELEITURA DE LEIS ORDINÁRIAS, a fim de que sejam atualizadas de acordo com a Carta de 1988.

Paulo Otero[228] encarece o primado da MATERIALIDADE DE SOLUÇÕES SUBSTANCIALMENTE JUSTAS, à luz da garantia da dignidade da pessoa humana, em lugar de uma aplicação meramente formal da juridicidade – O DIREITO EXISTE AO SERVIÇO DA JUSTIÇA E NÃO A JUSTIÇA AO SERVIÇO DA LEGALIDADE JURÍDICO-POSITIVA.

Otero arremata:[229]

a) "A justiça não se basta com a igualdade e a proporcionalidade". Expressão de uma longa evolução filosófica, O PRINCÍPIO DA JUSTIÇA EXIGE QUE A ADMINISTRAÇÃO PÚBLICA PROCURE SEMPRE AGIR VISANDO À EQUIDADE DO CASO CONCRETO, "uma vez que o injusto é iníquo e a injustiça iniquidade";

b) A VINCULAÇÃO DO PODER À JUSTIÇA, TRADUZINDO UMA DIMENSÃO ESTRUTURANTE DO ESTADO DE DIREITO MATERIAL, envolve o reconhecimento de que, na sequência de Locke, *residem na justiça o fundamento, o critério e o limite do poder.*

---

[226] SOUSA, António Francisco de. *Código do Procedimento Administrativo anotado e comentado.* 2. ed. rev. e atual. Lisboa: Quid Juris, 2010. p. 57.

[227] BULOS, Uadi Lammêgo. *Curso de direito constitucional.* 16. ed. São Paulo: SaraivaJur, 2023. p. 354.

[228] OTERO, Paulo. *Manual de direito administrativo.* Coimbra: Almedina, 2013. v. 1. p. 159.

[229] OTERO, Paulo. *Manual de direito administrativo.* Coimbra: Almedina, 2013. v. 1. p. 372.

Pedro Costa Gonçalves[230] expõe que O PRINCÍPIO DA JUSTIÇA também parece aplicar-se como fundamento para a rejeição de "soluções", quer dizer, DECISÕES MANIFESTAMENTE INCOMPATÍVEIS COM A IDEIA DE DIREITO, INCLUSIVE QUANDO A ADMINISTRAÇÃO PÚBLICA ATUE NO EXERCÍCIO DE PODERES VINCULADOS, também na perspectiva da interpretação das normas jurídicas, além de uma mera subordinação da Administração à lei e a uma norma de competência.

Max Möller[231] salienta que o juiz já não aplica a lei somente porque é a lei, mas porque passou por um teste de adequação aos valores e normas materiais previstos no ordenamento e na Constituição, surgindo no neoconstitucionalismo uma preocupação com o direito injusto, em face da incorporação de conteúdos materiais incorporados e conectados com a moral.

1.6 Uma nova vista sobre a prática do direito em função do neoconstitucionalismo

O paradigma do neoconstitucionalismo também representou uma mudança na prática do direito, reforçando a importância do trabalho do intérprete ao fundamentar seu labor e ao MANEJAR OS PRINCÍPIOS, VALORES E DIREITOS FUNDAMENTAIS EM BUSCA DE ALCANÇAR UMA RESPOSTA ADEQUADA À CONSTITUIÇÃO E COERENTE COM O SISTEMA.

Superou-se o entendimento de que *a solução dos casos concretos já estava predeterminada na regra e apenas seria mecanicamente adotada pelo aplicador, reconhecendo-se um processo hermenêutico mais complexo.*

Max Möller[232] alumia que a interpretação de normas de conteúdo aberto propicia uma série de possibilidades semânticas, a revelar como facilmente perceptível a penetração de conteúdos morais no raciocínio e argumentação jurídicos, de maneira que O DIREITO NÃO ESTÁ TOTALMENTE DETERMINADO E AS REGRAS APONTAM SOMENTE A UMA SOLUÇÃO *A PRIORI*,

---

[230] GONÇALVES, Pedro Costa. *Manual de direito administrativo*. Coimbra: Almedina, 2019. v. 1. p. 414.
[231] MÖLLER, Max. *Teoria geral do neoconstitucionalismo*: bases teóricas do constitucionalismo contemporâneo. Porto Alegre: Livraria do Advogado, 2011. p. 126.
[232] MÖLLER, Max. *Teoria geral do neoconstitucionalismo*: bases teóricas do constitucionalismo contemporâneo. Porto Alegre: Livraria do Advogado, 2011. p. 72-73.

além de que o direito interpretado deve submeter-se a testes de adequação a normas materiais e não raramente podem prever conteúdos indeterminados que façam menção a critérios de justiça.

Lenio Streck[233] manifesta sua discordância com o entendimento de que fundamentação é legislação e que aplicação é jurisdição, *considerando INCORRETO JULGAR QUE O DISCURSO DE APLICAÇÃO A CARGO DO JUIZ ESTEJA DESONERADO DO DISCURSO DE FUNDAMENTAÇÃO, QUE ESTARÁ PREVIAMENTE DADO*, ou ainda, que o discurso de fundamentação não está dependente situacionalmente das colisões normativas.

Max Möller,[234] por outro ângulo, sentencia:

a) a concepção positivista da lei como única fonte do direito, além de que todos os problemas jurídicos podem encontrar solução na decisão do legislador, não mais se sustenta no direito atual, o que representa uma mudança da atividade judicial, que *deixa de ser encarada como uma sistemática aplicação da lei e faz emergir o papel do intérprete no exercício não somente da aplicação, mas da criação do direito:* "se o direito é fato social, a prática jurídica é fonte importante do direito. A jurisprudência mais do que nunca assume essa condição de fonte";

b) depois de apontar o caráter aberto das normas jurídicas, verbera que se PERMITE AO INTÉRPRETE ADEQUAR AS NORMAS DE TAL MODO QUE POSSAM SER AFASTADAS QUANDO, NO CASO CONCRETO, COLIDAM COM OUTROS VALORES CONSTITUCIONALMENTE PROTEGIDOS;

c) o modelo neoconstitucionalista, se reduz em alguma medida a segurança jurídica e a função epistêmica do direito, de outro lado possibilita uma CONSTANTE ATUALIZAÇÃO DAS REGRAS LEGAIS, UMA PROTEÇÃO MAIS ADEQUADA AOS CASOS CONCRETOS, além de que se garante uma forma mais efetiva de proteção aos direitos no momento em que se dá maior importância

---

[233] STRECK, Lenio. *Verdade e consenso*: constituição, hermenêutica e teorias discursivas. 4. ed. São Paulo: Saraiva, 2012. p. 116.

[234] MÖLLER, Max. *Teoria geral do neoconstitucionalismo*: bases teóricas do constitucionalismo contemporâneo. Porto Alegre: Livraria do Advogado, 2011. p. 91; 93; 183-184.

ao bem jurídico protegido que propriamente ao enunciado normativo;
d) em razão disso, a INCORPORAÇÃO DE PRINCÍPIOS AO PROCESSO INTERPRETATIVO LHE CONFERE MAIOR COMPLEXIDADE E À SUBSUNÇÃO SE SOMAM A PONDERAÇÃO E A CONSIDERAÇÃO DO CARÁTER NORMATIVO DA CONSTITUIÇÃO.

Com efeito, parece que *A SEGURANÇA JURÍDICA (absoluta) não poderia implicar o custo da INJUSTIÇA, nem ainda menos A MECANICIDADE NA APLICAÇÃO DO DIREITO (teoria positivista e o método da subsunção, como segue a Súmula nº 650/STJ), em nome do legalismo estrito, poderia FULMINAR OS DIREITOS FUNDAMENTAIS, OS PRINCÍPIOS E VALORES CONSTITUCIONAIS, em face do fenômeno da filtragem constitucional, apontado pelo neoconstitucionalismo.*

Demais disso, segundo a teoria neoconstitucionalista, o princípio da JURIDICIDADE (atuação em conformidade não somente com a lei, mas como o direito como um todo, que se abordará mais adiante nesta pesquisa) não representaria ofensa, antes, ao contrário, consubstancia harmonia com o direito como sistema, modo por que A LEI ORDINÁRIA DEVE RECEBER UMA INTERPRETAÇÃO E APLICAÇÃO SISTEMÁTICA, COERENTE COM O ORDENAMENTO EM GERAL, INCLUSIVE COM A CONSTITUIÇÃO.

Outrossim, como apontado pelos autores citados retro, como Barroso,[235] a teoria neoconstitucionalista não parece tolher a incidência das regras, mas propugna que sua *aplicação nos casos concretos não seja promovida mecanicamente, porém de maneira fundamentada, sob as luzes da CONSTITUIÇÃO E SEUS PRINCÍPIOS E VALORES, com uma tarefa de FILTRAGEM CONSTITUCIONAL DA LEGISLAÇÃO ORDINÁRIA, em busca de uma solução jurídica coerente com o sistema jurídico como um todo, afastando incoerências e IRRACIONALIDADE* a que às vezes se assiste na teoria positivista, consumada também com injustiça.

A SEGURANÇA JURÍDICA é protegida, na teoria neoconstitucionalista, pela *IMPOSIÇÃO AO INTÉRPRETE, NO CASO DE NÃO APLICAÇÃO DE UMA REGRA, POR UM MAIOR E MAIS*

---

[235] BARROSO, Luís Roberto. Neoconstitucionalismo e constitucionalização do direito. O triunfo tardio do direito constitucional no Brasil. *Jus Navigandi*, Teresina, ano 10, n. 851, 1º nov. 2005. Disponível em: http://jus.com.br/artigos/7547. Acesso em: 22 abr. 2014.

COMPLEXO E AMPLO ÔNUS ARGUMENTATIVO,[236] DENTRO DO SISTEMA, PARA JUSTIFICAR O AFASTAMENTO DE UMA LEI, POR SUA INCOMPATIBILIDADE SISTÊMICA NO CASO CONCRETO, na visão, por exemplo, de Humberto Ávila.[237]

Outrossim, a regra persiste no sistema jurídico e não é afastada em nível geral; apenas *em certos casos sua incidência é tolhida por* INCOERÊNCIA, INCOMPATIBILIDADE COM A CONSTITUIÇÃO DIANTE DA SITUAÇÃO CONCRETA, CRIANDO UMA EXCEÇÃO DETERMINADA POR UM PRINCÍPIO,[238] *o qual pode justificar a não aplicação de uma regra num caso concreto.*[239] [240]

Por outro ângulo, o PRINCÍPIO DA IGUALDADE e da generalidade da lei é respeitado pela teoria neoconstitucionalista pela NECESSIDADE DE ROBUSTA FUNDAMENTAÇÃO PELO INTÉRPRETE, EM FACE DA INTEGRIDADE E COERÊNCIA DO SISTEMA JURÍDICO, EM CASO DE NÃO APLICAÇÃO DE UMA REGRA EM CERTA SITUAÇÃO ESPECÍFICA.[241]

Cumpre agregar que a segurança jurídica absoluta e a abolição total do decisionismo não são atingidas sequer pela teoria positivista, tendo em vista as situações de lacuna normativa, por exemplo, em

---

[236] Robert Alexy destaca a advertência de que o PRINCÍPIO DA GENERALIZABILIDADE exige que aquele que quer tratar uma pessoa de forma diferente de outra pessoa deve apresentar uma razão para isso (ALEXY, Robert. *Teoria discursiva do direito*. Tradução de Alexandre Travessoni Gomes Trivisonno. Rio de Janeiro: Forense Universitária, 2014. p. 56).

[237] ÁVILA, Humberto. *Teoria dos princípios*: da definição à aplicação dos princípios jurídicos. 14. ed. atual. São Paulo: Malheiros, 2013, *passim*.

[238] FELLET, André. *Regras e princípios, valores e normas*. São Paulo: Saraiva, 2014. p. 101.

[239] GONÇALVES, Pedro Costa. *Manual de direito administrativo*. Coimbra: Almedina, 2019. v. 1. p. 370.

[240] "Assim, uma vez considerado o princípio da proporcionalidade como critério para determinar as sanções, a operação lógica operado pelo juiz penal e pela Administração é exactamente a mesma: ambos apreciam se os factos se verificaram ou não e uma vez constatado que sim verificam se são subsumíveis a uma norma que preveja uma consequência punitiva. Esta não se encontra total e absolutamente determinada e deve concretizar-se em face das circunstâncias concorrentes, presididas pelo princípio da proporcionalidade. Portanto em ambos os casos, a legislação fixa um Direito punitivo abstrato onde se permitem várias opções de entre as quais o juiz penal ou a Administração deverão escolher a punição adequada ao caso concreto, de acordo com os princípios nela contidos. Consequentemente e por esse processo não há em nenhum caso diversas soluções justas a partir da norma, mas apenas uma única" (FRAGA, Carlos Alberto Conde da Silva. *O poder disciplinar no Estatuto dos Trabalhadores da Administração Pública*: Lei 58/2008: doutrina: jurisprudência. Alfornelos: Petrony, 2011. p. 421).

[241] FRAGA, Carlos Alberto Conde da Silva. *O poder disciplinar no Estatuto dos Trabalhadores da Administração Pública*: Lei 58/2008: doutrina: jurisprudência. Alfornelos: Petrony, 2011, *passim*.

que se propugna pelo positivismo a discricionariedade do intérprete, ao formular decisão jurídica livre. Nesse sentido, HART confessa que sempre haverá, em qualquer sistema jurídico, casos não regulamentados juridicamente sobre os quais o direito, que se mostra indeterminado ou incompleto, não pode fundamentar uma decisão em nenhum sentido. Nessas situações, o positivista HART admite que o juiz exercerá discricionariedade para criar o direito referente àquele caso, em vez de simplesmente aplicar o direito estabelecido já existente.[242]

DWORKIN aponta que os positivistas sustentam, incoerentemente à defesa deles da absoluta segurança jurídica no legalismo, que, quando um caso não é coberto por uma regra clara, o juiz deve exercer seu PODER DISCRICIONÁRIO para decidi-lo mediante a criação de um novo item de legislação.[243]

STRECK lembra, em justa crítica ao positivismo jurídico, que Kelsen apostou na DISCRICIONARIEDADE DO INTÉRPRETE, NO NÍVEL DA APLICAÇÃO DO DIREITO, COMO UMA FATALIDADE, exatamente para salvar a pureza metódica, que permanecia "a salvo" da subjetividade, da axiologia, da ideologia.[244]

Nota-se, pois, que não é privativo do neoconstitucionalismo o problema da legitimidade das decisões jurídicas e a crítica do decisionismo, tendo em vista que o *positivismo admite, nos casos lacunosos, a criação do direito não pelo Parlamento, mas pelo juiz, não legitimado democraticamente.*

O positivista BOBBIO[245] registra, aliás, que a DISCRICIONARIEDADE também vigora em caso de antinomias entre normas jurídicas, quando a contraposição não possa ser superada pelos critérios ordinários de hermenêutica (especialidade – norma especial prevalece sobre norma geral; hierarquia – norma superior prepondera sobre norma inferior; cronologia – norma posterior revoga norma anterior com ela incompatível), admitindo que: "No caso de um conflito no qual não se possa aplicar nenhum dos três critérios, a

---

[242] HART, Herbert Lionel Adolphus. *O conceito de direito*. São Paulo: Martins Fontes, 2012. p. 351.
[243] DWORKIN, Ronald. *Levando os direitos a sério*. São Paulo: Martins Fontes, 2002. p. 49-50.
[244] STRECK, Lenio. *Jurisdição constitucional e decisão jurídica*. 3. ed. São Paulo: Thomson Reuters, 2013. p. 203.
[245] BOBBIO, Norberto. *Teoria do ordenamento jurídico*. 10. ed. Brasília: Universidade de Brasília, 1999. p. 100.

solução do conflito é confiada à liberdade do intérprete: poderíamos quase falar de um autêntico poder discricionário do intérprete, ao qual cabe resolver o conflito segundo a oportunidade".

Parece, no particular, que a teoria do NEOCONSTITUCIONALISMO legitima mais, no silêncio da regra, uma DECISÃO JURÍDICA SISTÊMICA, ao imputar-lhe legitimação pela FUNDAMENTAÇÃO NA CONSTITUIÇÃO, NOS DIREITOS FUNDAMENTAIS, NOS PRINCÍPIOS E VALORES CONSTITUCIONAIS, em vez de uma decisão plenamente discricionária do aplicador do direito, como a aventada na doutrina positivista para casos lacunosos ou de incompletude do sistema jurídico.

A fundamentação e legitimação da decisão decorre de sua conformidade com a Constituição, como sucede com os Tribunais Constitucionais e com o exercício da jurisdição constitucional, em que o conflito com a democracia sucede em certa medida, em face da possibilidade de anulação de leis inconstitucionais ou sua interpretação em conformidade com a Lei Fundamental.

Como pontuam Gilmar Ferreira Mendes e Paulo Gustavo Gonet Branco,[246] como cabe à jurisdição constitucional a última palavra na interpretação da Constituição, que se apresenta agora repleta de valores impositivos para todos os órgãos estatais, não surpreende que o juiz constitucional assuma parcela de mais considerável poder sobre as deliberações políticas de órgãos de cunho representativo, na medida em que, com a materialização da Constituição, postulados ético-morais ganham vinculatividade jurídica e passam a ser objeto de definição pelos juízes constitucionais, que nem sempre dispõem, para essa tarefa, de critérios de fundamentação objetivos, preestabelecidos no próprio sistema jurídico.

Sobremais, como referem os fundamentos da teoria neoconstitucionalista adrede citados, a incorporação da moral nos princípios, como normas jurídicas constitucionais não meramente programáticas, mas efetivas, vinculantes de todo o sistema jurídico e seus intérpretes e aplicadores, determinou realmente uma nova prática do direito, que transcende a mera subsunção de regras, além de velar por um ORDENAMENTO MAIS ÍNTEGRO, COERENTE, RACIONAL, EM QUE A APLICAÇÃO DA LEI NÃO SE DÁ DE

---

[246] MENDES, Gilmar Ferreira; BRANCO, Paulo Gustavo Gonet. *Curso de direito constitucional*. 7. ed. São Paulo: Saraiva, 2012. p. 60.

FORMA APRIORÍSTICA, MECÂNICA, MAS SIM CONFORME AS PECULIARIDADES DO CASO CONCRETO, COM OS VETORES INTERPRETATIVOS DE RAZOABILIDADE E PROPORCIONALIDADE, NOTADAMENTE EM CASO DE IMPOSIÇÃO DE PENAS, COMO SUCEDE NO EXERCÍCIO DO PODER DISCIPLINAR DA ADMINISTRAÇÃO PÚBLICA.

Não parece – por isso, intui-se – suficiente para fundamentar a aplicação da regra (cominadora de penalidade máxima, como dos arts. 132 e 134, da Lei federal nº 8.112/1990), meramente proceder a um enquadramento jurídico do fato no tipo passível de demissão, no caso do direito disciplinário, mas *impende que* O APLICADOR DA NORMA JURÍDICA JUSTIFIQUE SUA DECISÃO DE FORMA AMPLA, *inclusive com o* CUIDADOSO COTEJO DAS CIRCUNSTÂNCIAS FÁTICAS COM A CONSTITUIÇÃO E SUA PRINCIPIOLOGIA, *em busca de uma resposta adequada, correta*.[247]

RESUMIR A APLICAÇÃO DE SANÇÕES MÁXIMAS À SINGELA SUBSUNÇÃO AUTOMÁTICA, MECÂNICA, SEM JUSTIFICATIVA QUALQUER, SENÃO A MERA TIPIFICAÇÃO DA CONDUTA NO MODELO PUNÍVEL DE TRANSGRESSÃO PASSÍVEL DE PENA EXTREMA, EQUIVALERIA A ESVAZIAR A FORÇA NORMATIVA DA CONSTITUIÇÃO E SEUS PRINCÍPIOS, que tornariam ao papel de normas meramente programáticas, cuja eficácia, em vez de imediata, como explicitamente determina o art. 5º, §1º, da Carta Magna de 1988, dependeria sempre da interposição da legislação ordinária para sua observância pelos poderes do Estado, num retrocesso histórico insustentável do constitucionalismo, segundo a visão do novo direito constitucional.

O próprio método da subsunção não consagra totalmente o princípio da segurança jurídica como certeza na aplicação do direito. Nesse particular, Alexy lembra que pode sempre haver desacordo razoável em todos os ramos do direito e que, *em toda subsunção sob uma regra, pode ocorrer ambiguidade, vagueza ou abertura avaliativa, modo por que nesses casos a argumentação não é capaz de levar a soluções inquestionáveis ou dificilmente questionáveis, ou seja, a um consenso, porquanto poderá terminar em desacordos razoáveis*, desembocando em

---

[247] STRECK, Lenio. *Verdade e consenso*: constituição, hermenêutica e teorias discursivas. 4. ed. São Paulo: Saraiva, 2012. p. 340; 351.

confrontos religiosos, políticos e filosóficos que, em casos extremos, questionam o sistema jurídico como um todo.[248]

Luís Roberto Barroso[249] confirma que as próprias cláusulas gerais ou conceitos jurídicos indeterminados contêm termos ou expressões de textura aberta, dotados de plasticidade, que fornecem um início de significação a ser complementado pelo intérprete, levando em conta AS CIRCUNSTÂNCIAS DO CASO CONCRETO. A norma em abstrato não contém integralmente os elementos de sua aplicação. Ao lidar com locuções como ordem pública, interesse social e boa-fé, entre outras, o intérprete precisa fazer a valoração de fatores objetivos e subjetivos presentes na realidade fática, de modo a definir o sentido e o alcance da norma. Como a solução não se encontra integralmente no enunciado normativo, sua função não poderá limitar-se à revelação do que lá se contém; ele terá de ir além, integrando o comando normativo com a sua própria avaliação.

1.7 Constitucionalização do direito administrativo e consequências

Streck[250] consigna:
a) impende compreender que NENHUM DISPOSITIVO, nenhuma disciplina, enfim, nada que tenha relação com o direito, PODE SER COMPREENDIDO FORA DA CONSTITUIÇÃO;
b) "Quando olho (interpreto) um texto, este já me vem filtrado a partir da ideia que tenho da Constituição, isto é, minha interpretação está condicionada pela minha pré-compreensão que tenho acerca da Constituição".

Luís Roberto Barroso[251] disserta que *a constitucionalização do direito fornece fundamento* à *Administração Pública de validade para a*

---

[248] ALEXY, Robert. *Teoria discursiva do direito*. Tradução de Alexandre Travessoni Gomes Trivisonno. Rio de Janeiro: Forense Universitária, 2014. p. 367.

[249] BARROSO, Luís Roberto. Neoconstitucionalismo e constitucionalização do direito. O triunfo tardio do direito constitucional no Brasil. *Jus Navigandi*, Teresina, ano 10, n. 851, 1º nov. 2005. Disponível em: http://jus.com.br/artigos/7547. Acesso em: 22 abr. 2014.

[250] STRECK, Lenio. *Hermenêutica jurídica e(m) crise*: uma exploração hermenêutica da construção do direito. 10. ed. rev., atual. e ampl. Porto Alegre: Livraria do Advogado, 2011. p. 361.

[251] BARROSO, Luís Roberto. A constitucionalização do direito e suas repercussões no âmbito administrativo. In: ARAGÃO, Alexandre Santos de; MARQUES NETO, Floriano de Azevedo (Coord.). *Direito administrativo e seus novos paradigmas*. Belo Horizonte: Fórum, 2012. p. 32-33.

prática de atos de aplicação direta e imediata da Constituição, independentemente da interposição do legislador ordinário, assim como ainda expõe que a constitucionalização do direito administrativo determina a influência dos princípios constitucionais sobre as categorias desse ramo do direito.[252]

Gustavo Binenbojm[253] articula que o mais importante aspecto da constitucionalização do direito administrativo é a LIGAÇÃO DIRETA DA ADMINISTRAÇÃO AOS PRINCÍPIOS CONSTITUCIONAIS, enquanto núcleos de condensação de valores, por cujo efeito a nova principiologia constitucional passa a ocupar posição central na constituição de um DIREITO ADMINISTRATIVO democrático e HUMANISTA, *comprometido com a realização dos direitos do homem*, abandonando as bases clássicas de um direito administrativo autoritário.

A DESUMANIZAÇÃO DA PESSOA DO "ADMINISTRADO" (*não visto como uma pessoa no âmbito de um direito administrativo arbitrário ou manejado sem limites, sem uma perspectiva consequencialista*), no EXERCÍCIO DE UM PODER DISCIPLINAR AUTORITÁRIO, às vezes *cruel/figadal/parcial/persecutório*, DESCONSIDERADOR DOS IMPACTOS DAS PENAS DISCIPLINARES SOBRE O SERVIDOR PÚBLICO PUNIDO, parece assemelhar-se, *mutatis mutandis*, ao relato de Primo Levi:[254] "*É um homem quem comete ou suporta injustiças; [...] Uma parte da nossa existência está nas almas de quem se aproxima de nós; por isso, não é humana a experiência de quem viveu dias nos quais o homem foi apenas uma coisa ante os olhos de outro homem*".

Paulo Otero[255] consigna que, conquanto a Administração deva perseguir o bem comum, este implica o desenvolvimento integral da personalidade humana, postulando o respeito pelos direitos e deveres fundamentais do ser humano: o bem comum envolve uma política humanista. "O BEM COMUM EXIGE O RESPEITO E A GARANTIA DOS DIREITOS E LIBERDADES FUNDAMENTAIS DA PESSOA HUMANA".

---

[252] BARROSO, Luís Roberto. A constitucionalização do direito e suas repercussões no âmbito administrativo. *In*: ARAGÃO, Alexandre Santos de; MARQUES NETO, Floriano de Azevedo (Coord.). *Direito administrativo e seus novos paradigmas*. Belo Horizonte: Fórum, 2012. p. 47.

[253] BINENBOJM, Gustavo. O sentido da vinculação administrativa à juridicidade no direito brasileiro. *In*: ARAGÃO, Alexandre Santos de; MARQUES NETO, Floriano de Azevedo (Coord.). *Direito administrativo e seus novos paradigmas*. Belo Horizonte: Fórum, 2012. p. 160.

[254] LEVI, Primo. *É isto um homem*. Rio de Janeiro: Rocco, 1988. p. 253.

[255] OTERO, Paulo. *Manual de direito administrativo*. Coimbra: Almedina, 2013. v. 1. p. 68; 70.

O administrativista luso[256] rememora que *"A ADMINISTRAÇÃO PÚBLICA EXISTE PARA AS PESSOAS E EM FUNÇÃO DAS PESSOAS"*.

Marçal Justen Filho[257] explica a mudança operada sobre o direito administrativo em face de sua CONSTITUCIONALIZAÇÃO, dizendo que O INSTRUMENTAL TEÓRICO DESSE RAMO JURÍDICO SE REPORTA AO SÉCULO XIX, como se passa com os conceitos de legalidade, Estado de direito, discricionariedade administrativa, poder de polícia, em virtude de a organização do aparato administrativo se modelar nas concepções napoleônicas, com rígida hierarquia de feição militar, todavia a evolução sociopolítica posterior importou alterações radicais nas instituições e concepções vigentes, visto que a função e O CONTEÚDO DA CONSTITUIÇÃO foram impregnados por valores democráticos, com especial relevância no Brasil.

O administrativista[258] adverte que, *em alguns temas, o conteúdo e as interpretações do direito administrativo ainda permanecem vinculados e referidos a uma realidade sociopolítica que há muito deixou de existir e que o instrumental desse ramo jurídico ainda é, em essência, de um século atrás*, modo por que o jurista finca que é imperioso constitucionalizar o direito administrativo e atualizá-lo no nível das instituições constitucionais. Complementa o jurista:

> TRATA-SE DE IMPREGNAR A ATIVIDADE ADMINISTRATIVA COM O ESPÍRITO DA CONSTITUIÇÃO, DE MODO A PROPICIAR A REALIZAÇÃO EFETIVA DOS DIREITOS FUNDAMENTAIS e valores ali consagrados. É fundamental dotar o País de uma Constituição, mas isso não basta para produzir um Estado democrático ou a realização dos valores desejados. A transformação concreta da realidade social e sua adequação ao modelo constitucional dependem primordialmente do desenvolvimento das atividades administrativas efetivas. O enfoque constitucionalizante preconizado consiste em SUBMETER A INTERPRETAÇÃO JURÍDICA de todas as instituições e DO DIREITO ADMINISTRATIVO A UMA COMPREENSÃO FUNDADA CONCRETA E PRAGMATICAMENTE NOS VALORES CONSTITUCIONAIS.

---

[256] OTERO, Paulo. *Manual de direito administrativo*. Coimbra: Almedina, 2013. v. 1. p. 226.

[257] JUSTEN FILHO, Marçal. *Curso de direito administrativo*. 10. ed. rev., atual. e ampl. São Paulo: Revista dos Tribunais, 2014. p. 104.

[258] JUSTEN FILHO, Marçal. *Curso de direito administrativo*. 10. ed. rev., atual. e ampl. São Paulo: Revista dos Tribunais, 2014. p. 104-105.

Diogo Freitas do Amaral também explana que a solene submissão da Administração Pública à lei deve ser entendida em sentido amplo, por forma a abranger inclusive a própria CONSTITUIÇÃO,[279] averbando que "*o espírito do sistema, no caso do Direito Administrativo, deve ser apurado em função, primeiro, da Constituição e dos princípios que a enformam*".

Como pontilha Otero:[280] TODOS OS ATOS DA ADMINISTRAÇÃO PÚBLICA TÊM DE SER CONFORMES COM A CONSTITUIÇÃO, sob pena de serem inconstitucionais, expressando o *princípio da vinculação* à *Constituição*.

Edilson Pereira Nobre Júnior endossa que o princípio da legalidade alberga hoje um conteúdo mais amplo, que abrange não somente a submissão da Administração Pública à lei e ao regulamento, mas ainda o RESPEITO À CONSTITUIÇÃO e os princípios gerais do direito.[281]

Romeu Felipe Bacellar Filho[282] ressalta o princípio da JURIDICIDADE, condicionante do agir administrativo, extraído do tecido constitucional e do ordenamento jurídico globalmente considerado, AÍ INCLUÍDOS os direitos humanos e PRINCÍPIOS CONSTITUCIONAIS NÃO EXPRESSOS, traduzindo-se no dever de obediência do Poder Público à integralidade do sistema jurídico.

Marcelo Madureira Prates[283] avalia que o exercício do poder da Administração Pública não passa de poder-dever, de detenção de prerrogativas de autoridade voltadas em favor da coletividade, cujo manejo só pode ser EXERCIDO DE ACORDO COM O BLOCO DA JURIDICIDADE VIGENTE, O QUAL OBRIGA E LIMITA A ADMINISTRAÇÃO.

---

[279] AMARAL, Diogo Freitas do. *Curso de direito administrativo*. 3. ed. Coimbra: Almedina, 2012. v. I. p. 133; 171.
[280] OTERO, Paulo. *Manual de direito administrativo*. Coimbra: Almedina, 2013. v. 1. p. 377.
[281] NOBRE JÚNIOR, Edilson Pereira. *O princípio da boa-fé e sua aplicação no direito administrativo brasileiro*. Porto Alegre: Sérgio Antonio Fabris, 2002. p. 18.
[282] BACELLAR FILHO, Romeu Felipe. A noção jurídica de interesse público no direito administrativo brasileiro. *In*: BACELLAR FILHO, Romeu Felipe; HACHEM, Daniel Wunder (Coord.). *Direito administrativo e interesse público*: estudos em homenagem ao professor Celso Antônio Bandeira de Mello. Belo Horizonte: Fórum, 2010. p. 99.
[283] PRATES, Marcelo Madureira. *Sanção administrativa geral*: anatomia e autonomia. Coimbra: Almedina, 2005. p. 46.

Na doutrina do direito francês, Yves Gaudemet[284] pronuncia que as autoridades administrativas devem conformar sua atividade à lei, ou mais exatamente à legalidade, que é uma noção mais ampla (JURIDICIDADE) do que da lei.

A Lei Geral de Processo Administrativo da União (Lei federal nº 9.784/1999, art. 2º, parágrafo único, I) prescreve que, nos processos administrativos da Administração Pública, deverá ser observado, entre outros, o critério de: atuação conforme a lei e o direito.

Na doutrina lusa, Paulo Otero[285] anota que *a vinculação administrativa à lei se transformou numa verdadeira vinculação ao direito, com o abandono de uma concepção positivista-legalista*. O autor[286] ajunta que, em todas as situações, a definição do cosmos normativo terá de ser feita a partir da própria Constituição, pois TODA A ARQUITETURA JURÍDICA DO DIREITO ADMINISTRATIVO DEVE SER CONSIDERADA SOB AS LUZES DA LEI FUNDAMENTAL.

Na mesma perspectiva, Adélio Pereira André[287] reforça uma interpretação mais ampla e moderna do princípio da legalidade, visto que *a Administração Pública está vinculada à Constituição e à lei*, do que segue o dever de a Administração, a título de garantia dos administrados, agir em conformidade com o direito, do qual a lei escrita é um dos elementos.

Pedro Machete[288] consigna que "agora o Estado subordina-se à Constituição e funda-se na legalidade democrática, DEPENDENDO A VALIDADE DE TODOS OS SEUS ACTOS DA SUA CONFORMIDADE COM A CONSTITUIÇÃO".

---

[284] "Les autorités administratives sont tenues dans leur activité de se conformer à la loi ou plus exactement à la legalité, qui est une notion plus large que celle de la loi" (GAUDEMET, Yves. *Droit administratif*. 20. ed. Paris: LGDJ, 2012. p. 121).

[285] OTERO, Paulo. *Legalidade e administração pública*: o sentido da vinculação administrativa à juridicidade. Coimbra: Almedina, 2011. p. 15.

[286] OTERO, Paulo. *Legalidade e administração pública*: o sentido da vinculação administrativa à juridicidade. Coimbra: Almedina, 2011. p. 22; 29.

[287] ANDRÉ, Adélio Pereira. *Vinculação da administração e protecção dos administrados*. Coimbra: Coimbra, 1989. p. 94-95.

[288] MACHETE, Pedro. *Estado de direito democrático e administração paritária*. Coimbra: Almedina, 2007. p. 33-34.

O autor,[259] espelhando o avanço na dogmática do direito administrativo, bem observa que "é inquestionável que *TODO PODER É ATRIBUÍDO AO AGENTE ESTATAL PELO DIREITO E DEVE SER EXERCITADO DE MODO COMPATÍVEL COM AS NORMAS CONSTITUCIONAIS*".

Caio Tácito[260] já alvitrava há décadas que *o direito administrativo deveria superar o desafio para o rejuvenescimento dos seus conceitos – no caso a vinculação a penas máximas*.

Luís Roberto Barroso[261] agrega que, na quadra presente, três conjuntos de circunstâncias devem ser considerados no âmbito da constitucionalização do direito administrativo:

a) a existência de uma vasta quantidade de normas constitucionais voltadas para a disciplina da Administração Pública;

b) a sequência de transformações sofridas pelo Estado brasileiro nos últimos anos;

c) a INFLUÊNCIA DOS PRINCÍPIOS CONSTITUCIONAIS SOBRE AS CATEGORIAS DO DIREITO ADMINISTRATIVO. Todas elas se somam para a configuração do modelo atual, no qual DIVERSOS PARADIGMAS ESTÃO SENDO REPENSADOS OU SUPERADOS.

Marçal Justen Filho,[262] demonstrando a MUDANÇA DE PARADIGMA DA DOGMÁTICA DO DIREITO ADMINISTRATIVO, afiança que a atividade administrativa do Estado democrático de direito,[263] agora também chamado de Estado constitucional

---

[259] JUSTEN FILHO, Marçal. *Curso de direito administrativo*. 10. ed. rev., atual. e ampl. São Paulo: Revista dos Tribunais, 2014. p. 104.

[260] TÁCITO, Caio. *Temas de direito público*: estudos e pareceres. Renovar: Rio de Janeiro, 1997. v. 1. p. 454.

[261] BARROSO, Luís Roberto. Neoconstitucionalismo e constitucionalização do direito. O triunfo tardio do direito constitucional no Brasil. *Jus Navigandi*, Teresina, ano 10, n. 851, 1º nov. 2005. Disponível em: http://jus.com.br/artigos/7547. Acesso em: 22 abr. 2014.

[262] JUSTEN FILHO, Marçal. *Curso de direito administrativo*. 10. ed. rev., atual. e ampl. São Paulo: Revista dos Tribunais, 2014. p. 163.

[263] Estado democrático de direito se caracteriza pelo respeito às normas jurídicas (*"rule of law, not rule of men"*), em que o exercício do poder é condicionado pelo direito e é marcado pelo governo pela vontade da maioria legislativa, porém com limites ao legislador ordinário determinados pela Constituição contra as deliberações atentatórias dos direitos fundamentais, insuscetíveis nem sequer de reforma constitucional, por exemplo, no caso do Brasil (art. 60, §4º, IV, Constituição Federal de 1988). "Direitos fundamentais são direitos tão importantes que a decisão sobre a sua concessão ou não-concessão não pode ser deixada à maioria parlamentar simples" (ALEXY, Robert. *Teoria discursiva do direito*. Tradução de Alexandre Travessoni Gomes Trivisonno. Rio de Janeiro: Forense Universitária, 2014. p. 133).

de direito[264] (marcado pela *passagem do centro do sistema jurídico da lei para a Constituição*),[265] subordina-se a um critério fundamental, inclusive anterior à clássica supremacia e indisponibilidade do interesse público, que é a PRIMAZIA E INDISPONIBILIDADE DOS DIREITOS FUNDAMENTAIS.

Irene Nohara, por sua vez, enuncia que, com a Constituição de 1988 e a instituição do Estado democrático de direito no Brasil, houve A REVALORIZAÇÃO DA DIMENSÃO NORMATIVA DOS PRINCÍPIOS, que passam a ser considerados como importantes parâmetros de LIMITAÇÃO DA ATUAÇÃO ADMINISTRATIVA,[266] juízo avalizado por Celso Antônio Bandeira de Mello[267] ao adicionar que OS PRINCÍPIOS PERMITEM CONHECER O DIREITO ADMINISTRATIVO COMO UM SISTEMA COERENTE E LÓGICO.

Marçal Justen Filho[268] demarca que "*o direito administrativo – e o Estado –* somente se justifica como instrumento para a *realização dos direitos fundamentais,* que são decorrência da afirmação da dignidade humana".

Luís Roberto Barroso[269] asserta que a constitucionalização do direito administrativo impõe a VINCULAÇÃO DO ADMINISTRADOR À CONSTITUIÇÃO, E NÃO APENAS À LEI ORDINÁRIA, do que segue superada a ideia restrita de vinculação positiva do administrador à lei, na leitura convencional do princípio da legalidade, pela qual sua atuação estava pautada por aquilo que o legislador determinasse ou autorizasse, ao passo que, na nova perspectiva, *o administrador pode e deve atuar por fundamento direto na Constituição e*

---

[264] TAVARES, André Ramos. *Curso de direito constitucional.* 12. ed. rev. e atual. São Paulo: Saraiva, 2014. p. 39.

[265] "O instante atual é marcado pela superioridade da Constituição, a que se subordinam todos os poderes por ela constituídos, garantida por mecanismos jurisdicionais de controle de constitucionalidade. A Constituição, além disso, se caracteriza pela absorção de valores morais e políticos (fenômeno por vezes designado como materialização da Constituição), sobretudo em um sistema de direitos fundamentais autoaplicáveis" (MENDES, Gilmar Ferreira, BRANCO; Paulo Gustavo Gonet. *Curso de direito constitucional.* 7. ed. São Paulo: Saraiva, 2012. p. 59).

[266] NOHARA, Irene Patrícia. *Direito administrativo.* 4. ed. São Paulo: Atlas, 2014. p. 31.

[267] BANDEIRA DE MELLO, Celso Antônio. *Curso de direito administrativo.* 31. ed. rev. e atual. São Paulo: Malheiros, 2014. p. 55.

[268] JUSTEN FILHO, Marçal. *Curso de direito administrativo.* 10. ed. rev., atual. e ampl. São Paulo: Revista dos Tribunais, 2014. p. 93.

[269] BARROSO, Luís Roberto. A constitucionalização do direito e suas repercussões no âmbito administrativo. *In:* ARAGÃO, Alexandre Santos de; MARQUES NETO, Floriano de Azevedo (Coord.). *Direito administrativo e seus novos paradigmas.* Belo Horizonte: Fórum, 2012. p. 50.

independentemente de interposição legislativa ordinária em muitos casos. O PRINCÍPIO DA LEGALIDADE TRANSMUDA-SE EM PRINCÍPIO DA CONSTITUCIONALIDADE OU DA *JURIDICIDADE*, compreendendo sua SUBORDINAÇÃO À CONSTITUIÇÃO, e não apenas à lei, nessa ordem.

Marçal Justen Filho[270] prescreve que, num Estado democrático de direito, O DIREITO ADMINISTRATIVO SE CARACTERIZA NÃO APENAS PELA SUPREMACIA DA CONSTITUIÇÃO, pelo princípio da legalidade e universalidade da jurisdição, mas pelo RESPEITO AOS DIREITOS FUNDAMENTAIS.

O jurista paranaense[271] preceitua que a CONSTITUCIONALIZAÇÃO DO DIREITO ADMINISTRATIVO significa que a Constituição passa a ser compreendida como um projeto de identidade da nação, em que os cidadãos e o Estado se associam para modificar a realidade e TORNAR EFETIVOS OS VALORES FUNDAMENTAIS à civilização.

1.8 Princípio da juridicidade da Administração Pública

Canotilho grafa que, no fundo, o princípio da legalidade aponta para um princípio de âmbito mais abrangente: o princípio da JURIDICIDADE da Administração, pois todo o direito (todas as regras e princípios vigentes na ordem jurídico-constitucional) serve de fundamento e é pressuposto da atividade da Administração.[272]

Lúcia Valle Figueiredo[273] defende que deve ser encimada a sujeição da Administração Pública não somente à lei em sentido formal, mas ao princípio da juridicidade, com a SUBMISSÃO DO ADMINISTRADOR AO DIREITO COMO UM TODO, ao ordenamento jurídico, ÀS NORMAS E PRINCÍPIOS CONSTITUCIONAIS, em vista de fazer coerente o sistema legal e que exista uma ordem de

---

[270] JUSTEN FILHO, Marçal. O direito administrativo de espetáculo. *In*: ARAGÃO, Alexandre Santos de; MARQUES NETO, Floriano de Azevedo (Coord.). *Direito administrativo e seus novos paradigmas*. Belo Horizonte: Fórum, 2012. p. 66.
[271] JUSTEN FILHO, Marçal. O direito administrativo de espetáculo. *In*: ARAGÃO, Alexandre Santos de; MARQUES NETO, Floriano de Azevedo (Coord.). *Direito administrativo e seus novos paradigmas*. Belo Horizonte: Fórum, 2012. p. 66.
[272] CANOTILHO, J. J. Gomes; MOREIRA, Vital. *Constituição da República Portuguesa anotada*. 4. ed. Coimbra: Coimbra, 2014. v. II. p. 799.
[273] FIGUEIREDO, Lucia Valle. *Curso de direito administrativo*. 5. ed. rev., atual. e ampl. São Paulo: Malheiros, 2001. p. 42-43.

razão e não um casuísmo cego, modo por que não se pode identificar o ordenamento com a lei escrita apenas. Igual é o entendimento de Carlos Ari Sundfeld.[274]

Gustavo Binenbojm[275] pontifica que a vinculação da Administração Pública não se circunscreve apenas à lei formal, mas ao bloco de legalidade (o ordenamento jurídico como um todo sistêmico), o que se expressa no *princípio da juridicidade administrativa*, de tal efeito que, *com a crise da lei formal, A CONSTITUIÇÃO, COM SEU COMPLEXO SISTEMA DE PRINCÍPIOS E REGRAS, PASSA A SER O ELO A COSTURAR TODO O ARCABOUÇO NORMATIVO QUE COMPÕE O REGIME JURÍDICO ADMINISTRATIVO.*

Vanice Regina Lírio do Valle[276] exalta que, no que toca ao princípio da legalidade, sua identificação se afina com a JURIDICIDADE, emancipando a Administração Pública da legalidade estrita para compreender uma submissão à Constituição e ao direito.

Ricardo Azevedo Saldanha[277] anota que, em virtude de a lei ser apenas uma entre outras fontes do direito, o princípio da preferência da lei passou a ser considerado preferência da ordem jurídica globalmente considerada (direito como um todo), deixando a lei de constituir o único limite jurídico à atividade administrativa, para passar a ser todo o bloco de legalidade, a incluir a Constituição, regulamentos, lei ordinária, entre outros.

Os ordenamentos jurídicos têm incorporado o princípio da juridicidade. A Lei Fundamental de Bonn (art. 20, §3º) previu a vinculação do Poder Executivo e dos Tribunais à lei e ao direito.[278] No Brasil, a Lei Geral de Processo Administrativo da União (Lei federal nº 9.784/1999) estabelece que, NOS PROCESSOS ADMINISTRATIVOS, SERÃO OBSERVADOS OS CRITÉRIOS DE ATUAÇÃO CONFORME A LEI E O DIREITO (art. 2º, parágrafo único, I).

---

[274] SUNDFELD, Carlos Ari. *Direito administrativo para céticos*. 2. ed. São Paulo: Malheiros, 2014. p. 37.

[275] BINENBOJM, Gustavo. O sentido da vinculação administrativa à juridicidade no direito brasileiro. *In*: ARAGÃO, Alexandre Santos de; MARQUES NETO, Floriano de Azevedo (Coord.). *Direito administrativo e seus novos paradigmas*. Belo Horizonte: Fórum, 2012. p. 159.

[276] VALLE, Vanice Regina Lírio do. *Direito fundamental à boa administração e governança*. Belo Horizonte: Fórum, 2011. p. 125.

[277] SALDANHA, Ricardo Azevedo. *Introdução ao procedimento administrativo comum*. Coimbra: Coimbra, 2013. p. 41.

[278] BINENBOJM, Gustavo. O sentido da vinculação administrativa à juridicidade no direito brasileiro. *In*: ARAGÃO, Alexandre Santos de; MARQUES NETO, Floriano de Azevedo (Coord.). *Direito administrativo e seus novos paradigmas*. Belo Horizonte: Fórum, 2012. p. 159.

CAPÍTULO 2

O VELHO MODELO DE FUNDO AUTORITÁRIO DO DIREITO ADMINISTRATIVO E A NECESSIDADE DE CONSTITUCIONALIZAÇÃO DE SEUS INSTITUTOS

2.1 Antiga feição autoritária do direito administrativo

Marçal Justen Filho[289] assinala:
a) em suas origens, a organização do aparato administrativo do Estado se modelava pelas concepções napoleônicas, que traduziam uma rígida hierarquia de feição militar do século XIX;
b) a fundamentação do direito administrativo ainda se influencia pelo pensamento de concepções constitucionais, políticas e filosóficas antigas da primeira metade do século XX, modo por que A EVOLUÇÃO RADICAL DO CONSTITUCIONALISMO DO FINAL DO SÉCULO XX PERMANECEU IGNORADA PELO DIREITO ADMINISTRATIVO;
c) O DIREITO ADMINISTRATIVO, em função disso, presentemente, exterioriza-se em concepções e institutos que refletem uma VISÃO AUTORITÁRIA DA RELAÇÃO ENTRE O ESTADO E O INDIVÍDUO, como se revela

---
[289] JUSTEN FILHO, Marçal. O direito administrativo de espetáculo. *In*: ARAGÃO, Alexandre Santos de; MARQUES NETO, Floriano de Azevedo (Coord.). *Direito administrativo e seus novos paradigmas*. Belo Horizonte: Fórum, 2012. p. 67.

no pensamento da irrestrita supremacia do interesse público, proposta que incorpora o germe da rejeição da importância do particular, dos interesses não estatais e das organizações da sociedade;
d) afirmar que todo e qualquer conflito de interesses entre particular e Estado se resolve pela prevalência do chamado interesse público é uma afirmação inconsistente com a ordem jurídica. E assim se passa precisamente porque A CONSTITUIÇÃO CONTEMPLA, ANTES DE TUDO, UM CONJUNTO DE GARANTIAS EM FAVOR DO PARTICULAR E CONTRA O ESTADO. A supremacia absoluta do interesse público somente é consagrada em Estados totalitários, que *eliminam do ser humano a condição de sujeito de direito.*

Paulo Otero[290] marca que *o direito administrativo nasce com um pecado original, em sua origem na França, de NÃO SE INSPIRAR NO PROPÓSITO DE AUMENTAR AS GARANTIAS DOS PARTICULARES PERANTE A ADMINISTRAÇÃO PÚBLICA, antes surge como o DIREITO DAS PRERROGATIVAS DE AUTORIDADE ADMINISTRATIVA EM FACE DOS PARTICULARES:* "A tutela dos direitos fundamentais dos administrados era uma ilusão, afastados que estavam, por força da separação dos poderes, os tribunais do controlo da atuação administrativa e da garantia das restantes posições jurídicas dos particulares".

Gustavo Binenbojm[291] lamenta que AS BASES PROFUNDAS DO DIREITO ADMINISTRATIVO SÃO DE CORTE INEQUIVOCAMENTE AUTORITÁRIO, ALHEIO AOS VALORES democráticos e HUMANISTAS que permeiam o direito público contemporâneo.

Agustín Gordillo[292] pondera:
a) retrata-se a velha concepção do direito administrativo pela qual a Administração Pública era vista sempre como tutora absoluta do interesse público e O PARTICULAR COMO O INIMIGO, A CONTRAPARTE, A CONTRAFACE, uma reminiscência absolutista dos famosos brocardos: *quod*

---

[290] OTERO, Paulo. *Manual de direito administrativo.* Coimbra: Almedina, 2013. v. 1. p. 276-277.
[291] BINENBOJM, Gustavo. *Uma teoria do direito administrativo:* direitos fundamentais, democracia e constitucionalização. 3. ed. Rio de Janeiro: Renovar, 2014. p. 148.
[292] GORDILLO, Agustín. *Tratado de derecho administrativo.* 6. ed. Belo Horizonte: Del Rey, 2003. t. 3. p. 5-6.

regis placuit legis est; the King can do no wrong; Le roi ne peut mal faire, ante a origem considerada divina do poder monárquico;
b) O PODER REPRESENTAVA O BELO, O BOM, O VERDADEIRO, O INTERESSE PÚBLICO, O BEM COMUM, A BOA ORDEM DA COMUNIDADE – A AUTORIDADE PROVÉM DE DEUS, PONDO-SE UMA ESSÊNCIA SOBRENATURAL NO AGENTE PÚBLICO; a Administração é o Olimpo; são semideuses ou enviados de Deus quem nos governa ou administra.

Jaime Rodríguez-Arana Muñoz[293] frisa:
a) a PESSOA, O CIDADÃO, O ADMINISTRADO, O PARTICULAR, segundo a terminologia jurídico-administrativa, deixou de ser UM SUJEITO INERTE, desarmado e INDEFESO perante um poder que tentava controlá-lo e que lhe prescrevia o que era bom ou mal para ele, ao qual estava submetido e que despertava, em razão de seus exorbitantes privilégios e prerrogativas, uma espécie de amedrontamento e temor que acabou por colocá-lo DE JOELHOS ante a todo-poderosa maquinaria de dominação em que se constituiu tantas vezes o Estado;
b) o direito administrativo, como conhecido hoje, é uma resposta comprometida com a necessidade de objetivar o poder público e ROMPER COM A IDEIA DO ANTIGO REGIME DE PURO CAPRICHO E VONTADE DE MANDO DO SOBERANO.

No regime absolutista (Estado de Polícia), a vontade pessoal do monarca (que personificava o ente estatal, como o resumiu Luís XIV ao proclamar a célebre sentença de que "eu sou o Estado") preponderava (*"Le roi le veut"; senhor soberano com poder proveniente do Céu e que não deve prestar contas de seus atos*),[294] [295] *SEM QUE PRATICAMENTE HOUVESSE O RECONHECIMENTO DE LIMITES AO EXERCÍCIO*

---

[293] RODRÍGUEZ-ARANA MUÑOZ, Jaime. *Direito fundamental à boa administração pública.* Belo Horizonte: Fórum, 2012. p. 134; 137.
[294] "Vous êtes, Sire, notre souverain seigneur; la puissance de Votre Majesté vient d´em haut, laquelle ne doit compte de ses actions, après Dieu, qu´à sa conscience" (DRÉVILLON, Hervé. *Les rois absolus:* 1629-1715, histoire de France. Paris: Belin, 2014. p. 546).
[295] "O REI TORNA-SE O SENHOR QUE DECIDE, DE MODO ARBITRÁRIO, O QUE CONVÉM AO BEM PÚBLICO DO ESTADO" (OTERO, Paulo. *Manual de direito administrativo.* Coimbra: Almedina, 2013. v. 1. p. 268).

DO PODER PELO SOBERANO (salvo, restritamente, contestação de decreto ao intendente do rei e passível de revisão pelo conselho real).[296]

Gustavo Binenbojm[297] critica:
a) as categorias básicas do direito administrativo, como a discricionariedade, a insindicabilidade judicial, a supremacia do interesse público, as prerrogativas exorbitantes da Administração, são tributárias do pecado original consistente no estigma de suspeita de parcialidade de *UM SISTEMA NORMATIVO CRIADO PELA ADMINISTRAÇÃO PÚBLICA EM PROVEITO PRÓPRIO, que se arroga ainda o poder de dirimir em caráter definitivo, em causa própria, seus litígios com os administrados, na melhor tradição absolutista;*
b) os donos do poder criam o direito que lhes é aplicável e aplicam às situações litigiosas com efeito de definitividade;
c) por isso, é reprovável o velho dogma do Absolutismo de verticalidade das relações entre o soberano e seus súditos, que serviu para justificar o manto da supremacia do interesse público (conceitua como interesse próprio da pessoa estatal, externo e contraposto ao dos cidadãos) sobre os interesses dos particulares.

Gustavo Binenbojm[298] adita:
a) verificou-se a mudança de perspectiva no direito administrativo atual, por cujo efeito a CONSTITUIÇÃO, E NÃO MAIS A LEI, PASSA A SITUAR-SE NO CERNE DA VINCULAÇÃO ADMINISTRATIVA À JURIDICIDADE; a definição de interesse público e sua propalada supremacia sobre os interesses particulares deixa de estar ao inteiro arbítrio do administrador, passando a depender de juízos de ponderação proporcional entre os direitos fundamentais e outros valores e interesses metaindividuais constitucionalmente consagrados;

---

[296] TOCQUEVILLE, Alexis de. *O antigo regime e a revolução.* São Paulo: Martins Fontes, 2017. p. 62.
[297] BINENBOJM, Gustavo. *Uma teoria do direito administrativo*: direitos fundamentais, democracia e constitucionalização. 3. ed. Rio de Janeiro: Renovar, 2014. p. 14-15.
[298] BINENBOJM, Gustavo. *Uma teoria do direito administrativo*: direitos fundamentais, democracia e constitucionalização. 3. ed. Rio de Janeiro: Renovar, 2014. p. 25; 30; 33; 36; 38; 64-65; 67-68.

b) a velha concepção de predeterminada supremacia do interesse público, inconfundível com os interesses pessoais dos integrantes de uma sociedade política e superior a eles, não resiste à emergência do constitucionalismo e à consagração dos direitos fundamentais e da democracia como elementos estruturantes do Estado democrático de direito, também em face da Constituição como um sistema aberto de princípios, articulados não por uma lógica hierárquica estática, mas sim por uma LÓGICA DE PONDERAÇÃO PROPORCIONAL, NECESSARIAMENTE CONTEXTUALIZADA, QUE DEMANDA UMA AVALIAÇÃO DE CORRELAÇÃO ENTRE O ESTADO DE COISAS A SER PROMOVIDO E OS EFEITOS DECORRENTES DA CONDUTA HAVIDA COMO NECESSÁRIA À SUA PROMOÇÃO;

c) O OFÍCIO ADMINISTRATIVO NÃO SE REDUZ À APLICAÇÃO MECANICISTA DA LEI. Traduz que a constitucionalização do direito administrativo produz o resultado de ser a Constituição, seus princípios e especialmente seu sistema de direitos fundamentais, o elo a costurar todo o arcabouço normativo que compõe o regime jurídico administrativo, em face da substituição da lei pela Constituição como cerne da vinculação administrativa à juridicidade;

d) a filtragem constitucional do direito administrativo ocorre pela SUPERAÇÃO DO DOGMA DA ONIPOTÊNCIA DA LEI ADMINISTRATIVA e sua substituição por referências diretas a princípios expressa ou implicitamente consagrados no ordenamento constitucional;

e) o reconhecimento do caráter normativo dos princípios constitucionais sepultou definitivamente a possibilidade do emprego de uma metodologia jurídica estritamente mecanicista, asséptica em relação aos valores, baseada exclusivamente na subsunção e no silogismo, reforçando a importância da argumentação e da racionalidade prática no domínio do direito. "TODA A LEGISLAÇÃO INFRACONSTITUCIONAL TEM DE SER INTERPRETADA E APLICADA À LUZ DA CONSTITUIÇÃO, QUE DEVE TORNAR-SE UMA VERDADEIRA BÚSSOLA, A GUIAR

O INTÉRPRETE NO EQUACIONAMENTO DE QUALQUER QUESTÃO JURÍDICA". Adiciona que os institutos das disciplinas jurídicas devem ser submetidos a uma releitura a partir da ótica constitucional;
f) A INTERPRETAÇÃO CONFORME A CONSTITUIÇÃO, no âmbito do direito administrativo, que PODE SER ADOTADA PELA ADMINISTRAÇÃO PÚBLICA também, determina que O INTÉRPRETE EXCLUA, ENTRE AS VÁRIAS EXEGESES, AQUELA INCOMPATÍVEL COM A CARTA MAGNA.

Luís Roberto Barroso[299] define que a constitucionalização do direito administrativo implica uma redefinição da ideia de supremacia do interesse público sobre o interesse privado, com a distinção necessária entre interesse público primário (o interesse da sociedade, sintetizado em valores como justiça, segurança e bem-estar social) e secundário (interesse da pessoa jurídica de direito público, União, estados, municípios, Distrito Federal, identificado como interesse da Fazenda Pública, do erário), por cujo efeito o interesse público secundário jamais desfrutará de uma supremacia apriorística e abstrata em face do interesse particular, cabendo ao intérprete, em caso de colisão, proceder à ponderação desses interesses, à vista dos elementos normativos e fáticos relevantes para o caso concreto.

Marçal Justen Filho[300] acresce:
a) não se alberga a figura do interesse público único e unitário, mas sim a existência de interesses diversos tutelados pela ordem jurídica, todos merecedores de idêntica proteção, modo pelo qual a decisão concreta a ser adotada sempre pressuporá a identificação efetiva e cristalina desses diversos fatores. Afirmar o "princípio da supremacia do interesse público" não fornece qualquer critério para identificar a solução compatível com o direito. É *INDISPENSÁVEL VERIFICAR, EM FACE DO CASO CONCRETO, QUAIS SÃO OS INTERESSES*

---

[299] BARROSO, Luís Roberto. A constitucionalização do direito e suas repercussões no âmbito administrativo. *In*: ARAGÃO, Alexandre Santos de; MARQUES NETO, Floriano de Azevedo (Coord.). *Direito administrativo e seus novos paradigmas*. Belo Horizonte: Fórum, 2012. p. 49.

[300] JUSTEN FILHO, Marçal. O direito administrativo de espetáculo. *In*: ARAGÃO, Alexandre Santos de; MARQUES NETO, Floriano de Azevedo (Coord.). *Direito administrativo e seus novos paradigmas*. Belo Horizonte: Fórum, 2012. p. 79; 84.

EM CONFLITO E SOMENTE ENTÃO PRODUZIR A SOLUÇÃO MAIS COMPATÍVEL COM OS VALORES PROTEGIDOS;

b) calha relembrar a criação de Shakespeare ao colocar na boca de Brutus uma justificativa autoindulgente para a morte de Júlio César, mas matar outro ser humano nunca pode ser um imperativo do "bem público". A leitura da passagem, segundo o administrativista, chega a passar despercebida, de tão acostumados que estamos à naturalidade da invocação do interesse público para justificar qualquer decisão destruidora dos direitos fundamentais.

Daniel Sarmento,[301] depois de criticar o organicismo,[302] adverte:

a) que a visão personalista continua vendo na pessoa humana, e não no Estado, "a medida de todas as coisas", de acordo com a máxima de Protágoras, e ENXERGA NA PESSOA HUMANA NÃO UMA RAZÃO DESENCARNADA, MAS UM SER CONCRETO, SITUADO, COM NECESSIDADES MATERIAIS, CARÊNCIAS, FRAGILIDADES, PERSPECTIVA NOVA QUE ENJEITA A CRENÇA DE QUE O ESTADO SEJA O ADVERSÁRIO, POR EXCELÊNCIA, DOS DIREITOS HUMANOS;

b) falece poder ao Estado para orientar as vidas individuais para alguma direção que se repute mais adequada aos

---

[301] SARMENTO, Daniel. Supremacia do interesse público? As colisões entre direitos fundamentais e interesses da coletividade. *In*: ARAGÃO, Alexandre Santos de; MARQUES NETO, Floriano de Azevedo (Coord.). *Direito administrativo e seus novos paradigmas*. Belo Horizonte: Fórum, 2012. p. 113-115.

[302] Segundo o autor, o organicismo é uma teoria que concebe as comunidades políticas como uma espécie de "todo vivo", composto por indivíduos que nele desenvolvem papel semelhante a um órgão no corpo humano. Para o organicismo, as comunidades políticas possuem fins, valores e objetivos próprios, que transcendem aqueles dos seus integrantes. Trata-se de concepção que prima pela rejeição à ética liberal, valorizando sempre o público em detrimento do privado. O jurista admoesta que o ser humano, apesar do seu natural impulso gregário, é muito mais que um órgão dentre de um todo maior. Na verdade, o organicismo não leva a sério a pessoa humana, desconsiderando que cada indivíduo é um valor em si, independentemente do papel que desempenhe na sociedade; que em cada pessoa existe todo um universo de interesses, objetivos e valores próprios, irredutíveis ao todo de qualquer entidade coletiva; que a vida humana tem uma dimensão pública importante, mas ela não faz sentido sem a sua dimensão privada, que deve ser cultivada por meio da persecução de projetos e objetivos próprios de cada indivíduo, autônomos em relação aos interesses da comunidade política (SARMENTO, Daniel. Supremacia do interesse público? As colisões entre direitos fundamentais e interesses da coletividade. *In*: ARAGÃO, Alexandre Santos de; MARQUES NETO, Floriano de Azevedo (Coord.). *Direito administrativo e seus novos paradigmas*. Belo Horizonte: Fórum, 2012. p. 101).

valores sociais ou mais conforme aos interesses gerais da coletividade;
c) os direitos fundamentais assumem nesse contexto importância ímpar, reconhecendo-se sua absoluta prioridade em relação aos interesses da coletividade, derivada da necessidade impostergável de salvaguarda da autonomia moral dos indivíduos. Igualmente, segundo o jurista, O SISTEMA CONSTITUCIONAL BRASILEIRO NÃO SE COADUNA COM DISCURSO QUE DESVALORIZE OS DIREITOS FUNDAMENTAIS, transferindo o foco para as virtudes morais ou para os deveres cívicos dos cidadãos;
d) dimensão organicista de desvalorização do indivíduo em face da comunidade deve ser descartada no quadro de uma Constituição como a brasileira, centrada na dignidade da pessoa humana.

Paulo Otero[303] encarece, por igual, a PERSPECTIVA PERSONALISTA DO DIREITO ADMINISTRATIVO.

Marçal Justen Filho[304] pontua:
a) conquanto a função e o conteúdo da Constituição tenham sido impregnados por princípios e valores democráticos, essas modificações ainda não ingressaram integralmente no direito administrativo;
b) o conteúdo e as interpretações do direito administrativo permanecem vinculados e referidos a uma realidade sociopolítica que há muito deixou de existir. O instrumental do direito administrativo é, na sua essência, o mesmo de um século atrás;

---

[303] "A implementação de uma conceção personalista da Administração Pública" envolve um procedimento "amigo" das pessoas, nelas encontrando o legislador o seu referencial de adequação normativa, assim como o procedimento administrativo deve também servir de instrumento de um agir personalista. O procedimento administrativo, apesar de inicialmente dominado por uma lógica racionalizadora e dinamizadora da eficiência da Administração Pública, mostra-se hoje impregnado de um propósito garantístico, centrado nas pessoas e nos seus direitos fundamentais, num contexto de uma visão personalista do agir administrativo acolhida pela Constituição, pelo direito internacional e pelo direito europeu (OTERO, Paulo. *Direito do procedimento administrativo*. Coimbra: Almedina, 2016. p. 37).

[304] JUSTEN FILHO, Marçal. O direito administrativo de espetáculo. *In*: ARAGÃO, Alexandre Santos de; MARQUES NETO, Floriano de Azevedo (Coord.). *Direito administrativo e seus novos paradigmas*. Belo Horizonte: Fórum, 2012. p. 73-74; 83.

c) *O RITMO DE EVOLUÇÃO DO DIREITO CONSTITUCIONAL BRASILEIRO NÃO FOI ACOMPANHADO PELO DIREITO ADMINISTRATIVO*, motivo por que é necessário constitucionalizar o direito administrativo, o que significa, então, atualizar esse ramo jurídico e elevá-lo ao nível das instituições constitucionais;
d) trata-se de IMPREGNAR A ATIVIDADE ADMINISTRATIVA COM O ESPÍRITO DA CONSTITUIÇÃO, DE MODO A PROPICIAR A REALIZAÇÃO EFETIVA DOS PRINCÍPIOS E VALORES ALI CONSAGRADOS;
e) a transformação concreta da realidade social e sua adequação ao modelo constitucional dependem primordialmente do desenvolvimento de atividades administrativas efetivas; o enfoque constitucionalizante acarreta submeter a INTERPRETAÇÃO JURÍDICA DE TODAS AS INSTITUIÇÕES DO DIREITO ADMINISTRATIVO A UMA COMPREENSÃO FUNDADA CONCRETA E PRAGMATICAMENTE NOS VALORES CONSTITUCIONAIS;
f) censura-se que o núcleo do direito administrativo é de que o ser humano não é o protagonista nem da História nem dos processos políticos, nem do direito, intitulando a PESSOA MERAMENTE COMO "PARTICULAR" OU "ADMINISTRADO", FIGURAS INDETERMINADAS E IMPRECISAS, destituídas de características diferenciais em face do Estado e da Administração Pública;
g) o ADMINISTRADO OU PARTICULAR NÃO TEM ROSTO EM FACE DO DIREITO ADMINISTRATIVO, É QUASE UMA SOMBRA; o particular pode ter interesses, os quais, contudo, são sempre secundários e devem ceder passo ao bem comum, à ordem pública e ao interesse público; o PARTICULAR É O DESTINATÁRIO DAS COMPETÊNCIAS ADMINISTRATIVAS; É TRATADO MAIS COMO OBJETO DO QUE COMO SUJEITO, CABENDO-LHE CONFORMAR A SUA CONDIÇÃO COMO "SUJEITO ADMINISTRADO".

Daniel Sarmento[305] averba:

a) impende lembrar que A CONSTITUIÇÃO SURGIU NUM MOMENTO HISTÓRICO DE SUPERAÇÃO DE UMA VISÃO AUTORITÁRIA SOBRE O ESTADO E SUA RELAÇÃO COM AS PESSOAS, que relegava os direitos fundamentais a um plano secundário e periférico;

b) reagindo contra um passado que se queria exorcizar, a Constituição inverteu o que era até então a tradição nacional e consagrou, no seu corpo, os DIREITOS FUNDAMENTAIS antes das normas relacionadas à estrutura, aos poderes e às competências do Estado, fato que não foi mera coincidência, porém sintoma de uma clara opção do constituinte, que perfilhou a ideia de que os direitos fundamentais não são dádivas do Poder Público, mas, antes, a projeção normativa de valores morais superiores ao próprio Estado, protegidos pela regra da aplicabilidade imediata (art. 5º, §1º, Lei Fundamental de 1988), por garantias processuais e pela jurisdição constitucional, além do estabelecimento como cláusulas pétreas;

c) por isso, OS DIREITOS FUNDAMENTAIS DESPONTAM COM ABSOLUTO DESTAQUE E CENTRALIDADE NA TÁBUA DE VALORES CONSTITUCIONAIS, de sorte que concepções que não conferem a merecida preeminência a esses direitos, como as subjacentes ao princípio da supremacia do interesse público, devem ser descartadas, por inadequadas à ordem constitucional brasileira.

2.2 O novo modelo constitucional: a primazia do ser humano no direito administrativo

Marçal Justen Filho[306] alinha:

---

[305] SARMENTO, Daniel. Supremacia do interesse público? As colisões entre direitos fundamentais e interesses da coletividade. *In*: ARAGÃO, Alexandre Santos de; MARQUES NETO, Floriano de Azevedo (Coord.). *Direito administrativo e seus novos paradigmas*. Belo Horizonte: Fórum, 2012. p. 135.

[306] JUSTEN FILHO, Marçal. O direito administrativo de espetáculo. *In*: ARAGÃO, Alexandre Santos de; MARQUES NETO, Floriano de Azevedo (Coord.). *Direito administrativo e seus novos paradigmas*. Belo Horizonte: Fórum, 2012. p. 78-79.

a) deve-se reconhecer que O PROTAGONISTA DO DIREITO, INCLUSIVE ESPECIALMENTE DO DIREITO ADMINISTRATIVO, É O SER HUMANO, QUE NÃO É UM SUJEITO DE SEGUNDA CATEGORIA;
b) o agente estatal não é um agente de primeira categoria. Não cabe diferenciar os seres humanos em categorias distintas, conforme estejam ou não investidos em cargos e funções públicos. O particular é sujeito de direitos. Seus interesses podem ser tutelados pela ordem jurídica, inclusive em face do Estado, de toda a nação e dos demais particulares;
c) anota que o Estado não pode ser considerado um sujeito dotado de autonomia em face dos seres humanos, porque assim se põe não apenas porque o Estado é um meio de realizar os projetos e os valores do conjunto de seres humanos, mas também porque o ente estatal é uma estrutura composta por pessoas e dirigida por pessoas. Ou seja, EXISTEM APENAS INTERESSES HUMANOS A SEREM REALIZADOS – não há interesses próprios, autônomos e isolados de titularidade do próprio Estado.

A pessoa humana que se relaciona com a Administração Pública, inclusive o servidor disciplinado, tem que ser considerado em nova perspectiva, como aponta Jaime Rodríguez-Arana Muñoz[307] quanto ao pressuposto, repita-se, de que A PESSOA, O CIDADÃO, O ADMINISTRADO, O PARTICULAR, segundo a terminologia jurídico-administrativa, DEIXOU DE SER UM SUJEITO INERTE, DESARMADO E INDEFESO ANTE UM PODER QUE TENTAVA CONTROLÁ-LO, QUE PRESCREVIA O QUE ERA BOM OU MAU PARA ELE, AO QUAL ESTAVA SUBMETIDO e que despertava, em razão de seus exorbitantes privilégios e prerrogativas, uma espécie de amedrontamento e temor que acabou por COLOCÁ-LO DE JOELHOS ANTE A TODO-PODEROSA MAQUINARIA DE DOMINAÇÃO EM QUE SE CONSTITUIU TANTAS VEZES O ESTADO.

Daniel Sarmento[308] consigna que *NÃO SE É SÚDITO DO ESTADO, MAS CIDADÃO*, partícipe da formação da vontade coletiva,

---

[307] RODRÍGUEZ-ARANA MUÑOZ, Jaime. *Direito fundamental à boa administração pública*. Belo Horizonte: Fórum, 2012. p. 134.

[308] SARMENTO, Daniel. Supremacia do interesse público? As colisões entre direitos fundamentais e interesses da coletividade. *In*: ARAGÃO, Alexandre Santos de; MARQUES NETO, Floriano

como ainda titular de uma esfera de direitos invioláveis; sujeito, e não objeto da história. Só que isto requer um Estado que respeite profundamente os direitos dos seus cidadãos.

Paulo Otero[309] estatui:
a) *O RESPEITO DA DIGNIDADE HUMANA DE CADA PESSOA VIVA E CONCRETA BEM COMO OS DIREITOS FUNDAMENTAIS (PESSOAIS E SOCIAIS)* são um postulado que nunca pode ceder perante a prossecução do interesse público, a qual encontra na dignidade da pessoa humana seu fundamento e limite de relevância constitucional;
b) "O DECISOR ADMINISTRATIVO TEM A OBRIGAÇÃO DE TOMAR EM CONSIDERAÇÃO OS EFEITOS OU RESULTADOS (EFETIVOS OU PREVISÍVEIS) DA DECISÃO AO NÍVEL DA GARANTIA DA DIGNIDADE HUMANA".
c) "AO PRINCÍPIO ERA O HOMEM E NÃO O ESTADO, RAZÃO PELA QUAL SERÁ O ESTADO A TER DE SER HUMANIZAR – não o Homem quem tem de se estadualizar. Também se poderá dizer ser o interesse público que tem de ser curvar perante a dignidade humana, e não a dignidade humana que tem de se ajoelhar perante o interesse público";
d) os particulares, configurados como verdadeiros sujeitos de direito administrativo, num relacionamento autônomo e recíproco com a Administração Pública, são verdadeiros cidadãos, qualidade que determina formas de participação perante o poder administrativo e a SUPERAÇÃO DO CONCEITO DE MERO ADMINISTRADO, NUMA POSIÇÃO JURÍDICA ANTIGA DE SUBORDINAÇÃO PERANTE UMA ADMINISTRAÇÃO QUE SE ARROGA UMA DISTÂNCIA BUROCRÁTICA, além de que a cidadania corresponde a um conceito constitucional e um modelo de particulares titulares de direitos fundamentais perante a Administração.

---

de Azevedo (Coord.). *Direito administrativo e seus novos paradigmas*. Belo Horizonte: Fórum, 2012. p. 143.

[309] OTERO, Paulo. *Manual de direito administrativo*. Coimbra: Almedina, 2013. v. 1. p. 310; 315-316; 323-324.

Pedro Machete[310] acresce:
a) urge uma REFORMULAÇÃO RADICAL DA DOGMÁTICA DO ATO ADMINISTRATIVO NO QUANTO FUNDADA NA ANTIGA SUBORDINAÇÃO DO CIDADÃO AO PODER ADMINISTRATIVO, visto que hoje se impõe a tese da relação jurídica administrativa, assentada na igualdade jurídica de Administração e particulares, em vista de uma RECONSTRUÇÃO DA DOGMÁTICA DO ATO ADMINISTRATIVO baseada na lei e ORIENTADA SEGUNDO O DIREITO CONSTITUCIONAL;
b) TODA E QUALQUER ATUAÇÃO DA ADMINISTRAÇÃO PÚBLICA DEVE OBSERVAR OS DIREITOS FUNDAMENTAIS CONSAGRADOS NA CONSTITUIÇÃO.

Paulo Otero[311] assenta que o modelo administrativo subjacente ao Estado de direito democrático envolve uma Administração que se organiza, funciona e se relaciona de perto com a Constituição, podendo falar-se em ADMINISTRAÇÃO AMIGA DA CONSTITUIÇÃO – trata-se de uma *Administração vinculada ao direito.*

2.3 Mudança de paradigma do modelo autoritário clássico para uma nova concepção do Estado: o exemplo do procedimento como técnica de decisão e os limites à autotutela da Administração Pública

Para se compreender o GIRO DOGMÁTICO DO DIREITO ADMINISTRATIVO MAIS HUMANISTA E MENOS AUTORITÁRIO, reflete-se na visão de alguns de seus institutos, como é o caso do procedimento.

Moreira consigna:[312]
a) a CONCEPÇÃO DE SUPERIORIDADE E VERTICALIDADE É REMINISCÊNCIA DA IDEOLOGIA AUTORITÁRIA, TENDO EM VISTA QUE A ADMINISTRAÇÃO TAMBÉM SE SUJEITA À LEI E À CONSTITUIÇÃO

---

[310] MACHETE, Pedro. *Estado de direito democrático e administração paritária.* Coimbra: Almedina, 2007. p. 54-56.
[311] OTERO, Paulo. *Manual de direito administrativo.* Coimbra: Almedina, 2013. v. 1. p. 285.
[312] MOREIRA, João Batista Gomes. *Direito administrativo*: da rigidez autoritária à flexibilidade democrática. Belo Horizonte: Fórum, 2005. p. 174-175.

(princípio da juridicidade e da constitucionalidade), como reflexo do princípio da isonomia, realidade consagrada no direito britânico;
b) A VELHA ADMINISTRAÇÃO BUROCRÁTICA, DE INSPIRAÇÃO MILITAR PRUSSIANA,[313] ABRIGADA NO MODELO DOS ATOS UNILATERAIS, RÍGIDO, FORMAL, AUTORITÁRIO, construído em torno do conceito de *puissance publique* (posição de supremacia formal da Administração Pública diante dos particulares), cede terreno para uma Administração sistêmica, democraticamente flexível, considerada direito administrativo vivo, voltada para a finalidade da ação estatal, VALORIZANDO A JUSTIÇA MATERIAL ACIMA DA MERA FORMA E DOS MEIOS, além de tornar em dever o poder da Administração e de outrossim conceber uma atuação mais concertada e participada da gestão administrativa.

A teoria do direito administrativo, com efeito, espelha essa mudança de paradigma.

Por exemplo, a elevação reconhecida ao DIREITO DE AUDIÊNCIA PRÉVIA é um dos indicativos concretos de mudança da dogmática e da jurisprudência do direito administrativo para uma perspectiva de uma Administração Pública mais próxima e amiga dos direitos fundamentais e do abandono da sua antiga feição autoritária, no superado sentido de *submeter bruscamente o cidadão ao mero exercício incondicional e unilateral do poder do Estado.*

No particular, cumpre pontuar que o paradigma do direito administrativo, num Estado de direito democrático e HUMANISTA, modificou-se radicalmente em face da *antiga postura arbitrária de o Poder Público agir com total desconsideração dos direitos de prévia audição e contraditório do cidadão perante a Administração Pública*, em casos de prática de medidas restritivas de direito.

Resta anacrônico e ultrapassado o modelo de decisão administrativa sem reflexão, de abuso de direito, sem o devido cotejo

---

[313] João Batista Gomes Moreira critica o velho modelo de Estado burocrático, na estrutura clássica, piramidal, fundamentado na hierarquia, por considerá-lo instituidor de um sistema pesado, com superposição de escalões hierárquicos, fechado para a sociedade e resistente a mudanças, mais preocupado com os interesses internos do que os objetivos externos, tornando a Administração Pública um fim em si mesma (MOREIRA, João Batista Gomes. *Direito administrativo*: da rigidez autoritária à flexibilidade democrática. Belo Horizonte: Fórum, 2005. p. 201).

das perspectivas envolvidas, em face da deliberada omissão de nem sequer ouvir previamente quem seria atingido pelo ato decisório repentino de tão impactante conteúdo.

A ANTIGA PERSPECTIVA DE UMA ADMINISTRAÇÃO PÚBLICA AUTORITÁRIA, que impunha bruscamente, num contato único e súbito com o DESPERSONALIZADO "PARTICULAR" (então considerado mero objeto da atuação estatal, um simples súdito),[314] *uma medida restritiva de direitos deste sem sequer a oportunidade de oitiva do afetado pela ação administrativa, considerando o cidadão como indigno de ser ouvido e de poder ponderar sua perspectiva, seu ponto de vista, seus argumentos, sobre a iminente deliberação administrativa, não mais subsiste*, como o aponta a moderna dogmática do direito administrativo lusitano[315] e do alemão:

> Orientação alemã [...] O DIREITO AO PROCEDIMENTO NÃO É VISTO APENAS COMO UM DIREITO FUNDAMENTAL, como se considera também que constitui uma exigência de todos, e de cada um, dos diversos direitos fundamentais, que *as decisões administrativas que os possam afectar tenham de ser tomadas na sequência de um procedimento, em que sejam ouvidos todos aqueles que sejam – ou possam vir a ser – afectados nesses seus direitos subjetivos.*[316]

Gustavo Justino de Oliveira,[317] depois de salientar que a Administração Pública contemporânea configura a interface entre o Estado e a sociedade, escreve que surge uma ADMINISTRAÇÃO PÚBLICA DIALÓGICA, contrastante com a velha versão monológica,

---

[314] João Batista Gomes Moreira critica a velha concepção e terminologia do direito administrativo quando tratava o indivíduo como administrado, um objeto passivo da operação administrativa, não como alguém que, enquanto cidadão, é titular de direitos e deve ser servido pela Administração Pública (MOREIRA, João Batista Gomes. *Direito administrativo*: da rigidez autoritária à flexibilidade democrática. Belo Horizonte: Fórum, 2005. p. 75).

[315] O professor dr. luso José Carlos Vieira de Andrade reforça que "os particulares passaram a ser vistos como cidadãos, titulares de verdadeiros direitos subjectivos perante a Administração. [...] visa agora o equilíbrio entre a prossecução necessária dos interesses da comunidade (autoridade, discricionariedade, eficiência) e a protecção dos direitos e interesses legítimos dos particulares (participação, transparência, garantias individuais)" (ANDRADE, José Carlos Vieira de. *Lições de direito administrativo*. 3. ed. Coimbra: Universidade de Coimbra, 2013. p. 23; 62).

[316] SILVA, Vasco Manuel Pascoal Dias Pereira da. *Em busca do acto administrativo perdido*. Coimbra: Almedina, 2003. p. 418.

[317] OLIVEIRA, Gustavo Justino de. *Direito administrativo democrático*. Belo Horizonte: Fórum, 2010. p. 159; 217.

a qual era refratária à instituição e ao desenvolvimento de processos comunicacionais com a sociedade.

José Carlos Vieira de Andrade[318] consigna que, na perspectiva atual do direito administrativo, a ideia de poder se sobrepôs à de serviço, além de que *a administração fechada e autocrática foi substituída por uma ADMINISTRAÇÃO ABERTA, PARTICIPADA E RESPEITADORA DOS DIREITOS E INTERESSES LEGALMENTE PROTEGIDOS DOS CIDADÃOS*.

Presentemente, a moderna doutrina do direito administrativo encima a relevância do PROCEDIMENTO COMO CRITÉRIO DE DECISÕES ADMINISTRATIVAS, no qual os *cidadãos afetados por um ato decisório da Administração Pública podem e devem ter uma voz ativa, com a oportunidade de expressar suas perspectivas, visões e situações pessoais e a possibilidade de influenciar o juízo final da autoridade competente, em vista do valor de se alcançar uma melhor solução do caso*, com uma maior amplitude das vertentes da situação e com a colaboração dos particulares para um melhor funcionamento do Estado, para evitar erros decisórios de fato e de direito e uma formação e informação mais plenas acerca do cenário objeto de decisão.

O PROCEDIMENTO respeita os consagrados (hauridos do direito alemão) DIREITO DE AUDIÇÃO, DE ACESSO, DE APRESENTAÇÃO DE PROVAS, DE AUDIÊNCIA E DE PARTICIPAÇÃO DOS PARTICULARES NA GESTÃO ADMINISTRATIVA, num Estado de direito democrático/humanista, não mais num quadro de supremacia absoluta dos interesses de uma *Administração Pública autoritária*.

A notória relevância do procedimento como meio de decisão administrativa é encimada na lapidar doutrina do direito português, como pontifica Vasco Manuel Pascoal Dias Pereira da Silva:

> A PARTICIPAÇÃO DOS PRIVADOS NO PROCEDIMENTO, AO PERMITIR A PONDERAÇÃO PELAS AUTORIDADES ADMINISTRATIVAS DOS INTERESSES DE QUE SÃO PORTADORES, NÃO SÓ SE TRADUZ NUMA MELHORIA DE QUALIDADE DAS DECISÕES ADMINISTRATIVAS, POSSIBILITANDO À ADMINISTRAÇÃO UMA MAIS CORRECTA CONFIGURAÇÃO DOS PROBLEMAS E DAS DIFERENTES PERSPECTIVAS POSSÍVEIS DA SUA RESOLUÇÃO, como

---

[318] ANDRADE, José Carlos Vieira de. *Lições de direito administrativo*. 3. ed. Coimbra: Universidade de Coimbra, 2013. p. 200.

também torna as decisões administrativas mais facilmente aceites pelos seus destinatários. Pelo que a participação no procedimento constitui um importante factor de legitimação e de democraticidade de actuação da Administração Pública. [...] A Administração tem de fazer as suas escolhas, PONDERANDO AS POSIÇÕES DOS PRIVADOS e que deve procurar a sua colaboração no exercício da actividade administrativa. [...] A intervenção do privado tem, antes de tudo o mais, um papel propulsivo e criador ao DAR RELEVÂNCIA E SIGNIFICADO, NA FASE INSTRUTÓRIA, A INTERESSES QUE ATÉ AÍ PERMANECIAM OCULTOS OU DESPERCEBIDOS [...] Tanto a participação como o direito de acesso e, num sentido mais amplo, o direito a obter um procedimento justo, rápido, ágil e participado, dizem respeito à maior democratização da Administração e constituem o pressuposto de fundo do estabelecimento de RELAÇÕES CORRECTAS ENTRE A ADMINISTRAÇÃO E OS ADMINISTRADOS, OLHADOS ESTES ÚLTIMOS NÃO COMO SIMPLES SÚDITOS. [...] Isto porque, se o que justifica a legitimidade para actuar no procedimento é o facto dessa intervenção PERMITIR ALCANÇAR UMA DECISÃO QUE SE CONSIDERA A MAIS CORRECTA (OPORTUNA), PORQUE TOMADA NA BASE DA MAIS AMPLA REPRESENTAÇÃO POSSÍVEL DA REALIDADE. [...] Isto porque se entende que o procedimento administrativo possui uma relação directa com a Constituição. Os direitos fundamentais, que resultam da personalidade responsável e autônoma, exigem que OS INDIVÍDUOS NÃO SEJAM TRATADOS APENAS COMO OBJECTOS DO PROCEDIMENTO ESTADUAL, MAS COMO CIDADÃOS DE VOZ ACTIVA ("muendiger Buerger") e como partes COM DIREITOS PRÓPRIOS NO PROCESSO DE DECISÃO, NO QUAL TÊM A POSSIBILIDADE DE FAZER VALER OS SEUS CONHECIMENTOS, CONCEPÇÕES E PERSPECTIVAS.[319]

O CIDADÃO DEIXA DE SER VISTO SOB UMA CONDIÇÃO DE MERO EXPECTADOR PASSIVO DOS ATOS ESTATAIS, sem se lhe respeitar o direito de audição prévia nem de contraditório antes de uma decisão restritiva ou supressiva de direitos.[320]

---

[319] SILVA, Vasco Manuel Pascoal Dias Pereira da. *Em busca do acto administrativo perdido*. Coimbra: Almedina, 2003. p. 402-403; 405; 409; 416; 419.
[320] José Carlos Vieira de Andrade adverte, com propriedade, que as posições jurídicas subjetivas de pessoas que possam ser afetadas ou lesadas por uma decisão da Administração Pública devem ser tomadas em consideração no próprio procedimento em que se tomam as decisões administrativas (ANDRADE, José Carlos Vieira de. *Lições de direito administrativo*. 3. ed. Coimbra: Universidade de Coimbra, 2013. p. 64).

O administrativista luso,[321] em lição analogicamente aplicável ao direito brasileiro, aduz que, no direito europeu, viceja a valorização das formas procedimentais, designadamente OS DIREITOS À AUDIÊNCIA PRÉVIA, À FUNDAMENTAÇÃO E À INFORMAÇÃO PROCEDIMENTAL, NO QUADRO DE UM DIREITO A UMA BOA ADMINISTRAÇÃO, consagrado na Carta dos Direitos Fundamentais da União Européia (art. 41).[322]

A Lei Geral de Processo Administrativo da União[323] (Lei federal nº 9.784/1999) capitula os princípios do CONTRADITÓRIO e da AMPLA DEFESA nos procedimentos e decisões da Administração Pública, além do direito à COMUNICAÇÃO e apresentação de RAZÕES ANTES DO ATO DECISÓRIO.[324][325]

A jurisprudência do Supremo Tribunal Federal referenda essa perspectiva democrática e moderna do direito administrativo, como ocorreu recentemente em decisão concessiva de liminar do Ministro Marco Aurélio no MS nº 32.761, no mandado de segurança impetrado contra ato de redução de vencimentos dos servidores do Senado Federal pela aplicação do teto remuneratório do funcionalismo sem a prévia oitiva dos afetados pela medida, entendimento adotado pela Suprema Corte em outros julgados.

---

[321] ANDRADE, José Carlos Vieira de. *Lições de direito administrativo*. 3. ed. Coimbra: Universidade de Coimbra, 2013. p. 207.

[322] OTERO, Paulo. *Manual de direito administrativo*. Coimbra: Almedina, 2013. v. 1. p. 190.

[323] "Art. 2º A Administração Pública obedecerá, dentre outros, aos princípios da legalidade, finalidade, motivação, razoabilidade, proporcionalidade, moralidade, *ampla defesa*, *contraditório*, segurança jurídica, interesse público e eficiência. Parágrafo único. Nos processos administrativos serão observados, entre outros, os critérios de: [...] VIII - observância das formalidades essenciais à garantia dos direitos dos administrados; [...] X - garantia dos direitos à comunicação, à apresentação de alegações finais, à produção de provas e à interposição de recursos, nos processos de que possam resultar sanções e nas situações de litígio; Art. 3º O administrado tem os seguintes direitos perante a Administração, sem prejuízo de outros que lhe sejam assegurados: [...] III - formular alegações e apresentar documentos antes da decisão, os quais serão objeto de consideração pelo órgão competente; [...]".

[324] "O princípio do contraditório significa que todos os atos do procedimento devem ser acompanhados por todos os interessados, os quais têm o poder jurídico de participar ativamente sendo ouvidos previamente à produção das decisões relevantes" (JUSTEN FILHO, Marçal. *Curso de direito administrativo*. 10. ed. rev., atual. e ampl. São Paulo: Revista dos Tribunais, 2014. p. 346).

[325] "Essa irreversível tendência denota o propósito de impedir decisões imediatas e abusivas da Administração, sem que o interessado sequer tenha oportunidade de defender-se e rechaçar as razões administrativas" (CARVALHO FILHO, José dos Santos. *Manual de direito administrativo*. 27. ed. rev., ampl. e atual. São Paulo: Atlas, 2014. p. 162).

2.4 Reflexos da dimensão humanista do direito administrativo e da importância do cidadão na anulação de atos administrativos

Nota-se, ainda, a mudança de paradigma do direito administrativo ao antes considerado irrestrito poder-dever de a Administração Pública anular seus atos, com esteio na antiga Súmula nº 473, do Supremo Tribunal Federal.[326]

Presentemente, têm-se sobreposto os PRINCÍPIOS DA SEGURANÇA JURÍDICA, DA BOA-FÉ, como limites à revisão e desfazimento de atos administrativos,[327] além de serem fixados prazos decadenciais para a AUTOTUTELA de medidas da Administração Pública que geraram efeitos favoráveis aos cidadãos (Lei Geral de Processo Administrativo da União, Lei federal nº 9.784/1999).[328]

Calha também atentar, no âmbito da autotutela sobre os atos praticados pela Administração Pública (no caso acerca de pagamentos funcionais/remunerações efetuados a servidores públicos), para a diretriz jurisprudencial do colendo Superior Tribunal de Justiça (Tema nº 1.009) ao resguardar a boa-fé dos servidores públicos na fixação de critérios para DISPENSA DE RESSARCIMENTO DE VALORES AO ERÁRIO, a bem da SEGURANÇA JURÍDICA e da PROTEÇÃO DA CONFIANÇA.[329]

---

[326] "A Administração pode anular seus atos, quando eivados de vícios que os tornem ilegais, porque deles não se originam direitos; ou revogá-los, por motivos de conveniência ou oportunidade, respeitados os direitos adquiridos e ressalvada, em todos os casos, a apreciação judicial".

[327] João Batista Gomes Moreira pontua que, para o desfazimento de ato que tenha repercutido na esfera patrimonial do cidadão, deve haver processo administrativo (devido processo legal), com oportunidade de manifestação prévia do interessado, no que cita o entendimento do Supremo Tribunal Federal – RE nº 199.733-8/MG, RE nº 158.543/RS – e do Superior Tribunal de Justiça – MS nº 5.283/DF (MOREIRA, João Batista Gomes. *Direito administrativo*: da rigidez autoritária à flexibilidade democrática. Belo Horizonte: Fórum, 2005. p. 273).

[328] "Art. 54. O direito da Administração de anular os atos administrativos de que decorram efeitos favoráveis para os destinatários decai em cinco anos, contados da data em que foram praticados, salvo comprovada má-fé. §1º No caso de efeitos patrimoniais contínuos, o prazo de decadência contar-se-á da percepção do primeiro pagamento. §2º Considera-se exercício do direito de anular qualquer medida de autoridade administrativa que importe impugnação à validade do ato".

[329] Ressalve-se o teor do entendimento do col. STJ sobre o tema: "A Primeira Seção do Superior Tribunal de Justiça (STJ), em análise de recursos especiais repetitivos (Tema 1.009), fixou a tese de que os pagamentos indevidos a servidores públicos, decorrentes de erro administrativo (operacional ou de cálculo) não embasado em interpretação errônea ou equivocada da lei, estão sujeitos à devolução, a menos que o beneficiário comprove a sua boa-fé objetiva, especialmente com a demonstração de que não tinha como constatar a

2.4.1 Reflexos da dimensão humanista do direito administrativo e da importância do cidadão: direito ao recurso hierárquico contra penas disciplinares impostas por autoridades administrativas com competência julgadora delegada

Calha aludir à orientação jurisprudencial do colendo Superior Tribunal de Justiça – STJ ao preservar o DIREITO AO RECURSO HIERÁRQUICO, interposto para O PRESIDENTE DA REPÚBLICA, contra atos de DEMISSÃO exarados por AUTORIDADE MINISTERIAL no exercício de competência julgadora DELEGADA, porque

---

falha. Ao estabelecer a tese por maioria de votos, o colegiado modulou os efeitos da decisão para que ela atinja apenas os processos distribuídos, na primeira instância, a partir da data de publicação do acórdão. Após a fixação do precedente qualificado, as ações individuais e coletivas que estavam suspensas em todo o país poderão ter seguimento e ser decididas com base na decisão da seção. O julgamento contou com a participação, como amici curiae, da Defensoria Pública da União, da Confederação dos Trabalhadores no Serviço Público Federal, da Federação Nacional dos Trabalhadores no Serviço Público Federal e do Colégio Nacional de Procuradores-Gerais dos Estados e do Distrito Federal. Boa-fé objetiva: O relator dos recursos especiais, ministro Benedito Gonçalves, explicou que a Primeira Seção, no julgamento do Tema 531, definiu que, quando a administração pública interpreta erroneamente uma lei, resultando em pagamento indevido ao servidor, cria-se uma falsa expectativa de que os valores recebidos são legais e definitivos, o que impede que as diferenças sejam descontadas. Em relação ao erro administrativo não decorrente de interpretação equivocada de lei, o magistrado lembrou que o artigo 46 da Lei 8.112/1990 estabelece que as reposições e indenizações ao erário serão previamente comunicadas ao servidor, para pagamento no prazo máximo de 30 dias, ressalvada a possibilidade de parcelamento. Apesar de se tratar de disposição legal expressa, o relator destacou que a norma tem sido interpretada com observância de alguns princípios gerais do direito, como a boa-fé. Por outro lado, o ministro ressaltou que impedir a devolução dos valores recebidos indevidamente por erro perceptível da administração, sem a análise da eventual boa-fé em cada caso, permitiria o enriquecimento sem causa do servidor, com violação do artigo 884 do Código Civil. Limitação de descontos: Nesse cenário, Benedito Gonçalves defendeu a necessidade de não confundir erro na interpretação da lei com erro operacional, de forma a não se estender o entendimento fixado no Tema 531 sem a observância da boa-fé objetiva do servidor, o que possibilita a restituição ao erário dos valores pagos indevidamente em virtude de erro de cálculo ou operacional. Ao fixar a tese e modular os seus efeitos, o relator também especificou que, em respeito ao princípio da dignidade da pessoa humana e com base em precedentes do próprio STJ, caso haja necessidade de devolução dos valores recebidos indevidamente, deve ser facultado ao servidor o desconto mensal em folha de 10% da remuneração, provento ou pensão. Esta notícia refere-se ao(s) processo(s): REsp 1769209; REsp 1769306" (Disponível em: https://www.stj.jus.br/sites/portalp/Paginas/Comunicacao/Noticias/17032021-Servidor-que-recebe-a-mais-por-erro-operacional-e-obrigado-a-devolver-diferenca--salvo-prova-de-boa-fe-.aspx).

intrínseco à garantia constitucional de AMPLA DEFESA no PROCESSO ADMINISTRATIVO DISCIPLINAR.[330] [331] [332]

2.4.2 Reflexos da dimensão humanista do direito administrativo e da importância do cidadão: limites à revisão do processo administrativo disciplinar e à anulação de penas disciplinares menos graves para imposição de penalidade mais severa

A seu turno, A REVISÃO DE PROCESSO ADMINISTRATIVO DISCIPLINAR OU A SUA ANULAÇÃO, POR SUA VEZ, NÃO PODE DESCONSIDERAR A SEGURANÇA JURÍDICA OU A BOA-FÉ. Não pode, por exemplo, nesse novo paradigma, suceder de, depois de imposta pena disciplinar de suspensão, devidamente cumprida pelo servidor disciplinado, ocorrer a anulação da penalidade para a posterior aplicação de sanção mais grave, de demissão, o que termina, além de tudo, por colidir com o princípio do *non bis in idem*.

Não pode suceder, em nome da AUTOTUTELA, que a Administração Pública ANULE PENALIDADE ADMINISTRATIVA IMPOSTA PELA AUTORIDADE COMPETENTE (E JÁ DEVIDAMENTE CUMPRIDA por servidor público), para aplicar outra PENA MAIS GRAVE PELO MESMO FATO, como no caso de suspensão consumada, seja com o afastamento do punido de suas funções durante o tempo fixado de duração da falta, seja com a conversão em multa de metade dos vencimentos do servidor também no período de cumprimento da sanção (art. 130, §2º, Lei federal nº 8.112/90), ou no caso de advertência por escrito, devidamente publicada.

---

[330] Superior Tribunal de Justiça, MS nº 10.254/DF, 2004/0181771-6, Rel. Min. Hélio Quaglia Barbosa, 3ª Seção, julgamento de 22.03.2006. *DJ*, p. 215, 3 abr. 2006.

[331] Superior Tribunal de Justiça, AgInt no MS nº 24.448/DF, Agravo Interno no Mandado de Segurança 2018/0158985-0, Rel. Min. Manoel Erhardt (Desembargador Convocado do TRF5), Primeira Seção, data do julgamento 29.3.2022, *DJe*, 31.3.2022.

[332] [...] II - É CABÍVEL O RECURSO HIERÁRQUICO CONTRA DECISÃO DE MINISTRO DE ESTADO EM PROCESSO DISCIPLINAR, MESMO QUANDO PROFERIDA NO EXERCÍCIO DA COMPETÊNCIA DELEGADA PELO SR. PRESIDENTE DA REPÚBLICA, AO QUAL COMPETIRÁ A SUA APRECIAÇÃO. Precedente" (AgInt no MS nº 23.391/DF, Agravo Interno no Mandado de Segurança 2017/0056181-3, Rel. Min. Regina Helena Costa, Primeira Seção, data do julgamento 9.11.2021, *DJe*, 12.11.2021).

Confirma-o a doutrina lusa:

> No sistema português também se reconhece o efeito interno do princípio "non bis in idem" traduzido na PROIBIÇÃO DA ADMINISTRAÇÃO APLICAR UMA PENA DISCIPLINAR A FACTOS QUE JÁ TENHAM SIDO DISCIPLINARMENTE PUNIDOS.[333]

Em face disso, o Superior Tribunal de Justiça firmou seu juízo contrário a que, depois de aplicada pena de suspensão, fosse posteriormente aplicada penalidade mais grave pelos mesmos fatos:

> Nos termos da Súmula 19 do STF não é possível a aplicação de dupla sanção disciplinar ao servidor público em decorrência da mesma falta disciplinar. Imposta a pena de suspensão a servidor e efetivamente cumprida, não pode a autoridade administrativa, em momento posterior, reativar o processo para aplicar a pena de demissão, por importar em bis in idem, vedado em nosso sistema.[334]

Julgou o Tribunal Regional Federal da 1ª Região também que não poderia ser anulada a pena de suspensão já aplicada para posterior imposição de demissão:

> Findo o inquérito administrativo e determinada, pela autoridade máxima competente, a punição dos servidores com a pena de suspensão pelo prazo de sessenta dias, cuja divulgação ocorreu, inclusive, em boletim de serviço, reveste-se de ilegalidade a renovação do processo disciplinar, lastreado por mesmos fatos, e o agravamento da pena original, com a demissão dos servidores. A revisão do processo disciplinar, prevista no art. 233 e seguinte da Lei nº 1.711/52 só é admissível ante o surgimento de elementos novos e em benefício do servidor, enquanto, na hipótese, deu-se por extemporânea e ilídima iniciativa da Administração, a reformatio in pejus.[335]

Arremata Mauro Roberto Gomes de Matos, comentando sobre os efeitos da Súmula nº 19, do Supremo Tribunal Federal, sobre

---

[333] FRAGA, Carlos Alberto Conde da Silva. *O poder disciplinar no Estatuto dos Trabalhadores da Administração Pública*: Lei 58/2008: doutrina: jurisprudência. Alfornelos: Petrony, 2011. p. 346.
[334] MS nº 7.358/DF, Rel. Min. Vicente Leal, *DJ*, 3ª Seção, 6.5.2002.
[335] EIAC – Embargos Infringentes na Apelação Cível nº 9001164676, Processo: 9001164676/DF, Rel. Des. Federal Aldir Passarinho Junior, 1ª Seção, decisão de 10.6.1991, *DJ*, p. 15382, 1º.7.1991, decisão unânime.

o processo administrativo disciplinar no sentido de vedar dupla punição pelos mesmos fatos, ainda que sob pretexto de autotutela:

> É de grande relevância o disposto na Súmula acima referida, pois evita que, encerrado o processo administrativo disciplinar, seja o mesmo reaberto ou reinstaurado pela segunda vez, para analisar os mesmos fatos que já foram objeto de julgamento anteriormente. Essa situação jurídica foi muito frequente em um passado recente, pois não satisfeita com o julgamento do processo administrativo disciplinar, geralmente a chefia do servidor público investigado, ou a Autoridade superior, determinava a anulação do processo disciplinar já encerrado, para dar oportunidade a uma nova investigação. Sendo que o servidor público já estava com a sua situação funcional definida, pois o processo administrativo disciplinar possuía então o seu resultado já decidido: punição em grau maior para o inafortunado investigado [...] Não resta dúvida que os fatos investigados no processo administrativo disciplinar, após a sua conclusão, não poderão ser novamente objeto de análise, pela Administração Pública, por caracterizar-se afronta ao princípio do bis in idem.[336]

Calha a advertência de Sérgio Ferraz e Adilson Abreu Dallari quando escrevem que NÃO SE CONFERE À ADMINISTRAÇÃO "O ATRIBUTO DA LEVIANDADE",[337] porque a ESTABILIDADE DA DECISÃO ADMINISTRATIVA é uma qualidade do agir administrativo, de modo que, decidindo um processo administrativo, o administrador público manifesta um entendimento sobre a legalidade e a conveniência de determinada medida em CARÁTER DEFINITIVO, mesmo porque a autoridade decisora dispõe de consultoria jurídica competente das procuradorias-gerais do Distrito Federal, do estado, do município, ou da Advocacia-Geral da União para indicar a solução correta e competente do processo punitivo, com o exame profissional isento e imparcial das provas e fatos e da proposta de respectiva incidência a eles das normas disciplinares pertinentes.

Merece destaque a jurisprudência do Superior Tribunal de Justiça em mais recente julgado que estatuiu ser VEDADA A ANULAÇÃO DE PENALIDADE IMPOSTA PELO MESMO FATO, ainda que

---

[336] MATTOS, Mauro Roberto Gomes de. *Tratado de direito administrativo disciplinar*. Rio de Janeiro: América Jurídica, 2008. p. 320-321.

[337] DALLARI, Adilson Abreu; FERRAZ, Sergio. *Processo administrativo*. São Paulo: Malheiros, 2001. p. 44-45.

sob pretexto de revisão do processo administrativo disciplinar, para aplicação de PENA MAIS GRAVE do que a anteriormente imposta:

SERVIDOR PÚBLICO. PAD. SUSPENSÃO. DEMISSÃO.

Trata-se de mandado de segurança em que se pretende desconstituir ato do ministro de Estado da Justiça pelo qual foi demitido o ora impetrante do cargo de Defensor Público da União em razão de conduta desidiosa apurada em procedimento administrativo disciplinar (PAD). Sustenta-se, na impetração, com base na LC nº 80/1994 e no Dec. nº 3.035/1999, ser a autoridade coatora incompetente para a prática de tal ato. Afirma-se, ainda, que ao impetrante JÁ FORA APLICADA A PENA DE SUSPENSÃO POR 90 DIAS EM FUNÇÃO DOS MESMOS FATOS, NÃO SENDO ADMISSÍVEIS A PROMOÇÃO DE UM REJULGAMENTO E A COMINAÇÃO DE UMA NOVA SANÇÃO AINDA MAIS GRAVE. Inicialmente, observou o Min. Relator, com base no art. 1º, I, do mencionado decreto, ser a autoridade coatora competente para o ato praticado. Contudo, consignou que, no caso em questão, foram extrapolados os estritos limites que regem a possibilidade de revisão do desfecho do PAD, o qual, por sujeitar o servidor público a uma eventual punição, precisa arvorar-se do mais elevado respeito aos princípios do contraditório e da ampla defesa e, nesse passo, EMPRESTAR À DECISÃO FINAL O SIGNO DA DEFINITIVIDADE. Assim, FINDO O PROCESSO E ESGOTADA A PENA, não é possível que, por irregularidade para a qual o impetrante não contribuiu e que sequer foi determinante ao resultado do PAD, A ADMINISTRAÇÃO PÚBLICA IGNORE O CUMPRIMENTO DA SANÇÃO, PROMOVA UM REJULGAMENTO E AGRAVE A SITUAÇÃO DO SERVIDOR, AO ARREPIO DOS PRINCÍPIOS DA SEGURANÇA JURÍDICA E DA PROTEÇÃO À BOA-FÉ. Asseverou que concluir de forma diversa seria submeter o impetrante ao completo alvedrio da Administração, o que geraria uma conjuntura de INSUPORTÁVEL INSEGURANÇA na medida em que irregularidades provenientes única e exclusivamente da atuação do Poder Público teriam o condão de TORNAR ALTAMENTE MUTÁVEIS AS DECISÕES DISCIPLINARES, INCLUSIVE PARA AGRAVAR A SANÇÃO. Ademais, este Superior Tribunal entende que o SIMPLES REJULGAMENTO DO PAD OFENDE O DEVIDO PROCESSO LEGAL por não encontrar respaldo na Lei nº 8.112/1990, que PREVÊ SUA REVISÃO tão somente quando houver possibilidade de ABRANDAMENTO DA SANÇÃO DISCIPLINAR APLICADA AO SERVIDOR. Diante dessas considerações, a Seção concedeu a segurança. Precedentes citados: MS 8.361-DF, DJ 4.6.2007; MS 9.782-DF, DJ, 03 nov. 2004, e MS 13.523-DF, DJe, 04 jun. 2009. MS 16.141-DF, Rel. Min. Castro Meira, julgado em 25.05.2011.

2.4.3 Reflexos da dimensão humanista do direito administrativo e da importância do cidadão: a Lei de Abuso de Autoridade e a coibição do exercício persecutório ou sem justa causa do poder disciplinar da Administração Pública

De outra banda, A Lei de Abuso de Autoridade (Lei Federal nº 13.869/2019) pune criminalmente o EXERCÍCIO PERSECUTÓRIO DO PODER DISCIPLINAR da Administração Pública.

A recente Lei de Abuso de Autoridade prescreve (art. 27, *caput* e parágrafo único) que REQUISITAR INSTAURAÇÃO OU INSTAURAR PROCEDIMENTO investigatório de INFRAÇÃO penal ou ADMINISTRATIVA, em desfavor de alguém, À FALTA DE QUALQUER INDÍCIO da prática de crime, de ilícito funcional ou de infração administrativa constitui crime com pena de detenção, de 6 (seis) meses a 2 (dois) anos, e multa, ressalvado que não há crime quando se tratar de sindicância ou investigação preliminar sumária, devidamente justificada.

A INSTAURAÇÃO DE PROCESSO ADMINISTRATIVO DISCIPLINAR SEM JUSTA CAUSA é prevista na Lei de Abuso de Autoridade ao estatuir (art. 30) que dar início ou proceder à perseguição penal, civil ou administrativa, sem justa causa fundamentada ou contra quem sabe inocente configura crime, sujeito à pena de detenção de 1 (um) a 4 (quatro) anos, e multa.

A exposição demonstra que a doutrina e a jurisprudência do direito administrativo já espelham, progressivamente, a democratização e constitucionalização que esse ramo do direito sofreu pelos novos marcos advindos da Constituição de 1988, o que se deve projetar na temática da *vinculação em sede de poder disciplinar quanto a penas máximas a servidores públicos,* como adiante se exporá.

Não mais se sustenta tampouco a decisão administrativa unilateral adotada de forma súbita, sem a participação ou audiência do afetado pela medida, da mesma forma que a revisão de atos administrativos se sujeita a limites e aos postulados da segurança jurídica e da boa-fé, sobre serem observadas as exemplificativas garantias e direitos dos servidores públicos alinhavados *supra*.

Destoa dos preditos exemplos dos avanços dogmáticos e legislativos da disciplina jurídica a velha visão de um direito administrativo que pouco se importa (desconsideração do CONSEQUENCIALISMO dos atos administrativos decisórios, em descompasso com o capitulado no art. 20, *caput*, da LINDB)[338] com a justificação plena (motivação simplista do julgamento do processo disciplinar, mediante o mero enquadramento jurídico do fato no tipo disciplinar cominador de penalidades mais graves – mito positivista da resposta única obrigatória de um ato administrativo exarado em poder vinculado e do dogma do legislador onipotente, SEM ADMISSÃO DE ALTERNATIVAS DECISÓRIAS, em desarmonia com o preceito do art. 20, parágrafo único, da LINDB)[339] de uma drástica imposição de pena disciplinar máxima (desapreço à adequação/necessidade/proporcionalidade, em oposição ao regrado na LINDB, art. 22, §2º),[340] que cassa a aposentadoria ou decreta a perda do cargo efetivo de um servidor público, enquanto medida automática e fundada na mera previsão abstrata da reprimenda para o comportamento no estatuto do funcionalismo (DECISÃO POR FÓRMULA ABSTRATA, recriminada no art. 20, *caput*, da LINDB),[341] ou alheia à FACTICIDADE do caso (REALISMO na interpretação e aplicação das normas jurídicas de direito público), indiferente às dificuldades reais vivenciadas pelo disciplinado, o que se contrapõe ao que reza a LINDB (art. 22, *caput* e §1º).[342]

---

[338] "Art. 20. Nas esferas administrativa, controladora e judicial, não se decidirá com base em valores jurídicos abstratos SEM QUE SEJAM CONSIDERADAS AS CONSEQUÊNCIAS PRÁTICAS DA DECISÃO. (Incluído pela Lei nº 13.655, de 2018) (Regulamento)".

[339] "Art. 20. [...] Parágrafo único. A MOTIVAÇÃO DEMONSTRARÁ A NECESSIDADE E A ADEQUAÇÃO DA MEDIDA IMPOSTA ou da invalidação de ato, contrato, ajuste, processo ou norma administrativa, INCLUSIVE EM FACE DAS POSSÍVEIS ALTERNATIVAS. (Incluído pela Lei nº 13.655, de 2018)".

[340] "Art. 22. [...] §2º Na aplicação de sanções, serão considerados a natureza e a gravidade da infração cometida, os danos que dela provierem para a administração pública, as circunstâncias agravantes ou atenuantes e os antecedentes do agente. (Incluído pela Lei nº 13.655, de 2018)".

[341] "Art. 20. Nas esferas administrativa, controladora e judicial, NÃO SE DECIDIRÁ COM BASE EM VALORES JURÍDICOS ABSTRATOS sem que sejam consideradas as consequências práticas da decisão. (Incluído pela Lei nº 13.655, de 2018) (Regulamento)".

[342] "Art. 22. Na interpretação de normas sobre gestão pública, SERÃO CONSIDERADOS OS OBSTÁCULOS E AS DIFICULDADES REAIS DO GESTOR e as exigências das políticas públicas a seu cargo, sem prejuízo dos direitos dos administrados. (Regulamento) §1º Em decisão sobre regularidade de conduta ou validade de ato, contrato, ajuste, processo ou norma administrativa, SERÃO CONSIDERADAS AS CIRCUNSTÂNCIAS PRÁTICAS QUE HOUVEREM IMPOSTO, LIMITADO OU CONDICIONADO A AÇÃO DO AGENTE. (Incluído pela Lei nº 13.655, de 2018)".

CAPÍTULO 3

A POSSIBILIDADE DE AFASTAMENTO DE REGRAS NA APLICAÇÃO DO DIREITO

3.1 A superação da hegemonia absoluta das regras

Outro aspecto fundamental da mudança de paradigma do NEOCONSTITUCIONALISMO é a *superação da HEGEMONIA DAS REGRAS e a construção da* ADMISSIBILIDADE DO SEU AFASTAMENTO NOS CASOS CONCRETOS QUANDO CONTRARIAREM PRINCÍPIOS, VALORES CONSTITUCIONAIS OU OS DIREITOS FUNDAMENTAIS, o que tem especial relevância no caso do poder disciplinar vinculado quanto à imposição mecânica de penas máximas a servidores públicos.

Max Möller[343] pontifica que a regulação mais específica da lei pode ser rechaçada se absolutamente insuficiente ao cumprimento da Constituição ou contrária a esta. Ajunta[344] que se aplica a relativização da solução estandarte prevista na regra jurídica em face da incidência dos princípios nos ordenamentos constitucionais e a proteção pela Constituição de valores e bens jurídicos, *QUANDO A SOLUÇÃO PREVISTA PELA REGRA PODE SER AFASTADA EM CASOS NOS QUAIS SUA APLICAÇÃO CONCRETA AFETA DE FORMA INADMISSÍVEL UM BEM CONSTITUCIONALMENTE PROTEGIDO.*

---
[343] MÖLLER, Max. *Teoria geral do neoconstitucionalismo*: bases teóricas do constitucionalismo contemporâneo. Porto Alegre: Livraria do Advogado, 2011. p. 40.
[344] MÖLLER, Max. *Teoria geral do neoconstitucionalismo*: bases teóricas do constitucionalismo contemporâneo. Porto Alegre: Livraria do Advogado, 2011. p. 180.

Alexy, comentando sobre a relevância de sua contribuição pessoal à teoria do direito, aponta o equacionamento dos problemas decorrentes da textura aberta do direito, a indefinição das intenções do legislador, a possibilidade de conflitos entre normas e precedentes, o surgimento de novos casos, a possibilidade de afastar precedentes e, em circunstâncias especiais, A POSSIBILIDADE DE DECISÃO CONTRÁRIA AO TEXTO EXPRESSO DE UMA LEI, INCLUSIVE COM O MANEJO DO CRITÉRIO DA JUSTIÇA, reconhecendo uma conexão entre direito e moral.[345]

Além disso, o jurista tedesco agrega que todo aquele que decide um caso levanta uma pretensão não só de que sua decisão está correta com base no contexto do sistema jurídico, mas também que É CORRETO E RACIONAL APLICAR A NORMA QUE ESTÁ FAZENDO INCIDIR NO CASO.[346]

Max Möller[347] assevera que uma regra poderá ser invalidada, em certos casos, por um princípio constitucional que com ela diretamente conflite, ajuntando que É *POSSÍVEL AO INTÉRPRETE MANEJAR UM PROCESSO DE PONDERAÇÃO DAS RAZÕES JURÍDICAS PARA APLICAR A REGRA E RAZÕES EM CONTRÁRIO, EM CASOS EM QUE A SOLUÇÃO PREVISTA EM DETERMINADA REGRA COLIDE COM UM PRINCÍPIO JURÍDICO, COM O ESCOPO DE VERIFICAR A ADEQUAÇÃO DA SOLUÇÃO PREVISTA PELA REGRA.*

O jurista[348] admite a *possibilidade de afastamento da solução prevista pela regra quando em conflito com outra norma superior, ensejando ao intérprete, depois de afastada a regra ou invalidada, adotar a solução mais adequada à luz do sistema.*

O afastamento de regras foi abraçado na jurisprudência do Supremo Tribunal Federal.

---

[345] ALEXY, Robert. *Teoria discursiva do direito*. Tradução de Alexandre Travessoni Gomes Trivisonno. Rio de Janeiro: Forense Universitária, 2014. p. 349.
[346] ALEXY, Robert. *Teoria discursiva do direito*. Tradução de Alexandre Travessoni Gomes Trivisonno. Rio de Janeiro: Forense Universitária, 2014. p. 349.
[347] MÖLLER, Max. *Teoria geral do neoconstitucionalismo*: bases teóricas do constitucionalismo contemporâneo. Porto Alegre: Livraria do Advogado, 2011. p. 242; 253.
[348] MÖLLER, Max. *Teoria geral do neoconstitucionalismo*: bases teóricas do constitucionalismo contemporâneo. Porto Alegre: Livraria do Advogado, 2011. p. 254.

Max Möller[349] traz à colação que o próprio Supremo Tribunal Federal afastou a solução prevista na regra do art. 224, do Código Penal, em caso concreto em que a regra do estupro presumido deixou de ser aplicada, a despeito de ter ocorrido relação sexual com menor de 14 anos, ante as circunstâncias particulares não previstas pela norma, quando se considerou o consentimento da vítima e sua aparência física e mental de pessoa maior de 14 anos, ou seja, a Corte acabou por decidir pela não configuração do tipo penal por razões não previstas pela própria regra.

Max Möller[350] continua apregoando:

a) pode suceder um complexo confronto de razões axiológicas em prol e contra a aplicação da regra, o que será avaliado pelo intérprete, DEIXANDO-SE DE APLICAR, COMO RAZÃO HERMENÊUTICA, A SOLUÇÃO PREVISTA PELA REGRA QUANDO NÃO É ADEQUADA PARA A REALIZAÇÃO DO BEM JURÍDICO QUE COLIMA PROTEGER, CONQUANTO COM MAIOR ÔNUS ARGUMENTATIVO DO INTÉRPRETE:[351]

b) pode ocorrer o afastamento da regra quando necessária sua invalidação no caso concreto, mesmo que em abstrato a norma se mostre válida, ou seja, quando as circunstâncias do caso concreto tornem intolerável o atrito com uma norma hierarquicamente superior;

c) "NEM SEMPRE A SOLUÇÃO PREDETERMINADA NA REGRA É A QUE SERÁ APLICADA AO CASO CONCRETO", CABENDO AO INTÉRPRETE AFASTAR A REGRA QUE REGULA *PRIMA FACIE* A SITUAÇÃO FÁTICA VERTENTE, DEMONSTRANDO OS MOTIVOS QUE O LEVAM A FAZÊ-LO, na medida em que as regras possuem dimensões axiológicas que permitem a

---

[349] MÖLLER, Max. *Teoria geral do neoconstitucionalismo*: bases teóricas do constitucionalismo contemporâneo. Porto Alegre: Livraria do Advogado, 2011. p. 266.

[350] MÖLLER, Max. *Teoria geral do neoconstitucionalismo*: bases teóricas do constitucionalismo contemporâneo. Porto Alegre: Livraria do Advogado, 2011. p. 268-269; 270; 273.

[351] Robert Alexy destaca a advertência de que "o PRINCÍPIO DA GENERALIZABILIDADE exige que aquele que quer tratar uma pessoa de forma diferente de outra pessoa deve apresentar uma razão para isso" (ALEXY, Robert. *Teoria discursiva do direito*. Tradução de Alexandre Travessoni Gomes Trivisonno. Rio de Janeiro: Forense Universitária, 2014. p. 56).

consideração de aspectos concretos e individuais, que serão decisivos para a respectiva aplicação;
d) É PERFEITAMENTE POSSÍVEL O AFASTAMENTO DA DECISÃO PEREMPTÓRIA, *PRIMA FACIE*, CONTIDA NA REGRA, CONQUANTO COM ÔNUS ARGUMENTATIVO MAIOR PARA O INTÉRPRETE[352] NO SENTIDO DE DEMONSTRAR A INCOMPATIBILIDADE SISTÊMICA DA DECISÃO CONTIDA NA REGRA (invalidade) ou que *ESTA VAI DE ENCONTRO À SUA PRÓPRIA FINALIDADE* (quando esta se evidencie), admitida ainda a criação de normas de exceção à regra.

Luís Roberto Barroso[353] adverte, no mesmo diapasão, que EXISTEM SITUAÇÕES EM QUE UMA REGRA, PERFEITAMENTE VÁLIDA EM ABSTRATO, PODERÁ GERAR UMA INCONSTITUCIONALIDADE AO INCIDIR EM DETERMINADO AMBIENTE, ou, ainda, *há hipóteses em que a adoção do comportamento descrito pela regra violará gravemente o próprio fim que ela busca alcançar*.

Alexy[354] disserta:
a) verdadeira ou correta é a resposta que pela melhor teoria do direito (*soundest theory of law*) é mais bem justificada. No quadro de tais teorias, princípios devem desempenhar um papel decisivo;
b) a melhor teoria é aquela que contém aqueles princípios e ponderações de princípios que o melhor justificam as prescrições da constituição, as normas jurídicas fixadas e os precedentes. Sob "princípio", entende Dworkin, nisso, todos os critérios que, sem serem regras, podem servir como argumentos para direitos individuais;
c) essas três teses do positivismo, viciosas segundo Dworkin, devem basear-se no desconhecimento do papel que os princípios, na argumentação jurídica, tanto desempenham

---

[352] Robert Alexy destaca a advertência de que "o PRINCÍPIO DA GENERALIZABILIDADE exige que aquele que quer tratar uma pessoa de forma diferente de outra pessoa deve apresentar uma razão para isso" (ALEXY, Robert. *Teoria discursiva do direito*. Tradução de Alexandre Travessoni Gomes Trivisonno. Rio de Janeiro: Forense Universitária, 2014. p. 56).

[353] BARROSO, Luís Roberto. *O novo direito constitucional brasileiro*: contribuições para a construção teórica e prática da jurisdição constitucional no Brasil. Belo Horizonte: Fórum, 2013. p. 152.

[354] ALEXY, Robert. *Direito, razão, discurso*: estudos para a filosofia do direito. Tradução de Luís Afonso Heck. Porto Alegre: Livraria do Advogado, 2010. p. 139.

realmente como, também, devem desempenhar; o significado dos princípios já é visível disto, que muitas decisões são apoiadas em princípios; mais claramente, eles mostram-se nisto, que normas jurídicas, por eles, podem ser limitadas ou suprimidas. Princípios deveriam, por conseguinte, ser considerados parte do ordenamento jurídico. O ORDENAMENTO JURÍDICO, COM ISSO, NÃO É UM SISTEMA QUE CONSISTE EXCLUSIVAMENTE DE REGRAS.

O grande mestre administrativista de Coimbra, Pedro Costa Gonçalves,[355] citando outros renomados doutrinadores portugueses com igual entendimento,[356] defende:

a) em casos especiais, pode haver lugar à MOBILIZAÇÃO DE PRINCÍPIOS JURÍDICOS GERAIS, MESMO QUANDO A AÇÃO DA ADMINISTRAÇÃO SE ENCONTRA ABRANGIDA POR REGRAS LEGAIS VINCULATIVAS (poder vinculado): eis o que poderá efetivamente ocorrer por aplicação do princípio da *PROPORCIONALIDADE*, bem como dos princípios da *IGUALDADE* ou da *IMPARCIALIDADE* e, segundo alguma doutrina, também o princípio da *RAZOABILIDADE*;

b) em áreas de AÇÃO ADMINISTRATIVA VINCULADA, a aplicação dos PRINCÍPIOS conduz, necessariamente, à consequência de AFASTAR A PRODUÇÃO DE UM RESULTADO DEFINIDO NA LEI PARA UMA SITUAÇÃO CONCRETA PELO FATO DE A ADMINISTRAÇÃO OU O TRIBUNAL MOBILIZAREM UM PRINCÍPIO "CONTRA" A LEI.

---

[355] GONÇALVES, Pedro Costa. *Manual de direito administrativo*. Coimbra: Almedina, 2019. v. 1. p. 375.
[356] Neste sentido, cf. SILVA, Suzana Tavares da. O princípio da razoabilidade. *In*: GOMES, Carla Amado; NEVES, Ana Fernanda; SERRÃO, Tiago. *Comentários ao Novo Código do Procedimento Administrativo*. [s.l.]: [s.n.], [s.d.]. v. I. p. 291 e segs. (p. 313), advogando que o art. 8º do CPA pretendeu só determinar que a razoabilidade se aplique também em atos vinculados.

3.1.1 Ainda mais marcos teóricos acerca da ponderação e afastamento de regras nos casos concretos administrativos

Em face de situações como essa, Humberto Ávila exorta que se deve evitar a trivialização do funcionamento das regras, transformando-as em normas que são aplicadas de modo automatizado e sem a necessária ponderação de razões, sob a crença errônea de que as regras não podem jamais ser superadas, quando TODA NORMA JURÍDICA "ESTABELECE DEVERES PROVISÓRIOS, COMO COMPROVAM OS CASOS DE SUPERAÇÃO DAS REGRAS POR RAZÕES EXTRAORDINÁRIAS COM BASE NO POSTULADO DA RAZOABILIDADE".[357]

Lenio Streck[358] pondera que uma regra não pode prevalecer em face de um princípio, sustentando que

> A PREVALÊNCIA DA REGRA EM FACE DE UM PRINCÍPIO SIGNIFICA UM RETORNO AO POSITIVISMO, ALÉM DE INDEPENDENTIZAR A REGRA DE QUALQUER PRINCÍPIO (E VICE-VERSA), como se fosse um objeto dado (posto), que é exatamente o primado da concepção positivista do direito, em que não há espaços para os princípios (no sentido que os compreendemos nesta quadra da história).

As normas jurídicas, na moderna teoria do direito, são divididas entre princípios e regras.

Com as contribuições de juristas como Dworkin[359] e Alexy, firmou-se o entendimento de que AS NORMAS JURÍDICAS NÃO SE RESUMIRIAM A REGRAS, MAS TAMBÉM SERIAM COMPOSTAS PELOS PRINCÍPIOS, DE MAIOR GENERALIDADE E QUE ASSUMEM UMA FUNÇÃO DE RECÍPROCO CONTROLE NO CASO CONCRETO, SOB OS PARÂMETROS DA PROPORCIONALIDADE,

---

[357] ÁVILA, Humberto. *Teoria dos princípios*: da definição à aplicação dos princípios jurídicos. 14. ed. atual. São Paulo: Malheiros, 2013. p. 96.

[358] STRECK, Lenio. *Verdade e consenso*: constituição, hermenêutica e teorias discursivas. 4. ed. São Paulo: Saraiva, 2012. p. 177.

[359] "Podemos tratar os princípios jurídicos da mesma maneira que tratamos as regras jurídicas e dizer que alguns princípios possuem obrigatoriedade de lei e devem ser levados em conta por juízes e juristas que tomam decisões sobre obrigações jurídicas. Se seguirmos essa orientação, deveremos dizer que nos Estados Unidos o direito inclui pelo menos tanto princípios como regras" (DWORKIN, Ronald. *Levando os direitos a sério*. São Paulo: Martins Fontes, 2002. p. 46-47).

com a possibilidade de cederem espaço para um outro princípio de maior peso na situação vertente de análise (precedência condicionada), sem que seja suprimida a validade e eficácia do princípio restringido, o qual pode, em outras circunstâncias, ser aplicado preponderantemente e com primazia com o princípio preponderante em outra situação.

DWORKIN leciona que dizer que alguém tem uma obrigação jurídica é dizer que seu caso se enquadra em uma regra jurídica válida que exige que ele faça ou se abstenha de fazer alguma coisa.[360]

Os princípios recebem o método da ponderação. DWORKIN escreve que os princípios possuem uma dimensão de peso que as regras não têm – a dimensão de peso ou importância. Quando os princípios se entrecruzam, aquele que vai resolver o conflito tem de levar em conta a força relativa de cada um. Esta não pode ser uma mensuração exata e o julgamento que determina que um princípio ou uma política particular é mais importante que outra frequentemente será objeto de controvérsia.[361]

O professor norte-americano escreve que OS PRINCÍPIOS INCLINAM A UMA DECISÃO, PORÉM DE MANEIRA NÃO CONCLUSIVA, E AINDA SOBREVIVEM INTACTOS QUANDO NÃO PREVALECEM. Argumenta que princípios eventualmente entram em conflito e interagem uns com os outros, de modo que CADA PRINCÍPIO RELEVANTE PARA UM PROBLEMA JURÍDICO PARTICULAR FORNECE UMA RAZÃO EM FAVOR DE DETERMINADA SOLUÇÃO, MAS NÃO A ESTIPULA. O aplicador deve decidir uma questão diante da exigência de avaliar os princípios conflitantes e antagônicos que incidem sobre ela e chegar a um veredito a partir desses princípios, em vez de identificar um entre eles como válido.[362]

Alexy[363] referenda a cátedra e enuncia que os princípios são comandos de otimização, que encontram as fronteiras de sua capacidade de realização em princípios opostos, aduzindo que *UMA PONDERAÇÃO É NECESSÁRIA QUANDO EXISTEM RAZÕES OPOSTAS QUE, TOMADAS EM SI, CONSTITUEM BOAS RAZÕES*

---

[360] DWORKIN, Ronald. *Levando os direitos a sério*. São Paulo: Martins Fontes, 2002. p. 28.
[361] DWORKIN, Ronald. *Levando os direitos a sério*. São Paulo: Martins Fontes, 2002. p. 42.
[362] DWORKIN, Ronald. *Levando os direitos a sério*. São Paulo: Martins Fontes, 2002. p. 57; 114.
[363] ALEXY, Robert. *Teoria discursiva do direito*. Tradução de Alexandre Travessoni Gomes Trivisonno. Rio de Janeiro: Forense Universitária, 2014. p. 263.

PARA UMA DECISÃO E QUE LEVAM NÃO FACILMENTE A UMA DECISÃO DEFINITIVA PORQUE HÁ OUTRAS RAZÕES QUE EXIGEM PRIMA FACIE OUTRA DECISÃO.

O jurista tedesco[364] salienta que princípios são normas que comandam que algo seja realizado na maior medida possível em relação às possibilidades fáticas e jurídicas, modo por que princípios são comandos de otimização e que são caracterizados por poderem ser cumpridos em diferentes graus e pelo fato de a medida comandada de sua realização depender não só das possibilidades fáticas, mas também jurídicas. AS POSSIBILIDADES JURÍDICAS SÃO DETERMINADAS POR REGRAS E ESSENCIALMENTE POR PRINCÍPIOS OPOSTOS. Os princípios contêm um comando *prima facie*, de sorte que a determinação da medida comandada de cumprimento de um princípio em relação às exigências de um princípio oposto é a ponderação, a forma de aplicação específica do princípio. "Quanto maior o grau de descumprimento de ou de interferência em um princípio, maior deve ser a importância do cumprimento do outro princípio".

DWORKIN conceitua PRINCÍPIO como um padrão que deve ser observado, não porque vá promover ou assegurar uma situação econômica, política ou social considerada desejável, mas porque É UMA EXIGÊNCIA DE JUSTIÇA OU EQUIDADE ou alguma outra dimensão da moralidade.[365]

Alexy cita Dworkin quanto à lição deste último de que os indivíduos têm direito independentemente do fato de regras anteriores correspondentes terem sido criadas, e descobrir esses direitos, não criar novos direitos, é a tarefa do juiz. Além disso, em casos difíceis (*hard cases*), haveria uma só resposta correta no sistema jurídico, ainda que não exista um procedimento para provar conclusivamente essa resposta em cada caso, a correção da resposta seria atingida segundo a mais sólida teoria do direito.[366]

DWORKIN exemplifica como *PRINCÍPIO DO DIREITO ESTADUNIDENSE O DE QUE A NINGUÉM SERÁ PERMITIDO LUCRAR*

---

[364] ALEXY, Robert. *Teoria discursiva do direito*. Tradução de Alexandre Travessoni Gomes Trivisonno. Rio de Janeiro: Forense Universitária, 2014. p. 146; 154.

[365] ALEXY, Robert. *Teoria discursiva do direito*. Tradução de Alexandre Travessoni Gomes Trivisonno. Rio de Janeiro: Forense Universitária, 2014. p. 36.

[366] ALEXY, Robert. *Teoria discursiva do direito*. Tradução de Alexandre Travessoni Gomes Trivisonno. Rio de Janeiro: Forense Universitária, 2014. p. 166.

COM A SUA PRÓPRIA FRAUDE, BENEFICIAR-SE COM SEUS ATOS ILÍCITOS, BASEAR QUALQUER REIVINDICAÇÃO NA SUA PRÓPRIA INIQUIDADE OU ADQUIRIR BENS EM DECORRÊNCIA DE SEU PRÓPRIO CRIME.[367] "O nosso direito respeita o *princípio segundo o qual nenhum homem pode beneficiar-se dos erros que comete*".

Quanto às regras, o jurista estadunidense anota que o direito de uma comunidade é um conjunto de regras especiais utilizado direta ou indiretamente por essa comunidade com o propósito de determinar qual comportamento será punido ou coagido pelo poder público.[368]

Alexy[369] explica que as regras são normas que comandam, proíbem ou permitem algo de forma definitiva. Nesse sentido, elas são comandos definitivos, cuja forma de aplicação é a subsunção, por cujo efeito, quando uma regra é válida, é comandado fazer exatamente aquilo que ela exige. Se isso é feito, a regra é cumprida; se isso não é feito, a regra não é cumprida, de modo que regras são normas que sempre podem somente ser cumpridas ou descumpridas.

DWORKIN pondera que, se duas regras entram em conflito, uma delas não pode ser válida. A decisão de saber qual delas é válida e qual deve ser abandonada ou reformulada deve ser tomada recorrendo-se a considerações que estão além das próprias regras. Um sistema jurídico pode regular esses conflitos por meio de outras regras, que dão precedência à regra promulgada pela autoridade de grau superior, à regra promulgada mais recentemente, à regra mais específica. Além disso, um sistema jurídico pode preferir a regra que é sustentada pelos princípios mais importantes, como sucede no direito norte-americano.[370]

As regras são aplicadas pelo método da subsunção.

Não obstante, calha trazer a lume as ponderações e ressalvas doutrinárias, adrede citadas, à ideia de que uma regra não poderia ser objeto de ponderação num caso concreto, o que, na verdade, pode acontecer por força da preponderância de um princípio contrário em face da situação vertente.

---

[367] ALEXY, Robert. *Teoria discursiva do direito*. Tradução de Alexandre Travessoni Gomes Trivisonno. Rio de Janeiro: Forense Universitária, 2014. p. 37; 40.
[368] DWORKIN, Ronald. *Levando os direitos a sério*. São Paulo: Martins Fontes, 2002. p. 27-28.
[369] DWORKIN, Ronald. *Levando os direitos a sério*. São Paulo: Martins Fontes, 2002. p. 146.
[370] DWORKIN, Ronald. *Levando os direitos a sério*. São Paulo: Martins Fontes, 2002. p. 43.

A REGRA NÃO PODE EXISTIR SENÃO NA CONFORMIDADE E EM COERÊNCIA COM O SISTEMA JURÍDICO QUE INTEGRA, INCLUSIVE EM COTEJO COM OS PRINCÍPIOS PARALELAMENTE APLICÁVEIS NA SITUAÇÃO CONCRETA, sob pena de se retornar ao positivismo exegético.

Em face dessa perspectiva mais progressista com que se deve olhar para o instituto da VINCULAÇÃO ADMINISTRATIVA, à luz dos direitos fundamentais e dos postulados e princípios constitucionais controladores, o indicativo lógico aparente é de que *poderia a autoridade administrativa, sim, em vista de certas circunstâncias relevantes especiais do caso concreto, deixar de aplicar os dispositivos legais ou regras que cominam penas máximas para dados comportamentos.*[371]

João Batista Gomes Moreira defende que, na escala da interpretação criativa do direito, reside a *POSSIBILIDADE DE SE DEIXAR DE APLICAR A LEI A CASOS EXCEPCIONAIS, PORQUANTO SE PERCEBE QUE UMA REGRA PODE SER PERFEITAMENTE CONSTITUCIONAL, DO PONTO DE VISTA ABSTRATO, MAS, EM CERTAS CIRCUNSTÂNCIAS, PRODUZIR RESULTADO INCONSTITUCIONAL, POR VIOLAR O PRÓPRIO FIM QUE BUSCA ALCANÇAR.* "A lei existe para o que normalmente acontece, de modo que pode ser afastada sua incidência sobre situações fora do comum".[372]

Assim, no caso do modelo do Estatuto dos Servidores Públicos da União, aparentemente, a norma de aplicação de penalidades máximas não se confunde com o mero texto dos arts. 132 e 134, da Lei federal nº 8.112/1990. Como lembra André Fellet, enunciados normativos são os textos (dispositivos legais ou constitucionais) por meio dos quais as normas são expressas.[373]

Ou seja, *AS REGRAS* em apreço *NÃO PRODUZEM UMA NORMA DEFINITIVA E ACABADA QUANTO À DECISÃO ADMINISTRATIVA FINAL, por meio de automática subsunção, haja vista que é o intérprete e aplicador do direito que tem o papel de* FUNDAMENTAR, COERENTEMENTE COM O SISTEMA E COM RESPOSTA ADEQUADA À CONSTITUIÇÃO FEDERAL, SEU ATO DECISÓRIO

---

[371] BARROSO, Luís Roberto. *O novo direito constitucional brasileiro*: contribuições para a construção teórica e prática da jurisdição constitucional no Brasil. Belo Horizonte: Fórum, 2013. p. 152-153.

[372] MOREIRA, João Batista Gomes. *Direito administrativo*: da rigidez autoritária à flexibilidade democrática. Belo Horizonte: Fórum, 2005. p. 410.

[373] FELLET, André. *Regras e princípios, valores e normas*. São Paulo: Saraiva, 2014. p. 42.

SOBRE A PROVISÃO NORMATIVA CONCRETA, DE ACORDO COM AS CIRCUNSTÂNCIAS VERTENTES DO *CASE*. A norma aplicada é o produto da atividade exegética *in concreto*. O exegeta não mais pode se cingir a meramente descrever, de forma mecânica, um significado previamente ditado pelo texto da lei, olvidando-se do dever de resposta adequada à Constituição e aos direitos fundamentais. É o que preconiza Luís Roberto Barroso quando sentencia que há muitas situações em que não existe uma solução pré-pronta no direito e nas quais a resolução do caso terá de ser construída argumentativamente, à luz dos elementos da situação específica, dos parâmetros fixados na norma e de elementos externos ao direito.[374]

Confirma também essas conclusões Paulo Otero,[375] quando salienta que *A SOLUÇÃO DO CASO CONCRETO NÃO SE LIMITA A UMA MERA OPERAÇÃO DE SUBSUNÇÃO*, antes envolve por parte do aplicador o exercício de uma tarefa que consubstancia a introdução na ordem jurídica de algo novo; APLICAR O DIREITO É SEMPRE UM ATO DE CRIAÇÃO; a Administração Pública desenvolve um papel ativo e criativo na realização do direito.

Humberto Ávila confirma que a aplicação das regras pode ser objeto de ponderação, desde que certas condições estejam presentes para superar a aplicação do comportamento preliminarmente previsto, entendimento que se justifica, em determinados casos, de vinculação administrativa de penas máximas.

SERÁ MESMO QUE AS REGRAS NÃO PODEM SER OBJETO DE PONDERAÇÃO? SERÁ MESMO QUE AS REGRAS INSTITUEM OBRIGAÇÕES PEREMPTÓRIAS? SERÁ MESMO QUE O CONFLITO ENTRE REGRAS SÓ SE RESOLVE COM A INVALIDAÇÃO DE UMA DELAS OU COM A ABERTURA DE UMA EXCEÇÃO A UMA DELAS?[376]

O autor complementa:

> Enquanto a doutrina sustenta que, quando a hipótese de uma regra é preenchida, sua consequência deve ser implementada, ESTE ESTUDO DIFERENCIA O FENÔMENO DA INCIDÊNCIA DAS REGRAS DO

---

[374] BARROSO, Luís Roberto. *O novo direito constitucional brasileiro*: contribuições para a construção teórica e prática da jurisdição constitucional no Brasil. Belo Horizonte: Fórum, 2013. p. 37.
[375] OTERO, Paulo. *Legalidade e administração pública*: o sentido da vinculação administrativa à juridicidade. Coimbra: Almedina, 2011. p. 215.
[376] ÁVILA, Humberto. *Teoria dos princípios*: da definição à aplicação dos princípios jurídicos. 14. ed. atual. São Paulo: Malheiros, 2013. p. 29-30.

FENÔMENO DE SUA APLICABILIDADE, PARA DEMONSTRAR QUE A APTIDÃO PARA A APLICAÇÃO DE UMA REGRA DEPENDE DA PONDERAÇÃO DE OUTROS FATORES QUE VÃO ALÉM DA MERA VERIFICAÇÃO DA OCORRÊNCIA DE FATOS PREVIAMENTE TIPIFICADOS.[377]

Novamente aqui se põe em xeque a maior complexidade da atividade do intérprete e aplicador do direito, em virtude da constitucionalização do ordenamento jurídico, e da decorrente perda da mecanicidade positivista da aplicação das regras jurídicas a certo caso concreto, na medida em que DEVE SER CONFRONTADA A RACIONALIDADE, COERÊNCIA, PROPORCIONALIDADE, RAZOABILIDADE DA INCIDÊNCIA DA LEI AO *CASE*, COM A CONSTITUIÇÃO, SUA PRINCIPIOLOGIA E VALORES DIANTE DA SITUAÇÃO ESPECÍFICA (FILTRAGEM CONSTITUCIONAL),[378] em especial quando se trata de direito administrativo sancionador, porquanto recai maior ônus de fundamentação na atividade aplicativa das normas jurídicas, acima de mera subsunção (a qual não deixa de funcionar, mas convive com a ponderação como método jurídico).

A prática do direito envolverá amiúde aspectos e perplexidades que não foram antevistas pelo legislador ordinário (como pondera Max Möller[379] ao censurar a previsão de uma SOLUÇÃO PADRONIZADA PARA TODAS AS SITUAÇÕES CONSTANTES DO MESMO SUPOSTO FÁTICO), QUANDO O INTÉRPRETE E APLICADOR DAS REGRAS DEVERÁ ACAUTELAR-SE PELA RACIONALIDADE, COERÊNCIA E INTEGRIDADE DE SUA DECISÃO (calha o ensino de Carlos Ari Sundfeld[380] de que aplicação das regras não se faz de modo isolado, mas em conjunto com todo o ordenamento), além de respeito ao PRINCÍPIO DA IGUALDADE NA HERMENÊUTICA DO DIREITO, COM A DESIGUALAÇÃO DOS CASOS COM CIRCUNSTÂNCIAS DESIGUAIS RELEVANTES,

---

[377] ÁVILA, Humberto. *Teoria dos princípios*: da definição à aplicação dos princípios jurídicos. 14. ed. atual. São Paulo: Malheiros, 2013. p. 30.
[378] BARROSO, Luís Roberto. A constitucionalização do direito e suas repercussões no âmbito administrativo. In: ARAGÃO, Alexandre Santos de; MARQUES NETO, Floriano de Azevedo (Coord.). *Direito administrativo e seus novos paradigmas*. Belo Horizonte: Fórum, 2012. p. 43.
[379] MÖLLER, Max. *Teoria geral do neoconstitucionalismo*: bases teóricas do constitucionalismo contemporâneo. Porto Alegre: Livraria do Advogado, 2011. p. 179-181.
[380] SUNDFELD, Carlos Ari. *Direito administrativo para céticos*. 2. ed. São Paulo: Malheiros, 2014. p. 141-142.

inclusive com controle jurisdicional sobre a possível falta de racionalidade da medida decisória adotada.[381]

Rafael Maffini[382] adverte que interpretações demasiadamente rigorosas dos conceitos inerentes às mais diversas categorias de responsabilização a que os agentes públicos se encontram sujeitos, no afã de se punir os maus agentes públicos, podem JUNTAMENTE EXPULSAR DA ADMINISTRAÇÃO PÚBLICA OS BONS GESTORES ou, ao menos, reduzir sua criatividade quase a zero, no já referido fenômeno do "APAGÃO DAS CANETAS".

A APLICAÇÃO RACIONAL DO DIREITO e iluminada pela Constituição não fere a segurança jurídica, antes proporciona efetividade ao princípio da juridicidade e do respeito ao direito como um todo, não considerado meramente como regras, visto que existem princípios também como normas jurídicas, na lição de João Batista Gomes Moreira,[383] quando anota que vigora presentemente uma LEGALIDADE PERMEADA DE VALORES E DE PRINCÍPIOS DE JUSTIÇA MATERIAL, os quais devem ocupar a atenção do jurista, em busca do melhor caminho, na elaboração e aplicação (na eleição do melhor resultado da interpretação) do direito.

Aí se chega na assertiva: PODE-SE SUPERAR UMA REGRA (que não se deve aplicar incondicionalmente, nem a pretexto de vinculação) quando a providência administrativa final (provisão

---

[381] Trata-se de interpretação jurídica da infração e/ou da sanção, e não discricionariedade. O Judiciário deve então controlar a coerência da interpretação jurídica que se materializa na decisão administrativa, os precedentes administrativos, enfim, a racionalidade da decisão e nada há de discricionário neste processo. A eventual necessidade de o Judiciário corrigir uma interpretação jurídica da Administração Pública manifestada no exercício do direito administrativo sancionador deve ter por critério, além dos clássicos aspectos formais relacionados ao devido processo legal, a aferição da racionalidade da decisão, o que implica avaliar a ponderação da deliberação administrativa, é dizer, se a decisão da Administração Pública atende ao princípio da proporcionalidade, se não há desvio de finalidade etc. Cuida-se de verificar, em síntese, a racionalidade da interpretação jurídica contida no ato administrativo. Como afirma Tercio Sampaio Ferraz Jr.: "A racionalidade dessa ordem está na delimitação dos conteúdos normativos a partir cia desses conteúdos, não importa a competência da autoridade" (PIRES, Luis Manuel Fonseca. Interpretação jurídica e o direito administrativo sancionador. *In*: OLIVEIRA, José Roberto Pimenta (Coord.). *Direito administrativo sancionador*: estudos em homenagem ao professor emérito da PUC-SP Celso Antônio Bandeira de Mello. São Paulo: Malheiros, 2019. p. 545).

[382] MAFFINI, Rafael. LINDB, Covid-19 e sanções administrativas aplicáveis a agentes públicos. *In*: MAFFINI, Rafael; RAMOS, Rafael (Coord.). *Nova LINDB*: consequencialismo, deferência judicial, motivação e responsabilidade do gestor público. Rio de Janeiro: Lumen Juris, 2020. p. 210.

[383] MOREIRA, João Batista Gomes. *Direito administrativo*: da rigidez autoritária à flexibilidade democrática. Belo Horizonte: Fórum, 2005. p. 98.

geral do legislador) não se ajuste, sob o prisma dos postulados da RAZOABILIDADE e PROPORCIONALIDADE, e em face das ESPECIFICIDADES DO CASO (FACTICIDADE), com a finalidade do dispositivo cominador de penas máximas.

Então, quais circunstâncias autorizam o afastamento de uma regra? Humberto Ávila explica:

> A SUPERAÇÃO DE UMA REGRA DEVERÁ TER, EM PRIMEIRO LUGAR, UMA JUSTIFICATIVA CONDIZENTE. Essa justificativa depende de dois fatores. Primeiro, da demonstração de INCOMPATIBILIDADE ENTRE A HIPÓTESE DA REGRA E SUA FINALIDADE SUBJACENTE. É PRECISO APONTAR A DISCREPÂNCIA ENTRE AQUILO QUE A HIPÓTESE DA REGRA ESTABELECE E O QUE SUA FINALIDADE EXIGE. Segunda, da demonstração de que O AFASTAMENTO DA REGRA NÃO PROVOCARÁ EXPRESSIVA INSEGURANÇA JURÍDICA. Com efeito, as regras configuram meios utilizados pelo Poder Legislativo para eliminar ou reduzir a controvérsia, a incerteza e a arbitrariedade e evitar problemas de coordenação, de deliberação e de conhecimento. Sendo assim, A SUPERAÇÃO DAS REGRAS EXIGE A DEMONSTRAÇÃO DE QUE O MODELO DE GENERALIZAÇÃO NÃO SERÁ SIGNIFICATIVAMENTE AFETADO PELO AUMENTO EXCESSIVO DAS CONTROVÉRSIAS, DA INCERTEZA E DA ARBITRARIEDADE, nem pela grande falta de coordenação, pelos altos custos de deliberação ou por graves problemas de conhecimento. Enfim, A SUPERAÇÃO DE UMA REGRA CONDICIONA-SE À DEMONSTRAÇÃO DE QUE A JUSTIÇA INDIVIDUAL NÃO AFETA SUBSTANCIALMENTE A JUSTIÇA GERAL. EM SEGUNDO LUGAR, A SUPERAÇÃO DE UMA REGRA DEVERÁ TER UMA FUNDAMENTAÇÃO CONDIZENTE: É PRECISO EXTERIORIZAR, DE MODO RACIONAL E TRANSPARENTE, AS RAZÕES QUE PERMITEM A SUPERAÇÃO. Vale dizer, uma regra não pode ser superada sem que as razões de sua superação sejam exteriorizadas e possam, com isso, ser controladas. A fundamentação deve ser escrita, juridicamente fundamentada e logicamente estruturada.[384]

ÁVILA[385] admoesta:

a) o modo de aplicação não está determinado pelo texto objeto de interpretação, mas é decorrente de conexões axiológicas que são construídas (ou, no mínimo, intensificadas)

---

[384] ÁVILA, Humberto. *Teoria dos princípios:* da definição à aplicação dos princípios jurídicos. 14. ed. atual. São Paulo: Malheiros, 2013. p. 128.

[385] ÁVILA, Humberto. *Teoria dos princípios:* da definição à aplicação dos princípios jurídicos. 14. ed. atual. São Paulo: Malheiros, 2013. p. 50-51.

pelo intérprete, que pode inverter o modo de aplicação havido inicialmente como elementar;
b) MUITAS VEZES O CARÁTER ABSOLUTO DA REGRA É COMPLETAMENTE MODIFICADO DEPOIS DA CONSIDERAÇÃO DE TODAS AS CIRCUNSTÂNCIAS DO CASO. Nesse sentido, o jurista também cita julgado do Supremo Tribunal Federal (HC 73.662-9, 2ª Turma, julgado em 21.5.1996), que afastou a regra de que a violência no caso de estupro é presumida quando a vítima é menor de 14 anos, por considerar que a moça violada, de 12 anos de idade, EM VISTA DE CIRCUNSTÂNCIAS PARTICULARES NÃO PREVISTAS PELA NORMA, como a aquiescência da vítima ou a aparência física e mental de pessoa mais velha, o que desaguou no juízo de NÃO CONFIGURAÇÃO DO TIPO PENAL NA ESPÉCIE, APESAR DE OS REQUISITOS NORMATIVOS EXPRESSOS ESTAREM PRESENTES. A INCIDÊNCIA FOI SUPERADA POR RAZÕES CONTRÁRIAS NÃO PREVISTAS PELA PRÓPRIA OU OUTRA REGRA;
c) outro exemplo de julgado do Supremo Tribunal Federal (HC 77.003-4, 2ª Turma, julgamento de 16.6.1998) é citado em que, apesar de então configurada a conduta de improbidade administrativa pela admissão de servidor sem concurso público (art. 11, V, Lei federal nº 8.429/1992, na sua redação original), ponderando, todavia, a INEXISTÊNCIA DE PREJUÍZO AO MUNICÍPIO E OS CONSECTÁRIOS DO PRINCÍPIO DA RAZOABILIDADE, afastou o predito enquadramento do fato no caso de gari admitido sem aprovação prévia em certame concursal para prestação de serviços durante 9 meses, porquanto o DESCUMPRIMENTO DA REGRA DO CONCURSO PÚBLICO NÃO COMPROMETEU A PROMOÇÃO DO FIM QUE A JUSTIFICAVA (PROTEÇÃO DO PATRIMÔNIO PÚBLICO);
d) em outra situação, apreciada pelo 2º Conselho de Contribuintes (2ª Câmara, Processo nº 13003.000021/99-14, sessão de 18.10.2000), em que A INCIDÊNCIA DE REGRA FOI AFASTADA PELA APLICAÇÃO DO PRINCÍPIO DA RAZOABILIDADE NAS CIRCUNSTÂNCIAS DO CASO

CONCRETO: tratava-se da legislação tributária federal, no quanto estabelecia que o ingresso no programa de pagamento simplificado de tributos federais implicava a proibição de importação de produtos estrangeiros, com a exclusão da empresa que importasse mercadorias alienígenas. Uma pequena fábrica de sofás, enquadrada como empresa de pequeno porte para fins tributários federais, foi excluída do SIMPLES por ter procedido uma importação de quatro pés de sofás, uma única vez. Assentou-se que, A DESPEITO DE A PREVISÃO NORMATIVA APRIORÍSTICA TER INCIDIDO NA HIPÓTESE (proibição de importação), A CONSEQUÊNCIA PREVISTA NA NORMA (exclusão do regime tributário especial) NÃO DEVERIA SER APLICADA, PORQUE O FIM ESTABELECIDO PELA LEI DA UNIÃO (estímulo da produção nacional por pequenas empresas) NÃO FOI COMPROMETIDO pela mera importação de alguns pés de sofá;

e) em suma:

NÃO SÃO AS NORMAS JURÍDICAS QUE DETERMINAM, EM ABSOLUTO, QUAIS SÃO OS ELEMENTOS QUE DEVERÃO SER PRIVILEGIADOS EM DETRIMENTO DE OUTROS, MAS OS APLICADORES, DIANTE DO CASO CONCRETO. [...] A DIMENSÃO DE PESO NÃO É RELATIVA À NORMA, MAS RELATIVA AO APLICADOR E AO CASO.

Mauricio Godinho Delgado[386] pontua que o PRINCÍPIO DA RAZOABILIDADE propõe a avaliação de condutas humanas segundo um critério de SENSATEZ, PONDERAÇÃO e PRUDÊNCIA.

Nohara[387] leciona que a RAZOABILIDADE se compagina com a qualidade de inerente à razão (*ratio*). Expressa o LOGICAMENTE PLAUSÍVEL, RACIONAL, ACEITÁVEL PELA RAZÃO, PONDERADO E SENSATO. Agrega que, em função desse princípio, no uso do juízo de razoabilidade, cada caso concreto analisado deve ser ponderado em função das suas particularidades.

---

[386] DELGADO, Mauricio Godinho. *Curso de direito do trabalho*. 5. ed. São Paulo: LTR, 2006. p. 193.
[387] NOHARA, Irene Patrícia. *Direito administrativo*. 12. ed. Barueri: Atlas, 2023. p. 80; 82.

Pedro Costa Gonçalves[388] escreve que não se concebe uma Administração Pública que não desenvolva as suas missões e NÃO PROFIRA AS SUAS DECISÕES SEGUNDO PROCESSOS QUE "FAÇAM SENTIDO", DE UMA FORMA RACIONAL (*reasoned decision making*).

Marçal Justen Filho,[389] em lição que se deve considerar na exegese do art. 132, da Lei federal nº 8.112/1990, destaca:

a) o aplicador do direito, ao determinar o sentido e a extensão de uma norma, tem o dever de rejeitar alternativas hermenêuticas incompatíveis com o sistema jurídico, cujo reconhecimento conduziria à necessidade de invalidar a disposição interpretada;

b) há casos em que o sentido das palavras parece inequívoco, contudo, sua adoção resultaria em conflito com norma superior; em vez de prestigiar o sentido das palavras, consagra-se a interpretação compatível com o sistema jurídico;

c) O PRINCÍPIO DA RAZOABILIDADE preconiza ser a interpretação jurídica uma atividade que ultrapassa a mera lógica formal. Interpretar significa valer-se do raciocínio, o que abrange não apenas soluções rigorosamente lógicas, mas especialmente as que se configuram como razoáveis; O QUE SE BUSCA É AFASTAR SOLUÇÕES QUE, EMBORA FUNDADAS NA RAZÃO, SEJAM INCOMPATÍVEIS COM O ESPÍRITO DO SISTEMA.

O Novo Código de Procedimento Administrativo de Portugal (Decreto-Lei nº 4, de 7.1.2015) enuncia:

> Artigo 8º - Princípios da justiça e da razoabilidade
> A Administração Pública deve tratar de forma justa todos aqueles que com ela entrem em relação, e rejeitar as soluções manifestamente desrazoáveis ou incompatíveis com a ideia de Direito, nomeadamente em matéria de interpretação das normas jurídicas e das valorações próprias do exercício da função administrativa.

---

[388] GONÇALVES, Pedro Costa. *Manual de direito administrativo*. Coimbra: Almedina, 2019. v. 1. p. 373.

[389] JUSTEN FILHO, Marçal. *Curso de direito administrativo*. 14. ed. Rio de Janeiro: Forense, 2023. p. 52.

No direito comparado, em países de direito consuetudinário, o critério de "RAZOABILIDADE" é aplicado perguntando *SE A DECISÃO É TÃO IRRACIONAL QUE NENHUMA PESSOA RAZOÁVEL OU GRUPO DE PESSOAS PODERIA TER TOMADO TAL DECISÃO*. Este é um conceito conhecido como "IRRACIONALIDADE de Wednesbury", em referência a um caso famoso envolvendo um órgão público chamado Wednesbury Corporation. Ao considerar esta questão, os tribunais irão, na prática, considerar se o resultado é "GROSSEIRAMENTE DESPROPORCIONAL". Até certo ponto, isso corresponde ao *ERREUR MANIFESTE D'APPRÉCIATION* referido no direito francês.[390]

Agrega-se que, no Reino Unido, a PROPORCIONALIDADE foi agora adotada como um fundamento independente de revisão e é vista pelos tribunais ingleses como aplicando uma maior intensidade de controle no sentido de que O TRIBUNAL EXAMINARÁ MAIS DE PERTO OS ASPECTOS FACTUAIS DA DECISÃO do que é o caso com "GROSSEIRA IRRACIONALIDADE".[391]

A pergunta que se deduz é: PODEM AS REGRAS SER OBJETO DE PONDERAÇÃO DIANTE DAS CIRCUNSTÂNCIAS DO CASO CONCRETO, INCLUSIVE O ART. 132, DA LEI FEDERAL Nº 8.112/1990?[392]

Humberto Ávila consigna claramente que *"a instituição de condutas pelas regras também pode ser objeto de ponderação, embora o comportamento preliminarmente previsto dependa do preenchimento de algumas condições para ser superado"*.[393]

O doutrinador adverte que *as regras não determinam o último passo para a descoberta do conteúdo normativo, mas dependem das*

---

[390] ASSOCIATION INTERNATIONALE DES HAUTES JURIDICTIONS ADMINISTRATIVES/ INTERNATIONAL ASSOCIATION OF SUPREME ADMINISTRATIVE JURISDICTIONS. *Le contrôle des décisions administratives par les cours et les tribunaux administratifs*: Recueil de décisions des hautes Juridictions administratives. Paris: La documentation Française, 2013. p. 110.

[391] ASSOCIATION INTERNATIONALE DES HAUTES JURIDICTIONS ADMINISTRATIVES/ INTERNATIONAL ASSOCIATION OF SUPREME ADMINISTRATIVE JURISDICTIONS. *Le contrôle des décisions administratives par les cours et les tribunaux administratifs*: Recueil de décisions des hautes Juridictions administratives. Paris: La documentation Française, 2013. p. 111.

[392] "Art. 132. A demissão será aplicada nos seguintes casos: [...]".

[393] ÁVILA, Humberto. *Teoria dos princípios*: da definição à aplicação dos princípios jurídicos. 14. ed. atual. São Paulo: Malheiros, 2013. p. 29.

possibilidades normativas e fáticas a serem verificadas no processo de aplicação.[394]

Ávila[395] prossegue e pronuncia que:
a) A CONSEQUÊNCIA ESTABELECIDA *PRIMA FACIE* PELA NORMA PODE DEIXAR DE SER APLICADA EM FACE DE RAZÕES SUBSTANCIAIS CONSIDERADAS PELO APLICADOR, MEDIANTE CONDIZENTE FUNDAMENTAÇÃO, COMO SUPERIORES ÀQUELAS QUE JUSTIFICAM A PRÓPRIA REGRA;
b) ou se examina a razão que fundamenta a própria regra (*rule's purpose*) para compreender, restringindo ou ampliando, o conteúdo de sentido da hipótese normativa;
c) OU SE RECORRE A OUTRAS RAZÕES, BASEADAS EM OUTRAS NORMAS, PARA JUSTIFICAR O DESCUMPRIMENTO DAQUELA REGRA (*OVERRULING*);
d) essas considerações bastam para demonstrar que não é adequado afirmar que as regras possuem um modo absoluto "tudo ou nada" de aplicação. *Também as normas que aparentam indicar um modo incondicional de aplicação podem ser objeto de superação por razões não imaginadas pelo legislador para os casos normais*;
e) A CONSIDERAÇÃO DE CIRCUNSTÂNCIAS CONCRETAS E INDIVIDUAIS não diz respeito à estrutura das normas, mas à sua APLICAÇÃO. SÓ A APLICAÇÃO DIANTE DO CASO CONCRETO é que irá corroborar, ou não, as hipóteses anteriormente havidas como automáticas.

Destarte, afigura-se, à luz desse marco teórico, INCORRETA A PERSPECTIVA DE ABSOLUTA E INCONDICIONAL VINCULAÇÃO DA AUTORIDADE ADMINISTRATIVA JULGADORA A REGRAS LEGAIS COMINADORAS DE PENAS MÁXIMAS DISCIPLINARES, originalmente previstas de antemão pelo legislador para casos gerais e comuns (como é o modelo dos arts. 132 e 134, da Lei federal nº 8.112/1990),[396] na medida em que É NO CASO

---

[394] ÁVILA, Humberto. *Teoria dos princípios*: da definição à aplicação dos princípios jurídicos. 14. ed. atual. São Paulo: Malheiros, 2013. p. 45.
[395] ÁVILA, Humberto. *Teoria dos princípios*: da definição à aplicação dos princípios jurídicos. 14. ed. atual. São Paulo: Malheiros, 2013. p. 51-52.
[396] "Art. 132. A demissão será aplicada nos seguintes casos: [...]".

CONCRETO QUE A COMPETÊNCIA SERÁ SOPESADA E DECIDIDA, CONSOANTE SUAS PECULIARIDADES RELEVANTES, inclusive a ponto de permitir ao intérprete e aplicador do direito deixar de adotar a punição extrema, conquanto, nessa hipótese, RECAIA MAIOR ÔNUS ARGUMENTATIVO[397] e mais plausível e lógica motivação ao exegeta e operador da ciência jurídica, como Humberto Ávila advoga ao verberar:

> NO CASO DE APLICAÇÃO DE REGRAS, O APLICADOR TAMBÉM PODE CONSIDERAR ELEMENTOS ESPECÍFICOS DE CADA SITUAÇÃO, EMBORA SUA UTILIZAÇÃO DEPENDA DE UM ÔNUS DE ARGUMENTAÇÃO CAPAZ DE SUPERAR AS RAZÕES PARA CUMPRIMENTO DA REGRA. A ponderação é, por consequência, necessária. [...] HÁ CASOS EM QUE AS REGRAS NÃO SÃO APLICADAS APESAR DE SUAS CONDIÇÕES TEREM SIDO SATISFEITAS. É o caso de cancelamento da razão justificadora da regra por razões consideradas superiores pelo aplicador diante do caso concreto. [...] O ponto decisivo não é, portanto, O SUPOSTO CARÁTER ABSOLUTO DAS OBRIGAÇÕES ESTATUÍDAS PELAS REGRAS, mas o modo como as razões que impõem a implementação das suas consequências podem ser validamente ultrapassadas. [...] AS REGRAS TAMBÉM PODEM TER SEU CONTEÚDO PRELIMINAR DE SENTIDO SUPERADO POR RAZÕES CONTRÁRIAS, MEDIANTE UM PROCESSO DE PONDERAÇÃO DE RAZÕES. [...] E a exceção pode não estar prevista no ordenamento jurídico, situação em que o aplicador avaliará a importância das razões contrárias à aplicação da regra, sopesando os argumentos favoráveis e os argumentos contrários à criação de uma exceção diante do caso concreto. [...] Em função da EXISTÊNCIA DE UMA RAZÃO CONTRÁRIA QUE SUPERA AXIOLOGICAMENTE A RAZÃO QUE FUNDAMENTA A PRÓPRIA REGRA, DECIDE-SE CRIAR UMA EXCEÇÃO. Trata-se do mesmo processo de valoração de argumentos e contra-argumentos – isto é, de ponderação. [...] O mesmo ocorre no caso da exceção à regra: O APLICADOR DECIDE HAVER MAIORES RAZÕES PARA A APLICAÇÃO DA EXCEÇÃO EM DETRIMENTO DA REGRA.[398]

---

[397] Robert Alexy destaca a advertência de que "o PRINCÍPIO DA GENERALIZABILIDADE exige que aquele que quer tratar uma pessoa de forma diferente de outra pessoa deve apresentar uma razão para isso" (ALEXY, Robert. *Teoria discursiva do direito*. Tradução de Alexandre Travessoni Gomes Trivisonno. Rio de Janeiro: Forense Universitária, 2014. p. 56).

[398] ÁVILA, Humberto. *Teoria dos princípios*: da definição à aplicação dos princípios jurídicos. 14. ed. atual. São Paulo: Malheiros, 2013. p. 54-55; 59-60.

Ávila afirma que a ponderação não é privativa dos princípios, mas cabe nas regras, também:

> na medida em que qualquer norma possui um caráter provisório que poderá ser ultrapassado por razões havidas como mais relevantes pelo aplicador diante do caso concreto [...] a ponderação não é método privativo da aplicação dos princípios, mas critério de aplicação de qualquer norma, tendo em vista o caráter argumentativo do próprio Direito. [...] A dimensão axiológica não é privativa dos princípios, mas elemento integrante de qualquer norma jurídica, como comprovam os métodos de aplicação que relacionam, ampliam ou restringem o sentido das regras em função dos valores e fins que elas visam a resguardar. As interpretações, extensiva e restritiva, são exemplos disso.[399]

O CONTEÚDO DAS REGRAS PODE SER AJUSTADO ÀS ESPECIFICIDADES DO CASO CONCRETO apreciado – e isso tem importância crucial no AFASTAMENTO, no *case*, DA SOLUÇÃO PREDETERMINADA PELA REGRA, EM VISTA DA NECESSIDADE DE OFERECER UMA RESPOSTA ADEQUADA À CONSTITUIÇÃO E AOS DIREITOS FUNDAMENTAIS.

O jurista gaúcho reitera:

> O intérprete, em casos excepcionais e devidamente justificáveis, termina analisando razões para adaptar o conteúdo da própria regra. Nessa hipótese, A INVESTIGAÇÃO DA FINALIDADE DA PRÓPRIA NORMA (RULE'S PURPOSE) PERMITE DEIXAR DE ENQUADRAR NA HIPÓTESE NORMATIVA CASOS PRELIMINARMENTE ENQUADRÁVEIS. Isso significa que é preciso PONDERAR A RAZÃO GERADORA DA REGRA COM AS RAZÕES SUBSTANCIAIS PARA SEU NÃO CUMPRIMENTO, DIANTE DE DETERMINADAS CIRCUNSTÂNCIAS, COM BASE NA FINALIDADE DA PRÓPRIA REGRA OU EM OUTROS PRINCÍPIOS. Para fazê-lo, porém, é preciso fundamentação que possa superar a importância das razões de autoridade que suportam o cumprimento incondicional da regra. [...] As regras são apenas preliminarmente decisivas. Isso significa que não são decisivas na medida em que podem ter suas condições de aplicabilidade preenchidas e, ainda assim, não ser aplicáveis, pela consideração a razões excepcionais que superem a

---

[399] ÁVILA, Humberto. *Teoria dos princípios*: da definição à aplicação dos princípios jurídicos. 14. ed. atual. São Paulo: Malheiros, 2013. p. 64-65.

própria razão que sustenta a aplicação normal da regra. Esse fenômeno denomina-se de aptidão para o cancelamento (*defeasibility*).[400]

Evidente que a não aplicação da regra demanda critério e MAIOR ESFORÇO ARGUMENTATIVO DO APLICADOR DO DIREITO e do intérprete, reafirme-se, rememorando o escólio de Humberto Ávila quando pondera que as regras possuem uma rigidez maior, na medida em que a *sua superação só é admissível se houver razões suficientemente fortes para tanto, quer na própria finalidade subjacente* à *regra, quer nos princípios superiores a ela.* Daí por que as regras só podem ser superadas (*defeasibility of rules*) se houver razões extraordinárias para isso, cuja avaliação perpassa o postulado da RAZOABILIDADE.[401]

Segue, todavia, a pergunta: O AFASTAMENTO DAS REGRAS COLIDIRIA COM O PRINCÍPIO DA SEGURANÇA JURÍDICA, determinante da edição de regras?

Ávila rechaça a acusação de que o afastamento das regras afetaria a segurança do direito, acentuando que *há casos em que a decisão individualizada, ainda que incompatível com a hipótese da regra geral, não prejudica nem a promoção da finalidade subjacente* à *regra, nem a segurança jurídica que suporta as regras*, em virtude da pouca probabilidade de reaparecimento frequente de situação similar, por dificuldade de ocorrência ou de comprovação.[402]

Jessé Torres Pereira Júnior[403] também admite, desde que motivado, O AFASTAMENTO DA INCIDÊNCIA DE UMA REGRA POR FORÇA DA SOBREPOSIÇÃO DE UM PRINCÍPIO, EM FACE DAS CIRCUNSTÂNCIAS DO CASO CONCRETO, assim como acolhe a reinterpretação da regra segundo o princípio.

DWORKIN, citado por Alexy, rechaça a teoria positivista da discricionariedade nos casos difíceis ou lacunosos e afirma que, quando uma resposta com base em uma regra não for possível, ela seria dada com base em princípios, os quais pertencem ao

---

[400] ÁVILA, Humberto. *Teoria dos princípios:* da definição à aplicação dos princípios jurídicos. 14. ed. atual. São Paulo: Malheiros, 2013. p. 81; 84.
[401] ÁVILA, Humberto. *Teoria dos princípios:* da definição à aplicação dos princípios jurídicos. 14. ed. atual. São Paulo: Malheiros, 2013. p. 110.
[402] ÁVILA, Humberto. *Teoria dos princípios:* da definição à aplicação dos princípios jurídicos. 14. ed. atual. São Paulo: Malheiros, 2013. p. 125.
[403] PEREIRA JÚNIOR, Jessé Torres. *Controle judicial da administração pública*: da legalidade estrita à lógica do razoável. 2. ed. Belo Horizonte: Fórum, 2009. p. 65-66.

ordenamento jurídico, de modo que a decisão do juiz não é discricionária, mas vinculada pelo ordenamento jurídico.

O dogma de parte da doutrina positivista da completude do ordenamento jurídico,[404] por outro lado, calcado na absoluta suficiência das regras, já se demonstrou vencido pela realidade polifacética do mundo pós-moderno e da IMPOSSIBILIDADE DE O LEGISLADOR ANTEVER E DISCIPLINAR TODAS AS SITUAÇÕES DA VIDA SOCIAL OU PREVER AS VERTENTES E ESPECIFICIDADES DE CADA CASO CONCRETO.

Humberto Ávila firma que o grau de resistência de uma regra à superação está vinculado tanto à promoção do valor subjacente à regra (valor substancial específico) quanto à realização do valor formal subjacente às regras (valor formal de segurança jurídica). E o grau de promoção do valor segurança está relacionado à possibilidade de reaparecimento frequente de situação similar. Conjugando esses fatores, pode-se afirmar que a resistência à superação de uma regra será tanto maior quanto mais importante for a segurança jurídica para sua interpretação. A segurança jurídica será tanto mais importante, em primeiro lugar, quanto maior for o valor sobrejacente do princípio da segurança para a interpretação da matéria veiculada pela regra.[405]

Como se trata com a resistência à superação das regras, então? O professor completa:

> a resistência à superação será muito pequena naqueles casos em que o alargamento ou a restrição da hipótese da regra em razão da sua finalidade forem indiferentes ao valor segurança jurídica. E será tanto maior quanto mais a segurança comprometer a realização do valor segurança jurídica. Isso porque as regras configuram meios utilizados pelo Poder Legislativo para, de um lado, eliminar ou reduzir a controvérsia, a incerteza e a arbitrariedade, e, de outro, evitar problemas de coordenação, de deliberação e de conhecimento existentes num modelo particularístico de decisão. As regras são, portanto, instrumentos de justiça geral. O grau de resistência da regra deverá ser tanto superior

---

[404] "Com o requisito da completitude, o positivismo jurídico afirma que, das normas explícita ou implicitamente contidas no ordenamento jurídico, o juiz pode sempre extrair uma regra decidendi para resolver qualquer caso que lhe seja submetido. O positivismo exclui assim decididamente a existência de lacunas" (BOBBIO, Norberto. *O positivismo jurídico*: lições de filosofia do direito. São Paulo: Ícone, 1995. p. 133).

[405] ÁVILA, Humberto. *Teoria dos princípios*: da definição à aplicação dos princípios jurídicos. 14. ed. atual. São Paulo: Malheiros, 2013. p. 126.

quanto mais a tentativa de fazer justiça para um caso mediante superação de uma regra afetar a promoção da justiça para a maior parte dos casos. E O GRAU DE RESISTÊNCIA DA REGRA DEVERÁ SER TANTO INFERIOR QUANTO MENOS A TENTATIVA DE FAZER JUSTIÇA PARA UM CASO AFETAR A PROMOÇÃO DA JUSTIÇA PARA A MAIOR PARTE DOS CASOS. [...] A decisão individualizante de superar uma regra deve sempre levar em conta seu impacto para aplicação das regras em geral. A superação de uma regra depende da aplicabilidade geral das regras e do equilíbrio pretendido pelo sistema jurídico entre justiça geral e justiça individual.[406]

Por sua vez, o jurista escocês Neil MacCormick assinala que, "QUANDO ESTAMOS EM DÚVIDA ACERCA DO CORRETO SIGNIFICADO DA NORMA NUM DETERMINADO CONTEXTO, UMA CONSULTA AO PRINCÍPIO PODE NOS AJUDAR A EXPLICAR COMO ELA DEVE SER ENTENDIDA".[407]

Alguns, numa perspectiva menos progressista, dirão que o princípio da legalidade (ou a regra da lei) não poderia jamais deixar de ser aplicado ou ser objeto de ponderação.

A isso responde Pedro Moniz Lopes ao vincar que[408] a sustentação da impossibilidade de desaplicar o princípio da legalidade também não obtém fundamento: a norma da legalidade é, como resulta pacífico, um princípio, com todas as características assacadas a este modelo regulativo:

(i) generalidade e expansibilidade da previsão normativa;
(ii) mera aplicabilidade *prima facie*;
(iii) apetência conflitual com outros princípios; e
(iv) eventual cedência condicional (*conditional defeasibility*), no caso concreto, resultante da resolução desses conflitos por ponderação. Nestes termos, tal como a globalidade dos princípios, o princípio da legalidade pode ceder condicionalmente em face de princípios substanciais de sentido oposto.

---

[406] ÁVILA, Humberto. *Teoria dos princípios:* da definição à aplicação dos princípios jurídicos. 14. ed. atual. São Paulo: Malheiros, 2013. p. 126-127.
[407] MACCORMICK, Neil. *Argumentação jurídica e teoria do direito.* São Paulo: Martins Fontes, 2006. p. 197.
[408] LOPES, Pedro Muniz. *Princípio da boa-fé e decisão administrativa.* Coimbra: Almedina, 2011. p. 91-92.

A questão da ponderação do princípio da legalidade, em última instância, reside na predita POSSIBILIDADE DE UMA REGRA DEIXAR DE SER APLICADA EM DETERMINADA SITUAÇÃO CONCRETA QUE, EM PRINCÍPIO, APARENTEMENTE, ESTARIA ENGLOBADA EM SEU RAIO NORMATIVO, QUANDO, NO CASO CONCRETO, SUCEDER CONFLITO DA REGRA COM PRINCÍPIO COMO A SEGURANÇA JURÍDICA, A RAZOABILIDADE OU A PROPORCIONALIDADE, por exemplo.

Nessa hipótese, a regra deixaria de ser aplicada, por exemplo, caso sua incidência no caso concreto revelasse uma SOLUÇÃO INCOERENTE COM O SISTEMA JURÍDICO COMO UM TODO, OU INADEQUADA OU INCORRETA EM FACE DA CONSTITUIÇÃO, OU QUANDO COLIDENTE COM OUTRO PRINCÍPIO.

Estriba esse juízo a doutrina de Robert Alexy[409] ao sentenciar que pode ser considerada uma cláusula de reserva geral, por cujo efeito *UMA REGRA PODE DEIXAR DE SER APLICADA SE, POR FORÇA DE UM PRINCÍPIO, OUTRA PROVIDÊNCIA FOR ORDENADA JURIDICAMENTE.*

Exemplifica-se.

Na casuística da Procuradoria-Geral do Distrito Federal,[410] houve situação concreta em que A LEGALIDADE ENTROU EM COLISÃO APARENTE COM O PRINCÍPIO DA SEGURANÇA JURÍDICA E DA PROTEÇÃO DA CONFIANÇA. Foi caso em que, conquanto não aprovado em todas as etapas de concurso público, militar nomeado e empossado em cargo público efetivo na condição *sub judice* veio a perder após alguns anos a causa judicial aforada. A Administração Pública distrital, todavia, depois de cientificada da formação da coisa julgada e da possibilidade de exoneração do agente público, demorou 16 anos sem executar o teor da decisão judiciária favorável à Fazenda Pública.

No opinativo, firmou-se que, diante da longa inércia injustificada do Estado em exercer seu direito de exonerar o militar, surge uma justa expectativa do particular de que a Administração Pública não modificaria mais sua situação jurídica, visto que passados 16 anos sem exercício do direito estatal pela desinvestidura.

---

[409] ALEXY, Robert. *Direito, razão, discurso*: estudos para a filosofia do direito. Tradução de Luís Afonso Heck. Porto Alegre: Livraria do Advogado, 2010. p. 146; 148; 152.
[410] Processo – DF nº 054.002.314/2012.

A postura omissiva, inerte, do Estado fez gerar na pessoa do militar, que antes se fincava em situação precária, passível de modificação e consequente perda do posto como natural resultado do processo judicial, uma expectativa de que não mais haveria modificação de seu vínculo constituído. O longo tempo decorrido desde a constituição da coisa julgada não pode ser simplesmente ignorado, em compasso com a indicação de postura omissiva manifestada pela Administração Pública, vindo agora a surpreender, sim, o militar 16 anos depois de cimentada a controvérsia com a coisa julgada, com o súbito desprovimento do posto.

Ponderou-se que não se albergava a teoria do fato consumado, todavia se referiu no parecer que não havia que se alegar que o particular concorreu para a circunstância de omissão no cumprimento do julgado por mais de 16 anos, o que não sucedeu, porquanto não havia indicativo de dolo ou má-fé nem fraude contra o militar.

O opinativo assentou que, enquanto durante a tramitação do processo judicial não poderia o militar invocar qualquer direito de permanência nos quadros estatais, já que sabia que sua sorte estava umbilicalmente conexa ao desfecho do litígio posto em juízo, nem ainda suscitar qualquer confiança em que a Administração Pública deixaria de efetivar o julgado da Justiça, já agora, sob a ótica da constituição de coisa julgada há mais de 16 anos, sem ação qualquer do Estado para proceder à desinvestidura do agente, parece que, sim, nasceu uma razoável confiança do administrado de que a postura do Distrito Federal era de conservá-lo na PMDF, já que o direito em sentido contrário, por mais de 15 anos, não foi exercido sem que houvesse qualquer impedimento a isso.

Consignou-se que, nesse aspecto, parecia que não se trataria de aplicar a teoria do fato consumado a situações de candidatos *sub judice*, o que não se endossou no parecer, mas sim em incidência do princípio da proteção da confiança contra a tardia e ora súbita mudança de conduta da parte da Polícia Militar do DF em relação ao militar, o qual desenvolveu regularmente sua vida funcional por 16 anos desde a formação da coisa julgada e no momento presente já se encontra em vias de transferência para a reserva remunerada, tudo por causa da inércia da Administração Pública distrital em efetivar o teor da decisão judicial definitiva que lhe era favorável.

O parecer aduziu que O CIDADÃO NÃO PODE TORNAR-SE MERO OBJETO DO AGIR ESTATAL, como resultado do imperativo kantiano de que o homem é um fim em si mesmo,[411] fundamento ontológico do princípio constitucional da dignidade da pessoa humana.

O opinativo sentenciou que não pode o Estado dispor, sem seriedade, da vida profissional de uma pessoa, gerando nela confiança de que sua situação funcionarial não seria mais modificada, durante 16 anos depois de dispor de um título judicial definitivo favorável à Administração Pública que poderia ter sido regularmente executado sem qualquer obstáculo criado pela outra parte vencida na demanda, para, às vésperas de decurso de tempo suficiente para ensejar que o militar desenvolvesse sua carreira e prestasse serviços como se fosse um agente público efetivado, a ponto de ingresso na reserva, e agora resolver mudar o quadro fático subitamente, com a exoneração.

Rigorosamente, pelo PRINCÍPIO DA LEGALIDADE, seria o caso de aplicar a regra do art. 37, II, da Constituição Federal de 1988, todavia SUA INCIDÊNCIA NA SITUAÇÃO CONCRETA GERARIA VIOLAÇÃO DE OUTRO PRINCÍPIO: A SEGURANÇA JURÍDICA, MAIS A PROTEÇÃO DA CONFIANÇA, modo por que a tardia exoneração de servidor, com tempo de serviço suficiente quase a proporcionar a aposentadoria, ainda que para cumprimento de coisa julgada, não seria a solução mais adequada, embora fosse a expressamente determinada pela literal interpretação da regra do concurso público.

É só um exemplo de quem NEM SEMPRE AS REGRAS, CONQUANTO EM PRINCÍPIO APLICÁVEIS, DEVERÃO SER EFETIVAMENTE APLICADAS EM CERTAS SITUAÇÕES CONCRETAS, QUANDO COLIDAM COM PRINCÍPIOS, como defende Humberto Ávila.[412]

Mais adiante é explicada essa possibilidade de *flexibilização do princípio da legalidade* e com a alusão também do PRINCÍPIO DA MATERIALIDADE SUBJACENTE, como conhecido no direito luso.

---

[411] "A natureza racional existe como fim em si [...] Age de tal maneira que uses a humanidade, tanto na tua pessoa como na pessoa de qualquer outro, sempre e simultaneamente como fim e nunca simplesmente como meio" (KANT, Immanuel. *Fundamentação da metafísica dos costumes*: Lisboa: Edições 70, [s.d.]. p. 69).

[412] ÁVILA, Humberto. *Teoria dos princípios:* da definição à aplicação dos princípios jurídicos. 14. ed. atual. São Paulo: Malheiros, 2013, *passim*.

Sobre a admissibilidade de exceções na aplicação da lei, Robert Alexy[413] destaca a advertência de que *o PRINCÍPIO DA GENERA-LIZABILIDADE exige que aquele que quer tratar uma pessoa de forma diferente de outra pessoa deve apresentar uma razão para isso.*

O administrativista luso Colaço Antunes[414] parece trilhar a mesma toada quando preconiza que a hermenêutica perpassa a ADAPTAÇÃO DA NORMA JURÍDICA ÀS CIRCUNSTÂNCIAS CONCRETAS E ATUAIS, sob as luzes da dogmática, em vista de estabelecer um RELACIONAMENTO SISTEMÁTICO ENTRE AS NORMAS (COM TODO O SISTEMA JURÍDICO) E DESTAS COM AS SITUAÇÕES PRÁTICAS DA VIDA. Tudo isto para um controlo fundamental de coerência na relação entre o passado e o presente e da perspetiva do dever de decidir sucessivamente outros casos.

Robert Alexy[415] sentencia que sempre é possível que o caso dê ensejo à inclusão de uma nova exceção na forma de uma característica negativa no antecedente da regra. Ocorrendo isso, não será a regra, em sua formulação até conhecida, aplicada.

O professor alemão[416] invoca a cátedra de Dworkin de que, com fulcro em um princípio, TODA REGRA PODE TORNAR-SE INAPLICÁVEL EM CIRCUNSTÂNCIAS ESPECIAIS. "Com isso, exatamente a existência dos princípios afasta a hipótese do caráter tudo ou nada como critério de distinção entre regras e princípios".

O jurista tedesco[417] pondera que NÃO É VIÁVEL ELENCAR NO PRÓPRIO TEXTO DA REGRA TODAS AS HIPÓTESES DE EXCEÇÃO A ELA, pretensão que é flexibilizada inclusive por meio de cláusulas gerais de reserva (razoável, justa, contra os costumes, reprovável e outras), as quais, de per si, segundo o jurista tedesco, revelam a *fraqueza técnica da tese tudo ou nada de incidência das regras.*

---

[413] ALEXY, Robert. *Teoria discursiva do direito*. Tradução de Alexandre Travessoni Gomes Trivisonno. Rio de Janeiro: Forense Universitária, 2014. p. 56.
[414] ANTUNES, Luís Filipe Colaço. *A ciência jurídica administrativa*. Coimbra: Almedina, 2016. p. 311.
[415] ALEXY, Robert. *Teoria discursiva do direito*. Tradução de Alexandre Travessoni Gomes Trivisonno. Rio de Janeiro: Forense Universitária, 2014. p. 175.
[416] ALEXY, Robert. *Teoria discursiva do direito*. Tradução de Alexandre Travessoni Gomes Trivisonno. Rio de Janeiro: Forense Universitária, 2014. p. 176.
[417] ALEXY, Robert. *Teoria discursiva do direito*. Tradução de Alexandre Travessoni Gomes Trivisonno. Rio de Janeiro: Forense Universitária, 2014. p. 177.

O constitucionalista germânico,[418] depois de apontar que, nos casos normais, em que os pressupostos conhecidos acontecem, sucede a consequência jurídica prevista nas regras, obtempera que É ADMISSÍVEL CRIAR EXCEÇÃO A UMA REGRA, todavia o operador do direito, no caso, suporta o MAIOR ÔNUS DA ARGUMENTAÇÃO JUSTIFICADORA, de forma semelhante ao que ocorre quando se afastam precedentes ou quando se afastam regulamentações em geral.

Ainda[419] escreve que a vagueza da linguagem do direito, a indefinição das intenções do legislador, a possibilidade de conflitos entre normas e precedentes, o surgimento de novos casos, a possibilidade de afastar precedentes enseja decisão contrária a texto expresso de uma lei, obedecido o dever de correção pelo discurso prático geral, com não contradição, clareza da linguagem, certeza das suposições empíricas e sinceridade, universalidade, análise da gênese das convicções normativas, ponderação.

Conquanto pondere a precedência da vinculação ao teor literal da lei ou à vontade do legislador histórico, ressalva que podem ser apresentadas razões suficientes para fazer preponderar outros argumentos.[420]

Alexy[421] ensina que, *segundo a ponderação e o princípio da proporcionalidade, quanto mais alto for o grau de não cumprimento ou restrição de um princípio, maior deve ser a importância do cumprimento do outro, pugnando que a medida cabe numa* ARGUMENTAÇÃO RACIONAL COM BASE NO PONTO DE VISTA DA CONSTITUIÇÃO.

Gustavo Binenbojm[422] destaca que, em função da EFICÁCIA IRRADIANTE DOS DIREITOS FUNDAMENTAIS E DA CONSTITUCIONALIZAÇÃO DO DIREITO ADMINISTRATIVO, mesmo existindo lei, as normas constitucionais em causa surgem como

---

[418] ALEXY, Robert. *Teoria discursiva do direito*. Tradução de Alexandre Travessoni Gomes Trivisonno. Rio de Janeiro: Forense Universitária, 2014. p. 187.
[419] ALEXY, Robert. *Teoria discursiva do direito*. Tradução de Alexandre Travessoni Gomes Trivisonno. Rio de Janeiro: Forense Universitária, 2014. p. 349.
[420] ALEXY, Robert. *Teoria discursiva do direito*. Tradução de Alexandre Travessoni Gomes Trivisonno. Rio de Janeiro: Forense Universitária, 2014. p. 360.
[421] ALEXY, Robert. *Teoria discursiva do direito*. Tradução de Alexandre Travessoni Gomes Trivisonno. Rio de Janeiro: Forense Universitária, 2014. p. 365-366.
[422] BINENBOJM, Gustavo. O sentido da vinculação administrativa à juridicidade no direito brasileiro. *In*: ARAGÃO, Alexandre Santos de; MARQUES NETO, Floriano de Azevedo (Coord.). *Direito administrativo e seus novos paradigmas*. Belo Horizonte: Fórum, 2012. p. 151.

critério orientador imediato da interpretação, integração e aplicação de todos os atos infraconstitucionais por parte da Administração Pública; diante de leis ostensivamente violadoras dos direitos fundamentais, a Administração Pública se encontra vinculada a preferir a Constituição à lei, desaplicando as leis feridas de inconstitucionalidade; A ATUAÇÃO ADMINISTRATIVA SÓ SERÁ VÁLIDA, LEGÍTIMA E JUSTIFICÁVEL QUANDO CONDIZENTE, MUITO ALÉM DA SIMPLES LEGALIDADE, COM O SISTEMA DE PRINCÍPIOS E REGRAS DELINEADO NA CONSTITUIÇÃO DE MANEIRA GERAL E COM OS DIREITOS FUNDAMENTAIS.

O administrativista[423] agrega que a atuação administrativa pode legitimar-se perante o direito, ainda que contra a lei, com fulcro numa ponderação da legalidade com outros princípios constitucionais (atividade *contra legem*, mas com fundamento numa otimizada aplicação da Constituição). A filtragem constitucional do direito administrativo dar-se-á pela SUPERAÇÃO DO DOGMA DA ONIPOTÊNCIA DA LEI ADMINISTRATIVA E SUA SUBSTITUIÇÃO POR REFERÊNCIA DIRETA A PRINCÍPIOS EXPRESSA OU IMPLICITAMENTE CONSAGRADOS NO ORDENAMENTO CONSTITUCIONAL. Admite-se, pois, a juridicidade *contra legem* com o reconhecimento da validade jurídica dos efeitos de atos da Administração praticados em desconformidade com a lei, mas ancorados diretamente na Constituição, o que é consequência da perda da posição de centralidade que a lei outrora sustentava nos sistemas jurídico-administrativos e sua transformação em apenas mais um entre outros princípios constitucionais reitores da Administração Pública.

3.2 Afastamento de regra por força de um princípio contrário (Alexy): o paralelo requisito da coerência no direito (Dworkin)

Sobre a coerência do direito, pontua o jurista escocês Neil MacCormick que AS DECISÕES JURÍDICAS DEVEM FAZER

---

[423] BINENBOJM, Gustavo. O sentido da vinculação administrativa à juridicidade no direito brasileiro. *In*: ARAGÃO, Alexandre Santos de; MARQUES NETO, Floriano de Azevedo (Coord.). *Direito administrativo e seus novos paradigmas*. Belo Horizonte: Fórum, 2012. p. 160; 186-187.

SENTIDO NO MUNDO E DEVEM TAMBÉM FAZER SENTIDO NO CONTEXTO DO SISTEMA JURÍDICO. Em nossos casos-problema, elas devem ser baseadas em deliberações que façam sentido no contexto do sistema jurídico.[424]

Ouça-se a respeito a doutrina do jurista estadunidense Ronald Dworkin:

> UMA LEI faz parte de um sistema compreensivo mais vasto, o direito como um todo, DEVE SER INTERPRETADA DE MODO A CONFERIR, EM PRINCÍPIO, MAIOR COERÊNCIA A ESSE SISTEMA. [...] os juízes deveriam INTERPRETAR UMA LEI DE MODO A PODEREM AJUSTÁ-LA O MÁXIMO POSSÍVEL AOS PRINCÍPIOS DE JUSTIÇA PRESSUPOSTOS EM OUTRAS PARTES DO DIREITO.[425]

Robert Alexy[426] registra que não se pretende que decisões jurídicas sejam corretamente fundamentáveis de um modo absoluto, mas sim que seja possível, no contexto do respectivo ordenamento jurídico válido, fundamentá-las de forma correta, o que ocorre quando elas podem ser FUNDAMENTADAS RACIONALMENTE, levando-se em consideração a lei, o precedente, a dogmática.

Klaus Gunther alumia:

> O aplicador do Direito deve examinar em detalhes cada uma das variantes das suas hipóteses de norma, sob o ponto de vista da direção à qual ou outra leva, para depois selecionar a mais racional, ou seja, aquela que servirá ao interesse geral [...] Nessa proposta para construir os estágios de obtenção do Direito, A SELEÇÃO DE SINAIS CARACTERÍSTICOS SITUACIONAIS CONTINUA VINCULADA, DE MODO IMEDIATO, COM A CONSIDERAÇÃO DE CONSEQUÊNCIAS JURÍDICO-RACIONAIS e consequências de interesses.[427]

No campo do direito disciplinar, não se justifica invocar o exercício de uma atividade meramente mecânica ante a aplicação de medida de decretação da perda do cargo ou de cassação de

---
[424] MACCORMICK, Neil. *Argumentação jurídica e teoria do direito*. São Paulo: Martins Fontes, 2006. p. 131.
[425] DWORKIN, Ronald. *O império do direito*. São Paulo: Martins Fontes, 2003. p. 24-25.
[426] ALEXY, Robert. *Teoria discursiva do direito*. Tradução de Alexandre Travessoni Gomes Trivisonno. Rio de Janeiro: Forense Universitária, 2014. p. 268.
[427] GUNTHER, Klaus. *Teoria da argumentação no direito e na moral*: justificação e aplicação. São Paulo: Landy, 2004. p. 400-401.

aposentadoria da pessoa do servidor público, se a providência se revela excessiva, desproporcional, ou se desconsideradas as circunstâncias para individualização da pena, a efetiva gravidade da conduta, não mais se sustentando uma prática jurídica centrada numa simplória legalidade meramente formal (PODER VINCULADO EM GRAU ABSOLUTO), em detrimento da resposta adequada à Constituição e aos direitos fundamentais, como defende Streck.[428]

Por conseguinte, com a devida vênia da Súmula nº 650/STJ, não há mais espaço para a aplicação mecânica, literal, automática, do art. 132, da Lei federal nº 8.112/1990 em todas as situações em princípio tipificadas na sua abrangência normativa, devendo a autoridade administrativa velar por uma MAIS ROBUSTA E COMPLEXA FUNDAMENTAÇÃO DE MEDIDAS SANCIONADORAS MÁXIMAS, as quais devem ser PONDERADAS SOB AS LUZES DO CASO CONCRETO E POSTAS SOB O CRIVO DOS PRINCÍPIOS E VALORES CONSTITUCIONAIS, a fim de se justificar, ou não, o ato decisório final pela demissão ou cassação de aposentadoria ou disponibilidade, na esteira da doutrina.[429]

Sob essas luzes é o escólio de Juliano Heinen.[430]

Robert Alexy[431] aprova essa conclusão ao sentenciar que pode ser considerada uma cláusula de reserva geral, por cujo efeito uma regra pode deixar de ser aplicada se, por força de um princípio, outra providência for ordenada juridicamente, ainda que advirta:

Quem, em virtude de um princípio, quer fazer uma exceção de uma regra, suporta, bem semelhante como no desvio de precedentes, ou no fundo, no desvio do existente, a carga da argumentação [...] uma regra jurídica válida contém, perante princípios, uma determinação para a decisão de casos que, primeiro, deve ser driblada, se um princípio deve prevalecer.

Em função desse marco teórico, portanto, pode-se afirmar que O PRINCÍPIO DA RAZOABILIDADE PODE FUNDAMENTAR A NÃO APLICAÇÃO DA REGRA NUM CASO CONCRETO.

---

[428] STRECK, Lenio. *Verdade e consenso*: constituição, hermenêutica e teorias discursivas. 4. ed. São Paulo: Saraiva, 2012. p. 340; 351.

[429] STRECK, Lenio. *Verdade e consenso*: constituição, hermenêutica e teorias discursivas. 4. ed. São Paulo: Saraiva, 2012. p. 340; 351.

[430] HEINEN, Juliano. *Curso de direito administrativo*. 4. ed. rev., atual. e ampl. São Paulo: JusPodivm, 2023. p. 935.

[431] ALEXY, Robert. *Direito, razão, discurso*: estudos para a filosofia do direito. Tradução de Luís Afonso Heck. Porto Alegre: Livraria do Advogado, 2010. p. 146; 148; 152.

Adiante se densificará o conceito do princípio da razoabilidade e sua aplicação pela jurisprudência no controle jurisdicional sobre o poder disciplinar vinculado quanto a penas administrativas máximas. A doutrina confirma os efeitos da Lei de Introdução às Normas do Direito Brasileiro sobre o controle judicial dos atos administrativos vinculados também, em contraposição à Súmula nº 650/STJ:[432]

IMPÕE A NECESSIDADE DE SUPERAÇÃO DE UMA VISÃO ESTÁTICA SOBRE CONTROLE JUDICIAL DOS ATOS ADMINISTRATIVOS, FUNDADA EM CRITÉRIO SIMPLISTA E INADEQUADO, CALCADO NA DIFERENCIAÇÃO ENTRE ATOS VINCULADOS E DISCRICIONÁRIOS. A extensão do âmbito controle deve ser dinâmica.

Luís Roberto Barroso explana que princípios – e, com crescente adesão na doutrina, também as regras – são ponderados à vista do caso concreto. E, na determinação de seu sentido e na escolha dos comportamentos que realizarão os fins previstos, deverá o intérprete demonstrar o fundamento racional que legitima a sua atuação.[433]

André Fellet entende que, na verdade, O QUE É OBJETO DE PONDERAÇÃO É O PRINCÍPIO SUBJACENTE À REGRA, EM CONTRAPOSIÇÃO A OUTRO PRINCÍPIO, O QUE PODE CONDUZIR A UMA EXCEÇÃO A ESSA REGRA, PORQUE SEU SUPORTE FÁTICO ABSTRATO (HIPÓTESE DE INCIDÊNCIA)[434] NÃO É PREENCHIDO E IMPEDE, EM VIRTUDE DISSO, A ATIVAÇÃO DE SUA CONSEQUÊNCIA JURÍDICA.[435] TRATA-SE DE MEIO DE PRESERVAR A COERÊNCIA DO PRÓPRIO SISTEMA JURÍDICO.

Humberto Ávila alumia que, na aplicação do postulado da razoabilidade, o Supremo Tribunal Federal e o Tribunal Constitucional

---

[432] BILIERI, Mário Dittrich; FALK, Matheus. O controle judicial ablativo e mandamental dos atos administrativos com baixo e médio grau de juridicidade e a Nova Lei de Introdução às Normas do Direito Brasileiro (Lei nº 13.655/2018). In: VALIATI, Thiago Priess; HUNGARO, Luis Alberto; CASTELLA, Gabriel Morettini e (Coord.). *A Lei de Introdução e o direito administrativo brasileiro*. Rio de Janeiro: Lumen Juris, 2019. p. 381.

[433] BARROSO, Luís Roberto. *O novo direito constitucional brasileiro*: contribuições para a construção teórica e prática da jurisdição constitucional no Brasil. Belo Horizonte: Fórum, 2013. p. 152-153.

[434] O autor chama de suporte fático abstrato o que a regra jurídica prevê que se dê para que ela incida, ou seja, os fatos abstratamente descritos na norma jurídica, com base nos quais esta incidirá (FELLET, André. *Regras e princípios, valores e normas*. São Paulo: Saraiva, 2014. p. 102).

[435] FELLET, André. *Regras e princípios, valores e normas*. São Paulo: Saraiva, 2014. p. 119.

alemão *têm deixado muitas vezes de aplicar uma regra, por entender que os princípios materiais superiores que determinam a não aplicação da regra (dignidade humana e liberdade, por exemplo) são mais importantes do que os princípios formais que prescrevem a obediência incondicional* à *regra (segurança jurídica e certeza do direito, por exemplo).*[436]

Adiciona:

> A RAZOABILIDADE É UTILIZADA COMO DIRETRIZ QUE EXIGE A RELAÇÃO DAS NORMAS GERAIS COM AS INDIVIDUALIDADES DO CASO CONCRETO, quer mostrando sob qual perspectiva a norma deve ser aplicada, quer INDICANDO EM QUAIS HIPÓTESES O CASO INDIVIDUAL, EM VIRTUDE DE SUAS ESPECIFICIDADES, DEIXA DE SE ENQUADRAR NA NORMA GERAL. Segundo, a razoabilidade é empregada como diretriz que exige uma vinculação das normas jurídicas com o mundo ao qual elas fazem referência, seja reclamando a existência de um suporte empírico e adequado a qualquer ato jurídico, seja demandando uma relação congruente entre a medida adotada e o fim que ela pretende atingir. [...] A razoabilidade exige determinada interpretação como meio de preservar a eficácia de princípios axiologicamente sobrejacentes [...] A RAZOABILIDADE EXIGE A CONSIDERAÇÃO DO ASPECTO INDIVIDUAL DO CASO NAS HIPÓTESES EM QUE ELE É SOBREMODO DESCONSIDERADO PELA GENERALIZAÇÃO LEGAL. Para determinados casos, em virtude de determinadas especificidades, a norma geral não pode ser aplicável, por se tratar de caso anormal.[437]

O professor aduz que nem toda norma incidente é aplicável. É preciso diferenciar a aplicabilidade de uma regra da satisfação das condições previstas em sua hipótese. Uma regra não é aplicável somente porque as condições previstas em sua hipótese são satisfeitas. Uma regra é aplicável a um caso se, e somente se, suas condições são satisfeitas e sua aplicação não é excluída pela razão motivadora da própria regra ou pela existência de um princípio que institua uma razão contrária.[438]

---

[436] ÁVILA, Humberto. *Teoria dos princípios*: da definição à aplicação dos princípios jurídicos. 14. ed. atual. São Paulo: Malheiros, 2013. p. 151.

[437] ÁVILA, Humberto. *Teoria dos princípios*: da definição à aplicação dos princípios jurídicos. 14. ed. atual. São Paulo: Malheiros, 2013. p. 175.

[438] ÁVILA, Humberto. *Teoria dos princípios*: da definição à aplicação dos princípios jurídicos. 14. ed. atual. São Paulo: Malheiros, 2013. p. 176.

Doutrina, em continuação, que A RAZOABILIDADE ATUA NA INTERPRETAÇÃO DAS REGRAS GERAIS COMO DECORRÊNCIA DO PRINCÍPIO CONSTITUCIONAL DA JUSTIÇA (Preâmbulo e art. 3º da Constituição Federal) e complementa que a razoabilidade, como dever de harmonização do direito com suas condições externas (dever de congruência), exige a relação das normas com suas condições externas de aplicação, quer demandando um SUPORTE EMPÍRICO EXISTENTE PARA A ADOÇÃO DE UMA MEDIDA, QUER EXIGINDO UMA RELAÇÃO CONGRUENTE ENTRE O CRITÉRIO DE DIFERENCIAÇÃO ESCOLHIDO E A MEDIDA ADOTADA.[439]

A mesma compreensão é encimada, no direito português, por Pedro Moniz Lopes ao capitular[440] que AS REGRAS NÃO CONTERÃO TODAS AS EXCEÇÕES NOS SEUS PRESSUPOSTOS, visto que poderão, *a posteriori*, ser postergadas por determinados princípios que demonstrem um maior peso na resolução do caso jurídico decidendo, além de que A APLICAÇÃO DAS REGRAS ENCONTRA-SE NECESSARIAMENTE SUBORDINADA À CONSTATAÇÃO DE A SUA APLICAÇÃO NÃO CONFLITAR COM UM PRINCÍPIO QUE, NA RELAÇÃO COM AS PROPRIEDADES RELEVANTES DO CASO JURÍDICO CONCRETO, TENHA UM MAIOR PESO.

O autor luso[441] adita que as regras jurídicas, enquanto compromissos entre princípios subjacentes em colisão, encontram-se subordinadas a determinados pressupostos factuais que lhe são acoplados:

> nesse caso, as propriedades dos casos genéricos que constituem a previsão normativa da regra jurídica. Esta consideração abre, desde logo, a porta a QUE DETERMINADOS CASOS JURÍDICOS, COM UMA MORFOLOGIA FACTUAL PRÓPRIA, ESTEJAM SIMPLESMENTE FORA DO ALCANCE DA PREVISÃO DAS REGRAS JURÍDICAS APLICÁVEIS, NÃO OBSTANTE, EM TERMOS APARENTES, SE ENCONTRAR PREENCHIDA A PREVISÃO DAS MESMAS: a excepção

---

[439] ÁVILA, Humberto. *Teoria dos princípios:* da definição à aplicação dos princípios jurídicos. 14. ed. atual. São Paulo: Malheiros, 2013. p. 176; 181.
[440] LOPES, Pedro Muniz. *Princípio da boa-fé e decisão administrativa.* Coimbra: Almedina, 2011. p. 84.
[441] LOPES, Pedro Muniz. *Princípio da boa-fé e decisão administrativa.* Coimbra: Almedina, 2011. p. 85.

à regra aplicável verificar-se-á quando as principais razões (princípios) que apóiam a regra não forem aplicáveis ao caso jurídico concreto.

O administrativista[442] acresce:

> Seguindo o raciocínio, os casos jurídicos encontram-se numa situação de excepção à regra quando algumas das principais razões em prol da regra são aplicáveis a eles, mas o compromisso ínsito na regra, ou, noutras palavras, a ponderação de princípios da qual resultou a regra, considera que prevalece outro sentido do dever ser. A explicação normativa para o desvio da aplicação peremptória da regra jurídica a um caso concreto reside, precisamente, na morfologia do caso concreto que suscitou a criação da regra jurídica. Na verdade, O CASO JURÍDICO PODE INTEGRAR [...] FACTOS QUE CONSTITUAM ARGUMENTOS PARA A NÃO APLICAÇÃO DESSA REGRA JURÍDICA. ESTES ÚLTIMOS FACTOS, DORAVANTE REFERIDOS COMO FACTOS EXCEPCIONAIS, são o que, na terminologia de Joseph Raz, se chama *CANCELLING FACTS* e constituem, no plano normativo, os factos que preenchem a previsão de princípios jurídicos de sinal contrário da regra jurídica aplicável.

O doutrinador[443] reafirma a *possibilidade de REGRAS SEREM DESAPLICADAS, EM SITUAÇÕES EXCEPCIONAIS, EM FACE DE PRINCÍPIOS JURÍDICOS QUE TENHAM MAIOR PESO NO CASO CONCRETO.*

Como admoesta Edmir Netto de Araújo,[444] já sob a ótica do direito administrativo (disciplinário) *"só é aplicável a demissão em casos de extrema gravidade, que denotem claramente a incompatibilidade do servidor punido com o serviço público"*.

À luz desse marco teórico, a imposição de penalidade mais grave revelaria uma má aplicação do direito e a intuitiva percepção pelo aplicador do direito, no caso, de que as razões determinantes de demissão, ou outra pena extrema, não estão presentes, ou que A REPRIMENDA NÃO É RECLAMADA OU JUSTIFICADA DIANTE DAS CIRCUNSTÂNCIAS EXCEPCIONAIS DA ESPÉCIE, ALÉM DE QUE SE OFERECERIA, SE OBSERVADA A PROVISÃO

---

[442] LOPES, Pedro Muniz. *Princípio da boa-fé e decisão administrativa*. Coimbra: Almedina, 2011. p. 85-86.

[443] LOPES, Pedro Muniz. *Princípio da boa-fé e decisão administrativa*. Coimbra: Almedina, 2011. p. 86.

[444] ARAÚJO, Edmir Netto de. *Curso de direito administrativo*. 6. ed. São Paulo: Saraiva, 2014. p. 1035.

GERAL DO LEGISLADOR, UMA RESPOSTA INADEQUADA À CONSTITUIÇÃO E AOS DIREITOS FUNDAMENTAIS. Ou seja, se a finalidade da norma cominadora da pena máxima não está presente nem justificada racionalmente no caso concreto, na linha de entendimento de Humberto Ávila.[445]

Jessé Torres Pereira Júnior[446] também admite, desde que motivado, o AFASTAMENTO DA INCIDÊNCIA DE UMA REGRA POR FORÇA DA SOBREPOSIÇÃO DE UM PRINCÍPIO, EM FACE DAS CIRCUNSTÂNCIAS DO CASO CONCRETO, assim como acolhe a reinterpretação da regra segundo o princípio.

Alexy,[447] nesse compasso, SEPARA A PROVISÃO GERAL DO LEGISLADOR (DISCURSO DE FUNDAMENTAÇÃO) DA APLICAÇÃO DA NORMA JURÍDICA AO CASO CONCRETO, articulando:

a) em discursos de fundamentação, trata-se de normas universais, em discursos de aplicação, de individuais. O segundo e verdadeiramente decisivo ponto no qual se distinguem discursos de fundamentação e de aplicação é que em discursos de fundamentação é referido a uma pluralidade de situações já experimentadas e imaginadas, enquanto EM DISCURSOS DE APLICAÇÃO TRATA-SE DE UMA SITUAÇÃO CONCRETA;

b) a situação de aplicação concreta tem, por dois fundamentos, um significado teórico-discursivo genuíno. O primeiro é que ela, por causa de sua riqueza em características, é uma pedra de toque de tipo particular. A EXIGÊNCIA DE CONSIDERAR TODAS AS SUAS CARACTERÍSTICAS É UM POSTULADO DE RACIONALIDADE ELEMENTAR. Ela, desde há muito, na fórmula "sob consideração de todas as circunstâncias do caso particular", encontrou sua expressão. CADA SISTEMA JURÍDICO DESENVOLVIDO MOSTRA COMO A CONSIDERAÇÃO DE TODAS AS CIRCUNSTÂNCIAS LEVA A UM PROCESSO PERMANENTE DE PRECISAÇÃO, MODIFICAÇÃO,

---

[445] ÁVILA, Humberto. *Teoria dos princípios*: da definição à aplicação dos princípios jurídicos. 14. ed. atual. São Paulo: Malheiros, 2013. p. 175.

[446] PEREIRA JÚNIOR, Jessé Torres. *Controle judicial da administração pública*: da legalidade estrita à lógica do razoável. 2. ed. Belo Horizonte: Fórum, 2009. p. 65-66.

[447] ALEXY, Robert. *Direito, razão, discurso*: estudos para a filosofia do direito. Tradução de Luís Afonso Heck. Porto Alegre: Livraria do Advogado, 2010. p. 59.

REJEIÇÃO E CRIAÇÃO NOVA DE NORMAS. Sob esse aspecto, a situação de aplicação concreta é uma instância falível irrenunciável. Mas isso também é tudo. A norma precisada, modificada ou criada nova por motivo de um caso deve ser suscetível de justificação em um discurso de fundamentação e a norma rejeitada deve poder ser mostrada como não fundamentável.

Nesse sentido, o administrativista carioca Pereira[448] traz à colação acórdãos[449] do Tribunal de Contas da União – TCU que, em nome do princípio da continuidade do serviço público, afastaram a incidência da regra do art. 195, §3º, da Constituição Federal de 1988, para convalidar contratos da Administração Pública com empresas de telefonia que se encontravam em débito com a seguridade social e, portanto, não poderiam ser contratadas. O autor explica que o TCU entendeu que *o princípio da continuidade do serviço público deve prevalecer sobre a legalidade estrita sempre que da norma resultar situação que deixe a Administração sem alternativa idônea para manter operante serviço público essencial.*

3.3 Flexibilização do princípio da legalidade

Sobre a questão da flexibilização do princípio da legalidade, Silvia Faber Torres[450] comenta sobre a chamada reserva absoluta da lei formal, quando o legislador esgota o tratamento da matéria sem deixar espaço remanescente para atuação discricionária, no que tange aos obstáculos intransponíveis que enfrenta:

> A RIQUEZA DA VIDA GERA SEMPRE CASOS QUE NÃO SE SUBSUMEM A UMA LEI DEMASIADO RÍGIDA OU CASUÍSTICA; SE UMA DECISÃO JUSTA SÓ É POSSÍVEL CONSIDERANDO MUITAS CIRCUNSTÂNCIAS QUE O LEGISLADOR NÃO PODE INCLUIR RACIONALMENTE EM SUA REGULAÇÃO (POR EXEMPLO, A APLICAÇÃO DE PENAS), MAIS SE MOSTRAM AS RESERVAS QUE A RESERVA ABSOLUTA DEVE RECEBER.

---

[448] PEREIRA JÚNIOR, Jessé Torres. *Controle judicial da administração pública*: da legalidade estrita à lógica do razoável. 2. ed. Belo Horizonte: Fórum, 2009. p. 67-68.
[449] Acórdãos TCU nºs 21/1998, 25/1999, 414/2003.
[450] TORRES, Silvia Faber. *A flexibilização do princípio da legalidade no direito do estado*. Rio de Janeiro; São Paulo: Renovar, 2012. p. 17-18.

A professora[451] dita que o Estado democrático de direito é eminentemente orientado a VALORES e, por conseguinte, tendencialmente PRINCIPIALISTA.

Em continuidade,[452] pontua que a virada axiológica experimentada no Estado democrático de direito trouxe profunda transformação na ordem jurídica ocidental, deslocando o CENTRO DE GRAVIDADE DO ORDENAMENTO JURÍDICO PARA O RESPEITO AOS DIREITOS FUNDAMENTAIS e identificando nos valores o seu fundamento precípuo. O sistema constitucional do Estado contemporâneo se torna tendencialmente principialista, de modo a consagrar a adoção preferencial de princípios gerais sobre as matérias controvertidas em lugar das regras, estabelecendo orientações gerais ou pautas valorativas realizadas por meio de balanceamento de valores e interesses, conforme as possibilidades fáticas e jurídicas do caso concreto.

A autora[453] pondera que, no constitucionalismo do Estado democrático do direito, se consolida definitivamente a retomada das relações entre o direito e a ética operada no plano da filosofia jurídica com a teoria dos direitos fundamentais e a teoria da justiça. Nesse contexto, VALORES ÉTICOS passam a ser elementos fundantes do ordenamento jurídico, condensados pelos PRINCÍPIOS JURÍDICOS, que DESEMPENHAM O PAPEL DA FUNDAMENTAÇÃO, INTERPRETAÇÃO E DIREÇÃO DAQUELE ORDENAMENTO. O atual Estado democrático de direito testemunha o triunfo do constitucionalismo, com a prevalência dos DIREITOS FUNDAMENTAIS e dos VALORES E PRINCÍPIOS CONSTITUCIONAIS.

Silvia Faber Torres[454] pontifica que *os poderes públicos devem se pautar em valores e princípios como a democracia, moralidade, transparência, dignidade da pessoa humana,* procedendo a uma FILTRAGEM CONSTITUCIONAL, ou seja, PENSANDO O DIREITO SOB A LENTE DA CONSTITUIÇÃO E DOS DIREITOS FUNDAMENTAIS. O fenômeno de constitucionalização do direito, em última instância, leva a que

---

[451] TORRES, Silvia Faber. *A flexibilização do princípio da legalidade no direito do estado.* Rio de Janeiro; São Paulo: Renovar, 2012. p. 37.

[452] TORRES, Silvia Faber. *A flexibilização do princípio da legalidade no direito do estado.* Rio de Janeiro; São Paulo: Renovar, 2012. p. 87-88.

[453] TORRES, Silvia Faber. *A flexibilização do princípio da legalidade no direito do estado.* Rio de Janeiro; São Paulo: Renovar, 2012. p. 108-109.

[454] TORRES, Silvia Faber. *A flexibilização do princípio da legalidade no direito do estado.* Rio de Janeiro; São Paulo: Renovar, 2012. p. 110-111.

qualquer aplicação viciada do direito seja afinal inconstitucional. Nesse contexto, a Administração, classicamente considerada um poder legalmente dirigido e vinculado à Constituição apenas de maneira indireta, é vista hoje também em conexão imediata com a Carta Maior, que passa a orientar diretamente a atuação administrativa, o que conduz, em última instância, a sensíveis *RELATIVIZAÇÕES NA VINCULAÇÃO DA ADMINISTRAÇÃO À LEI. O ADMINISTRADOR ENTÃO DEVERÁ INTERPRETAR E APLICAR O DIREITO SEMPRE COM VISTA AOS PRINCÍPIOS CONSTITUCIONAIS E AOS DIREITOS FUNDAMENTAIS.*

A doutrinadora[455] traz a lume que, em sua feição original, a legalidade administrativa implicava que todo elemento de um ato da Administração Pública devesse ser expressamente previsto como elemento de alguma hipótese normativa: a norma devia, pois, fixar poderes, direitos, deveres etc., modos e sequências dos procedimentos, atos e efeitos de cada um dos seus componentes e requisitos de cada ato, do que resultava a concepção do Poder Executivo como poder executivo e, pois, da administração como execução. O Executivo, então envolto em uma carga de desconfiança e ressentimento similar à que se voltava contra o monarca na era pré-revolucionária, era um mero executor da lei emanada pela vontade geral, e a Administração Pública, na mesma linha, tinha suas possibilidades de atuação limitadas a essa mesma vontade geral. Essa A REALIDADE DO DIREITO ADMINISTRATIVO DO SÉCULO XIX, que se caracterizou pela possibilidade de PREDETERMINAÇÃO DE TODAS AS SITUAÇÕES, NUM MUNDO CONSIDERADO SEGURO E ESTÁVEL.

Outrossim,[456] escreve que a atividade administrativa não reside propriamente na mera e pura execução da lei, mas no atendimento da finalidade pública e do interesse público primário dentro dos limites da legalidade, que se compreende, por sua vez, não como referência à estrita observância da lei formal, mas ao ordenamento como um todo, AO DIREITO COMO TOTALIDADE SISTEMÁTICA ABERTA.

---

[455] TORRES, Silvia Faber. *A flexibilização do princípio da legalidade no direito do estado*. Rio de Janeiro; São Paulo: Renovar, 2012. p. 157.

[456] TORRES, Silvia Faber. *A flexibilização do princípio da legalidade no direito do estado*. Rio de Janeiro; São Paulo: Renovar, 2012. p. 159.

Silvia Faber Torres[457] disserta que, como imposição do Estado democrático de direito, a ponderação constitui um NOVO PARADIGMA DO DIREITO ADMINISTRATIVO, por meio do qual, em um processo de CONSTITUCIONALIZAÇÃO desse âmbito jurídico, as instâncias administrativas aplicadoras do direito recorrem aos PRINCÍPIOS E VALORES ALBERGADOS EXPLÍCITA OU IMPLICITAMENTE PELA CONSTITUIÇÃO, conferindo-se MAIOR RACIONALIDADE ÀS DECISÕES PÚBLICAS.

Silvia Faber Torres[458] aduz que, quando a Administração decide não com base em uma simples subsunção, mas na ponderação, ela deve considerar, otimizadamente, a multiplicidade de interesses em jogo; correta não é a decisão que se encontra sob a autorização legal – essa é a decisão legal – mas a que no campo de conformação considere os diferentes interesses de maneira razoável, conduzindo, assim, a um resultado ótimo, apondo suas reservas à invocação mecânica ou automática da preponderância do interesse público enquanto razão de Estado, o que, ao contrário, deve ser objeto de ponderação no caso concreto.

A jurista[459] nota que A APLICAÇÃO DAS REGRAS VAI DEPENDER, MUITAS VEZES, DA CONSIDERAÇÃO DOS PRINCÍPIOS A ELAS VINCULADOS, até por que o sistema jurídico, orientado aos valores que é, mostra-se eminentemente axiológico, inferindo-se das leis ou inscrevendo-se mesmo nelas os princípios a que visam concretizar.

---

[457] TORRES, Silvia Faber. A flexibilização do princípio da legalidade no direito do estado. Rio de Janeiro; São Paulo: Renovar, 2012. p. 161.
[458] TORRES, Silvia Faber. A flexibilização do princípio da legalidade no direito do estado. Rio de Janeiro; São Paulo: Renovar, 2012. p. 172-173.
[459] TORRES, Silvia Faber. A flexibilização do princípio da legalidade no direito do estado. Rio de Janeiro; São Paulo: Renovar, 2012. p. 202.

3.4 A aplicação do direito se define no caso concreto, não de antemão meramente pelo dispositivo: texto do dispositivo não se confunde com a norma – A relevância da facticidade

O direito não pode ser aplicado com abstração da situação concreta em face da qual se posiciona o hermeneuta e das suas especificidades.

Ou seja, os fatos não podem ser excluídos da atividade exegética e do cotejo da norma jurídica que deve incidir no caso concreto.

Daniel Ferreira[460] ensina que O DIREITO ADMINISTRATIVO SANCIONADOR *NÃO PODE DESCONSIDERAR O "CONTEXTO FENOMÊNICO, MATERIAL E PSÍQUICO" DO CASO CONCRETO*.

Pedro Costa Gonçalves[461] explicita que O PRINCÍPIO DA ADEQUAÇÃO postula a *CORRESPONDÊNCIA, COERÊNCIA OU CONEXÃO RACIONAL ENTRE A DECISÃO DA ADMINISTRAÇÃO E A SITUAÇÃO CONCRETA*.

Calha ouvir Marçal Justen Filho,[462] quando ensina que uma das peculiaridades do princípio da proporcionalidade consiste no reconhecimento de que a solução jurídica não pode ser produzida por meio do ISOLAMENTO DO APLICADOR EM FACE DA SITUAÇÃO CONCRETA:

> NÃO É POSSÍVEL EXTRAIR A SOLUÇÃO PELO SIMPLES EXAME DE TEXTOS LEGAIS ABSTRATOS. O intérprete tem o dever de AVALIAR OS EFEITOS CONCRETOS E EFETIVOS POTENCIALMENTE DERIVADOS DA ADOÇÃO DE CERTA ALTERNATIVA. Deverá selecionar aquela que se configurar como a mais satisfatória, não do ponto de vista puramente lógico, mas em vista da SITUAÇÃO REAL EXISTENTE.

A aplicação final da norma jurídica será resolvida no caso concreto e suas especificidades, segundo doutrina Klaus Gunther:

---

[460] FERREIRA, Daniel. *Teoria geral da infração administrativa a partir da Constituição Federal de 1988*. Belo Horizonte: Fórum, 2009. p. 307.
[461] GONÇALVES, Pedro Costa. *Manual de direito administrativo*. Coimbra: Almedina, 2019. v. 1. p. 245.
[462] JUSTEN FILHO, Marçal. *Curso de direito administrativo*. 10. ed. rev., atual. e ampl. São Paulo: Revista dos Tribunais, 2014. p. 168.

A APLICAÇÃO DAS NORMAS deve ser institucionalizada em procedimentos que possibilitem a CONSIDERAÇÃO DE TODOS OS SINAIS CARACTERÍSTICOS DE UMA SITUAÇÃO. Só assim será possível resolver os paradoxos aparentes do Direito positivo e compatibilizar a sua potencial alteração aleatória com a exigência de reconhecimento geral de sua validade.[463]

Andrade ressoa:[464]

A DECISÃO CORRETA não quer dizer outra coisa senão aquela que CONSIDEROU AS PARTICULARIDADES DO CASO CONCRETO MEDIANTE A DESCRIÇÃO COMPLETA DOS ELEMENTOS FÁTICOS RELEVANTES. Não se trata de uma decisão que seria a expressão da verdade absoluta, *a priori* e abstratamente considerada. NÃO HÁ, PER SE, A SOLUÇÃO UNÍVOCA. Esta é construída no juízo de aplicação da norma e, dessa maneira, *a posteriori*, ou seja, quando, além das normas *prima facie* aplicáveis, tem-se a completa descrição da situação concreta.

Lenio Streck[465] encarece, citando Gunther, a convicção hermenêutica de que a norma adequada se concretiza à luz das CARACTERÍSTICAS DA SITUAÇÃO, a qual se descreve à luz das determinações prefixadas pela norma. Se O SENTIDO DA NORMA SE DÁ NO CASO CONCRETO, como é possível, a partir da distinção entre discursos de fundamentação e aplicação, que o caso concreto se defina a partir da norma prefixada no discurso de fundamentação? Trata-se de um raciocínio circular.

Tanto que a dogmática sustenta[466] que a Lei de Introdução às Normas do Direito Brasileiro implementou os DIREITOS FUNDAMENTAIS, OS PRINCÍPIOS E GARANTIAS DA CONSTITUIÇÃO FEDERAL, designadamente o direito do administrado à MOTIVAÇÃO EXAUSTIVA das decisões administrativas.

---

[463] GUNTHER, Klaus. *Teoria da argumentação no direito e na moral*: justificação e aplicação. São Paulo: Landy, 2004. p. 393.
[464] ANDRADE, Fábio Martins de. *Comentários à Lei nº 13.655/2018*: proposta de sistematização e interpretação conforme. Rio de Janeiro: Lumen Juris, 2019. p. 153.
[465] STRECK, Lenio. *Verdade e consenso*: constituição, hermenêutica e teorias discursivas. 4. ed. São Paulo: Saraiva, 2012. p. 127.
[466] KENICKE, Pedro Henrique Gallotti; CLÈVE, Ana Carolina de Camargo; MARTYNYCHEN, Marina Michel de Macedo. A Nova Lei de Introdução às Normas do Direito Brasileiro (LINDB) e a efetivação dos direitos e garantias fundamentais. In: VALIATI, Thiago Priess; HUNGARO, Luis Alberto; CASTELLA, Gabriel Morettini e (Coord.). *A Lei de Introdução e o direito administrativo brasileiro*. Rio de Janeiro: Lumen Juris, 2019. p. 642.

Streck[467] arremata com o questionamento:

Como é possível empregar/aplicar as razões/motivações que foram feitas antes da motivação do próprio ato de aplicar? Como é possível estabelecer fundamentações sem que se tenha ainda aquilo que é a condição dessa fundamentação? É possível gerar matéria a partir da forma? Arrazoa-se (dá-se a razão) sobre o quê? NÃO É A APLICAÇÃO (O EMPREGO DE ALGO) QUE DEVERIA GERAR A RESPECTIVA MOTIVAÇÃO (ARRAZOAR)?

Enfatiza Klaus Gunther: "O senso para a equidade não só se revela em seguir princípios corretos, mas também em aplicá-los de forma imparcial, CONSIDERANDO-SE TODAS AS CIRCUNSTÂNCIAS ESPECIAIS".[468]

Lenio Streck[469] escreve que todas as possibilidades semânticas do texto devem cruzar-se com todos os elementos das CIRCUNSTÂNCIAS FÁTICAS DO CASO. Isso porque um dos grandes problemas decorrentes do pensamento positivista é a MECANIZAÇÃO DA APLICAÇÃO DO DIREITO,[470] que ATROPELA AS ESPECIFICIDADES DOS CASOS APRECIADOS COM A INCIDÊNCIA DE NORMAS JURÍDICAS QUE FORAM ELABORADAS SEM A POSSIBILIDADE DE APREENSÃO DA REALIDADE ESPECÍFICA DA SITUAÇÃO CONCRETA OCORRENTE NO MUNDO FÁTICO.

O jurista gaúcho[471] pontifica que falar de princípios significa que o direito passa a cuidar do mundo prático; a FACTICIDADE penetra no território jurídico antes inacessível ante as barreiras postas pelo positivismo (direito como modelo de regras).

---

[467] STRECK, Lenio. *Verdade e consenso*: constituição, hermenêutica e teorias discursivas. 4. ed. São Paulo: Saraiva, 2012. p. 132.

[468] GUNTHER, Klaus. *Teoria da argumentação no direito e na moral*: justificação e aplicação. São Paulo: Landy, 2004. p. 19.

[469] STRECK, Lenio. *Verdade e consenso*: constituição, hermenêutica e teorias discursivas. 4. ed. São Paulo: Saraiva, 2012. p. 134.

[470] "O positivismo jurídico sustenta a teoria da interpretação mecanicista, que na atividade do jurista faz prevalecer o elemento declarativo sobre o produtivo ou criativo do direito (empregando uma imagem moderna, poderíamos dizer que o juspositivismo considera o jurista uma espécie de robô ou de calculadora eletrônica)" (BOBBIO, Norberto. *O positivismo jurídico*: lições de filosofia do direito. São Paulo: Ícone, 1995. p. 133).

[471] STRECK, Lenio. *Verdade e consenso*: constituição, hermenêutica e teorias discursivas. 4. ed. São Paulo: Saraiva, 2012. p. 227.

Prosseguindo, sentencia: "É evidente que O DIREITO É CONCRETUDE E QUE É FEITO PARA RESOLVER CASOS PARTICULARES".[472]

O constitucionalista do Rio Grande do Sul[473] pondera que a interpretação jamais se dará em abstrato, como se a lei, o texto, fosse um objeto cultural, porque sempre há um PROCESSO DE CONCRE-ÇÃO, QUE É A *APPLICATIO*, o momento de acontecer de sentido. Não há textos sem normas; NÃO HÁ NORMAS SEM FATOS. Não há interpretação sem relação social. É NO CASO CONCRETO QUE SERÁ O SENTIDO, que é único, irrepetível.

Pergunta o professor: "A aplicação do direito não implica o exame de cada caso concreto?".[474] Responde,[475] em seguida, que "A SITUAÇÃO CONCRETA É QUE SERVE DE PARÂMETRO PARA A RESPOSTA CORRETA (ADEQUADA À CONSTITUIÇÃO)".

O doutrinador[476] replica que qualquer discurso sempre diga respeito a algo do mundo; *o problema reside na universalização do discurso previamente feito, sem contextualização*, na EXTENSÃO DO SENTIDO PRÉVIO ÀS DIVERSAS SITUAÇÕES CONCRETAS, COMO SE O SENTIDO DOS CASOS CONCRETOS, ÚNICOS, IRREPETÍVEIS, PUDESSE SER DEDUZIDO DESSA UNIVERSALIZAÇÃO.

O administrativista luso Colaço Antunes[477] adverte que, na interpretação e aplicação da ciência jurídica administrativa, outro perigo não desprezível é o do *ENSINO DE UM DIREITO ADMINISTRATIVO IMAGINÁRIO QUE NÃO SE INTERROGA, QUE NÃO COLHE AS CONTRADIÇÕES, que ignora o CHÃO DA VIDA*.

O *distinguishing* do caso concreto, para afastar a aplicação da regra de vinculação, outrossim, pode e deve ser acentuado pelo aplicador do direito, notadamente em se cuidando de poder disciplinar respeitante a penas máximas. Humberto Ávila, a propósito, adverte,

---

[472] STRECK, Lenio. *Verdade e consenso*: constituição, hermenêutica e teorias discursivas. 4. ed. São Paulo: Saraiva, 2012. p. 278.

[473] STRECK, Lenio. *Verdade e consenso*: constituição, hermenêutica e teorias discursivas. 4. ed. São Paulo: Saraiva, 2012. p. 288.

[474] STRECK, Lenio. *Verdade e consenso*: constituição, hermenêutica e teorias discursivas. 4. ed. São Paulo: Saraiva, 2012. p. 371.

[475] STRECK, Lenio. *Verdade e consenso*: constituição, hermenêutica e teorias discursivas. 4. ed. São Paulo: Saraiva, 2012. p. 179.

[476] STRECK, Lenio. *Verdade e consenso*: constituição, hermenêutica e teorias discursivas. 4. ed. São Paulo: Saraiva, 2012. p. 138.

[477] ANTUNES, Luís Filipe Colaço. *A ciência jurídica administrativa*. Coimbra: Almedina, 2016. p. 16-17.

com propriedade, que a matéria bruta utilizada pelo intérprete – *o texto normativo ou dispositivo* – *constitui uma mera possibilidade de direito*. A transformação dos textos normativos em normas jurídicas depende da construção de conteúdos de sentido pelo próprio intérprete.[478]

Não se aprova, destarte, sob as luzes desse marco teórico, a consideração da incidência incondicional das regras que preveem penas máximas (para casos normais), numa aplicação impensada (e alheia às circunstâncias especiais) do direito no caso concreto. O INSTITUTO DA VINCULAÇÃO ADMINISTRATIVA MERECE NOVA PERSPECTIVA NO ÂMBITO DO DIREITO DISCIPLINÁRIO E DA IMPOSIÇÃO DE SANÇÕES MÁXIMAS AOS SERVIDORES DISCIPLINADOS, EM FACE DOS DIREITOS FUNDAMENTAIS E DA CONSTITUCIONALIZAÇÃO DO DIREITO ADMINISTRATIVO, portanto, como se tratará avante.

Calha a admoestação do administrativista luso Colaço Antunes[479] de que:

a) prevalece o papel decisivo atribuído à DOGMÁTICA, tanto mais necessário quando se impõe ABRIR CAMINHOS NOVOS NO DIREITO ADMINISTRATIVO, com o conhecimento da novidade doutrinária pela RENOVAÇÃO DOS TRILHOS DOGMÁTICOS em temas estruturantes da nossa disciplina;

b) há também o risco de não perceber que se trata de aspectos conjunturais até uma variação de um tema já conhecido.

Lacombe[480] adita:

a) para a hermenêutica, não se trata de pensar o direito de forma abstrata, independentemente da sua realização, uma vez que é o problema que incita o direito, mas sim PENSAR O PROBLEMA COMO CENTRO DE GRAVIDADE DE TODA DISCUSSÃO JURÍDICA;

b) O JUSTO E O RAZOÁVEL JURIDICAMENTE, PARA CADA SITUAÇÃO, É DETERMINADO PELO DIREITO APLICADO; O DIREITO CONCRETIZADO;

---

[478] ÁVILA, Humberto. *Teoria dos princípios*: da definição à aplicação dos princípios jurídicos. 14. ed. atual. São Paulo: Malheiros, 2013. p. 28.

[479] ANTUNES, Luís Filipe Colaço. *A ciência jurídica administrativa*. Coimbra: Almedina, 2016. p. 9; 16-17.

[480] CAMARGO, Margarida Maria Lacombe. *Hermenêutica e argumentação*: uma contribuição ao estudo do direito. 3. ed. Rio de Janeiro: Renovar, 2003. p. 250-251.

c) ao contrário dessas posições monolíticas, o que se aponta agora, sob o viés da pós-modernidade, é que, no lugar do universal, encontra-se o histórico; NO LUGAR DO SIMPLES, O COMPLEXO; no lugar do único, o plural; no lugar do abstrato, o concreto; e no lugar do formal, o retórico;
d) a lógica formal não serve mais ao direito, porque a solução jurídica não se restringe a uma operação puramente teórico-silogística. A SUBSUNÇÃO DOS FATOS À REGRA GERAL (que funciona como axioma) PODE PRODUZIR UM RESULTADO FORMALMENTE LÓGICO, MAS NÃO ADEQUADO À REALIDADE;
e) o pensamento jurídico não se conforma com um tipo de raciocínio linear que ignora a dialética e os valores que informam a hermenêutica. A inegabilidade dos pontos de partida, que aponta para a inexorabilidade da lei, não impede de trabalharmos uma interpretação mais adequada para cada caso. Por isso, é preciso reconhecer uma nova racionalidade capaz de orientar a dogmática jurídica e, ao mesmo tempo, defendê-la da pecha da arbitrariedade, o que nos parece bastante possível com o auxílio da tópica e da retórica.

Marçal Justen Filho[481] finca que a atividade administrativa e o regime de direito administrativo têm fundamento na Constituição e mais precisamente encontram sua origem nos direitos fundamentais.

Humberto Ávila aprofunda sua lição no sentido de que

AS NORMAS não são textos e nem o conjunto deles, mas OS SENTIDOS CONSTRUÍDOS A PARTIR DA INTERPRETAÇÃO SISTEMÁTICA DE TEXTOS NORMATIVOS. Daí se afirmar que os dispositivos se constituem no objeto da interpretação; e as normas, no seu resultado. [...] a INTERPRETAÇÃO NÃO SE CARACTERIZA COMO UM ATO DE DESCRIÇÃO DE UM SIGNIFICADO PREVIAMENTE DADO, mas como um ato de decisão que constitui a significação e os sentidos de um texto. [...] Essas considerações levam ao entendimento de que a atividade do intérprete – quer julgador, quer cientista – não consiste em meramente descrever o significado previamente existente dos

---

[481] JUSTEN FILHO, Marçal. *Curso de direito administrativo*. 10. ed. rev., atual. e ampl. São Paulo: Revista dos Tribunais, 2014. p. 200.

dispositivos. Sua atividade consiste em constituir esses significados. Em razão disso, também NÃO É PLAUSÍVEL ACEITAR A IDEIA DE QUE A APLICAÇÃO DO DIREITO ENVOLVE UMA ATIVIDADE DE SUBSUNÇÃO ENTRE CONCEITOS PRONTOS ANTES MESMO DO PROCESSO DE APLICAÇÃO.[482]

Ávila relembra que é necessário substituir a convicção de que o dispositivo identifica-se com a norma, pela constatação de que o dispositivo é o ponto de partida da interpretação; é necessário ultrapassar a crendice de que a função do intérprete é meramente descrever significados, em favor da compreensão de que o intérprete reconstrói sentidos, quer o cientista, pela construção de conexões sintáticas e semânticas, quer o APLICADOR, QUE SOMA ÀQUELAS CONEXÕES AS CIRCUNSTÂNCIAS DO CASO A JULGAR, haja vista que o intérprete tem a função de medir e especificar a intensidade da relação entre o dispositivo interpretado e os fins e valores que lhe são potencial e axiologicamente subjacentes.[483]

Hervada explicita, por sinal, que:

> O justo é tratar todos igualmente no que são iguais, e de modo diferente – mas proporcional, essa é a chave – no que são diferentes. [...] os juízes devem INTERPRETAR AS LEIS em função não do direito em sentido formal, mas DO DIREITO EM SENTIDO REAL (ou melhor realista). De acordo com essa interpretação, deve ser feito EM FUNÇÃO DAS CIRCUNSTÂNCIAS CONCRETAS.[484]

Não basta, por conseguinte, à luz desses doutrinadores, na motivação teórica de um ato administrativo sancionador com pena máxima, apenas a REMISSÃO ESTÉRIL À SECA PREVISÃO LEGAL HIPOTÉTICA DA SOLUÇÃO PADRONIZADA (mero dispositivo, como o art. 132, ou o art. 134, da Lei federal nº 8.112/1990), traçada pelo legislador para casos gerais, sem a justificativa do aplicador do direito em face das características e CIRCUNSTÂNCIAS DO CASO CONCRETO e a demonstração de que foram ponderadas pelo intérprete na medida decisória adotada.

---

[482] ÁVILA, Humberto. *Teoria dos princípios:* da definição à aplicação dos princípios jurídicos. 14. ed. atual. São Paulo: Malheiros, 2013. p. 33-34.
[483] ÁVILA, Humberto. *Teoria dos princípios:* da definição à aplicação dos princípios jurídicos. 14. ed. atual. São Paulo: Malheiros, 2013. p. 37; 45.
[484] HERVADA, Javier. *O que é o direito?* A moderna resposta do realismo jurídico. São Paulo: Martins Fontes, 2006. p. 31-32; 47.

A APLICAÇÃO DO DIREITO não é uma técnica aprioristicamente concluída (nem uma solução embasada numa fórmula abstrata), mas é REALIZADA PELO INTÉRPRETE, NO CASO CONCRETO, com a decisão sobre a incidência normativa, ou não, diante de circunstâncias peculiares ou excepcionais do mundo real, como pontuado.[485]

Robert Alexy[486] sentencia:

> EM DISCURSOS DE APLICAÇÃO não se deve tratar da validez de normas, mas, exclusivamente, da DECISÃO CORRETA DE UM CASO PARTICULAR. A decisão de um caso particular deve ser correta, quando ela apoia-se na norma conveniente. Para comprovar se uma norma em uma determinada situação é conveniente, deve ser necessário e suficiente apreciá-la com vista a TODAS AS CARACTERÍSTICAS DESSA SITUAÇÃO E COM VISTA A TODAS AS NORMAS QUE ENTRAM EM QUESTÃO ALTERNATIVAMENTE [...]. Todavia, existem procedimentos para investigar a resposta correta e, com isso, critérios para a apreciação da correção ou verdade de afirmações sobre direitos também em casos duvidosos. Verdadeira ou correta é a resposta que pela melhor teoria do direito, o melhor é justificada. No quadro de tais teorias, princípios devem desempenhar um papel decisivo. A melhor teoria é aquela que contém aqueles princípios e ponderações de princípios que o melhor justificam as prescrições da constituição, as normas jurídicas fixadas e os precedentes. [...] o significado dos princípios já é visível disto, que MUITAS DECISÕES SÃO APOIADAS EM PRINCÍPIOS; mais claramente eles mostram-se nisto, que normas jurídicas, por eles, podem ser limitadas ou suprimidas. Princípios deveriam, por conseguinte, ser considerados como parte do ordenamento jurídico. O ORDENAMENTO JURÍDICO, COM ISSO, NÃO É UM SISTEMA QUE CONSISTE EXCLUSIVAMENTE DE REGRAS. [...] se a não-aplicabilidade de uma regra, em virtude de um princípio, não leva a isto, que ela absolutamente se torna inválida, isso significa que, EM VIRTUDE DO PRINCÍPIO, UMA CLÁUSULA DE EXCEÇÃO É ESTATUÍDA COMO REGRA.

Igualmente válida é a ponderação de Kelly Susane Alfen da Silva,[487] a qual se amolda contra a vetusta perspectiva da vinculação

---

[485] HERVADA, Javier. *O que é o direito?* A moderna resposta do realismo jurídico. São Paulo: Martins Fontes, 2006. p. 278.
[486] ALEXY, Robert. *Direito, razão, discurso*: estudos para a filosofia do direito. Tradução de Luís Afonso Heck. Porto Alegre: Livraria do Advogado, 2010. p. 132; 139.
[487] SILVA, Kelly Susane Alfen da. *Hermenêutica jurídica e concretização judicial*. Porto Alegre: Sergio Antonio Fabris, 2000. p. 232.

administrativa como determinação de um raciocínio subsuntivo da lei ordinária na aplicação do direito disciplinário do servidor público, sem a perspectiva do caso concreto: "Considerar o direito como expressão de uma vontade exclusiva e perene exaurida em si mesma significa considerar o ordenamento jurídico estático e fechado sem possibilidade de um intrínseco desenvolvimento".

Lenio Streck completa:

> É evidente que o direito é concretude e que É FEITO PARA RESOLVER CASOS PARTICULARES [...] A INTERPRETAÇÃO JAMAIS SE DARÁ EM ABSTRATO, como se a lei (o texto) fosse um objeto cultural. Há, sempre, um processo de concreção, que é a *applicatio*, momento de acontecer do sentido, que ocorre na diferença ontológica. Não há textos sem normas: NÃO HÁ NORMAS SEM FATOS. Não há interpretação sem relação social. É NO CASO CONCRETO QUE SE DARÁ O SENTIDO, que é único, irreptível [...]. Os juristas, sob pretexto de resolver problemas concretos, estão, na realidade, ESCONDENDO, metafisicamente, O CASO CONCRETO ATRÁS DE UM VERBETE (ENUNCIADO, SÚMULA Etc.) que, além de tratar de matéria absolutamente diversa, não tem a possibilidade – por uma IMPOSSIBILIDADE filosófica, DE ABARCAR AS DIVERSAS HIPÓTESES DE APLICAÇÃO.[488]

Ricardo Marcondes Martins, na ótica do PODER VINCULADO NO DIREITO ADMINISTRATIVO, chega a acentuar que, COMO O LEGISLADOR NÃO PODE ANTEVER TODAS AS PECULIARIDADES DE CADA CASO CONCRETO, A SUA PONDERAÇÃO NÃO PODE SER TOMADA COMO ABSOLUTA, IMPONDO-SE À ADMINISTRAÇÃO, AO APLICAR A LEI, O DEVER DE PROMOVER NOVA PONDERAÇÃO PARA APURAR "QUAL PRINCÍPIO, DIANTE DAS CIRCUNSTÂNCIAS, APRESENTA MAIOR PESO: o concretizado pela lei ou o que se opõe a ela".[489]

Claus Roxin,[490] conquanto na ótica do direito penal, mas em proveitosa lição também para o direito administrativo sancionador (disciplinário), asserta que a fraqueza dos sistemas abstratos não está somente em sua posição defensiva contra a política criminal,

---

[488] STRECK, Lenio. *Verdade e consenso*: constituição, hermenêutica e teorias discursivas. 4. ed. São Paulo: Saraiva, 2012. p. 278; 280; 288.

[489] MARTINS, Ricardo Marcondes. *Efeitos dos vícios do ato administrativo*. São Paulo: Malheiros, 2008. p. 89.

[490] ROXIN, Claus. *Política criminal e sistema jurídico-penal*. Rio de Janeiro e São Paulo: Renovar, 2012. p. 85.

porém, mais geralmente, no DESPREZO PELAS PECULIARIDADES DO CASO CONCRETO, NO FATO DE QUE, EM MUITOS CASOS, A SEGURANÇA JURÍDICA SEJA SALVA À CUSTA DA JUSTIÇA.

O criminalista alemão[491] adita que, enquanto abstrações cada vez mais altas se afastam numa razão crescente da realidade, o desenvolvimento dos pontos de vista político-criminais exige que se passe em revista toda a matéria de regulamentação; *SÓ A VARIEDADE DA VIDA, COM TODAS AS SUAS TRANSFORMAÇÕES, POSSIBILITA A CONCRETIZAÇÃO DAS MEDIDAS QUE PERMITEM UMA SOLUÇÃO CORRETA, ISTO É, ADAPTADA ÀS PECULIARIDADES DO CASO CONCRETO.*

O professor tedesco[492] lembra a observação de JESCHECK[493] quanto aos perigos de uma dogmática reduzida a fórmulas abstratas e do fato de o juiz passar a confiar no automatismo dos conceitos teóricos, *não atentando* às *peculiaridades do caso concreto*.

Todas as precedentes asserções teóricas servem para desaguar numa premissa geral: a SITUAÇÃO DE CADA CASO CONCRETO É QUE DETERMINARÁ A SOLUÇÃO ADEQUADA À CONSTITUIÇÃO A SER ADOTADA PELA ADMINISTRAÇÃO PÚBLICA, a quem incumbe concretizar e hierarquizar, com acerto e propriedade, os princípios constitucionais e legais reitores de sua atividade, os direitos fundamentais, NÃO SE OBRIGANDO, EM TODOS OS CASOS, A TÍTULO DE MERO CUMPRIMENTO DA REGRA (VINCULAÇÃO supostamente absoluta à solução única do legislador onipotente) E INCIDÊNCIA DO PRINCÍPIO DA LEGALIDADE ESTRITA inarredável (e sem diferenciar os casos), A IMPOR PENAS DESPROPORCIONAIS, DESARRAZOADAS, não individualizadas.

---

[491] ROXIN, Claus. *Política criminal e sistema jurídico-penal*. Rio de Janeiro e São Paulo: Renovar, 2012. p. 83.
[492] ROXIN, Claus. *Política criminal e sistema jurídico-penal*. Rio de Janeiro e São Paulo: Renovar, 2012. p. 8.
[493] JESCHECK. Lehrbuch des Strafrechts, Allgemeiner Teil, 1969, p. 136 *apud* ROXIN, Claus. *Política criminal e sistema jurídico-penal*. Rio de Janeiro e São Paulo: Renovar, 2012.

3.4.1 Repercussões da Lei de Introdução às Normas do Direito Brasileiro sobre o poder disciplinar: abrangência da lei no direito administrativo

A Nova Lei de Introdução às Normas do Direito Brasileiro, em consonância com os fundamentos doutrinários precedentes, estatuiu diversas regras também acerca da aplicação e interpretação das leis no direito administrativo, na esfera controladora, administrativa e judicial, motivo por que, evidentemente, incide no exercício do poder disciplinar da Administração Pública e na imposição de penas máximas no processo administrativo disciplinar.

A doutrina[494] confirma a esfera de incidência da LINDB:

a) conforme se verifica dos seus dispositivos, a LINDB trata de aspectos ligados à INTERPRETAÇÃO E APLICAÇÃO DO DIREITO EM ÂMBITO NACIONAL e se dirige principalmente às autoridades públicas de todos os Poderes da República;

b) ao estipular as regras de aplicação das normas vigentes EM TODA A FEDERAÇÃO, ela passa a regular o modo pelo qual as autoridades devem atuar na APLICAÇÃO DAS LEIS e demais normas nacionais, necessárias para a manutenção da unidade e coesão jurídica do país, de modo que o interesse na estipulação de tais balizas ultrapassa os interesses de cada esfera local ou regional, atingindo INTERESSE NACIONAL de toda a população brasileira;

c) a lei cria, para os cidadãos, um conjunto de garantias relacionadas à forma como elas serão interpretadas e aplicadas pelos representantes do Estado, em suas mais diversas manifestações (judiciais, administrativas);

d) as regras por ela introduzidas no ordenamento nacional possuem por finalidade *ELEVAR A QUALIDADE DAS DECISÕES PÚBLICAS* – de todas as esferas e de todas as funções – por meio da inclusão de elementos de INTERPRETAÇÃO REALÍSTICA E CONSEQUENCIALISMO,

---

[494] ISSA, Rafael Hamze. Âmbito de aplicabilidade da LINDB: fundamento constitucional e aspectos federativos. *In*: CUNHA FILHO, Alexandre Jorge Carneiro da; ISSA, Rafael Hamze; SCHWIND, Rafael Wallbach (Coord.). *Lei de Introdução às Normas de Direito Brasileiro – Anotada Decreto-Lei n. 4.657, de 4 de setembro de 1942*. São Paulo: Quartier Latin, 2019. v. 1. p. 51; 58.

que se revelam necessárias em todas as decisões públicas nacionais;
e) suas regras, na realidade, qualificam o dever constitucional geral de MOTIVAÇÃO dos atos administrativos e judiciais, de todas as instâncias e esferas, consagrando direito subjetivo dos administrados e jurisdicionados (seja do Poder Judiciário ou dos Tribunais de Contas) a que as decisões estatais que sobre eles dispuserem respeitem as regras recentemente incluídas na LINDB.

3.4.1.1 A Lei de Introdução às Normas do Direito Brasileiro e as soluções jurídicas formuladas em valores abstratos ou fórmulas genéricas

O diploma legal tratou (art. 20, *caput*) da coibição de manejo de FÓRMULAS ABSTRATAS na MOTIVAÇÃO DOS ATOS ADMINISTRATIVOS, bem como rechaçou as decisões desconsideradoras das CONSEQUÊNCIAS das medidas decisórias, além de encimar (art. 20, par. único) a observância do princípio da PROPORCIONALIDADE (necessidade + adequação da providência):

> Art. 20. Nas esferas administrativa, controladora e judicial, não se decidirá com base em valores jurídicos abstratos sem que sejam consideradas as consequências práticas da decisão. (Incluído pela Lei nº 13.655, de 2018) (Regulamento)
> Parágrafo único. A motivação demonstrará a necessidade e a adequação da medida imposta ou da invalidação de ato, contrato, ajuste, processo ou norma administrativa, inclusive em face das possíveis alternativas. (Incluído pela Lei nº 13.655, de 2018)

A Lei de Introdução às Normas do Direito Brasileiro, pois, acolheu esse postulado ao prescrever que as decisões administrativas não se podem limitar à mecânica aplicação das normas jurídicas, devendo SOPESAR A REPERCUSSÃO PRÁTICA, NO MUNDO REAL, DA MEDIDA ADOTADA PELA ADMINISTRAÇÃO PÚBLICA.

Nessa perspectiva, refoge à LINDB uma pressuposição de que a previsão exaustiva, abstrata e genérica, das ações ou omissões infrativas de servidores públicos da União em tese passíveis de penas máximas (um dos tipos do art. 132, da Lei federal nº 8.112/1990), estipuladas pelo legislador ordinário, teriam o suposto poder de abarcar plenamente toda a realidade de ocorrências disciplinares na Administração Pública.

Portanto, esbarra no art. 20, *caput*, da Lei de Introdução às Normas do Direito Brasileiro, a pretensão de estender a regra (com o viés de solução única e absoluta) para UM MUNDO REAL REPLETO DE SITUAÇÕES PECULIARES E DE VARIADAS CIRCUNSTÂNCIAS OBJETIVAS E SUBJETIVAS DOS DISCIPLINADOS (inclusive os parâmetros alinhados pelo art. 128, da Lei federal nº 8.112/1990, como a NATUREZA E A GRAVIDADE DA INFRAÇÃO COMETIDA, OS DANOS QUE DELA PROVIEREM PARA O SERVIÇO PÚBLICO, AS CIRCUNSTÂNCIAS AGRAVANTES OU ATENUANTES E OS ANTECEDENTES FUNCIONAIS DO ACUSADO).

Lacombe[495] já criticava que, para a hermenêutica, não se trata de pensar o direito de forma abstrata, independentemente da sua realização, uma vez que é o problema que incita o direito, mas sim PENSAR O PROBLEMA COMO CENTRO DE GRAVIDADE DE TODA DISCUSSÃO JURÍDICA, porquanto O JUSTO E O RAZOÁVEL JURIDICAMENTE, PARA CADA SITUAÇÃO, SÃO DETERMINADOS PELO DIREITO APLICADO; O DIREITO CONCRETIZADO, admoestando que a lógica formal não serve mais ao direito, porque a solução jurídica não se restringe a uma operação puramente teórico-silogística. A SUBSUNÇÃO DOS FATOS À REGRA GERAL (que funciona como axioma) PODE PRODUZIR UM RESULTADO FORMALMENTE LÓGICO, MAS NÃO ADEQUADO À REALIDADE.

A FUNDAMENTAÇÃO GENÉRICA, EM VALORES ABSTRATOS, como interesse público, colide com o preceituado pela Lei de Introdução às Normas do Direito Brasileiro (art. 20, *caput*), aliás, segundo a dogmática do direito administrativo.[496]

A doutrina corrobora:[497]

---

[495] CAMARGO, Margarida Maria Lacombe. *Hermenêutica e argumentação*: uma contribuição ao estudo do direito. 3. ed. Rio de Janeiro: Renovar, 2003. p. 250-251.

[496] "Art. 20. Nas esferas administrativa, controladora e judicial, não se decidirá com base em valores jurídicos abstratos sem que sejam consideradas as consequências práticas da decisão (Incluído pela Lei nº 13.655, de 2018) (Regulamento)".

[497] SOUZA, Rodrigo Pagani de; ALENCAR, Letícia Lins de. O dever de contextualização na interpretação e aplicação do direito público. *In*: VALIATI, Thiago Priess; HUNGARO, Luis Alberto; CASTELLA, Gabriel Morettini e (Coord.). *A Lei de Introdução e o direito administrativo brasileiro*. Rio de Janeiro: Lumen Juris, 2019. p. 62.

A introdução dos novos preceitos na LINDB constitui reação a determinados vícios da cultura jurídica que vêm predominando há anos. Ao menos quatro podem ser identificados: i) IDEIA DE QUE SEJA POSSÍVEL EXTRAIR DO DIREITO SOLUÇÕES EXCLUSIVAMENTE DE VALORES JURÍDICOS ABSTRATOS.

A Exposição de Motivos do Novo Código de Procedimento Administrativo de Portugal,[498] no mesmo traçado da Lei de Introdução às Normas do Direito Brasileiro (LINDB, art. 20, *caput*, ao repelir soluções abstratas no direito administrativo), encima que "HOUVE, DESIGNADAMENTE, A PREOCUPAÇÃO DE EVITAR SOLUÇÕES PURAMENTE LOGICISTAS".

Coaduna-se com a lição de Marçal Justen Filho,[499] quando ensina que uma das peculiaridades do princípio da proporcionalidade consiste no reconhecimento de que a solução jurídica não pode ser produzida por meio do ISOLAMENTO DO APLICADOR EM FACE DA SITUAÇÃO CONCRETA:

NÃO É POSSÍVEL EXTRAIR A SOLUÇÃO PELO SIMPLES EXAME DE TEXTOS LEGAIS ABSTRATOS. O intérprete tem o dever de AVALIAR OS EFEITOS CONCRETOS E EFETIVOS POTENCIALMENTE DERIVADOS DA ADOÇÃO DE CERTA ALTERNATIVA. Deverá selecionar aquela que se configurar como a mais satisfatória, não do ponto de vista puramente lógico, mas em vista da SITUAÇÃO REAL EXISTENTE.

Andrade acompanha o entendimento:[500]

A decisão correta não quer dizer outra coisa senão aquela que considerou as particularidades do caso concreto mediante a descrição completa dos elementos fáticos relevantes. NÃO SE TRATA DE UMA DECISÃO QUE SERIA A EXPRESSÃO DA VERDADE ABSOLUTA, *A PRIORI* E ABSTRATAMENTE CONSIDERADA. NÃO HÁ, PER SE, A SOLUÇÃO UNÍVOCA. Esta é construída no juízo de aplicação da norma e, dessa maneira, *a posteriori*, ou seja, quando, além das normas *prima facie* aplicáveis, tem-se a completa descrição da situação concreta.

---

[498] Disponível em: https://diariodarepublica.pt/dr/legislacao-consolidada/decreto-lei/2015-105602322.
[499] JUSTEN FILHO, Marçal. *Curso de direito administrativo*. 10. ed. rev., atual. e ampl. São Paulo: Revista dos Tribunais, 2014. p. 168.
[500] ANDRADE, Fábio Martins de. *Comentários à Lei nº 13.655/2018*: proposta de sistematização e interpretação conforme. Rio de Janeiro: Lumen Juris, 2019. p. 153.

Vale reiterar a lição de Lenio Streck:

> A INTERPRETAÇÃO JAMAIS SE DARÁ EM ABSTRATO, como se a lei (o texto) fosse um objeto cultural. Há, sempre, um processo de concreção, que é a *applicatio*, [...] Não há textos sem normas: NÃO HÁ NORMAS SEM FATOS. Não há interpretação sem relação social. É NO CASO CONCRETO QUE SE DARÁ O SENTIDO, que é único, irreptível [...]. Os juristas, sob pretexto de resolver problemas concretos, estão, na realidade, ESCONDENDO, metafisicamente, O CASO CONCRETO ATRÁS DE UM VERBETE (ENUNCIADO, SÚMULA Etc.) que, além de tratar de matéria absolutamente diversa, não tem a possibilidade – por uma IMPOSSIBILIDADE filosófica, DE ABARCAR AS DIVERSAS HIPÓTESES DE APLICAÇÃO.[501]

3.4.1.2 A Lei de Introdução às Normas do Direito Brasileiro e a proscrição de resposta única e absoluta/a priori determinada na interpretação legal (confronto com a Súmula nº 650/STJ)

Mais, a lição doutrinária[502] repudia, em função das novas disposições legais, a tese da resposta única e padrão no direito administrativo sancionador, o que se estende, logicamente, ao problema de APLICAÇÃO AUTOMÁTICA DE PENAS MÁXIMAS COMO SOLUÇÃO ESTANDARDIZADA E ÚNICA, OBRIGATÓRIA, NO PROCESSO ADMINISTRATIVO DISCIPLINAR (por exemplo, art. 132 e art. 134, Lei federal nº 8.112/1990), a demonstrar o ofuscante *descompasso da Súmula nº 650/STJ com as diretrizes da Nova Lei de Introdução* às *Normas do Direito Brasileiro* (art. 20, *caput* e parágrafo único):

> A introdução dos novos preceitos na LINDB constitui reação a determinados vícios da cultura jurídica que vêm predominando há anos. [...] a ideia de que seja possível extrair do direito e, até mesmo, exclusivamente de valores jurídicos abstratos, SOLUÇÃO ÚNICA PARA SITUAÇÕES EM CONCRETO; [...] O primeiro vício ou paradigma, relacionado à noção de que SERIA POSSÍVEL EXTRAIR DO ORDENAMENTO

---

[501] STRECK, Lenio. *Verdade e consenso*: constituição, hermenêutica e teorias discursivas. 4. ed. São Paulo: Saraiva, 2012. p. 278; 280; 288.

[502] SOUZA, Rodrigo Pagani de; ALENCAR, Letícia Lins de. O dever de contextualização na interpretação e aplicação do direito público. *In*: VALIATI, Thiago Priess; HUNGARO, Luis Alberto; CASTELLA, Gabriel Morettini e (Coord.). *A Lei de Introdução e o direito administrativo brasileiro*. Rio de Janeiro: Lumen Juris, 2019. p. 62.

JURÍDICO SOLUÇÃO ÚNICA, e não específica para cada situação verificada em concreto.

Andrade complementa,[503] contrariamente à inadequada visão da Súmula nº 650/STJ (censurável compreensão, *data venia*, de que a pena máxima disciplinar seria obrigatória em todos os casos, à revelia da facticidade),[504] acentuando que *não existe uma apriorística decisão correta e absoluta, de antemão e abstratamente dada, nem solução* única, *mas A RESPOSTA DO ORDENAMENTO JURÍDICO será construída NA APLICAÇÃO DA NORMA JURÍDICA, DEPOIS DE CONSIDERADAS AMPLAMENTE AS ESPECIFICIDADES DO CASO CONCRETO*:

> A DECISÃO CORRETA NÃO QUER DIZER OUTRA COISA SENÃO AQUELA QUE CONSIDEROU AS PARTICULARIDADES DO CASO CONCRETO mediante a descrição completa dos elementos fáticos relevantes. NÃO SE TRATA DE UMA DECISÃO QUE SERIA A EXPRESSÃO DA VERDADE ABSOLUTA, *A PRIORI* E ABSTRATAMENTE CONSIDERADA. NÃO HÁ, PER SE, A SOLUÇÃO UNÍVOCA. Esta é *CONSTRUÍDA NO JUÍZO DE APLICAÇÃO DA NORMA* e, dessa maneira, *a posteriori*, ou seja, quando, além das normas *prima facie* aplicáveis, tem-se a *completa descrição da situação concreta*.

Oliveira[505] também critica que, imbuídos de uma visão idealizada sobre O MITO DA ÚNICA RESPOSTA CORRETA FORNECIDA PELO ORDENAMENTO, muitas vezes identificada a partir da interpretação de princípios abertos, órgãos *controladores punem gestores públicos severamente sem levar em consideração fatores limitadores, como as dificuldades materiais enfrentadas por setores administrativos, em termos de recursos humanos e orçamentários*.

---

[503] ANDRADE, Fábio Martins de. *Comentários à Lei nº 13.655/2018*: proposta de sistematização e interpretação conforme. Rio de Janeiro: Lumen Juris, 2019. p. 153.
[504] Súmula nº 650: "A autoridade administrativa não dispõe de discricionariedade para aplicar ao servidor pena diversa de demissão quando caraterizadas as hipóteses previstas no artigo 132 da Lei 8.112/1990".
[505] NIEBUHR, Pedro; OLIVEIRA, Claudia Ladeira de; MEDEIROS, Isaac Kofi. Controle e deferência judicial à Administração Pública (...). In: MAFFINI, Rafael; RAMOS, Rafael (Coord). *Nova LINDB*: consenquencialismo, deferência judicial, motivação e responsabilidade do gestor público. Rio de Janeiro: Lumen Juris, 2020. p. 81.

A doutrina confirma os efeitos da Lei de Introdução às Normas do Direito Brasileiro sobre o controle judicial dos atos administrativos vinculados também, em contraposição à Súmula nº 650/STJ:[506]

> Impõe a necessidade de SUPERAÇÃO DE UMA VISÃO ESTÁTICA SOBRE CONTROLE JUDICIAL DOS ATOS ADMINISTRATIVOS, FUNDADA EM CRITÉRIO SIMPLISTA E INADEQUADO, CALCADO NA DIFERENCIAÇÃO ENTRE ATOS VINCULADOS E DISCRICIONÁRIOS. A extensão do âmbito controle deve ser dinâmica.

Bitencourt e Leal[507] referendam a crítica à absolutização normativa de um texto legal, como tenta compreender a Súmula nº 650/STJ ao interpretar o art. 132, da Lei federal nº 8.112/1990, como ato vinculado absoluto e de uma solução única inarredável, independentemente das circunstâncias concretas em pauta:

> A própria noção de hermenêutica que coloca o *intérprete como sujeito criador da norma*, uma vez que A REALIDADE DA PRÓPRIA ADMINISTRAÇÃO PÚBLICA É TÃO COMPLEXA EM FACE DA MULTIPLICIDADE DE POSSIBILIDADES DE APLICAÇÃO que obviamente *não há como imaginar o discurso da* SEGURANÇA JURÍDICA ABSOLUTA DE UM TEXTO NORMATIVO, uma vez que NÃO SE TRATA DE UMA SOLUÇÃO DEDUTIVA E NEM MESMO DA CONCEPÇÃO DE QUE HAJA UMA ÚNICA RESPOSTA CORRETA, ainda que a argumentação leve a crer que seja a melhor resposta naquele caso. Esse trabalho praticamente artesanal de extrair do texto o sentido da norma é que se torna redundante para não dizer tautológico, que HAVERÁ SEMPRE QUE SE SITUAR EM UMA DADA REALIDADE EM TODA SUA COMPLEXIDADE.

É notável, pois, a conformidade e atualidade da disciplina da Lei de Introdução às Normas do Direito Brasileiro em face dos mais altaneiros fundamentos da doutrina acerca da aplicação do direito administrativo, deixando uma simplicidade da subsunção/valor

---

[506] BILIERI, Mário Dittrich; FALK, Matheus. O controle judicial ablativo e mandamental dos atos administrativos com baixo e médio grau de juridicidade e a Nova Lei de Introdução às Normas do Direito Brasileiro (Lei nº 13.655/2018). *In*: VALIATI, Thiago Priess; HUNGARO, Luis Alberto; CASTELLA, Gabriel Morettini e (Coord.). *A Lei de Introdução e o direito administrativo brasileiro*. Rio de Janeiro: Lumen Juris, 2019. p. 381.

[507] BITENCOURT Caroline Müller; LEAL, Rogério Gesta. Consequencialismo das decisões e os valores jurídicos abstratos a partir da Lei 13.655/18: uma análise crítica sob a perspectiva da (in)segurança jurídica. *In*: MAFFINI, Rafael; RAMOS, Rafael (Coord.). *Nova LINDB*: consequencialismo, deferência judicial, motivação e responsabilidade do gestor público. Rio de Janeiro: Lumen Juris, 2020. p. 116.

abstrato para a mais complexa motivação em face da realidade e da situação concreta em que se vê o aplicador do ordenamento jurídico, notadamente no julgamento do processo administrativo disciplinar e na imposição de penas máximas em seu bojo.

3.4.1.3 A Lei de Introdução às Normas do Direito Brasileiro e a consideração de alternativas decisórias

A seu turno, a LINDB enuncia (art. 20, par. único)[508] que a MOTIVAÇÃO das decisões da Administração Pública deve contemplar as POSSÍVEIS ALTERNATIVAS, o que refuta, no geral, a existência de SOLUÇÃO ÚNICA INVARIÁVEL, OBRIGATÓRIA, na aplicação do direito administrativo (tese do poder disciplinar vinculado inarredável, como equivocadamente abraçada na Súmula nº 650/STJ).

Nesse norte, Andrade[509] cita Flávio Unes, em comentários à Lei de Introdução às Normas do Direito Brasileiro, para acentuar:
 a) A CONSIDERAÇÃO DAS POSSÍVEIS ALTERNATIVAS é o elemento mais inovador, na medida em que, ao invés de apenas mencionar "motivação", densifica sua noção para impor o exame – e sua explicitação, obviamente das *CONSEQUÊNCIAS QUE CADA SOLUÇÃO POSSA TRAZER PARA A REALIDADE*;
 b) em outras palavras, A DECISÃO SERÁ ADEQUADA E LEGÍTIMA QUANDO SE REVELAR MENOS DANOSA E MAIS EFICAZ SE CONSIDERADAS AS ALTERNATIVAS POSSÍVEIS EM DETERMINADA SITUAÇÃO FÁTICA;
 c) o processo e o direito servem à vida e esta não pode ser atingida sem que sejam MENSURADOS OS EFEITOS DE CADA SOLUÇÃO POSSÍVEL – ISSO, TAMBÉM, INSERE-SE NA DIMENSÃO DA DECISÃO ADEQUADA.

---

[508] "Art. 20. [...] Parágrafo único. A motivação demonstrará a necessidade e a adequação da medida imposta ou da invalidação de ato, contrato, ajuste, processo ou norma administrativa, inclusive em face das POSSÍVEIS ALTERNATIVAS (Incluído pela Lei nº 13.655, de 2018)".
[509] PEREIRA, Flávio Henrique Unes. Artigo 20. In: PEREIRA, Flávio Henrique Unes (Coord.). *Segurança jurídica e qualidade das decisões públicas*: desafios de uma sociedade democrática. Brasília: Senado Federal, 2015. p. 17-19 *apud* ANDRADE, Fábio Martins de. *Comentários à Lei nº 13.655/2018*: proposta de sistematização e interpretação conforme. Rio de Janeiro: Lumen Juris, 2019. p. 153.

Novamente, reluz o avanço dogmático e legislativo no tema das decisões administrativas, inclusive na sede do poder vinculado disciplinar, com a consciência de que a solução mais adequada não provém de VALORES ABSTRATOS,[510] nem como resposta única, derivada de subsunção.

A Exposição de Motivos do Novo Código de Procedimento Administrativo de Portugal,[511] grife-se, no mesmo traçado da Lei de Introdução às Normas do Direito Brasileiro (LINDB, art. 20, *caput*, ao repelir soluções abstratas no direito administrativo), encima que "HOUVE, DESIGNADAMENTE, A PREOCUPAÇÃO DE EVITAR SOLUÇÕES PURAMENTE LOGICISTAS".

A melhor solução no direito administrativo compreenderá uma complexa motivação e reflexão sobre as consequências da medida decisória em face da situação concreta, cotejada em todas as suas características, admitidas alternativas à pena máxima, se adequadas/plenamente justificadas no caso.

3.4.1.4 A Lei de Introdução às Normas do Direito Brasileiro e a proporcionalidade das penas administrativas e disciplinares

A LINDB prevê (art. 20, par. único)[512] que as medidas decisórias devem justificar a sua NECESSIDADE (inexistência de providência menos gravosa para proteger o interesse público perseguido pela autoridade administrativa) e ADEQUAÇÃO (eficácia da medida para alcançar o escopo administrativo legalmente tutelado), o que compõe o trinômio clássico do princípio da proporcionalidade (a que se soma a PROPORCIONALIDADE EM SENTIDO ESTRITO, ou seja, a relação de sacrifícios impostos ao destinatário do ato

---

[510] Ao contrário dessas posições monolíticas, o que se aponta agora, sob o viés da pós-modernidade, é que, no lugar do universal, encontra-se o histórico; NO LUGAR DO SIMPLES, O COMPLEXO; NO LUGAR DO ÚNICO, O PLURAL; NO LUGAR DO ABSTRATO, O CONCRETO; e no lugar do formal, o retórico; (CAMARGO, Margarida Maria Lacombe. *Hermenêutica e argumentação*: uma contribuição ao estudo do direito. 3. ed. Rio de Janeiro: Renovar, 2003. p. 250-251).

[511] Disponível em: https://diariodarepublica.pt/dr/legislacao-consolidada/decreto-lei/2015-105602322.

[512] "Art. 20. [...] Parágrafo único. A motivação demonstrará a NECESSIDADE E A ADEQUAÇÃO da medida imposta ou da invalidação de ato, contrato, ajuste, processo ou norma administrativa, inclusive em face das POSSÍVEIS ALTERNATIVAS (Incluído pela Lei nº 13.655, de 2018)".

administrativo e dos proveitos para a sociedade envolvidos), *ou o que a doutrina intitula de "princípio da justa medida"*, um juízo de ponderação em torno do fato de o meio utilizado ser ou não desproporcionado diante do fim almejado, importa "pesar as desvantagens dos meios em relação às vantagens do fim".[513]

A LINDB (art. 21, caput e par. único)[514] expressamente incorporou a PROPORCIONALIDADE EM SENTIDO ESTRITO quando dispôs que, em caso de decisão da Administração Pública que invalidar ato ou processo/norma administrativa, ao indicar de modo expresso suas consequências jurídicas e administrativas, NÃO se PODERÃO IMPOR AOS SUJEITOS ATINGIDOS ÔNUS OU PERDAS QUE, EM FUNÇÃO DAS PECULIARIDADES DO CASO, SEJAM ANORMAIS OU EXCESSIVOS.

Aditivamente, os comentaristas do novo texto legal sustentam a importância da PROPORCIONALIDADE das penas impostas pela Administração Pública:[515]

> É preciso PONDERAR AS NORMAS DE APLICAÇÃO, OS FATOS E AS CIRCUNSTÂNCIAS CONCRETAS E GRADUAR A INTENSIDADE DA SOLUÇÃO ESCOLHIDA, de modo a verificar se, sendo necessária a sanção ela é, simultaneamente, ADEQUADA AO CASO. NÃO HÁ MAIS ESPAÇO PARA ARBITRARIEDADES (IRRAZOABILIDADES) [...] essa constatação resta premente quando também as consequências do ato decisório deverão ser consideradas na motivação exaustiva.

Esse juízo é albergado pelo colendo Supremo Tribunal Federal, a seu modo, ao RECONHECER O CONTROLE DE ATOS

---

[513] CANOTILHO, J. J. Gomes. *Direito constitucional e teoria da Constituição*. 2. ed. Coimbra: Almedina, 1998. p. 262-263.

[514] "Art. 21. A decisão que, nas esferas administrativa, controladora ou judicial, decretar a invalidação de ato, contrato, ajuste, processo ou norma administrativa deverá indicar de modo expresso suas consequências jurídicas e administrativas (Incluído pela Lei nº 13.655, de 2018) (Regulamento). Parágrafo único. A decisão a que se refere o caput deste artigo deverá, quando for o caso, indicar as condições para que a regularização ocorra de modo proporcional e equânime e sem prejuízo aos interesses gerais, NÃO SE PODENDO IMPOR AOS SUJEITOS ATINGIDOS ÔNUS OU PERDAS QUE, EM FUNÇÃO DAS PECULIARIDADES DO CASO, SEJAM ANORMAIS OU EXCESSIVOS (Incluído pela Lei nº 13.655, de 2018)".

[515] KENICKE, Pedro Henrique Gallotti; CLÈVE, Ana Carolina de Camargo; MARTYNYCHEN, Marina Michel de Macedo. A Nova Lei de Introdução às Normas do Direito Brasileiro (LINDB) e a efetivação dos direitos e garantias fundamentais. *In*: VALIATI, Thiago Priess; HUNGARO, Luis Alberto; CASTELLA, Gabriel Morettini e (Coord.). *A Lei de Introdução e o direito administrativo brasileiro*. Rio de Janeiro: Lumen Juris, 2019. p. 634.

SANCIONADORES DISCIPLINARES PELOS PRINCÍPIOS DA PROPORCIONALIDADE/RAZOABILIDADE (CONTROLE JUDICIAL DE ATOS MANIFESTAMENTE IRRAZOÁVEIS)[516] [517] e os direitos fundamentais cotejados no caso concreto,[518] ADMITINDO-SE MEDIDA DECISÓRIA MENOS SEVERA, DE FORMA COMPATÍVEL COM A GRAVIDADE MAIOR OU MENOR DA CONDUTA (art. 5º, XLVI, Constituição Federal de 1988; art. 128, Lei Federal nº 8.112/90), com a devida vênia da Súmula nº 650/STJ, observada a recente diretriz pretoriana do col. Supremo Tribunal Federal, inclusive:

> [...] 7. O EXERCÍCIO DA COMPETÊNCIA DISCIPLINAR PELA ADMINISTRAÇÃO PÚBLICA SOBRE OS SEUS SERVIDORES NÃO PODE SER ILIMITADO, NEM SE PODE TER O CUIDADO DESSA MATÉRIA EM LEI QUE NÃO ATENDA AOS DIREITOS FUNDAMENTAIS DAS PESSOAS, SEQUER SE LEGITIMANDO SEU REGRAMENTO EM DESAVENÇA COM AS GARANTIAS DO CONTRADITÓRIO, DA AMPLA DEFESA E DO DEVIDO PROCESSO LEGAL OU DOS PRINCÍPIOS DA LEGALIDADE, PROPORCIONALIDADE, DA RAZOABILIDADE E DA DIGNIDADE DA PESSOA HUMANA.[519]

Destaca-se que a PROPORCIONALIDADE ATINGE TANTO ATOS ADMINISTRATIVOS EXARADOS SOB O EXERCÍCIO DE PODER DISCRICIONÁRIO COMO (preponderantemente/

---

[516] "I - O controle dos atos do CNJ pelo STF somente se justifica nas hipóteses de: [...] (iii) injuridicidade ou manifesta irrazoabilidade do ato impugnado" (MS nº 35.100/DF, Rel. Min. Roberto Barroso) (Supremo Tribunal Federal, Segunda Turma, Rel. Min. Ricardo Lewandowski, j. 5.9.2022, public. 9.9.2022).

[517] "[...] 4. A hipótese dos autos não justifica a revisão judicial da punição disciplinar aplicada pelo CNJ sob a ótica da razoabilidade e da proporcionalidade, presentes a quebra de regras deontológicas da magistratura e o grave descumprimento de deveres funcionais previstos na LOMAN [...]" (Supremo Tribunal Federal, O nº 2.519, Primeira Turma, Rel. Min. Rosa Weber, j. 29.8.2022, public. 31.8.2022).

[518] "7. O exercício da competência disciplinar pela Administração Pública sobre os seus servidores não pode ser ilimitado, nem se pode ter o cuidado dessa matéria em lei que não atenda aos direitos fundamentais das pessoas, sequer se legitimando seu regramento em desavença com as garantias do contraditório, da ampla defesa e do devido processo legal ou dos princípios da legalidade, proporcionalidade, da razoabilidade e da dignidade da pessoa humana" (Supremo Tribunal Federal, Plenário, Arguição de Descumprimento de Preceito Fundamental nº 353, Rel. Min. Cármen Lúcia, j. 21.6.2021).

[519] Supremo Tribunal Federal, Plenário, Arguição de Descumprimento de Preceito Fundamental nº 353, Rel. Min. Cármen Lúcia, j. 21.6.2021.

relativamente) DO PODER VINCULADO, como destacam Nohara,[520] Faria,[521] Juarez Freitas,[522] Vieira de Andrade[523] e Costa Gonçalves[524] (o qual cita que, no direito alemão, as medidas decisórias administrativas que a lei configura como decisões vinculadas, *v.g*, recusa de licenças, revogações de autorizações, expulsão de estrangeiros, têm experimentado relativização da solução legal.[525]

3.4.1.5 A Lei de Introdução às Normas do Direito Brasileiro e a visão consequencialista das decisões administrativas

A LINDB preceitua que (art. 20, *caput*),[526] nas esferas administrativa, controladora e judicial, não se decidirá com base em valores jurídicos abstratos SEM QUE SEJAM CONSIDERADAS AS CONSEQUÊNCIAS PRÁTICAS DA DECISÃO.

Também a visão CONSEQUENCIALISTA das decisões da Administração Pública é agudizada[527] nos comentários sobre o art. 20, da Lei de Introdução às Normas do Direito Brasileiro:

---

[520] "É bastante ultrapassado na hermenêutica jurídica pós-positivista, pretender impedir a utilização do princípio da individualização da pena, uma vez que se trata de corolário da proporcionalidade. Ora, A PENA DEVE SER, NÃO SÓ NO DIREITO PENAL, MAS TAMBÉM NO DIREITO ADMINISTRATIVO, NECESSÁRIA E SUFICIENTE PARA A REPROVAÇÃO DO ILÍCITO, na prevenção da ocorrência de outros. Já dizia Jellinek: nicht mit Kanonen auf Spatzen schiessen (não se abatem pardais com canhões) (NOHARA, Irene Patrícia. 5 passos para a superação de um processo administrativo disciplinar "medieval". *Irene Nohara – Direito Administrativo*, 13 jun. 2014. Disponível em: http://blog.direitoadm.com.br/o-que-fazer-casosdireitoadministrativo/5-passos-para-superacao-de-um-processo-administrativo-disciplinar-medieval/).

[521] FARIA, Edimur Ferreira de. *Controle do mérito do ato administrativo pelo judiciário*. Belo Horizonte: Fórum, 2011. p. 159.

[522] FREITAS, Juarez. *Direito fundamental à boa administração pública*. 3. ed. São Paulo: Malheiros, 2014. p. 64.

[523] ANDRADE, José Carlos Vieira de. *Lições de direito administrativo*. 3. ed. Coimbra: Universidade de Coimbra, 2013. p. 56.

[524] GONÇALVES, Pedro Costa. *Manual de direito administrativo*. Coimbra: Almedina, 2019. v. 1. p. 380.

[525] A aplicação do princípio da proporcionalidade na jurisprudência pelo TEDH de direitos individuais, cf. ALBANESE, A. Il principio di proporzionalità come componente ttadinanza amministrativa. *In*: BARTOLINI, A.; PIOGGIA, A. D. 193 e segs. (p. 206 e segs.), *ittadinanze amminie*.

[526] "Art. 20. Nas esferas administrativa, controladora e judicial, não se decidirá com base em valores jurídicos abstratos sem que sejam consideradas as consequências práticas da decisão (Incluído pela Lei nº 13.655, de 2018) (Regulamento)".

[527] BILIERI, Mário Dittrich; FALK, Matheus. O controle judicial ablativo e mandamental dos atos administrativos com baixo e médio grau de juridicidade e a Nova Lei de Introdução às

Como hoje se acredita cada vez mais que os princípios podem ter força normativa - não só nas omissões legais, mas em qualquer caso - o mínimo que se pode exigir é que juízes e controladores (assim como os administradores) tenham de PONDERAR SOBRE "AS CONSEQUÊNCIAS PRÁTICAS DA DECISÃO" E CONSIDERAR AS "POSSÍVEIS ALTERNATIVAS".

Phillip Gil França[528] explica:
a) aplicar a hermenêutica consequencialista é, antes de tudo, RECONHECER A NECESSIDADE DO OUTRO para o desenvolvimento do todo (e de todos): "quando a interpretação esquece o outro, ela se torna um monólogo em vez de um diálogo";
b) consequencialismo jurídico tem como finalidade a análise da potencial adequação legal do ato avaliado NA REALIDADE CONCRETA DE INTERAÇÃO HUMANA, e com o meio onde tal atividade acontece, com os valores do direito.

O valor albergado pela norma jurídica em alusão é a de que a Administração Pública não pode decidir (ou julgar o processo administrativo disciplinar) sem levar em conta a pessoa do cidadão destinatário ou atingido pelo ato administrativo, como se o disciplinado não existisse, PROFERINDO-SE DECISÃO ADMINISTRATIVA DE COSTAS PARA OS IMPACTOS REAIS DA MEDIDA DECISÓRIA ESTATAL SOBRE A VIDA DO ADMINISTRADO, como se ele pudesse ser reduzido a um mero objeto sobre o qual recai o exercício do poder do Estado, como se fosse uma figura sem rosto, uma sombra (segundo Marçal).[529]

Nem se tolera que a Administração Pública profira decisões ou julgamentos com uma distância olímpica em face do interessado

---

Normas do Direito Brasileiro (Lei nº 13.655/2018). *In*: VALIATI, Thiago Priess; HUNGARO, Luis Alberto; CASTELLA, Gabriel Morettini e (Coord.). *A Lei de Introdução e o direito administrativo brasileiro*. Rio de Janeiro: Lumen Juris, 2019. p. 381.

[528] FRANÇA, Phillip Gil. Algumas considerações sobre como decidir conforme o consequencialismo jurídico da Lei 13.655/2018. *In*: MAFFINI, Rafael; RAMOS, Rafael (Coord.). *Nova LINDB*: consequencialismo, deferência judicial, motivação e responsabilidade do gestor público. Rio de Janeiro: Lumen Juris, 2020. p. 124.

[529] JUSTEN FILHO, Marçal. O direito administrativo de espetáculo. *In*: ARAGÃO, Alexandre Santos de; MARQUES NETO, Floriano de Azevedo (Coord.). *Direito administrativo e seus novos paradigmas*. Belo Horizonte: Fórum, 2012. p. 73-74.

no caso concreto (como repudia Gordillo),[530] sob uma arcaica aura absolutista de infalibilidade (o chefe de Estado era o representante de Deus;[531] o rei não pode errar: *"le roi ne pêut mal faire", "The King can do no wrong"*; ou de arbítrio (é a vontade do rei – *"Le roi le vêut"*), hoje recorrentemente manejada sob um manto de alegada discricionariedade administrativa (máxime no enquadramento jurídico do fato), ou de soluções decisórias únicas para todos os casos, quadro agravado pela rotineira dificuldade ou recusa de controle judicial sobre os atos administrativos disciplinares exarados, inclusive em face da jurisprudência defensiva ou estandardizadora (Súmula 650/STJ), que declina do cotejo da motivação ampla na decisão sancionadora adotada e da reflexão profunda sobre as características únicas do caso concreto e sobre a justificação da penalidade máxima imposta nas circunstâncias presentes para o agente decisor da Administração Pública.

Não é dado se esquecer de que o processo administrativo envolve uma relação jurídica bilateral e informada por uma desejada igualdade numa relação processual, na visão de Machete,[532] quando adverte que o traço mais antigo e identificador do direito administrativo é o de SUBORDINAÇÃO, que é potencialmente ilimitada, do cidadão ao Estado-Poder, o que se encontra hoje superado, na medida em que se patenteia, no presente, uma PARIDADE DA

---

[530] Gordillo retrata a velha concepção do direito administrativo pela qual a Administração Pública era vista sempre como tutora absoluta do interesse público e O PARTICULAR COMO O INIMIGO, A CONTRAPARTE, A CONTRAFACE, UMA REMINISCÊNCIA ABSOLUTISTA dos famosos brocardos: *quod regis placuit legis est; the King can do no wrong; Le roi ne peut mal faire*, ante a origem considerada divina do poder monárquico. O poder representava o belo, o bom, o verdadeiro, o interesse público, o bem comum, a boa ordem da comunidade – A AUTORIDADE PROVÉM DE DEUS, PONDO-SE UMA ESSÊNCIA SOBRENATURAL NO AGENTE PÚBLICO; A ADMINISTRAÇÃO É O OLIMPO; SÃO SEMIDEUSES OU ENVIADOS DE DEUS QUEM NOS GOVERNA OU ADMINISTRA (GORDILLO, Agustín. *Tratado de derecho administrativo*. 6. ed. Belo Horizonte: Del Rey, 2003. t. 3. p. 5-6).

[531] Texto de livre tradução nossa: "O príncipe era o árbitro soberano da racionalidade, definida por sua ação. O PRINCÍPIO MONÁRQUICO ESCAPAVA NÃO SOMENTE DE TODA FORMA DE CONTROLE, MAS TAMBÉM A TODA LEI HUMANA. A AUTORIDADE, COMO A PESSOA DO REI, PROVINHA PROPRIAMENTE DO SOBRENATURAL. DIZ-SE QUE O SER DO REI, A PESSOA DO REI, OCUPAVA O LUGAR DE DEUS SOBRE A TERRA" (DRÉVILLON, Hervé. *Les rois absolus*: 1629-1715, histoire de France. Paris: Belin, 2014. p. 103).

[532] MACHETE, Pedro. *Estado de direito democrático e administração paritária*. Coimbra: Almedina, 2007. p. 448-449.

ADMINISTRAÇÃO E DOS CIDADÃOS que com ela se relacionam, TODOS SUBORDINADOS AO DIREITO E À CONSTITUIÇÃO.

3.4.1.6 A Lei de Introdução às Normas do Direito Brasileiro e a obrigatória consideração da facticidade/realidade na aplicação do direito administrativo

A LINDB excluiu as DECISÕES ABSTRATAS E INDIFERENTES AO CONTEXTO DA SITUAÇÃO CONCRETA em que a norma de direito administrativo será aplicada, trazendo o REALISMO para o mundo do direito público e para a esfera decisória da Administração Pública, o que representa o afastamento do silogismo simplista e da SUBSUNÇÃO como mecanismos LOGICISTAS de solução ou resposta formalista dos casos apreciados pelas autoridades administrativas.

Exige-se do administrador público exercente de competência decisória, sobretudo em caso de aplicação de penas máximas no âmbito do processo administrativo disciplinar, uma consideração da REALIDADE e de TODOS OS SEUS SINAIS CARACTERÍSTICOS (PECULIARIDADES DO CASO, art. 21, *caput* e par. único, LINDB), com empatia referentemente ao servidor público, contrastando seu comportamento segundo os amplos elementos da SITUAÇÃO CONCRETA em que os fatos se deram, tomando-se em conta as circunstâncias objetivas e subjetivas vivenciadas (as condições pessoais do suposto infrator ou disciplinado e os dados realistas que limitaram a conduta).

A LINDB estabelece que, na interpretação de normas sobre gestão pública, SERÃO CONSIDERADOS OS OBSTÁCULOS E AS DIFICULDADES REAIS DO GESTOR e as exigências das políticas públicas a seu cargo, sem prejuízo dos direitos dos administrados (art. 22, *caput*).

Ainda, a LINDB (art. 22, §1º) prescreve que, em decisão sobre regularidade de conduta ou validade de ato, contrato, ajuste, processo ou norma administrativa, SERÃO CONSIDERADAS AS CIRCUNSTÂNCIAS PRÁTICAS QUE HOUVEREM IMPOSTO, LIMITADO OU CONDICIONADO A AÇÃO DO AGENTE.

Grife-se que a decisão administrativa DEVE CONSIDERAR esses elementos da REALIDADE, inclusive com o efeito de

INDIVIDUALIZAR A PENA, tanto que a LINDB (art. 22, §2º)[533] reza que, NA APLICAÇÃO DE SANÇÕES, serão considerados:
   a) a natureza e a gravidade da infração cometida;
   b) os danos que dela provierem para a Administração Pública;
   c) as circunstâncias agravantes;
   d) as circunstâncias atenuantes;
   e) os antecedentes do agente.

Infere-se, claramente, que a LINDB não se compagina com uma DECISÃO-PADRÃO INVARIÁVEL (*julgamento pela aplicação de pena disciplinar máxima em todos os casos*), INARREDÁVEL, ÚNICA, PREDETERMINADA PELO LEGISLADOR À REVELIA DAS CIRCUNSTÂNCIAS DO CASO, de sorte que o conflito da Súmula nº 650/STJ (sanção mais grave em todos os casos, sem consideração à FACTICIDADE (art. 22, *caput* e §1º, LINDB)[534] com a Lei de Introdução às Normas do Direito Brasileiro se patenteia por todos os ângulos que se enxergue.

A LINDB (art. 21, *caput* e par. único)[535] estipula, outrossim, que, em caso de invalidação de ato, contrato, ajuste, processo ou norma administrativa, a decisão, no cotejo das medidas para regularização da ilegalidade, procederá para que a regularização ocorra de modo proporcional e equânime e sem prejuízo aos interesses gerais, não se podendo impor aos sujeitos atingidos ônus ou perdas que, EM FUNÇÃO DAS PECULIARIDADES DO CASO, sejam anormais ou excessivos.

---

[533] "Art. 22. [...] §2º Na aplicação de sanções, serão consideradas a natureza e a gravidade da infração cometida, os danos que dela provierem para a administração pública, as circunstâncias agravantes ou atenuantes e os antecedentes do agente".

[534] "Art. 22. Na interpretação de normas sobre gestão pública, SERÃO CONSIDERADOS OS OBSTÁCULOS E AS DIFICULDADES REAIS DO GESTOR e as exigências das políticas públicas a seu cargo, sem prejuízo dos direitos dos administrados (Regulamento). §1º Em decisão sobre regularidade de conduta ou validade de ato, contrato, ajuste, processo ou norma administrativa, SERÃO CONSIDERADAS AS CIRCUNSTÂNCIAS PRÁTICAS QUE HOUVEREM IMPOSTO, LIMITADO OU CONDICIONADO A AÇÃO DO AGENTE".

[535] "Art. 21. A decisão que, nas esferas administrativa, controladora ou judicial, decretar a invalidação de ato, contrato, ajuste, processo ou norma administrativa deverá indicar de modo expresso suas consequências jurídicas e administrativas (Incluído pela Lei nº 13.655, de 2018) (Regulamento). Parágrafo único. A decisão a que se refere o caput deste artigo deverá, quando for o caso, indicar as condições para que a regularização ocorra de modo proporcional e equânime e sem prejuízo aos interesses gerais, não se podendo impor aos sujeitos atingidos ônus ou perdas que, em função das peculiaridades do caso, sejam anormais ou excessivos (Incluído pela Lei nº 13.655, de 2018)".

A dogmática administrativista explana:[536]

> Donde as novas disposições da LINDB também poderem ser encaradas como, fundamentalmente, regras de robustecimento da motivação dos atos públicos. Isto significa que, com as novas disposições, A MOTIVAÇÃO DEVE SER ROBUSTECIDA, DENSIFICADA, ENVOLVENDO DISCRIMINAÇÃO MAIS ABRANGENTE (E, POR- TANTO, MAIS ROBUSTA OU DENSA) DOS ELEMENTOS DE FATO E DE DIREITO JUSTIFICADORES DA DECISÃO ESTATAL. O simples dever de motivar, genericamente proclamado, não faz transparecer tamanha abrangência com tanta clareza, nem a necessária articulação entre os elementos; donde ter sido necessário robustecê-lo com as exigências da LINDB.

O Estatuto determinou que as decisões administrativas deverão considerar a FACTICIDADE do caso, considerando as CIRCUNSTÂNCIAS PRÁTICAS/DIFICULDADES REAIS que influenciaram o ato escrutinado ou a responsabilidade administrativa, ou que limitaram a margem decisória ou de atuação do agente público:

> Art. 22. Na interpretação de normas sobre gestão pública, serão considerados os obstáculos e as dificuldades reais do gestor e as exigências das políticas públicas a seu cargo, sem prejuízo dos direitos dos administrados. (Regulamento)
> §1º Em decisão sobre regularidade de conduta ou validade de ato, contrato, ajuste, processo ou norma administrativa, serão consideradas as circunstâncias práticas que houverem imposto, limitado ou condicionado a ação do agente. (Incluído pela Lei nº 13.655, de 2018)

Andrade destaca[537] que a Lei de Introdução às Normas do Direito Brasileiro afeta a motivação dos atos administrativos decisórios com o dever de considerar as CIRCUNSTÂNCIAS DO CASO CONCRETO, como os OBSTÁCULOS E DIFICULDADES REAIS reportados pelos gestores ou administradores, de ASPECTOS MATERIAIS, TEMPORAIS, ORÇAMENTÁRIOS E DE PESSOAL, inclusive aqueles que tenham sido mencionados pelo gestor na motivação do seu ato sob controle e/ou que tenham sido posteriormente

---

[536] SOUZA, Rodrigo Pagani de; ALENCAR, Letícia Lins de. O dever de contextualização na interpretação e aplicação do direito público. *In*: VALIATI, Thiago Priess; HUNGARO, Luis Alberto; CASTELLA, Gabriel Morettini e (Coord.). *A Lei de Introdução e o direito administrativo brasileiro*. Rio de Janeiro: Lumen Juris, 2019. p. 54.
[537] ANDRADE, Fábio Martins de. *Comentários à Lei nº 13.655/2018*: proposta de sistematização e interpretação conforme. Rio de Janeiro: Lumen Juris, 2019. p. 153.

trazidos à apreciação do controlador, até porque pode o órgão de controle adicionar circunstâncias por ele conhecidas que possam ter impactado a ação controlada, mas que não tenham sido elencadas. Como admoesta Leonardo Coelho Ribeiro,[538] O CONTEXTO FÁTICO DA DECISÃO NÃO PODERÁ SER DESCONSIDERADO. A LEI DE INTRODUÇÃO ÀS NORMAS DO DIREITO BRASILEIRO ENCIMA A CONSIDERAÇÃO DA REALIDADE NA APLICAÇÃO DO DIREITO ADMINISTRATIVO SANCIONADOR, como apontam Georghio Tomelin[539] e Mônica Bandeira de Mello Lefèvre.[540]

---

[538] RIBEIRO, Leonardo Coelho. Comentários gerais ao art. 21 da Lei de Introdução às Normas do Direito Brasileiro (Decreto-Lei n. 4.657/1942, alterado pela Lei n. 13.655/2018). In: Lei de Introdução às Normas do Direito Brasileiro – Anotada. São Paulo: Quartier Latin, 2019. v. II. p. 147.

[539] "[...] A jurídica moderna, inexplicavelmente, tem se afastado dos fatos contextuais a uma realidade normativa encadeada apenas em abstrato do mundo do direito. [...] tem prevalecido a posição individual do aplicador da norma, que deliberadamente ouvidos moucos ou olhos míopes para os fatos que não lhe interessam. [...] o que a LINDB faz é olhar para decretos, instruções, portarias, resoluções, ordens de serviço, circulares, contratos administrativos, e quejandos, no sentido de que sua interpretação não leve a ferro e fogo soluções impossíveis para a lógica do local onde o direito é aplicado. [...] é óbvio que qualquer agente público NÃO PODE DEIXAR DE CONSIDERAR OS OBSTÁCULOS REAIS [...] todos nós estamos agora obrigados a OLHAR COM CUIDADO A REALIDADE LOCAL E O QUE É POSSÍVEL OU NÃO DIANTE DE UM QUADRO MATERIAL DE FATOS SUBSTANTIVOS. [...] evitar que sejam tiradas conclusões precipitadas sobre a aplicação do ordenamento legal, tachando com incorreções ou falhas quaisquer condutas ou Erros" administrativos não grosseiros ou não dolosos. [...] A CONJUNTURA É O ELEMENTO SEMPRE PRESENTE. [...] Não se promovam DECISÕES ARBITRÁRIAS DESVINCULADAS DA REALIDADE, pois O INTÉRPRETE NÃO PODE AGIR COMO ALIENÍGENA DESCONECTADO DA VIDA LOCAL E DE SUAS CONDICIONANTES de ergonomia do sistema [...] A REALIDADE CIRCUNSTANTE QUE CONDICIONOU A PRÁTICA DO ATO cuja regularidade esteja sendo analisada precisa ser tomada em consideração. Se fatos demonstram que não poderia ter sido tomada decisão administrativa diversa, diante das circunstâncias, não há como o direito sancionador ser usado para apenar tal conduta. Pela nova LINDB passa a ser inválida uma dosimetria exponencial FAÇA OUVIDOS MOUCOS PARA A REALIDADE MATERIAL circunscrita por todos os órgãos de controle" (TOMELIN, Georghio. Interpretação consequencial e dosimetria conglobante na Nova LINDB. In: Lei de Introdução às Normas do Direito Brasileiro – Anotada. São Paulo: Quartier Latin, 2019. v. II. p. 166-175).

[540] "[...] O legislador com a introdução deste dispositivo desejou que as normas sobre gestão pública não fosse feita de maneira abstrata, mas levasse em conta a realidade administrativa fática na qual as decisões são tomadas. [...] Realmente, trata-se de evitar que as instâncias de controle apliquem de forma simplista as normas jurídicas que disciplinam a atividade do gestor público. [...] A complexidade da premissa fática deve ser levada a sério pelo intérprete" (LEFÈVRE, Mônica Bandeira de Mello. A interpretação normativa e a necessária consideração dos direitos dos administrados. In: Lei de Introdução às Normas do Direito Brasileiro – Anotada. São Paulo: Quartier Latin, 2019. v. II. p. 180; 182).

Rafael Maffini[541] escreve:

> Ou seja, o art. 22 da LINDB, nas precisas palavras de Eduardo Jordão, "consagra o 'PRIMADO DA REALIDADE'". Nele, a EXIGÊNCIA DE CONTEXTUALIZAÇÃO produz uma espécie de "PEDIDO DE EMPATIA" com o gestor público e COM AS SUAS DIFICULDADES. Esta é outra lógica bastante presente no projeto: se o controlador quer se colocar na posição de tomar ou substituir decisões administrativas, é preciso que enfrente também os ônus que o administrador enfrenta.

A dogmática administrativista delineia:[542]

> Há um DEVER DE CONTEXTUALIZAÇÃO NA INTERPRETAÇÃO E APLICAÇÃO DO DIREITO PÚBLICO BRASILEIRO, extraível das novas disposições da LINDB (arts. 21 a 30). A contextualização deve refletir-se, geralmente, na motivação das decisões estatais. Prevista como dever, a contextualização das soluções agrega ao direito brasileiro uma mais precisa noção do que significa validamente interpretar e aplicar o direito público. E tende a incorporar-se na nossa cultura jurídica, paulatinamente, à medida que os preceitos legais sejam INVOCADOS EM SITUAÇÕES CONCRETAS. Basicamente, ela envolve a compreensão de que É PRECISO CONSIDERAR ESPECTRO ABRANGENTE DE ELEMENTOS DE FATO E DE DIREITO, ARTICULADOS NUMA SÉRIA PERSPECTIVA DE DECIDIR PROBLEMAS OU ATENDER A NECESSIDADES E FINALIDADES PÚBLICAS. PARA SOLUCIONAR.

Na verdade, a desconsideração das circunstâncias concretas em que se desdobraram os fatos apurados no processo administrativo disciplinar pode constituir erro de fato do ato administrativo sancionador.

Nessa direção, Holanda[543] atesta que:

---

[541] MAFFINI, Rafael. LINDB, Covid-19 e sanções administrativas aplicáveis a agentes públicos. In: MAFFINI, Rafael; RAMOS, Rafael (Coord.). Nova LINDB: consenquencialismo, deferência judicial, motivação e responsabilidade do gestor público. Rio de Janeiro: Lumen Juris, 2020. p. 203.

[542] SOUZA, Rodrigo Pagani de; ALENCAR, Letícia Lins de. O dever de contextualização na interpretação e aplicação do direito público. In: VALIATI, Thiago Priess; HUNGARO, Luis Alberto; CASTELLA, Gabriel Morettini e (Coord.). A Lei de Introdução e o direito administrativo brasileiro. Rio de Janeiro: Lumen Juris, 2019. p. 51.

[543] DIONISIO, Pedro de Hollanda. O erro no direito administrativo: conceito, espécies e consequências jurídicas. In: MAFFINI, Rafael; RAMOS, Rafael (Coord.). Nova LINDB: consenquencialismo, deferência judicial, motivação e responsabilidade do gestor público. Rio de Janeiro: Lumen Juris, 2020. p. 228-229; 232-233.

a) O ERRO DE FATO consiste não apenas da completa ignorância, mas também de um conhecimento imperfeito por parte do gestor a respeito de uma situação que seja pressuposto da atuação administrativa. Os fatos percebidos pelo administrador público, nesse caso, não ocorreram da maneira como imaginado ou mesmo sequer existiram;
b) o erro de fato pode decorrer de uma MÁ APRECIAÇÃO POR PARTE DO ADMINISTRADOR DE ACONTECIMENTOS PASSADOS OU DE CIRCUNSTÂNCIAS DE FATO ATUALMENTE EXISTENTES, *uma vez que a percepção distorcida da realidade atual ou pretérita*, nessa hipótese, torna-se determinante para que a atuação administrativa tenha determinado sentido;
c) O MOTIVO pode ser defeituoso não porque os fatos ou enunciados normativos que foram tomados como pressupostos da emissão do ato administrativo estão, de alguma forma, errados, mas porque o agente público responsável apreciou de forma equivocada esses elementos. A representação mental dos fatos ou do direito foi, por alguma razão, distorcida, dando origem a um vício de motivo do ato.

Rafael Maffini[544] escreve que na expressão "DIFICULDADES REAIS", constante do art. 22 da LINDB, estão compreendidas *CARÊNCIAS MATERIAIS, DEFICIÊNCIAS ESTRUTURAIS, FÍSICAS, ORÇAMENTÁRIAS, TEMPORAIS, DE RECURSOS HUMANOS (INCLUÍDA A QUALIFICAÇÃO DOS AGENTES) E AS CIRCUNSTÂNCIAS JURÍDICAS COMPLEXAS*, a exemplo da atecnia da legislação, as quais não podem paralisar o gestor.

Nota-se que a obrigação de cotejo das circunstâncias peculiares do caso, de per si, resta em confronto com o mito de uma resposta decisória única e invariável, predeterminada pelo (onipotente) legislador (tese do poder disciplinar/sancionador vinculado absoluto, inarredável, vinculada a uma superada ideia de um direito administrativo autoritário, de uma Administração Pública não amiga dos direitos fundamentais), INDIFERENTE ÀS CIRCUNSTÂNCIAS OBJETIVAS E SUBJETIVAS PRESENTES NA REALIDADE POSTA PARA JULGAMENTO ADMINISTRATIVO DISCIPLINAR.

---

[544] MAFFINI, Rafael. LINDB, Covid-19 e sanções administrativas aplicáveis a agentes públicos. *In*: MAFFINI, Rafael; RAMOS, Rafael (Coord.). *Nova LINDB*: consequencialismo, deferência judicial, motivação e responsabilidade do gestor público. Rio de Janeiro: Lumen Juris, 2020. p. 205.

Diferentemente, na perspectiva aperfeiçoadora da Lei de Introdução às Normas do Direito Brasileiro, consentânea com os elevados postulados dogmáticos de um direito administrativo constitucionalizado, a CONSIDERAÇÃO PLENA DA REALIDADE dirige a uma melhor e mais profunda/plenamente motivada decisão do processo administrativo disciplinar, numa solução sancionadora concreta adequada/proporcional, justa, razoável, consequencialista.

3.4.1.7 A Lei de Introdução às Normas do Direito Brasileiro e a individualização da pena no processo administrativo

A novel norma legal albergou o PRINCÍPIO DA INDIVIDUA-LIZAÇÃO DA PENA, estipulando que, na imposição de penalidades, deverão ser sopesadas a natureza e a gravidade da infração cometida, os danos que dela provierem para a Administração Pública, as circunstâncias agravantes ou atenuantes e os antecedentes do agente público:

> Art. 22. [...]
> §2º Na aplicação de sanções, serão consideradas a natureza e a gravidade da infração cometida, os danos que dela provierem para a administração pública, as circunstâncias agravantes ou atenuantes e os antecedentes do agente. (Incluído pela Lei nº 13.655, de 2018)

Também calha lembrar que os elementos referenciais do art. 128, do Estatuto dos Servidores Públicos da União, devem ser analisados sob a ótica dos fatores preponderantes, modo por que será necessária AMPLA E COMPLEXA MOTIVAÇÃO DO DECISOR QUANTO À IMPOSSIBILIDADE DE ALTERNATIVA SANCIONADORA MENOS GRAVE NAS CIRCUNSTÂNCIAS DO CASO, nos termos da Lei Federal nº 13.655/2018, justificando o aplicador do direito administrativo, por exemplo, uma demissão em caso de *severos danos causados ao Estado, de grave desonestidade ou deslealdade funcional,*[545] *importante ruptura da confiança depositada no infrator pelo*

---

[545] "AC 201051020019935, AC - APELAÇÃO CÍVEL – 572163, Relator(a) Desembargador Federal GUILHERME BOLLORINI PEREIRA, Sigla do órgão TRF2, Órgão julgador SEXTA TURMA ESPECIALIZADA, Fonte E-DJF2R - Data: 16/09/2014. Decisão Decide a Sexta Turma Especializada do Tribunal Regional Federal da 2ª Região, por unanimidade, negar provimento à apelação, nos termos do voto do Relator. Ementa. DIREITO ADMINISTRATIVO. APELAÇÃO CÍVEL. TÉCNICO DE CONTABILIDADE. PRESCRIÇÃO. INCORRÊNCIA.

Estado (impossibilidade de manutenção do vínculo funcionarial), crime contra a Administração Pública, violência contra a pessoa, entre outras condutas gravíssimas, sempre com a plena ponderação das circunstâncias concretas.

Trata-se de superar o mito da onipotência e onisciência do legislador ao prever uma pena genericamente *(se interpretada a provisão legislativa como obrigatória solução sancionadora indiscriminada, independentemente da facticidade)*, haja vista que AS CIRCUNSTÂNCIAS DO MUNDO REAL SÃO MUITAS VEZES DIMENSIONADAS COM FATORES RELEVANTES DESCONHECIDOS DA PREVISÃO LEGISLATIVA GERAL, demonstrando-se que a subsunção e o mito da cultura jurídica da resposta única produzem RESPOSTAS DECISÓRIAS INADEQUADAS, em muitos casos, e INJUSTIÇA.

Encimar-se o princípio da INDIVIDUALIZAÇÃO DA PENA (que a dogmática reconhece como APLICÁVEL NO DIREITO ADMINISTRATIVO DISCIPLINAR, sim, segundo Nohara,[546]

PROCESSO ADMINISTRATIVO DISCIPLINAR. ILEGALIDADES. INEXISTÊNCIA. SUSPENSÃO INDEVIDA DE DÉBITOS. ALOCAÇÃO IRREGULAR DE CRÉDITOS TRIBUTÁRIOS. DEMISSÃO. CABIMENTO. 1. A sentença negou a reintegração do ex-técnico de contabilidade da Receita Federal ao serviço público, fundada na higidez do processo administrativo disciplinar nº 10768.005938/2003-59, instaurado para apurar irregularidades praticadas no sistema de arrecadação da Receita Federal, na Agência de Itaboraí/RJ, que culminou com a demissão do autor, por ser considerado responsável pela suspensão irregular dos débitos para que, em seguida, os contribuintes pudessem receber as certidões negativas de débitos, privativamente emitidas pela chefia da agência, tendo a intenção de beneficiar determinadas empresas. 6. A gravidade das condutas conduz o autor a ser penalizado com a demissão, pois o dano é inerente aos atos praticados, já que a suspensão indevida de débitos e a alocação irregular de créditos para a consequente emissão indevida de certidões negativas figuram como condições à prática de diversos atos que envolvem interesse público, inclusive participações em licitações das empresas".

[546] "A AGU tem pareceres, como o GQ 177/1998, que opinam que diante das hipóteses listadas nos incisos do art. 132 da lei, que abarcam, por exemplo, crime contra a administração pública, abandono de cargo, inassiduidade habitual, improbidade administrativa, incontinência pública e conduta escandalosa na repartição, insubordinação grave em serviço, por exemplo, APLICA-SE A SANÇÃO MÁXIMA DE DEMISSÃO, SEM POSSIBILIDADE DE ATENUAÇÃO DA PENALIDADE, [...] O parecer AGU n. GQ 183, por exemplo, dispõe que 'é compulsória a aplicação da penalidade expulsiva, se caracterizada infração disciplinar antevista no art. 132 da lei nº 8.112, de 1990'. Afasta-se, pela orientação contrária à dosimetria da pena, a possibilidade de atenuação da sanção prevista no caput do art. 132 do estatuto federal, pelo art. 128 da mesma lei, que determina que na aplicação das penalidades serão considerados: a natureza e a gravidade da infração cometida, os danos que dela provierem ao serviço público, as circunstâncias agravantes ou atenuantes e os antecedentes funcionais. Além de não ser uma interpretação sistemática, É BASTANTE ULTRAPASSADO NA HERMENÊUTICA JURÍDICA PÓS-POSITIVISTA, PRETENDER IMPEDIR A UTILIZAÇÃO DO PRINCÍPIO DA INDIVIDUALIZAÇÃO DA PENA, UMA VEZ QUE SE TRATA DE COROLÁRIO DA PROPORCIONALIDADE. Ora, A PENA DEVE SER, NÃO SÓ NO DIREITO PENAL, MAS TAMBÉM NO DIREITO ADMINISTRATIVO, NECESSÁRIA E SUFICIENTE PARA A REPROVAÇÃO DO ILÍCITO [...]" (NOHARA, Irene

Osório[547] e Daniel Ferreira)[548] AFASTA A INTELIGÊNCIA DA PENA MÁXIMA ÚNICA, OBRIGATÓRIA E INVARIÁVEL EM TODOS OS CASOS, como é o erro da Súmula nº 650/STJ, com a mais respeitosa vênia.

Como admoesta Leonardo Coelho Ribeiro,[549] O CONTEXTO FÁTICO DA DECISÃO NÃO PODERÁ SER DESCONSIDERADO (e evidentemente com efeitos na definição da resposta sancionadora do Estado – pena disciplinar). A LEI DE INTRODUÇÃO ÀS NORMAS DO DIREITO BRASILEIRO ENCIMA A CONSIDERAÇÃO DA REALIDADE NA APLICAÇÃO DO DIREITO ADMINISTRATIVO SANCIONADOR, como apontam Georghio Tomelin[550] e Mônica Bandeira de Mello Lefèvre.[551]

Patrícia. 5 passos para a superação de um processo administrativo disciplinar "medieval". *Irene Nohara – Direito Administrativo*, 13 jun. 2014. Disponível em: http://blog.direitoadm. com.br/o-que-fazer-casosdireitoadministrativo/5-passos-para-superacao-de-um-processo-administrativo-disciplinar-medieval/).

[547] OSÓRIO, Fábio Medina. *Direito administrativo sancionador*. São Paulo: Revista dos Tribunais, 2000. p. 223; 341.

[548] FERREIRA, Daniel. *Teoria geral da infração administrativa a partir da Constituição Federal de 1988*. Belo Horizonte: Fórum, 2009. p. 325-326.

[549] RIBEIRO, Leonardo Coelho. Comentários gerais ao art. 21 da Lei de Introdução às Normas do Direito Brasileiro (Decreto-Lei n. 4.657/1942, alterado pela Lei n. 13.655/2018). In: *Lei de Introdução às Normas do Direito Brasileiro* – Anotada. São Paulo: Quartier Latin, 2019. v. II. p. 147.

[550] "[...] A jurídica moderna, inexplicavelmente, tem se afastado dos fatos contextuais a uma realidade normativa encadeada apenas em abstrato do mundo do direito. [...] tem prevalecido a posição individual do aplicador da norma, que deliberadamente ouvidos moucos ou olhos míopes para os fatos que não lhe interessam. [...] o que a LINDB faz é olhar para decretos, instruções, portarias, resoluções, ordens de serviço, circulares, contratos administrativos, e quejandos, no sentido de que sua interpretação não leve a ferro e fogo soluções impossíveis para a lógica do local onde o direito é aplicado. [...] é óbvio que qualquer agente público não pode deixar de considerar os obstáculos reais [...] todos nós estamos agora obrigados a olhar com cuidado a realidade local e o que é possível ou não diante de um quadro material de fatos substantivos. [...] evitar que sejam tiradas conclusões precipitadas sobre a aplicação do ordenamento legal, tachando com incorreções ou falhas quaisquer condutas ou Erros administrativos não grosseiros ou não dolosos. [...] A conjuntura é o elemento sempre presente. [...] Não se promovam decisões arbitrárias desvinculadas da realidade, pois o intérprete não pode agir como alienígena desconectado da vida local e de suas condicionantes de ergonomia do sistema [...] A realidade circunstante que condicionou a prática do ato cuja regularidade esteja sendo analisada precisa ser tomada em consideração. Se fatos demonstram que não poderia ter sido tomada decisão administrativa diversa, diante das circunstâncias, não há como o direito sancionador ser usado para apenar tal conduta. Pela nova LINDB passa a ser inválida uma dosimetria exponencial faça ouvidos moucos para a realidade material circunscrita por todos os órgãos de controle" (TOMELIN, Georghio. Interpretação consequencial e dosimetria conglobante na Nova LINDB. In: *Lei de Introdução às Normas do Direito Brasileiro* – Anotada. São Paulo: Quartier Latin, 2019. v. II. p. 166-175).

[551] "[...] O legislador com a introdução deste dispositivo desejou que as normas sobre gestão pública não fosse feita de maneira abstrata, mas levasse em conta a realidade administrativa

Rafael Maffini[552] adverte, em bom tempo, que *INTERPRE-TAÇÕES DEMASIADAMENTE RIGOROSAS DOS CONCEITOS INERENTES ÀS MAIS DIVERSAS CATEGORIAS DE RESPONSABI-LIZAÇÃO* a que os agentes públicos se encontram sujeitos, no afã de se punir os maus agentes públicos, podem justamente EXPULSAR DA ADMINISTRAÇÃO PÚBLICA OS BONS GESTORES ou, ao menos, reduzir sua criatividade quase a zero, no já referido fenômeno do "apagão das canetas".

Ainda se buscou resguardar, a bem da segurança jurídica e da proteção da confiança, a situação dos agentes públicos que atuaram ou decidiram com estribo em orientação geral, ou jurisprudência administrativa ou judicial então prevalente, quando da edição do ato administrativo contrastado, proscrevendo-se retroatividade gravosa de nova interpretação ao hierarca administrativo:

> Art. 23. A decisão administrativa, controladora ou judicial que estabelecer interpretação ou orientação nova sobre norma de conteúdo indeterminado, impondo novo dever ou novo condicionamento de direito, deverá prever regime de transição quando indispensável para que o novo dever ou condicionamento de direito seja cumprido de modo proporcional, equânime e eficiente e sem prejuízo aos interesses gerais. (Regulamento)
> Art. 24. A revisão, nas esferas administrativa, controladora ou judicial, quanto à validade de ato, contrato, ajuste, processo ou norma administrativa cuja produção já se houver completado levará em conta as orientações gerais da época, sendo vedado que, com base em mudança posterior de orientação geral, se declarem inválidas situações plenamente constituídas. (Incluído pela Lei nº 13.655, de 2018) (Regulamento)
> Parágrafo único. Consideram-se orientações gerais as interpretações e especificações contidas em atos públicos de caráter geral ou em jurisprudência judicial ou administrativa majoritária, e ainda as adotadas por prática administrativa reiterada e de amplo conhecimento público. (Incluído pela Lei nº 13.655, de 2018)

---

fática na qual as decisões são tomadas. [...] Realmente, trata-se de evitar que as instâncias de controle apliquem de forma simplista as normas jurídicas que disciplinam a atividade do gestor público. [...] A complexidade da premissa fática deve ser levada a sério pelo intérprete" (LEFÈVRE, Mônica Bandeira de Mello. A interpretação normativa e a necessária consideração dos direitos dos administrados. *In*: *Lei de Introdução às Normas do Direito Brasileiro* – Anotada. São Paulo: Quartier Latin, 2019. v. II. p. 180; 182).

[552] MAFFINI, Rafael. LINDB, Covid-19 e sanções administrativas aplicáveis a agentes públicos. *In*: MAFFINI, Rafael; RAMOS, Rafael (Coord.). *Nova LINDB*: consequencialismo, deferência judicial, motivação e responsabilidade do gestor público. Rio de Janeiro: Lumen Juris, 2020. p. 210.

A nova legislação inclusive permitiu a celebração de compromisso em caso de incerteza jurídica ou de situação contenciosa na aplicação do direito público (*mutatis mutandis*, os TERMOS DE AJUSTAMENTO DE CONDUTA já eram/são adotados pela casuística disciplinar em caso de faltas menos graves):

> Art. 26. Para eliminar irregularidade, incerteza jurídica ou situação contenciosa na aplicação do direito público, inclusive no caso de expedição de licença, a autoridade administrativa poderá, após oitiva do órgão jurídico e, quando for o caso, após realização de consulta pública, e presentes razões de relevante interesse geral, celebrar compromisso com os interessados, observada a legislação aplicável, o qual só produzirá efeitos a partir de sua publicação oficial. (Incluído pela Lei nº 13.655, de 2018) (Regulamento)
> §1º O compromisso referido no caput deste artigo: (Incluído pela Lei nº 13.655, de 2018)
> I - buscará solução jurídica proporcional, equânime, eficiente e compatível com os interesses gerais; (Incluído pela Lei nº 13.655, de 2018) [...]
> III - não poderá conferir desoneração permanente de dever ou condicionamento de direito reconhecidos por orientação geral; (Incluído pela Lei nº 13.655, de 2018)
> IV - deverá prever com clareza as obrigações das partes, o prazo para seu cumprimento e as sanções aplicáveis em caso de descumprimento. (Incluído pela Lei nº 13.655, de 2018)

3.4.1.8 Conclusões sobre os efeitos da Lei de Introdução às Normas do Direito Brasileiro no exercício do poder disciplinar da Administração Pública e na aplicação de penas máximas no processo administrativo disciplinar

Em face do exposto, infere-se que a Nova Lei de Introdução às Normas do Direito Brasileiro se reflete sobre o exercício do poder disciplinar da Administração Pública da União, dos estados, do Distrito Federal e dos municípios, inclusive com efeitos na aplicação de penas máximas no processo administrativo disciplinar contra os respectivos servidores públicos (incidem na aplicação/interpretação do capitulado nos arts. 132 e 134, da Lei federal nº 8.112/1990).

Podem-se listar algumas das relevantes consequências da promulgação do novo texto legal (LINDB):

a) a teor do seu art. 20, *caput* e parágrafo único, não poderá ser adotada a interpretação de resposta única, *a priori* determinada numa exegese absolutizada do preceito legislativo interpretado, mediante valores jurídicos abstratos e sem a devida consideração dos elementos factuais e jurídicos específicos conhecidos na aplicação da norma jurídica ao caso (ruptura com o silogismo/subsunção como mecanismo de resposta única na aplicação do direito e de decisão por valores abstratos,[553] com desconsideração da realidade ou do contexto da situação concreta cotejada – reprovação da Súmula nº 650/STJ);
b) em função disso, revela-se a frontal contrariedade dos fundamentos da Súmula nº 650/STJ[554] na interpretação do art. 132, c.c. art. 134, da Lei federal nº 8.112/1990, quando ABSOLUTIZA A IMPOSIÇÃO DE PENA MÁXIMA pela autoridade administrativa julgadora do processo administrativo disciplinar, como suposta MEDIDA OBRIGATÓRIA E INVARIÁVEL (PODER VINCULADO pretensamente INARREDÁVEL), independentemente da FACTICIDADE do caso, sem admissão de PROPORCIONALIDADE/RAZOABILIDADE/INDIVIDUALIZAÇÃO DA PENA (derrocada do mito da RESPOSTA ÚNICA na aplicação do direito administrativo e da onipotência do legislador);
c) ao contrário, a Lei de Introdução às Normas do Direito Brasileiro – LINDB (art. 20, *caput* e par. único) rechaçou a MOTIVAÇÃO ABSTRATA GENÉRICA/PREDETERMINADA/SINGULAR (criticada por Lacombe)[555] e a cultura de solução única na aplicação do direito administrativo, já que a LINDB não admite decisões desatreladas das

---

[553] A Exposição de Motivos do Novo Código de Procedimento Administrativo de Portugal, no mesmo traçado da Lei de Introdução às Normas do Direito Brasileiro (LINDB, art. 20, *caput*, ao repelir soluções abstratas no direito administrativo), encima que "HOUVE, DESIGNADAMENTE, A PREOCUPAÇÃO DE EVITAR SOLUÇÕES PURAMENTE LOGICISTAS".

[554] Súmula nº 650/STJ: "A autoridade administrativa não dispõe de discricionariedade para aplicar ao servidor pena diversa de demissão quando caraterizadas as hipóteses previstas no art. 132 da Lei n. 8.112/1990".

[555] CAMARGO, Margarida Maria Lacombe. *Hermenêutica e argumentação*: uma contribuição ao estudo do direito. 3. ed. Rio de Janeiro: Renovar, 2003. p. 250-251.

circunstâncias reais e dificuldades práticas do gestor público no caso (art. 22, *caput* e par. único), o que é intitulado de PRINCÍPIO DA *ATENDIBILIDADE DA SITUAÇÃO FACTUAL pela Administração Pública* na doutrina lusitana,[556] ou da MATERIALIDADE SUBJACENTE,[557][558] que não admite[559] que se expulse a realidade do mundo do direito;

d) a motivação das decisões administrativas é:

d.1) COMPLEXA (cotejo de diversos fatores da realidade, circunstâncias objetivas e subjetivas do disciplinado, e não mais simplista, como na subsunção de uma resposta igual e imutável para todos os casos);

d.2) PLURAL[560] (mais de uma forma de solução do caso ou de aplicação de pena distinta da máxima; não se obriga, em todos os casos julgados administrativamente, a demitir ou cassar a aposentadoria/disponibilidade do acusado pelo mero enquadramento do fato na previsão dos arts. 132 ou 134, da Lei federal nº 8.112/1990);

---

[556] OTERO, Paulo. *Direito do procedimento administrativo.* Coimbra: Almedina, 2016. p. 216; 259.

[557] A regra pode deixar de ser aplicada se os fatos presentes no caso se desassociam dos próprios motivos que justificaram a aplicação da norma: "a reformulação prescritiva da norma DE PRIMAZIA DA MATERIALIDADE SUBJACENTE corresponde a uma permissão de dar PREVALÊNCIA (PRIMAZIA) AO OBJETIVO A ALCANÇAR ATRAVÉS DA ACTUAÇÃO ADMINISTRATIVA EM CAUSA QUANDO ESSE OBJETIVO NÃO SEJA SUSCEPTÍVEL DE SER ALCANÇADO NUM CASO ADMINISTRATIVO CONCRETO, DESIGNADAMENTE POR ESTE ENGLOBAR FACTOS EXCEPCIONAIS (CANCELLING FACTS) QUE NÃO PRESIDIRAM À PONDERAÇÃO DE PRINCÍPIOS QUANDO DA POSITIVAÇÃO DA REGRA APLICATIVA. Nesse caso, o princípio constitui um mandato optimizador da permissão de (i) DESCONSIDERAÇÃO DO MODELO REGULATIVO DA REGRA E (ii) de consideração exclusiva do fim da regra de conduta, a qual corresponde, nos termos referidos, ao resultado da ponderação entre os princípios subjacentes em colisão. Considerados estes princípios FACE À MORFOLOGIA DO CASO ADMINISTRATIVO E, BEM ASSIM, AOS FACTOS EXCEPCIONAIS QUE O CONSTITUAM, é permitido ao decisor administrativo que responder os princípios subjacentes à regra e DESATENDA O EFEITO JURÍDICO PRESCRITO POR AQUELA, na hipótese em que o princípio que decaiu (quando da positivação da regra) seja agora o princípio prevalecente de acordo com um juízo de proporcionalidade" (LOPES, Pedro Muniz. *Princípio da boa-fé e decisão administrativa.* Coimbra: Almedina, 2011. p. 301).

[558] SOUSA, Marcelo Rebelo de; MATOS, André Salgado. *Direito administrativo geral:* introdução e princípios fundamentais. 3. ed. Alfragide: Dom Quixote, 2008. t. I. p. 221.

[559] ANTUNES, Luís Filipe Colaço. *A ciência jurídica administrativa.* Coimbra: Almedina, 2016. p. 326-327.

[560] CAMARGO, Margarida Maria Lacombe. *Hermenêutica e argumentação*: uma contribuição ao estudo do direito. 3. ed. Rio de Janeiro: Renovar, 2003. p. 250-251.

d.3) obtida em CONCRETO (não é abstratamente definida, ou pelo simples manejo de VALORES ABSTRATOS,[561] mas só depois de vistas as peculiaridades do caso);
e) sobremais, encima-se a obediência dos princípios da PROPORCIONALIDADE (necessidade + adequação da providência sancionadora, LINDB, art. 20, par. único), INDIVIDUALIZAÇÃO DA PENA (art. 22, §2º), MOTIVAÇÃO AMPLA E CONSEQUENCIALISTA, o resguardo do agente público que seguiu orientação geral na época (art. 24, *caput* e par. único), entre outros postulados antagônicos ao criticado verbete sumular nº 650 do Superior Tribunal de Justiça (em face da justa crítica de Streck[562] contra a pretensão de universalização da orientação jurisprudencial);
f) ao admitir instrumentos como o COMPROMISSO, a PONDERAÇÃO DA NECESSIDADE E ADEQUAÇÃO E INDIVIDUALIZAÇÃO DA PENA no caso, a visão consequencialista dos efeitos da medida decisória, a contemplação das CIRCUNSTÂNCIAS CONCRETAS/DIFICULDADES REAIS (realismo), a proibição de soluções baseadas em VALORES ABSTRATOS[563] e sem a atenção à FACTICIDADE, a possibilidade de ALTERNATIVAS DECISÓRIAS (em vez do julgamento invariavelmente pela pena disciplinar máxima), a LINDB enfoca a MAIOR COMPLEXIDADE DO JULGAMENTO do processo

---

[561] A Exposição de Motivos do Novo Código de Procedimento Administrativo de Portugal, no mesmo traçado da Lei de Introdução às Normas do Direito Brasileiro (LINDB, art. 20, *caput*, ao repelir soluções abstratas no direito administrativo), encima que "HOUVE, DESIGNADAMENTE, A PREOCUPAÇÃO DE EVITAR SOLUÇÕES PURAMENTE LOGICISTAS".

[562] "O problema é que as súmulas (brasileiras) têm uma pretensão de universalização que é incompatível com um direito que deve ser construído a partir da discussão dos casos concretos. Explicando melhor: as súmulas vinculantes do modo como são compreendidas pela dogmática jurídica – encarnam uma instância controladora de sentidos, metafisicamente, isto é, através delas, acredita-se que é possível lidar com conceitos sem as coisas (enfim, sem as multiplicidades e as peculiaridades dos casos concretos)" (STRECK, Lenio. *Hermenêutica jurídica e(m) crise*: uma exploração hermenêutica da construção do direito. 10. ed. rev., atual. e ampl. Porto Alegre: Livraria do Advogado, 2011. p. 390).

[563] A Exposição de Motivos do Novo Código de Procedimento Administrativo de Portugal, no mesmo traçado da Lei de Introdução às Normas do Direito Brasileiro (LINDB, art. 20, *caput*, ao repelir soluções abstratas no direito administrativo), encima que "HOUVE, DESIGNADAMENTE, A PREOCUPAÇÃO DE EVITAR SOLUÇÕES PURAMENTE LOGICISTAS".

administrativo disciplinar e a magnitude do exame das CIRCUNSTÂNCIAS CONCRETAS, porque, conforme Andrade giza,[564] a solução não é predeterminada em caráter absoluto pela disposição apriorística e geral da regra (por exemplo, art. 132, Lei federal nº 8.112/1990), uma vez que a decisão deve ser construída, na visão de Gonçalves[565] (discurso de aplicação, argumentação jurídica), sob as luzes factuais da situação específica e motivada profundamente pelo aplicador do direito administrativo;

g) a nova lei se aplica ao exercício do poder disciplinar da Administração Pública contra seus servidores em todas as esferas da Federação;

h) a decisão correta do processo administrativo disciplinar não pode ser aprioristicamente definida, em todos os casos, em caráter pretensamente obrigatório/inarredável, pela abstrata provisão geral da regra (art. 132 e art. 134, Lei federal nº 8.112/1990).

3.5 A referência teórica do princípio da primazia da materialidade subjacente no direito luso

Vale discorrer sobre o princípio da primazia da materialidade subjacente, do direito português, o qual, por sua pertinência, parece que deveria ser incorporado ao direito brasileiro.

---

[564] "NÃO HÁ, PER SE, A SOLUÇÃO UNÍVOCA. Esta é construída no juízo de aplicação da norma e, dessa maneira, a posteriori, ou seja, quando, além das normas prima facie aplicáveis, tem-se a completa descrição da situação concreta" (ANDRADE, Fábio Martins de. *Comentários à Lei nº 13.655/2018*: proposta de sistematização e interpretação conforme. Rio de Janeiro: Lumen Juris, 2019. p. 153).

[565] "A AÇÃO ADMINISTRATIVA NÃO SE ESGOTA NUM PROCESSO DE APLICAÇÃO DE SOLUÇÕES GIZADAS PELO LEGISLADOR; na maior parte dos casos, o agente administrativo é convocado para, com o seu saber, se empenhar, de uma forma dinâmica, mas também autônoma, na 'CONSTRUÇÃO' DAS DECISÕES' que deve proferir. Esta tarefa, desenvolvida a partir de 'normas abertas", que NÃO OFERECEM UMA SOLUÇÃO ÚNICA, tem de ser juridicamente orientada e parametrizada e não pode deixar de estar, a final, sujeita a controles jurídicos" (GONÇALVES, Pedro Costa. *Manual de direito administrativo*. Coimbra: Almedina, 2019. v. 1. p. 185).

Pedro Moniz Lopes, endossando o postulado da proporcionalidade em associação com o princípio da primazia da materialidade subjacente, cimenta[566] que

> a reformulação prescritiva da norma DE PRIMAZIA DA MATERIALIDADE SUBJACENTE corresponde a uma permissão de dar PREVALÊNCIA (PRIMAZIA) AO OBJECTIVO A ALCANÇAR ATRAVÉS DA ACTUAÇÃO ADMINISTRATIVA EM CAUSA QUANDO ESSE OBJECTIVO NÃO SEJA SUSCEPTÍVEL DE SER ALCANÇADO NUM CASO ADMINISTRATIVO CONCRETO, DESIGNADAMENTE POR ESTE ENGLOBAR FACTOS EXCEPCIONAIS (*CANCELLING FACTS*) QUE NÃO PRESIDIRAM À PONDERAÇÃO DE PRINCÍPIOS QUANDO DA POSITIVAÇÃO DA REGRA APLICATIVA. Nesse caso, o princípio constitui um mandato optimizador da permissão de (i) *DESCONSIDERAÇÃO DO MODELO REGULATIVO DA REGRA E* (ii) de consideração exclusiva do fim da regra de conduta, a qual corresponde, nos termos referidos, ao resultado da ponderação entre os princípios subjacentes em colisão. Considerados estes princípios FACE À MORFOLOGIA DO CASO ADMINISTRATIVO E, BEM ASSIM, AOS FACTOS EXCEPCIONAIS QUE O CONSTITUAM, é permitido ao decisor administrativo que responder os princípios subjacentes à regra e DESATENDA O EFEITO JURÍDICO PRESCRITO POR AQUELA, na hipótese em que o princípio que decaiu (quando da positivação da regra) seja agora o princípio prevalecente de acordo com um juízo de proporcionalidade.

O professor luso discorre sobre o princípio da primazia da materialidade subjacente:[567]
a) é um princípio de permissão de contracorrente ao formalismo aplicativo das regras, centra a força normativa do princípio na finalidade a prosseguir pela atuação normativamente determinada pela norma de conduta administrativa;
b) na verdade, a desconsideração formalista da regra e a descoberta da ponderação de princípios subjacentes à regra não é mais do que a explicitação normativa daquilo que comumente é referido como interpretação teleológica, ou finalista, dos enunciados e que equivale, em rigor, ao

---
[566] LOPES, Pedro Muniz. *Princípio da boa-fé e decisão administrativa*. Coimbra: Almedina, 2011. p. 301.
[567] LOPES, Pedro Muniz. *Princípio da boa-fé e decisão administrativa*. Coimbra: Almedina, 2011. p. 297-299.

levantamento da regra e à análise (e reponderação) do compromisso de princípios subjacente;
c) é pacífico, na literatura sobre o tema, que a interpretação teleológica de enunciados se traduz, em termos correntes, na exclusão, do âmbito previsivo da norma, de casos que ela em princípio regularia;
d) a incompatibilidade aplicativa entre o princípio da legalidade e o princípio da primazia da materialidade subjacente, enquanto colisão de princípios aplicáveis a um caso administrativo, nos termos já referidos, não comprime em abstrato a validade desse princípio: como colisão de princípios que é, resolver-se-á por meio de uma ponderação, a efetuar de ACORDO COM O CASO CONCRETO, e arbitrada, como em geral, pelo princípio da proporcionalidade;
e) a ponderação ocorrerá, portanto, como uma escolha entre os efeitos de um princípio que impõe apenas uma alternativa (agir conforme o prescrito na regra e realizar a conduta formal ou procedimental prescrita na regra) e os efeitos de um princípio que permite ambas as alternativas;
f) a explicação da primazia da materialidade subjacente por meio da materialidade do compromisso de princípios subjacente às regras releva, então, como uma forma essencialmente explicativa da permissão da consideração do fim da atuação administrativa normativamente predeterminada;
g) por força do princípio em causa, a permissão de prevalência do critério material de CONFORMAÇÃO DE UMA DECISÃO COM O ORDENAMENTO IMPÕE, MESMO NO CASO DE APLICABILIDADE DE UMA REGRA, A CONSIDERAÇÃO MATERIAL DO OBJETIVO (FIM) DA ATUAÇÃO ADMINISTRATIVA, sendo que esse fim corresponde, precisamente, ao princípio que norteia essa imposição de atuação mediante o modelo de regra.

O ensinamento parece aplicável sobre o instituto da vinculação administrativa e sobre a medida decisória de aplicação de penas disciplinares máximas, ensejando que a regra estatutária determinante do apenamento mais grave seja contornada e dispensada em certo caso concreto em função da primazia da materialidade que lhe é subjacente, conclusão coerente com o princípio constitucional da individualização da pena.

Klaus Gunther salienta, em outra perspectiva, que o direito deve refletir em cada situação sobre as consequências e efeitos colaterais de uma decisão:

> da idéia de aplicação imparcial faz parte o exame de TODOS OS SINAIS CARACTERÍSTICOS NORMATIVAMENTE RELEVANTES DE UMA SITUAÇÃO. Por conseguinte, ela está VINCULADA À PONDERAÇÃO DE PRINCÍPIOS e aos procedimentos que possibilitem uma consideração integral e adequada.[568]

Do escólio se extrai a fragilidade representada pela mera motivação mecânica, SIMPLESMENTE REMISSIVA AOS DISPOSITIVOS ESTATUTÁRIOS COMINADORES DE PENAS MÁXIMAS, SEM O COTEJO COM AS CIRCUNSTÂNCIAS DO CASO ADMINISTRATIVO E COM OS DIREITOS FUNDAMENTAIS, o que, em última instância, gera falha na própria *motivação da medida decisória, a qual não pode se estribar, formalmente apenas, no conteúdo hipotético veiculado pelo legislador para casos gerais, sem lembrar que a aplicação do direito deve respeitar a primazia da materialidade da espécie analisada.*

O jurista escocês Neil MacCormick endossa, nesse particular, que, na medida em que as normas detalhadas existentes sejam ou possam ser racionalizadas em termos de princípios mais gerais, princípios cujo teor vai além do âmbito de normas já estabelecidas, um fundamento suficiente legal existe para justificar como decisão legal alguma deliberação inovadora e a decisão particular sujeita a ela.[569]

O princípio da legalidade pode ser objeto de ponderação e deixar de ser aplicado, diante de casos e fatos excepcionais (*cancelling facts*), como doutrina Pedro Moniz Lopes ao encimar[570] que

> a natureza de princípio da norma da legalidade administrativa subordina-se a todas as características assacadas às normas de princípio, designadamente, a optimização de um efeito normativo de conformidade

---

[568] GUNTHER, Klaus. *Teoria da argumentação no direito e na moral*: justificação e aplicação. São Paulo: Landy, 2004. p. 395-396.
[569] MACCORMICK, Neil. *Argumentação jurídica e teoria do direito*. São Paulo: Martins Fontes, 2006. p. 136-137.
[570] LOPES, Pedro Muniz. *Princípio da boa-fé e decisão administrativa*. Coimbra: Almedina, 2011. p. 148-149.

de condutas às regras do ordenamento inerente à típica expansibilidade da previsão da norma de princípio e, consequentemente, A CEDÊNCIA CONDICIONAL, EM CASOS CONCRETOS, FACE A NORMAS DE SINAL CONTRÁRIO. [...] A lei é, por isso, um entre os vários critérios de direcção dos órgãos da função administrativa. [...] A pretensa insusceptibilidade de colisão do princípio da legalidade com os demais princípios reguladores do exercício da função é, portanto, inadmissível por duas razões que se têm, face às pressuposições avançadas, como inabaláveis: (i) não a permite qualificar como uma norma insusceptível de cedência condicional perante princípios de sentido oposto; (ii) em segundo lugar, postular uma regra de legalidade administrativa levaria à atrofia completa dos princípios substanciais reguladores do exercício da função, na medida em que, PARA ALÉM DE PODER POTENCIAR UM RETORNO PREJUDICIAL À MITOLOGIA DA LEI E À APLICAÇÃO SUBSUNTIVA DO SILOGISMO LEGAL-RACIONAL, CONFIGURARIA A CONFORMIDADE À LEI COMO O ÚNICO PARÂMETRO REFERENCIAL DOS SENTIDOS DE DEVER QUE VINCULAM A ACTIVIDADE ADMINISTRATIVA.

Nessa situação, incide o princípio da primazia da materialidade subjacente.

O administrativista lusitano aprofunda[571] sobre o princípio da primazia da materialidade subjacente, que consiste na

CONSIDERAÇÃO PELO DECISOR DO FIM A PROSSEGUIR PELA REGRA DE CONDUTA EM CAUSA. Tal verifica-se, especialmente, QUANDO ESSE FIM A PROSSEGUIR NÃO SEJA, EM CONCRETO, APLICÁVEL A UM CASO ADMINISTRATIVO QUE NÃO CONTENHA, NA RESPECTIVA MORFOLOGIA, OS FACTOS QUE JUSTIFICARAM A POSITIVAÇÃO DA REGRA. A natureza permissiva do princípio é, neste caso, relevante porque implica a admissibilidade normativa de o decisor administrativo realizar, ou não, a conduta prescrita na regra, o que se manifesta através de uma permissão da consideração do fim da actuação em causa e respectiva contraposição ao facto de o mesmo não se justificar no caso concreto. [...] A consideração da materialidade subjacente às regras corresponde à consideração, já tradicionalmente referida na literatura da teoria do direito, dos princípios jurídicos como razões ou argumentos que apoiam as regras. A contraposição material de princípios, subjacente ao formalismo aplicativo das regras, tradicionalmente ligada ao pensamento finalista do raciocínio jurídico-decisório,

---

[571] LOPES, Pedro Muniz. *Princípio da boa-fé e decisão administrativa*. Coimbra: Almedina, 2011. p. 292-293; 295; 305.

joga, inevitavelmente, no plano não formalmente subsuntivo da decisão, depreciando o formalismo da regra em função de uma sobrelevação da consideração dos princípios que lhe subjazem. [...] O PRINCÍPIO DA PRIMAZIA DA MATERIALIDADE SUBJACENTE DETERMINA UMA PERMISSÃO DA CONSIDERAÇÃO PREVALECENTE DO OBJETIVO SUBJACENTE À REGRA DE CONDUTA PRESCRITA SOBRE O PRESCRITO NESSA MESMA REGRA DE CONDUTA.

Complementa[572] que a detecção dos princípios subjacentes à regra alcança-se por meio de uma atividade com quatro fases:
(i) a DESCONSIDERAÇÃO DO MODELO FORMALISTA DA REGRA;
(ii) a determinação dos princípios em conflito no caso típico da categoria de situações reguladas pela regra;
(iii) o juízo de ponderação sobre o princípio prevalecente no caso concreto;
(iv) a consideração do efeito normativo, decorrente do princípio prevalecente no caso concreto, que foi postergado quando da positivação da norma de regra para o caso típico da categoria de situações reguladas pela regra. Ocorre frequentemente que os *CASOS ADMINISTRATIVOS CONCRETOS, que subjazem à regulação de categorias típicas de situações por normas de regra, ESTEJAM SIMPLESMENTE FORA DO ALCANCE DAS REGRAS SE AS PRINCIPAIS RAZÕES QUE APOIAM A REGRA NÃO SÃO APLICÁVEIS A TAIS CASOS*. Nessa situação, os casos jurídicos encontram-se numa situação de exceção à regra quando algumas das principais razões em prol da regra são aplicáveis a eles, mas o compromisso ínsito na regra considera que prevalecem outras considerações em conflito. O raciocínio referido é, no plano normativo, equivalente ao seguinte: quando um caso administrativo decidindo se encontra fora do alcance da abstração do resultado da ponderação de princípios aplicáveis ao caso típico que justificou a regra de conduta, A PONDERAÇÃO DE PRINCÍPIOS SUBJACENTES – ou compromisso de

---

[572] LOPES, Pedro Muniz. *Princípio da boa-fé e decisão administrativa*. Coimbra: Almedina, 2011. p. 297.

princípios – É NECESSARIAMENTE OUTRA QUE NÃO AQUELA DENSIFICADA NA REGRA JURÍDICA.

O professor[573] sustenta que o princípio da primazia da materialidade subjacente traduz a incidência deste, numa precedência aplicativa *in concreto* ao princípio da legalidade, *deferindo ao decisor a não realização da conduta prescrita na regra de conduta quando as razões que motivaram a positivação da obrigatoriedade dessa conduta em norma de regra não se verifiquem no caso concreto*.

Por isso, se não se demonstra indisputável a gravidade da conduta (ainda que enquadrada formalmente entre as hipóteses tipificadas como passíveis de pena máxima no estatuto dos servidores públicos), em face dos dados do caso concreto (REALISMO NA APLICAÇÃO DO DIREITO), não se pode adotar uma solução decisória puramente logicista, silogística, de RASA/ABSTRATA MOTIVAÇÃO, para mecanicamente cassar a aposentadoria ou demitir o servidor público disciplinado, porquanto os preceitos legais cominadores de sanções mais graves têm por finalidade punir ações/omissões gravíssimas, de elevado/justificado grau de dura reprovação na Administração Pública, NÃO QUANDO RESTA DESARRAZOADA/DESPROPORCIONAL/INJUSTA, IRRACIONAL, A SANÇÃO EXTREMA, DADA A FACTICIDADE apresentada no específico processo administrativo disciplinar.

Percebe-se que o PRINCÍPIO DA MATERIALIDADE SUBJACENTE guarda plena conexão com as diretrizes da Nova Lei de Introdução às Normas do Direito Brasileiro (arts. 20, 22),[574] no

---

[573] LOPES, Pedro Muniz. *Princípio da boa-fé e decisão administrativa*. Coimbra: Almedina, 2011. p. 305-306.

[574] "Art. 20. Nas esferas administrativa, controladora e judicial, não se decidirá com base em valores jurídicos abstratos sem que sejam consideradas as consequências práticas da decisão (Incluído pela Lei nº 13.655, de 2018) (Regulamento). Parágrafo único. A motivação demonstrará a necessidade e a adequação da medida imposta ou da invalidação de ato, contrato, ajuste, processo ou norma administrativa, inclusive em face das possíveis alternativas (Incluído pela Lei nº 13.655, de 2018). Art. 21. A decisão que, nas esferas administrativa, controladora ou judicial, decretar a invalidação de ato, contrato, ajuste, processo ou norma administrativa deverá indicar de modo expresso suas consequências jurídicas e administrativas (Incluído pela Lei nº 13.655, de 2018) (Regulamento). Parágrafo único. A decisão a que se refere o caput deste artigo deverá, quando for o caso, indicar as condições para que a regularização ocorra de modo proporcional e equânime e sem prejuízo aos interesses gerais, não se podendo impor aos sujeitos atingidos ônus ou perdas que, em função das peculiaridades do caso, sejam anormais ou excessivos (Incluído pela Lei nº 13.655, de 2018). Art. 22. Na interpretação de normas sobre gestão pública, serão considerados os obstáculos e as dificuldades reais do gestor e as exigências das políticas públicas a seu cargo, sem prejuízo dos direitos dos administrados (Regulamento). §1º Em

quanto encimou a decisão do processo administrativo de acordo com a FACTICIDADE, as CONDIÇÕES REAIS E DIFICULDADES PRÁTICAS vivenciadas pelo agente público, a vedação de SOLUÇÕES FORMALISTAS[575] e estribadas em VALORES ABSTRATOS ou de aplicação absolutizada da regra, a motivação mais complexa do ato administrativo, entre outros postulados convergentes.

---

decisão sobre regularidade de conduta ou validade de ato, contrato, ajuste, processo ou norma administrativa, serão consideradas as circunstâncias práticas que houverem imposto, limitado ou condicionado a ação do agente (Incluído pela Lei nº 13.655, de 2018). §2º Na aplicação de sanções, serão consideradas a natureza e a gravidade da infração cometida, os danos que dela provierem para a administração pública, as circunstâncias agravantes ou atenuantes e os antecedentes do agente (Incluído pela Lei nº 13.655, de 2018)".

[575] A Exposição de Motivos do Novo Código de Procedimento Administrativo de Portugal, no mesmo traçado da Lei de Introdução às Normas do Direito Brasileiro (LINDB, art. 20, *caput*, ao repelir soluções abstratas no direito administrativo), encima que "HOUVE, DESIGNADAMENTE, A PREOCUPAÇÃO DE EVITAR SOLUÇÕES PURAMENTE LOGICISTAS".

CAPÍTULO 4

PODER DISCIPLINAR VINCULADO CONTRA SERVIDORES PÚBLICOS – CONCEITOS FUNDAMENTAIS E REVISÕES À LUZ DA CONSTITUCIONALIZAÇÃO DO DIREITO ADMINISTRATIVO

4.1 Servidores públicos

Os servidores públicos estatutários,[576] sobre os quais se enfoca a pesquisa, são os detentores de CARGOS PÚBLICOS DE PROVIMENTO EFETIVO, preenchidos em caráter PERMANENTE[577] por aprovados em concurso público (art. 37, II, Constituição Federal de 1988),[578] postos que rendem ao seu titular a aquisição do direito

---

[576] Os servidores investidos em cargos em comissão, não titulares de cargo efetivo, têm investidura precária, ao nuto da autoridade nomeante e podem ser exonerados a qualquer momento, não possuem estabilidade nem vínculo permanente com o Estado, porque os postos comissionados são de livre provimento e exoneração (art. 37, II, *fine*, Constituição Federal de 1988), sobre os quais, portanto, não têm cabimento as penas de demissão e cassação de aposentadoria ou disponibilidade. Os contratados temporariamente também, evidentemente, em face da temporária admissão e vínculo, não mantêm vinculação por tempo indefinido com a Administração Pública. Os empregados públicos, celetistas, não estão abrangidos pelo poder disciplinar de penas máximas dos estatutos dos servidores públicos, mas regidos pela Consolidação das Leis do Trabalho e com regime jurídico distinto, sem a aquisição da estabilidade, embora não se admita a demissão deles sem justa causa.

[577] "Por nomeação assegura-se o exercício de funções próprias do serviço público com carácter de permanência, correspondendo à forma estável de prestar serviço à Administração Pública" (RIBEIRO, Vinício A. P. *Estatuto disciplinar dos funcionários públicos comentado*. 3. ed. Coimbra: Coimbra Ed., 2006. p. 59).

[578] "Art. 37. A administração pública direta e indireta de qualquer dos Poderes da União, dos Estados, do Distrito Federal e dos Municípios obedecerá aos princípios de legalidade, impessoalidade, moralidade, publicidade e eficiência e, também, ao seguinte: (Redação dada pela Emenda Constitucional nº 19, de 1998). [...] II - a investidura em cargo ou emprego público depende de aprovação prévia em concurso público de provas ou de provas e títulos, de acordo com a natureza e a complexidade do cargo ou emprego, na forma prevista em

à ESTABILIDADE no serviço público (art. 41, *caput* e §1º, I a III, Constituição Federal de 1988), depois de cumprido o prazo inicial de avaliação de desempenho (estágio probatório).[579] É sobre estes últimos que recai o regime disciplinar do funcionalismo ora objeto deste estudo no que tange às penas máximas de demissão, cassação de aposentadoria ou de disponibilidade.[580]

A Lei federal nº 8.112/1990, que regula o regime disciplinar do funcionalismo federal, denomina servidor a pessoa legalmente investida em cargo público (art. 2º). Preceitua, ainda, que "cargo público é o conjunto de atribuições e responsabilidades previstas na estrutura organizacional que devem ser cometidas a um servidor" (art. 3º).

Os servidores públicos, portanto, compreendem a figura daqueles que PRESTAM SERVIÇOS AO ESTADO EM CARÁTER PERMANENTE E COM UM VÍNCULO DE NATUREZA PROFISSIONAL, os quais ingressam no serviço público mediante um processo seletivo especial, denominado CONCURSO PÚBLICO de provas ou de provas e títulos, e que *IRÃO ASSUMIR UM POSTO ESPECÍFICO NA ADMINISTRAÇÃO PÚBLICA CHAMADO DE CARGO PÚBLICO*, dispondo de garantias especiais de permanência nos quadros estatais, como a ESTABILIDADE E A PROTEÇÃO DO PROCESSO ADMINISTRATIVO DISCIPLINAR (art. 41, Constituição Federal de 1988, *caput* e §1º, II) como pressupostos obrigatórios procedimentais contra a perda do cargo.

A Constituição Federal adotou o modelo do CONCURSO PÚBLICO como forma de *admissão de pessoal pelo Estado* para o

---

lei, ressalvadas as nomeações para cargo em comissão declarado em lei de livre nomeação e exoneração; (Redação dada pela Emenda Constitucional nº 19, de 1998)".

[579] "Art. 41. São estáveis após três anos de efetivo exercício os servidores nomeados para cargo de provimento efetivo em virtude de concurso público (Redação dada pela Emenda Constitucional nº 19, de 1998). §1º O servidor público estável só perderá o cargo: (Redação dada pela Emenda Constitucional nº 19, de 1998) I - em virtude de sentença judicial transitada em julgado; (Incluído pela Emenda Constitucional nº 19, de 1998) II - mediante processo administrativo em que lhe seja assegurada ampla defesa; (Incluído pela Emenda Constitucional nº 19, de 1998) III - mediante procedimento de avaliação periódica de desempenho, na forma de lei complementar, assegurada ampla defesa (Incluído pela Emenda Constitucional nº 19, de 1998)".

[580] "Função pública é o corpo constituído pelo conjunto de indivíduos que, de forma subordinada e hierarquizada, prestam o seu trabalho, como profissionais especializados, no desempenho de funções próprias e permanentes dos diversos serviços e pessoas colectivas que integram a Administração Pública" (RIBEIRO, Vinício A. P. *Estatuto disciplinar dos funcionários públicos comentado*. 3. ed. Coimbra: Coimbra Ed., 2006. p. 61).

exercício de atividades típicas estatais e para as competências-fim dos órgãos administrativos (art. 37, II), como decorrência do princípio da moralidade e da igualdade na Administração Pública no recrutamento de mão de obra, prevendo a organização do funcionalismo essencialmente em CARREIRA (art. 39).

Pedro Costa Gonçalves[581] relembra:
a) segundo algumas correntes de pensamento que remontam ao século XIX e que, nessa época, tiveram em Woodrow Wilson o seu expoente máximo, deveria existir uma separação entre política (agentes políticos) e Administração Pública (funcionários e trabalhadores);
b) esta seria uma administração científica, UM CORPO PROFISSIONALIZADO DE FUNCIONÁRIOS (burocracia), COM CAPACIDADE PARA ADMINISTRAR INDEPENDENTEMENTE DOS CORPOS POLÍTICOS;
c) a ideia de separação e de *INDEPENDÊNCIA DA BUROCRACIA* repousa numa ação com legitimidade própria, associada à sua subordinação a comandos normativos exteriores, em especial, aos comandos da LEGALIDADE (modelo racional-legal de Max Weber);
d) o sentido da separação entre política e administração veio a ser apurado ou afinado pelo movimento da Nova Gestão Pública (NGP), que se desenvolveu desde a década de 80 do século XX, com a adoção de "soluções organizatórias, indispensáveis à PRESERVAÇÃO DA ISENÇÃO ADMINISTRATIVA E DA CONFIANÇA DO PÚBLICO/SOCIEDADE NESSA ISENÇÃO";
e) a ideia de *"confiança na isenção administrativa"* remete para um imperativo de adoção de soluções que, além de preservarem a isenção, se revelem idôneas para assegurar uma *CONFIANÇA DO PÚBLICO* no FUNCIONAMENTO CORRETO E ISENTO DA ADMINISTRAÇÃO, exigência primária, essencial e irrenunciável no direito administrativo, imputando legitimidade democrática à Administração Pública.

---

[581] GONÇALVES, Pedro Costa. *Manual de direito administrativo*. Coimbra: Almedina, 2019. v. 1. p. 449-450; 480.

O constitucionalista Ferreira Filho[582] enaltece:
a) o sistema de CARREIRA tem dois pontos básicos: o do ingresso de PESSOAL TECNICAMENTE CAPACITADO E ISENTO, e o das promoções por merecimento ou pela antiguidade de dedicação aos serviços estatais;
b) encimando o pessoal ADMITIDO EM CARÁTER PERMANENTE e por meio de CONCURSO PÚBLICO, protege a IMPARCIALIDADE/IMPESSOALIDADE da Administração Pública da INGERÊNCIA PARTIDÁRIA E DO PREENCHIMENTO DE POSTOS ADMINISTRATIVOS POR RAZÕES POLÍTICAS, haja vista que todo governo busca nomear seus protegidos, não hesitando em contornar não raro a lei, se lei exista que o vede ou dificulte;
c) a seleção por méritos eleitorais não é critério para admissão num serviço público cada vez mais especializado.

Fabrice Dion[583] endossa:
a) o funcionário público deve ser capaz de agir em todas as circunstâncias DE FORMA NEUTRA E IMPARCIAL, o que é um corolário da necessidade de IGUALDADE DE ACESSO DOS USUÁRIOS DO SERVIÇO PÚBLICO nas suas várias dimensões;
b) a NEUTRALIDADE é uma RESTRIÇÃO À LIBERDADE DE EXPRESSÃO DO FUNCIONÁRIO PÚBLICO, com conotação notadamente religiosa e política, já que, a um, em virtude do princípio da LAICIDADE de valor constitucional (art. 1º da Constituição de 1958), deve observar a maior neutralidade em seus atos e em suas convicções religiosas; a dois, o funcionário público deve também evitar qualquer manifestação de opinião ou convicção política no âmbito do seu exercício profissional. Ele está, portanto, proibido de atos de propaganda política ou de sinalizar suas preferências partidárias;
c) um corolário da neutralidade é a IMPARCIALIDADE. É um princípio geral de direito do qual deriva uma

---

[582] FERREIRA FILHO, Manoel Gonçalves. *Curso de direito constitucional*. 41. ed. Rio de Janeiro: Forense e Gen, 2020. p. 203.
[583] DION, Fabrice. *Emploi public*. Paris: Berger Levrault, 2014. p. 120.

OBRIGAÇÃO PARA TODOS OS ÓRGÃOS ADMINISTRATIVOS. PORTANTO, TAMBÉM É OBRIGATÓRIA PARA QUALQUER FUNCIONÁRIO PÚBLICO. *O funcionário público terá, assim, de zelar pelas decisões que seja susceptível de tomar caso não tenha interesse pessoal na causa tratada, seja em nível material ou relacional, de natureza profissional ou privada.*

O clássico administrativista luso Marcello Caetano[584] ratifica:

a) adota-se o critério da PROFISSIONALIDADE, distinguindo os funcionários públicos por serem profissionais, por ABRAÇAREM O SERVIÇO DA ADMINISTRAÇÃO PÚBLICA COMO MODO DE VIDA AO QUAL DEDIQUEM TODA A SUA ATENÇÃO, NO QUAL PROCUREM FAZER CARREIRA E DONDE AUFIRAM OS RECURSOS NECESSÁRIOS PARA SUSTENTAÇÃO DO SEU LAR;

b) naturalmente que esse profissional tem de ter garantias de ESTABILIDADE e, por isso, deve ser ADMITIDO NOS QUADROS DA ADMINISTRAÇÃO A TÍTULO PERMANENTE, em CARGO determinado;

c) ele não é funcionário por ocupar esse cargo, e sim por ocupá-lo para fazer do respectivo exercício a sua PROFISSÃO;

d) o que interessaria, pois, era sobretudo a PERMANÊNCIA DO AGENTE NO SERVIÇO, a sua "INCORPORAÇÃO NA INSTITUIÇÃO ADMINISTRATIVA";

e) uma vez que deverão se consagrar aos interesses gerais, com atitudes de ISENÇÃO e de INDEPENDÊNCIA (as quais só são sustentáveis por quem tenha os seus interesses pessoais assegurados), os funcionários devem ser protegidos com direitos de ESTABILIDADE, CARREIRA, proteção previdenciária;

f) os direitos e garantias outorgados aos funcionários do Estado decorrem dos deveres que lhes pesam no exercício do cargo público e no serviço da Administração Pública, com os seguintes deveres:

---

[584] CAETANO, Marcello. *Princípios fundamentais do direito administrativo*. Coimbra: Almedina, 2010. p. 288; 296; 298-299.

f.1) de FIDELIDADE e inteira LEALDADE ao seu país e não favorecer interesses estrangeiros que colidam com os dela;

f.2) de cooperar para que os fins que a Constituição fixa sejam alcançados;

f.3) de colaborar com as autoridades legítimas na realização e defesa da LEGALIDADE;

f.4) de NEUTRALIDADE NAS LUTAS PARTIDÁRIAS no exercício das funções públicas;

f.5) de evitar em público criticar os poderes constituídos e os governantes, salvo o direito de expressão correta de pontos de vista sobre os negócios do Estado;

f.6) de não exercer cargos diretivos em organizações que se proponham a alterar o regime político consagrado na Constituição vigente, nem se filiar em movimentos subversivos ou em partidos que hajam sido interditados legalmente.

O administrativista francês Yves Gaudemet,[585] na mesma toada, afiança que a PERMANÊNCIA é a primeira condição da qualidade de oficial do Estado, porque diz respeito não só ao posto de trabalho ocupado, mas também à ocupação desse posto de trabalho. Em outras palavras, *para que seja um funcionário público, ele deve exercer um CARGO QUE SEJA PERMANENTE E COM PERMANÊNCIA.*

André Maurin[586] ratifica que o funcionário público se norteia por um regime legal, pela PERMANÊNCIA NO POSTO[587] e pela integração em grau consagrado por ESTABILIDADE.

O administrativista português Pedro Costa Gonçalves[588] enaltece que *ATIVIDADES TÍPICAS DE ESTADO,* por envolverem o exercício da AUTORIDADE estatal, NÃO podem ser submetidas ao REGIME LABORAL COMUM, como é o caso, por exemplo, de militares das Forças Armadas, militares da Guarda Nacional Republicana, pessoal com funções policiais da Polícia de Segurança Pública, pessoal da carreira de investigação criminal e da carreira de

---

[585] GAUDEMET, Yves. *Droit administratif.* 20. ed. Paris: LGDJ, 2012. p. 456.
[586] MAURIN, André. *Droit Administratif.* 11. ed. Paris: Sirey, 2018. p. 262.
[587] FRAGA, Carlos Alberto Conde da Silva. *O poder disciplinar no Estatuto dos Trabalhadores da Administração Pública*: Lei 58/2008: doutrina: jurisprudência. Alfornelos: Petrony, 2011. p. 118; 164-165.
[588] GONÇALVES, Pedro Costa. *Manual de direito administrativo.* Coimbra: Almedina, 2019. v. 1. p. 703-704.

segurança, pessoal com funções de inspeção judiciária e de recolha de prova da Polícia Judiciária e pessoal da carreira de investigação etc.

Romeu Felipe Bacellar Filho[589] admoesta que, inclusive porque laureados pela ADMISSÃO legítima pela via constitucional do CONCURSO PÚBLICO de provas ou de provas e títulos, SEM FAVORES PESSOAIS OU ARBITRÁRIOS, SEM FISIOLOGISMO OU NEPOTISMO, OS AGENTES DO ESTADO COM VÍNCULO PERMANENTE devem ser tratados com GARANTIAS PARA EFICIENTE DESEMPENHO FUNCIONAL, na medida em que, *"se o servidor, cujo papel se reconhece relevantíssimo, representa o Estado, é curial dispensar-lhe tratamento condigno que possa assegurar-lhe, minimamente, a necessária tranquilidade no desempenho de seus elevados misteres"*.

Há em consequência um vinculante VALOR CONSTITUCIONAL DA PERMANÊNCIA (ESTABILIDADE) DO SERVIDOR NO CARGO EFETIVO,[590] o qual deve especialmente nortear ou ser ponderado (o sistema jurídico tem componentes axiológicos) na decisão de incidência de PENA MÁXIMA DE PERDA DO POSTO (DEMISSÃO) pela autoridade administrativa exercente do PODER DISCIPLINAR, afastando com isso a MECANICIDADE NA APLICAÇÃO INDISCRIMINADA, INARREDÁVEL, dos incisos do art. 132, da Lei federal nº 8.112/1990, sob pena de vulnerar a garantia de atuação funcional dos agentes do Estado, sem o receio de retaliações de natureza punitiva, aplicando-se a cátedra de Luís Roberto Barroso[591] quando pontua o efeito expansivo das normas constitucionais, cujo conteúdo material e axiológico se irradia, com força normativa, por todo o sistema jurídico, a condicionar a validade e o sentido de todas as normas do direito infraconstitucional.

Ferreira Filho[592] pontua:

a) atualmente, a administração civil é estruturada como uma CARREIRA, o que traz para seus membros as vantagens

---

[589] BACELLAR FILHO, Romeu Felipe. *Reflexões sobre direito administrativo*. Belo Horizonte: Fórum, 2009. p. 131.

[590] A Constituição Federal (art. 41, §1º, I a III, c.c. art. 169, §4º) admite a perda do cargo público do servidor estável em caso de cometimento de infrações graves ou insuficiência de desempenho ou do excesso de despesas com pessoal.

[591] BARROSO, Luís Roberto. Neoconstitucionalismo e constitucionalização do direito. O triunfo tardio do direito constitucional no Brasil. *Jus Navigandi*, Teresina, ano 10, n. 851, 1º nov. 2005. Disponível em: http://jus.com.br/artigos/7547. Acesso em: 22 abr. 2014.

[592] FERREIRA FILHO, Manoel Gonçalves. *Curso de direito constitucional*. 41. ed. Rio de Janeiro: Forense e Gen, 2020. p. 201-202.

de promoções garantidas, com melhoria de remuneração, a par de ESTABILIDADE;
b) nem sempre foi assim. Mesmo pondo-se de parte o feudalismo, durante séculos a ENTRADA e as promoções no corpo de FUNCIONÁRIOS DEPENDERAM EXCLUSIVAMENTE DA BOA OU MÁ VONTADE DOS GOVERNANTES, sem que houvesse qualquer SEGURANÇA para os servidores caídos em desgraça;
c) a democracia, com eleições periódicas e substituições frequentes dos governantes, numa primeira fase, até piorou a situação, dando ensejo ao triunfo do *SPOIL'S SYSTEM* (sistema dos despojos). Cada mudança de governo, particularmente quando este passava para o partido adversário, acarretava a "DERRUBADA" DOS SERVIDORES NOMEADOS PELO ANTERIOR E A DISTRIBUIÇÃO DOS LUGARES ENTRE OS APANIGUADOS DO NOVO GOVERNANTE, como *pagamento pelos serviços eleitorais prestados* (distribuição de lugares que seriam os "despojos" apropriados pelo vencedor);
d) esse sistema gerava inconvenientes graves, quais a INSTABILIDADE administrativa, as interrupções no serviço, a descontinuidade nas tarefas, e não podia ser mantido no *Welfare State,* cujo funcionamento implica a existência de um CORPO ADMINISTRATIVO CAPAZ, ESPECIALIZADO E TREINADO, à altura de suas múltiplas tarefas. De modo geral foi abandonado, não mais se demitindo os admitidos pelo governo anterior.

A crítica é compartilhada por Paulo Otero[593] quando frisa:
a) não se encontra uma ADMINISTRAÇÃO LEGITIMADA DEMOCRATICAMENTE imune a um fenômeno de COLONIZAÇÃO ADMINISTRATIVA PELOS PARTIDOS POLÍTICOS: a intervenção dos partidos políticos, fazendo de quase toda a máquina administrativa um palco da luta hegemônica do "ESTADO DO PARTIDO GOVERNAMENTAL", além de gerar um domínio informal das estruturas administrativas, determina também uma INFILTRAÇÃO NO PRÓPRIO APARELHO ADMINISTRATIVO

---

[593] OTERO, Paulo. *Manual de direito administrativo*. Coimbra: Almedina, 2013. v. 1. p. 306.

de *boys* ou *fidèles du gouvernement*, provocando uma *transferência do centro decisório dos gabinetes administrativos para as salas dos diretórios partidários*;
b) uma POLITIZAÇÃO desordenada das estruturas da Administração Pública, envolvendo a sua *colonização pelo "partido governamental"*, poderá mesmo conduzir a uma QUEBRA DA NEUTRALIDADE E DA IMPARCIALIDADE ADMINISTRATIVAS: a *ADMINISTRAÇÃO POLITIZADA*, gerando no seu seio verdadeiros *LOBBIES* de interesses particulares e TRÁFICO DE INFLUÊNCIAS, será então "coveira" das garantias dos administrados, desenvolvendo-se num processo de completa marginalidade em face da ordem constitucional – será o exemplo de uma Administração "não oficial" que vive paralela à Administração oficial.

Todo o monológico discurso (a mídia não abre espaço para oitiva dos servidores públicos ou de suas representações sindicais/classistas no debate público) das despesas previdenciárias (omitindo que o servidor contribuía sobre a totalidade da remuneração, com aportes muito superiores, não como os segurados do regime geral que recolhem contribuições sobre um teto), que desaguou na injusta Reforma da Previdência de 2019 (Emenda Constitucional nº 103), revela um preocupante propósito de DESACREDITAR O PROFISSIONALISMO NA ADMINISTRAÇÃO PÚBLICA, DESVALORIZANDO OS SERVIDORES PERMANENTES DO ESTADO com alcunhas grosseiras e indignas, com informações improcedentes (omissão de cômputo de despesas de outra natureza no cálculo dos gastos estatais com Previdência do funcionalismo etc.).

Pior, o que se nota, às claras, é um flagrante desrespeito ao PRINCÍPIO DA SEGURANÇA JURÍDICA, uma vez que, a cada nova emenda constitucional de matéria previdenciária, em que situações transitórias foram anteriormente resguardadas, sucede uma mudança e instabilidade com a revisão (para pior) das regras precedentes que protegiam os servidores que já tinham sido tutelados por exemplo pela Emenda nº 20/1998, os quais são submetidos a novos critérios e exigências, com ruptura do regramento assecuratório dos que já vinham contribuído há mais de 20, 25, 30 anos, para o regime previdenciário próprio.

Não se respeita a *estabilidade de situações transitórias*, instavelmente modificadas/prejudicadas a cada nova emenda constitucional, com o efeito de absoluta *insegurança jurídica para quem acreditara no Estado brasileiro*, por cujo efeito os servidores são lançados para os interesses econômicos não ocultos dos planos de previdência privada, ao mesmo tempo em que não se questionam os ganhos históricos bilionários de instituições financeiras e dos que lucram com os astronômicos juros da dívida pública, a consumir mais da metade do Produto Interno Bruto brasileiro, esmagando a indústria nacional.

Afirma-se que o servidor deverá "contribuir" com a sociedade, enquanto certas categorias privilegiadas foram/são poupadas das mudanças previdenciárias (Emenda Constitucional nº 103), violando-se o princípio constitucional da igualdade e da solidariedade do regime de Previdência, *encimando-se os interesses do capital financeiro em detrimento do corpo funcional isento e imparcial da Administração Pública, cujo profissionalismo e mérito são diariamente desacreditados por injustos antagonistas, sequiosos de investirem seus apaniguados nos cargos administrativos, com o escopo de se apropriarem dos recursos e dos bens do Estado*, já sem a resistência do FUNCIONARIADO DE CARREIRA, ressuscitando o malsinado sistema de *SPOIL'S SYSTEM*.

Será que o caminho para uma boa Administração Pública deve ser realmente a designação, para as funções públicas em geral, de submissos e coniventes partidários políticos (CABOS ELEITORAIS) *e/ou representantes de* LOBISTAS *ou interesses financeiros para o retorno ao* PATRIMONIALISMO *sobre a estrutura administrativa do Estado, em vez de pessoal de carreira imparcial?*

A imprensa tem revisto sua posição de crítica ao SERVIDOR DE CARREIRA, caricaturado como um profissional desmotivado/incompetente/desatualizado, para reconhecer o MÉRITO DO FUNCIONALISMO PREPARADO E INDEPENDENTE, ZELOSO PELO INTERESSE PÚBLICO e resistente à PRESSÃO POLÍTICA IMORAL/ÍMPROBA, como se testemunhou recentemente em diversos episódios de projeção nacional, quando a própria grande mídia se viu forçada a enaltecer a relevância da ESTABILIDADE como GARANTIA DA SOCIEDADE quanto à proteção dos INTERESSES PÚBLICO e coletivo e da lei/direito em face de pretensões escusas.

Em situações de ampla divulgação nas redes sociais e na mídia jornalística, corajosos agentes públicos se recusaram a cumprir ordens apontadas como ilegais de autoridades administrativas, quando foram aplaudidos pela coletividade e pela imprensa, que começaram a perceber a importância da estabilidade e das garantias legais e constitucionais do funcionalismo estatal para resguardar os interesses da sociedade e do erário contra a dominação política ou econômica de organizações partidárias ou financeiras poderosas.

José de Melo Alexandrino, Isabel Celeste M. Fonseca e Ana Fernanda Neves enaltecem que *a atividade do trabalhador com relação jurídica funcional com a Administração Pública* envolve uma MISSÃO ADMINISTRATIVA ESSENCIAL, uma vez que os servidores agem na esfera pública da sociedade, tratando de assuntos que contendem com direitos fundamentais das pessoas, motivo por que estão obrigados para com a comunidade beneficiária e financeiramente contribuinte da atividade administrativa, devendo exercer suas funções na perspectiva da *continuidade e do funcionamento do serviço* devido.[594]

José de Melo Alexandrino, Isabel Celeste M. Fonseca e Ana Fernanda Neves assinalam que, já nas antigas Ordenações de D. Duarte, em Portugal, havia preocupação de REGULAR O EXERCÍCIO DE CARGOS PÚBLICOS, COM ATENÇÃO QUANTO À IDONEIDADE PESSOAL, A PREPARAÇÃO DOS QUE OS EXERCEM, À CORREÇÃO DA RESPECTIVA ATUAÇÃO.[595]

Hely Lopes Meirelles, Délcio Balestero Aleixo e José Emmanuel Burle Filho apontam que os CARGOS DE CARREIRA são aqueles escalonados em classes, para acesso privativo de seus titulares, até o da mais alta hierarquia profissional.[596]

José de Melo Alexandrino, Isabel Celeste M. Fonseca e Ana Fernanda Neves consignam que o *DIREITO CONSTITUCIONAL DE ACESSO À FUNÇÃO PÚBLICA,* formalizado em condições de igualdade e liberdade, por CONCURSO PÚBLICO como regra, alberga o princípio do MÉRITO e materializa o direito subjetivo dos indivíduos idôneos e capazes de acederem a posto administrativo, além de assegurar a *democraticidade da Administração Pública*

---

[594] ALEXANDRINO, José de Melo; FONSECA, Isabel Celeste M.; NEVES, Ana Fernanda. *In*: OTERO, Paulo; GONÇALVES, Pedro (Coord.). *Tratado de direito administrativo especial.* Coimbra: Almedina, 2010. v. IV. p. 420.

[595] ALEXANDRINO, José de Melo; FONSECA, Isabel Celeste M.; NEVES, Ana Fernanda. *In*: OTERO, Paulo; GONÇALVES, Pedro (Coord.). *Tratado de direito administrativo especial.* Coimbra: Almedina, 2010. v. IV. p. 401.

[596] MEIRELLES, Hely Lopes; ALEIXO, Délcio Balestero; BURLE FILHO, José Emmanuel. *Direito administrativo brasileiro.* 40. ed. atual. São Paulo: Malheiros, 2014. p. 489.

e de acautelar a CAPACIDADE FUNCIONAL e de PRESTAÇÃO DE SERVIÇOS À COLETIVIDADE.[597] José de Melo Alexandrino, Isabel Celeste M. Fonseca e Ana Fernanda Neves lembram que AOS SERVIDORES *cabe preparar, informar e executar as políticas governamentais*, legitimadas em eleições livres, na medida em que tenham tradução nos INTERESSES PÚBLICOS a prosseguir pelas pessoas federativas empregadoras. Cabe-lhes, bem assim, assegurar a CONTINUIDADE DO FUNCIONAMENTO DA ADMINISTRAÇÃO PÚBLICA PARA ALÉM DOS CICLOS ELEITORAIS.[598]

Márcio Cammarosano[599] registra que a BUROCRACIA ESTÁVEL, PROFISSIONAL, cujos integrantes são recrutados pelo sistema de MÉRITO, mediante CONCURSO PÚBLICO, é, sem dúvida, uma inestimável conquista do Estado moderno, indispensável à sua ATUAÇÃO IMPESSOAL, respeitosa ao ordenamento jurídico e ao INTERESSE PÚBLICO.

Em suma, o funcionamento da Administração Pública, como função do Estado que deve atender ao interesse da sociedade com imparcialidade, moralidade, sem interferências político-partidárias nocivas ao interesse público, com um império da lei em vez da vontade pessoal dos titulares de mandato político temporário, reclama a gestão da máquina administrativa por pessoal isento, com estabilidade e maior independência de atuação funcional, o que se compagina com o sistema de recrutamento de funcionários qualificados e com mérito atestado (admissão por meio de concurso público), investidos em caráter permanente (servidores estáveis), com garantia do processo administrativo disciplinar como requisito geral para a perda do cargo efetivo ou de sua aposentadoria/ disponibilidade.

---

[597] ALEXANDRINO, José de Melo; FONSECA, Isabel Celeste M.; NEVES, Ana Fernanda. *In*: OTERO, Paulo; GONÇALVES, Pedro (Coord.). *Tratado de direito administrativo especial*. Coimbra: Almedina, 2010. v. IV. p. 366.
[598] ALEXANDRINO, José de Melo; FONSECA, Isabel Celeste M.; NEVES, Ana Fernanda. *In*: OTERO, Paulo; GONÇALVES, Pedro (Coord.). *Tratado de direito administrativo especial*. Coimbra: Almedina, 2010. v. IV. p. 361.
[599] CAMMAROSANO, Márcio. Cargos em comissão – algumas reflexões em face de limites constitucionais e da orientação do STF. *In*: PEREIRA, Flavio Henrique Unes *et al*. *O direito administrativo na jurisprudência do STF e do STJ*. Belo Horizonte: Fórum, 2014. p. 355-361.

4.2 Noção e fins do direito administrativo disciplinar (ou direito disciplinário)

A Administração Pública é regida por princípios constitucionais e fins superiores de interesse da sociedade, motivo por que os que atuam em nome dela devem respeitar regras de comportamento funcional, em vista de que os propósitos desejados pela instituição não sejam prejudicados pelo mau procedimento dos servidores do Estado, os quais se submetem a uma disciplina obrigatória e são passíveis de apenação quando incorrem em transgressões administrativas, previamente definidas em lei (sistema de incriminação direta ou indireta).[600]

Rui Correia de Sousa alumia:

> O Direito Disciplinar regula o conjunto de deveres que integram a função ou serviço a que se destinam e o seu objeto consiste na responsabilidade dos trabalhadores que exercem funções públicas, quando violem os deveres gerais ou especiais próprios da natureza da função exercida e na subsequente ação disciplinar; porque os deveres podem ter um conteúdo positivo ou negativo, também a atuação do trabalhador pode objetivar-se num facere (ação) ou num non facere (omissão). É um direito punitivo, destinado à defesa ativa e efetiva dos interesses do serviço contra a violação dos deveres por parte daqueles trabalhadores, compondo-se por um sistema de normas e princípios regulamentadores da responsabilidade disciplinar.[601]

O objeto do direito administrativo disciplinar material se prende ao fundamental problema, há muito tratado pelo direito administrativo, do mister de a Administração Pública velar pela *regularidade da atuação funcional dos seus agentes,* em nome da normalidade, *probidade e boa imagem do serviço público perante a coletividade e da consecução do INTERESSE PÚBLICO,* razão de ser da estipulação de um modelo de conduta funcional para os agentes administrativos e da sujeição destes a regras disciplinares previstas em estatuto próprio, o qual define deveres e proibições e ao mesmo tempo

---
[600] SISTEMA DE INCRIMINAÇÃO DIRETA – tipos definidores das transgressões administrativas dos servidores – ou por SISTEMA DE INCRIMINAÇÃO INDIRETA – previsão de deveres e proibições funcionais e reprimendas para sua respectiva desobediência e os sujeitam a punições em caso de descumprimento.
[601] SOUSA, Rui Correia de. *Estatuto disciplinar dos trabalhadores que exercem funções públicas:* anotado e comentado. 2. ed. atual. e aum. Lisboa: Quid Juris, 2011. p. 14.

capitula, expressamente, os comportamentos hipotéticos reprovados (TIPOS DISCIPLINARES) e as respectivas punições (INCLUSIVE AS PENALIDADES MAIS GRAVES, DETERMINANTES DA PERDA DO CARGO OU DA APOSENTADORIA) a que se sujeitam os FUNCIONÁRIOS INFRATORES, além de ditames sobre prescrição, circunstâncias atenuantes, agravantes, dirimentes (hipóteses de exclusão de culpabilidade ou ilicitude), causas de extinção de responsabilidade disciplinar, anistia, entre outros temas de caráter material ou substantivo.

A delimitação do espaço de liberdade dos servidores públicos funciona em respeito ao PRINCÍPIO DA SEGURANÇA JURÍDICA, ante o *conhecimento propiciado aos agentes da Administração do que podem ou não fazer sob a* ótica *de configuração de ilícitos disciplinares, permitindo-se aos funcionários evitar a incidência em transgressões,*[602] ao mesmo tempo em que são fixados limites ao exercício do poder de punir estatal com a CAPITULAÇÃO DE TIPOS DISCIPLINARES, ESPECIALMENTE NO CASO DE FALTAS MAIS GRAVES, em que não se pode olvidar que está em jogo a perda do cargo público ou da aposentadoria do trabalhador do serviço público, o DIREITO À PERMANÊNCIA NO CARGO,[603] o direito AO SUSTENTO PRÓPRIO E DA FAMÍLIA PELO TRABALHO, A PRESERVAÇÃO DO BOM NOME E DA HONRA DO PROFISSIONAL, entre outros valores.

Aduz Paulo Veiga e Moura em importante lição:

> A DISCIPLINA constitui, por isso, o vector fundamental de toda a organização que envolva um factor humano e se predisponha a alcançar determinados objectivos, a qual não subsiste sem hierarquia e sem a imposição e respeito de um CONJUNTO DE NORMAS COMPORTAMENTAIS [...] O DIREITO DISCIPLINAR apresenta-se como o conjunto de normas que enumeram os DEVERES JURÍDICOS a que estão sujeitos os TRABALHADORES DA ADMINISTRAÇÃO PÚBLICA vinculados por uma relação jurídica de emprego público e que definem a tramitação procedimental destinada a efectivar a sua RESPONSABILIDADE pelo

---

[602] Norberto Bobbio assinala que a característica da certeza das normas jurídicas constitui a determinação, de uma vez por todas, dos efeitos que o ordenamento jurídico atribui a dado comportamento, de modo que o cidadão esteja em grau de saber, com antecedência, as consequências das próprias ações (BOBBIO, Norberto. *Teoria da norma jurídica*. 5. ed. rev. São Paulo: Edipro, 2012. p. 182).

[603] FRAGA, Carlos Alberto Conde da Silva. *O poder disciplinar no Estatuto dos Trabalhadores da Administração Pública*: Lei 58/2008: doutrina: jurisprudência. Alfornelos: Petrony, 2011. p. 118; 164-165.

INCUMPRIMENTO DE TAIS DEVERES, mediante a aplicação das SANÇÕES DISCIPLINARES TIPIFICADAS NA LEI. *O poder disciplinar fundamenta-se no poder de supremacia que a Administração possui em face dos seus trabalhadores e consiste na prerrogativa de sancionar todos aqueles que adoptam um comportamento desviante relativamente ao exigido e esperado de um trabalhador normalmente diligente, causando um prejuízo ao funcionamento, imagem ou prestígio do serviço.*[604]

4.3 Conceito e fundamento do poder disciplinar

O poder disciplinar conecta-se ao poder hierárquico e diz com a competência da autoridade administrativa singular superior, em regra (há casos de competência disciplinar de órgãos colegiais, como exemplificam o Conselho Nacional de Justiça[605] e o Conselho Nacional do Ministério Público,[606] ou conselhos superiores de certas carreiras como Defensoria Pública da União (art. 10, V a VIII, Lei Complementar federal nº 80/1994),[607] Advocacia Pública (Lei

---

[604] MOURA, Paulo Veiga e. Estatuto disciplinar dos trabalhadores da Administração Pública anotado. 2. ed. Coimbra: Coimbra, 2011. p. 36.

[605] Constituição Federal de 1988: "Art. 103-B. [...] §4º Compete ao Conselho o controle da atuação administrativa e financeira do Poder Judiciário e do cumprimento dos deveres funcionais dos juízes, cabendo-lhe, além de outras atribuições que lhe forem conferidas pelo Estatuto da Magistratura: (Incluído pela Emenda Constitucional nº 45, de 2004) [...] III - receber e conhecer das reclamações contra membros ou órgãos do Poder Judiciário, inclusive contra seus serviços auxiliares, serventias e órgãos prestadores de serviços notariais e de registro que atuem por delegação do poder público ou oficializados, sem prejuízo da competência disciplinar e correicional dos tribunais, podendo avocar processos disciplinares em curso, determinar a remoção ou a disponibilidade e aplicar outras sanções administrativas, assegurada ampla defesa; (Redação dada pela Emenda Constitucional nº 103, de 2019)".

[606] Constituição Federal de 1988: "Art. 130-A. [...] §2º Compete ao Conselho Nacional do Ministério Público o controle da atuação administrativa e financeira do Ministério Público e do cumprimento dos deveres funcionais de seus membros, cabendo lhe: (Incluído pela Emenda Constitucional nº 45, de 2004) [...] III - receber e conhecer das reclamações contra membros ou órgãos do Ministério Público da União ou dos Estados, inclusive contra seus serviços auxiliares, sem prejuízo da competência disciplinar e correicional da instituição, podendo avocar processos disciplinares em curso, determinar a remoção ou a disponibilidade e aplicar outras sanções administrativas, assegurada ampla defesa; (Redação dada pela Emenda Constitucional nº 103, de 2019) IV - rever, de ofício ou mediante provocação, os processos disciplinares de membros do Ministério Público da União ou dos Estados julgados há menos de um ano; (Incluído pela Emenda Constitucional nº 45, de 2004)".

[607] Lei de Organização da Defensoria Pública da União (Lei Complementar federal nº 80/1994): "Art. 10. Ao Conselho Superior da Defensoria Pública da União compete: [...] V - recomendar ao Defensor Público-Geral a instauração de processo disciplinar contra membros e servidores da Defensoria Pública da União; VI - conhecer e julgar recurso contra decisão em processo administrativo disciplinar; VII - decidir sobre pedido de revisão de processo administrativo disciplinar; [...]".

Complementar distrital nº 395/2001, art. 11)[608] e outras, para aplicar penas ou rever decisões sancionadoras e outras atribuições quanto aos servidores infratores das regras disciplinares.

Odete Medauar pontua: "Sob o ângulo da Administração, a ciência de atos, fatos, condutas, omissões, irregularidades, suscetíveis de configurar INFRAÇÃO DISCIPLINAR, desencadeia o exercício do *poder disciplinar*".[609]

Leciona a doutrina lusitana[610] que

> o fundamento do PODER DISCIPLINAR reside na necessidade de qualquer organização de possuir uma organização interna que lhe

---

[608] Lei de Organização da Procuradoria-Geral do Distrito Federal (Lei Complementar distrital nº 395/2001): "Art. 11. Compete ao Conselho Superior: [...] III - autorizar e determinar a instauração de processos administrativos disciplinares contra Procuradores do Distrito Federal; IV - julgar os processos administrativos disciplinares instaurados contra Procuradores do Distrito Federal e propor as medidas cabíveis, ressalvados os casos de competência do Governador do Distrito Federal; [...] VII - autorizar a representação contra Procurador do Distrito Federal por prática de ilícito penal ou de improbidade administrativa; VIII - determinar a instauração de apuração sumária e sindicância contra Procurador do Distrito Federal, independentemente de iniciativa de outras autoridades; IX - encaminhar ao Procurador-Geral do Distrito Federal deliberação adotada em julgamento de processo administrativo disciplinar contra Procurador do Distrito Federal para aplicação de penalidade ou arquivamento por absolvição; [...] XII - determinar a instauração de sindicâncias, apurações sumárias e correições e apreciar os relatórios correspondentes; XIII - julgar os pedidos de revisão de processo administrativo disciplinar em que haja proferido decisão; XIV - opinar nos processos de revisão de processo administrativo disciplinar originariamente julgados pelo Governador do Distrito Federal; XV - encaminhar ao Governador do Distrito Federal recurso administrativo contra julgamentos proferidos em processos administrativos disciplinares e pedidos de revisão e nos feitos em que cabível; XVI - determinar o afastamento preventivo, sem prejuízo dos vencimentos, de Procurador do Distrito Federal acusado ou indiciado em processo administrativo disciplinar e o retorno às funções; XVII - indicar os membros da comissão de processo administrativo disciplinar em que acusado Procurador do Distrito Federal; [...] XXIII - determinar a realização de diligências e atos de coleta de prova necessários ao julgamento de processo administrativo disciplinar; [...] XXV - opinar, previamente ao julgamento pelo Governador do Distrito Federal, nos processos administrativos disciplinares em que proposta a demissão, cassação de aposentadoria ou disponibilidade e destituição de cargo ou função em comissão de Procurador do Distrito Federal; XXVI - deliberar sobre as correições realizadas nos órgãos do sistema jurídico do Distrito Federal; XXVII - manifestar-se previamente sobre os pedidos de afastamento e licença de procurador do Distrito Federal; (Inciso acrescido pela Lei Complementar nº 942, de 5.4.2018) §1º Compete ao Governador do Distrito Federal a decisão final sobre os processos administrativos disciplinares em que a comissão proponha a aplicação das penalidades de demissão, cassação de aposentadoria ou disponibilidade e destituição de cargo ou função em comissão".

[609] MEDAUAR, Odete. *Direito administrativo moderno*. 11. ed. rev. e atual. São Paulo: Revista dos Tribunais, 2007. p. 353.

[610] FRAGA, Carlos Alberto Conde da Silva. *O poder disciplinar no Estatuto dos Trabalhadores da Administração Pública*: Lei 58/2008: doutrina: jurisprudência. Alfornelos: Petrony, 2011. p. 29.

permita prosseguir os seus fins, no caso da Administração os FINS CONSTITUCIONALMENTE ESTABELECIDOS. [...] o único elemento comum susceptível de fundamentar o poder sancionador atribuído a uma entidade é a necessidade de uma estrutura organizada que lhe permita realizar os seus fins para o que dispõe do poder de SANCIONAR aqueles seus elementos que PERTURBEM O BOM FUNCIONAMENTO DA ORGANIZAÇÃO PREJUDICANDO OS SEUS OBJECTIVOS.

Ensina Carlos Alberto Conde da Silva Fraga[611] que o PODER DISCIPLINAR constitui um poder que existe em qualquer grupo social organizado, público ou privado, com vistas a PRESERVAR A ORDEM INTERNA DA ORGANIZAÇÃO. A violação dessa disciplina gera a INFRAÇÃO DISCIPLINAR e as sanções consequentemente aplicáveis constituem as PENAS DISCIPLINARES.

Diogenes Gasparini intitula de poder ou atribuição disciplinar o poder-dever da Administração Pública de CONTROLAR A CONDUTA DE SEUS SERVIDORES e responsabilizá-los com a PUNIÇÃO pelas violações funcionais cometidas.[612]

4.4 Caráter sancionatório e fins do poder disciplinar

O poder disciplinar tem feição essencialmente apenadora, pois é destinado a reprimir os DESVIOS DE COMPORTAMENTO dos servidores públicos por meio da imposição de correspondentes SANÇÕES AOS TRANSGRESSORES, quando não seja o caso de adotar termos de ajustamento de conduta, em face da menor gravidade do fato e de circunstâncias subjetivas e objetivas do caso. A punição dos culpados atua como fator de exemplo para os demais agentes públicos e termina por *desencorajar o descumprimento das regras de conduta funcional*.

Na verdade, o aspecto repressivo do direito administrativo disciplinar reflete o ideal do ordenamento jurídico de, mediante a PREVISÃO EM LEI DE PUNIÇÕES para condutas consideradas indesejáveis, *PROTEGER OS VALORES FUNDAMENTAIS PARA*

---

[611] FRAGA, Carlos Alberto Conde da Silva. *O poder disciplinar no Estatuto dos Trabalhadores da Administração Pública*: Lei 58/2008: doutrina: jurisprudência. Alfornelos: Petrony, 2011. p. 19.

[612] GASPARINI, Diogenes. *Direito administrativo*. 5. ed. rev., atual. e aum. São Paulo: Saraiva, 2000. p. 204.

O BOM FUNCIONAMENTO DA ADMINISTRAÇÃO PÚBLICA, assim como assegurar o respeito aos princípios constitucionais e legais que a regem.

4.5 Relação estatutária do Estado com seus servidores ocupantes de cargos efetivos

Importante enfatizar a pertinência de o poder disciplinar advir do elo estatutário que prende o servidor público ao Estado, de um REGIME LEGAL QUE ESTABELECE DIREITOS E DEVERES e no qual se inserem as REGRAS DISCIPLINARES, as quais impõem um obrigatório modelo de conduta funcional para os funcionários e os sujeitam a punições em caso de descumprimento das regras administrativas norteadoras de sua conduta.

Pertinente a anotação de Raquel Dias da Silveira de que "o REGIME ESTATUTÁRIO, na medida em que OFERECE AO SERVIDOR MAIORES GARANTIAS, assegura/oferece também as devidas NEUTRALIDADE E IMPESSOALIDADE À FUNÇÃO PÚBLICA", de modo que o regime legal *"proporciona aos servidores públicos agir com maior independência técnica, orientando-se para o atendimento das finalidades públicas"*.[613]

Não fosse a consagração de um regime LEGAL das carreiras[614] do funcionalismo que desenvolvem funções típicas de Estado, certamente o poder disciplinar poderia facilmente tornar-se, na medida em que adulterada sua finalidade correta, meio de COAÇÃO *sobre servidores idôneos e zelosos com o* INTERESSE PÚBLICO, induzidos/forçados a atender, eventualmente, a PLEITOS ESCUSOS e exigências imorais de AUTORIDADES DESCOMPROMISSADAS COM A COISA PÚBLICA, sob pena de responsabilidade disciplinar (exercício enviesado e intimidativo do poder disciplinar da Administração

---

[613] SILVEIRA, Raquel Dias da. *Profissionalização da função pública*. Belo Horizonte: Fórum, 2009. p. 51.

[614] Vale o comentário doutrinário de que "a segurança no emprego público é, também, influenciada pelo sistema de carreira, pelo qual, em parte, se organiza, pois não é possível existir uma carreira sem uma certa duração do emprego" (ALEXANDRINO, José de Melo; FONSECA, Isabel Celeste M.; NEVES, Ana Fernanda. *In*: OTERO, Paulo; GONÇALVES, Pedro (Coord.). *Tratado de direito administrativo especial*. Coimbra: Almedina, 2010. v. IV. p. 537).

Pública para fins escusos/imorais, em busca de proveito de hierarcas desonestos).

Caso não houvesse reserva EM LEI das garantias dos servidores públicos quanto aos órgãos competentes para investigá-los e processá-los na esfera disciplinar, quanto aos fatos constitutivos de infrações disciplinares (e especialmente a descrição exaustiva em tipos dos comportamentos passíveis de penas administrativas máximas em tese), tanto pior seria a VULNERABILIDADE/O CONSTRANGIMENTO DOS AGENTES PÚBLICOS DE CARREIRA DIANTE DE PRETENSÕES E ORDENS DESONESTAS OU ILEGAIS DE AUTORIDADES HIERÁRQUICAS SUPERIORES, uma vez que o exercício do poder disciplinar fosse inteiramente regrado pela própria Administração Pública, por atos administrativos (infralegais).

O resultado desse quadro de instabilidade de proteção disciplinar do funcionalismo seria contrário ao esperado pela sociedade quanto ao funcionamento da (boa) Administração Pública, segundo elevados princípios constitucionais e legais, sob a movimentação de seus atos por PESSOAL TÉCNICO E INDEPENDENTE, investido nos cargos pelo recrutamento público e pelo critério de mérito, para atuar norteado pela legalidade e pelo interesse público/impessoalidade/imparcialidade, porquanto o labor administrativo seria desenvolvido por CRITÉRIOS POLÍTICOS, PARTIDÁRIOS E DE INTERESSES FISIOLÓGICOS DE GRUPOS ECONÔMICOS E POR UMA GESTÃO PATRIMONIALISTA DA COISA PÚBLICA.

Por isso que, segundo Paulo Otero,[615] a burocracia vela pela CONTINUIDADE DOS SERVIÇOS PÚBLICOS e concorre para a viabilidade ou a efetividade da grande maioria das opções políticas subjacentes, uma vez que as decisões jurídicas repousam nas mãos dos *técnicos e dos burocratas da Administração Pública, com sua experiência e sabedoria técnica.*

4.6 Conceito e densidade normativa do regime disciplinar dos servidores públicos

Ensina o administrativista português Paulo Veiga e Moura:

---
[615] OTERO, Paulo. *Manual de direito administrativo*. Coimbra: Almedina, 2013. v. 1. p. 451.

Ao falar-se em ESTATUTO DISCIPLINAR ou em regime disciplinar dos trabalhadores públicos estamo-nos a reportar ao CONJUNTO DE NORMAS JURÍDICAS DEFINIDORAS DOS ILÍCITOS DISCIPLINARES que tais trabalhadores podem cometer no exercício ou por causa do seu posto de trabalho e que prevêem as SANÇÕES a impor pela Administração Pública na sequência de um PROCEDIMENTO ADMINISTRATIVO específico.[616]

Com efeito, o REGIME DISCIPLINAR abrange o conjunto das normas do estatuto do funcionalismo que versam sobre deveres, proibições, responsabilidade administrativa, rol de infrações funcionais e respectivas penalidades aplicáveis, regras sobre os meios de apuração de irregularidades, a sindicância, o processo administrativo disciplinar, os recursos, as competências para instaurar, processar, instruir e julgar os feitos dessa natureza e decidir recursos administrativos interpostos contra sanções disciplinares.

O *regime disciplinar* trata da DESCRIÇÃO DAS CONDUTAS ILÍCITAS CONSIDERADAS TRANSGRESSÕES DISCIPLINARES E DAS RESPECTIVAS PENAS, os critérios para julgamento e punição, reincidência, prescrição do direito de punir, prazos processuais, competências, suspeição e impedimentos, entre outros temas pertinentes.

Rafael Bielsa lembra que as regras gerais e princípios referentes à aplicação das PENAS DISCIPLINARES e sua respectiva gradação e ao procedimento a ser respeitado são temas essenciais ao ESTATUTO LEGAL DO FUNCIONALISMO.[617]

No caso dos servidores da União, vigora a Lei federal nº 8.112/1990 e suas alterações.

Para fins deste estudo, calha aduzir que a TIPICIDADE DAS INFRAÇÕES DISCIPLINARES MAIS GRAVES é capitulada, no direito administrativo, com o escopo de proporcionar SEGURANÇA JURÍDICA AOS SERVIDORES (*conhecimento prévio das condutas, definidas em lei, que constituem transgressões da disciplina funcional e respectivas penas*), e sobretudo para conferir PROTEÇÃO ao funcionalismo CONTRA UM EXERCÍCIO SELVAGEM, SEM LIMITES, AUTORITÁRIO, DO PODER DISCIPLINAR DA ADMINISTRAÇÃO PÚBLICA.

---

[616] MOURA, Paulo Veiga e. Estatuto disciplinar dos trabalhadores da Administração Pública anotado. 2. ed. Coimbra: Coimbra, 2011. p. 10.
[617] BIELSA, Rafael. *Derecho administrativo*. 6. ed. Buenos Aires: La Ley, 1964. t. I-IV. p. 366.

É com o viés especial de RESTRINGIR OS MALES DA DISCRICIONARIEDADE PLENA NO REGIME E NO PODER DISCIPLINAR que se LIMITAM AS PENAS MÁXIMAS AOS CASOS EXAUSTIVOS das correspondentes faltas disciplinares descritas em lei (tipos das infrações administrativas), *EVITANDO-SE QUE A AUTORIDADE ADMINISTRATIVA, CASUISTICAMENTE, OU DE MODO PERSECUTÓRIO, CRIE INFRAÇÕES DISCIPLINARES OU POSSA DECRETAR A PERDA DO CARGO EFETIVO OU DA APOSENTADORIA/DISPONIBILIDADE DOS SERVIDORES ESTÁVEIS POR QUALQUER MOTIVO*, o que poderia operar como via de intimidação sobre servidores de carreira para cumprimento de ordens ilegais ou desonestas, sob a ameaça de imposição de reprimenda disciplinar severa.

Por conseguinte, a TIPICIDADE das faltas sujeitas a penas máximas (VINCULAÇÃO) deve ser interpretada como MECANISMO DE PROTEÇÃO DOS SERVIDORES CONTRA O ARBÍTRIO DAS AUTORIDADES EXERCENTES DO PODER DISCIPLINAR (*DISCRICIONARIEDADE MUITO AMPLA*), e não como uma norma jurídica que obrigaria o hierarca julgador de processos administrativos disciplinares a sempre aplicar, inarredavelmente (e sem importar as circunstâncias do caso, a FACTICIDADE), a sanção máxima em todos os casos, bastando que o fato seja enquadrado em um dos tipos disciplinares como do art. 132 ou art. 134, da Lei federal nº 8.112/1990,[618] como equivocadamente entendeu a Súmula nº 650/STJ.[619]

A vinculação ou PODER VINCULADO tem gênese na DESCONFIANÇA contra os ABUSOS E ARBITRARIEDADES da Administração Pública NO EXERCÍCIO DO PODER DISCRICIONÁRIO, modo por que não é correto interpretar que a aplicação de penas máximas (exegese do preceituado nos arts. 132 ou 134, da Lei federal nº 8.112/1990) seria uma suposta MEDIDA OBRIGATÓRIA PARA O ADMINISTRADOR PÚBLICO, INDISCRIMINADAMENTE, À REVELIA DAS PECULIARIDADES DO CASO, com uma RESPOSTA

---

[618] "Art. 132. A demissão será aplicada nos seguintes casos: [...] Art. 134. Será cassada a aposentadoria ou a disponibilidade do inativo que houver praticado, na atividade, falta punível com a demissão (*Vide* ADPF nº 418)".

[619] "Súmula 650/STJ – A autoridade administrativa não dispõe de discricionariedade para aplicar ao servidor pena diversa de demissão quando caraterizadas as hipóteses previstas no artigo 132 da Lei 8.112/1990".

ÚNICA do ordenamento provida pelo MITO DA ONIPOTÊNCIA DO LEGISLADOR (*pretensa capacidade legislativa de prever e indicar a melhor/adequada/justa/proporcional/individualizada solução para todos os casos de prática de transgressões administrativas ocorrentes no mundo real*), o que é absolutamente contrário à doutrina do direito administrativo,[620] menos ainda em face das disposições da Lei de Introdução às Normas do Direito Brasileiro (art. 20, *caput* e par. único).[621]

Tratamos mais profundamente da tipicidade das infrações disciplinares mais graves como garantia dos servidores públicos e da interpretação do poder disciplinar vinculado *infra*.

4.7 Reserva legal para dispor sobre o regime disciplinar dos servidores públicos

José Cretella Júnior acautela: "As denominadas matérias de reserva legislativa expressa, assinaladas nas Constituições dos vários países, não podem ser matéria de regulamento".[622]

De notar-se, pois, que o *regime disciplinar* é *matéria reservada* à *lei* em sentido formal e material no nosso direito,[623] como segue do texto expresso do art. 61, §1º, II, "c", da Constituição Federal, ao

---

[620] "O LEGISLADOR É INCAPAZ DE CONFERIR SOLUÇÃO ADEQUADA A TODA E QUALQUER SITUAÇÃO EXISTENTE NA PRÁTICA, HAJA VISTA A COMPLEXIDADE DO MUNDO" (SOUZA, Rodrigo Pagani de; ALENCAR, Letícia Lins de. O dever de contextualização na interpretação e aplicação do direito público. *In*: VALIATI, Thiago Priess; HUNGARO, Luis Alberto; CASTELLA, Gabriel Morettini e (Coord.). *A Lei de Introdução e o direito administrativo brasileiro*. Rio de Janeiro: Lumen Juris, 2019. p. 70).

[621] "Art. 20. Nas esferas administrativa, controladora e judicial, não se decidirá com base em valores jurídicos abstratos sem que sejam consideradas as consequências práticas da decisão (Incluído pela Lei nº 13.655, de 2018) (Regulamento). Parágrafo único. A motivação demonstrará a necessidade e a adequação da medida imposta ou da invalidade de ato, contrato, ajuste, processo ou norma administrativa, inclusive em face das possíveis alternativas (Incluído pela Lei nº 13.655, de 2018)".

[622] CRETELLA JÚNIOR, José. *Controle jurisdicional do ato administrativo*. Rio de Janeiro: Forense, 1984. p. 173.

[623] AgRg no REsp nº 1.194.858/AL, Agravo Regimental no Recurso Especial 2010/0089106-0, Rel. Min. Benedito Gonçalves (1142), Primeira Turma, j. 27.8.2013, *DJe*, 4.9.2013. "2. No mais, o Tribunal local, ao julgar a demanda, concluiu que: 'uma vez tido como inconstitucional o Decreto que instituiu o regulamento disciplinar da Policia Militar do Estado de Alagoas, já que a matéria nele tratada deveria ser regulamentada através de uma Lei em sentido formal, a conseqüência prática e imediata é a nulidade das penalidades dele decorrentes, tal qual a aplicada ao senhor José Alcides Silva Ferreira' (e-STJ fl. 202). O recorrente, por sua vez, não infirma os fundamentos do voto condutor, incidindo, na espécie, a Súmula 283/STF. 3. Agravo regimental não provido".

capitular que a iniciativa legislativa dos projetos de lei sobre regime jurídico dos servidores públicos federais compete ao presidente da República, dispositivo que se aplica aos demais entes federados, porque de repetição obrigatória.

Consequentemente, NÃO PODE SER CRIADA PENALIDADE ADMINISTRATIVA,[624] NEM DESCRITO O TIPO DE INFRAÇÃO DISCIPLINAR, SENÃO MEDIANTE DISPOSIÇÃO LEGAL, não por meio de ato administrativo de natureza normativa ou regulamentar: nem decreto, portaria, circular, ofício, instrução podem dispor sobre o tema reservado, inclusive porque A TIPICIDADE DAS FALTAS DISCIPLINARES MAIS GRAVES E COMINAÇÃO DAS RESPECTIVAS PENAS diz com a garantia funcional de ESTABILIDADE e processo administrativo disciplinar dos servidores públicos, com vistas a prevenir que A AUTORIDADE ADMINISTRATIVA, SEM PREVISÃO LEGAL, POR SIMPLES ATO ADMINISTRATIVO ou regulamento não autorizado por lei, *CRIASSE FALTAS DISCIPLINARES E IMPUSESSE PENAS MÁXIMAS SEM LIMITES, ARBITRARIAMENTE.*

Aduz J. M. Nogueira da Costa,[625] na esfera do direito luso:

NÃO É ADMISSÍVEL A CRIAÇÃO INOVATÓRIA DE DEVERES AUTÔNOMOS POR REGULAMENTO ADMINISTRATIVO:
É pacificamente entendido que apenas a lei pode definir o regime disciplinar da função pública. [...] O regime geral de punição das infracções disciplinares é o que se concretiza na definição na natureza do ilícito, dos tipos de sanções e seus limites, e ainda das correspondentes regras de processo.

4.8 Ilícito administrativo ou infração disciplinar

O ilícito disciplinar é o decorrente do descumprimento da norma administrativa, instituída no regime legal que veicula as

---

[624] "[...] Código de Trânsito Brasileiro – CTB. [...] É inconstitucional o estabelecimento de sanção por parte do Conselho Nacional de Trânsito – CONTRAN. Ação julgada procedente quanto ao parágrafo único do art. 161. A expressão 'ou das resoluções do CONTRAN' constante do *caput* do art. 161 contraria o princípio da reserva legal" (Supremo Tribunal Federal, ADI nº 2.998, Red. do ac. Min. Ricardo Lewandowski, j. 10.4.2019, P, *DJe*, 1º.10.2020).

[625] COSTA, J. M. Nogueira da. *Estatuto disciplinar dos trabalhadores que exercem funções públicas:* normas disciplinares do Estatuto do Ministério Público. Lisboa: Sindicato dos Magistrados do Ministério Público, 2013. p. 27.

regras de comportamento funcional dos servidores públicos, e pode ser caracterizado pela violação dos deveres (SISTEMA DE INCRIMINAÇÃO INDIRETA) ou da prática dos fatos previstos (tipos) como infração disciplinar na lei administrativa (SISTEMA DE INCRIMINAÇÃO DIRETA).

Tradicionalmente, pressupõe-se que a infração disciplinar decorre de ação ou omissão indesejada(s) do servidor público, que atua sob uma liberdade de conduta (voluntariedade) e com potencial conhecimento da ilicitude dos seus atos (consciência da ilegalidade do seu proceder).

Mais modernamente, em boa parte dos regimes disciplinares, prevê-se o dolo ou culpa do agente como requisitos de responsabilização administrativa, como regrado no Estatuto dos Servidores Públicos do Distrito Federal (Lei Complementar distrital nº 840/2011):

> Art. 187. A infração disciplinar decorre de ato omissivo ou comissivo, praticado COM DOLO OU CULPA, e sujeita o servidor às sanções previstas nesta Lei Complementar.

O administrativista português António Esteves Fermiano Rato transcreve o disposto no art. 559, do Código Administrativo luso:

> "Considera-se INFRAÇÃO DISCIPLINAR o facto voluntário praticado pelo funcionário com violação de algum dos deveres gerais ou especiais decorrentes da função que exerce" e seu parágrafo único: "A violação de deveres é punível quer consista em ACÇÃO quer em OMISSÃO, e independentemente de ter produzido resultado perturbador do serviço" [sic].[626]

M. Leal Henriques,[627] juiz conselheiro jubilado do Supremo Tribunal de Justiça português, disserta sobre ilicitude no campo disciplinar:

> Por ilicitude entende-se a negação de determinados valores, no caso concreto NEGAÇÃO DOS VALORES LIGADOS AOS DEVERES INERENTES AO EXERCÍCIO DA FUNÇÃO PÚBLICA. O facto será ilícito disciplinarmente quando representar a violação de interesses

---

[626] RATO, António Esteves Fermiano. *Código administrativo actualizado*. 2. ed. rev. e aum. Coimbra: Almedina, 1973. p. 281.
[627] HENRIQUES, M. Leal. *Procedimento disciplinar:* função pública, outros estatutos, regime de férias, faltas e licenças. 5. ed. Lisboa: Rei dos Livros, 2007. p. 42.

superiormente protegidos, com vista à boa e cabal realização do *interesse público* perseguido pelos serviços. É, pois, ilícito o acto anti-disciplinar, ou seja, o *ACTO DESCONFORME COM OS INTERESSES DO SERVIÇO, TRADUZIDO NA VIOLAÇÃO DAS OBRIGAÇÕES FUNCIONAIS.*

O col. Supremo Tribunal Federal enfatiza:

Nenhum ato regulamentar pode criar obrigações ou restringir direitos, sob pena de incidir em domínio constitucionalmente reservado ao âmbito de atuação material da lei em sentido formal. (Supremo Tribunal Federal. AC nº 1.033 AgR-QO, Rel. Min. Celso de Mello, j. 25.5.2006, P, DJ, 16.6.2006)

Ou como ratifica a dogmática administrativista de Portugal:

É *pacificamente entendido que* APENAS A LEI PODE DEFINIR O REGIME DISCIPLINAR DA FUNÇÃO PÚBLICA. [...] *o regime geral de punição das infracções disciplinares é o que se concretiza na definição* NA NATUREZA DO ILÍCITO, DOS TIPOS DE SANÇÕES E SEUS LIMITES, *e ainda das correspondentes regras de processo.*[628]

Juan B. Lorenzo de Membiela anota que a ILICITUDE pode constituir-se na tipificação genérica e implícita, consistente no DESCUMPRIMENTO DE UMA OBRIGAÇÃO LEGAL OU DEVER, ainda que não seja acompanhada de uma advertência expressa sobre a infração respectiva.[629] O COMPORTAMENTO CONTRÁRIO AO PREVISTO NA NORMA JURÍDICA intitula-se de ILÍCITO, classificado de acordo com a natureza da norma violada: se era de direito administrativo, o ilícito será administrativo; se de direito penal, o ilícito será penal; se de direito tributário, o ilícito será fiscal ou tributário.

4.9 Sanções jurídicas e sanções disciplinares

Comenta o saudoso criminalista Francisco de Assis Toledo:

---

[628] COSTA, J. M. Nogueira da. *Estatuto disciplinar dos trabalhadores que exercem funções públicas:* normas disciplinares do Estatuto do Ministério Público. Lisboa: Sindicato dos Magistrados do Ministério Público, 2013. p. 27.

[629] LORENZO DE MEMBIELA, Juan B. *Régimen disciplinario de los funcionarios de carrera.* 2. ed. Navarra: Arazandi, 2008. p. 140.

Sabendo-se, por uma imediata e simples constatação empírica, que o homem foge, em geral, quanto pode, da dor e do sofrimento, as comunidades humanas, desde tempos remotos, procuraram intimidar seus membros para que não realizassem fatos que pusessem em risco a paz e a ordem, mediante a ameaça de inflição de uma dor, ou de um sofrimento, ao eventual agente desses mesmos fatos.[630]

Por isso, a SANÇÃO DISCIPLINAR é espécie de sanção jurídica, de penalidade instituída para o fim de indiretamente constranger os servidores a obedecerem aos comandos do estatuto disciplinar, por sua vez destinado a preservar os cânones da EFICIÊNCIA e MORALIDADE no serviço público e do INTERESSE DA COLETIVIDADE.

A Lei federal nº 8.112/1990 prevê como PENAS MÁXIMAS OU MAIS GRAVES para os servidores públicos estáveis *a demissão, a cassação de aposentadoria ou de disponibilidade*.[631]

A DEMISSÃO é medida tão grave que a Constituição Federal em vigor assegura ao SERVIDOR ESTÁVEL a garantia de que, fora outras restritas hipóteses,[632] *não poderá perder o cargo público, senão em virtude de processo administrativo disciplinar em que lhe seja assegurada ampla defesa* (art. 41, §1º, II).

A Lei nº 8.112/90 dispõe que será CASSADA A APOSENTADORIA OU A DISPONIBILIDADE do inativo que houver praticado, na atividade, falta punível com a demissão (art. 134).

4.10 Noção tradicional (mais antiga/ pré-constitucionalizada) do poder vinculado no direito administrativo

Enuncia Weida Zancaner sobre a ideia clássica da dogmática do direito administrativo sobre a competência vinculada ou poder vinculado:

---

[630] TOLEDO, Francisco de Assis. *Princípios básicos de direito penal*. 4. ed. atual. e ampl. São Paulo: Saraiva, 1991. p. 217.
[631] "Art. 127. São penalidades disciplinares: I - advertência; II - suspensão; III - demissão; IV - cassação de aposentadoria ou disponibilidade; V - destituição de cargo em comissão; VI - destituição de função comissionada".
[632] A Constituição Federal (art. 41, §1º, I a III, c.c. art. 169, §4º) admite a perda do cargo público do servidor estável em caso de cometimento de infrações graves ou insuficiência de desempenho ou de excesso de despesas com pessoal.

No exercício dos poderes vinculados, a concreção do direito se perfaz através de um processo interpretativo e aplicativo da lei, pois, em ocorrendo as condições de fato, cujos conceitos se encontram previstos hipoteticamente na regra de direito, a norma incide, e o administrador tem que agir do modo que ela previu, independentemente de seu querer, visto estar VINCULADO À DETERMINAÇÃO LEGAL. Nestes casos, o administrador apenas constata o suposto de fato, contrasta-o com o tipo legal e, havendo SUBSUNÇÃO do conceito do fato ocorrido no mundo tangível ao conceito do suposto descrito na regra de direito, age o administrador, nos termos estritamente previstos pela norma, sendo-lhe defeso outra conduta ter, que não aquela prescrita.[633]

José dos Santos Carvalho Filho[634] explana sobre os ATOS ADMINISTRATIVOS VINCULADOS como aqueles que o agente pratica reproduzindo os elementos que a lei previamente estabelece. Ao agente, nesses casos, segundo a dogmática tradicional, *não seria dada liberdade de apreciação da conduta,* porque se limita, na verdade, a repassar para o ato o comando estatuído na lei. Isso indica que nesse tipo de atos não há qualquer subjetivismo ou valoração, mas apenas a averiguação de conformidade entre o ato e a lei.

Miguel Seabra Fagundes instrui que a *competência administrativa vinculada* é aquela estritamente posta na lei:

> Existentes determinadas circunstâncias, proceda dentro de certo prazo e certo modo [...] a Administração Pública não é livre em resolver sobre a conveniência do ato, nem sobre o seu conteúdo. Só lhe cabe constatar a ocorrência dos motivos e, com base neles, praticar o ato, daí que o doutrinador sublinha que, no campo da VINCULAÇÃO, falece à Administração a apreciação do conteúdo político (mérito) da emanação de vontade, porque *a medida determinada já foi objeto de prévia escolha pelo legislador:* "O administrador apenas torna efetiva a solução pré-assentada".[635]

Na atuação vinculada, a motivação é sobremodo relevante para a legalidade dos atos praticados pela Administração Pública, porquanto é a efetiva existência dos motivos previstos em lei que autoriza a expedição das respectivas decisões pelo Estado, as quais,

---

[633] ZANCANER, Weida. *Da convalidação e da invalidação dos atos administrativos.* 2. ed. São Paulo: Malheiros, 2001. p. 69.
[634] CARVALHO FILHO, José dos Santos. *Manual de direito administrativo.* 27. ed. rev., ampl. e atual. São Paulo: Atlas, 2014. p. 131.
[635] FAGUNDES, Miguel Seabra. *O controle dos atos administrativos pelo Poder Judiciário.* 4. ed. atual. Rio de Janeiro: Forense, 1967. p. 150.

inclusive, já foram previamente definidas numa perspectiva preliminar (mas ainda não acabada a ponto de dispensar a intervenção final do intérprete e do aplicador,[636] à luz das especificidades do caso – FACTICIDADE), em tese, em um diploma legal, conquanto caiba lembrar, repita-se, que A APLICAÇÃO DO DIREITO NÃO PODE SER ABSTRAÍDA DO CASO CONCRETO E SUAS CIRCUNSTÂNCIAS EXCEPCIONAIS OU RELEVANTES (arts. 20 e 22, Lei de Introdução às Normas do Direito Brasileiro), cuja consideração é ditada pelo próprio princípio da IGUALDADE e da imparcialidade da Administração Pública, em consonância com o princípio da individualização da pena, que *DEVE TRATAR DESIGUALMENTE OS CASOS DESIGUAIS NA MEDIDA EM QUE SE DESIGUALAM,*[637] segundo a doutrina de Hervada no sentido de que *O JUSTO É TRATAR TODOS IGUALMENTE NO QUE SÃO IGUAIS E DE MODO PROPORCIONALMENTE DIFERENTE NO QUE DIFEREM*, com o efeito de que os aplicadores do direito devem interpretar as leis em função não do direito em sentido formal, mas do direito em sentido real (ou melhor, realista), em razão do que A INTERPRETAÇÃO DEVE SER PROCEDIDA EM FUNÇÃO DAS CIRCUNSTÂNCIAS CONCRETAS.[638]

O juízo é referendado por Paulo Otero[639] quando observa que o princípio da IGUALDADE, continuando sempre a envolver um julgamento de valor primordialmente relacionado com a ideia de JUSTIÇA, sem prejuízo da sua inserção num modelo constitucional de Estado de bem-estar, assume dupla vertente (desigualação justificada/tratamento igualitário quando não se justifica distinção nas situações jurídicas), modo por que, em termos materiais, *as diferenças factuais podem justificar um tratamento diferenciado,* desde que OBJETIVO, RAZOÁVEL OU RACIONALMENTE ALICERÇADO,

---

[636] Não se esqueça da nota de Luís Roberto Barroso de que "Há muitas situações em que não existe uma solução pré-pronta no Direito. A solução terá de ser construída argumentativamente, à luz dos elementos do caso concreto, dos parâmetros fixados na norma e de elementos externos ao Direito. São os casos difíceis" (BARROSO, Luís Roberto. *O novo direito constitucional brasileiro*: contribuições para a construção teórica e prática da jurisdição constitucional no Brasil. Belo Horizonte: Fórum, 2013. p. 37).

[637] MIRANDA, Jorge. *Manual de direito constitucional*: direitos fundamentais. 5. ed. Coimbra: Coimbra, 2012. t. IV. p. 282.

[638] HERVADA, Javier. *O que é o direito*? A moderna resposta do realismo jurídico. São Paulo: Martins Fontes, 2006. p. 31-32; 47.

[639] OTERO, Paulo. *Direito do procedimento administrativo*. Coimbra: Almedina, 2016. p. 167.

pois *A IGUALDADE EXIGE QUE SE TRATE* por igual o que é igual e *DE MODO DESIGUAL O QUE É DESIGUAL*, assim como proíbe *"o tratamento desigual de situações iguais e o tratamento igual de situações desiguais"*.

O ato vinculado, na perspectiva mais antiga (positivista), tem seu objeto e motivo previamente regrados na lei, visto que o legislador, previamente, estipulou a providência predeterminada que se deveria adotar pelo administrador público, uma vez que ocorressem, no mundo fático, os seus pressupostos (MITO DA RESPOSTA ÚNICA E DA ONIPOTÊNCIA DO LEGISLADOR).

Celso Antônio Bandeira de Mello[640] conceitua, nesse âmbito dogmático antecedente à constitucionalização do direito administrativo, *ATOS VINCULADOS* como os que a Administração Pública pratica sem margem de liberdade para decidir-se, pois a lei previamente tipificou um único comportamento possível diante de hipótese prefigurada em termos objetivos, exemplificando com a LICENÇA PARA EDIFICAR E A APOSENTADORIA A PEDIDO, depois de completo o tempo de contribuição do requerente, ou ainda a APOSENTADORIA COMPULSÓRIA. Destaca que incide a vinculação, classicamente, como a previsão de acontecimento em função do qual o sujeito agirá, com objetividade absoluta.

Chama a atenção que o renomado doutrinador cita exemplos de vinculação em matéria de concessão de direitos ao cidadão, restringindo da esfera discricionária da Administração Pública, passível de abusos, situações que envolvem o desfrute de direitos dos administrados, e não em tema de imposição de penas administrativas máximas indiscriminadamente contra as pessoas com vínculo especial com o Estado (como é o caso dos investidos em cargos públicos num elo estatutário).

Também constitui ATO ADMINISTRATIVO VINCULADO, na doutrina,[641] a OUTORGA DE LICENÇA PARA DIRIGIR VEÍCULO AUTOMOTOR em todo o território nacional, "sendo vedado ao administrador limitar o conteúdo do ato".

A perspectiva é ilustrada pela dogmática do direito administrativo francês.

---

[640] BANDEIRA DE MELLO, Celso Antônio. *Curso de direito administrativo*. 31. ed. rev. e atual. São Paulo: Malheiros, 2014. p. 428-429; 435.
[641] OLIVEIRA, Rafael Carvalho Rezende. *Curso de direito administrativo*. 5. ed. rev., atual. e ampl. Rio de Janeiro: Forense; São Paulo: Método, 2017. p. 305.

Os administrativistas franceses Pierre-Laurent Frier e Jacques Petit[642] e Dreviller[643] relacionam ATOS ADMINISTRATIVOS VINCULADOS:
a) a PROMOÇÃO POR ANTIGUIDADE de funcionário público: quando atingem o limite de idade (geralmente 60 ou 65 anos), devem deixar o serviço no primeiro dia do mês seguinte ao do aniversário;
b) automaticidade semelhante é encontrada para o pagamento de seu salário ou para seus direitos à pensão;
c) a emissão de carta de condução, ou de caça;
d) a inscrição na faculdade. A única condição para obter essas autorizações é a posse de certos títulos e diplomas.[644]

Como se explicará a seguir, com efeito, a aplicação dos institutos do direito administrativo, inclusive o poder vinculado em sede de penas máximas disciplinares, não se pode esquivar dos efeitos dos direitos fundamentais e dos valores e princípios explícitos/implícitos na Constituição, e ainda é disciplinado/influenciado pela Lei de Introdução às Normas do Direito Brasileiro.

E existe na vinculação do poder disciplinar, no que concerne à tipicidade das infrações (previsão exaustiva das condutas passíveis em tese de penas máximas), um viés de proteção dos servidores públicos titulares de cargo efetivo, em vista de resguardar a independência/imparcialidade de atuação funcional, inclusive para recusar o cumprimento de ordens ilegais ou desonestas de autoridades hierarquicamente superiores.

4.11 Função protetiva do cidadão no poder vinculado da Administração Pública: crise ou releitura do conceito de vinculação – A repercussão da constitucionalização do direito administrativo e do princípio da juridicidade sobre o instituto

O *poder vinculado* da Administração Pública, num sistema jurídico cujo centro é agora a CONSTITUIÇÃO (e não mais apenas

---

[642] FRIER, Pierre-Laurent; PETIT, Jacques. *Droit administratif*. 8. ed. Paris: LGDJ, 2013. p. 272; 354.
[643] MORAND-DEVILLER, Jacqueline; BOURDON, Pierre; POULET, Florian. *Droit administratif*. 15. ed. Paris: LGDJ, 2017. p. 341.
[644] FRIER, Pierre-Laurent; PETIT, Jacques. *Droit administratif*. 8. ed. Paris: LGDJ, 2013. p. 359

a lei, como vigorava no positivismo legalista e do império da subsunção, como mecanismo de resposta/solução dos casos administrativos – *mito da resposta* única *e da onipotência do legislador*), deve ser alvo de interpretação e aplicação afinada com os DIREITOS FUNDAMENTAIS e os PRINCÍPIOS CONSTITUCIONAIS (EXPLÍCITOS E IMPLÍCITOS), com VIÉS HUMANISTA, considerando a perspectiva do CIDADÃO como sujeito de direitos e como uma figura com seu papel único no tempo e na história (DIGNIDADE DA PESSOA HUMANA, art. 1º, III, Constituição Federal de 1988), com *uma face a ser respeitada, em vez de um súdito ou mero objeto do exercício do poder do Estado.*

Marcello Caetano explica que a vinculação da atividade da Administração Pública tem sua origem na aurora dos regimes liberais, com o CONDICIONAMENTO ESTRITO PELA LEI DOS PODERES DA ADMINISTRAÇÃO (hegemonia do Parlamento, com os representantes eleitos da nação), quer quanto ao seu número e qualidade, quer quanto ao modo do seu exercício, o que apareceu como condição de LIBERDADE DOS CIDADÃOS,[645] lição, a seu modo, confirmada por Adélio Pereira André[646] ao pontuar que *O PRÓPRIO PRINCÍPIO DO ESTADO DE DIREITO VISA A PROTEGER OS CIDADÃOS CONTRA A PREPOTÊNCIA E O ARBÍTRIO.*[647]

Diogo Freitas do Amaral confirma: "O Estado só pode fazer aquilo que a lei permite que ele faça: no Estado moderno, a lei é o fundamento, o critério e o limite de toda a acção administrativa.

---

[645] CAETANO, Marcello. *Manual de direito administrativo.* 10. ed. Coimbra: Almedina, 2005. v. 1. p. 29.
[646] ANDRÉ, Adélio Pereira. *Vinculação da administração e protecção dos administrados.* Coimbra: Coimbra, 1989. p. 60-61.
[647] A dogmática endossa que, inspirado na defesa dos direitos dos cidadãos contra o arbítrio na Administração Pública, o poder vinculado nos atos administrativos se assenta na histórica preocupação com os abusos da discricionariedade administrativa: "[...] à discricionariedade administrativa e, associada a ela, a desconfiança e baixa empatia para com o gestor público. A ideia de o gestor poder adotar diferentes posturas frente a uma mesma situação, não raro, é encarada como temerária, já que abriria margem para a concessão de privilégios ou tratamento desigual entre particulares. Costuma-se entender que a forma adequada de combater desvios seria por meio de um direito capaz de conferir solução única para todas as situações, o que reduziria o espaço da discricionariedade administrativa. Presume-se que, dessa forma, não haveria espaço para corrupções ou desmandos" (SOUZA, Rodrigo Pagani de; ALENCAR, Letícia Lins de. O dever de contextualização na interpretação e aplicação do direito público. In: VALIATI, Thiago Priess; HUNGARO, Luis Alberto; CASTELLA, Gabriel Morettini e (Coord.). *A Lei de Introdução e o direito administrativo brasileiro.* Rio de Janeiro: Lumen Juris, 2019. p. 65).

Portanto, o Estado não pode fazer nada que lhe não seja permitido por lei".[648]

Edmir Netto de Araújo[649] referenda que *A VINCULAÇÃO DA ATIVIDADE ADMINISTRATIVA VISA A COIBIR ARBITRARIEDADE*.

Sob a ótica da *outorga de direito subjetivo ao cidadão*, Maria Sylvia Zanella Di Pietro[650] pontua, no mesmo diapasão, que, EM VISTA DE IMPEDIR ABUSOS E ARBITRARIEDADES, AS AUTORIDADES ADMINISTRATIVAS SÃO LIMITADAS EM SUA ATUAÇÃO POR MEIO DA LEI, MEDIANTE A VINCULAÇÃO, por cujo efeito, diante de certos requisitos, a Administração deve agir de tal ou qual forma: "Diante de um *poder vinculado*, O PARTICULAR TEM UM DIREITO SUBJETIVO DE EXIGIR DA AUTORIDADE A EDIÇÃO DE DETERMINADO ATO, sob pena de, não o fazendo, sujeitar-se à correção judicial".

No mesmo sentido é a lição de Pierre-Laurent Frier e Jacques Petit, os quais exemplificam O PODER VINCULADO QUANTO À CONCESSÃO DE DIREITOS AOS ADMINISTRADOS, *como no caso da promoção por antiguidade a servidor público*.[651]

Marçal Justen Filho[652] ainda pondera que as expressões "ato vinculado" e "ato discricionário" não são mais utilizadas pela doutrina, na medida em que ALGUNS ASPECTOS DE CADA ATO SÃO VINCULADOS OU DISCRICIONÁRIOS, NÃO O ATO PROPRIAMENTE DITO, consignando que é absolutamente rara a hipótese em que caiba produzir um ato que possa ser instrumento de *competência isoladamente discricionária ou vinculada*.

---

[648] AMARAL, Diogo Freitas do. *Curso de direito administrativo*. 3. ed. Coimbra: Almedina, 2012. v. I. p. 233.
[649] ARAÚJO, Edmir Netto de. *Curso de direito administrativo*. 6. ed. São Paulo: Saraiva, 2014. p. 511.
[650] DI PIETRO, Maria Sylvia Zanella. *Direito administrativo*. 27. ed. São Paulo: Saraiva, 2014. p. 221.
[651] "Et, si un fonctionnaire remplit certaines conditions d'ancienneté, son avancement à l'échelon prevú par les textes doit être prononcé" (FRIER, Pierre-Laurent; PETIT, Jacques. *Droit administratif*. 8. ed. Paris: LGDJ, 2013. p. 359).
[652] JUSTEN FILHO, Marçal. *Curso de direito administrativo*. 10. ed. rev., atual. e ampl. São Paulo: Revista dos Tribunais, 2014. p. 249.

Lúcia Valle Figueiredo[653] cita a cátedra do italiano Philippo Satta[654] no sentido de que *o conceito de* VINCULAÇÃO *entra em crise e deve se sujeitar* à *radical revisão no quanto apregoava a exclusão da efetiva e operante participação intelectual da Administração nos juízos necessários para cada agir, sob a premissa de que existe uma vontade do legislador precisa, que a Administração deve realizar, para cujo efeito deve agir não como máquina, mas como ser inteligente que,* ENTENDIDO O VALOR DA NORMA, ENTENDIDO EM SEU FIM, LIGA-O AO FATO E A TAL LIGAÇÃO AJUSTA A SUA AÇÃO.

Juarez Freitas[655] adverte que a VINCULAÇÃO, NO MUNDO CONCRETO, ESTÁ CONDICIONADA não só à legalidade, que afugentaria os juízos de conveniência, senão que à totalidade daquelas alavancas de Arquimedes do Direito, que são OS PRINCÍPIOS CONSTITUCIONAIS, entendidos na sua dimensão superior:

> Assim, haverá de sempre ser tomado em consideração o princípio da legalidade, porém de modo jamais excludente ou inflacionado a ponto de depreciar ou desvincular a autoridade administrativa dos demais princípios. A RESERVA LEGAL NÃO PODE SER A NEGAÇÃO DA FUNDAMENTALIDADE DOS PRINCÍPIOS. TAMPOUCO DEVE HAVER SUBSUNÇÃO AUTOMÁTICA DA LEI AO CASO.

O professor gaúcho[656] [657] [658] completa que:
a) A VINCULAÇÃO EM SI MESMA DEVE SER PONDERADAMENTE REVISTA, cuidando-se de evitar a falácia, que remonta à escola da exegese, de que *os sistemas, mormente as codificações, serviram de guias ou prontuários repletos e não lacunosos para a solução dos casos, cabendo pretensamente ao aplicador um papel subalterno de,* à *semelhança de simples*

---

[653] FIGUEIREDO, Lucia Valle. *Curso de direito administrativo*. 5. ed. rev., atual. e ampl. São Paulo: Malheiros, 2001. p. 200.
[654] SATTA, Philippo. *Introduzione ad un corso di diritto amministrativo apud* FIGUEIREDO, Lucia Valle. *Curso de direito administrativo*. 5. ed. rev., atual. e ampl. São Paulo: Malheiros, 2001. p. 216.
[655] FREITAS, Juarez. *O controle dos atos administrativos e os princípios fundamentais*. 3. ed. rev. e atual. São Paulo: Malheiros, 2004. p. 212-213.
[656] FREITAS, Juarez. *O controle dos atos administrativos e os princípios fundamentais*. 3. ed. rev. e atual. São Paulo: Malheiros, 2004. p. 212-213.
[657] FREITAS, Juarez. *O controle dos atos administrativos e os princípios fundamentais*. 3. ed. rev. e atual. São Paulo: Malheiros, 2004. p. 212-213.
[658] FREITAS, Juarez. *O controle dos atos administrativos e os princípios fundamentais*. 3. ed. rev. e atual. São Paulo: Malheiros, 2004. p. 212-213.

maquinaria, aplicar comandos prévios e exteriores, na linha do que sustentam, ainda hoje, os originalistas imoderados;
b) a origem da VINCULAÇÃO SE MOTIVA NA DESCONFIANÇA CONTRA A AUTORIDADE E NO CONTROLE PREVENTIVO DE ARBÍTRIO DA PARTE DO AGENTE PÚBLICO, mas admoesta que *O RECEIO APRIORÍSTICO DE ARBITRARIEDADE NÃO PODE SE PRESTAR PARA EVITAR A BOA AÇÃO*;
c) a exacerbação da desconfiança gerou por parte da doutrina e da jurisprudência a consideração de que a liberdade, juridicamente relevante, deveria ser anulada ou deixada fora do alcance, como se houvesse espaço juridicamente vazio, modo por que essa forma de ver as coisas TORNARIA O AGENTE PÚBLICO, por assim dizer, SERVO DA LEGALIDADE, fazendo-o não raro, por apreço cômodo à escravidão, NEGLIGENCIAR OUTROS COMANDOS PRINCIPIOLÓGICOS rigorosamente indescartáveis e da mesma estrutura hierárquica da legalidade. "Convém abolir semelhante maneira de pensar, de agir e de controlar";
d) *o ato administrativo deve estar harmonizado com o plexo de princípios* e arremata que se terá que controlar o ato administrativo como estando, em maior ou menor intensidade, VINCULADO NÃO APENAS À LEGALIDADE, SENÃO QUE À TOTALIDADE DOS PRINCÍPIOS REGENTES DAS RELAÇÕES JURÍDICO-ADMINISTRATIVAS, MORMENTE OS DE VULTO CONSTITUCIONAL;
e) em matéria de atos vinculados, deles se pode dizer que, havendo riscos de violações irreparáveis, ou de difícil reparação, dos princípios, impõe-se deixar de praticá-los, visto que a VINCULAÇÃO é uma necessidade CONDICIONADA PELO SISTEMA JURÍDICO.

O magistrado luso Adélio Pereira André endossa que a concepção atual do princípio da legalidade representa que *a Administração Pública está vinculada não somente à lei em sentido estrito, mas ao direito como um todo, notadamente* à *Constituição* (PRINCÍPIO DA JURIDICIDADE).[659]

Rafael Oliveira[660] também esposa essa compreensão:

> Entendemos que A TRADICIONAL DICOTOMIA DISCRICIONARIE-DADE (ATOS DISCRICIONÁRIOS) X VINCULAÇÃO (ATOS VINCULADOS) DEVE SER ADAPTADA À REALIDADE, ESPECIALMENTE A PARTIR DO FENÔMENO DA CONSTITUCIONALIZAÇÃO DO DIREITO ADMINISTRATIVO. Por um lado, *a atividade administrativa totalmente livre e fora do alcance do controle judicial seria sinônimo de arbitrariedade*. Por outro lado, NÃO SE PODE CONCEBER QUE A ATUAÇÃO DO ADMINISTRADOR SEJA EXCLUSIVAMENTE VINCULADA E MECANIZADA, POIS SEMPRE EXISTIRÁ ALGUMA MARGEM INTERPRETATIVA DA NORMA JURÍDICA.

Igualmente, o administrativista luso Vieira de Andrade encarece:[661]

> NAS ÁREAS VINCULADAS, em que não haja concessão legal de poderes discricionários, os órgãos administrativos podem e devem concretizar a lei, colmatar as eventuais lacunas, resolver as dúvidas de aplicação ou ADEQUAR AS NORMAS ÀS CIRCUNSTÂNCIAS DOS CASOS CONCRETOS - *"authority-made law"*, ESTANDO ESSA ACTUAÇÃO ADMINISTRATIVA SUJEITA A UM REEXAME OU CONTROLO TOTAL POR PARTE DO JUIZ.

Dissertando sobre o conceito de poder vinculado no direito administrativo, Eduardo García de Enterría e Tomás-Ramón Fernández[662] advertem *que o processo de aplicação da lei, por exaustivas que sejam as previsões nesta contidas, raramente permite utilizar com propriedade a ideia de automatismo, diante da necessidade de processos interpretativos que incluem obrigatoriamente avaliações.*

---

[659] ANDRÉ, Adélio Pereira. *Vinculação da administração e protecção dos administrados*. Coimbra: Coimbra, 1989. p. 95.
[660] OLIVEIRA, Rafael Carvalho Rezende. *Curso de direito administrativo*. 5. ed. rev., atual. e ampl. Rio de Janeiro: Forense; São Paulo: Método, 2017. p. 306.
[661] ANDRADE, José Carlos Vieira de. *Lições de direito administrativo*. 3. ed. Coimbra: Universidade de Coimbra, 2013. p. 56.
[662] GARCÍA DE ENTERRÍA, Eduardo; FERNÁNDEZ, Tomás-Ramón. *Curso de direito administrativo*. São Paulo: Revista dos Tribunais, 2014. v. 1. p. 462.

Gustavo Binenbojm[663] pugna que a invocação sem ressalvas da *vinculação total e mecânica da lei soa hoje como fantasiosa ou cerebrina no que toca aos atos administrativos*, uma vez que a noção de *legalidade administrativa (vinculação à lei formal)* é inapta a alcançar performaticamente toda a atividade da Administração Pública, haja vista que a VINCULAÇÃO PRESENTEMENTE SE DÁ AO BLOCO DE LEGALIDADE (ORDENAMENTO JURÍDICO COMO UM TODO SISTÊMICO – PRINCÍPIO DA JURIDICIDADE ADMINISTRATIVA).

"Tal idéia, de vinculação ao direito não plasmado na lei, marca a superação do positivismo legalista e abre caminho para um modelo jurídico baseado em princípios e regras, e não apenas nestas últimas".

Luiz S. Cabral de Moncada[664] destaca que, MESMO NO CASO DOS ATOS VINCULADOS (mais rigidamente atrelados à lei), JUSTIFICA-SE CLARAMENTE A INVOCAÇÃO E APLICAÇÃO DOS PRINCÍPIOS GERAIS DO DIREITO, em face do alcance geral e permanente dos princípios.

Edimur Ferreira de Faria lembra a lição de Mendes Júnior no sentido de que, por mais explícita que seja a norma, a interpretação é indispensável, no momento de sua aplicação ao caso concreto, motivo por que conclui que, em linhas gerais, NÃO EXISTEM ATOS INTEIRAMENTE VINCULADOS.[665]

Os administrativistas franceses Pierre-Laurent Frier e Jacques Petit trilham similar entendimento quando alinham que, na apreciação da conduta de um funcionário faltoso, podem existir circunstâncias atenuantes, ou ainda os meandros da situação podem autorizar que a autoridade hierárquica escolha, de forma ampla e justificada, UMA SANÇÃO MAIS ADEQUADA NO CASO CONCRETO.[666]

A lição se afina com os mandamentos da Lei de Introdução às Normas do Direito Brasileiro (art. 22, §2º) quando enuncia que, NA APLICAÇÃO DE SANÇÕES, serão considerados a *natureza e a gravidade da infração cometida, os danos que dela provierem para a Administração Pública, as circunstâncias agravantes ou atenuantes e os*

---

[663] BINENBOJM, Gustavo. *Uma teoria do direito administrativo*: direitos fundamentais, democracia e constitucionalização. 3. ed. Rio de Janeiro: Renovar, 2014. p. 143; 147.
[664] MONCADA, Luiz S. Cabral de. *Autoridade e liberdade na teoria do acto administrativo*: contributo dogmático. Coimbra: Editora Coimbra, 2014. p. 663.
[665] FARIA, Edimur Ferreira de. *Controle do mérito do ato administrativo pelo judiciário*. Belo Horizonte: Fórum, 2011. p. 159.
[666] FRIER, Pierre-Laurent; PETIT, Jacques. *Droit administratif*. 8. ed. Paris: LGDJ, 2013. p. 359

antecedentes do agente, em consonância com a própria Lei federal nº 8.112/1990 (art. 128) no quanto estabelece que (art. 128), NA APLICAÇÃO DAS PENALIDADES, serão consideradas a natureza e a gravidade da infração cometida, os danos que dela provierem para o serviço público, as circunstâncias agravantes ou atenuantes e os antecedentes funcionais.

Discorrendo, sob outro prisma, sobre o PRINCÍPIO DA RAZOABILIDADE na edição de atos administrativos (e na interpretação do direito administrativo), Edimur Ferreira de Faria ensina que a lei, *ao proibir ou permitir certo comportamento, nem sempre objetiva como fim a proibição ou permissão, mas o resguardo ou a proteção de valores maiores de interesse social*, de modo que *o intérprete precisa mergulhar na intimidade da norma para encontrar a finalidade imediata ou remota da lei, que normalmente subordina a finalidade imediata*. "ATENDER AO SENTIDO MAIS APARENTE DA REGRA JURÍDICA NEM SEMPRE SIGNIFICA ATENDER AO DIREITO. Pelo contrário, a possibilidade de descumpri-lo é bem maior".[667]

O patrono da advocacia brasileira, Rui Barbosa,[668] orienta na mesma direção sobre a interpretação da lei com razoabilidade:

[...] Ora, dizia S. Paulo, que boa é a lei onde executada legitimamente. Boa é a lei, quando executada com retidão. Isto é: BOA SERÁ HAVENDO NO EXECUTOR A VIRTUDE QUE NO LEGISLADOR NÃO HAVIA. Porque SÓ A MODERAÇÃO, A INTEIREZA E A EQUIDADE, NO APLICAR DAS MÁS LEIS, AS PODERIAM, EM CERTA MEDIDA, ESCOIMAR DA IMPUREZA, DUREZA E MALDADE QUE ENCERRAREM. [...] em sendo justas, eles manterão a sua justiça, e, injustas, poderão moderar, se não até no seu tanto, CORRIGIR A INJUSTIÇA.

Bulos[669] corrobora que:
a) o PRINCÍPIO DA RAZOABILIDADE é o vetor por meio do qual o intérprete busca a ADEQUAÇÃO, A RACIONALIDADE, a idoneidade, a LOGICIDADE, O BOM SENSO, a prudência, a moderação, NO ATO DE COMPREENDER OS TEXTOS NORMATIVOS, ELIMINANDO O ARBÍTRIO

---

[667] FARIA, Edimur Ferreira de. *Controle do mérito do ato administrativo pelo judiciário*. Belo Horizonte: Fórum, 2011. p. 173-175.
[668] BARBOSA, Rui. *Oração aos moços*. São Paulo: H B, 2016. p. 49-50.
[669] BULOS, Uadi Lammêgo. *Curso de direito constitucional*. 16. ed. São Paulo: SaraivaJur, 2023. p. 583; 584.

E O ABUSO DE PODER (ideia de prudência, sensatez, bom senso, equilíbrio). Isso é o que interessa;
b) é um mecanismo de controle jurisdicional para invalidar as ações abusivas ou destemperadas dos administradores públicos;
c) O PRINCÍPIO IMPLÍCITO DA RAZOABILIDADE INTEGRA O DIREITO CONSTITUCIONAL BRASILEIRO, dessumindo-se do devido processo legal material (art. 5º, LIV) e do vetor que assegura o Estado democrático de direito (art. 1º, *caput*);
d) NA VIGÊNCIA DA CONSTITUIÇÃO DE 1988, O USO DO PRINCÍPIO DA RAZOABILIDADE INTENSIFICOU-SE. Além do Supremo Tribunal Federal, juízes e tribunais passaram a invocá-lo, pois, como concluiu o Superior Tribunal de Justiça, "o Poder Judiciário não se poderia furtar à declaração de nulidade de absurdos evidentes" (STJ, REsp nº 21.923-5/MG, Rel. Min. Humberto Gomes de Barros).

Em boa hora, Romeu Felipe Bacellar Filho[670] consigna que A LEGALIDADE NÃO PODE MERECER UMA APLICAÇÃO MECÂNICA SEM OBSERVÂNCIA DE OUTROS PRINCÍPIOS QUE EMERGEM DA CONSTITUIÇÃO, ENTRE OS QUAIS ELENCA A RAZOABILIDADE, A PROPORCIONALIDADE, a confiança da boa-fé, a lealdade, como base axiológica do Estado brasileiro.

Sérgio Pessoa de Paula Castro[671] advoga que o processo de constitucionalização do direito administrativo deve ser entendido como uma postura de RELEITURA E REDEFINIÇÃO DE INSTITUTOS E CONCEITOS DA VELHA DOGMÁTICA DA DISCIPLINA SOB A ÓTICA DOS PRINCÍPIOS DA CONSTITUIÇÃO.

A lição deve ser estendida ao poder vinculado disciplinar no tema da inflição de penas máximas.

---

[670] BACELLAR FILHO, Romeu Felipe. *Reflexões sobre direito administrativo*. Belo Horizonte: Fórum, 2009. p. 22.
[671] CASTRO, Sérgio Pessoa de Paula. Administração Pública – Consensualidade e eficiência. *In*: PIRES, Maria Coeli Simões; PINTO, Luciana Moraes Raso Sardinha (Coord.). *Paulo Neves de Carvalho* – Suas lições por seus discípulos. Belo Horizonte: Fórum, 2012. p. 343.

O eminente administrativista português Pedro Costa Gonçalves[672]anota que, NO DIREITO ALEMÃO, a questão tem-se colocado quanto a várias medidas decisórias administrativas que a lei configura como DECISÕES VINCULADAS (*v.g.*, recusa de licenças, revogações de autorizações, expulsão de estrangeiros), RELATIVIZANDO A VINCULAÇÃO LEGAL.[673]

Luiz S. Cabral de Moncada[674] ainda tece valiosas notas:

OS PRINCÍPIOS GERAIS não são uma legalidade mais fraca ou de recurso apenas quando da lei pouco ou nada se retira mas que, pelo contrário, são critério da legalidade ao lado da lei positiva mais densa e imediatamente aplicável ao caso e que o seu alcance é o de fornecer munição para UMA APLICAÇÃO MAIS PONDERADA DA LEI pois que, em boa verdade, apenas por seu intermédio se logra o DISTANCIAMENTO DO TEXTO POSITIVO NECESSÁRIO A UMA MAIS PROFUNDA PONDERAÇÃO DOS INTERESSES PÚBLICOS E DOS VALORES RELEVANTES assim logrando a MELHOR APLICAÇÃO e controlo DO DIREITO [*sic*].

Luiz S. Cabral de Moncada[675] lembra que *os princípios gerais do direito aumentam a justificação racional da decisão administrativa*.

Os professores de direito administrativo francês Martine Lombard, Gilles Dumont e Jean Sirinelli[676] denotam que a LEGALIDADE hoje deve ser entendida como um conceito mais vasto, NÃO SOMENTE EM VISTA DA LEI, MAS TAMBÉM DAS NORMAS CONSTITUCIONAIS, DOS PRINCÍPIOS GERAIS DO DIREITO.

Fernando Gonçalves *et al.*[677] aportam que o Novo Código de Procedimento Administrativo de Portugal adotou a preocupação de EVITAR SOLUÇÕES PURAMENTE LOGICISTAS, PERMITINDO-SE

---

[672] GONÇALVES, Pedro Costa. *Manual de direito administrativo*. Coimbra: Almedina, 2019. v. 1. p. 380.
[673] A aplicação do principio da proporcionalidade na jurisprudência pelo TEDH de direitos individuais, cf. ALBANESE, A. Il principio di proporzionalità come componente ttadinanza amministrativa. In: BARTOLINI, A.; PIOGGIA, A. D. 193 e segs. (p. 206 e segs.), *ittadinanze amminie*.
[674] MONCADA, Luiz S. Cabral de. *Autoridade e liberdade na teoria do acto administrativo*: contributo dogmático. Coimbra: Editora Coimbra, 2014. p. 664.
[675] MONCADA, Luiz S. Cabral de. *Autoridade e liberdade na teoria do acto administrativo*: contributo dogmático. Coimbra: Editora Coimbra, 2014. p. 665.
[676] LOMBARD, Martine; DUMONT, Gilles; SIRINELLI, Jean. *Droit administratif*. 10. ed. Paris: Dalloz, 2013. p. 23.
[677] GONÇALVES, Fernando *et al*. *Novo Código do Procedimento Administrativo anotado e comentado*. Coimbra: Almedina, 2015. p. 38.

A PONDERAÇÃO DE INTERESSES E VALORES PELA ADMINISTRAÇÃO NOS CASOS CONCRETOS, em vista da boa ou má-fé, a proteção da confiança legítima e a relevância dos interesses públicos e privados envolvidos.

Hartmut Maurer,[678] discorrendo sobre *o poder vinculado*, enfatiza também que, mesmo *quando a autoridade, sob determinados pressupostos, deve tornar-se ativa, ela em regra está obrigada a isso, mas PODE, EM CASOS EXCEPCIONAIS, EM SITUAÇÕES ATÍPICAS, ABSTRAIR DISSO*.

Edimur Ferreira de Faria[679] cita Gordillo CONTRARIAMENTE À EXISTÊNCIA DE ATOS TOTALMENTE VINCULADOS, com a conclusão de que é praticamente impossível a vinculação total, porquanto,

> por menor que seja, deve haver espaço para o móvel subjetivo. Caso contrário, não seria necessário o funcionário requerer a expedição de determinado ato, pois não haveria decisão a tomar. Poder-se-á, então, utilizar o computador, não como auxiliar, mas como verdadeiro órgão administrativo.

Faria[680] rechaça a figura do poder inteiramente vinculado, por entender que pequena margem de escolha deve ser reconhecida ainda ao administrador para a prática do ato administrativo, consignando que A INTERPRETAÇÃO DA NORMA É INDISPENSÁVEL NO MOMENTO DE SUA APLICAÇÃO AO CASO CONCRETO. Admite a redução da interferência subjetiva do autor do ato quanto, por exemplo, à forma do ato, o meio de sua feitura, a data de sua edição e publicação, o momento da efetiva produção de efeitos, mas NÃO A VINCULAÇÃO TOTAL EM TODAS AS SITUAÇÕES (em contraposição ao juízo pretoriano adotado na Súmula nº 650/STJ).[681]

---

[678] MAURER, Halmut. *Direito administrativo geral*. Barueri: Manole, 2006. p. 145.
[679] FARIA, Edimur Ferreira de. *Controle do mérito do ato administrativo pelo judiciário*. Belo Horizonte: Fórum, 2011. p. 158-159.
[680] FARIA, Edimur Ferreira de. *Controle do mérito do ato administrativo pelo judiciário*. Belo Horizonte: Fórum, 2011. p. 158-159.
[681] "Súmula 650 - A autoridade administrativa não dispõe de discricionariedade para aplicar ao servidor pena diversa de demissão quando caraterizadas as hipóteses previstas no artigo 132 da Lei 8.112/1990".

Vale a crítica de Streck:[682]

O problema é que as súmulas (brasileiras) têm uma pretensão de universalização que é incompatível com um direito que deve ser construído a partir da discussão dos casos concretos. Explicando melhor: as súmulas vinculantes do modo como são compreendidas pela dogmática jurídica - encarnam uma instância controladora de sentidos, metafisicamente, isto é, através delas, acredita-se que é possível lidar com conceitos sem as coisas (enfim, sem as multiplicidades e as peculiaridades dos casos concretos).

Streck[683] agudiza:
a) é evidente que O DIREITO É "UMA QUESTÃO DE CASO CONCRETO";
b) do modo como se procede na dogmática jurídica, O "CASO CONCRETO" – QUE POSSUI PARTICULA-RIDADES (ELE, AFINAL, NÃO É UM *STANDARD* JURÍDICO) DEIXA DE SER UM CASO, PORQUE FICA OBNUBILADO PELA PRETENSÃO DE UNIVERSALI-ZAÇÃO QUE É FEITA A PARTIR DELE, problemática bem presente na proliferação de verbetes que a cultura manualesca "institucionalizou" no campo jurídico.

Trilhando similar abordagem, Ricardo Marcondes Martins[684] destaca que o modelo puro da subsunção é hoje insustentável; *"aplicar o Direito pressupõe ponderação e subsunção"*. Agrega que A APLICAÇÃO DO DIREITO ADMINISTRATIVO DEVE ATENTAR PARA AS PECULIARIDADES DO CASO CONCRETO E PARA OS VALORES socialmente em vigor.

O professor paulista[685] é ainda mais claro ao proclamar que a relação disciplinar tem particularidade que exige relevante diferenciação entre aplicação da pena criminal e da pena disciplinar:

---

[682] STRECK, Lenio. *Hermenêutica jurídica e(m) crise*: uma exploração hermenêutica da construção do direito. 10. ed. rev., atual. e ampl. Porto Alegre: Livraria do Advogado, 2011. p. 390.
[683] STRECK, Lenio. *Hermenêutica jurídica e(m) crise*: uma exploração hermenêutica da construção do direito. 10. ed. rev., atual. e ampl. Porto Alegre: Livraria do Advogado, 2011. p. 391.
[684] MARTINS, Ricardo Marcondes. *Efeitos dos vícios do ato administrativo*. São Paulo: Malheiros, 2008. p. 616-617.
[685] MARTINS, Ricardo Marcondes. *Efeitos dos vícios do ato administrativo*. São Paulo: Malheiros, 2008. p. 623-624.

a) no direito penal, sempre que houver adequação típica e estiverem presentes os demais pressupostos da punibilidade, a imposição da pena é vinculada;
b) a peculiaridade da relação de labor exige seja dada, em abstrato, maior liberdade ao aplicador da sanção, de modo que, DIANTE DAS CIRCUNSTÂNCIAS, ELE POSSA, apesar da adequação tipificada do fato à previsão legal cominadora de penalidades, DECIDIR POR APLICAR UMA SANÇÃO MENOS SEVERA, ou até não punir, em caso de faltas leves.

O grande Rui Barbosa[686] já apelava quanto a isso:

Não acompanheis os que, no pretório, ou no júri, se convertem de julgadores em verdugos, TORTURANDO O RÉU COM SEVERIDADES inoportunas, DESCABIDAS ou indecentes. [...] Não estejais com os que AGRAVAM O RIGOR DAS LEIS PARA SE ACREDITAR COM O NOME DE AUSTEROS E ILIBADOS. Porque não há nada menos nobre e aplausível que *agenciar uma reputação malignamente obtida em prejuízo da verdadeira inteligência dos textos legais*. [...] NÃO ANTEPONHAIS A SEVERIDADE NAS LEIS AO JULGAMENTO JUSTO.

Esse juízo é referendado por Marcelo Madureira Prates.[687]

Trilhando igual entendimento CONTRA A VINCULAÇÃO TOTAL NA IMPOSIÇÃO DE PENAS DISCIPLINARES MÁXIMAS, no regime da Lei federal nº 8.112/1990, Fábio Lucas de Albuquerque Lima[688] adverte que HÁ CASOS EM QUE A APLICAÇÃO RÍGIDA DA LEI LEVA O INTÉRPRETE A COMETER INJUSTIÇA, condenando uma conduta não lesiva ou de gravidade pequena com a mais forte das sanções disciplinares, motivo por que reputa de bom alvitre evitar exageros e desequilíbrios na exegese, do contrário se pode incorrer no *summum ius, summa iniuria*.

O entendimento ora ventilado é abraçado, a seu modo, historicamente, no direito administrativo português, pois, apesar de também regrar as hipóteses de condutas consideradas graves, sujeitas

---

[686] BARBOSA, Rui. *Oração aos moços*. São Paulo: H B, 2016. p. 57; 58; 63.
[687] PRATES, Marcelo Madureira. *Sanção administrativa geral*: anatomia e autonomia. Coimbra: Almedina, 2005. p. 69.
[688] LIMA, Fábio Lucas de Albuquerque. *Elementos de direito administrativo disciplinar*. Belo Horizonte: Fórum, 2014. p. 140.

à demissão no seu art. 18,[689] ainda que não em caráter exaustivo como sucede no sistema brasileiro da Lei Federal nº 8.112/90, o Estatuto Disciplinar dos Trabalhadores que exercem funções públicas (Lei nº 58/2008, Portugal) prevê expressamente, à semelhança, *mutatis mutandis*, do art. 128, do Estatuto federal brasileiro:

> Artigo 20.
> Escolha e medida das penas
> NA APLICAÇÃO DAS PENAS ATENDE-SE AOS CRITÉRIOS GERAIS ENUNCIADOS NOS ARTIGOS 15.º A 19.º, À NATUREZA, MISSÃO E ATRIBUIÇÕES DO ÓRGÃO OU SERVIÇO, AO CARGO OU CATEGORIA DO ARGUIDO, ÀS PARTICULARES RESPONSABILIDADES INERENTES À MODALIDADE DA SUA RELAÇÃO JURÍDICA DE EMPREGO PÚBLICO, AO GRAU DE CULPA, À SUA PERSONALIDADE E A TODAS AS CIRCUNSTÂNCIAS EM QUE A INFRACÇÃO TENHA SIDO COMETIDA QUE MILITEM CONTRA OU A FAVOR DELE.

Isto é, apesar de a disposição legal lusitana abranger o art. 18 (penas dos arts. 15 a 19), nota-se que o fato de A LEI PREVER OS CASOS DE DEMISSÃO, CONFERINDO CERTA MARGEM DE SEGURANÇA JURÍDICA AOS ACUSADOS, em menor grau do que no sistema brasileiro e espanhol (que elencam taxativamente os casos de pena demissória), ADMITE QUE A AUTORIDADE INDIVIDUALIZE A PENA, na aplicação da norma jurídica sancionadora.

Conclui-se, pois, com a assertiva de que é *possível, sim, afastar a aplicação das regras dos arts. 132 e 134, da Lei federal nº 8.112/1990,*

---

[689] "Artigo 18.º Demissão e despedimento por facto imputável ao trabalhador 1 – As penas de demissão e de despedimento por facto imputável ao trabalhador são aplicáveis em caso de infracção que inviabilize a manutenção da relação funcional, nomeadamente aos trabalhadores que: a) Agridam, injuriem ou desrespeitem gravemente superior hierárquico, colega, subordinado ou terceiro, em serviço ou nos locais de serviço; b) Pratiquem actos de grave insubordinação ou indisciplina ou incitem à sua prática; [...] f) Dolosamente participem infracção disciplinar supostamente cometida por outro trabalhador; g) Dentro do mesmo ano civil dêem 5 faltas seguidas ou 10 interpoladas sem justificação; [...] j) Em resultado da função que exercem, solicitem ou aceitem, directa ou indirectamente, dádivas, gratificações, participações em lucros ou outras vantagens patrimoniais, ainda que sem o fim de acelerar ou retardar qualquer serviço ou procedimento; l) Comparticipem em oferta ou negociação de emprego público; m) Sejam encontrados em alcance ou desvio de dinheiros públicos; n) Tomem parte ou interesse, directamente ou por interposta pessoa, em qualquer contrato celebrado ou a celebrar por qualquer órgão ou serviço; o) Com intenção de obter, para si ou para terceiro, benefício económico ilícito, faltem aos deveres funcionais, não promovendo atempadamente os procedimentos adequados, ou lesem, em negócio jurídico ou por mero acto material, designadamente por destruição, adulteração ou extravio de documentos ou por viciação de dados para tratamento informático, os interesses patrimoniais que, no todo ou em parte, lhes cumpre, em razão das suas funções, administrar, fiscalizar, defender ou realizar; [...]".

se presentes circunstâncias excepcionais (ou devidamente justificadas) no caso concreto (ATÉ PORQUE NÃO HÁ UMA ÚNICA RESPOSTA/ SOLUÇÃO PARA TODOS OS PROCESSOS ADMINISTRATIVOS DISCIPLINARES), com maior carga axiológica do que o fim determinante da norma que prevê as penas máximas, tudo segundo a LÓGICA, CONGRUENTE E COERENTE FUNDAMENTAÇÃO DO APLICADOR DO DIREITO E DO INTÉRPRETE DO DIREITO ADMINISTRATIVO, o que é confirmado na perspectiva do marco teórico de Humberto Ávila,[690] Möller[691] e Barroso,[692] além da própria Lei de Introdução às Normas do Direito Brasileiro (arts. 20 e 22).

Ao contrário do assentado na dogmática mais antiga (sem a devida conotação constitucionalizada do direito administrativo), UMA REGRA DETERMINANTE (PODER VINCULADO) DE PENAS MÁXIMAS, NO CAMPO DO DIREITO DISCIPLINÁRIO, PODE SER AFASTADA, SIM, SE PRESENTES CIRCUNSTÂNCIAS ESPECIAIS QUE DEMONSTRAM QUE O FIM DA NORMA NÃO SE REVELA CONTRARIADO NA PERSPECTIVA DO CASO CONCRETO (*cancelling facts; rule's purpose; princípio da materialidade subjacente*) e se fundamentação robusta demonstra carga axiológica e efeitos de princípios com superior justificação na espécie, no sentido de se adotar penalidade distinta da mais grave (ATÉ PORQUE NÃO HÁ UMA ÚNICA RESPOSTA/SOLUÇÃO/DECISÃO PARA TODOS OS PROCESSOS ADMINISTRATIVOS DISCIPLINARES). Seria, no mínimo, aberta uma exceção no caso concreto, conforme a lição de Alexy.[693]

Paulo Otero[694] ratifica:

> saber ou INTERPRETAR AS LEIS NÃO É CONHECER AS SUAS PALAVRAS, MAS COMPREENDER O SEU ESPÍRITO OU OS SEUS FINS E OS SEUS EFEITOS: é sempre preferível atender AOS PROPÓSITOS OU AO SENTIDO INTENCIONAL das normas do que às suas palavras.

---

[690] ÁVILA, Humberto. *Teoria dos princípios*: da definição à aplicação dos princípios jurídicos. 14. ed. atual. São Paulo: Malheiros, 2013, *passim*.
[691] MÖLLER, Max. *Teoria geral do neoconstitucionalismo*: bases teóricas do constitucionalismo contemporâneo. Porto Alegre: Livraria do Advogado, 2011, *passim*.
[692] BARROSO, Luís Roberto. *O novo direito constitucional brasileiro*: contribuições para a construção teórica e prática da jurisdição constitucional no Brasil. Belo Horizonte: Fórum, 2013, *passim*.
[693] ALEXY, Robert. *Teoria discursiva do direito*. Tradução de Alexandre Travessoni Gomes Trivisonno. Rio de Janeiro: Forense Universitária, 2014. p. 175.
[694] OTERO, Paulo. *Direito do procedimento administrativo*. Coimbra: Almedina, 2016. p. 56-57.

Segundo a compreensão dogmática da constitucionalização do direito administrativo, EM CASOS EXCEPCIONAIS OU DEVIDAMENTE JUSTIFICADOS (ATÉ PORQUE NÃO HÁ UMA ÚNICA RESPOSTA/SOLUÇÃO PARA TODOS OS PROCESSOS ADMINISTRATIVOS DISCIPLINARES), CONQUANTO AUMENTE O ÔNUS ARGUMENTATIVO DO INTÉRPRETE,[695] a bem da preservação, em elevada medida, do princípio da segurança jurídica, PODE SER AFASTADA A APLICAÇÃO DA NORMA DE VINCULAÇÃO ADMINISTRATIVA, mediante sólida e robusta justificação do aplicador do direito. Robert Alexy corrobora: "Quem, com base em um princípio, quer fazer uma exceção a uma regra, suporta o ônus da argumentação, de forma semelhante ao que ocorre quando se afastam precedentes ou regulamentações em geral".[696]

Também o administrativista lusitano Pedro Costa Gonçalves[697] frisa que, embora se trate de uma situação excepcional, NÃO É DE SE EXCLUIR A EVENTUALIDADE DE UM PRINCÍPIO AFASTAR O CUMPRIMENTO DE UMA REGRA, por força de a aplicação do princípio da proporcionalidade excluir uma regra vinculativa.

Nessa situação singular, merece acolher a doutrina do direito português,[698] que admite *TEMPERAMENTOS*[699] *À REGRA DA*

---

[695] Robert Alexy destaca a advertência de que "o PRINCÍPIO DA GENERALIZABILIDADE exige que aquele que quer tratar uma pessoa de forma diferente de outra pessoa deve apresentar uma razão para isso" (ALEXY, Robert. *Teoria discursiva do direito*. Tradução de Alexandre Travessoni Gomes Trivisonno. Rio de Janeiro: Forense Universitária, 2014. p. 56).

[696] ALEXY, Robert. *Teoria discursiva do direito*. Tradução de Alexandre Travessoni Gomes Trivisonno. Rio de Janeiro: Forense Universitária, 2014. p. 187.

[697] GONÇALVES, Pedro Costa. *Manual de direito administrativo*. Coimbra: Almedina, 2019. v. 1. p. 370.

[698] "Assim, uma vez considerado o princípio da proporcionalidade como critério para determinar as sanções, a operação lógica operado pelo juiz penal e pela Administração é exactamente a mesma: ambos apreciam se os factos se verificaram ou não e uma vez constatado que sim verificam se são subsumíveis a uma norma que preveja uma consequência punitiva. Esta não se encontra total e absolutamente determinada e deve concretizar-se em face das circunstâncias concorrentes, presididas pelo princípio da proporcionalidade. Portanto em ambos os casos, a legislação fixa um Direito punitivo abstrato onde se permitem várias opções de entre as quais o juiz penal ou a Administração deverão escolher a punição adequada ao caso concreto, de acordo com os princípios nela contidos. Consequentemente e por esse processo não há em nenhum caso diversas soluções justas a partir da norma, mas apenas uma única" (FRAGA, Carlos Alberto Conde da Silva. *O poder disciplinar no Estatuto dos Trabalhadores da Administração Pública*: Lei 58/2008: doutrina: jurisprudência. Alfornelos: Petrony, 2011. p. 421).

[699] Nesse sentido conferir Superior Tribunal de Justiça, Recurso Especial nº 1.346.445 – RN (2011/0287287-8).

TIPICIDADE OU VINCULAÇÃO NO EXERCÍCIO SANCIONADOR DISCIPLINAR, ABRANDANDO A RIGIDEZ FORMAL DO SISTEMA DEFINIDOR DAS INFRAÇÕES MAIS GRAVES E DAS PENAS CABÍVEIS, o qual não pode deixar de ser, sobretudo, interpretado como uma GARANTIA DOS SERVIDORES,[700] a permitir, excepcionalmente, a aplicabilidade de pena proporcionalmente grave, mas não máxima, a depender da hipótese concreta.

Marcelo Madureira Prates,[701] referendando esse entendimento, cita julgado do Tribunal Constitucional português[702] quando decidiu pela INCONSTITUCIONALIDADE DE PENA ÚNICA PARA TODA E QUALQUER FALTA, INDEPENDENTEMENTE DA NATUREZA, GRAVIDADE, GRAU DE RESPONSABILIDADE DO AGENTE, POR OFENSA AOS PRINCÍPIOS DA NECESSIDADE E PROPORCIONALIDADE, e critica que a *previsão de sanções fixas, decorrentes de vinculação, é censurável porque essas punições não atendem aos princípios da proporcionalidade, da justiça, da igualdade e, por consequência, da regra da pessoalidade da sanção, punindo de igual modo atuações circunstancialmente diversas.*

Sobre o caráter relativo da vinculação, João Batista Gomes Moreira[703] afiança que praticamente nunca o ato administrativo será totalmente vinculado, porque haverá, ainda que RESIDUALMENTE E EM SITUAÇÕES ESPECÍFICAS, A POSSIBILIDADE DE SUBSTITUIR, COMPLEMENTAR OU SUPLEMENTAR AS REGRAS ESTABELECIDAS, DESDE QUE NÃO SE CONFUNDA VINCULAÇÃO COM ATIVIDADE MECÂNICA.

Marcelo Madureira Prates[704] sustenta, ademais, que a Administração detém margem de discricionariedade na aplicação das

---

[700] "No Estado de direito, as normas punitivas de direito disciplinar que prevejam penas expulsivas, atenta a gravidade destes, têm de cumprir uma função de garantia. Têm, por isso, de ser normas delimitadoras. [...] Não há que ter medo da técnica da tipicidade aplicada ao direito disciplinar, pois também ela pode ser sensível a alguns abrandamentos que lhe retirem a rigidez formal de que longamente se serviu" (HENRIQUES, M. Leal. *Procedimento disciplinar:* função pública, outros estatutos, regime de férias, faltas e licenças. 5. ed. Lisboa: Rei dos Livros, 2007. p. 163).

[701] PRATES, Marcelo Madureira. *Sanção administrativa geral:* anatomia e autonomia. Coimbra: Almedina, 2005. p. 113.

[702] Acórdão nº 282/1986 (*Acórdãos do Tribunal Constitucional*, v. 8, p. 207-231, 1986).

[703] MOREIRA, João Batista Gomes. *Direito administrativo:* da rigidez autoritária à flexibilidade democrática. Belo Horizonte: Fórum, 2005. p. 255.

[704] PRATES, Marcelo Madureira. *Sanção administrativa geral:* anatomia e autonomia. Coimbra: Almedina, 2005. p. 55.

sanções administrativas, mesmo quando verificadas todas as condições de fato e de direito exigidas para esse efeito, se outros interesses públicos colidirem com o interesse punitivo.

O jurista[705] adiciona que a Administração Pública não fica impedida de deixar de sancionar certo ilícito administrativo porque até então sancionara todos os ilícitos a ele iguais, na medida em que *o princípio da igualdade não é afrontado, mas implementado, na DESIGUALAÇÃO DE SITUAÇÕES DESIGUAIS, na medida de sua desigualdade*, desde que esta seja objetivamente verificável, que outros interesses públicos superiores ao tendente à punição existam e sejam aludidos na decisão administrativa, sob a condição de afastamento de arbítrio ou falsidade ou inexistência de motivos.

Daniel Ferreira,[706] REFUTANDO A VINCULAÇÃO TOTAL OBRIGATÓRIA DE IMPOSIÇÃO DE PENAS DISCIPLINARES MÁXIMAS, frisa que é possível existir, *in concreto*, certa parcela de liberdade de atuação do agente competente para a imposição de sanção disciplinar, que, no regime da Lei federal nº 8.112/1990 (art. 128), deverá levar em conta, como condição de validade, fatores como os ANTECEDENTES FUNCIONAIS DO INFRATOR, os DANOS DECORRENTES para o serviço público. Ajunta que *"mesmo o infrator tem um direito público subjetivo de sofrer apenas a sanção razoável e proporcional ao ilícito praticado, consideradas as demais circunstâncias previstas em lei"*.

O administrativista[707] pontua que não se pode negar uma parcial discricionariedade, não apenas pela necessária pessoalidade da sanção, mas também com o efeito de que seja efetivamente CONSIDERADA A HISTÓRIA DO INFRATOR E AS PRÓPRIAS CIRCUNSTÂNCIAS EM QUE SE DEU O ILÍCITO PARA VÁLIDA DETERMINAÇÃO DE SUA INTENSIDADE.

Romeu Felipe Bacellar Filho,[708] abordando a perspectiva da VINCULAÇÃO DA ATIVIDADE ADMINISTRATIVA, EXPÕE QUE A LEGALIDADE DEVE SER VISTA COMO FORMA DE GARANTIA PARA O CIDADÃO E COMO LIMITE AO ESTADO e que, se

---

[705] PRATES, Marcelo Madureira. *Sanção administrativa geral*: anatomia e autonomia. Coimbra: Almedina, 2005. p. 75.
[706] FERREIRA, Daniel. *Sanções administrativas*. São Paulo: Malheiros, 2001. p. 160; 167.
[707] FERREIRA, Daniel. *Sanções administrativas*. São Paulo: Malheiros, 2001. p. 168.
[708] BACELLAR FILHO, Romeu Felipe. *Princípios constitucionais do processo administrativo disciplinar*. São Paulo: Max Limonad, 1998. p. 161-162.

o agente público não pode furtar-se ao cumprimento da lei, esse ato deve ser realizado em atenção e consonância com todo o sistema jurídico-constitucional, de sorte que

A *legalidade não tem condão de transformar o administrador público em aplicador cético e desmesurado do texto legal; legalidade não é sinônimo de legalismo (FORMALISMO NA APLICAÇÃO DA LEI QUE A DESLIGA DA REALIDADE SOCIAL)*. O espírito da lei - o conteúdo - é pressuposto de sua aplicação. O irrestrito cumprimento da norma não significa aplicá-la fria e descompromissadamente.

Paulo Otero[709] *CRITICA A VINCULAÇÃO NO SENTIDO DE QUE A TENTATIVA DE ENCONTRAR NA LEI A RESPOSTA EXATA PARA CADA PROBLEMA CONCRETO, NUM QUADRO IDÍLICO DA MAIS COMPLETA VINCULAÇÃO DECORRENTE DE UM MODELO SILOGÍSTICO-SUBSUNTIVO DE APLICAÇÃO DA LEI PELA ADMINISTRAÇÃO*, revelaria ainda mais uma muito maior imperfeição da lei, observando-se que o cristalizar das previsões normativas conduziria à sua rápida desatualização e a uma visível formulação lacunar da norma legal, em vista de que UMA ESTATUIÇÃO FECHADA NÃO RESPONDERIA À MULTIPLICIDADE DE SITUAÇÕES DIFERENTES e mostraria a completa incapacidade de adaptação da lei ao imprevisto.

O jurista luso[710] sentencia QUE A FUNÇÃO ADMINISTRATIVA NÃO SE PODE RECONDUZIR A UMA APLICAÇÃO SILOGÍSTICO-SUBSUNTIVA DA LEI, em vista da remessa à teoria da argumentação da solução mais conforme à lei, sacrificando-se a certeza e a uniformidade na concretização aplicativa do direito ao caso concreto em nome do consenso político e social. "UMA POSTURA DECISÓRIA SILOGÍSTICO-SUBSUNTIVA DAS NORMAS ENCONTRA-SE COMPLETAMENTE ULTRAPASSADA PELA FLEXIBILIDADE DO CONTEÚDO DA LEGALIDADE". *A legalidade administrativa deixa de ser apenas aquilo que o legislador diz, podendo ser aquilo que a Administração Pública entende que o legislador diz ou o que a lei permite que ela diga ser o direito vinculativo da Administração Pública.*

---

[709] OTERO, Paulo. *Legalidade e administração pública*: o sentido da vinculação administrativa à juridicidade. Coimbra: Almedina, 2011. p. 159.

[710] OTERO, Paulo. *Legalidade e administração pública*: o sentido da vinculação administrativa à juridicidade. Coimbra: Almedina, 2011. p. 161-163.

Marcelo Rebelo de Sousa e André Salgado de Matos[711] apontam, igualmente, que não existe poder totalmente vinculado, mas apenas predominantemente, e admoesta que OS PRINCÍPIOS DA ATIVIDADE ADMINISTRATIVA SÃO LIMITES DE TODAS AS CONDUTAS ADMINISTRATIVAS (VINCULADAS OU DISCRICIONÁRIAS), E NÃO APENAS DA MARGEM DE LIVRE DECISÃO, POIS A VIOLAÇÃO DOS PRINCÍPIOS, COM A DESPROPORCIONALIDADE, A DESIGUALDADE OU A INJUSTIÇA DE UM ATO VINCULADO, TAMBÉM ACARRETA INVALIDADE DA DECISÃO VINCULADA DA ADMINISTRAÇÃO PÚBLICA.

Com efeito, a anteriormente tratada constitucionalização também do direito administrativo e a necessidade de respostas adequadas à Constituição e conformes aos direitos fundamentais se refletem na ótica diferenciada que merece o instituto da vinculação, quando se trata de competência punitiva alusiva a penas disciplinares máximas, com reflexos severos sobre a pessoa do servidor público.

Não se pode, nesse contexto, tratar da mesma forma os fundamentos da dogmática do direito administrativo sobre a vinculação da Administração Pública quanto a conceder uma licença para o exercício de atividade profissional ou para edificar obra em terreno privado, se contrastada com a decretação de penas máximas, a cassação de aposentadoria ou a demissão de um servidor público, em que DIREITOS FUNDAMENTAIS E PRINCÍPIOS CONSTITUCIONAIS entram em cena para PROTEÇÃO DO CIDADÃO (FUNCIONÁRIO ESTATAL) contra a estandardizada e inarredável perda do cargo efetivo/aposentadoria (poder vinculado em grau absoluto na aplicação de penas máximas), na medida em que envolvidos notáveis valores constitucionais/ direitos fundamentais como os DIREITOS AO TRABALHO,[712] À

---

[711] SOUSA, Marcelo Rebelo de; MATOS, André Salgado. *Direito administrativo geral*: introdução e princípios fundamentais. 3. ed. Alfragide: Dom Quixote, 2008. t. I. p. 202.

[712] "[...] Muito embora os direitos fundamentais sociais não estejam apenas sediados no art. 6. da CF e neste dispositivo que foram concentrados os direitos fundamentais sociais básicos (educação, sadde, alimentação, trabalho, moradia, lazer, segurança, previdência social [...] boa parte dos direitos sociais consagrados, em termos gerais, no art. 6º da CF foi objeto de densificação por meio de dispositivos diversos ao longo do texto constitucional, especialmente nos títulos que tratam da ordem social (normas sobre o sistema de seguridade social, designadamente, previdência social, família, proteção do idoso, etc.), destacando-se os diversos direitos dos trabalhadores enunciados nos arts. 7. a 11. que constituem um conjunto de direitos e garantias que concretizam o direito geral ao trabalho e à proteção do trabalhador (contemplado no art. 6., em condição de igualdade em relação aos demais direitos sociais), promoção e proteção do trabalho" (SARLET, Ingo Wolfgang: MITIDIERO,

PREVIDÊNCIA SOCIAL (aposentadoria), DE BUSCAR A FELICIDADE, À PROFISSIONALIZAÇÃO, À HONRA PROFISSIONAL, À SOBREVIVÊNCIA E MANUTENÇÃO DA PRÓPRIA FAMÍLIA, além da própria dignidade da pessoa humana, como considera Carlos Fraga[713] ao compreender um núcleo essencial dos DIREITOS FUNDAMENTAIS DE MANUTENÇÃO NO CARGO, DA HONRA, DA LIBERDADE, À CARREIRA.

Irene Nohara,[714] nesse mesmo diapasão, critica parecer da Advocacia-Geral da União e a linha de entendimento doutrinário ou jurisprudencial pela *aplicação de penas máximas de forma automática*, apontando as medidas necessárias para abolir um processo administrativo disciplinar que classifica de ainda medieval na Administração Pública:

5. Afastar a aplicação automática da pena capital/demissão

> A AGU tem pareceres, como o GQ 177/1998, que opinam que diante das hipóteses listadas nos incisos do art. 132 da lei, que abarcam, por exemplo, crime contra a administração pública, abandono de cargo, inassiduidade habitual, improbidade administrativa, incontinência pública e conduta escandalosa na repartição, insubordinação grave em serviço, por exemplo, APLICA-SE A SANÇÃO MÁXIMA DE DEMISSÃO, SEM POSSIBILIDADE DE ATENUAÇÃO DA PENALIDADE, sob pena de nulidade do ato.
> O parecer AGU n. GQ 183, por exemplo, dispõe que "é compulsória a aplicação da penalidade expulsiva, se caracterizada infração disciplinar antevista no art. 132 da lei nº 8.112, de 1990".
> Afasta-se, pela orientação contrária à dosimetria da pena, a possibilidade de atenuação da sanção prevista no caput do art. 132 do estatuto federal, pelo art. 128 da mesma lei, que determina que na aplicação das penalidades serão considerados: a natureza e a gravidade da infração cometida, os danos que dela provierem ao serviço público, as circunstâncias agravantes ou atenuantes e os antecedentes funcionais.

Daniel; MARINONI, Luiz Guilherme. *Curso de direito constitucional.* 9. ed. São Paulo: Saraiva Educação, 2020. p. 635).

[713] FRAGA, Carlos Alberto Conde da Silva. *O poder disciplinar no Estatuto dos Trabalhadores da Administração Pública*: Lei 58/2008: doutrina: jurisprudência. Alfornelos: Petrony, 2011. p. 118; 164-165.

[714] NOHARA, Irene Patrícia. 5 passos para a superação de um processo administrativo disciplinar "medieval". *Irene Nohara – Direito Administrativo*, 13 jun. 2014. Disponível em: http://blog.direitoadm.com.br/o-que-fazer-casosdireitoadministrativo/5-passos-para-superacao-de-um-processo-administrativo-disciplinar-medieval/.

Além de não ser uma interpretação sistemática, É BASTANTE ULTRAPASSADO NA HERMENÊUTICA JURÍDICA PÓS-POSITIVISTA, PRETENDER IMPEDIR A UTILIZAÇÃO DO PRINCÍPIO DA INDIVIDUALIZAÇÃO DA PENA, UMA VEZ QUE SE TRATA DE COROLÁRIO DA PROPORCIONALIDADE.

Ora, *A PENA DEVE SER, NÃO SÓ NO DIREITO PENAL, MAS TAMBÉM NO DIREITO ADMINISTRATIVO, NECESSÁRIA E SUFICIENTE PARA A REPROVAÇÃO DO ILÍCITO*, na prevenção da ocorrência de outros. Já dizia Jellinek: nicht mit Kanonen auf Spatzen schiessen (não se abatem pardais com canhões).

Vamos supor que determinada funcionária pratique uma "CONDUTA ESCANDALOSA" NA REPARTIÇÃO, MAS QUE NÃO CAUSOU DANOS AO SERVIÇO PÚBLICO, SENDO QUE ELA TEM EXCELENTES ANTECEDENTES FUNCIONAIS, SENDO UMA SERVIDORA DEDICADA E QUE APRESENTA ELEVADO RENDIMENTO NAS ATIVIDADES QUE DESENVOLVE, *justificar-se-ia aplicar a mesma sanção utilizada para alguém que praticou comprovadamente um crime contra a administração pública?*

Daí a necessidade de revisão da velha tese da dogmática do direito administrativo (e incorporada, infelizmente, no verbete da Súmula nº 650/Superior Tribunal de Justiça), fulcrada no positivismo jurídico clássico do exegetismo, de que O ADMINISTRADOR PÚBLICO, EM TEMA DE VINCULAÇÃO DO PODER DISCIPLINAR QUANTO À APLICAÇÃO DE PENAS MÁXIMAS CONTRA SERVIDORES PÚBLICOS, SE RESUMIRIA A SEMPRE, EM TODAS AS SITUAÇÕES, ADOTAR A PROVIDÊNCIA PREVIAMENTE TRAÇADA NA SOLUÇÃO PADRONIZADA NA REGRA, INDEPENDENTEMENTE DAS CIRCUNSTÂNCIAS DO CASO CONCRETO (ATÉ PORQUE NÃO HÁ UMA ÚNICA RESPOSTA/SOLUÇÃO PARA TODOS OS PROCESSOS ADMINISTRATIVOS DISCIPLINARES), o que deve ser repensado em face dos *valores constitucionais, dos direitos fundamentais e do inafastável dever do Estado de apresentar uma resposta adequada à Constituição*, como exaustivamente advogado por Streck.[715]

Como pontifica Paulo Otero,[716] *O DIREITO ADMINISTRATIVO NÃO PODE SER INDIFERENTE ÀS MUDANÇAS DO DIREITO*

---

[715] STRECK, Lenio. *Verdade e consenso*: constituição, hermenêutica e teorias discursivas. 4. ed. São Paulo: Saraiva, 2012, *passim*.

[716] OTERO, Paulo. *Legalidade e administração pública*: o sentido da vinculação administrativa à juridicidade. Coimbra: Almedina, 2011. p. 33.

CONSTITUCIONAL e deve se integrar e expressar a ordem de valores plasmada na Constituição.

Por conseguinte, deve ser vista com reservas a vetusta assertiva de que a motivação, nas hipóteses de vinculação, cingir-se-ia, em regra, à simples e objetiva prova da existência do motivo estipulado em lei como determinante da prática da providência já indicada no texto legal para casos normais (subsunção mecânica pelo enquadramento jurídico do fato na regra legal cominadora de sanção máxima). A MOTIVAÇÃO DOS ATOS ADMINISTRATIVOS, INCLUSIVE VINCULADOS, REQUER MAIS COMPLEXA EXPOSIÇÃO (como sustenta Lacombe)[717] E COTEJO DE CIRCUNSTÂNCIAS DO CASO VERTENTE, não a mera invocação de um dispositivo legal genérico, cuja aplicação efetiva não pode ser mecânica, mas envolve JUSTIFICAÇÃO AMPLA, RACIONAL, COERENTE E COMPATÍVEL COM O SISTEMA JURÍDICO COMO UM TODO E, SOBRETUDO, COMO RESPOSTA ADEQUADA À CONSTITUIÇÃO,[718] inclusive em face da compreensão de Ronald Dworkin de que uma lei faz parte de um sistema compreensivo mais vasto, o direito como um todo, e deve ser interpretada de modo a conferir, em princípio, maior coerência a esse sistema, em virtude do que OS APLICADORES DO DIREITO DEVERIAM INTERPRETAR UMA LEI DE MODO A PODEREM AJUSTÁ-LA O MÁXIMO POSSÍVEL AOS PRINCÍPIOS DE JUSTIÇA pressupostos em outras partes do direito.[719]

---

[717] "[...] a) Para a hermenêutica, não se trata de pensar o direito de forma abstrata, independentemente da sua realização, uma vez que é o problema que incita o direito, mas sim PENSAR O PROBLEMA COMO CENTRO DE GRAVIDADE DE TODA DISCUSSÃO JURÍDICA; b) O justo e o razoável juridicamente, para cada situação, é determinado pelo direito aplicado; O DIREITO CONCRETIZADO; c) Ao contrário dessas posições monolíticas, o que se aponta agora, sob o viés da pós-modernidade, é que, no lugar do universal, encontra-se o histórico; NO LUGAR DO SIMPLES, O COMPLEXO; NO LUGAR DO ÚNICO, O PLURAL; NO LUGAR DO ABSTRATO, O CONCRETO; e no lugar do formal, o retórico; d) A lógica formal não serve mais ao direito, porque a solução jurídica não se restringe a uma operação puramente teórico-silogística. A SUBSUNÇÃO DOS FATOS À REGRA GERAL (QUE FUNCIONA COMO AXIOMA) PODE PRODUZIR UM RESULTADO FORMALMENTE LÓGICO, MAS NÃO ADEQUADO À REALIDADE" (CAMARGO, Margarida Maria Lacombe. *Hermenêutica e argumentação*: uma contribuição ao estudo do direito. 3. ed. Rio de Janeiro: Renovar, 2003. p. 250-251).

[718] STRECK, Lenio. *Verdade e consenso*: constituição, hermenêutica e teorias discursivas. 4. ed. São Paulo: Saraiva, 2012, *passim*.

[719] DWORKIN, Ronald. *O império do direito*. São Paulo: Martins Fontes, 2003. p. 24-25.

Com efeito, a Lei de Introdução às Normas do Direito Público Brasileiro exige mais complexa e robusta motivação dos atos administrativos, segundo a doutrina:[720]

> Donde as novas disposições da LINDB também poderem ser encaradas como, fundamentalmente, REGRAS DE ROBUSTECIMENTO DA MOTIVAÇÃO DOS ATOS PÚBLICOS. Isto significa que, com as novas disposições, A MOTIVAÇÃO DEVE SER ROBUSTECIDA, DENSIFICADA, ENVOLVENDO DISCRIMINAÇÃO MAIS ABRANGENTE (E, POR- TANTO, MAIS ROBUSTA OU DENSA) DOS ELEMENTOS DE FATO E DE DIREITO JUSTIFICADORES DA DECISÃO ESTATAL. O simples dever de motivar, genericamente proclamado, não faz transparecer tamanha abrangência com tanta clareza, nem a necessária articulação entre os elementos; donde ter sido necessário robustecê-lo com as exigências da LINDB.

Como se observa:[721]

PARA QUE A MOTIVAÇÃO SEJA VÁLIDA, NÃO BASTA INDICAR O FUNDAMENTO LEGAL; há que se demonstrar concretamente a ocorrência do fato que faz incidir o comando legal, bem COMO A RAZOABILIDADE DA MEDIDA, ESPECIALMENTE QUANDO COTEJADA COM OUTRAS JURIDICAMENTE POSSÍVEIS e, ainda, as consequências práticas que dela advirão.

Juarez Freitas[722] sustenta que pode ser controlado o demérito da incoerência da conduta administrativa à luz dos princípios constitucionais e que não se aceita motivação débil, pois se exige uma justificação congruente.

Luísa Cristina Pinto e Netto[723] explana:
a) A FUNDAMENTAÇÃO DECISÓRIA, QUE DEVE SER CONTEMPORÂNEA AO ATO DECISÓRIO, VAI ALÉM

---

[720] SOUZA, Rodrigo Pagani de; ALENCAR, Letícia Lins de. O dever de contextualização na interpretação e aplicação do direito público. In: VALIATI, Thiago Priess; HUNGARO, Luis Alberto; CASTELLA, Gabriel Morettini e (Coord.). A Lei de Introdução e o direito administrativo brasileiro. Rio de Janeiro: Lumen Juris, 2019. p. 54.

[721] PETIAN, Angelica. A motivação das decisões administrativas sancionadoras. In: OLIVEIRA, José Roberto Pimenta (Coord.). Direito administrativo sancionador: estudos em homenagem ao professor emérito da PUC-SP Celso Antônio Bandeira de Mello. São Paulo: Malheiros, 2019. p. 207.

[722] FREITAS, Juarez. Direito fundamental à boa administração pública. 3. ed. São Paulo: Malheiros, 2014. p. 25.

[723] NETTO, Luísa Cristina Pinto e. Participação administrativa procedimental – Natureza jurídica, garantias, riscos e disciplina adequada. Belo Horizonte: Fórum, 2009. p. 145; 146.

DA MERA ENUNCIAÇÃO DOS FATOS E DO DIREITO EM QUE SE ASSENTA A DECISÃO, na medida em que visa a demonstrar a bondade do provimento, devendo refutar as objeções possíveis, as teses contrárias e as soluções alternativas;
b) A FUNDAMENTAÇÃO ORGANIZA A PONDERAÇÃO SUBJACENTE À MEDIDA DECISÓRIA, CONFERINDO-LHE RACIONALIDADE e com o papel de referencial metodológico da ponderação como autocontrole administrativo da decisão, como mecanismo de autocontenção do decisor, em face da transparência e como *condicionamento das decisões futuras pelo parâmetro da igualdade*;
c) "A fundamentação torna a decisão compreensível expondo como a ponderação foi feita e que interesses foram ponderados".

Juarez Freitas[724] agrega:
a) NÃO SE REALIZA, EM NENHUMA PROVÍNCIA DO DIREITO ADMINISTRATIVO, A SUBSUNÇÃO AUTOMÁTICA DA REGRA AO CASO, motivo por que é indispensável desfazer a quimera do dedutivismo formal e REJEITAR UMA VINCULAÇÃO ESCRAVA, UMA VEZ QUE É DEVER DO AGENTE PÚBLICO REJEITAR A ORDEM CONTRÁRIA ÀS DIRETRIZES AXIOLÓGICAS DO ORDENAMENTO, o que supõe liberdade para emitir juízos de valor. "O fundamentado balanceamento de valores revela-se inarredável e onipresente"; emerge o postulado do DIREITO À ADMINISTRAÇÃO PÚBLICA RESPEITADORA DA LEGALIDADE TEMPERADA, QUE NÃO SE RENDE À ABSOLUTIZAÇÃO IRREFLETIDA DAS REGRAS;
b) pode ser controlado o demérito da incoerência da conduta administrativa à luz dos princípios constitucionais e que não se aceita motivação débil, pois se exige uma justificação congruente;

---

[724] FREITAS, Juarez. *Direito fundamental à boa administração pública*. 3. ed. São Paulo: Malheiros, 2014. p. 14; 22; 25; 29; 31; 39; 42; 57; 59; 62; 64.

c) O ATO ADMINISTRATIVO PRECISA ESTAR EM CONEXÃO EXPLÍCITA COM O PLEXO DE PRINCÍPIOS CONSTITUCIONAIS, NÃO APENAS COM AS REGRAS; repudia-se a figura dos ATOS COMPLETAMENTE VINCULADOS E AUTÔMATOS (DE MERA OBEDIÊNCIA IRREFLEXIVA). "REFUTA-SE O DECISIONISMO IRRACIONAL";
d) OS ATOS ADMINISTRATIVOS VINCULADOS são aqueles que devem intenso (rarefeita liberdade de determinação do conteúdo de disposições normativas) respeito a requisitos formais, mas NÃO DE FORMA TOTAL OU AUTOMÁTICA, porquanto MESMO NA VINCULAÇÃO O ADMINISTRADOR PÚBLICO OSTENTA DISCRIÇÃO E ENVIESAMENTOS, visto que NÃO AGE NA OBSERVÂNCIA ESTRITA DA REGRA LEGAL, ALÉM DE EXIGIR ADEQUADA MOTIVAÇÃO;
e) O APLICADOR DO DIREITO ADMINISTRATIVO DEVE RESPEITAR AS ESPECIFICIDADES DO CASO, SEM PERMITIR QUE AS INELIMINÁVEIS PRÉ-COMPREENSÕES GEREM AVALIAÇÃO DESPIDA DO SENSO CRÍTICO; o direito administrativo se ordena de modo tópico-sistemático (interação caso-sistema), NÃO HAVENDO campo do ordenamento onde ocorra SUBSUNÇÃO AUTOMÁTICA, excludente dessa interação;
f) NÃO SE ADMITE JAMAIS A SUPRESSÃO DA MEDIAÇÃO HERMENÊUTICA, INCLUSIVE NOS ATOS PLENAMENTE VINCULADOS, SOB A INFLUÊNCIA DOS PRINCÍPIOS E DIREITOS FUNDAMENTAIS.

Gustavo Binenbojm[725] ensina que *o direito e, ainda com maior razão, a Constituição não se interpretam em tiras.*

Juarez Freitas[726] adiciona:
a) a MOTIVAÇÃO é um escudo da cidadania ativa contra ARBITRARIEDADES E DESVIOS INVERTEBRADOS E ABSURDOS, na medida em que os vícios acontecem,

---
[725] BINENBOJM, Gustavo. *Uma teoria do direito administrativo*: direitos fundamentais, democracia e constitucionalização. 3. ed. Rio de Janeiro: Renovar, 2014. p. 163.
[726] FREITAS, Juarez. *Direito fundamental à boa administração pública*. 3. ed. São Paulo: Malheiros, 2014. p. 65; 70; 74-76.

habitualmente, quando a JUSTIFICAÇÃO SE DEBILITA OU DESAPARECE;
b) a VINCULAÇÃO está CONDICIONADA NÃO SOMENTE À LEGALIDADE ESTRITA, MAS À totalidade das referências máximas do direito, que são os PRINCÍPIOS FUNDAMENTAIS, em razão do que OS ATOS VINCULADOS QUE AFETEM DIREITOS DEVEM SER MOTIVADOS PELA AUTORIDADE ADMINISTRATIVA, motivo por que é INSUSTENTÁVEL A SUBSUNÇÃO AUTOMÁTICA DAS REGRAS AO CASO, COMO SE O AUTOMATISMO TIVESSE O CONDÃO DE AFASTAR PREOCUPAÇÕES COM A RAZOABILIDADE, por exemplo. "É que o princípio da legalidade é um dos princípios. Bem aplicá-lo supõe bem aplicar os demais";
c) é falha grave de gestão querer transmudar o agente em burocrata irracional como aplicador acrítico de suposta matéria de mera legalidade formal/silogística, induzindo-o a, por apreço à passividade na aplicação positivista/ subsunção mecânica do direito administrativo, negligenciar os comandos principiológicos indescartáveis, de tal efeito que, EM MATÉRIA DE ATOS VINCULADOS, CONFIGURADAS VIOLAÇÕES À CONSTITUIÇÃO, IMPÕE-SE DEIXAR DE PRATICÁ-LOS, POR NÃO SE ADERIR À SUBSUNÇÃO MECÂNICA DAS REGRAS À VIDA, em busca da otimização global do sistema. Citando Gadamer, recorda que É TEMPO DE ABANDONAR A ILUSÃO DE UMA DOGMÁTICA TOTAL OPERANDO POR MERA SUBSUNÇÃO, pois O SISTEMA JURÍDICO É DOTADO DE CONFORMAÇÃO PLÁSTICA, DERIVADA DA IMBRICAÇÃO DOS PRINCÍPIOS, AINDA NAQUELAS HIPÓTESES EM QUE A RIGIDEZ APARENTE (SÓ APARENTA) SUGERIR SOLUÇÃO CABALMENTE VINCULADA;
d) o direito administrativo é aberto, modo por que o intérprete é quem outorga unidade, significado e abertura ao sistema, ajuntando que a decisão administrativa transcende a esfera do discurso descritivo e da lógica formal em termos dedutivos, já que o formalismo não abarca o

todo do fenômeno administrativa em profundidade e extensão.

Isto é, NÃO HÁ SOLUÇÃO ÚNICA na imposição de pena máxima em processo administrativo disciplinar, até porque a MOTIVAÇÃO, que presidirá o discurso de APLICAÇÃO do art. 132, ou 134, da Lei federal nº 8.112/1990, deverá considerar a FACTICIDADE do caso (art. 22, *caput* e §1º, LINDB),[727] em vista de *justificar a decisão administrativa sancionadora de forma ampla, com os dados concretos presentes*.

Como advoga a doutrina[728] ao repudiar, à luz da LINDB, a tese da resposta única e padrão no direito administrativo sancionador, o que se entende, logicamente, ao problema de APLICAÇÃO AUTOMÁTICA DE PENAS MÁXIMAS COMO SOLUÇÃO ESTANDARDIZADA E ÚNICA NO PROCESSO ADMINISTRATIVO DISCIPLINAR (por exemplo, art. 132 e art. 143, Lei federal nº 8.112/1990), a demonstrar o ofuscante *descompasso da Súmula nº 650/STJ com as diretrizes da Nova Lei de Introdução* às *Normas do Direito Brasileiro* (art. 20, *caput* e parágrafo único):

> A introdução dos novos preceitos na LINDB constitui reação a determinados vícios da cultura jurídica que vêm predominando há anos. [...] a ideia de que seja possível extrair do direito e, até mesmo, exclusivamente de valores jurídicos abstratos, SOLUÇÃO ÚNICA PARA SITUAÇÕES EM CONCRETO; [...] O primeiro vício ou paradigma, relacionado à noção de que SERIA POSSÍVEL EXTRAIR DO ORDENAMENTO JURÍDICO SOLUÇÃO ÚNICA, E NÃO ESPECÍFICA PARA CADA SITUAÇÃO VERIFICADA EM CONCRETO.

Andrade complementa,[729] contrariamente à visão da Súmula nº 650/STJ (pena máxima disciplinar obrigatória em todos os casos,

---

[727] "Art. 22. Na interpretação de normas sobre gestão pública, SERÃO CONSIDERADOS OS OBSTÁCULOS E AS DIFICULDADES REAIS DO GESTOR e as exigências das políticas públicas a seu cargo, sem prejuízo dos direitos dos administrados (Regulamento). §1º Em decisão sobre regularidade de conduta ou validade de ato, contrato, ajuste, processo ou norma administrativa, SERÃO CONSIDERADAS AS CIRCUNSTÂNCIAS PRÁTICAS QUE HOUVEREM IMPOSTO, LIMITADO OU CONDICIONADO A AÇÃO DO AGENTE".

[728] SOUZA, Rodrigo Pagani de; ALENCAR, Letícia Lins de. O dever de contextualização na interpretação e aplicação do direito público. *In*: VALIATI, Thiago Priess; HUNGARO, Luis Alberto; CASTELLA, Gabriel Morettini e (Coord.). *A Lei de Introdução e o direito administrativo brasileiro*. Rio de Janeiro: Lumen Juris, 2019. p. 62.

[729] ANDRADE, Fábio Martins de. *Comentários à Lei nº 13.655/2018*: proposta de sistematização e interpretação conforme. Rio de Janeiro: Lumen Juris, 2019. p. 153.

à revelia da facticidade), acentuando que *não existe uma apriorística decisão correta e* única, *de antemão e abstratamente dada, nem solução* única, *mas a resposta do ordenamento jurídico será construída na aplicação da norma jurídica, depois de consideradas amplamente as especificidades do caso concreto*:

> A DECISÃO CORRETA NÃO QUER DIZER OUTRA COISA SENÃO AQUELA QUE CONSIDEROU AS PARTICULARIDADES DO CASO CONCRETO mediante a descrição completa dos elementos fáticos relevantes. NÃO SE TRATA DE UMA DECISÃO QUE SERIA A EXPRESSÃO DA VERDADE ABSOLUTA, *A PRIORI* E ABSTRATAMENTE CONSIDERADA. NÃO HÁ, PER SE, A SOLUÇÃO UNÍVOCA. Esta é *CONSTRUÍDA NO JUÍZO DE APLICAÇÃO DA NORMA* e, dessa maneira, *a posteriori*, ou seja, quando, além das normas *prima facie* aplicáveis, tem-se a *completa descrição da situação concreta*.

Oliveira[730] também critica que, imbuídos de uma visão idealizada sobre O MITO DA ÚNICA RESPOSTA CORRETA FORNECIDA PELO ORDENAMENTO, muitas vezes identificada a partir da interpretação de princípios abertos, órgãos *controladores punem gestores públicos severamente sem levar em consideração fatores limitadores, como as dificuldades materiais enfrentadas por setores administrativos, em termos de recursos humanos e orçamentários*.

A doutrina confirma os efeitos da Lei de Introdução às Normas do Direito Brasileiro sobre o controle judicial dos atos administrativos vinculados também, em contraposição à Súmula nº 650/STJ:[731]

> Impõe a necessidade de SUPERAÇÃO DE UMA VISÃO ESTÁTICA SOBRE CONTROLE JUDICIAL DOS ATOS ADMINISTRATIVOS, FUNDADA EM CRITÉRIO SIMPLISTA E INADEQUADO, CALCADO NA DIFERENCIAÇÃO ENTRE ATOS VINCULADOS E DISCRICIONÁRIOS. A extensão do âmbito controle deve ser dinâmica.

---

[730] NIEBUHR, Pedro; OLIVEIRA, Claudia Ladeira de; MEDEIROS, Isaac Kofi. Controle e deferência judicial à Administração Pública (...). *In*: MAFFINI, Rafael; RAMOS, Rafael (Coord.). *Nova LINDB*: consenquencialismo, deferência judicial, motivação e responsabilidade do gestor público. Rio de Janeiro: Lumen Juris, 2020. p. 81.

[731] BILIERI, Mário Dittrich; FALK, Matheus. O controle judicial ablativo e mandamental dos atos administrativos com baixo e médio grau de juridicidade e a Nova Lei de Introdução às Normas do Direito Brasileiro (Lei nº 13.655/2018). *In*: VALIATI, Thiago Priess; HUNGARO, Luis Alberto; CASTELLA, Gabriel Morettini e (Coord.). *A Lei de Introdução e o direito administrativo brasileiro*. Rio de Janeiro: Lumen Juris, 2019. p. 381.

Bitencourt e Leal[732] referendam a crítica à absolutização normativa de um texto legal, como tenta compreender a Súmula nº 650/STJ ao interpretar o art. 132, da Lei federal nº 8.112/1990 como ato vinculado absoluto e de uma solução única inarredável, independentemente das circunstâncias concretas em pauta:

> A própria noção de hermenêutica que coloca o *intérprete como sujeito criador da norma*, uma vez que A REALIDADE DA PRÓPRIA ADMINISTRAÇÃO PÚBLICA É TÃO COMPLEXA EM FACE DA MULTIPLICIDADE DE POSSIBILIDADES DE APLICAÇÃO que obviamente *não há como imaginar o discurso da* SEGURANÇA JURÍDICA ABSOLUTA DE UM TEXTO NORMATIVO, uma vez que NÃO SE TRATA DE UMA SOLUÇÃO DEDUTIVA E NEM MESMO DA CONCEPÇÃO DE QUE HAJA UMA ÚNICA RESPOSTA CORRETA, ainda que a argumentação leve a crer que seja a melhor resposta naquele caso. Esse trabalho praticamente artesanal de extrair do texto o sentido da norma é que se torna redundante para não dizer tautológico, que HAVERÁ SEMPRE QUE SE SITUAR EM UMA DADA REALIDADE EM TODA SUA COMPLEXIDADE.

Não se pode dispensar, destarte, o cotejo das CIRCUNSTÂNCIAS DO CASO CONCRETO e PARÂMETROS DOSIMÉTRICOS DE PENALIDADES NO EXERCÍCIO DO PODER DISCIPLINAR estatal na ótica do caso vertente e suas peculiaridades, quando até A SOLUÇÃO ESTANDARDIZADA DA REGRA PELA IMPOSIÇÃO DA PENA MÁXIMA PODERÁ SER AFASTADA EVENTUAL E JUSTIFICADAMENTE, *se presentes certos critérios e justificativas sólidas, deduzidas de forma robusta, convincente e lógica pelo aplicador do direito,* conquanto com MAIOR ÔNUS ARGUMENTATIVO,[733] como pontuado por Ávila.[734]

Foca-se, na situação, o PRINCÍPIO DA JURIDICIDADE, com o *AMPLO RESPEITO AO ORDENAMENTO JURÍDICO COMO*

---

[732] BITENCOURT Caroline Müller; LEAL, Rogério Gesta. Consequencialismo das decisões e os valores jurídicos abstratos a partir da Lei 13.655/18: uma análise crítica sob a perspectiva da (in)segurança jurídica. *In*: MAFFINI, Rafael; RAMOS, Rafael (Coord.). *Nova LINDB*: consenquencialismo, deferência judicial, motivação e responsabilidade do gestor público. Rio de Janeiro: Lumen Juris, 2020. p. 116.

[733] Robert Alexy destaca a advertência de que o PRINCÍPIO DA GENERALIZABILIDADE exige que aquele que quer tratar uma pessoa de forma diferente de outra pessoa deve apresentar uma razão para isso (ALEXY, Robert. *Teoria discursiva do direito.* Tradução de Alexandre Travessoni Gomes Trivisonno. Rio de Janeiro: Forense Universitária, 2014. p. 56).

[734] ÁVILA, Humberto. *Teoria dos princípios*: da definição à aplicação dos princípios jurídicos. 14. ed. atual. São Paulo: Malheiros, 2013, *passim.*

UM TODO E AOS PRINCÍPIOS JURÍDICOS, NÃO APENAS PELA SUJEIÇÃO AUTOMÁTICA À LEI ORDINÁRIA, secundando-se a legalidade em sentido estrito pela juridicidade administrativa, na perspectiva sacramentada pela doutrina.[735][736][737][738]

Edilson Pereira Nobre Júnior endossa que *o princípio da legalidade* (E O PODER VINCULADO DE APLICAÇÃO DE PENAS DISCIPLINARES) *alberga hoje um conteúdo mais amplo*, que abrange não somente a submissão da Administração Pública à lei e ao regulamento, mas ainda o *respeito à Constituição e os princípios gerais do direito.*[739]

Não se pode mais, no paradigma neoconstitucional, interpretar o direito administrativo, em tema de VINCULAÇÃO, sob a ótica de que O LEGISLADOR TERIA DITADO AO ADMINISTRADOR PÚBLICO A PROVIDÊNCIA ÚNICA (E JÁ FINAL) A SER ADOTADA, caso o fato ensejador de demissão, expressamente previsto no estatuto funcional pertinente, fosse configurado na conduta do servidor acusado (subsunção mecânica), porquanto incide ressalva intuitiva: DESDE QUE TAMBÉM A MEDIDA SE RELEVE RACIONAL E JUSTIFICADA NO CASO CONCRETO, PARTICULARMENTE COM O COTEJO COM O POSTULADO DA RAZOABILIDADE E DA PROPORCIONALIDADE (na visão de Ávila),[740] com a individualização da pena, com os valores constitucionais, além de que a resposta definitiva deve ser compatível com a Constituição (a resposta correta segundo Streck).[741]

Segue que A PROVIDÊNCIA PUNITIVA, MESMO EM ATOS VINCULADOS, DEVE GUARDAR HARMONIA COM OS

---

[735] FIGUEIREDO, Lucia Valle. *Curso de direito administrativo.* 5. ed. rev., atual. e ampl. São Paulo: Malheiros, 2001. p. 42-43.

[736] BINENBOJM, Gustavo. O sentido da vinculação administrativa à juridicidade no direito brasileiro. In: ARAGÃO, Alexandre Santos de; MARQUES NETO, Floriano de Azevedo (Coord.). *Direito administrativo e seus novos paradigmas.* Belo Horizonte: Fórum, 2012. p. 159.

[737] BACELLAR FILHO, Romeu Felipe. A noção jurídica de interesse público no direito administrativo brasileiro. In: BACELLAR FILHO, Romeu Felipe; HACHEM, Daniel Wunder (Coord.). *Direito administrativo e interesse público*: estudos em homenagem ao professor Celso Antônio Bandeira de Mello. Belo Horizonte: Fórum, 2010. p. 99.

[738] OTERO, Paulo. *Legalidade e administração pública*: o sentido da vinculação administrativa à juridicidade. Coimbra: Almedina, 2011. p. 15.

[739] NOBRE JÚNIOR, Edilson Pereira. *O princípio da boa-fé e sua aplicação no direito administrativo brasileiro.* Porto Alegre: Sérgio Antonio Fabris, 2002. p. 18.

[740] ÁVILA, Humberto. *Teoria dos princípios*: da definição à aplicação dos princípios jurídicos. 14. ed. atual. São Paulo: Malheiros, 2013, *passim.*

[741] STRECK, Lenio. *Verdade e consenso*: constituição, hermenêutica e teorias discursivas. 4. ed. São Paulo: Saraiva, 2012, p. 317; 335.

PRINCÍPIOS CONSTITUCIONAIS E LEGAIS REITORES DA ADMINISTRAÇÃO PÚBLICA, COMO A RAZOABILIDADE[742] (a qual, para Willis Santiago Guerra Filho, além de ostentar identidade própria infungível com a *proporcionalidade, é uma vedação a que se perpetrem absurdos com o direito*),[743] moralidade, eficiência e individualização da pena, entre outros valores e princípios constitucionais.

Efetivamente, não poderiam ser elididos do poder disciplinar os indispensáveis requisitos conformadores irradiados pelos princípios constitucionais da individualização da pena, postulados da proporcionalidade e razoabilidade (que se associa com a justiça) e outros, MESMO EM ATIVIDADE em princípio (ou em certo grau, não de forma absoluta) VINCULADA, sob a qual incidem também os *DIREITOS FUNDAMENTAIS DE PERMANÊNCIA NO CARGO*[744] e outros, na medida em que "*A ADMINISTRAÇÃO DEVE INTERPRETAR E APLICAR AS LEIS SEGUNDO OS DIREITOS FUNDAMENTAIS*",[745] em vista da CONSTITUCIONALIZAÇÃO DO DIREITO ADMINISTRATIVO E DE TODOS OS SEUS

---

[742] "A exigência de razoabilidade faz parte da denominada pretensão de correção, significa, assim, dizer que ela está implícita em todos os contextos de produção/aplicação do Direito, sendo, portanto, universalmente válida e objetivamente justificável [...] a noção de razoabilidade aponta a um resultado – em linhas gerais, o aceitável socialmente [...] é desarrazoado o que é inadmissível por uma comunidade em dado momento. O razoável, por sua vez, ocupa terreno residual: é aquilo que deve ser considerado como correto dentro de um determinado contexto social [...] razoabilidade é um termo suficientemente amplo para abranger equidade, exigência de um suporte empírico adequado para a regulação normativa e justificabilidade dos critérios de diferenciação em vista do princípio da igualdade [...] Enquanto dever de congruência, a razoabilidade exige a harmonização das normas com as suas condições externas de aplicação. A fim de que uma norma – ou qualquer ato jurídico – possa ser considerado razoável é necessário um suporte empírico adequado para a medida adotada" (BUSTAMANTE, Thomas da Rosa de. A razoabilidade na dogmática jurídica contemporânea: em busca de um mapa semântico. *In*: NOVELLINO, Marcelo. *Leituras complementares de direito constitucional*: controle de constitucionalidade e hermenêutica constitucional. 2. ed. rev. e atual. Salvador: JusPodivm, 2008. p. 74-76; 78; 82).
[743] GUERRA FILHO, Willis Santiago. Noções sobre o princípio constitucional da proporcionalidade. *In*: NOVELLINO, Marcelo. *Leituras complementares de direito constitucional*: controle de constitucionalidade e hermenêutica constitucional. 2. ed. rev. e atual. Salvador: JusPodivm, 2008. p. 65.
[744] FRAGA, Carlos Alberto Conde da Silva. *O poder disciplinar no Estatuto dos Trabalhadores da Administração Pública*: Lei 58/2008: doutrina: jurisprudência. Alfornelos: Petrony, 2011. p. 118; 164-165.
[745] MENDES, Gilmar Ferreira; COELHO, Inocêncio Mártires; BRANCO, Paulo Gustavo Gonet. *Curso de direito constitucional*. 7. ed. São Paulo: Saraiva, 2012. p. 169.

INSTITUTOS (INCLUSIVE O PODER DISCIPLINAR VINCULADO), como massivamente aponta a doutrina.[746] [747] [748]

Marçal Justen Filho,[749] anotando que o direito administrativo deve refletir a prevalência de concepções democráticas para o Estado (que apenas pode ser concebido como um instrumento para a realização dos valores fundamentais e para o bem comum de todos), sustenta que NENHUMA INTERPRETAÇÃO JURÍDICA, OU SOLUÇÃO DE APLICAÇÃO DE NORMAS JURÍDICAS, É ADMISSÍVEL QUANDO IMPORTAR A VIOLAÇÃO A DIREITOS FUNDAMENTAIS.

Repita-se: o direito administrativo e seus institutos (inclusive a competência ou poder vinculado) não se esquivam, na sua aplicação, da incidência dos direitos fundamentais e dos princípios constitucionais. Nesse sentido, calha a lição de Luís Roberto Barroso:

> MAIS DECISIVO QUE TUDO PARA A CONSTITUCIONALIZAÇÃO DO DIREITO ADMINISTRATIVO FOI A INCIDÊNCIA NO SEU DOMÍNIO DOS PRINCÍPIOS CONSTITUCIONAIS – não apenas os específicos, mas sobretudo os de caráter geral, que se irradiam por todo o sistema jurídico. Também aqui, a partir da dignidade humana e da preservação dos direitos fundamentais, alterou-se a qualidade das relações entre Administração e administrado, COM A SUPERAÇÃO OU REFORMULAÇÃO DE PARADIGMAS TRADICIONAIS.[750]

Esse aspecto foi enaltecido por Diogo Freitas do Amaral: "O ESPÍRITO DO SISTEMA, NO CASO DO DIREITO ADMINISTRATIVO, deve ser apurado em função, primeiro, DA CONSTITUIÇÃO E DOS PRINCÍPIOS que a enformam".[751]

---

[746] BINENBOJM, Gustavo. O sentido da vinculação administrativa à juridicidade no direito brasileiro. *In*: ARAGÃO, Alexandre Santos de; MARQUES NETO, Floriano de Azevedo (Coord.). *Direito administrativo e seus novos paradigmas*. Belo Horizonte: Fórum, 2012. p. 160.

[747] JUSTEN FILHO, Marçal. *Curso de direito administrativo*. 10. ed. rev., atual. e ampl. São Paulo: Revista dos Tribunais, 2014. p. 104.

[748] JUSTEN FILHO, Marçal. *Curso de direito administrativo*. 10. ed. rev., atual. e ampl. São Paulo: Revista dos Tribunais, 2014. p. 163.

[749] JUSTEN FILHO, Marçal. *Curso de direito administrativo*. 14. ed. Rio de Janeiro: Forense, 2023. p. 3.

[750] BARROSO, Luís Roberto. *Curso de direito constitucional contemporâneo*: os conceitos fundamentais e a construção do novo modelo. São Paulo: Saraiva, 2009. p. 374-375.

[751] AMARAL, Diogo Freitas do. *Curso de direito administrativo*. 3. ed. Coimbra: Almedina, 2012. v. I. p. 171.

O exercício do poder disciplinar pela Administração Pública lida diretamente com direitos dos servidores do Estado, como a preservação de sua REPUTAÇÃO PROFISSIONAL, SUA MANUTENÇÃO FINANCEIRA E DE SUA FAMÍLIA, com a sua HONRA pessoal, com A PERMANÊNCIA NOS CARGOS EFETIVOS (que é reflexo do *PRINCÍPIO DE AMPLO ACESSO AOS POSTOS PÚBLICOS*),[752] como o entende Carlos Fraga,[753] também com a justa expectativa de não sofrer punições desproporcionais (como entende a jurisprudência),[754] desarrazoadas ou não individualizadas, em razão do que a antiga compreensão que se tem feito da *vinculação mecânica da autoridade julgadora de processos disciplinares quanto à imposição de penas máximas para os comportamentos previstos genericamente na lei administrativa* (como no caso do art. 132, ou 134, da Lei federal nº 8.112/1990)

---

[752] Segundo a dogmática do direito administrativo francês, o princípio da igualdade perante a lei (cf. Declaração de 1789, art. 6º) implica que, observadas as condições gerais de acesso fixadas por lei, todos os cidadãos podem ter acesso ao emprego público, sem distinção de raça, religião, sexo, crenças ou opiniões. Tem valor constitucional, na medida em que é o valor da Declaração de 1789 incluída no preâmbulo da Constituição (LANG, Agathe Van; GONDOUIN, Geneviève; BRISSET, Véronique Inseguet. *Dictionnaire de droit administratif*. 7. ed. Paris: Dalloz e Sirey, 2015. p. 184).

[753] FRAGA, Carlos Alberto Conde da Silva. *O poder disciplinar no Estatuto dos Trabalhadores da Administração Pública*: Lei 58/2008: doutrina: jurisprudência. Alfornelos: Petrony, 2011, *passim*.

[754] EIAC nº 20068401000559001, EIAC – Embargos Infringentes na Apelação Cível – 421290/01, Rel. Des. Fed. Marcelo Navarro, Tribunal Regional Federal da 5ª Região, Pleno, *DJe*, 27.6.2013, p. 301, Decisão POR MAIORIA: "Ementa: ADMINISTRATIVO E PROCESSUAL CIVIL. EMBARGOS INFRINGENTES. PROCESSO ADMINISTRATIVO DISCIPLINAR. POSSIBILIDADE DE CONTROLE PELO JUDICIÁRIO. SERVIDOR DA POLÍCIA RODOVIÁRIA FEDERAL. IMPUTAÇÃO DA PRÁTICA DE ATO DE IMPROBIDADE. PENA DE DEMISSÃO. PRINCÍPIOS DA RAZOABILIDADE E PROPORCIONALIDADE. INOBSERVÂNCIA. NÃO FORMAÇÃO DE CONJUNTO PROBATÓRIO SUFICIENTE. REINTEGRAÇÃO ASSEGURADA. 1. Em face dos princípios da proporcionalidade, razoabilidade, dignidade da pessoa humana e culpabilidade, típicos do regime jurídico disciplinar, não há juízo de discricionariedade no ato administrativo que impõe sanção a servidor público, razão pela qual o controle jurisdicional é amplo e não se limita somente aos aspectos formais, conferindo garantia a todos os servidores contra um eventual arbítrio. 2. Na imposição de pena disciplinar, deve a autoridade observar o princípio da proporcionalidade, pondo em confronto a gravidade da falta, o dano causado ao serviço público, o grau de responsabilidade de servidor e os seus antecedentes funcionais de modo a demonstrar a justeza da sanção. 3. In casu, há de preponderar o entendimento delineado no voto vencedor no julgamento turmário que, reconhecendo a falta de proporcionalidade da punição aplicada para reprimir a conduta do agente, anulou a sanção de demissão imposta pela Comissão Disciplinar. 4. No entanto, no lugar desta, uma vez que resta imune de dúvidas a conduta ilegal do servidor, merece ser fixada a pena de suspensão por 90 dias, com o imediato retorno de suas atividades funcionais. 5. Embargos Infringentes parcialmente providos. Data da Decisão 08/05/2013, public. 27/06/2013".

tem sido compatibilizada, na mais moderna aplicação prática[755] do direito, com os PRINCÍPIOS ALBERGADOS NA CONSTITUIÇÃO (predominância da juridicidade administrativa sobre a mera legalidade estrita), à luz do dever de COERÊNCIA DO DIREITO, segundo apontado por Neil MacCormick quando encarece que as decisões jurídicas devem fazer sentido no mundo e devem também fazer sentido no contexto do sistema jurídico.[756]

A demissão, ou a cassação de aposentadoria ou de disponibilidade, tem EFEITOS DEVASTADORES SOBRE O SERVIDOR PÚBLICO E SUA FAMÍLIA, em virtude do que a melhor jurisprudência dos Tribunais[757] (com exceção do retrocesso da Súmula nº 650/STJ) tem contornado, em vários casos, o entendimento mais antigo de que o administrador público sempre exercitaria sua competência apenadora de forma automática, vinculada, enquanto mero autômato serviçal da norma, à *revelia de circunstâncias relevantes do caso concreto indicativas do cabimento de penalidade menos severa, no que se justifica aí o manejo do princípio da primazia da materialidade subjacente*, sólido no direito luso, sob as luzes da lição de Pedro Moniz Lopes[758] quando propugna que, NA SITUAÇÃO ESPECÍFICA, PODEM ESTAR PRESENTES CIRCUNSTÂNCIAS EXCEPCIONAIS, NÃO

---

[755] "A captação da norma na sua situação concreta faria então da Ciência Jurídica uma ciência interpretativa. A Ciência do Direito teria, neste sentido, por tarefa interpretar textos e situações a ela referidos, tendo em vista uma finalidade prática. A finalidade prática domina aí a tarefa interpretativa, que se distinguiria de atividades semelhantes das demais ciências humanas, à medida que a intenção básica do jurista não é simplesmente compreender um texto, como faz, por exemplo, um historiador que estabelece o sentido e o movimento no seu contexto, mas também determinar-lhe a força e o alcance, pondo-o em presença dos dados atuais de um problema" (FERRAZ JÚNIOR, Tércio Sampaio. *A ciência do direito*. 2. ed. São Paulo: Atlas, 1980).

[756] MACCORMICK, Neil. *Argumentação jurídica e teoria do direito*. São Paulo: Martins Fontes, 2006. p. 131.

[757] "III - Comprovada a violação dos deveres do servidor público e a prática de ato de improbidade administrativa, deve a servidora responder pelo fato praticado, na medida de sua culpabilidade. Nesse aspecto, deve o julgador observar não só a natureza e a gravidade da conduta como também a extensão do dano, o proveito econômico obtido, a intensidade do elemento subjetivo, as circunstâncias atenuantes e agravantes e os antecedentes funcionais da servidora. IV - A pena de demissão não se mostra a sanção disciplinar mais justa e razoável, diante das peculiaridades do caso, em que se verifica haver a servidora cumprido 28 anos de serviço público regular; ter os dias averbados irregularmente servido apenas para fins de aposentadoria; ter retornado prontamente à atividade quando tornado sem efeito o benefício; congregar antecedentes funcionais elogiáveis" (Tribunal de Justiça do Distrito Federal e Territórios, 6ª Turma Cível, Apelação Cível nº 20110111931769APC, Acórdão nº 653.547, Rel. Des. José Divino de Oliveira, Rev. Des. Vera Andrighi).

[758] LOPES, Pedro Muniz. *Princípio da boa-fé e decisão administrativa*. Coimbra: Almedina, 2011. p. 301.

PREVISTAS NA REGRA NEM PELO LEGISLADOR (*CANCELLING FACTS*), a justificar a ponderação do princípio da legalidade com outros princípios contrapostos na perspectiva concreta, deixando-se de aplicar a regra cominadora de demissão ou de cassação de aposentadoria, se o caso.

A INDIFERENÇA do administrador público e da autoridade julgadora quanto aos EFEITOS DA PENA MÁXIMA sobre o servidor e seus dependentes financeiros contrapõe-se frontalmente aos VALORES de um DIREITO ADMINISTRATIVO HUMANISTA, em face da lesão ao DIREITO FUNDAMENTAL DO TRABALHO E DE PREVIDÊNCIA SOCIAL.[759]

Um exercício MERAMENTE BUROCRÁTICO, INDIFERENTE, DO EXERCÍCIO DO PODER DISCIPLINAR SANCIONADOR DE PENAS MÁXIMAS, *mutatis mutandis*, parece de semelhante feição com a dos funcionários estatais nazistas, cuja maioria, entre os participantes do genocídio, segundo Bauman,[760] não atirou em crianças nem despejou gás em câmaras de gás: "A MAIORIA DOS BUROCRATAS COMPÔS MEMORANDOS, REDIGIU PLANOS, FALOU AO TELEFONE E PARTICIPOU DE CONFERÊNCIAS. PODIAM DESTRUIR TODO UM POVO SENTADOS EM SUAS ESCRIVANINHAS".

Como assinalou Arendt, banqueiros, economistas, doutores, médicos, advogados, estudiosos universitários eram encontrados nos conselhos que resolveram *MATAR/ELIMINAR JUDEUS*.[761]

Concorreram para a política oficial nazista dos assassinatos em massa OS HOMENS DE CARREIRA SUPERIOR DO SERVIÇO PÚBLICO, espinha dorsal da administração, sob as ordens diretas de ministros, especialistas de vários ministérios.[762]

O próprio administrador da Solução Final nazista, Eichman, redarguiu que, apesar de ter executado os planos e diretamente promovido o extermínio de 5 milhões de judeus, *não teria supostamente*

---

[759] "A previdência social tem por finalidade proteger o segurado e seus dependentes nos casos de impossibilidade de manutenção a própria subsistência ou naqueles considerados socialmente desejáveis" (NOVELINO, Marcelo. *Curso de direito constitucional*. 15. ed. rev., ampl. e atual. Salvador: JusPodivm, 2020. p. 903).

[760] BAUMAN, Zygmunt. *Modernidade e holocausto*. Rio de Janeiro: Zahar, 1988. p. 44.

[761] ARENDT, Hannah. *Eichman em Jerusalém*: um relato sobre a banalidade do mal. São Paulo: Companhia das Letras, 1999. p. 29.

[762] ARENDT, Hannah. *Eichman em Jerusalém*: um relato sobre a banalidade do mal. São Paulo: Companhia das Letras, 1999. p. 128-129.

nada a ver com o assassinato de judeus, que nunca matara um judeu nem qualquer ser humano, tampouco expedira ordem para o cometimento do homicídio. Alegou que OBEDECIA NÃO SOMENTE A ORDENS, OBEDECIA À LEI. SEUS ATOS ERAM DE UM CIDADÃO RESPEITADOR DAS LEIS. Viveu um período de "crime legalizado pelo Estado".[763]

Essa argumentação foi rechaçada no julgamento condenatório dos acusados no Tribunal de Nuremberg, como no caso do General Keitl:[764] "As ordens superiores, mesmo para um soldado, não seriam consideradas um atenuante em casos de crimes tão chocantes e extensos cometidos conscientemente com tanta crueldade".

Não se veda a imposição de penas extremas, em vista do interesse da sociedade de probidade na Administração Pública, mas o que se antolha passível de revisão é a doutrina/jurisprudência legitimadora da severa ruptura do vínculo funcionarial de servidor com estabilidade por meio de SIMPLÓRIA/formalista DECISÃO MECÂNICA, MERAMENTE POR SUBSUNÇÃO, SEM CUIDADOSA EXPOSIÇÃO DE ARGUMENTOS FÁTICOS E JURÍDICOS RACIONALMENTE COMPATÍVEIS COM A CONSTITUIÇÃO E SUA PRINCIPIOLOGIA E SEUS VALORES (a resposta adequada e correta é a compatível com a Constituição segundo Streck),[765] com o acurado exame do caso concreto (NÃO EXISTE SOLUÇÃO PRÉ-PRONTA,[766] NEM RESPOSTA ÚNICA,[767] [768] SEM A ESPECIFI-

---

[763] ARENDT, Hannah. *Eichman em Jerusalém*: um relato sobre a banalidade do mal. São Paulo: Companhia das Letras, 1999. p. 33; 59; 152-153.
[764] ROLAND, Paul. *Os julgamentos de Nuremberg*. São Paulo: M. Books, 2013. p. 172.
[765] STRECK, Lenio. *Verdade e consenso*: constituição, hermenêutica e teorias discursivas. 4. ed. São Paulo: Saraiva, 2012. p. 317; 335.
[766] ANDRADE, Fábio Martins de. *Comentários à Lei nº 13.655/2018*: proposta de sistematização e interpretação conforme. Rio de Janeiro: Lumen Juris, 2019. p. 153.
[767] SOUZA, Rodrigo Pagani de; ALENCAR, Letícia Lins de. O dever de contextualização na interpretação e aplicação do direito público. *In*: VALIATI, Thiago Priess; HUNGARO, Luis Alberto; CASTELLA, Gabriel Morettini e (Coord.). *A Lei de Introdução e o direito administrativo brasileiro*. Rio de Janeiro: Lumen Juris, 2019. p. 62.
[768] NIEBUHR, Pedro; OLIVEIRA, Claudia Ladeira de; MEDEIROS, Isaac Kofi. Controle e deferência judicial à Administração Pública (...). *In*: MAFFINI, Rafael; RAMOS, Rafael (Coord.). *Nova LINDB*: consenquencialismo, deferência judicial, motivação e responsabilidade do gestor público. Rio de Janeiro: Lumen Juris, 2020. p. 81.

CIDADE DO CASO, conforme Barroso,[769] a FACTICIDADE),[770] *das circunstâncias que envolvem a transgressão, com a individualização da pena e o confronto de sua proporcionalidade e razoabilidade.*

Cabe recordar aí o escólio de Gustavo Binenbojm[771] ao proclamar que o mais importante aspecto da CONSTITUCIONALIZAÇÃO DO DIREITO ADMINISTRATIVO É A LIGAÇÃO DIRETA DA ADMINISTRAÇÃO AOS PRINCÍPIOS CONSTITUCIONAIS, enquanto núcleos de condensação de valores, por cujo efeito a nova principiologia constitucional passa a ocupar posição central na constituição de um DIREITO ADMINISTRATIVO democrático e HUMANISTA,[772] [773] [774] [775] comprometido com a realização dos direitos do homem, *abandonando as bases clássicas de um direito administrativo autoritário.*

Calha recordar BOBBIO ao pregar que somente se pode falar de direito onde haja um complexo de normas formando um ordenamento, modo por que o direito não é norma, mas um conjunto ordenado de normas, "sendo evidente que *uma norma jurídica não se encontra jamais só, mas está ligada a outras normas com as quais forma um sistema normativo*",[776] no que se solidifica a *interpretação sistemática do direito disciplinário no fundamental tema de aplicação de penas máximas.*

---

[769] BARROSO, Luís Roberto. *O novo direito constitucional brasileiro*: contribuições para a construção teórica e prática da jurisdição constitucional no Brasil. Belo Horizonte: Fórum, 2013. p. 37.

[770] BITENCOURT Caroline Müller; LEAL, Rogério Gesta. Consequencialismo das decisões e os valores jurídicos abstratos a partir da Lei 13.655/18: uma análise crítica sob a perspectiva da (in)segurança jurídica. *In*: MAFFINI, Rafael; RAMOS, Rafael (Coord.). *Nova LINDB*: consenquencialismo, deferência judicial, motivação e responsabilidade do gestor público. Rio de Janeiro: Lumen Juris, 2020. p. 116.

[771] BINENBOJM, Gustavo. O sentido da vinculação administrativa à juridicidade no direito brasileiro. *In*: ARAGÃO, Alexandre Santos de; MARQUES NETO, Floriano de Azevedo (Coord.). *Direito administrativo e seus novos paradigmas*. Belo Horizonte: Fórum, 2012. p. 160.

[772] OTERO, Paulo. *Manual de direito administrativo*. Coimbra: Almedina, 2013. v. 1. p. 68; 70.

[773] ANDRADE, Alberto Guimarães. Advocacia pública ética e eficaz. *In*: PIRES, Maria Coeli Simões; PINTO, Luciana Moraes Raso Sardinha (Coord.). *Paulo Neves de Carvalho* – Suas lições por seus discípulos. Belo Horizonte: Fórum, 2012. p. 104.

[774] SARMENTO, Daniel. Supremacia do interesse público? As colisões entre direitos fundamentais e interesses da coletividade. *In*: ARAGÃO, Alexandre Santos de; MARQUES NETO, Floriano de Azevedo (Coord.). *Direito administrativo e seus novos paradigmas*. Belo Horizonte: Fórum, 2012. p. 113-115.

[775] JUSTEN FILHO, Marçal. O direito administrativo de espetáculo. *In*: ARAGÃO, Alexandre Santos de; MARQUES NETO, Floriano de Azevedo (Coord.). *Direito administrativo e seus novos paradigmas*. Belo Horizonte: Fórum, 2012. p. 78-79.

[776] BOBBIO, Norberto. *Teoria do ordenamento jurídico*. 10. ed. Brasília: Universidade de Brasília, 1999. p. 21.

Mas realmente não se justifica, como nisso pecou a Súmula nº 650/STJ, que o administrador público desconsidere a análise de efetiva ofensa ou ameaça ao bem jurídico tutelado pela conduta infrativa apurada, apenas para se curvar, incongruente e inconscientemente, à arcaica vinculação decisória no caso concreto (indevido império da legalidade estrita sobre a juridicidade em sentido amplo), *mutatis mutandis* num retrocesso positivista subsuntivo de mera função de *bouche de la loi* na aplicação do direito administrativo, sem sujeição ao parâmetro de controle do princípio da PROPORCIONALIDADE, inclusive, menosprezando a EFICÁCIA IRRADIANTE DOS DIREITOS FUNDAMENTAIS e a JURIDICIDADE administrativa como princípio mais amplo do que a legalidade em sentido estrito, haja vista que um princípio (legalidade estrita) pode capitular diante de outro no caso concreto, segundo Dworkin.[777]

Isso porque o exercício do poder disciplinar de imposição de penalidades máximas se justifica para condutas que, À LUZ DAS CIRCUNSTÂNCIAS DO CASO EM TODOS OS SEUS DADOS OBJETIVOS E SUBJETIVOS, efetivamente ofendam, de forma significativa, relevantes valores e fins da Administração Pública, quando cabe o adequado e proporcional, razoável, manejo da competência sancionadora, a qual deve se conformar com o sistema jurídico como um todo (juridicidade),[778] em que uma série de princípios (proporcionalidade, razoabilidade, individualização da pena) e valores constitucionais incidem como parâmetros de controle das decisões administrativas, inclusive para se deixar de aplicar a regra da demissão como ato vinculado, na lição de Alexy.[779]

Assim também referenda a jurisprudência, com a anulação de penas máximas sem a devida justificativa no caso concreto e que não se pode resumir ao singelo enquadramento jurídico mecânico

---

[777] Finca Ronald Dworkin que um princípio pode ter que capitular diante de outro, na medida em que os princípios possuem uma dimensão que as regras não têm – a dimensão do peso ou importância. Quando os princípios se intercruzam, aquele que vai resolver o conflito tem de levar em conta a força relativa de cada um (DWORKIN, Ronald. *Levando os direitos a sério*. São Paulo: Martins Fontes, 2002. p. 42; 144).

[778] BINENBOJM, Gustavo. O sentido da vinculação administrativa à juridicidade no direito brasileiro. In: ARAGÃO, Alexandre Santos de; MARQUES NETO, Floriano de Azevedo (Coord.). *Direito administrativo e seus novos paradigmas*. Belo Horizonte: Fórum, 2012. p. 159.

[779] ALEXY, Robert. *Teoria discursiva do direito*. Tradução de Alexandre Travessoni Gomes Trivisonno. Rio de Janeiro: Forense Universitária, 2014. p. 176.

do fato, por violação do princípio da proporcionalidade, conforme precedentes.[780]

Rigorosamente, o preceito alberga a ideia de CONSTRUÇÃO DO DIREITO NO CASO CONCRETO e que a APLICAÇÃO DO TEXTO LEGISLATIVO NÃO É UMA PROVIDÊNCIA ACABADA PELO LEGISLADOR (mito da completude da lei na escola do positivismo exegético, condenado por Juarez Freitas),[781] mas deve ser concretizada pelo aplicador do direito disciplinário, sobretudo diante de CIRCUNSTÂNCIAS EXCEPCIONAIS DA ESPÉCIE analisada, à luz dos ensinamentos de Marçal Justen Filho,[782] Klaus Gunther,[783] Lenio Streck,[784] premissa que a concepção mais antiga do poder disciplinar vinculado ainda não percebeu.

Vinculação da autoridade administrativa não é ordem para praticar iniquidades, excessos sancionadores, se as CIRCUNSTÂNCIAS CONCRETAS orientam ou apontam o juízo decisório pelo JUSTIFICADO E PROPORCIONAL, RAZOÁVEL, CABIMENTO DE PENA NÃO MÁXIMA NO CASO APRECIADO, quando a regra (como do art. 132, da Lei federal nº 8.112/1990) não se revela apropriada na espécie, surgindo uma exceção à aludida regra no caso concreto, inclusive como admoesta Alexy: "O insuportável não é de direito".[785]

Vale aí recordar a advertência da doutrina do direito administrativo que O PODER VINCULADO NASCEU DO ÂNIMO DE PROTEGER O CIDADÃO CONTRA ABUSOS DO ESTADO e, no caso do poder disciplinar, de resguardar o servidor público de

---

[780] AC nº 00001581020114058402, AC – Apelação Cível nº 547.410, Rel. Des. Fed. Lazaro Guimarães, Tribunal Regional Federal da 5ª Região, Quarta Turma, DJe, 8.3.2013, p. 228, Decisão UNÂNIME: "Ementa Administrativo. Servidor Público. Processo Administrativo Disciplinar. PAD. Pena de demissão. Ausência de dolo. Desproporcionalidade configurada. Art. 128, da Lei nº 8.112/90. Possibilidade de controle judicial. Precedentes. Apelações improvidas. Data da Decisão 26/02/2013, public. 08/03/2013".
[781] FREITAS, Juarez. O controle dos atos administrativos e os princípios fundamentais. 3. ed. rev. e atual. São Paulo: Malheiros, 2004. p. 212-213.
[782] JUSTEN FILHO, Marçal. Curso de direito administrativo. 10. ed. rev., atual. e ampl. São Paulo: Revista dos Tribunais, 2014. p. 168.
[783] GUNTHER, Klaus. Teoria da argumentação no direito e na moral: justificação e aplicação. São Paulo: Landy, 2004. p. 393.
[784] STRECK, Lenio. Verdade e consenso: constituição, hermenêutica e teorias discursivas. 4. ed. São Paulo: Saraiva, 2012. p. 127.
[785] ALEXY, Robert. Teoria da argumentação jurídica: a teoria do discurso racional como teoria da fundamentação jurídica. Tradução de Zilda Hutchinson Schild Silva. 3. ed. Rio de Janeiro: Forense, 2013. p. 37.

perda do cargo por meio da imposição de penas máximas por fatos quaisquer (exatamente o que motivou a tipicidade das infrações mais graves), em vista de evitar arbitrariedade da Administração Pública, modo por que se desviar desse entendimento (descrição exaustiva das faltas passíveis de pena máxima, como no art. 132, Lei federal nº 8.112/1990) como mecanismo de PROTEÇÃO DOS SERVIDORES representa, contrariando a hermenêutica jurídica clássica, INTERPRETAR A LEI (TIPOS DISCIPLINARES COMO LIMITE DOS CASOS PASSÍVEIS DE PENAS MÁXIMAS – TIPICIDADE, COMO GARANTIA DOS SERVIDORES DO ESTADO) CONTRA AQUELES QUE ELA PROCUROU PROTEGER.

A hermenêutica do direito, em diretriz contraposta, enaltece, na obra clássica de Carlos Maximiliano: "*CUMPRE ATRIBUIR AO TEXTO UM SENTIDO TAL QUE RESULTE HAVER A LEI REGULADO A ESPÉCIE A FAVOR E NÃO EM PREJUÍZO DE QUEM ELA EVIDENTEMENTE VISA A PROTEGER*".[786]

No mesmo sentido é o ensino de Paulo Otero:[787]

NADA PERMITE QUE AQUILO QUE FOI ESTABELECIDO PARA UTILIDADE E BENEFÍCIO DAS PESSOAS DEVA SER TORNADO MAIS SEVERO, POR VIA DE UMA INTERPRETAÇÃO EM TERMOS DEMASIADO DUROS E CONTRA O INTERESSE DAS PESSOAS.

O magistrado luso Adélio Pereira André exemplifica também o PODER VINCULADO NO SENTIDO PRECÍPUO DE CONCESSÃO DE DIREITOS SUBJETIVOS AOS CIDADÃOS, como: 1) a vedação de recusa de inscrição de matrícula de candidato à escola pública secundária, 2) critérios objetivos para aprovação em concurso público para magistratura, entre outros.[788]

Marcelo Rebelo de Sousa e André Salgado de Matos[789] apontam que, como regra, *NÃO EXISTE PODER TOTALMENTE VINCULADO, MAS APENAS PREDOMINANTEMENTE,* e admoestam que OS PRINCÍPIOS DA ATIVIDADE ADMINISTRATIVA SÃO

---

[786] MAXIMILIANO, Carlos. *Hermenêutica e aplicação do direito*. Rio de Janeiro: Forense, 1996. p. 156.
[787] OTERO, Paulo. *Direito do procedimento administrativo*. Coimbra: Almedina, 2016. p. 56-57.
[788] ANDRÉ, Adélio Pereira. *Vinculação da administração e protecção dos administrados*. Coimbra: Coimbra, 1989. p. 104.
[789] SOUSA, Marcelo Rebelo de; MATOS, André Salgado. *Direito administrativo geral*: introdução e princípios fundamentais. 3. ed. Alfragide: Dom Quixote, 2008. t. I. p. 202-203.

LIMITES DE TODAS AS CONDUTAS ADMINISTRATIVAS (VINCULADAS OU DISCRICIONÁRIAS), e não apenas da margem de livre decisão, pois a VIOLAÇÃO DOS PRINCÍPIOS, com a desproporcionalidade, a desigualdade, *IRRAZOABILIDADE OU A INJUSTIÇA DE UM ATO VINCULADO, TAMBÉM ACARRETA INVALIDADE DA DECISÃO VINCULADA DA ADMINISTRAÇÃO PÚBLICA*. O grande mestre administrativista de Coimbra, Pedro Costa Gonçalves,[790] citando outros grandes doutrinadores portugueses com igual entendimento,[791] defende:

a) em casos especiais, pode haver lugar à MOBILIZAÇÃO DE PRINCÍPIOS JURÍDICOS GERAIS, MESMO QUANDO A AÇÃO DA ADMINISTRAÇÃO SE ENCONTRA ABRANGIDA POR REGRAS LEGAIS VINCULATIVAS: eis o que poderá efetivamente ocorrer por aplicação do princípio da proporcionalidade, bem como dos princípios da igualdade ou da imparcialidade e, segundo alguma doutrina, também o princípio da razoabilidade;

b) em áreas de AÇÃO ADMINISTRATIVA VINCULADA, a aplicação dos PRINCÍPIOS conduz, necessariamente, à consequência de AFASTAR A PRODUÇÃO DE UM RESULTADO DEFINIDO NA LEI PARA UMA SITUAÇÃO CONCRETA PELO FATO DE A ADMINISTRAÇÃO OU O TRIBUNAL MOBILIZAREM UM PRINCÍPIO "CONTRA" A LEI.

Interpretar a regra de demissão sob o viés de obrigar a Administração Pública, indiscriminadamente, a impor a pena máxima como solução para todos os casos, independentemente de suas características peculiares, como albergou a Súmula nº 650/STJ, representa DISTORCER/INVERTER OS PRÓPRIOS FINS ORIGINÁRIOS DO PODER VINCULADO EM SUA ACEPÇÃO DE TUTELA DOS DIREITOS DOS SERVIDORES E DOS CIDADÃOS (VINCULAÇÃO TEM CARÁTER DE DEFESA DOS PARTICULARES), segundo a

---

[790] GONÇALVES, Pedro Costa. *Manual de direito administrativo*. Coimbra: Almedina, 2019. v. 1. p. 375.

[791] Neste sentido, cf. SILVA, Suzana Tavares da. O princípio da razoabilidade. *In*: GOMES, Carla Amado; NEVES, Ana Fernanda; SERRÃO, Tiago. *Comentários ao Novo Código do Procedimento Administrativo*. [s.l.]: [s.n.], [s.d.]. v. I. p. 291 e segs. (p. 313), advogando que o art. 8º do CPA pretendeu só determinar que a razoabilidade se aplique também em atos vinculados.

dogmática do direito administrativo, conforme Marcello Caetano,[792] Adélio Pereira André,[793] Diogo Freitas do Amaral,[794] Edmir Netto de Araújo,[795] Maria Sylvia Zanella Di Pietro,[796] Pierre-Laurent Frier e Jacques Petit,[797] Marçal Justen Filho,[798] Lúcia Valle Figueiredo[799] e Juarez Freitas.[800]

Veja-se nesse sentido acórdão do Tribunal Regional Federal da 1ª Região (conferir nota).[801]

É como anota Luís Roberto Barroso ao declarar que existem muitas situações em que *não existe uma solução pré-pronta no direito, mas que terá de ser construída argumentativamente*, à luz dos elementos

---

[792] CAETANO, Marcello. *Manual de direito administrativo*. 10. ed. Coimbra: Almedina, 2005. v. 1. p. 29.

[793] ANDRÉ, Adélio Pereira. *Vinculação da administração e protecção dos administrados*. Coimbra: Coimbra, 1989. p. 60-61.

[794] AMARAL, Diogo Freitas do. *Curso de direito administrativo*. 3. ed. Coimbra: Almedina, 2012. v. I. p. 233.

[795] ARAÚJO, Edmir Netto de. *Curso de direito administrativo*. 6. ed. São Paulo: Saraiva, 2014. p. 511.

[796] DI PIETRO, Maria Sylvia Zanella. *Direito administrativo*. 27. ed. São Paulo: Saraiva, 2014. p. 221.

[797] FRIER, Pierre-Laurent; PETIT, Jacques. *Droit administratif*. 8. ed. Paris: LGDJ, 2013. p. 359.

[798] JUSTEN FILHO, Marçal. *Curso de direito administrativo*. 10. ed. rev., atual. e ampl. São Paulo: Revista dos Tribunais, 2014. p. 249.

[799] FIGUEIREDO, Lucia Valle. *Curso de direito administrativo*. 5. ed. rev., atual. e ampl. São Paulo: Malheiros, 2001. p. 200.

[800] FREITAS, Juarez. *O controle dos atos administrativos e os princípios fundamentais*. 3. ed. rev. e atual. São Paulo: Malheiros, 2004. p. 212-213.

[801] "AC 200631000006261, AC - APELAÇÃO CÍVEL – 200631000006261, Relator(a) JUIZ FEDERAL RENATO MARTINS PRATES (CONV.), Sigla do órgão TRF1, Tribunal Regional Federal da 1ª Região, Órgão julgador SEGUNDA TURMA, Fonte e-DJF1 DATA: 23/08/2013 PÁGINA: 153. Decisão A Turma, por unanimidade, negou provimento à apelação e deu parcial provimento à remessa oficial. Ementa 1. Agente Administrativo do Ministério da Saúde, demitido em virtude de processo administrativo, em razão de suposta prática de ato de improbidade. 2. O art. 132 da Lei n. 8.112/90 possui um rol de condutas apenadas com demissão, a qual se revela desproporcional diante da análise das provas contidas nos autos, por haver outras medidas mais adequadas para alcançar o fim almejado. 3. Não obstante não caiba ao Poder Judiciário examinar a conveniência ou oportunidade da aplicação das sanções administrativas, cabe-lhe examinar a legalidade, o que importa em verificar se adequada a pena aos fatos apurados, dentro dos contornos da razoabilidade e proporcionalidade. 4. No caso, as provas colhidas no procedimento administrativo revelaram falta funcional, vez que as estimativas de preço, colhidas pelo autor, em inobservância a preceito legal, não estavam lastreadas em planilhas de custo, possibilitando a prática em licitação de preços acima do valor de mercado. Não se comprovou, todavia, dolo ou culpa nos atos praticados, indispensáveis à configuração da alegada improbidade administrativa, não justificando a punição aplicada, sob o prisma da proporcionalidade e da adequação, ou da correta motivação, como analisado no voto proferido pelo Ministro Arnaldo Esteves Lima, no MS 9315-DF (2003/0173001-7). Data da Decisão 31/07/2013. public. 23/08/2013".

do caso concreto, dos parâmetros fixados na norma e de elementos externos ao direito.[802]

O professor[803] propugna inclusive que, *perante leis ostensivamente violadoras de direitos fundamentais, a Administração Pública se encontra vinculada a preferir a Constituição* à *lei*, desaplicando as respectivas leis feridas de inconstitucionalidade.

Paulo Otero sufraga[804] que a vinculação da Administração Pública ao direito (e, por essa via, AOS PRECEITOS CONSTITUCIONAIS dotados de aplicabilidade direta) revela uma SUBORDINAÇÃO DE TODA A SUA ATIVIDADE, qualquer que seja o direito que aplique (*o que abrange o poder vinculado disciplinar sancionador com penas máximas*), À CONSTITUIÇÃO.

Caio Tácito[805] avaliza que são raros os modelos extremos e categóricos, porquanto NÃO HÁ USUALMENTE UM ATO TOTALMENTE VINCULADO, MAS MATIZES de predominância mais ou menos acentuados da manifestação administrativa.

Isso porque "o silogismo lógico-dedutivo não se mostra capaz de resolver os chamados casos difíceis".[806]

O administrativista francês Patrice Chrétien[807] concorda.

---

[802] BARROSO, Luís Roberto. *O novo direito constitucional brasileiro*: contribuições para a construção teórica e prática da jurisdição constitucional no Brasil. Belo Horizonte: Fórum, 2013. p. 37.

[803] BINENBOJM, Gustavo. *Uma teoria do direito administrativo*: direitos fundamentais, democracia e constitucionalização. 3. ed. Rio de Janeiro: Renovar, 2014. p. 138.

[804] OTERO, Paulo. *Manual de direito administrativo*. Coimbra: Almedina, 2013. v. 1. p. 31.

[805] TÁCITO, Caio. *Temas de direito público*: estudos e pareceres. Renovar: Rio de Janeiro, 1997. v. 1. p. 317.

[806] TRINDADE, André Karam. Garantismo versus neoconstitucionalismo: os desafios do protagonismo judicial em terraebrasilis. *In*: ROSA, Alexandre Morais *et al*. (Org.). *Garantismo, hermenêutica e (neo)constitucionalismo*. Porto Alegre: Livraria do Advogado, 2012. p. 95-132.

[807] "A ficção científica imagina que um computador substitui o juiz. Parece tratar-se apenas de fazer emergir as consequências automáticas de uma norma em presença de uma situação de facto – de construir um silogismo em que a conclusão seja inelutavelmente deduzida de um confronto do menor com o maior. No entanto, nada é mais enganoso do que esse estilo de decisões judiciais. Para confrontar uma norma e um fato, primeiro é necessário analisar os dados fáticos e, na maioria das vezes, especificar o sentido da lei ('diga a lei'...). A jurisprudência decorre principalmente da incerteza inerente a essas operações. Ao elaborar a base lógico-jurídica de sua sentença, o juiz desempenha um papel criativo; ele é um intérprete. Ao fazê-lo, ele decide sobre o significado a ser dado às declarações legais. Às vezes, até porque é obrigado a governar, e mesmo que não o exiba claramente, o fato é que ele forja princípios, cria regras. Os princípios e regras assim identificados formam a jurisprudência" (CHRÉTIEN, Patrice. *Droit administratif*. 15. ed. Paris: Sirey, 2016. p. 174).

Por sua vez, o consagrado administrativista luso Colaço Antunes[808] pontua:
a) o raciocínio de que a aplicação do direito responde sempre ao esquema de lógica subsuntiva pertence a um instrumentário conceptual de derivação positivista e pandectística, que a moderna hermenêutica jurídica sujeitou a uma dura crítica;
b) para esta corrente jurídico-filosófica, a interpretação jurídica participa na formação do direito, na medida em que assume um papel criador. Com base nesta reflexão jurídica e filosófica, é possível demonstrar que O NEXO QUE LIGA O FATO À NORMA NÃO PODE SER ENQUADRADO NUMA REDUTORA compreensão da figura da SUBSUNÇÃO de tipo silogístico. Postula, isso sim, uma aproximação problemática da compreensão e uma PARTICIPAÇÃO ATIVA DO INTÉRPRETE que vai para lá da simples apreciação subjetiva dos fatos e dos interesses envolvidos no procedimento;
c) segundo a forma hermenêutica de interpretar, para levar a cabo uma COMPLETA E RACIONAL COMPREENSÃO DA NORMA JURÍDICA, a função (criativa) do intérprete é fundamental ao PÔR EM DIÁLOGO O HORIZONTE DE SENTIDO DA NORMA COM O HORIZONTE FACTUAL DO OBJETO DE INTERPRETAÇÃO, sendo que esta fusão de horizontes epistemológicos constitui simultaneamente o resultado do processo interpretativo-compreensivo e da aplicação da norma. *NÃO HÁ COMPREENSÃO DA NORMA QUE NÃO SE CONFORME AO MODO DE MANIFESTAÇÃO DA COISA, OU SEJA, DA SITUAÇÃO CONCRETA.*

Recorde-se a lição de Gustavo Binenbojm[809] quando ensina que a interpretação conforme a Constituição, no âmbito do direito administrativo, que pode ser adotada pela Administração Pública também, determina que *o intérprete exclua, entre as várias exegeses, aquela incompatível com a Carta Magna.*

---

[808] ANTUNES, Luís Filipe Colaço. *A ciência jurídica administrativa.* Coimbra: Almedina, 2016. p. 317-318.
[809] BINENBOJM, Gustavo. *Uma teoria do direito administrativo*: direitos fundamentais, democracia e constitucionalização. 3. ed. Rio de Janeiro: Renovar, 2014. p. 67-68.

Freitas[810] enuncia que o aplicador do direito administrativo deve respeitar as especificidades do caso, sem permitir que as inelimináveis pré-compreensões gerem avaliação despida do senso crítico. Admoesta que O DIREITO ADMINISTRATIVO SE ORDENA DE MODO TÓPICO-SISTEMÁTICO (INTERAÇÃO CASO-SISTEMA), NÃO HAVENDO CAMPO DO ORDENAMENTO ONDE OCORRA SUBSUNÇÃO AUTOMÁTICA, excludente dessa interação.

O doutrinador[811] consigna que *NÃO SE ADMITE JAMAIS A SUPRESSÃO DA MEDIAÇÃO HERMENÊUTICA, INCLUSIVE NOS ATOS PLENAMENTE VINCULADOS, sob a influência dos princípios e direitos fundamentais.*

Repita-se a cátedra de Romeu Felipe Bacellar Filho[812] no quanto consigna que *a legalidade não pode merecer uma aplicação mecânica sem observância de outros princípios que emergem da Constituição, entre os quais elenca a razoabilidade,* a proporcionalidade, a confiança da boa-fé, a lealdade como base axiológica do Estado brasileiro.

Toda a longa retrospectiva de bases doutrinárias demonstra a incorreção da tese de aplicação de penas máximas como ato administrativo vinculado inarredável, obrigatório, com a mesma solução predeterminada em todos os casos concretos.

4.12 Tipicidade das infrações disciplinares passíveis de penas máximas como decorrência do princípio constitucional da segurança jurídica e da legalidade

O exercício do PODER DISCIPLINAR da Administração Pública deve servir aos elevados fins organizacionais que a informam e para a consecução do interesse público, não para atender a PROPÓSITOS ESCUSOS de hierarcas interessados em obter PROVEITOS ILEGAIS OU DESONESTOS, mediante COAÇÃO OU AMEAÇAS AOS SERVIDORES DE CARREIRA, o que seria trivializado se não houvesse limites claros (proteção do funcionalismo permanente), estatuídos em lei, para a punição dos funcionários do

---

[810] FREITAS, Juarez. *Direito fundamental à boa administração pública.* 3. ed. São Paulo: Malheiros, 2014. p. 62.
[811] FREITAS, Juarez. *Direito fundamental à boa administração pública.* 3. ed. São Paulo: Malheiros, 2014. p. 64.
[812] BACELLAR FILHO, Romeu Felipe. *Reflexões sobre direito administrativo.* Belo Horizonte: Fórum, 2009. p. 22.

Estado, inclusive para restringir a perda dos cargos efetivos ou da aposentadoria dos agentes públicos.

Os agentes públicos deveriam curvar-se à OBEDIÊNCIA DE ORDENS MESMO MANIFESTAMENTE ILEGAIS, se não tivessem garantias quanto aos limites de exercício do poder disciplinar e quanto à TIPICIDADE (ROL EXAUSTIVO EM LEI) DAS PENAS MÁXIMAS, se acaso pudessem ser discricionariamente eleitas/impostas pelas autoridades administrativas por qualquer forma e por qualquer motivo.

Por essa razão, afigura-se relevante definir, de modo claro e EXAUSTIVO, em lei, as ações e omissões caracterizadoras de INFRAÇÃO DISCIPLINAR GRAVE, passíveis em tese de penas máximas de demissão, cassação de aposentadoria/disponibilidade, com vistas a obstar que a autoridade administrativa possa exercer o PODER DISCIPLINAR ARBITRARIAMENTE, como meio de intimidação, inclusive em busca de CONSTRANGER O SERVIDOR DE CARREIRA a atender a INTERESSES NÃO REPUBLICANOS OU IMORAIS/ILEGAIS de grupos econômicos ou de partidos políticos ou dos hierarcas superiores.

Por isso que a lei administrativa, grife-se, descreve, exaustiva e expressamente, as faltas disciplinares a que cominadas repreendas mais severas, como meio de proteção dos servidores de carreira contra pressões e intimidações quanto ao exercício distorcido do poder disciplinar.

É em vista dessa causa que Ricardo Marcondes Martins[813] apregoa a essencialidade de SEGURANÇA JURÍDICA:
a) no campo fenomênico, a posição tradicional da doutrina e legislação pela RESPONSABILIZAÇÃO DISCIPLINAR, como regra geral, acabou se tornando MEIO DE PERSEGUIÇÃO E COAÇÃO DOS INIMIGOS;
b) os agentes públicos que gozam de simpatia dos superiores hierárquicos estão imunes a qualquer espécie de responsabilização, por mais graves que sejam as faltas cometidas;
c) diferentemente, OS SERVIDORES QUE PADECEM DE ANTIPATIA estão sujeitos à rigorosa vigilância, e em não

---

[813] MARTINS, Ricardo Marcondes. *Efeitos dos vícios do ato administrativo*. São Paulo: Malheiros, 2008. p. 619-620.

raras vezes A RESPONSABILIZAÇÃO DISCIPLINAR é utilizada para COAGIR O SUBALTERNO A AQUIESCER OU ATÉ MESMO A PRATICAR AS FALTAS FUNCIONAIS DESEJADAS PELO SEU SUPERIOR, realidade que determina a revisão da teoria.

Por isso ainda, Ricardo Marcondes Martins[814] rejeita, ao menos parcialmente, a doutrina tradicional, sustentando:

> vigoram no DIREITO DISCIPLINAR, em relação à TIPIFICAÇÃO DAS CONDUTAS, as mesmas imposições que vigoram no direito penal; quer dizer, em ambas as searas há incidência dos PRINCÍPIOS DA LEGALIDADE FORMAL, da irretroatividade da lei e, principalmente, da DETERMINAÇÃO OU PRECISÃO DOS PRESSUPOSTOS DA PUNIBILIDADE. Em outras palavras: ao legislador das infrações disciplinares apresentam-se as mesmas limitações e possibilidades que ao legislador dos crimes. Assim, como é admissível a utilização de conceitos indeterminados na tipificação penal, também o é na tipificação da infração disciplinar; como é possível a utilização de normas penais em branco, também o é de normas disciplinares em branco. Essa utilização, porém, encontra limites: os conceitos indeterminados não devem estender arbitrariamente a abertura do tipo; a norma em branco deve conter o núcleo essencial da ação proibida. *A imposição das restrições próprias da tipificação penal ao legislador disciplinar é decorrência de um Estado Democrático de Direito maduro.*

Marcelo Madureira Prates,[815] no mesmo diapasão, discorrendo sobre o PRINCÍPIO DA TIPICIDADE, explica que *A ANTERIORIDADE DA NORMA SANCIONADORA É IMPRESCINDÍVEL TAMBÉM NO DOMÍNIO ADMINISTRATIVO SANCIONADOR*, na medida em que esse princípio é inerente a todo o domínio punitivo, é a pedra angular da proteção jurídica das pessoas inculpadas, tanto no direito penal quanto no direito administrativo sancionador, enquanto decorrência irrecusável do princípio da proteção da confiança, o qual demanda, nesse âmbito, que *qualquer pessoa saiba, com antecedência e com segurança, quais são as condutas que lhe são exigidas, que ilícitos são puníveis e quais são as respectivas sanções aplicáveis.*

---

[814] MARTINS, Ricardo Marcondes. *Efeitos dos vícios do ato administrativo*. São Paulo: Malheiros, 2008. p. 619-620.
[815] PRATES, Marcelo Madureira. *Sanção administrativa geral*: anatomia e autonomia. Coimbra: Almedina, 2005. p. 108.

O administrativista francês Didier Truchet[816] grifa que, a teor do art. 8º, da Declaração dos Direitos Humanos, bem como dos princípios fundamentais reconhecidos pelas leis da República, o Conselho Constitucional da França ESTENDEU O CONCEITO DE PENA ADMINISTRATIVA PARA EXIGIR O RESPEITO PELOS PRINCÍPIOS FUNDAMENTAIS DO DIREITO PENAL, em razão do que sobreleva garantir ao cidadão um perfeito conhecimento das sanções a que está sujeito (PRINCÍPIO DA LEGALIDADE DA INCRIMINAÇÃO E DA SANÇÃO – PREVISIBILIDADE DA SANÇÃO).

Fábio Medina Osório[817] também sublinha o PRINCÍPIO DA TIPICIDADE DAS INFRAÇÕES DISCIPLINARES ADMINISTRATIVAS, com íntima relação, segundo ele, com o princípio do devido processo legal da atividade sancionatória do Estado, visto que, *SEM A TIPIFICAÇÃO DO COMPORTAMENTO PROIBIDO, RESULTA VIOLADA A SEGURANÇA JURÍDICA DA PESSOA HUMANA, QUE SE EXPÕE AO RISCO DE PROIBIÇÕES ARBITRÁRIAS* e dissonantes dos comandos legais.

Irene Nohara sustenta[818] nas suas sugestões para superar um processo administrativo disciplinar que ela ainda considera medieval no Brasil:

> 3. SUPERAR A TESE DA "ATIPICIDADE"
> Como os estatutos costumam definir as infrações funcionais a partir de conceitos jurídicos indeterminados, é comum a doutrina mencionar que há no processo administrativo disciplinar atipicidade. Trata-se de uma conclusão que merece aprimoramentos.
> Ora, o art. 5º, XXXIX, da Constituição determina que: "não há crime sem lei anterior que o defina, nem pena sem prévia cominação legal". Ainda que se admita que haja possibilidade de a previsão ser desdobrada de forma mais clara em ato normativo da Administração, ele deve ter algum fundamento em expressa previsão legal, sob pena de violação da reserva legal em punição administrativa.
> Portanto, ainda que se fale que as condutas descritas nos estatutos funcionais contemplam conceitos indeterminados, como: "falta grave",

---

[816] TRUCHET, Didier. *Droit administratif*. 6. ed. Paris: Themis droit, 2016. p. 212-213; 313.

[817] OSÓRIO, Fábio Medina. *Direito administrativo sancionador*. São Paulo: Revista dos Tribunais, 2000. p. 133; 207.

[818] NOHARA, Irene Patrícia. 5 passos para a superação de um processo administrativo disciplinar "medieval". *Irene Nohara – Direito Administrativo*, 13 jun. 2014. Disponível em: http://blog.direitoadm.com.br/o-que-fazer-casosdireitoadministrativo/5-passos-para-superacao-de-um-processo-administrativo-disciplinar-medieval/.

"procedimento irregular de natureza grave" e "incontinência pública e escandalosa", a discricionariedade proveniente da interpretação de tais conceitos indeterminados NÃO PODE RESVALAR PARA UMA REPRESSÃO ARBITRÁRIA E/OU DISCRIMINATÓRIA, como acontecia, por exemplo, nas "práticas medievais" utilizadas na época da ditadura militar brasileira.

Na ditadura, para fins de tutelar a "segurança nacional", o art. 2º do Decreto-lei nº 98/69 objetivava garantir a "consecução dos objetivos nacionais contra antagonismos, tanto internos quanto externos". TAL ATIPICIDADE foi utilizada, na prática, como pretexto para o desatendimento explícito do *nulum crimen, nulla poena sine lege*, sendo que atualmente considera-se que antagonismos ideológicos são pressupostos em um Estado Democrático de Direito ou será que todo mundo é obrigado a ter a mesma orientação ideológica?!?

Daniel Ferreira[819] igualmente advoga a TIPICIDADE DAS INFRAÇÕES DISCIPLINARES, em virtude da premissa de que "é indispensável que haja existido, pelo menos, *a possibilidade do sujeito evadir-se conscientemente* à *conduta censurada*".

Carlos Alberto Conde da Silva Fraga destaca que o PRINCÍPIO DA RESERVA LEGAL EM TEMA DE REGIME SANCIONADOR DO FUNCIONALISMO PÚBLICO significa que o órgão legislativo fica adstrito a imprimir um conteúdo útil, uma densificação suficiente, uma direção específica à lei a emitir, pois, caso se cingir a preceitos vagos, imprecisos, muito gerais, em branco, frustrará o próprio sentido do mandamento da reserva legal,[820] modo por que se antolha incompatível com o princípio da separação dos poderes a ausência de TIPICIDADE DA INFRAÇÃO DISCIPLINAR quando se confia à Administração a prerrogativa de definir o que constitui falta funcional e a criação, pois, de tipos sancionadores.[821]

O administrativista luso, a propósito, sintetiza que *a desobediência* à *regra da TIPICIDADE significa que os cidadãos perdem a*

---

[819] FERREIRA, Daniel. *Sanções administrativas*. São Paulo: Malheiros, 2001. p. 67.

[820] "Ao atribuir-se à Administração competência para definir casuisticamente o que constitui infracção disciplinar, atribuindo-se-lhe um poder legislativo, está-se a violar a vontade popular e, concomitantemente, o princípio democrático de que a soberania reside no Povo, detentor do Poder" (FRAGA, Carlos Alberto Conde da Silva. *O poder disciplinar no Estatuto dos Trabalhadores da Administração Pública*: Lei 58/2008: doutrina: jurisprudência. Alfornelos: Petrony, 2011. p. 189).

[821] FRAGA, Carlos Alberto Conde da Silva. *O poder disciplinar no Estatuto dos Trabalhadores da Administração Pública*: Lei 58/2008: doutrina: jurisprudência. Alfornelos: Petrony, 2011. p. 182, 185.

possibilidade de calcular e prever os possíveis desenvolvimentos da atuação dos poderes públicos contra sua esfera jurídica, a ponto de o indivíduo converter-se, em última análise, com violação do princípio da dignidade da pessoa humana, "em mero objecto do acontecer estatal".[822]

O autor adita que o princípio da igualdade, segundo a jurisprudência do Tribunal Constitucional português que cita, veda a diferenciação injustificada de tratamento jurídico e a arbitrariedade, ao passo que a indesejada ATIPICIDADE DAS INFRAÇÕES DISCIPLINARES MAIS GRAVES, PASSÍVEIS DE PENAS MAIS SEVERAS, termina por desaguar num PODER SANCIONADOR ILIMITADO DA ADMINISTRAÇÃO, a deixar margem para *ATUAÇÃO DISCRICIONÁRIA E ARBITRÁRIA NO EXERCÍCIO DO PODER DISCIPLINAR*, o que põe em risco o sobredito princípio da igualdade.[823]

Em continuidade, reprova a atipicidade da infração disciplinar em seu país e a formulação de cláusulas gerais, que não preenchem o requisito de previsibilidade das condutas sancionáveis, o que *não permite aos funcionários, enquanto destinatários das normas, saber qual a esfera de liberdade de que desfrutam, qual o* âmbito *do proibido*, o que conduz necessariamente à INSEGURANÇA JURÍDICA,[824] a ferir o princípio da liberdade e da dignidade da pessoa humana,[825] em face do DESCONHECIMENTO DOS COMPORTAMENTOS PROIBIDOS E RESPECTIVAS PENAS, impedindo que os cidadãos possam pautar o seu comportamento no sentido de evitar as condutas ilícitas.

Prossegue o autor e invoca a doutrina e direito positivo espanhóis para firmar que a SEGURANÇA JURÍDICA, que equivale à previsibilidade, ou ao poder prever-se de antemão as sequências jurídicas dos próprios atos, INCIDE, NO DIREITO

---

[822] FRAGA, Carlos Alberto Conde da Silva. *O poder disciplinar no Estatuto dos Trabalhadores da Administração Pública*: Lei 58/2008: doutrina: jurisprudência. Alfornelos: Petrony, 2011. p. 150.

[823] FRAGA, Carlos Alberto Conde da Silva. *O poder disciplinar no Estatuto dos Trabalhadores da Administração Pública*: Lei 58/2008: doutrina: jurisprudência. Alfornelos: Petrony, 2011. p. 154-155.

[824] "No reverso o funcionário não goza do direito fundamental à segurança jurídica. Todo ou qualquer acto ou omissão seu pode ser classificado de infracção disciplinar, sendo, como tal, punível" (FRAGA, Carlos Alberto Conde da Silva. *O poder disciplinar no Estatuto dos Trabalhadores da Administração Pública*: Lei 58/2008: doutrina: jurisprudência. Alfornelos: Petrony, 2011. p. 156).

[825] FRAGA, Carlos Alberto Conde da Silva. *O poder disciplinar no Estatuto dos Trabalhadores da Administração Pública*: Lei 58/2008: doutrina: jurisprudência. Alfornelos: Petrony, 2011. p. 147.

ADMINISTRATIVO DISCIPLINAR, com o imperativo de que a lei descreva um pressuposto de fato estritamente determinado para que se possam conhecer OS COMPORTAMENTOS PROIBIDOS E RESPECTIVAS SANÇÕES INCIDENTES, a fim de que os cidadãos possam determinar a sua conduta de maneira a não cometer atos ilícitos, de forma que, na esteira da jurisprudência constitucional da Espanha, "exige-se que a definição dos ilícitos administrativos para ser válida tem de se revestir de uma previsão que garanta a segurança jurídica".[826]

O professor lusitano ajunta[827] que, por força da legalidade, A DEFINIÇÃO DO QUE CONSTITUA INFRAÇÃO DISCIPLINAR E AS PENAS APLICÁVEIS SE SUJEITA À RESERVA DE LEI, aduzindo que a Lei nº 7/2007 espanhola remeteu a definição das infrações graves e muito graves para lei das Cortes Gerais ou da Assembleia Legislativa da Comunidade Autônoma:

> Não é admissível qualquer actividade criadora ou inovadora da Administração na criação de tipos sancionáveis. Não são admissíveis normas em branco – normas que remetam expressa ou tacitamente a determinação concreta do preceito para uma norma de valor inferior, por violarem os princípios da tipicidade, da reserva de lei e da segurança jurídica.

A tipicidade nada mais é que desdobramento do PRINCÍPIO DA LEGALIDADE, em vista de TOLHER, LIMITAR OS ABUSOS em que poderia incidir o exercício do poder disciplinar da Administração Pública, se porventura não houvesse regras legais exaustivas, definidoras da órbita de responsabilização administrativa dos servidores públicos nessa seara (se fosse estabelecida DISCRICIONARIEDADE ABSOLUTA NA DEFINIÇÃO E APLICAÇÃO DE PENAS MÁXIMAS

---

[826] FRAGA, Carlos Alberto Conde da Silva. *O poder disciplinar no Estatuto dos Trabalhadores da Administração Pública*: Lei 58/2008: doutrina: jurisprudência. Alfornelos: Petrony, 2011. p. 126-127; 129.

[827] "Artículo 95. Faltas disciplinarias. 1. Las faltas disciplinarias pueden ser muy graves, graves y leves. Son faltas muy graves: [...] b. Toda actuación que suponga discriminación por razón de orígen racial o étnico, religión o convicciones, discapacidad, edad u orientación sexual, lengua, opinión, lugar de nacimiento o vecindad, sexo o cualquier otra condición o circunstancia personal o social, así como el acoso por razón de orígen racial o étnico, religión o convicciones, discapacidad, edad u orientación sexual y el acoso moral, sexual y por razón de sexo. [...]".

NO PROCESSO ADMINISTRATIVO DISCIPLINAR), no que calha a cátedra de Di Pietro,[828] *mutatis mutandis*.

A dogmática[829] endossa que, inspirado na defesa dos direitos dos cidadãos contra o arbítrio na Administração Pública, O PODER VINCULADO NOS ATOS ADMINISTRATIVOS SE ASSENTA NA HISTÓRICA PREOCUPAÇÃO COM OS ABUSOS DA DISCRICIONARIEDADE ADMINISTRATIVA:

> [...] À DISCRICIONARIEDADE ADMINISTRATIVA e, associada a ela, a DESCONFIANÇA e baixa empatia para com o gestor público. A IDEIA DE O GESTOR PODER ADOTAR DIFERENTES POSTURAS FRENTE A UMA MESMA SITUAÇÃO, NÃO RARO, É ENCARADA COMO TEMERÁRIA, JÁ QUE ABRIRIA MARGEM PARA A CONCESSÃO DE PRIVILÉGIOS OU TRATAMENTO DESIGUAL ENTRE PARTICULARES. Costuma-se entender que *a forma adequada de combater desvios seria por meio de um direito capaz de conferir solução* única *para todas as situações, o que reduziria o espaço da discricionariedade administrativa*. Presume-se que, dessa forma, não haveria espaço para corrupções ou desmandos.

Termina claríssimo que a vinculação ou poder vinculado decorre da preocupação com a arbitrariedade/abuso da Administração Pública no manejo da competência para editar atos discricionários, máxime sob a inquietação que os direitos das pessoas perante o Estado flutuem, casuisticamente, ao inescrutável querer das autoridades administrativas, em detrimento dos cidadãos.

Por essa razão, abrigaram-se certos direitos dos administrados contra a discricionariedade administrativa, protegendo-se a concessão de licenças para construir ou para exercício de atividade econômica, por exemplo, com uma previsão geral determinante da consentânea providência/decisão da Administração Pública.

---

[828] "Para o desempenho de suas funções no organismo Estatal, a Administração Pública dispõe de poderes que lhe asseguram posição de supremacia sobre o particular e sem os quais ela não conseguiria atingir os seus fins. Mas esses poderes, no Estado de Direito, entre cujos postulados básicos se encontra o princípio da legalidade, são limitados pela lei, de forma a impedir os abusos e as arbitrariedades a que as autoridades poderiam ser levadas. Isto significa que os poderes que exerce o administrador público são regrados pelo sistema jurídico vigente. Não pode a autoridade ultrapassar os limites que a lei traça à sua atividade, sob pena de ilegalidade" (DI PIETRO, Maria Sylvia Zanella. *Direito administrativo*. 33. ed. Rio de Janeiro: Forense, 2020. p. 252).

[829] SOUZA, Rodrigo Pagani de; ALENCAR, Letícia Lins de. O dever de contextualização na interpretação e aplicação do direito público. *In*: VALIATI, Thiago Priess; HUNGARO, Luis Alberto; CASTELLA, Gabriel Morettini e (Coord.). *A Lei de Introdução e o direito administrativo brasileiro*. Rio de Janeiro: Lumen Juris, 2019. p. 65.

Trata-se de regramento dirigido à tutela dos cidadãos, destarte. Assim, divorcia-se dos postulados dogmáticos e da hermenêutica do direito interpretar os fins do poder vinculado não com o escopo de resguardar direitos dos cidadãos, mas, ao contrário, com o propósito de prejudicar as pessoas sujeitas ao regime disciplinar funcional perante a Administração Pública, impondo às autoridades administrativas o dever indeclinável, invariável, em todos os casos, de infligir penas máximas, independentemente das circunstâncias concretas presentes na situação apurada.

Em outras palavras, a TIPICIDADE (*descrição exaustiva das faltas disciplinares mais graves e das penas a elas aplicáveis*), que tem a finalidade de PROTEGER/assegurar que O SERVIDOR NÃO PODE SER PUNIDO COM REPRIMENDA MÁXIMA POR OUTROS FATOS NÃO PREVISTOS exaustivamente NO ESTATUTO DO FUNCIONALISMO, passou a ser interpretada, distorcidamente, como uma imposição inarredável de A AUTORIDADE JULGADORA DO PROCESSO ADMINISTRATIVO DISCIPLINAR NÃO DIFERENCIAR AS SITUAÇÕES CONCRETAS E INFLIGIR A PUNIÇÃO MAIS GRAVE EM TODOS OS CASOS, *SEM INDIVIDUALIZAR A PENA, sem desigualar as situações jurídicas e fáticas distintas*, sem atentar para a FACTICIDADE, adotando uma SOLUÇÃO JURÍDICA ABSTRATA, definida de antemão pelo mito do legislador onipotente.

Como bem se censura[830] quanto a que o administrado não se pode sujeitar às contingências da interpretação casuística do agente público, a legalidade sancionatória está paulatinamente perdendo o seu caráter de proteção e convertendo-se em mecanismo de autoritarismo, segundo a compreensão condescendente da Súmula nº 650/STJ, *data venia*.

Culminou-se, na exegese da regra protetiva do funcionalismo (tipicidade dos casos de infrações passíveis de penalidades máximas no estatuto dos servidores, art. 132, art. 134, Lei federal nº 8.112/1990), em adotar a interpretação em contrário aos funcionários estatais que ela procurava proteger, quer dizer, interpretou-se a norma contra quem ela procurou resguardar dos males da discricionariedade no poder disciplinar, absolutamente em contrário aos postulados mais

---

[830] BONFIM, Anderson Medeiros; SERRANO, Pedro Estevam Alves Pinto. Autoritarismo líquido e direito administrativo sancionador: hipernomia e exceção. *In*: OLIVEIRA, José Roberto Pimenta (Coord.). *Direito administrativo sancionador*: estudos em homenagem ao professor emérito da PUC-SP Celso Antônio Bandeira de Mello. São Paulo: Malheiros, 2019. p. 136.

sólidos da hermenêutica do direito (consoante Carlos Maximiliano[831] e Paulo Otero).[832]

Ora, diferentemente, OS ATOS VINCULADOS NÃO FORAM INSTITUÍDOS PARA, em última instância, em vez de proteger com a tipicidade e segurança jurídica para os submetidos ao regime disciplinar, PREJUDICAR OS CIDADÃOS EM MATÉRIA DE DIREITO ADMINISTRATIVO SANCIONADOR (como se equivoca a Súmula nº 650/STJ, com o devido respeito),[833] com a IMPOSIÇÃO INDISCRIMINADA e OBRIGATÓRIA DE PENAS MÁXIMAS, SEM SEQUER A CONSIDERAÇÃO AO CASO CONCRETO, mas, ao contrário, *motivaram-se no escopo de coibir os consabidos desmandos da DISCRICIONARIEDADE da Administração Pública, historicamente AUTORITÁRIA*.

No caso das infrações disciplinares causadoras de demissão ou cassação de aposentadoria ou disponibilidade, a tendência dos estatutos é, COM VISTAS A PREVENIR ARBÍTRIO E INJUSTIÇA E PROPICIAR SEGURANÇA JURÍDICA AOS SERVIDORES, relacionar, *de forma exaustiva*, em tipos disciplinares, as condutas apenadas, vigorando, no caso, a ideia da tipicidade, o que se amolda ao caráter permanente do vínculo do agente público com o Estado.

Sufraga a doutrina pátria,[834] ao grifar que a tipicidade se compagina com a defesa dos servidores públicos, sujeitos ao regime disciplinar legal, contra a geralmente distorcida DISCRICIONARIEDADE na aplicação de penas como mecanismo de ARBITRARIEDADE E ABUSOS no poder disciplinar:

    a) para impedir que o administrado fique nas mãos do administrador e não seja por ele esbulhado, PERSEGUIDO e

---

[831] "Cumpre atribuir ao texto um sentido tal que resulte haver a lei regulado a espécie a favor e não em prejuízo de quem ela evidentemente visa a proteger" (MAXIMILIANO, Carlos. *Hermenêutica e aplicação do direito*. Rio de Janeiro: Forense, 1996. p. 156).

[832] "Nada permite que aquilo que foi estabelecido para utilidade e benefício das pessoas deva ser tornado mais severo, por via de uma interpretação em termos demasiado duros e contra o interesse das pessoas" (OTERO, Paulo. *Direito do procedimento administrativo*. Coimbra: Almedina, 2016. p. 56-57).

[833] Súmula nº 650 – "A autoridade administrativa não dispõe de discricionariedade para aplicar ao servidor pena diversa de demissão quando caraterizadas as hipóteses previstas no artigo 132 da Lei 8.112/1990".

[834] FREIRE, André Luiz. Direito público sancionador: vinte anos de reflexões acerca das sanções e das infrações administrativas: revolvendo alguns temas polêmicos, complexos e atuais. *In*: OLIVEIRA, José Roberto Pimenta (Coord.). *Direito administrativo sancionador*: estudos em homenagem ao professor emérito da PUC-SP Celso Antônio Bandeira de Mello. São Paulo: Malheiros, 2019. p. 58-59.

atingido em seus direitos mais básicos, a doutrina erige, como EXIGÊNCIA BÁSICA DAS INFRAÇÕES E SANÇÕES, A TIPICIDADE DA CONDUTA. A saber, a infração deve estar descrita na hipótese normativa com todas as suas características. *Para impedir o intérprete de utilizar de seus próprios sentimentos para aplicação de sanções;*
b) a tipicidade da conduta é exigência doutrinária e legal. Com isso, EVITA-SE QUE OS AGENTES PÚBLICOS POSSAM UTILIZAR PALAVRAS VAGAS, QUE ADMITAM INTERPRETAÇÃO DISCRICIONÁRIA, A EXTRAPOLAR A INTERPRETAÇÃO E APROVEITAR DE SUA ATRIBUIÇÃO PARA PERSEGUIÇÃO DE SERVIDORES E INDIVÍDUOS;
c) sabidamente, a lição é antiga, de que QUEM DETÉM O PODER TENDE A ABUSAR DELE. O abuso pode ocorrer não só no comportamento grotesco e imponderado, mas também na interpretação das palavras. A deturpação de seu sentido é obra de espíritos malévolos;
d) a ARBITRARIEDADE dos julgadores administrativos pode ocorrer a qualquer momento e a extrapolação dos sentidos ser utilizada contra o administrado. Nunca se pode saber até onde vai o ARBÍTRIO dos detentores do poder disciplinar.

Carlos Alberto Conde da Silva Fraga registra, aliás, que, mesmo no sistema disciplinar lusitano, se, na verdade, é regra dizer-se que a infração disciplinar é atípica, tal afirmação não deve valer como sentido absoluto, sobretudo, a no que aqui nos interessa, quanto às condutas puníveis mais gravemente, em especial puníveis com penas expulsivas, na medida em que "NUM ESTADO DE DIREITO DEMOCRÁTICO IMPÕE-SE DEFENDER OS ARGUIDOS DO EXCESSO DA ADMINISTRAÇÃO NO USO DA DISCRICIONARIEDADE DISCIPLINAR".[835]

Carlos Alberto Conde da Silva Fraga admoesta, contudo, que *a dificuldade de prever e definir exaustivamente todos e cada um dos comportamentos contrários* às *normas deontológicas obriga a formulação*

---

[835] FRAGA, Carlos Alberto Conde da Silva. *O poder disciplinar no Estatuto dos Trabalhadores da Administração Pública*: Lei 58/2008: doutrina: jurisprudência. Alfornelos: Petrony, 2011. p. 136-137.

de tipos vagos e genéricos, mas, em qualquer caso, exige-se lei e restrição no sentido de que a veiculação de ilícitos por meio de conceitos jurídicos indeterminados se faça de forma tal que a sua densificação seja razoavelmente previsível mediante critérios lógicos, técnicos ou da experiência e permitam prever, com suficiente segurança, a natureza e características essenciais das condutas constitutivas de infração disciplinar, de sorte que

> não são, assim, admitidos na definição de infracções disciplinares conceitos tão indeterminados como o sejam, por exemplo, "actos desonrosos", "falta de idoneidade moral", "ética e dignidade profissionais" [...] "bom comportamento moral e cívico", "aptidão técnico-profissional".[836]

Segundo o Estatuto do Funcionariado da União, o servidor será (poderá ser, dependendo das circunstâncias do caso e da incidência dos princípios controladores, dos direitos fundamentais e dos valores constitucionais) demitido em caso de:

1. prática de crime contra a Administração Pública (art. 132, I, Lei Federal nº 8.112/90), cujo componente de fato é descrito com rigor no Código Penal (arts. 312 a 325);
2. abandono de cargo (art. 132, II, Lei Federal nº 8.112/90), conceituado objetivamente como a ausência intencional do servidor ao serviço por mais de trinta dias consecutivos (art. 138, Lei Federal nº 8.112/90);
3. inassiduidade habitual (art. 132, III, Lei Federal nº 8.112/90), com nítida definição: a falta ao serviço, sem causa justificada, por sessenta dias, interpoladamente, durante o período de doze meses (art. 139, Lei Federal nº 8.112/90);

---

[836] "De facto, a formulação em branco e mediante cláusulas gerais e conceitos indeterminados do conceito de infracção disciplinar e a mera exemplificação de alguns comportamentos que consubstanciam infracção obviamente que não preenche os princípios constitucionais sobejamente referidos – em particular a liberdade, a segurança jurídica, os direitos fundamentais –, e entronca na concepção positivista, aproveitada pelos regimes autoritários, de que o princípio da legalidade se esgota na existência de norma habilitante. Essa amplitude – um conceito que tudo engloba, todos e quais factos de natureza profissional, como da vida privada, como ainda de carácter político atinentes aos administrados – entra em contradição com o espírito do princípio *nullum crimen sine lege* e, consequentemente, com os princípios da segurança jurídica e da legalidade, como entendido num Estado de Direito democrático. [...] no sistema espanhol as infracções administrativas devem estar suficientemente tipificadas na lei, descrevendo detalhadamente e com cuidado cada um dos elementos da conduta" (FRAGA, Carlos Alberto Conde da Silva. *O poder disciplinar no Estatuto dos Trabalhadores da Administração Pública*: Lei 58/2008: doutrina: jurisprudência. Alfornelos: Petrony, 2011. p. 220-221; 231; 245-246).

4. improbidade administrativa (art. 132, IV, Lei Federal nº 8.112/90), regrada em suas hipóteses exemplificativas pela Lei federal nº 8.429/92, de aplicação nacional;
5. ofensa física, em serviço, a servidor ou a particular, salvo em legítima defesa própria ou de outrem (art. 132, VII, Lei federal nº 8.112/90);
6. aplicação irregular de dinheiros públicos (art. 132, VIII, Lei Federal nº 8.112/90);
7. revelação de segredo do qual se apropriou em razão do cargo (art. 132, IX, Lei Federal nº 8.112/90);
8. lesão aos cofres públicos e dilapidação do patrimônio nacional (art. 132, X, Lei Federal nº 8.112/90);
9. corrupção (art. 132, XI, Lei Federal nº 8.112/90);
10. acumulação ilegal de cargos, empregos ou funções públicas (art. 132, XII, Lei Federal nº 8.112/90);
11. valer-se do cargo para lograr proveito pessoal ou de outrem, em detrimento da dignidade da função pública (art. 117, IX, c.c. art. 132, XIII, Lei Federal nº 8.112/90);
12. participar de gerência ou administração de sociedade privada, personificada ou não personificada, exercer o comércio, exceto na qualidade de acionista, cotista ou comanditário (art. 117, X, c.c. art. 132, XIII, Lei Federal nº 8.112/90, com a redação dada pela Lei nº 11.784, de 2008);
13. atuar, como procurador ou intermediário, junto a repartições públicas, salvo quando se tratar de benefícios previdenciários ou assistenciais de parentes até o segundo grau, e de cônjuge ou companheiro (art. 117, XI, c.c. art. 132, XIII, Lei Federal nº 8.112/90);
14. receber propina, comissão, presente ou vantagem de qualquer espécie, em razão de suas atribuições (art. 117, XII, c.c. art. 132, XIII, Lei Federal nº 8.112/90);
15. aceitar comissão, emprego ou pensão de estado estrangeiro (art. 117, IX, c.c. art. 132, XIV, Lei Federal nº 8.112/90);
16. praticar usura sob qualquer de suas formas (art. 117, XIV, c.c. art. 132, XIII, Lei Federal nº 8.112/90);
17. utilizar pessoal ou recursos materiais da repartição em serviços ou atividades particulares (art. 117, XVI, c.c. art. 132, XIII, Lei Federal nº 8.112/90).

HÁ CASOS PASSÍVEIS DE DEMISSÃO COM TIPOS ENSE-JADORES DE certo grau de DISCRICIONARIEDADE NO ENQUA-DRAMENTO DO FATO: incontinência pública e conduta escandalosa, na repartição (art. 132, V, Lei Federal nº 8.112/90); insubordinação grave em serviço (art. 132, VI, Lei Federal nº 8.112/90); proceder de forma desidiosa (art. 117, XV, Lei Federal nº 8.112/90) *O QUE CONSTITUI ESCÂNDALO OU INCONTINÊNCIA? QUANDO A INSUBORDINAÇÃO É GRAVE? SÃO ESFERAS DE ALGUMA DISCRICIONARIEDADE DA AUTORIDADE ADMI-NISTRATIVA* ainda que a doutrina tradicional considere casos de vinculação e automatismo, o que na verdade não procede, em face da indeterminação dos conceitos.

Carlos Alberto Conde da Silva Fraga censura o sistema legislativo disciplinar português vigente por desrespeitar o princípio da reserva de lei, pois, não havendo a tipicidade da infração disciplinar, e sendo a infração definida por cláusulas vagas e conceitos indeterminados e objetivamente indetermináveis, e abrangendo toda a vida do funcionário – funcional e extrafuncional –, encontra-se *compreendido na lei todo e qualquer ato (ou omissão) praticado pelo funcionário, deferindo à Administração, com ofensa ao princípio da legalidade e usurpação pelo administrador público de poderes reservados ao Poder Legislativo,*[837] *cláusulas gerais para criar ilícitos como lhe ocorra, sem definição material precisa, sem limites à atuação administrativa.*[838]

Juan B. Lorenzo de Membiela também assenta que *a norma disciplinar deve ser clara e inteligível, alijando-se da incerteza,* e se rechaçam *a priori* as fórmulas abertas ou genéricas que, por sua amplitude, vagueza ou indefinição, tenham sua efetividade dependente

---

[837] "Apenas o legislador, representante directo da sociedade (volonté général), não o juiz particular, pode decidir sobre a limitação da liberdade individual; só ao legislador compete o poder de proibir condutas (definir delitos) e impor privações de direitos (impor penas). O princípio, como é conhecido, insere-se na construção do Estado de Direito [...] As cláusulas gerais podem encobrir uma menor valia democrática, cabendo, pelo menos, ao legislador, uma reserva global dos aspectos essenciais da matéria a regular" (FRAGA, Carlos Alberto Conde da Silva. *O poder disciplinar no Estatuto dos Trabalhadores da Administração Pública*: Lei 58/2008: doutrina: jurisprudência. Alfornelos: Petrony, 2011. p. 180-181).

[838] FRAGA, Carlos Alberto Conde da Silva. *O poder disciplinar no Estatuto dos Trabalhadores da Administração Pública*: Lei 58/2008: doutrina: jurisprudência. Alfornelos: Petrony, 2011. p. 177-179.

da DECISÃO LIVRE E ARBITRÁRIA DO TITULAR DO PODER DISCIPLINAR.[839]

Não bastasse, o administrativista português Carlos Alberto Conde da Silva Fraga adverte que a *atipicidade, ensejando a punição do servidor por fatos ou omissões que este não faz a mínima ideia do que seja,* não protege o direito à honra profissional e pessoal do agente público, ameaçando seu bom nome e reputação granjeados pelo esforço pessoal, o que não se harmoniza com os valores constitucionais.[840]

A TIPICIDADE (no caso das infrações mais graves, passíveis de penas máximas) tem ainda maior envergadura sob a ótica constitucional.

Prepondera, atualmente, na doutrina e no direito positivo da União (art. 132, Lei federal nº 8.112/1990), a EXIGÊNCIA DA DESCRIÇÃO SUBSTANCIALMENTE DETERMINADA NA LEI DOS COMPORTAMENTOS PASSÍVEIS DE IMPOSIÇÃO DE PENAS DISCIPLINARES MÁXIMAS, como a demissão, cassação de aposentadoria ou disponibilidade. Passa a ser respeitado o PRINCÍPIO DA TIPICIDADE nessas hipóteses, emanação material do princípio da legalidade e de grande relevo como garantia constitucional dos servidores.

Somente os fatos previstos no art. 132, da Lei nº 8.112/90, por consequência, podem legitimar a pena demissória, SE A FACTICIDADE TAMBÉM SE COMPAGINAR COM A APLICAÇÃO DE REPRIMENDA MÁXIMA.

Nesse particular, Odete Medauar sublinha que a Lei Federal nº 8.112/90 e os estatutos dos servidores públicos em geral *têm fugido à consagração de fórmulas amplas e discricionárias, abertas, de faltas disciplinares, precisando, ao contrário, as condutas infrativas,* para proporcionar segurança jurídica aos submissos ao regime disciplinar.[841]

---

[839] LORENZO DE MEMBIELA, Juan B. *Régimen disciplinario de los funcionarios de carrera*. 2. ed. Navarra: Arazandi, 2008. p. 293.

[840] FRAGA, Carlos Alberto Conde da Silva. *O poder disciplinar no Estatuto dos Trabalhadores da Administração Pública*: Lei 58/2008: doutrina: jurisprudência. Alfornelos: Petrony, 2011. p. 163.

[841] MEDAUAR, Odete. *Direito administrativo moderno*. 11. ed. rev. e atual. São Paulo: Revista dos Tribunais, 2007. p. 304-305.

4.13 Mais considerações em torno da perspectiva garantista da previsão legal das infrações mais graves em tipos disciplinares

A antiga dogmática do direito administrativo, quando interpreta as regras cominadoras de sanções máximas aos servidores públicos como uma obrigação inarredável imposta ao administrador público (viés da Súmula nº 650/STJ),[842] igualmente precisa ser modificada pelos efeitos do modelo neoconstitucionalista e da constitucionalização desse ramo jurídico e da arquimencionada EFICÁCIA IRRADIANTE DOS DIREITOS FUNDAMENTAIS, além da sobreposição do exaustivamente citado PRINCÍPIO DA JURIDICIDADE ADMINISTRATIVA sobre a mera legalidade estrita, segundo propugna a doutrina atual. Como admoesta Marçal Justen Filho,[843] "TODAS AS LEIS DEVEM SER INTERPRETADAS DE ACORDO COM A CONSTITUIÇÃO".

Assim, assume vigor a *interpretação conforme* à *Constituição*, que se deve conferir aos dispositivos dos estatutos dos servidores públicos que, em geral, capitulam taxativamente os casos de condutas sujeitas a penas máximas.

Essas regras devem ser consideradas (PODER VINCULADO COMO MEIO DE GARANTIA DO FUNCIONALISMO) COMO UMA PROTEÇÃO AOS SERVIDORES CONTRA A ARBITRÁRIA PERDA DO CARGO PÚBLICO OU DE CASSAÇÃO DE APOSENTADORIA OU DE DISPONIBILIDADE, um dispositivo de *RESGUARDO FUNCIONAL AOS AGENTES DO ESTADO*, e não como a velha dogmática do direito administrativo usualmente retrata, ou seja, instrumento de *imposição obrigatória pelo administrador público da pena extrema, à revelia das circunstâncias do caso, em cumprimento autômato do poder disciplinar vinculado* (linha da Súmula nº 650/STJ).[844]

---

[842] Súmula nº 650/STJ – "A autoridade administrativa não dispõe de discricionariedade para aplicar ao servidor pena diversa de demissão quando caraterizadas as hipóteses previstas no artigo 132 da Lei 8.112/1990".

[843] JUSTEN FILHO, Marçal. *Curso de direito administrativo*. 10. ed. rev., atual. e ampl. São Paulo: Revista dos Tribunais, 2014. p. 231.

[844] Súmula nº 650/STJ – "A autoridade administrativa não dispõe de discricionariedade para aplicar ao servidor pena diversa de demissão quando caraterizadas as hipóteses previstas no artigo 132 da Lei 8.112/1990".

Calha, nesse sentido, rememorar as adrede invocadas lições de Juarez Freitas[845] quando adverte que a VINCULAÇÃO, no mundo concreto, está condicionada não só à legalidade, que afugentaria os juízos de conveniência, senão que à totalidade daquelas alavancas de Arquimedes do Direito, que são os PRINCÍPIOS CONSTITUCIO-NAIS, entendidos na sua dimensão superior, além de se superar a pretensão do positivismo exegético de completude das regras,[846] inclusive porque o professor gaúcho[847] explica que A ORIGEM DA VINCULAÇÃO SE MOTIVA NA DESCONFIANÇA CONTRA A AUTORIDADE E NO CONTROLE PREVENTIVO DE ARBÍTRIO DA PARTE DO AGENTE PÚBLICO, no que admoesta que o receio apriorístico de arbitrariedade não pode se prestar para evitar a boa ação.

Também se revela pertinente, no pormenor, o precitado ensino de Freitas[848] ao registrar que, *EM MATÉRIA DE ATOS VINCULADOS, deles se pode dizer que, havendo riscos de violações irreparáveis, ou de difícil reparação, dos princípios (especialmente proporcionalidade e razoabilidade, individualização da pena), impõe-se deixar de praticá-los,* visto que A VINCULAÇÃO É UMA NECESSIDADE CONDICIONADA PELO SISTEMA JURÍDICO, cátedra que se aplica com perfeição na ressalva à imposição vinculada (obrigatória, em todos os casos concretos, independentemente de suas peculiaridades) de penas máximas que a antiga dogmática apregoa.

Não se pode perder de vista, no particular, inclusive como se divisa no direito disciplinário colombiano,[849] a PERSPECTIVA NITIDAMENTE GARANTISTA[850] DO DIREITO ADMINISTRATIVO

---

[845] FREITAS, Juarez. *O controle dos atos administrativos e os princípios fundamentais.* 3. ed. rev. e atual. São Paulo: Malheiros, 2004. p. 212-213.

[846] FREITAS, Juarez. *O controle dos atos administrativos e os princípios fundamentais.* 3. ed. rev. e atual. São Paulo: Malheiros, 2004. p. 212-213.

[847] FREITAS, Juarez. *O controle dos atos administrativos e os princípios fundamentais.* 3. ed. rev. e atual. São Paulo: Malheiros, 2004. p. 212-213.

[848] FREITAS, Juarez. *O controle dos atos administrativos e os princípios fundamentais.* 3. ed. rev. e atual. São Paulo: Malheiros, 2004. p. 212-213.

[849] "En el contexto de la apuesta por la configuración de un modelo de derecho disciplinario sancionatorio de corte garantista, respetuoso de las garantías y derechos constitucionales del disciplinado" (CASTAÑEDA, José Patrocinio (Org.). *Lecciones de derecho disciplinario.* Instituto de Estudios del Ministerio Público. Colômbia: Imprenta Nacional de Colômbia, 2007. v. II. p. 1-364. Disponível em: http://www.icdd.org.co/doc/Publicaciones/febrero_2008/Lecciones2.pdf).

[850] "No Estado de Direito, as normas punitivas de direito disciplinar têm uma função de garantia. E, por isso, devem ser normas delimitadoras" (COSTA, J. M. Nogueira da. *Estatuto*

DISCIPLINAR SOB A ÓTICA DA TIPICIDADE[851] DAS INFRAÇÕES MAIS GRAVES, SUJEITAS A PENAS MAIS SEVERAS: *não foi na verdade com o suposto fim de suprimir por completo a liberdade decisória da autoridade administrativa julgadora, em automatismo positivista, que o legislador delimitou os casos submetidos, em tese, a sanções demissórias ou de cassação de aposentadoria ou disponibilidade,* mas sim com o efeito/ escopo precípuo de CONFERIR SEGURANÇA JURÍDICA AOS SERVIDORES PÚBLICOS, no sentido de que somente nesses casos expressamente arrolados é que poderia suceder, em princípio, a perda do cargo, da aposentadoria ou da inatividade remunerada, *a depender das circunstâncias ponderadas do caso concreto (FACTICIDADE/ MOTIVAÇÃO REALISTA[852] DAS DECISÕES ADMINISTRATIVAS/ DEVER DE CONTEXTUALIZAÇÃO NA INTERPRETAÇÃO E APLICAÇÃO DO DIREITO PÚBLICO BRASILEIRO,*[853] [854] exigência da Lei de Introdução às Normas do Direito Brasileiro, art. 22, *caput* e §1º).[855]

Por conseguinte, não se pode aplicar, de forma mecânica, pena manifestamente excessiva para a menor gravidade da ação do infrator, ainda que em nome da VINCULAÇÃO, devendo-se invocar o princípio da juridicidade *(e outros valores e princípios constitucionais implícitos e explícitos)* em vez da mera legalidade estrita, no cenário de constitucionalização do direito administrativo.

---

disciplinar dos trabalhadores que exercem funções públicas: normas disciplinares do Estatuto do Ministério Público. Lisboa: Sindicato dos Magistrados do Ministério Público, 2013. p. 15).

[851] "Las infracciones o faltas, así como las sanciones disciplinarias deben estar perfectamente descritas y predeterminadas" (LORENZO DE MEMBIELA, Juan B. *Régimen disciplinario de los funcionarios de carrera.* 2. ed. Navarra: Arazandi, 2008. p. 130).

[852] MAFFINI, Rafael. LINDB, Covid-19 e sanções administrativas aplicáveis a agentes públicos. In: MAFFINI, Rafael; RAMOS, Rafael (Coord.). *Nova LINDB:* consequencialismo, deferência judicial, motivação e responsabilidade do gestor público. Rio de Janeiro: Lumen Juris, 2020. p. 203.

[853] SOUZA, Rodrigo Pagani de; ALENCAR, Letícia Lins de. O dever de contextualização na interpretação e aplicação do direito público. In: VALIATI, Thiago Priess; HUNGARO, Luis Alberto; CASTELLA, Gabriel Morettini e (Coord.). *A Lei de Introdução e o direito administrativo brasileiro.* Rio de Janeiro: Lumen Juris, 2019. p. 51.

[854] RIBEIRO, Leonardo Coelho. Comentários gerais ao art. 21 da Lei de Introdução às Normas do Direito Brasileiro (Decreto-Lei n. 4.657/1942, alterado pela Lei n. 13.655/2018). In: *Lei de Introdução às Normas do Direito Brasileiro* – Anotada. São Paulo: Quartier Latin, 2019. v. II. p. 147.

[855] "Art. 22. Na interpretação de normas sobre gestão pública, serão considerados os obstáculos e as dificuldades reais do gestor e as exigências das políticas públicas a seu cargo, sem prejuízo dos direitos dos administrados (Regulamento). §1º Em decisão sobre regularidade de conduta ou validade de ato, contrato, ajuste, processo ou norma administrativa, serão consideradas as circunstâncias práticas que houverem imposto, limitado ou condicionado a ação do agente".

Nessa toada de reconhecimento do caráter protetivo dos tipos disciplinares mais graves, Marçal Justen Filho[856] assevera que, *NO CASO DE PENAS MÁXIMAS, A GRAVIDADE DA SANÇÃO IMPEDE SUA APLICAÇÃO SEM PREVISÃO LEGAL DAS HIPÓTESES DE SEU CABIMENTO*, o que não representa, porém, senão um pressuposto inicial decisório, porquanto A SOLUÇÃO DO CASO CONCRETO NÃO ESTÁ PREDETERMINADA INARREDAVELMENTE NA REGRA (as regras podem deixar de ser aplicadas, em caso de ponderação com um princípio, na lição de Alexy),[857] mas *será resolvida em face das circunstâncias específicas postas à vista do aplicador do direito* (Klaus Gunther,[858] Lenio Streck),[859] sob um enfoque de criação do direito para o *case*, inclusive com a POSSIBILIDADE DE A REGRA DETERMINANTE DA SANÇÃO EXTREMA DEIXAR DE SER APLICADA, segundo Neil MacCormick.[860]

No mesmo diapasão de recente doutrina:[861]

O JUSTO SÓ APARECE QUANDO DA APLICAÇÃO CONCRETA DA NORMA. [...] A JUSTIÇA ADVIRÁ COM A APLICAÇÃO NO FATO EMPÍRICO. Diante da incidência da norma (subsunção) é que poderá aferir se aquela norma geral e abstrata alcançou seu objetivo, qual seja, de APLICAR O JUSTO NA SOCIEDADE. Daí ser imprescindível um bom aplicador da norma, seja no campo administrativo, seja no jurisdicional.

---

[856] JUSTEN FILHO, Marçal. *Curso de direito administrativo*. 10. ed. rev., atual. e ampl. São Paulo: Revista dos Tribunais, 2014. p. 1.064.

[857] ALEXY, Robert. *Teoria da argumentação jurídica*: a teoria do discurso racional como teoria da fundamentação jurídica. Tradução de Zilda Hutchinson Schild Silva. 3. ed. Rio de Janeiro: Forense, 2013, *passim*; ALEXY, Robert. *Teoria discursiva do direito*. Tradução de Alexandre Travessoni Gomes Trivisonno. Rio de Janeiro: Forense Universitária, 2014, *passim*.

[858] GUNTHER, Klaus. *Teoria da argumentação no direito e na moral*: justificação e aplicação. São Paulo: Landy, 2004. p. 393.

[859] STRECK, Lenio. *Verdade e consenso*: constituição, hermenêutica e teorias discursivas. 4. ed. São Paulo: Saraiva, 2012. p. 127.

[860] "Pode-se estabelecer um contraste entre o melhor e mais correto entre a equidade e o direito, e isso apenas no sentido de que normas formais do direito positivo podem causar injustiça em sua aplicação, o que pode justificar a criação de exceções à lei para classes de situações às quais, por bons motivos, não deveria ser aplicada a lei previamente promulgada ou estabelecida" (MACCORMICK, Neil. *Argumentação jurídica e teoria do direito*. São Paulo: Martins Fontes, 2006. p. 125).

[861] FREIRE, André Luiz. Direito público sancionador: vinte anos de reflexões acerca das sanções e das infrações administrativas: revolvendo alguns temas polêmicos, complexos e atuais. *In*: OLIVEIRA, José Roberto Pimenta (Coord.). *Direito administrativo sancionador*: estudos em homenagem ao professor emérito da PUC-SP Celso Antônio Bandeira de Mello. São Paulo: Malheiros, 2019. p. 56.

A SENSIBILIDADE DO JULGADOR É QUE DARÁ A DIMENSÃO DA JUSTIÇA DA NORMA.

Nessa vertente, consigna Marçal Justen Filho:[862]
a) o pragmatismo NEGA A PREVALÊNCIA DE VALORES PURAMENTE ABSTRATOS E EXIGE QUE O INTÉRPRETE TOME EM VISTA AS CIRCUNSTÂNCIAS DA EXISTÊNCIA CONCRETA. Incorpora a concepção de que as diversas previsões normativas, as interpretações prevalentes e as soluções a serem adotadas não corporificam o resultado definitivo e imutável da existência social;
b) impõe ao aplicador o dever de considerar a dimensão do futuro na sua decisão, escolhendo à medida que sendo compatível com a ordem jurídica – produza o resultado mais compatível com os fins comuns e com a efetivação dos propósitos da existência.

Uma das funções (se não a mais relevante) do art. 132, ou 134, da Lei nº 8.112/90,[863] não se pode esquecer, como aponta a doutrina[864] quanto às regras cominadoras de penas máximas disciplinares (princípio da TIPICIDADE), foi, sobretudo, *PROPORCIONAR SEGURANÇA JURÍDICA AOS SERVIDORES PÚBLICOS DE CONHECEREM AS HIPÓTESES DE CONDUTAS CONSIDERADAS GRAVES E SUSCETÍVEIS, EM PRINCÍPIO, DE PENAS SEVERAS*, de demissão, cassação de aposentadoria ou disponibilidade, a bem do princípio da tipicidade das infrações disciplinares mais graves, enfatizado na doutrina alhures citada.

O preceito legal funciona como LIMITE DE ATUAÇÃO DA AUTORIDADE ADMINISTRATIVA NO EXERCÍCIO DO PODER

---

[862] JUSTEN FILHO, Marçal. *Curso de direito administrativo*. 14. ed. Rio de Janeiro: Forense, 2023. p. 10.

[863] "Art. 132. A demissão será aplicada nos seguintes casos: I - crime contra a administração pública; II - abandono de cargo; III - inassiduidade habitual; IV - improbidade administrativa; V - incontinência pública e conduta escandalosa, na repartição; VI - insubordinação grave em serviço; VII - ofensa física, em serviço, a servidor ou a particular, salvo em legítima defesa própria ou de outrem; VIII - aplicação irregular de dinheiros públicos; IX - revelação de segredo do qual se apropriou em razão do cargo; X - lesão aos cofres públicos e dilapidação do patrimônio nacional; XI - corrupção; XII - acumulação ilegal de cargos, empregos ou funções públicas; XIII - transgressão dos incisos IX a XVI do art. 117".

[864] FRAGA, Carlos Alberto Conde da Silva. *O poder disciplinar no Estatuto dos Trabalhadores da Administração Pública*: Lei 58/2008: doutrina: jurisprudência. Alfornelos: Petrony, 2011, *passim*.

DISCIPLINAR. Não poderá demitir ou cassar disponibilidade, em hipótese alguma, fora dos casos taxativamente tipificados no art. 132 ou 134 do Estatuto Federal. O dispositivo se direciona a conter a pretensão punitiva estatal, não a legitimar o exercício decisório por mera subsunção em todas as situações.

A FINALIDADE PRECÍPUA DA DEFINIÇÃO EXAUSTIVA, NA LEI ADMINISTRATIVA, DOS CASOS DE APLICAÇÃO DE PENAS MÁXIMAS É MARCADAMENTE GARANTISTA, TOLHENDO A INCIDÊNCIA DESSAS PENALIDADES EM SITUAÇÕES NÃO DESCRITAS, o que não pode ser objeto de desfocada interpretação que, obtusa e exclusivamente, com a devida vênia (Súmula nº 650/STJ),[865] *sobreponha o caráter pretensamente VINCULADO EM GRAU ABSOLUTO (INARREDÁVEL, INDISCRIMINADO) do julgamento da autoridade administrativa (APLICAÇÃO OBRIGATÓRIA E INVARIÁVEL DE PENALIDADE MÁXIMA EM TODOS OS CASOS, SEM CONSIDERAÇÃO DAS SITUAÇÕES CONCRETAS),* suprimindo do juízo decisório da Administração Pública os indispensáveis requisitos conformadores irradiados pelos princípios da razoabilidade, da proporcionalidade e individualização da pena e pelo bom senso, dos direitos fundamentais, dos valores constitucionais incidentes, *além de se divorciar dos postulados obrigatórios da Lei de Introdução às Normas do Direito Brasileiro em matéria de interpretação e aplicação do direito administrativo sancionador.*

Essa forma desfocada de entendimento representa, repita-se, contrariando a hermenêutica jurídica clássica, INTERPRETAR A LEI (TIPOS DISCIPLINARES COMO LIMITE DOS CASOS PASSÍVEIS DE PENAS MÁXIMAS – TIPICIDADE, COMO GARANTIA DOS SERVIDORES DO ESTADO) CONTRA AQUELES QUE ELA PROCUROU PROTEGER.

A hermenêutica do direito, em diretriz contraposta, enaltece, na obra clássica de Carlos Maximiliano: *"CUMPRE ATRIBUIR AO TEXTO UM SENTIDO TAL QUE RESULTE HAVER A LEI REGULADO A ESPÉCIE A FAVOR E NÃO EM PREJUÍZO DE QUEM ELA EVIDENTEMENTE VISA A PROTEGER".*[866]

---

[865] Súmula nº 650/STJ – "A autoridade administrativa não dispõe de discricionariedade para aplicar ao servidor pena diversa de demissão quando caraterizadas as hipóteses previstas no artigo 132 da Lei 8.112/1990".
[866] MAXIMILIANO, Carlos. *Hermenêutica e aplicação do direito.* Rio de Janeiro: Forense, 1996. p. 156.

No mesmo sentido é o ensino de Paulo Otero:[867] *"Nada permite que aquilo que foi estabelecido para utilidade e benefício das pessoas deva ser tornado mais severo, por via de uma interpretação em termos demasiado duros e contra o interesse das pessoas".*

Como igualmente pondera o professor luso Colaço Antunes,[868] cabe ao jurista, depois de estudar e COMPREENDER A NORMA E AS SUAS CIRCUNSTÂNCIAS, APRENDER A APLICÁ-LA E A OPERAR COM ELA, questionar-se e questionar os problemas e, sobretudo, FAZER PERGUNTAS ESSENCIAIS DO PORQUÊ E PARA QUE SERVE. Uma delas tem a ver com os limites (atuais) do direito administrativo.

Ademais, a previsão apriorística da pena cabível, conquanto inegavelmente ostente função orientadora de valores e de gravidade de comportamentos reprovados, mas sobretudo animada do propósito indiscutível de propiciar segurança jurídica e conhecimento aos servidores públicos dos fatos classificados como transgressões graves passíveis de penas máximas, não autoriza, entretanto, a INJUSTIÇA NO CASO CONCRETO, NEM DISPENSA DA AUTORIDADE DECISORA O BOM SENSO, A RAZOABILIDADE, nem o dever de apreciar a efetiva lesividade ou ponderável ameaça da conduta ao bem jurídico ou valor tutelado pelo sistema disciplinar, à luz da FACTICIDADE.

Como se aduziu:[869]

> A racionalidade é a própria vida humana, é a razão vital, e a ciência do Direito deve compreender a norma jurídica ponderando sua historicidade, relacionando-a com as circunstâncias e ainda de acordo com as perspectivas formuladas. Por isso, a lógica a ser empregada para a solução dos problemas não é rigorosamente racional, mas razoável.

Insista-se, *ad nauseam*. O legislador não veiculou norma garantista dos servidores (previsão exaustiva das transgressões passíveis de penas mais severas) para paradoxal/antagônico manejo distorcido

---

[867] OTERO, Paulo. *Direito do procedimento administrativo*. Coimbra: Almedina, 2016. p. 56-57.
[868] ANTUNES, Luís Filipe Colaço. *A ciência jurídica administrativa*. Coimbra: Almedina, 2016. p. 16-17.
[869] PIRES, Luis Manuel Fonseca. Interpretação jurídica e o direito administrativo sancionador. *In*: OLIVEIRA, José Roberto Pimenta (Coord.). *Direito administrativo sancionador*: estudos em homenagem ao professor emérito da PUC-SP Celso Antônio Bandeira de Mello. São Paulo: Malheiros, 2019. p. 537.

pelo hierarca decisor, sob pretexto de mecânico exercício do poder sancionador irredutivelmente regrado *(VINCULAÇÃO ABSOLUTA E ALHEIA À FACTICIDADE)*, determinante de INJUSTIÇA E INIQUIDADE NA SITUAÇÃO ESPECÍFICA (QUANDO A REGRA PODERIA DEIXAR, POR ISSO, DE SER APLICADA, conforme Luís Roberto Barroso),[870] num retorno à superada hegemonia absoluta das regras no positivismo exegético, condenada por Max Möller,[871] afigurando-se necessária uma APRECIAÇÃO ADEQUADA DO INSTITUTO DA VINCULAÇÃO SOB A ÓTICA DOS PRINCÍPIOS CONSTITUCIONAIS DE REGÊNCIA DO PODER DISCIPLINAR ADMINISTRATIVO, CONFORME AS CIRCUNSTÂNCIAS DO CASO CONCRETO (Lei de Introdução às Normas do Direito Brasileiro, art. 22, *caput* e §1º),[872] na busca de uma resposta (correta) adequada à Constituição, no ensino de Streck.[873]

Portanto, a interpretação (que ora se propõe a dispositivos cominadores de penas máximas) deve ser no sentido de reconhecer o caráter exaustivo e *LIMITADOR DA DISCRICIONARIEDADE ADMINISTRATIVA NA CRIAÇÃO DE ILÍCITOS DISCIPLINARES (TIPICIDADE/LEGALIDADE/SEGURANÇA JURÍDICA)*, mas não, como a dogmática mais antiga compreende, isto é, como mecanismo de PODER VINCULADO ABSOLUTO, de decisão supostamente mecânica fundada no legalismo em sentido estrito de fundo positivista, que ignora o princípio da JURIDICIDADE (aplicação da regra à luz do direito como um todo, na cátedra de Lúcia Valle Figueiredo[874] e Carlos Ari Sundfeld),[875] A FACTICIDADE E A MELHOR E ADEQUADA SOLUÇÃO DO CASO CONCRETO EM SUAS

---

[870] BARROSO, Luís Roberto. *O novo direito constitucional brasileiro*: contribuições para a construção teórica e prática da jurisdição constitucional no Brasil. Belo Horizonte: Fórum, 2013. p. 152.

[871] MÖLLER, Max. *Teoria geral do neoconstitucionalismo*: bases teóricas do constitucionalismo contemporâneo. Porto Alegre: Livraria do Advogado, 2011, *passim*.

[872] "Art. 22. Na interpretação de normas sobre gestão pública, serão considerados os obstáculos e as dificuldades reais do gestor e as exigências das políticas públicas a seu cargo, sem prejuízo dos direitos dos administrados (Regulamento). §1º Em decisão sobre regularidade de conduta ou validade de ato, contrato, ajuste, processo ou norma administrativa, serão consideradas as circunstâncias práticas que houverem imposto, limitado ou condicionado a ação do agente".

[873] STRECK, Lenio. *Verdade e consenso*: constituição, hermenêutica e teorias discursivas. 4. ed. São Paulo: Saraiva, 2012, *passim*.

[874] FIGUEIREDO, Lucia Valle. *Curso de direito administrativo*. 5. ed. rev., atual. e ampl. São Paulo: Malheiros, 2001. p. 42-43.

[875] SUNDFELD, Carlos Ari. *Direito administrativo para céticos*. 2. ed. São Paulo: Malheiros, 2014. p. 37.

MÚLTIPLAS ESPECIFICIDADES (Streck),[876] também SEGUNDO A CONSTITUIÇÃO E SUA PRINCIPIOLOGIA E OS DIREITOS FUNDAMENTAIS, os quais operam, consoante Irene Nohara, em face da Constituição de 1988 e da instituição do Estado democrático de direito, com o efeito de revalorização da dimensão normativa dos princípios, que passam a ser considerados importantes parâmetros de limitação da atuação administrativa,[877] juízo avalizado por Celso Antônio Bandeira de Mello[878] ao adicionar que OS PRINCÍPIOS PERMITEM CONHECER O DIREITO ADMINISTRATIVO COMO UM SISTEMA COERENTE E LÓGICO.

---

[876] STRECK, Lenio. *Verdade e consenso*: constituição, hermenêutica e teorias discursivas. 4. ed. São Paulo: Saraiva, 2012, *passim*.
[877] NOHARA, Irene Patrícia. *Direito administrativo*. 4. ed. São Paulo: Atlas, 2014. p. 31.
[878] BANDEIRA DE MELLO, Celso Antônio. *Curso de direito administrativo*. 31. ed. rev. e atual. São Paulo: Malheiros, 2014. p. 55.

CAPÍTULO 5

PRINCÍPIOS DA RAZOABILIDADE, PROPORCIONALIDADE E INDIVIDUALIZAÇÃO DA PENA E VALORES CONSTITUCIONAIS E DIREITOS FUNDAMENTAIS COMO MECANISMOS DE CONTROLE DO PODER DISCIPLINAR VINCULADO NA IMPOSIÇÃO DE PENAS MÁXIMAS – CONTEÚDO, EXEMPLOS E JURISPRUDÊNCIA

5.1 Conteúdo e fundamentos do princípio da individualização da pena disciplinar segundo a doutrina pátria e estrangeira e a Lei federal nº 8.112/1990 e a Constituição Federal de 1988

A Constituição Federal de 1988 estatui, no seu art. 5º, XLVI, que a lei regulará a individualização da pena, garantia constitucional que, por força do princípio da máxima eficácia, deve ser estendido ao processo administrativo disciplinar.

Nohara confirma[879] que O PRINCÍPIO DA INDIVIDUALIZAÇÃO DA PENA INCIDE NO PROCESSO ADMINISTRATIVO DISCIPLINAR.

---

[879] "5. Afastar a aplicação automática da pena capital/demissão [...] É BASTANTE ULTRAPASSADO NA HERMENÊUTICA JURÍDICA PÓS-POSITIVISTA, PRETENDER IMPEDIR A UTILIZAÇÃO DO PRINCÍPIO DA INDIVIDUALIZAÇÃO DA PENA, UMA VEZ QUE SE TRATA DE COROLÁRIO DA PROPORCIONALIDADE. Ora, a pena deve ser, não só no direito penal, mas também no direito administrativo, necessária e suficiente

Daniel Ferreira endossa[880] que o direito constitucional limita o exercício do direito de punir do Estado, *inclusive quanto a sanções administrativas*.

Albergando a pessoalidade da pena na esfera administrativa, a Lei federal nº 8.112/1990 (Estatuto dos Servidores Públicos da União) capitula:

> Art. 128. Na aplicação das penalidades serão consideradas a natureza e a gravidade da infração cometida, os danos que dela provierem para o serviço público, as circunstâncias agravantes ou atenuantes e os antecedentes funcionais.

Note-se que o preceptivo, o qual é decorrência do PRINCÍPIO CONSTITUCIONAL DA INDIVIDUALIZAÇÃO DA PENA (também incidente no direito administrativo disciplinar, segundo Nohara),[881] reza que esses parâmetros serão considerados na aplicação de *penalidades* em geral, sem distinguir entre aquelas que constituiriam atos vinculados (nos casos gerais, passíveis de *overruling* em casos excepcionais, ou quando devidamente justificados pelo aplicador do direito) ou discricionários por parte do hierarca administrativo decisor.

O dispositivo incide INCLUSIVE NO JULGAMENTO PELA POSSÍVEL APLICAÇÃO DE PENAS MÁXIMAS, quando as circunstâncias objetivas e subjetivas do caso devem ser ponderadas pela autoridade administrativa, a qual NÃO PODE SE RESUMIR A UM ATO DECISÓRIO MECANICISTA QUE IGNORA A FACTICIDADE E AS PECULIARIDADES DO CASO DECIDENDO.

Em disposição similar à da LINDB (art. 22, §2º),[882] a Lei federal nº 8.112/1990 adotou em seu art. 128, *caput*, essa perspectiva

---

para a reprovação do ilícito, na prevenção da ocorrência de outros. Já dizia Jellinek: *nicht mit Kanonen auf Spatzen schiessen* (não se abatem pardais com canhões). [...]" (NOHARA, Irene Patrícia. 5 passos para a superação de um processo administrativo disciplinar "medieval". *Irene Nohara – Direito Administrativo*, 13 jun. 2014. Disponível em: http://blog.direitoadm.com.br/o-que-fazer-casosdireitoadministrativo/5-passos-para-superacao-de-um-processo-administrativo-disciplinar-medieval/).

[880] FERREIRA, Daniel. *Sanções administrativas*. São Paulo: Malheiros, 2001. p. 87.

[881] NOHARA, Irene Patrícia. 5 passos para a superação de um processo administrativo disciplinar "medieval". *Irene Nohara – Direito Administrativo*, 13 jun. 2014. Disponível em: http://blog.direitoadm.com.br/o-que-fazer-casosdireitoadministrativo/5-passos-para-superacao-de-um-processo-administrativo-disciplinar-medieval/.

[882] "Art. 22. [...] §2º Na aplicação de sanções, serão consideradas a natureza e a gravidade da infração cometida, os danos que dela provierem para a administração pública, as circunstâncias agravantes ou atenuantes e os antecedentes do agente".

de consideração das circunstâncias do caso concreto, tanto que prescreve que, na APLICAÇÃO DAS PENALIDADES (não exclui os casos do art. 132, de demissão), SERÃO CONSIDERADOS A NATUREZA E A GRAVIDADE DA INFRAÇÃO COMETIDA, OS DANOS QUE DELA PROVIEREM PARA O SERVIÇO PÚBLICO, AS CIRCUNSTÂNCIAS AGRAVANTES OU ATENUANTES E OS ANTECEDENTES FUNCIONAIS.

No direito comparado francês, no que concerne à imposição de sanções a funcionários públicos, salienta-se que, nesse caso, O JUIZ examinará de perto SE DEVE HAVER ALGUMA SANÇÃO (PROPORCIONALIDADE), mas controlará de forma mais liberal a GRAVIDADE DA SANÇÃO (*erreur manifeste d'appréciation*). No primeiro caso, O JUIZ CONSIDERARÁ OS ANTECEDENTES DO AGENTE E SUA CONDUTA GERAL NO SERVIÇO.[883]

Em caso de servidor que veio a ser reintegrado pela Corte após demissão, depois de contar com mais de 25 anos de serviço e não ter agido efetivamente com má-fé, o Superior Tribunal de Justiça, *em sua melhor diretriz pretoriana* (antes da retrógrada Súmula nº 650/STJ), aplicou os princípios da proporcionalidade e da razoabilidade no cotejo das circunstâncias subjetivas e objetivas do caso concreto para anular demissão.

Havia informações no processo de que ele, como coordenador de Administração Financeira, Material e Patrimônio, fez publicar no *Diário Oficial da União* despesas com inexigibilidade de licitação em valores inferiores aos contratados com a empresa JFM Informática. O processo administrativo disciplinar (PAD) foi instaurado no âmbito do Mapa, mas, na fase decisória, ele foi avocado pela Controladoria-Geral da União (CGU), que concluiu pela caracterização de atos de improbidade administrativa. A portaria de demissão foi publicada em 9.4.2008. De acordo com a jurisprudência do STJ, a ministra mencionou que a improbidade administrativa:

> deve ter como escopo a punição do agente público desonesto e desleal, cuja conduta esteja inquinada pela deslealdade, desonestidade, má-fé e

---

[883] ASSOCIATION INTERNATIONALE DES HAUTES JURIDICTIONS ADMINISTRATIVES/ INTERNATIONAL ASSOCIATION OF SUPREME ADMINISTRATIVE JURISDICTIONS. *Le contrôle des décisions administratives par les cours et les tribunaux administratifs*: Recueil de décisions des hautes Juridictions administratives. Paris: La documentation Française, 2013. p. 111.

desrespeito aos princípios da administração pública, tendo como objetivo manifesto a obtenção de vantagem indevida para si ou para outrem em flagrante prejuízo ao erário.

Para a Ministra Laurita Vaz, não ficou comprovado que as condutas praticadas pelo servidor possam ser tipificadas como atos de improbidade administrativa. Isso porque, segundo a relatora, não foi demonstrada a existência de má-fé, deslealdade ou desonestidade e, além disso, não houve dano ao erário, pois os serviços foram contratados sem evidência de superfaturamento e foram efetivamente realizados. De acordo com a ministra, tampouco se verificou ter havido corrupção ou vantagem ilícita para quem quer que seja. A relatora ressaltou que "as condutas reprováveis imputadas ao impetrante – embora irregulares – não se encontram maculadas por dolo ou culpa grave". A relatora verificou que o Tribunal de Contas da União (TCU) entendeu que a conduta do servidor não violou a dignidade da função pública a ponto de justificar a demissão. Para o TCU, houve mera irregularidade, que justifica a aplicação de multa no valor de R$3.500. "Entre as circunstâncias objetivas da conduta e as subjetivas do indiciado e a imposição da pena de demissão de cargo público, não foram observados os princípios da razoabilidade e proporcionalidade", disse Laurita Vaz.[884]

Antolha-se incorreta, sob a ótica da RESPOSTA ADEQUADA À CONSTITUIÇÃO (Streck),[885] a corrente legalista estrita e limitada ao exegetismo positivista (por invocar o mito da hegemonia absoluta das regras, condenada por MÖLLER),[886] quando pretende justificar a interpretação literal da regra do art. 132, *caput*, da Lei federal nº 8.112/1990 ("A demissão será aplicada nos seguintes casos").

Na verdade, muito ao contrário, não cabe se CINGIR A LER O COMANDO COMO UMA PROVIDÊNCIA JÁ PREORDENADA COMPULSORIAMENTE EM TODOS OS CASOS (o enunciado normativo não se confunde com a norma da pena extrema, segundo FELLET,[887] além de O DISPOSITIVO SER O PONTO DE PARTIDA

---

[884] Notícia publicada em 9.9.2013, pelo Superior Tribunal de Justiça.
[885] STRECK, Lenio. *Verdade e consenso*: constituição, hermenêutica e teorias discursivas. 4. ed. São Paulo: Saraiva, 2012, *passim*.
[886] MÖLLER, Max. *Teoria geral do neoconstitucionalismo*: bases teóricas do constitucionalismo contemporâneo. Porto Alegre: Livraria do Advogado, 2011, *passim*.
[887] FELLET, André. *Regras e princípios, valores e normas*. São Paulo: Saraiva, 2014, *passim*.

DA INTERPRETAÇÃO, NÃO UMA SOLUÇÃO PRÉ-ACABADA, conforme Ávila).[888]

Outro erro é o criticado MITO DA RESPOSTA ÚNICA, incompatível com a Lei de Introdução às Normas do Direito Brasileiro (art. 20, *caput*),[889] extraída pela subsunção, na imaginada onipotência do legislador para vaticinar as inúmeras situações da vida real, uma falácia, conforme a doutrina,[890] que repudia a tese da *RESPOSTA ÚNICA E PADRÃO NO DIREITO ADMINISTRATIVO SANCIONADOR*, o que se entende, logicamente, ao problema de APLICAÇÃO AUTOMÁTICA DE PENAS MÁXIMAS COMO SOLUÇÃO ESTANDARDIZADA E ÚNICA NO PROCESSO ADMINISTRATIVO DISCIPLINAR (por exemplo, art. 132 e art. 143, Lei federal nº 8.112/1990), a demonstrar o ofuscante *descompasso da Súmula nº 650/STJ com as diretrizes da Nova Lei de Introdução* às *Normas do Direito Brasileiro* (art. 20, *caput* e parágrafo único):

> A introdução dos novos preceitos na LINDB constitui reação a determinados vícios da cultura jurídica que vêm predominando há anos. [...] a ideia de que seja possível extrair do direito e, até mesmo, exclusivamente de valores jurídicos abstratos, SOLUÇÃO ÚNICA PARA SITUAÇÕES EM CONCRETO; [...] O primeiro vício ou paradigma, relacionado à noção de que SERIA POSSÍVEL EXTRAIR DO ORDENAMENTO JURÍDICO SOLUÇÃO ÚNICA, e não específica para cada situação verificada em concreto.

Andrade complementa,[891] contrariamente à visão da Súmula nº 650/STJ (pena máxima disciplinar obrigatória em todos os casos, à revelia da facticidade), acentuando que *não existe uma apriorística decisão correta e* única, *de antemão e abstratamente dada, nem solução* única, *mas a resposta do ordenamento jurídico será construída na aplicação*

---

[888] ÁVILA, Humberto. *Teoria dos princípios*: da definição à aplicação dos princípios jurídicos. 14. ed. atual. São Paulo: Malheiros, 2013, *passim*.

[889] "Art. 20. Nas esferas administrativa, controladora e judicial, não se decidirá com base em valores jurídicos abstratos sem que sejam consideradas as consequências práticas da decisão".

[890] SOUZA, Rodrigo Pagani de; ALENCAR, Letícia Lins de. O dever de contextualização na interpretação e aplicação do direito público. *In*: VALIATI, Thiago Priess; HUNGARO, Luis Alberto; CASTELLA, Gabriel Morettini e (Coord.). *A Lei de Introdução e o direito administrativo brasileiro*. Rio de Janeiro: Lumen Juris, 2019. p. 62.

[891] ANDRADE, Fábio Martins de. *Comentários à Lei nº 13.655/2018*: proposta de sistematização e interpretação conforme. Rio de Janeiro: Lumen Juris, 2019. p. 153.

da norma jurídica, depois de consideradas amplamente as especificidades do caso concreto: A DECISÃO CORRETA NÃO QUER DIZER OUTRA COISA SENÃO AQUELA QUE CONSIDEROU AS PARTICULARIDADES DO CASO CONCRETO mediante a descrição completa dos elementos fáticos relevantes. NÃO SE TRATA DE UMA DECISÃO QUE SERIA A EXPRESSÃO DA VERDADE ABSOLUTA, *A PRIORI* E ABSTRATAMENTE CONSIDERADA. NÃO HÁ, PER SE, A SOLUÇÃO UNÍVOCA. Esta é *CONSTRUÍDA NO JUÍZO DE APLICAÇÃO DA NORMA* e, dessa maneira, *a posteriori*, ou seja, quando, além das normas *prima facie* aplicáveis, tem-se a *completa descrição da situação concreta*.

Outrossim, não há que falar de resposta/decisão administrativa SEM CONTEXTUALIZAÇÃO[892] [893] [894] [895] (PRIMADO DA REALI-

---

[892] SOUZA, Rodrigo Pagani de; ALENCAR, Letícia Lins de. O dever de contextualização na interpretação e aplicação do direito público. *In*: VALIATI, Thiago Priess; HUNGARO, Luis Alberto; CASTELLA, Gabriel Morettini e (Coord.). *A Lei de Introdução e o direito administrativo brasileiro*. Rio de Janeiro: Lumen Juris, 2019. p. 51.

[893] Como admoesta Ribeiro, "O CONTEXTO FÁTICO DA DECISÃO NÃO PODERÁ SER DESCONSIDERADO. A LEI DE INTRODUÇÃO ÀS NORMAS DO DIREITO BRASILEIRO ENCIMA A CONSIDERAÇÃO DA REALIDADE NA APLICAÇÃO DO DIREITO ADMINISTRATIVO SANCIONADOR" (RIBEIRO, Leonardo Coelho. Comentários gerais ao art. 21 da Lei de Introdução às Normas do Direito Brasileiro (Decreto-Lei n. 4.657/1942, alterado pela Lei n. 13.655/2018). *In*: *Lei de Introdução às Normas do Direito Brasileiro* – Anotada. São Paulo: Quartier Latin, 2019. v. II. p. 147).

[894] "[...] A jurídica moderna, inexplicavelmente, tem se afastado dos fatos contextuais a uma realidade normativa encadeada apenas em abstrato do mundo do direito. [...] tem prevalecido a posição individual do aplicador da norma, que deliberadamente ouvidos moucos ou olhos míopes para os fatos que não lhe interessam. [...] o que a LINDB faz é olhar para decretos, instruções, portarias, resoluções, ordens de serviço, circulares, contratos administrativos e quejandos, no sentido de que sua interpretação não leve a ferro e fogo soluções impossíveis para a lógica do local onde o direito é aplicado. [...] é óbvio que qualquer agente público não pode deixar de considerar os obstáculos reais [...] todos nós estamos agora obrigados a olhar com cuidado a realidade local e o que é possível ou não diante de um quadro material de fatos substantivos. [...] evitar que sejam tiradas conclusões precipitadas sobre a aplicação do ordenamento legal, tachando com incorreções ou falhas quaisquer condutas ou erros administrativos não grosseiros ou não dolosos. [...] A conjuntura é o elemento sempre presente. [...] Não se promovam decisões arbitrárias desvinculadas da realidade, pois o intérprete não pode agir como alienígena desconectado da vida local e de suas condicionantes de ergonomia do sistema [...] A realidade circunstante que condicionou a prática do ato cuja regularidade esteja sendo analisada precisa ser tomada em consideração. Se fatos demonstram que não poderia ter sido tomada decisão administrativa diversa, diante das circunstâncias, não há como o direito sancionador ser usado para apenar tal conduta. Pela nova LINDB passa a ser inválida uma dosimetria exponencial faça ouvidos moucos para a realidade material circunscrita por todos os órgãos de controle" (TOMELIN, Georghio. Interpretação consequencial e dosimetria conglobante na Nova LINDB. *In*: *Lei de Introdução às Normas do Direito Brasileiro* – Anotada. São Paulo: Quartier Latin, 2019. v. II. p. 166-175).

[895] "[...] O legislador com a introdução deste dispositivo desejou que as normas sobre gestão pública não fosse feita de maneira abstrata, mas levasse em conta a realidade administrativa

DADE[896] na interpretação/aplicação da Lei federal nº 8.112/1990, art. 132 e art. 134 ou art. 135), independentemente das circunstâncias da situação específica (*A SOLUÇÃO É DEFINIDA SOB A CONSIDE-RAÇÃO DO CASO CONCRETO E SEUS SINAIS CARACTERÍSTI-COS*, consoante Gunther[897] e Streck)[898] e da pessoalidade da sanção disciplinar máxima.

A compreensão contrária IGNORA O PRINCÍPIO DA JURI-DICIDADE ADMINISTRATIVA, OS DIREITOS FUNDAMENTAIS, OS VALORES CONSTITUCIONAIS e confere primazia absoluta à lei ordinária sobre todo o sistema jurídico e sua principiologia, além de assumir a premissa já superada anteriormente no marco teórico desta pesquisa[899] de que AS REGRAS NÃO ADMITIRIAM EXCEÇÃO E NÃO APLICAÇÃO EM HIPÓTESE ALGUMA (viés da retrógrada Súmula nº 650/STJ), assim como ignora a leitura constitucionalizada da vinculação administrativa e o seu caráter protetivo contra o arbítrio dos preceitos cominadores de fatos correspondentes e de penalidades mais graves.

O princípio constitucional da INDIVIDUALIZAÇÃO DA PENA, portanto, tem que ser aplicado na esfera administrativa também e conformar a interpretação do art. 132, da Lei federal nº

---

fática na qual as decisões são tomadas. [...] Realmente, trata-se de evitar que as instâncias de controle apliquem de forma simplista as normas jurídicas que disciplinam a atividade do gestor público. [...] A complexidade da premissa fática deve ser levada a sério pelo intérprete" (LEFÈVRE, Mônica Bandeira de Mello. A interpretação normativa e a necessária consideração dos direitos dos administrados. In: *Lei de Introdução às Normas do Direito Brasileiro* – Anotada. São Paulo: Quartier Latin, 2019. v. II. p. 180; 182).

[896] MAFFINI, Rafael. LINDB, Covid-19 e sanções administrativas aplicáveis a agentes públicos. In: MAFFINI, Rafael; RAMOS, Rafael (Coord.). *Nova LINDB*: consequencialismo, deferência judicial, motivação e responsabilidade do gestor público. Rio de Janeiro: Lumen Juris, 2020. p. 203.

[897] GUNTHER, Klaus. *Teoria da argumentação no direito e na moral*: justificação e aplicação. São Paulo: Landy, 2004, *passim*.

[898] STRECK, Lenio. *Verdade e consenso*: constituição, hermenêutica e teorias discursivas. 4. ed. São Paulo: Saraiva, 2012. p. 134.

[899] MÖLLER, Max. *Teoria geral do neoconstitucionalismo*: bases teóricas do constitucionalismo contemporâneo. Porto Alegre: Livraria do Advogado, 2011. p. 270; BARROSO, Luís Roberto. *O novo direito constitucional brasileiro*: contribuições para a construção teórica e prática da jurisdição constitucional no Brasil. Belo Horizonte: Fórum, 2013. p. 152; ÁVILA, Humberto. *Teoria dos princípios*: da definição à aplicação dos princípios jurídicos. 14. ed. atual. São Paulo: Malheiros, 2013. p. 96; STRECK, Lenio. *Verdade e consenso*: constituição, hermenêutica e teorias discursivas. 4. ed. São Paulo: Saraiva, 2012. p. 177; MOREIRA, João Batista Gomes. *Direito administrativo*: da rigidez autoritária à flexibilidade democrática. Belo Horizonte: Fórum, 2005. p. 410.

8.112/1990, por sua combinação com o seu art. 128, *caput*[900] (INTERPRETAÇÃO SISTEMÁTICA correta, segundo entendimento de Nohara),[901] mesmo nos casos de penas máximas, tendo em vista que "*O ALCANCE DE UM ARTIGO DE LEI SE AVALIA CONFRONTANDO-O COM OUTROS, ISTO É, COM APLICAR O PROCESSO SISTEMÁTICO DE INTERPRETAÇÃO*".[902]

Humberto Ávila[903] sufraga que "AS NORMAS não são textos e nem o conjunto deles, mas OS SENTIDOS CONSTRUÍDOS A PARTIR DA INTERPRETAÇÃO SISTEMÁTICA DE TEXTOS NORMATIVOS".

Colaço Antunes[904] endossa que a hermenêutica perpassa a adaptação da norma jurídica às circunstâncias concretas e atuais, em vista de estabelecer um RELACIONAMENTO SISTEMÁTICO ENTRE AS NORMAS.

A interpretação do art. 132 ou do art. 134, da Lei federal nº 8.112/1990, deve ser conforme a Constituição (resposta correta segundo o sistema – Streck),[905] abrigando o PRINCÍPIO DA INDI-

---

[900] "Art. 128. Na aplicação das penalidades serão consideradas a natureza e a gravidade da infração cometida, os danos que dela provierem para o serviço público, as circunstâncias agravantes ou atenuantes e os antecedentes funcionais".

[901] "[...] O parecer AGU n. GQ 183, por exemplo, dispõe que 'é compulsória a aplicação da penalidade expulsiva, se caracterizada infração disciplinar antevista no art. 132 da lei nº 8.112, de 1990'. Afasta-se, pela orientação contrária à dosimetria da pena, a possibilidade de atenuação da sanção prevista no caput do art. 132 do estatuto federal, pelo art. 128 da mesma lei, que determina que na aplicação das penalidades serão consideradas: a natureza e a gravidade da infração cometida, os danos que dela provierem ao serviço público, as circunstâncias agravantes ou atenuantes e os antecedentes funcionais. ALÉM DE NÃO SER UMA INTERPRETAÇÃO SISTEMÁTICA, é bastante ultrapassado na hermenêutica jurídica pós-positivista, PRETENDER IMPEDIR A UTILIZAÇÃO DO PRINCÍPIO DA INDIVIDUALIZAÇÃO DA PENA, UMA VEZ QUE SE TRATA DE COROLÁRIO DA PROPORCIONALIDADE. Ora, a pena deve ser, não só no direito penal, mas também no direito administrativo, necessária e suficiente para a reprovação do ilícito, na prevenção da ocorrência de outros. Já dizia Jellinek: *nicht mit Kanonen auf Spatzen schiessen* (não se abatem pardais com canhões). [...]" (NOHARA, Irene Patrícia. 5 passos para a superação de um processo administrativo disciplinar "medieval". *Irene Nohara – Direito Administrativo*, 13 jun. 2014. Disponível em: http://blog.direitoadm.com.br/o-que-fazer-casosdireitoadministrativo/5-passos-para-superacao-de-um-processo-administrativo-disciplinar-medieval/).

[902] MAXIMILIANO, Carlos. *Hermenêutica e aplicação do direito*. Rio de Janeiro: Forense, 1996. p. 38.

[903] ÁVILA, Humberto. *Teoria dos princípios*: da definição à aplicação dos princípios jurídicos. 14. ed. atual. São Paulo: Malheiros, 2013. p. 33-34.

[904] ANTUNES, Luís Filipe Colaço. *A ciência jurídica administrativa*. Coimbra: Almedina, 2016. p. 311.

[905] STRECK, Lenio. *Verdade e consenso*: constituição, hermenêutica e teorias discursivas. 4. ed. São Paulo: Saraiva, 2012, *passim*.

VIDUALIZAÇÃO DA PENA MESMO EM CASO DE PODER DISCIPLINAR VINCULADO E PENALIDADES MÁXIMAS.
Chama a atenção que o art. 128, da Lei federal nº 8.112/1990, reza:

> Art. 128. NA APLICAÇÃO DAS PENALIDADES serão consideradas a natureza e a gravidade da infração cometida, os danos que dela provierem para o serviço público, as circunstâncias agravantes ou atenuantes e os antecedentes funcionais.

Perceba-se que o dispositivo NÃO RESTRINGIU SUA INCIDÊNCIA À PENA DE SUSPENSÃO, mas a interpretação gramatical revela que o texto legal aludiu a que "NA APLICAÇÃO DAS PENALIDADES", *no plural*, ABRANGENDO TODAS AS OUTRAS SANÇÕES DISCIPLINARES estipuladas na Lei federal nº 8.112/1990 (inclusive a cassação de aposentadoria ou de disponibilidade e a demissão), previstas no seu art. 127:

> Art. 127. São penalidades disciplinares:
> I - advertência;
> II - suspensão;
> III - demissão;
> IV - cassação de aposentadoria ou disponibilidade; (Vide ADPF nº 418)
> V - destituição de cargo em comissão;
> VI - destituição de função comissionada.

Ainda mais, perceba-se que o art. 132 e o art. 134 – e também o art. 128 –, todos da Lei federal nº 8.112/1990, cuidam da etapa de APLICAÇÃO DAS PENAS DISCIPLINARES.

O art. 128, da Lei federal nº 8.112/1990, presta-se exatamente a fazer preponderar, NA APLICAÇÃO das sanções disciplinares contra servidores públicos, a consideração dos PRINCÍPIOS DA RAZOABILIDADE, JUSTIÇA, PROPORCIONALIDADE, IGUALDADE (desigualação de situações distintas), INDIVIDUALIZAÇÃO DA PENA, atenuando qualquer rigor absoluto na pretensa obrigatoriedade de imposição de penalidades máximas em todos os casos (PODER ABSOLUTAMENTE VINCULADO), com o efeito de dissuadir o mito da onipotência do legislador e da resposta decisória única invariável – pior, com reprimenda extrema sempre.

O Estatuto dos Servidores Públicos, por meio de seu art. 128, procurou orientar a autoridade julgadora de processo administrativo

disciplinar a se empenhar por uma resposta adequada e proporcional no caso concreto (facticidade), o que se reforça pelos consectários da Lei de Introdução às Normas do Direito Público (arts. 20 a 22). Não parece uma resposta coerente com o sistema jurídico constitucional entender que o legislador se preocupou em explicitar que, NA APLICAÇÃO DE PENALIDADES (abrangendo todas as hipóteses de sanções descritas no art. 127, da Lei federal nº 8.112/1990, ou seja, TODAS AS PENAS DISCIPLINARES, INCLUSIVE DEMISSÃO OU CASSAÇÃO DE APOSENTADORIA), serão considerados:
a) a natureza e a gravidade da infração cometida;
b) os danos que dela provierem para o serviço público;
c) as circunstâncias agravantes;
d) as circunstâncias atenuantes;
e) os antecedentes funcionais.

Não há lugar para, NUMA EXEGESE DESCONFORME À CARTA MAGNA, restringir a aplicabilidade do art. 128, da Lei federal nº 8.112/1990, tão somente aos casos de aplicação de pena de suspensão, quando o Estatuto dos Servidores Públicos previu que os parâmetros definidos no dispositivo em comento seriam observados referentemente a TODAS AS OUTRAS PENALIDADES (e TAMBÉM NAS HIPÓTESES DE PENAS MÁXIMAS – DEMISSÃO, CASSAÇÃO DE APOSENTADORIA/disponibilidade), quanto às quais também se impõe a respectiva INDIVIDUALIZAÇÃO/PROPORCIONALIDADE/RAZOABILIDADE na situação vertente (porque são os princípios que desempenham o papel de enfrentar a REALIDADE, segundo Streck[906] e ÁVILA),[907] quer dizer, uma INTERPRETAÇÃO CONFORME À CONSTITUIÇÃO FEDERAL, uma interpretação do preceptivo legal segundo a Lei Fundamental de 1988, numa perspectiva constitucionalizada do direito administrativo.

Somente em face do conhecimento de todas as características da situação (facticidade) que exsurge a resposta adequada para o

---

[906] Streck resume que falar de princípios significa que o direito passa a cuidar do mundo prático; a FACTICIDADE penetra no território jurídico antes inacessível ante as barreiras postas pelo positivismo (direito como modelo de regras). "É evidente que O DIREITO É CONCRETUDE E QUE É FEITO PARA RESOLVER CASOS PARTICULARES" (STRECK, Lenio. *Verdade e consenso*: constituição, hermenêutica e teorias discursivas. 4. ed. São Paulo: Saraiva, 2012. p. 227; 278).

[907] "Muitas vezes o caráter absoluto da regra é completamente modificado depois da consideração de todas as circunstâncias do caso (ÁVILA, Humberto. *Teoria dos princípios*: da definição à aplicação dos princípios jurídicos. 14. ed. atual. São Paulo: Malheiros, 2013. p. 50-51).

caso, interpretação consoante os termos da Lei de Introdução às Normas do Direito Brasileiro (art. 22, *caput* e §1º, LINDB),[908] e também albergada pela doutrina do direito administrativo (consoante Gunther[909][910] e Streck),[911] haja vista que não existe solução única ditada em caráter inarredável por um onipotente legislador.

Sucede o mesmo enfoque, só que de forma cogente, pela incidência das regras da Lei de Introdução às Normas do Direito Brasileiro (art. 22, §2º),[912] que expressamente adotou o PRINCÍPIO DA INDIVIDUALIZAÇÃO DA PENA na interpretação/aplicação do direito administrativo sancionador, estipulando que, na imposição de penalidades, deverão ser sopesados A NATUREZA E A GRAVIDADE DA INFRAÇÃO COMETIDA, OS DANOS QUE DELA PROVIEREM PARA A ADMINISTRAÇÃO PÚBLICA, AS CIRCUNSTÂNCIAS AGRAVANTES OU ATENUANTES E OS ANTECEDENTES DO AGENTE PÚBLICO.

A interpretação literal do dispositivo estatutário[913] (art. 132 ou art. 134, da Lei federal nº 8.112/1990 – "a demissão será aplicada") determinaria negar aplicabilidade ao princípio constitucional da INDIVIDUALIZAÇÃO da pena na esfera administrativa, o que

---

[908] "Art. 22. Na interpretação de normas sobre gestão pública, SERÃO CONSIDERADOS OS OBSTÁCULOS E AS DIFICULDADES REAIS DO GESTOR e as exigências das políticas públicas a seu cargo, sem prejuízo dos direitos dos administrados (Regulamento). §1º Em decisão sobre regularidade de conduta ou validade de ato, contrato, ajuste, processo ou norma administrativa, SERÃO CONSIDERADAS AS CIRCUNSTÂNCIAS PRÁTICAS QUE HOUVEREM IMPOSTO, LIMITADO OU CONDICIONADO A AÇÃO DO AGENTE".

[909] "A APLICAÇÃO DAS NORMAS deve ser institucionalizada em procedimentos que possibilitem a CONSIDERAÇÃO DE TODOS OS SINAIS CARACTERÍSTICOS DE UMA SITUAÇÃO. Só assim será possível resolver os paradoxos aparentes do Direito positivo e compatibilizar a sua potencial alteração aleatória com a exigência de reconhecimento geral de sua validade" (GUNTHER, Klaus. *Teoria da argumentação no direito e na moral*: justificação e aplicação. São Paulo: Landy, 2004. p. 393).

[910] "Da idéia de aplicação imparcial faz parte o exame de TODOS OS SINAIS CARACTERÍSTICOS NORMATIVAMENTE RELEVANTES DE UMA SITUAÇÃO. Por conseguinte, ela está VINCULADA À PONDERAÇÃO DE PRINCÍPIOS e aos procedimentos que possibilitem uma consideração integral e adequada" (GUNTHER, Klaus. *Teoria da argumentação no direito e na moral*: justificação e aplicação. São Paulo: Landy, 2004. p. 395-396).

[911] STRECK, Lenio. *Verdade e consenso*: constituição, hermenêutica e teorias discursivas. 4. ed. São Paulo: Saraiva, 2012. p. 134.

[912] "Art. 22. [...] §2º Na aplicação de sanções, serão consideradas a natureza e a gravidade da infração cometida, os danos que dela provierem para a administração pública, as circunstâncias agravantes ou atenuantes e os antecedentes do agente (Incluído pela Lei nº 13.655, de 2018)".

[913] "Quem só atende à letra da lei, não merece o nome de jurisconsulto; é simples pragmático (dizia Vico)" (MAXIMILIANO, Carlos. *Hermenêutica e aplicação do direito*. Rio de Janeiro: Forense, 1996. p. 112).

equivaleria ao erro grave de interpretar a Constituição segundo a lei ordinária, sobre o que André Ramos Tavares[914] considera medida errônea das bases elementares da hermenêutica da Constituição:

> NÃO SE INTERPRETA A CONSTITUIÇÃO A PARTIR DAS LEIS EM GERAL (DE BAIXO PARA CIMA). É ABSOLUTAMENTE VEDADA A INTERPRETAÇÃO DA CONSTITUIÇÃO CONFORME ÀS LEIS. NÃO SE PODE FAZER USO DE CONCEITOS LEGAIS PARA PRETENDER EXPRIMIR CONCEITOS CONSTITUCIONALMENTE CONFORMADOS.

Novamente aqui vem a lume a ideia de que as competências da Administração Pública, inclusive as pertinentes ao poder disciplinar vinculado de penas máximas, não representam mero poder, mas sim dever-poder, ou seja, constituem mecanismos de atendimento do interesse público e da Constituição, cujo efeito *não se compagina com os valores constitucionais e os direitos fundamentais uma interpretação meramente gramatical, positivista, de legalidade em sentido estrito*, do art. 132 ou do art. 134, da Lei federal nº 8.112/1990, quando se *desconsidera o princípio da juridicidade administrativa*, também conforme a doutrina de Marcelo Madureira Prates[915] no sentido de que o exercício do poder da Administração Pública não passa de poder-dever, de detenção de prerrogativas de autoridade voltadas em favor da coletividade, cujo manejo só pode ser exercido de acordo com o bloco da juridicidade vigente, o qual obriga e limita a Administração.

Fábio Medina Osório[916] defende a INDIVIDUALIZAÇÃO DA PENA NO DIREITO ADMINISTRATIVO SANCIONADOR, pontuando que cada ser humano é um indivíduo, cada infrator deve receber um tratamento individualizado, particular, com a possibilidade de conhecer as concretas e específicas razões do ato sancionador, podendo impugná-lo ou aceitá-lo.

Daniel Ferreira[917] baliza que A MEDIDA DA SANÇÃO DISCIPLINAR DEVE CONSIDERAR, ALÉM DA ANÁLISE DA VIDA PREGRESSA DO INFRATOR, O DANO CAUSADO (SE HOUVER),

---

[914] TAVARES, André Ramos. *Curso de direito constitucional*. 12. ed. rev. e atual. São Paulo: Saraiva, 2014. p. 188.
[915] PRATES, Marcelo Madureira. *Sanção administrativa geral*: anatomia e autonomia. Coimbra: Almedina, 2005. p. 46.
[916] OSÓRIO, Fábio Medina. *Direito administrativo sancionador*. São Paulo: Revista dos Tribunais, 2000. p. 223; 341.
[917] FERREIRA, Daniel. *Teoria geral da infração administrativa a partir da Constituição Federal de 1988*. Belo Horizonte: Fórum, 2009. p. 325-326.

A REPERCUSSÃO ÉTICO-INSTITUCIONAL, AS CONDIÇÕES NAS QUAIS SE DEU A CONDUTA, A PRESENÇA E INTENSIDADE DO ELEMENTO SUBJETIVO.

Claus Roxin,[918] *mutatis mutandis*, na esfera do direito penal, mas em lição que se aproveita no estudo da imposição de sanções disciplinares, anota que cada elementar deve ser interpretada teleologicamente, levando-se em consideração o bem jurídico protegido. Ressalta com a assertiva de que, quando a interpretação de tipos, valorada e quase automática, em correspondência ao ideal positivista-liberal, não alcança soluções claras ou aceitáveis, a SOLUÇÃO É PROCURADA TELEOLOGICAMENTE, POR MEIO DO BEM JURÍDICO PROTEGIDO. Não se pode por esse enfoque doutrinário, pois, transformar uma decisão sobremodo relevante, que envolve a vida profissional e outros valores constitucionais e direitos fundamentais do servidor público, num mero automatismo na aplicação de penas máximas, ainda que inadequadas no caso concreto, irracionais ou incompatíveis com o sistema jurídico-constitucional, lembrando a advertência de Neil MacCormick.[919]

Carlos Ari Sundfeld,[920] a seu modo, trilha esse entendimento ao apregoar que não se pode conhecer o direito, de modo algum, levando em conta uma norma, se não um sistema, sob a ponderação de que "ninguém será nem sequer advogado, quanto mais especialista em qualquer coisa, se não tiver absoluta e clara consciência de que *AS NORMAS NUNCA PODEM SER EXAMINADAS ISOLADAMENTE*", *POIS O DIREITO É UM SISTEMA DE NORMAS*, na doutrina kelseniana.

Por esses sobejos fundamentos teóricos que se encima a interpretação sistemática do art. 132, da Lei federal nº 8.112/1990, em combinação com o seu art. 128, *caput*,[921] compaginados com a Lei de Introdução às Normas do Direito Brasileiro (art. 22, §2º, LINDB),[922] que abriga(m) a INDIVIDUALIZAÇÃO DA PENA NO PODER

---

[918] ROXIN, Claus. *Política criminal e sistema jurídico-penal*. Rio de Janeiro e São Paulo: Renovar, 2012. p. 26, 46.

[919] MACCORMICK, Neil. *Argumentação jurídica e teoria do direito*. São Paulo: Martins Fontes, 2006, *passim*.

[920] SUNDFELD, Carlos Ari. *Fundamentos de direito público*. São Paulo: Malheiros, 1992. p. 120.

[921] "Art. 128. Na aplicação das penalidades serão consideradas a natureza e a gravidade da infração cometida, os danos que dela provierem para o serviço público, as circunstâncias agravantes ou atenuantes e os antecedentes funcionais".

[922] "Art. 22. [...] §2º Na aplicação de sanções, serão consideradas a natureza e a gravidade da infração cometida, os danos que dela provierem para a administração pública, as circunstâncias agravantes ou atenuantes e os antecedentes do agente".

DISCIPLINAR DA ADMINISTRAÇÃO PÚBLICA CONTRA SEUS SERVIDORES, seja caso de (relativa/preponderante) vinculação ou de discricionariedade, lembrando-se a cátedra de Humberto Ávila quando invoca a RAZOABILIDADE, na jurisprudência do Supremo Tribunal Federal e do Tribunal Constitucional alemão, para AUTORIZAR QUE SE DEIXE MUITAS VEZES DE APLICAR UMA REGRA (no caso a pena máxima disciplinar), por entender que os *PRINCÍPIOS MATERIAIS SUPERIORES QUE DETERMINAM A NÃO APLICAÇÃO DA REGRA* (dignidade humana e liberdade, por exemplo) *SÃO MAIS IMPORTANTES DO QUE OS PRINCÍPIOS FORMAIS QUE PRESCREVEM A OBEDIÊNCIA INCONDICIONAL À REGRA* (segurança jurídica e certeza do direito, por exemplo).[923]

O Tribunal de Justiça do Distrito Federal e Territórios[924] abonou essa interpretação de incidência do art. 128, mesmo nos casos do art. 132, da Lei federal nº 8.112/1990 (demissão):

> 2 - Mesmo na hipótese de imposição da penalidade de demissão a servidor público, devem ser observados os princípios da proporcionalidade e razoabilidade pela administração, nos termos em que dispõe o art. 128 da Lei n.º 8.112/90.

Também o Superior Tribunal de Justiça pontuou, em sua melhor jurisprudência:

> 1. Para a aplicação da pena máxima faz-se necessária a existência de provas suficientes da prática da infração prevista na lei, bem como impõe-se a observância dos princípios da razoabilidade e da proporcionalidade da pena, o que não ocorreu no caso, uma vez que não se levou em conta o disposto no art. 128 da Lei nº 8.112/90. (MS nº 13.678/DF, Rel. Min. Maria Thereza de Assis Moura, Terceira Seção, j. 22.6.2011, *DJe*, 1º.8.2011)

O Superior Tribunal de Justiça reiterou, em sua melhor diretriz pretoriana:

> 2. Na aplicação de qualquer penalidade administrativa aos servidores federais, há de se ter em vista o disposto no art. 128 da Lei 8.112/90, que determina que também sejam considerados a natureza e a gravidade da

---

[923] ÁVILA, Humberto. *Teoria dos princípios:* da definição à aplicação dos princípios jurídicos. 14. ed. atual. São Paulo: Malheiros, 2013. p. 151.
[924] 2009 01 1 130800-7 APC (0020039-34.2009.8.07.0001 - Res. nº 65 – CNJ) DF, Registro do Acórdão nº 688161, j. 19.6.2013, 4ª Turma Cível, Rel. Des. Cruz Macedo, Rev. Des. Fernando Habibe, *DJe*, 1º.7.2013, p. 120.

infração cometida, os danos causados ao serviço público, as circunstâncias agravantes ou atenuantes e os antecedentes funcionais do servidor. 3. Recurso especial conhecido e provido.[925]

Ou seja, é caso de se manejar a INTERPRETAÇÃO SISTEMÁTICA da Lei federal nº 8.112/1990, que termina por compaginar a exegese do Estatuto dos Servidores Públicos da União (arts. 128 e 132 e 134, combinados) com a própria Constituição Federal (direitos fundamentais dos funcionários estatais), como o entende Nohara,[926] sublinhe-se.

Nesse prisma, Paulo Otero[927] confirma que o direito não é uma mera coleção ou aglomerado de normas jurídicas sem qualquer conexão; a ideia de sistema permite inferir que as normas jurídicas se encontram entre si em determinada relação, registrando-se que *o direito envolve sempre um conjunto de normas dotadas de uma específica ordenação e articulação que lhes confere, simultaneamente, um sentido unitário* – "QUALQUER NORMA SINGULAR SÓ SE ESCLARECE PLENAMENTE NA TOTALIDADE DAS NORMAS, DOS VALORES E DOS PRINCÍPIOS JURÍDICOS".

O professor[928] aprofunda a lição de que *as normas jurídicas nunca podem ser vistas como ilhas isoladas, sem qualquer comunicação entre si, antes devem ser entendidas como relacionadas umas com as outras, formando uma específica organização dotada de uma ordem que permite configurar um sistema.*

NO DIREITO A IDEIA DE SISTEMA deve ser lembrada ao legislador que faz as normas, AO INTÉRPRETE QUE AS APLICA e ao cientista que as trabalha dogmaticamente: *TODAS AS DISPOSIÇÕES JURÍDICAS SÓ PODEM SER ENTENDIDAS NO CONTEXTO SISTEMÁTICO EM QUE SE INTEGRAM.*

O administrativista luso prossegue[929] para explicar que a unidade do direito como sistema deve ser reafirmada ao conjunto

---

[925] Recurso Especial nº 1.346.445 – RN (2011/0287287-8), Rel. Min. Arnaldo Esteves Lima.
[926] NOHARA, Irene Patrícia. 5 passos para a superação de um processo administrativo disciplinar "medieval". *Irene Nohara – Direito Administrativo*, 13 jun. 2014. Disponível em: http://blog.direitoadm.com.br/o-que-fazer-casosdireitoadministrativo/5-passos-para-superacao-de-um-processo-administrativo-disciplinar-medieval/.
[927] OTERO, Paulo. *Legalidade e administração pública*: o sentido da vinculação administrativa à juridicidade. Coimbra: Almedina, 2011. p. 206.
[928] OTERO, Paulo. *Legalidade e administração pública*: o sentido da vinculação administrativa à juridicidade. Coimbra: Almedina, 2011. p. 206.
[929] OTERO, Paulo. *Legalidade e administração pública*: o sentido da vinculação administrativa à juridicidade. Coimbra: Almedina, 2011. p. 206.

das fontes do direito, "considerando-se que todas elas formam um todo, verificando-se que *A UNIDADE EXIGE QUE SE PROCEDA AO REMOVER DE QUALQUER CONTRADIÇÃO INTERNA EXISTENTE ENTRE AS FONTES".*

O jurista[930] complementa que a ideia de sistema poderá levar, num momento posterior, a refletir se cada ato jurídico se mostra, ou não, axiológica ou teleologicamente adequado e nesse sentido integrado na unidade interna do direito, gerando uma função negativa: determinar que SEJAM ELIMINADAS AS INCOERÊNCIAS, AS CONTRADIÇÕES E AS INCOMPATIBILIDADES EXISTENTES NO INTERIOR DO DIREITO.

O doutrinador[931] completa que a ideia de sistema ao direito implica que CADA ATO ADMINISTRATIVO SE MOSTRE SINTONIZADO COM O SISTEMA, sabendo-se que qualquer falta de sintonia interna se encontra condenada a ser erradicada da ordem jurídica: *"o Direito como sistema, envolvendo as ideias de sintonia e de coerência axiológica entre todos os seus elementos, pressupõe e exige a ausência de contradições internas".*

Ainda[932] registra que da ordenação sistemática do direito segue que, *quando se trata de aplicar um simples artigo de uma lei, se está a aplicar toda a lei,* pois cada preceito deve ser visto como uma parte-viva do todo, PODENDO INTERVIR NO PROCESSO DECISÓRIO EM TORNO DE UM ÚNICO ARTIGO O CONTEÚDO GLOBAL DA ORDEM JURÍDICA, dizendo-se, em consequência, que na resolução de um problema "TODO O DIREITO É CHAMADO A DEPOR, SENDO DE SUBLINHAR AQUI O ESPECIAL RELEVO QUE A CONSTITUIÇÃO ASSUME".

O jurisconsulto lusitano[933] sublinha um *PROTAGONISMO DA CONSTITUIÇÃO NA INTERPRETAÇÃO DO DIREITO, COM A PREFERÊNCIA PELA INTERPRETAÇÃO MAIS FAVORÁVEL À EFETIVAÇÃO DOS DIREITOS FUNDAMENTAIS.*

Esses escólios doutrinários conduzem à ilação de que a interpretação do art. 132, da Lei federal nº 8.112/1990, não deve ser

---

[930] OTERO, Paulo. *Legalidade e administração pública*: o sentido da vinculação administrativa à juridicidade. Coimbra: Almedina, 2011. p. 209.

[931] OTERO, Paulo. *Legalidade e administração pública*: o sentido da vinculação administrativa à juridicidade. Coimbra: Almedina, 2011. p. 210-211.

[932] OTERO, Paulo. *Legalidade e administração pública*: o sentido da vinculação administrativa à juridicidade. Coimbra: Almedina, 2011. p. 213.

[933] OTERO, Paulo. *Legalidade e administração pública*: o sentido da vinculação administrativa à juridicidade. Coimbra: Almedina, 2011. p. 214.

isolada e literal, mas deve ser formalizada em combinação com o seu art. 128, *caput*,[934] o qual alberga e efetiva o PRINCÍPIO CONSTITUCIONAL DA INDIVIDUALIZAÇÃO DA PENA NO PROCESSO ADMINISTRATIVO DISCIPLINAR.

Andrade adiciona[935] que a Lei de Introdução às Normas do Direito Brasileiro afeta a motivação dos atos administrativos decisórios (E A INDIVIDUALIZAÇÃO DA PENA como medida lógica) com o dever de considerar as CIRCUNSTÂNCIAS DO CASO CONCRETO, como os OBSTÁCULOS E DIFICULDADES REAIS reportados pelos gestores ou administradores, de ASPECTOS MATERIAIS, TEMPORAIS, ORÇAMENTÁRIAS E DE PESSOAL, inclusive aqueles que tenham sido mencionados pelo gestor na motivação do seu ato sob controle e/ou que tenham sido posteriormente trazidos à apreciação do controlador, até porque pode o controlador adicionar circunstâncias por ele conhecidas que possam ter impactado a ação controlada, mas que não tenham sido elencadas.

Rafael Maffini[936] agrega, em uníssono, que, na expressão "dificuldades reais", constante do art. 22 da LINDB, estão compreendidas carências materiais, deficiências estruturais, físicas, orçamentárias, temporais, de recursos humanos (incluída a qualificação dos agentes) e as circunstâncias jurídicas complexas, a exemplo da atecnia da legislação, as quais não podem paralisar o gestor.

Todas essas compreensões reforçam a importância da individualização da pena no processo administrativo disciplinar, inclusive a teor da Lei de Introdução às Normas do Direito Brasileiro (art. 22, §2º).

Fábio Medina Osório,[937] por isso, propugna a incidência do princípio *da INDIVIDUALIZAÇÃO DA PENA sobre as medidas sancionadoras disciplinares.*

---

[934] "Art. 128. Na aplicação das penalidades serão consideradas a natureza e a gravidade da infração cometida, os danos que dela provierem para o serviço público, as circunstâncias agravantes ou atenuantes e os antecedentes funcionais".

[935] ANDRADE, Fábio Martins de. *Comentários à Lei nº 13.655/2018*: proposta de sistematização e interpretação conforme. Rio de Janeiro: Lumen Juris, 2019. p. 153.

[936] MAFFINI, Rafael. LINDB, Covid-19 e sanções administrativas aplicáveis a agentes públicos. In: MAFFINI, Rafael; RAMOS, Rafael (Coord.). *Nova LINDB*: consenquencialismo, deferência judicial, motivação e responsabilidade do gestor público. Rio de Janeiro: Lumen Juris, 2020. p. 205.

[937] OSÓRIO, Fábio Medina. *Direito administrativo sancionador*. São Paulo: Revista dos Tribunais, 2000. p. 223; 341.

Orienta a doutrina do direito português sobre a importância da individualização da pena:

> O mesmo facto pode ter diferente gravidade quando cometido por um agente jovem e inexperiente no princípio da sua carreira ou por um veterano da função pública e, ainda, neste último caso, consoante se trate de funcionário já com cadastro disciplinar ou, pelo contrário, com uma folha de serviços de exemplar comportamento. O mesmo facto terá de ser punido diferentemente conforme haja sido produzido por incidente numa repartição bem organizada e disciplinada ou surja como sintoma de desorganização e indisciplina de um serviço.[938]

5.1.1 Parâmetros para a individualização da pena no processo administrativo disciplinar

Demonstrada a aplicação do princípio constitucional da individualização da pena no julgamento do processo administrativo disciplinar, impende abordar os elementos referenciais da definição e gradação da reprimenda cabível.

Diversos são os parâmetros que a doutrina relaciona para fins de individualização da responsabilidade administrativa.

Quanto ao cotejo da PERSONALIDADE DO ACUSADO, M. Leal Henriques destaca que ela deve condicionar a determinação da medida, já que não pode ser avaliado por igual o infrator ocasional e normalmente avesso ao descumprimento dos deveres funcionais e aquele que, por sistema, ou pelo menos com frequência, manifesta tendência para a violação de tais deveres.[939]

Relativamente à consideração da CULPA, o administrativista luso acentua que "deverá ser mais severamente punido aquele funcionário que no cometimento da infração se houve por forma mais censurável (em que foi mais elevado o grau de violação dos deveres impostos)".[940]

O professor anota que, na aferição da responsabilidade disciplinar, DADOS SUBJETIVOS E OBJETIVOS em torno da infração administrativa devem ser considerados, como a natureza das funções

---

[938] HENRIQUES, M. Leal. *Procedimento disciplinar*: função pública, outros estatutos, regime de férias, faltas e licenças. 5. ed. Lisboa: Rei dos Livros, 2007. p. 215.
[939] HENRIQUES, M. Leal. *Procedimento disciplinar*: função pública, outros estatutos, regime de férias, faltas e licenças. 5. ed. Lisboa: Rei dos Livros, 2007. p. 214.
[940] HENRIQUES, M. Leal. *Procedimento disciplinar*: função pública, outros estatutos, regime de férias, faltas e licenças. 5. ed. Lisboa: Rei dos Livros, 2007. p. 214.

do órgão administrativo no qual cometida a falta funcional, ou o grau hierárquico do disciplinado:

> a NATUREZA DO SERVIÇO deve exercer influência na determinação da medida a aplicar ao infractor, pois, como bem se compreende, há serviços de relevância e responsabilidade diferentes, onde naturalmente as acções dos seus servidores oferecem efeitos ou resultados de graduação distinta, NÃO PODENDO ASSIM A MESMA FALTA MERECER O MESMO TRATAMENTO EM TODAS AS SITUAÇÕES. QUANTO MAIS CATEGORIZADO FOR O FUNCIONÁRIO assim será de se lhe pedir um comportamento sucessivamente mais exigente no exercício da função, condicionando-se correspondentemente a medida, partindo-se do princípio de que os mais categorizados devem oferecer um padrão de conduta dentro do serviço que possa servir de exemplo aos inferiormente posicionados.[941]

Marcello Caetano elenca o rol de CIRCUNSTÂNCIAS AGRAVANTES no âmbito do direito administrativo luso:
a) a eclosão de resultados prejudiciais à Administração, ao interesse geral ou a terceiros quando previsível o efeito danoso da conduta;
b) a premeditação;
c) a formação de quadrilha ou coligação de pessoas para a prática do fato;
d) o cometimento de nova infração durante o período de cumprimento de penalidade disciplinar por falta anterior;
e) a reincidência;
f) a publicidade do fato causada pelo próprio agente;
g) a consumação do ilícito depois de advertido por outro funcionário acerca do caráter ilegal do fato;
h) a categoria superior e o nível intelectual de cultura do transgressor.[942]

---

[941] HENRIQUES, M. Leal. *Procedimento disciplinar:* função pública, outros estatutos, regime de férias, faltas e licenças. 5. ed. Lisboa: Rei dos Livros, 2007. p. 214.
[942] CAETANO, Marcello. *Princípios fundamentais do direito administrativo.* Rio de Janeiro: Forense, 1977. p. 401.

A doutrina brasileira trata das CIRCUNSTÂNCIAS AGRAVANTES mais comuns no direito disciplinário.[943] [944] A acumulação (espécie de CONCURSO DE ILÍCITOS DISCIPLINARES), como *circunstância agravante* da responsabilidade administrativa no direito administrativo português, dá-se quando duas ou mais infrações são cometidas na mesma ocasião ou quando uma é cometida antes de ter sido punida a anterior (Estatuto Disciplinar Português de 1984, art. 31, inc. 4).

No Estatuto Disciplinar Português de 1984 (art. 31, inc. 2), a PREMEDITAÇÃO, como *circunstância agravante*, se patenteava quando o desígnio delitivo fosse formado pelo menos 24 horas antes da prática da infração. Em seu art. 31, inc. 4, a premeditação é prevista como circunstância agravante.

Comentando, ainda, sobre as *circunstâncias agravantes*, José Armando da Costa assinala:

> Desde que não seja parte elementar da transgressão, PODE A GRAVIDADE SERVIR COMO CIRCUNSTÂNCIA PARA AGRAVAR A PUNIÇÃO. A gravidade aqui funciona como parte adjeta para dosar a punição a ser imposta. Se ela já faz parte do núcleo da norma transgredida, não se há de falar em gravidade no sentido de agravante. [...] DANOS EFETIVAMENTE CAUSADOS [...] Esse resultado danoso apenas integra o contexto da norma disciplinar em casos excepcionais. Nesses casos, a própria norma Insere a efetivação do dano como componente do ilícito disciplinar [...] os danos efetivamente causados, em não sendo condição elementar da infração, são levados em consideração no sentido de agravar a punição. [...] REPERCUSSÃO DO FATO – Dependendo do modo ou forma como uma falta disciplinar tenha sido cometida, poderá ter ela muita ou pouca repercussão no ambiente interno da repartição [...] Quando essa projeção adquire um certo dimensionamento, mais prejuízos serão causados ao Serviço Público, o qual, com essa ressonância transbordante, poderá sofrer uma capitis diminutio no seu prestígio publico. Razão por que constitui esse extravasamento

---

[943] "A premeditação; a combinação com outros indivíduos para a prática da falta; a acumulação de infrações; a reincidência; a vontade determinada de, mediante a conduta praticada, produzir resultados prejudiciais ao serviço público ao interesse geral, independentemente do resultado danoso efetivo; a eclosão de prejuízos ao serviço público ou ao interesse geral quando o agente deveria prever a possibilidade da ocorrência dos prejuízos" (CAVALCANTI, Themistocles Brandão. *Tratado de direito administrativo*. 4. ed. São Paulo: Freitas Bastos, 1961. v. 4. p. 448).

[944] José Armando da Costa elenca circunstâncias agravantes comuns: o mau comportamento anterior; a prática simultânea ou conexão de duas ou mais transgressões; a reincidência; o abuso de autoridade e da posição hierárquica ou funcional; o cometimento da falta: na presença de subordinado, com premeditação, em público (COSTA, José Armando da. *Direito administrativo disciplinar*. Brasília: Brasília Jurídica, 2004. p. 299).

agravante disciplinar. A ADMINISTRAÇÃO PÚBLICA NÃO SÓ DEVE SER MORALIZADA, ORGANIZADA E DISCIPLINADA, COMO TAMBÉM TEM A OBRIGAÇÃO DE MANTER ESSA BOA IMAGEM NO SEIO DA COLETIVIDADE A QUE SERVE. [...].

Já o CONLUIO é conceituado como o acerto doloso entre dois ou mais funcionários visando à prática de transgressões disciplinares.[945]

Marcello Caetano[946] elenca as circunstâncias que considera ATENUANTES:
a) o bom comportamento anterior do agente;
b) a prestação de serviços relevantes;
c) a confissão espontânea do fato;
d) a provocação de superior hierárquico;
e) o cumprimento de ordem superior a que não era devida obediência.

Themistocles Brandão Cavalcanti arrola as CIRCUNSTÂNCIAS ATENUANTES no direito positivo português:
a) a prestação de mais de dez anos de serviço com exemplar comportamento e zelo;
b) a confissão espontânea da infração;
c) a prestação de serviços à pátria;
d) a provocação de superior hierárquico;
e) o acatamento de ordem, de obediência indevida, expedida por superior hierárquico.[947]

A dogmática do direito administrativo disciplinar lista outras tantas circunstâncias atenuantes.[948] [949]

---

[945] COSTA, José Armando da. *Teoria e prática do direito disciplinar*. Rio de Janeiro: Forense, 1981. p. 302-303.

[946] CAETANO, Marcello. *Princípios fundamentais do direito administrativo*. Rio de Janeiro: Forense, 1977. p. 401.

[947] CAVALCANTI, Themistocles Brandão. *Tratado de direito administrativo*. 4. ed. São Paulo: Freitas Bastos, 1961. v. 4. p. 448.

[948] José Armando da Costa colaciona exemplos de circunstâncias atenuantes: o bom comportamento anterior; relevância dos serviços prestados; o cometimento da infração para evitar mal maior; a prática da transgressão funcional em defesa de direitos próprios ou de outrem, quando não concorra excludente de ilicitude; a falta de prática do serviço; a provocação de terceiro (COSTA, José Armando da. *Direito administrativo disciplinar*. Brasília: Brasília Jurídica, 2004. p. 299-300).

[949] Léo da Silva Alves aponta como circunstâncias atenuantes extraídas por analogia do direito penal o desconhecimento da lei, a tentativa pelo agente responsável de diminuir as consequências do delito, a coação resistível, a confissão espontânea e o cometimento da infração por influência de multidão ou tumulto (ALVES, Léo da Silva. *Processo disciplinar em 50 questões*. Brasília: Brasília Jurídica, 2002. p. 42).

A digressão desses componentes e critérios, que decorrem diretamente do PRINCÍPIO CONSTITUCIONAL DA INDIVIDUALIZAÇÃO DA PENA, revela que eles devem presidir, destarte, a decisão administrativa acerca da imposição, ou não, de pena máxima na situação concreta, motivo pelo qual se aponta para a necessidade de rever a dogmática mais antiga quando propõe a simplória solução obrigatória indiscriminada da sanção extrema para todos os casos concretos, numa ótica legalista arcaica do poder vinculado, que reclama um sério repensar, por força da constitucionalização do direito administrativo.

A doutrina, endossando o princípio da INDIVIDUALIZAÇÃO DA PENA, corrobora[950] a crítica do vício na cultura jurídica do direito administrativo de adotar solução única em todos os casos (como peca a Súmula nº 650/STJ,[951] ao pugnar pela aplicação de pena máxima indiscriminadamente e à revelia da facticidade), o que se divorcia das diretrizes da Lei de Introdução às Normas do Direito Brasileiro – LINDB:

> A introdução dos novos preceitos na LINDB constitui reação a determinados vícios da cultura jurídica que vêm predominando há anos. Ao menos quatro podem ser identificados: i) ideia de que seja possível extrair do direito e, até mesmo, exclusivamente de valores jurídicos abstratos, solução única para situações em concreto; [...]
> O primeiro vício ou paradigma, relacionado à noção de que seria possível extrair do ordenamento jurídico solução única e específica para cada situação verificada em concreto, encontra-se presente na cultura jurídica brasileira.

Bitencourt e Leal[952] referendam:

> "A própria noção de hermenêutica que coloca o *intérprete como sujeito criador da norma,* uma vez que A REALIDADE DA PRÓPRIA

---

[950] SOUZA, Rodrigo Pagani de; ALENCAR, Letícia Lins de. O dever de contextualização na interpretação e aplicação do direito público. *In:* VALIATI, Thiago Priess; HUNGARO, Luis Alberto; CASTELLA, Gabriel Morettini e (Coord.). *A Lei de Introdução e o direito administrativo brasileiro.* Rio de Janeiro: Lumen Juris, 2019. p. 62.

[951] Súmula nº 650/STJ – "A autoridade administrativa não dispõe de discricionariedade para aplicar ao servidor pena diversa de demissão quando caraterizadas as hipóteses previstas no artigo 132 da Lei 8.112/1990".

[952] BITENCOURT Caroline Müller; LEAL, Rogério Gesta. Consequencialismo das decisões e os valores jurídicos abstratos a partir da Lei 13.655/18: uma análise crítica sob a perspectiva da (in)segurança jurídica. *In:* MAFFINI, Rafael; RAMOS, Rafael (Coord.). *Nova LINDB*: consenquencialismo, deferência judicial, motivação e responsabilidade do gestor público. Rio de Janeiro: Lumen Juris, 2020. p. 116.

ADMINISTRAÇÃO PÚBLICA É TÃO COMPLEXA EM FACE DA MULTIPLICIDADE DE POSSIBILIDADES DE APLICAÇÃO que obviamente *não há como imaginar o discurso da* SEGURANÇA JURÍDICA ABSOLUTA DE UM TEXTO NORMATIVO, uma vez que NÃO SE TRATA DE UMA SOLUÇÃO DEDUTIVA E NEM MESMO DA CONCEPÇÃO DE QUE HAJA UMA ÚNICA RESPOSTA CORRETA, ainda que a argumentação leve a crer que seja a melhor resposta naquele caso". Esse trabalho praticamente artesanal de extrair do texto o sentido da norma é que se torna redundante para não dizer tautológico, que HAVERÁ SEMPRE QUE SE SITUAR EM UMA DADA REALIDADE EM TODA SUA COMPLEXIDADE.

Por conseguinte, afigura-se incorreta a exegese que, contrariando o sólido entendimento dogmático,[953] desconsidera a INTERPRETAÇÃO SISTEMÁTICA, mediante a concordância do art. 128, *caput*,[954] nos casos enquadrados no art. 132 ou art. 134, da Lei federal nº 8.112/1990, quando partilha, generalizada e simploriamente, de uma decisão administrativa impositiva de sanção disciplinar máxima, sem qualquer cômputo e auscultação das CIRCUNSTÂNCIAS AGRAVANTES OU ATENUANTES, dos PREJUÍZOS decorrentes da infração, dos ANTECEDENTES FUNCIONAIS, da GRAVIDADE DO FATO, entre outros parâmetros necessários para a PERSONALIZAÇÃO DA PENALIDADE, a qual não pode ser infligida automaticamente, com o total menosprezo às ESPECIFICIDADES DO CASO CONCRETO, o que parece negar vigência ao princípio constitucional da individualização da pena, valendo aqui relembrar a crítica de Streck[955] quando condena a *solução padrão que esconde as peculiaridades da situação específica posta perante o aplicador do direito.*

---

[953] NOHARA, Irene Patrícia. 5 passos para a superação de um processo administrativo disciplinar "medieval". *Irene Nohara – Direito Administrativo*, 13 jun. 2014. Disponível em: http://blog.direitoadm.com.br/o-que-fazer-casosdireitoadministrativo/5-passos-para-superacao-de-um-processo-administrativo-disciplinar-medieval/.

[954] "Art. 128. Na aplicação das penalidades serão consideradas a natureza e a gravidade da infração cometida, os danos que dela provierem para o serviço público, as circunstâncias agravantes ou atenuantes e os antecedentes funcionais".

[955] STRECK, Lenio. *Verdade e consenso*: constituição, hermenêutica e teorias discursivas. 4. ed. São Paulo: Saraiva, 2012, *passim*.

5.1.2 Combinação do princípio da individualização da pena com o princípio da motivação das decisões administrativas e a desigualação de situações distintas como decorrência do princípio constitucional da igualdade

O princípio da INDIVIDUALIZAÇÃO DA PENA se compagina com o PRINCÍPIO DA MOTIVAÇÃO dos atos administrativos (art. 2º, *caput*, Lei federal nº 9.784/1999),[956] no que tange à diferenciação dos julgamentos do processo administrativo disciplinar e à aplicação de penas adequadas (demonstrada a NECESSIDADE e ADEQUAÇÃO da reprimenda, a teor do art. 20, par. único, LINDB)[957] às diversas situações de fato e especificidades do caso concreto, em vez do erro da Súmula nº 650/STJ ao adotar uma única penalidade invariável à revelia da facticidade.

Parece que TRATAR TODOS OS CASOS DE FORMA IGUAL (em vez de desigualar os casos desiguais, como alvitra a doutrina),[958] [959] [960] [961] [962] SEM A CONSIDERAÇÃO DAS CIRCUNSTÂNCIAS E A GRAVIDADE PECULIAR DE CADA QUAL, termina, em última instância, por violar não apenas o princípio da individualização da pena, mas o próprio PRINCÍPIO DA IGUALDADE constitucional (no ensinamento de jurista escocês Neil MacCormick),[963] pois não

---

[956] "Art. 2º A Administração Pública obedecerá, dentre outros, aos princípios da legalidade, finalidade, MOTIVAÇÃO, razoabilidade, proporcionalidade, moralidade, ampla defesa, contraditório, segurança jurídica, interesse público e eficiência".

[957] "Art. 20. [...] Parágrafo único. A MOTIVAÇÃO demonstrará a NECESSIDADE E A ADEQUAÇÃO DA MEDIDA IMPOSTA ou da invalidação de ato, contrato, ajuste, processo ou norma administrativa, inclusive em face das possíveis alternativas (Incluído pela Lei nº 13.655, de 2018)".

[958] MIRANDA, Jorge. *Manual de direito constitucional*: direitos fundamentais. 5. ed. Coimbra: Coimbra, 2012. t. IV. p. 282.

[959] OTERO, Paulo. *Direito do procedimento administrativo*. Coimbra: Almedina, 2016. p. 167.

[960] PRATES, Marcelo Madureira. *Sanção administrativa geral*: anatomia e autonomia. Coimbra: Almedina, 2005. p. 75.

[961] HERVADA, Javier. *O que é o direito? A moderna resposta do realismo jurídico*. São Paulo: Martins Fontes, 2006. p. 31-32; 47.

[962] LOPES, Pedro Muniz. *Princípio da boa-fé e decisão administrativa*. Coimbra: Almedina, 2011. p. 93.

[963] "A exigência da justiça formal consiste em tratarmos casos semelhantes de modo semelhante, e casos diferentes de modo diferente; e dar a cada um o que lhe é devido. [...] a escolha de obedecer à justiça formal em tais questões é uma escolha entre o racional e o arbitrário na condução das relações humanas, e ao afirmar como princípio fundamental que os seres humanos deveriam ser racionais em lugar de arbitrários na condução de seus assuntos

são diferenciados, na mecânica aplicação de reprimendas extremas, os comportamentos e os transgressores, numa GENERALIZADA APLICAÇÃO DA PENALIDADE MÁXIMA que fere mesmo o bom senso em certos casos, no que importa considerar o escólio de Luís Roberto Barroso, quando explana que PRINCÍPIOS – e, com crescente adesão na doutrina, TAMBÉM AS REGRAS – SÃO PONDERADO(A)S À VISTA DO CASO CONCRETO e que, na determinação de seu sentido e na escolha dos comportamentos que realizarão os fins previstos (particularmente no exercício do poder disciplinar), DEVERÁ O INTÉRPRETE DEMONSTRAR, robustamente, O FUNDAMENTO RACIONAL que legitima a sua atuação decisória, ainda mais ao aplicar reprimenda extrema.[964]

Não haveria, para a linha de pensamento mais antiga do direito administrativo (AUTORITÁRIO, SEM VIÉS HUMANISTA), a DESIGUALAÇÃO DOS CASOS DIFERENTES NA MEDIDA DAS DIFERENÇAS VERIFICADAS EM CONCRETO, o que viola a ISONOMIA em sua consagrada acepção de *tratar desigualmente os desiguais na medida em que se desigualam*, no que se aplica o ensinamento de Hervada de que O JUSTO É TRATAR DESIGUALMENTE, DE FORMA PROPORCIONAL, NO QUE OS CASOS SÃO DIFERENTES, na medida em que os aplicadores do direito devem interpretar as leis em função não do direito em sentido formal, mas do direito em sentido real (ou melhor, realista), por cujo efeito A INTERPRETAÇÃO JURÍDICA DEVE SER EXECUTADA EM FUNÇÃO DAS CIRCUNSTÂNCIAS CONCRETAS.[965]

Parece que TRATAR TODOS OS CASOS DE FORMA IGUAL (em vez de desigualar os casos desiguais, como alvitra a doutrina),[966]

---

públicos e sociais" (MACCORMICK, Neil. *Argumentação jurídica e teoria do direito*. São Paulo: Martins Fontes, 2006. p. 93; 97).

[964] BARROSO, Luís Roberto. *O novo direito constitucional brasileiro*: contribuições para a construção teórica e prática da jurisdição constitucional no Brasil. Belo Horizonte: Fórum, 2013. p. 152-153.

[965] HERVADA, Javier. *O que é o direito?* A moderna resposta do realismo jurídico. São Paulo: Martins Fontes, 2006. p. 31-32; 47.

[966] MIRANDA, Jorge. *Manual de direito constitucional*: direitos fundamentais. 5. ed. Coimbra: Coimbra, 2012. t. IV. p. 282.

[967] [968] [969] [970] SEM A CONSIDERAÇÃO DAS CIRCUNSTÂNCIAS E A GRAVIDADE PECULIAR DE CADA QUAL, termina, em última instância, por violar não apenas o princípio da individualização da pena, mas o próprio PRINCÍPIO DA IGUALDADE constitucional (no ensinamento de jurista escocês Neil MacCormick),[971] pois não são diferenciados, na mecânica aplicação de reprimendas extremas, os comportamentos e os transgressores, numa GENERALIZADA APLICAÇÃO DA PENALIDADE MÁXIMA que fere mesmo o bom senso em certos casos, no que importa considerar o escólio de Luís Roberto Barroso, quando explana que PRINCÍPIOS – e, com crescente adesão na doutrina, TAMBÉM AS REGRAS – SÃO PONDERADO(A)S À VISTA DO CASO CONCRETO e que, na determinação de seu sentido e na escolha dos comportamentos que realizarão os fins previstos (particularmente no exercício do poder disciplinar), DEVERÁ O INTÉRPRETE DEMONSTRAR, robustamente, O FUNDAMENTO RACIONAL que legitima a sua atuação decisória, ainda mais ao aplicar reprimenda extrema.[972]

Entra em cena no particular, aditivamente, o questionamento da eficácia e extensão do próprio PRINCÍPIO DA MOTIVAÇÃO DOS ATOS ADMINISTRATIVOS, segundo José Carlos Vieira de Andrade,[973] quando recorda que a exposição do motivo fático revela a qualidade de fundo do ato administrativo, a bondade de seu conteúdo, a correção da atuação administrativa, a sua COERÊNCIA, a sua veracidade, articulando-se com a verdade material.

---

[967] OTERO, Paulo. *Direito do procedimento administrativo*. Coimbra: Almedina, 2016. p. 167.
[968] PRATES, Marcelo Madureira. *Sanção administrativa geral*: anatomia e autonomia. Coimbra: Almedina, 2005. p. 75.
[969] HERVADA, Javier. *O que é o direito?* A moderna resposta do realismo jurídico. São Paulo: Martins Fontes, 2006. p. 31-32; 47.
[970] LOPES, Pedro Muniz. *Princípio da boa-fé e decisão administrativa*. Coimbra: Almedina, 2011. p. 93.
[971] "A exigência da justiça formal consiste em tratarmos casos semelhantes de modo semelhante, e casos diferentes de modo diferente; e dar a cada um o que lhe é devido. [...] a escolha de obedecer à justiça formal em tais questões é uma escolha entre o racional e o arbitrário na condução das relações humanas, e ao afirmar como princípio fundamental que os seres humanos deveriam ser racionais em lugar de arbitrários na condução de seus assuntos públicos e sociais" (MACCORMICK, Neil. *Argumentação jurídica e teoria do direito*. São Paulo: Martins Fontes, 2006. p. 93; 97).
[972] BARROSO, Luís Roberto. *O novo direito constitucional brasileiro*: contribuições para a construção teórica e prática da jurisdição constitucional no Brasil. Belo Horizonte: Fórum, 2013. p. 152-153.
[973] ANDRADE, José Carlos Vieira de. *O dever da fundamentação expressa de actos administrativos*. Coimbra: Almedina, 2007. p. 25-26; 29.

Isso porque, enquanto no positivismo exegético talvez fosse suficiente, para a dogmática tradicional, a mera invocação do enquadramento mecânico do caso na previsão do tipo legal passível de pena máxima (legalismo em sentido estrito, subsunção automática), parece que a exposição dos motivos de direito e de fato da medida sancionadora máxima exige mais profunda digressão em vista do princípio da juridicidade, quando exige não apenas a observância literal da lei, mas ao DIREITO COMO UM TODO, AOS PRINCÍPIOS DA PROPORCIONALIDADE, RAZOABILIDADE, INDIVIDUALIZAÇÃO DA PENA E VALORES CONSTITUCIONAIS, AOS DIREITOS FUNDAMENTAIS.

Trata-se de consequência de a própria Lei Geral de Processo Administrativo – LGPA da União (Lei federal nº 9.784/1999, art. 2º, par. único, I), que se aplica subsidiariamente ao processo administrativo disciplinar da Lei federal nº 8.112/1990, nos termos do art. 69, da LGPA, prevê a atuação da Administração Pública conforme a lei e o direito.

Mais ainda, a LGPA capitula que (art. 2º, par. único, VI) a atuação administrativa deverá observar a adequação entre meios e fins, vedada a imposição de obrigações, restrições e sanções em medida superior àquelas estritamente necessárias ao atendimento do interesse público, de sorte que se albergou, no preceito, o princípio da proporcionalidade, em combinação com o PRINCÍPIO DA MOTIVAÇÃO, o que, em última instância, desafia do hierarca administrativo decisor JUSTIFICATIVA MAIS AMPLA do que a mera descrição do art. 132 ou do art. 134, da Lei federal nº 8.112/1990, mas UM APROFUNDADO COTEJO DOS FATOS E DA CONDUTA, DAS PECULIARES CIRCUNSTÂNCIAS DO CASO, muito além de uma medida mecânica e simplória de mero enquadramento jurídico do fato nos dispositivos cominadores de penalidades mais graves.

Calha recordar a cátedra de Lacombe[974] de que:
a) no lugar do SIMPLES (motivação por subsunção mecânica), mostra-se o COMPLEXO (motivação mais ampla, em face de uma reflexão plena diante das características da situação posta);

---

[974] CAMARGO, Margarida Maria Lacombe. *Hermenêutica e argumentação*: uma contribuição ao estudo do direito. 3. ed. Rio de Janeiro: Renovar, 2003. p. 250-251.

b) no lugar do ÚNICO (pena máxima em todos os casos, Súmula nº 650/STJ), o PLURAL (solução jurídica mais adequada em cada caso, com possibilidade evidente de imposição de penalidades distintas da reprimenda máxima, a despeito do enquadramento do fato no art. 132, ou art. 134, da Lei federal nº 8.112/1990);
c) no lugar do ABSTRATO (mito da onipotência do legislador e da resposta única), o CONCRETO (decisão administrativa atenta à facticidade dos casos);
d) no lugar do FORMAL (solução logicista/subsunção positivista, embasada na onipotência/onisciência do legislador ao determinar uma mesma solução geral para todos os casos, sem sequer conhecer a facticidade de cada qual), o RETÓRICO (a motivação das decisões administrativas envolve uma motivação mais complexa, com uma resposta adequada para cada situação, produzida pela argumentação e fundamentação do aplicador do direito administrativo com o cotejo de todas as características da situação, sem a absolutização da previsão geral do legislador, nem com o império de uma mesma sanção disciplinar em todos os casos;
e) a lógica formal não serve mais ao direito, porque a solução jurídica não se restringe a uma operação puramente teórico-silogística. A subsunção dos fatos à regra geral (que funciona como axioma) pode produzir um resultado formalmente lógico, mas não adequado à realidade.

O administrativista espanhol Gabriel Doménech Pascual,[975] invocando a VEDAÇÃO DE ARBITRARIEDADE DO PODER PÚBLICO na Constituição de seu país (art. 9.3), explica que uma atuação pode ser considerada arbitrária quando carece de justificativa, de modo que a FUNDAMENTAÇÃO DOS ATOS ADMINISTRATIVOS DEVE SER CONSISTENTE, LIVRE DE ERROS LÓGICOS, COERENTES COM A REALIDADE DOS FATOS, SUFICIENTEMENTE SÓLIDA, com o que se amolda a diferenciação de penas definidas para cada caso.

---

[975] DOMÉNECH PASCUAL, Gabriel. El principio de legalidad y las potestades administrativas. In: RECUERDA GIRELA, Miguel Ángel (Coord.). *Lecciones de derecho administrativo con ejemplos*. Madri: Tecnos, 2014. p. 125.

Quando se determina a incidência do PRINCÍPIO DA JURIDICIDADE administrativa (art. 2º, parágrafo único, I, da Lei federal nº 9.784/1999),[976] acima da mera legalidade estrita, o próprio motivo do ato veiculador de poder disciplinar vinculado, nas situações em tese passíveis de pena máxima, assume foros de MAIOR COMPLEXIDADE e reclama mais rigorosamente MOTIVAÇÃO AMPLA por parte da autoridade competente (RACIONALIDADE), a qual *não pode romper o vínculo jurídico-funcionarial com o servidor sem uma PLAUSÍVEL, SÓLIDA E SOBEJA EXPOSIÇÃO DE RAZÕES LÓGICAS, com o cotejo das balizas da individualização da pena na espécie.*

O exposto se reflete na interpretação também do art. 50, II, da Lei federal nº 9.784/1999 (LGPA), no quanto enuncia que *os atos administrativos deverão ser motivados, com indicação dos fatos e dos fundamentos jurídicos, quando imponham ou agravem sanções, inclusive disciplinares.*

Os fundamentos jurídicos, como elementos da motivação, requerem mais ampla abordagem do que o singelo enquadramento jurídico no art. 132, da Lei federal nº 8.112/1990, exigindo *maior amplitude na justificação da decisão administrativa sancionadora*, considerando a CONSISTÊNCIA, COERÊNCIA DA REPRIMENDA DE ACORDO COM TODO O SISTEMA JURÍDICO, COM A PRINCIPIOLOGIA CONSTITUCIONAL, NUMA PROFUNDA DISCUSSÃO DAS CONSEQUÊNCIAS DO FATO PARA A ADMINISTRAÇÃO PÚBLICA, SOBRE A SEVERA RUPTURA DE CONFIANÇA DO ESTADO NA PESSOA DO SERVIDOR, NO ALTO GRAU DE CENSURA DEMANDADO PELO COMPORTAMENTO INFRACIONAL, NA IMPOSSIBILIDADE DE IMPOSIÇÃO DE PENA MENOS GRAVE, DOS PREJUÍZOS DECORRENTES PARA O ERÁRIO, SE O CASO, SOBRE TODAS AS CIRCUNSTÂNCIAS SUBJACENTES À TRANSGRESSÃO.

Considera-se que, segundo a predita lição de Marçal Justen Filho,[977] não se pode esquecer que a velha perspectiva do núcleo

---

[976] "Art. 2º A Administração Pública obedecerá, dentre outros, aos princípios da legalidade, finalidade, motivação, razoabilidade, proporcionalidade, moralidade, ampla defesa, contraditório, segurança jurídica, interesse público e eficiência. Parágrafo único. Nos processos administrativos serão observados, entre outros, os critérios de: I - atuação conforme a lei e o Direito; [...]".

[977] JUSTEN FILHO, Marçal. O direito administrativo de espetáculo. *In*: ARAGÃO, Alexandre Santos de; MARQUES NETO, Floriano de Azevedo (Coord.). *Direito administrativo e seus novos paradigmas*. Belo Horizonte: Fórum, 2012. p. 73-74.

autoritário do antigo direito administrativo deve ser revista para reconhecer que *o ser humano é o protagonista da história e do direito, e a pessoa (no caso o servidor público) não pode ser retratado como mero "particular" ou "administrado", figuras indeterminadas e imprecisas, destituídas de características diferenciais em face do Estado e da Administração Pública, nem sob o enfoque de que o administrado ou particular não tem rosto em face do direito administrativo,* é *quase uma sombra, antes deve ser respeitado e considerado em seus interesses e direitos fundamentais.*

Não basta uma literal e rasa, singela, alegada incidência do art. 132 ou art. 134, da Lei federal nº 8.112/1990, como motivo de direito do ato administrativo sancionador, o que é insuficiente sob a ótica da justificação da medida decisória repressiva, antes deve o hierarca decisor velar e analisar A SOBRIEDADE, RACIONALIDADE, COERÊNCIA,[978] INTEGRIDADE, FUNDAMENTAÇÃO AMPLA E SÓLIDA, DA MEDIDA DETERMINANTE DE PENA MÁXIMA NA SITUAÇÃO ESPECÍFICA, não num mero mecanicismo, no que se encarece o PRINCÍPIO DA RAZOABILIDADE, o qual pode, na perspectiva de Humberto Ávila,[979] ser utilizado como diretriz que exige a relação das normas gerais com as individualidades do caso concreto, quer mostrando sob qual perspectiva a norma deve ser aplicada, QUER INDICANDO EM QUAIS HIPÓTESES O CASO INDIVIDUAL, EM VIRTUDE DE SUAS ESPECIFICIDADES, DEIXA DE SE ENQUADRAR NA NORMA GERAL.

A vinculação não é apenas à lei ordinária, mas ao sistema jurídico como um todo, o que se reflete, pois, nos rigores da motivação do ato administrativo decisório.

5.2 A aplicação do princípio da individualização da pena pela jurisprudência para controle jurisdicional sobre atos disciplinares vinculados cominadores de penas máximas

Essa perspectiva do exercício do poder disciplinar vinculado à luz dos direitos fundamentais tem sido encimada na jurisprudência,

---

[978] MOREIRA, João Batista Gomes. *Direito administrativo*: da rigidez autoritária à flexibilidade democrática. Belo Horizonte: Fórum, 2005. p. 106.
[979] ÁVILA, Humberto. *Teoria dos princípios*: da definição à aplicação dos princípios jurídicos. 14. ed. atual. São Paulo: Malheiros, 2013. p. 175.

particularmente com o manejo do princípio constitucional da individualização da pena para anular sanções administrativas máximas inadequadas ao caso concreto.

O Tribunal de Justiça do Distrito Federal e dos Territórios[980] cimentou a aplicabilidade do princípio da individualização da pena na esfera administrativa:

> III - Comprovada a violação dos deveres do servidor público e a prática de ato de improbidade administrativa, deve a servidora responder pelo fato praticado, na medida de sua culpabilidade. Nesse aspecto, deve o julgador observar não só a natureza e a gravidade da conduta como também a extensão do dano, o proveito econômico obtido, a intensidade do elemento subjetivo, as circunstâncias atenuantes e agravantes e os antecedentes funcionais da servidora.
> IV - A pena de demissão não se mostra a sanção disciplinar mais justa e razoável, diante das peculiaridades do caso, em que se verifica haver a servidora cumprido 28 anos de serviço público regular; ter os dias averbados irregularmente servido apenas para fins de aposentadoria; ter retornado prontamente à atividade quando tornado sem efeito o benefício; congregar antecedentes funcionais elogiáveis.

O Tribunal de Justiça do Distrito Federal e Territórios também aplicou o princípio da individualização da pena para exercitar corretivamente o controle jurisdicional sobre o poder disciplinar vinculado na imposição de pena máxima (demissão).[981]

Na aplicação das penalidades, para fins de cumprimento do princípio constitucional da individualização da pena, a autoridade administrativa julgadora deve verificar, ante as balizas determinadas pelo art. 128, da Lei federal nº 8.112/90, os seguintes fatores:

---

[980] 6ª Turma Cível, Apelação Cível nº 20110111931769APC, Rel. Des. José Divino de Oliveira, Acórdão nº 653.547.

[981] "III - Comprovada a violação dos deveres do servidor público e a prática de ato de improbidade administrativa, deve a servidora responder pelo fato praticado, na medida de sua culpabilidade. Nesse aspecto, deve o julgador observar não só a natureza e a gravidade da conduta como também a extensão do dano, o proveito econômico obtido, a intensidade do elemento subjetivo, as circunstâncias atenuantes e agravantes e os antecedentes funcionais da servidora. IV - A pena de demissão não se mostra a sanção disciplinar mais justa e razoável, diante das peculiaridades do caso, em que se verifica haver a servidora cumprido 28 anos de serviço público regular; ter os dias averbados irregularmente servido apenas para fins de aposentadoria; ter retornado prontamente à atividade quando tornado sem efeito o benefício; congregar antecedentes funcionais elogiáveis" (Tribunal de Justiça do Distrito Federal e Territórios, 6ª Turma Cível, Apelação Cível nº 20110111931769APC, Rel. Des. José Divino de Oliveira, Rev. Des. Vera Andrighi, Acórdão nº 653.547).

1. a natureza da infração cometida;
2. a gravidade da infração cometida;
3. os danos que dela provierem para o serviço público;
4. as circunstâncias agravantes;
5. as circunstâncias atenuantes;
6. os antecedentes funcionais.

O próprio Supremo Tribunal Federal[982] compreendeu que, EMBORA FOSSE LEGALMENTE COMINADA A PENA MÁXIMA DE DEMISSÃO para os fatos imputados ao acusado em processo administrativo disciplinar, FOI CORRETA A APLICAÇÃO DE PENA DE SUSPENSÃO pelo Conselho Nacional do Ministério Público no caso concreto, conforme trecho da ementa do julgado:

> 4. Verifica-se que as condutas imputadas ao impetrante foram capituladas no art. 236, IX, da Lei Complementar nº 75/1993, e nos arts. 9º, caput e inciso IV, e 11, caput, da Lei Federal nº 8.429/1992, ambas caracterizadoras de improbidade administrativa, para as quais o art. 240, inciso V, alínea b, da Lei Orgânica do Ministério Público da União COMINA SANÇÃO DE DEMISSÃO. No entanto, POR ENTENDER QUE A CONDUTA EXIGIA PENALIDADE PROPORCIONALMENTE MENOS GRAVOSA, O CNMP APLICOU A SANÇÃO DE SUSPENSÃO, INEXISTINDO ILEGALIDADE QUANTO À PENA DISCIPLINAR que o órgão correicional entendeu incidente ao caso.

Calha transcrever a fundamentação do v. acórdão:[983]

> [...] As condutas que deram ensejo à aplicação das penas de suspensão foram as seguintes:
>
> - tratativas indevidas do Ministério Público do Distrito Federal e dos Territórios com o ex-Governador do Distrito Federal José Roberto Arruda;
> - cessação, por meio ilícito, de publicação de matéria jornalística;
> Nos termos assentados pelo CNMP, as condutas imputadas ao impetrante foram capituladas no art. 236, IX, da Lei Complementar 75/1993, e nos arts. 9º, caput e inciso IV, e 11, caput, da Lei Federal 8.429/1992, ambas caracterizadoras DE IMPROBIDADE ADMINISTRATIVA, para as quais

---

[982] Supremo Tribunal Federal, Plenário, Mandado de Segurança nº 30.943/Distrito Federal, Rel. Min. Gilmar Mendes, Red. Acórdão Min. Edson Fachin, j. 16.6.2020.
[983] Supremo Tribunal Federal, Plenário, Mandado de Segurança nº 30.943/Distrito Federal, Rel. Min. Gilmar Mendes, Red. Acórdão Min. Edson Fachin, j. 16.6.2020.

o art. 240, inciso V, alínea b, da Lei Orgânica do Ministério Público da União COMINA SANÇÃO DE DEMISSÃO.

Todavia, LEVANDO EM CONSIDERAÇÃO QUE A APLICAÇÃO DA ALUDIDA PENA MÁXIMA SERIA MEDIDA POR DEMAIS GRAVOSA, A AUTORIDADE IMPETRADA ENTENDEU POR FIXAR PENAS DE SUSPENSÃO.

A esse propósito, confira-se trecho do julgamento dos embargos de declaração:

"[...] O que o embargante sustenta, em verdade, é a existência de *error in judicando*, o que não desafia embargos de declaração, As condutas descritas como tratativas indevidas com autoridades do Governo do Distrito Federal sobre a atuação do Ministério Público do Distrito Federal e Territórios foram capituladas no art. 236, IX, da Lei Complementar nº 75/93, e no art. 11, caput, da Lei Federal nº 8.429/92.

De igual modo, percebe-se que a conduta narrada como cessação, por meio ilícito, de publicação de matéria jornalística foi capitulada no art. 236, inciso IX, da Lei Complementar nº 75/93 e nos artigos 9º, caput e inciso IV, e 11, caput, da Lei Federal nº 8.429/92.

A ambas imputações, caracterizadoras de IMPROBIDADE ADMINISTRATIVA, o art. 240, inciso V, alínea b, da Lei Orgânica do Ministério Público da União, COMINA SANÇÃO DE DEMISSÃO.

QUANDO DO JULGAMENTO DESTE PROCESSO ADMINISTRATIVO DISCIPLINAR, ENTENDEU-SE QUE A APLICAÇÃO DA ALUDIDA PENA MÁXIMA SERIA MEDIDA POR DEMAIS GRAVOSA, RAZÃO PELA QUAL FORAM FIXADAS DUAS PENAS DE SUSPENSÃO, uma de 90 (noventa) dias para [...] (por tratativas indevidas com autoridades do Governo do Distrito Federal sobre a atuação do Ministério Público do Distrito Federal e Territórios) e outra de 60 (sessenta) dias para [...] (em virtude da cessação, por meio ilícito, de publicação de matéria jornalística).

Por força do art. 240, incisos II, IV e V, alínea b, e VI, da Lei Orgânica do Ministério Público da União, as condutas caracterizadoras de desempenho ímprobo das funções (decorrentes do dever legal de zelo e probidade – artigo 236, inciso IX, da Lei Complementar nº 75/93) podem ser infligidas as penas de censura, de suspensão, de demissão ou de cassação de aposentadoria ou de disponibilidade. [...]

Não por outra razão o art. 241 estabelece que NA APLICAÇÃO DAS SANÇÕES DISCIPLINARES CONSIDERAR-SE-ÃO OS ANTECEDENTES DO INFRATOR, A NATUREZA E A GRAVIDADE DA INFRAÇÃO, AS CIRCUNSTÂNCIAS EM QUE FOI PRATICADA E OS DANOS QUE DELA RESULTARAM AO SERVIÇO E À DIGNIDADE DA INSTITUIÇÃO. [...]

O acórdão reconheceu que AS IMPUTAÇÕES de tratativas indevidas com autoridades do Governo do Distrito Federal sobre a atuação do

Ministério Público do Distrito Federal e Territórios, bem como de cessação, por meio ilícito, de publicação de matéria jornalística, NÃO SE REVESTIRAM DE GRAVIDADE PROPORCIONAL À DEMISSÃO. Tais condutas estão capituladas como violação de deveres funcionais, no caso, o dever de probidade, e a descrição de uma postura cogente pelo legislador consagra, como consectário, a proibição de conduta em sentido contrário (art. 236, inciso IX, da Lei Complementar nº 75/93).

Em tais condições, A FIXAÇÃO DE UMA PENA DE SUSPENSÃO PARA CADA UMA DAS IMPUTAÇÕES ORA EM DEBATE REVELOU-SE MEDIDA LEGÍTIMA E RAZOÁVEL, consoante fundamentos expostos no aresto embargado e nos moldes do artigo 240, inciso IV, da Lei Complementar nº 75/93.

Não se trata, aqui, de integração da lei *in malam partem* ou de analogia sancionatória, porquanto é Lei Complementar chega a cominar pena de demissão à improbidade administrativa. E NÃO SE TRATA DE ESCOLHA, A PARTIR DE CRITÉRIOS DE CONVENIÊNCIA E OPORTUNIDADE, MAS DE PONDERAÇÃO DE CIRCUNSTÂNCIAS RELACIONADAS À CONDUTA E AOS ACUSADOS, segundo parâmetros definidos pela própria lei". (grifo nosso)

Dessa forma, NÃO VERIFICO DESPROPORCIONALIDADE OU ILEGALIDADE NA APLICAÇÃO DAS CITADAS PENAS DE SUSPENSÃO, a configurar violação a direito líquido e certo do impetrante. [...].

O colendo Conselho Nacional de Justiça tem adotado interpretação/aplicação do direito disciplinar dos magistrados sob a premissa de INDIVIDUALIZAÇÃO DE PENAS e cotejo da FACTICIDADE, *mesmo em situações em tese passíveis de penas máximas,* em posição, portanto, que (acertadamente, a nosso ver) deixa de acolher o teor da Súmula nº 650/STJ.

Vide acórdão/decisão/CNJ nesse diapasão,[984] em cuja fundamentação e ementa tivemos a honra de sermos citados:

[...] Nessa circunstância, é oportuna a seguinte lição do professor ANTONIO CARLOS ALENCAR CARVALHO:

"A ideia de justo envolve também a proporção das decisões administrativas e os pressupostos fáticos que a motivaram. Para fatos graves, penas severas; para fatos de menor repercussão, sanções mais brandas.

---

[984] "N. 0000196-33.2019.2.00.0000 - PROCESSO ADMINISTRATIVO DISCIPLINAR EM FACE DE MAGISTRADO - A: CONSELHO NACIONAL DE JUSTIÇA – CNJ, Data de public. 03/03/2023, Tribunal: SECRETARIA GERAL (CNJ), Secretaria Processual PJE, Página: 00003, Conselheiro Marcio Luiz Freitas Relator".

O postulado do comedimento e da motivação das medidas aflitivas não se afina com o exagero e a incongruente correspondência entre conduta e reprimenda infligida, ainda que a pretexto do exercício de atividade sancionadora administrativa vinculada. Portanto, o postulado da proporcionalidade funciona como mecanismo de controle inclusive das penas disciplinares máximas e do exercício da vinculação administrativa, sim, antepondo-se ao raciocínio simplista de que, nos casos de demissão, cassação de aposentadoria/disponibilidade ou destituição de cargo em comissão, as regras legais respectivas teriam incidência automática e incondicional, o que não se abona, tendo em vista que a interpretação e aplicação do direito, em casos excepcionais, tem que levar em conta as circunstancias do caso concreto e da perspectiva axiológica ai latente, sob a compreensão de que o processo hermenêutico não e uma decisão final e acabada, predeterminada pelo dispositivo legal, mas sim que a norma jurídica derradeira será encontrada diante das especificidades do 'case', principalmente quando não ha como se conceituar a situação vertente como dentre os casos normais antevistos pela norma (art. 20, caput, Lei de Introdução as Normas do Direito Brasileiro)" [11] CARVALHO, ANTONIO CARLOS ALENCAR. Manual de Processo Administrativo Disciplinar e Sindicância: A Luz da Jurisprudência dos Tribunais e da Casuística da Administração Publica. Belo Horizonte: Fórum, 2021. p. 468. Disponível em: https://www.forumconhecimento. com.br/livro/1192/4370/30033. Acesso em: 1 nov. 2022. [12] [...]
6. Para o administrativista ANTONIO CARLOS ALENCAR CARVALHO, "o postulado da proporcionalidade funciona como mecanismo de controle inclusive das penas disciplinares máximas e do exercício da vinculação administrativa, sim, antepondo-se ao raciocínio simplista de que, nos casos de demissão, cassação de aposentadoria/disponibilidade ou destituição de cargo em comissão, as regras legais respectivas teriam incidência automática e incondicional" (in Manual de Processo Administrativo Disciplinar e Sindicância: A Luz da Jurisprudência dos Tribunais e da Casuística da Administração Publica. Belo Horizonte: Fórum, 2021. p. 468). [...]
Assim, considerando os princípios da proporcionalidade e razoabilidade e considerando ainda que o magistrado pode prestar importantes serviços a sociedade, tendo em vista que sua postura não foi absolutamente incompatível com o exercício da judicatura a ensejar pena máxima de aposentadoria compulsória, a pena a ser aplicada dever ser a disponibilidade, consoante o art. 6º da Resolução/CNJ nº 135.
Diante do exposto, julgo procedente as imputações formuladas no presente Processo Administrativo Disciplinar, para aplicar ao Desembargador [...], do Tribunal de Justiça do Estado do [...], pena de disponibilidade com vencimentos proporcionais ao tempo de serviço, nos termos do art. 6º da Resolução CNJ nº 135. [...] Intimem-se. Publique-se nos termos do

artigo 140 do RICNJ. Em seguida, arquivem-se independentemente de nova conclusão. A Secretaria Processual, para providencias. Brasília, data registrada no sistema. Conselheiro Marcio Luiz Freitas Relator.

O próprio colendo Superior Tribunal de Justiça temperou/relativizou o rigor de sua Súmula nº 650 (publicada em setembro de 2021) em julgado de abril de 2022:[985]

EMENTA
MANDADO DE SEGURANÇA. CONSTITUCIONAL. ADMINISTRATIVO. ACUMULAÇÃO DE CARGOS PÚBLICOS. PENALIDADE DE CASSAÇÃO DE APOSENTADORIA. FUNDAMENTOS DA DECISÃO ADMINISTRATIVA EM DISSONÂNCIA COM O CONTEXTO FÁTICO-PROBATÓRIO APRESENTADO. PARECER MINISTERIAL FAVORÁVEL AO IMPETRANTE. DIREITO LÍQUIDO E CERTO AO RESTABELECIMENTO DOS PROVENTOS. SEGURANÇA CONCEDIDA. AGRAVO INTERNO. DECISÃO MANTIDA.
I - Trata-se de mandado de segurança de competência originária desta E. Corte contra ato praticado por Ministro de Estado consistente na CASSAÇÃO DE APOSENTADORIA DE CARGOS PÚBLICOS DE MÉDICO SOB O FUNDAMENTO DE ACUMULAÇÃO ILEGAL DE CARGOS. A decisão concedeu segurança para o fim de determinar o reestabelecimento das aposentadorias da parte impetrante, sem prejuízo de posterior verificação da legalidade da acumulação de cargos que ensejou a aplicação da penalidade de cassação dos proventos impugnada.
II - O agravo interno não merece provimento, não sendo as razões nele aduzidas suficientes para infirmar a decisão de concessão de segurança recorrida, que deve ser mantida por seus próprios fundamentos.
III - Colhe-se do processo administrativo instaurado, que OS FUNDAMENTOS QUE LEVARAM À CASSAÇÃO DA APOSENTADORIA NÃO CONSIDERARAM A CIRCUNSTÂNCIA DE QUE A ACUMULAÇÃO DOS CARGOS PÚBLICOS NO ÂMBITO FEDERAL SE DEU EM SITUAÇÃO DE INATIVIDADE, O QUE TORNA IMPERTINENTE A FUNDAMENTAÇÃO NO SENTIDO DA EXTRAPOLAÇÃO DE CARGA HORÁRIA. Nesse sentido: AgRg no REsp 1438988/PB, Rel. Ministro HUMBERTO MARTINS, SEGUNDA TURMA, julgado em 22/04/2014, DJe 05/05/2014.
IV - Nesse sentido também são as conclusões do parecer do Il. Membro do Ministério Público José Bonifácio Borges de Andrada, conforme se confere dos seguintes excertos: "11. A consideração dessa realidade,

---

[985] Superior Tribunal de Justiça, AgInt no MS nº 24728/DF, Agravo Interno no Mandado de Segurança 2018/0295636-1, Rel. Min. Francisco Falcão, Primeira Seção, j. 15.3.2022, *DJe*, 17.3.2022.

por si só, é suficiente para findar qualquer outra análise que vise demonstrar o direito líquido e certo do impetrante. 12. No entanto, impende ressaltar o esforço do impetrante que, desde o decorrer do processo administrativo disciplinar não se desincumbiu do ônus de provar por todos os ângulos a plausibilidade jurídica do que vindima, qual se dá, a revogação definitiva do ato de cassação da aposentadoria em discussão e o retomo ao "status quo ante". 13. Nessa moldura, merece relevo a observação apontada na contestação (fls. 113e.) que o impetrante apresentou no PAD e ressaltou na inicial do mandado de segurança, nas quais assumiu sim, as duas aposentadorias percebidas em razão do vínculo mantido junto ao Ministério da Saúde e ao Estado de Pernambuco, porém, data desde 1994, conforme comprovou às fls. 51,59 e 129e., antes, portanto, do período em que a regulamentação acerca da acumulação dc vínculos foi introduzida no Ordenamento Jurídico através da EC n. 19/98, que, a respeito do tema, assim dispôs: [...] 16. Apresentada a questão com tais contornos, estritamente atrelada ao arcabouço probatório encartado nos autos, não há outra possibilidade senão reconhecer que A CASSAÇÃO DE APOSENTADORIA DE UM SERVIDOR APOSENTADO, ATUALMENTE COM QUASE 80 ANOS DE IDADE, DEPENDENTE DA INTEGRALIDADE DOS PROVENTOS QUE PERCEBIA PARA A SUA SUBSISTÊNCIA, E QUE CONTRIBUIU COM REGULARIDADE JUNTO À PREVIDÊNCIA SOCIAL, ATENTA CONTRA O PRINCÍPIO CONSTITUCIONAL DA SEGURANÇA JURÍDICA E DA DIGNIDADE DA PESSOA HUMANA."

V - Ainda, em contraponto às específicas alegações apresentadas no agravo interno, há de se ressaltar que a formulação de opção pelo impetrante, no âmbito do processo administrativo disciplinar de apuração da acumulação de cargos, confere panorama distinto à situação analisada em relação à premissa sustentada pela agravante.

Confira-se, novamente, por seu caráter elucidativo, trecho do parecer ministerial: "7. Observe-se, prévia e oportunamente, que qualquer cogitação acercada existência de vínculos do impetrante também junto ao fundo Municipal de saúde do Município de Monteiro/PB, ao Hospital Mana Alise Gomos Lafayette-Sertânia/PB e no Posto de Saúde Vila da COHAB/USF-Sertânia/PB, há de ser desconsiderada para solução da controvérsia, face à conclusão nesse sentido, no decorrer das investigações, da própria Comissão Processante, o que pode ser verificado às fls. 21e.(parágrafo n. 34), com relação ao primeiro, e às fls. 69, 71e 206e. (nota inserida na Conclusão, do Relatório Final datado de 17 de agosto de2015 c/c does. fls. 125 e 131e. - Confirmações de Desligamento Profissional junto ao CNES, opção, portanto, feita pelo impetrante quanto aos vínculos a serem preservados e reconhecida pela Comissão), com relação aos dois últimos, acerca dos quais, inclusive, aplica-se o disposto no art. 133, §5º, da Lei n. 8.1 12/90 [...] 8. Feitas tais ponderações e delimitado o ponto nodal da insurgência, impende considerar, de antemão, a inexistência do "detectado tríplice acúmulo de cargos públicos", tal como afirmado nas informações ofertadas pela Autoridade Coatora, encartadas às fls. 241e., que embasou o ato coator, e, assim, a inexistência de qualquer ilegalidade, mais, inconstitucionalidade perpetrada pelo impetrante, que viola a regra insculpida no inciso XVI, do artigo 37, da Constituição Federal.

Em síntese, constata-se que a jurisprudência tem considerado aplicável o princípio constitucional da INDIVIDUALIZAÇÃO DA PENA como parâmetro de controle até do poder disciplinar vinculado quanto a penalidades disciplinares máximas.

5.3 Conteúdo e fundamentos do princípio da proporcionalidade segundo a doutrina e legislação

A Lei Geral de Processo Administrativo da União consagra o PRINCÍPIO DA PROPORCIONALIDADE,[986][987] enunciando como parâmetro de atuação no processo administrativo a adequação entre meios e fins, vedada a imposição de obrigações, restrições e sanções em medida superior àquelas estritamente necessárias ao atendimento do interesse público (art. 2º, *caput* e par. único, VI, Lei federal nº 9.784/99).[988]

---

[986] J. J. Gomes Canotilho comenta os elementos do princípio da proporcionalidade: 1. A adequação, apreciação da propriedade da medida adotada em vista dos fins a que se propõe, verificando-se se "o ato do poder público é apto para e conforme os fins justificativos de sua adopção"; 2. A exigibilidade, ou necessidade, em que se verifica se não havia possibilidade de ser empregado meio menos gravoso contra a esfera jurídica do cidadão: "O cidadão tem direito à menor desvantagem possível"; 3. A proporcionalidade em sentido estrito ou "princípio da justa medida", um juízo de ponderação em torno do fato de o meio utilizado ser ou não desproporcionado diante do fim almejado, importa "pesar as desvantagens dos meios em relação às vantagens do fim" (CANOTILHO, J. J. Gomes. *Direito constitucional e teoria da Constituição*. 2. ed. Coimbra: Almedina, 1998. p. 262-263).

[987] Hartmut Maurer explica os 3 pressupostos da proporcionalidade: a) a medida só é idônea quando ela, no fundo, é capaz de obter o resultado desejado; b) a medida idônea somente é necessária, quando não estão à disposição outros meios idôneos, que prejudicam menos o afetado e a comunidade; c) a medida necessária somente é proporcional no sentido restrito quando ela não está fora da proporção para com o resultado aspirado (MAURER, Halmut. *Direito administrativo geral*. Barueri: Manole, 2006. p. 276).

[988] "Art. 2º *A Administração Pública obedecerá, dentre outros, aos princípios da* legalidade, finalidade, motivação, razoabilidade, PROPORCIONALIDADE, moralidade, ampla defesa, contraditório, segurança jurídica, interesse público e eficiência. Parágrafo único. Nos processos administrativos serão observados, entre outros, os critérios de: [...] VI - adequação entre

A Lei de Introdução às Normas do Direito Brasileiro (art. 20, par. único) também obriga a Administração Pública a observar o princípio da PROPORCIONALIDADE (necessidade + adequação da providência) nas medidas decisórias administrativas:

> Art. 20. [...]
> Parágrafo único. A motivação demonstrará a NECESSIDADE e a ADEQUAÇÃO da medida imposta ou da invalidação de ato, contrato, ajuste, processo ou norma administrativa, inclusive em face das possíveis alternativas. (Incluído pela Lei nº 13.655, de 2018)

Aditivamente, os comentaristas do novo texto legal sustentam a importância da PROPORCIONALIDADE das penas impostas pela Administração Pública:[989]

> É preciso PONDERAR AS NORMAS DE APLICAÇÃO, OS FATOS E AS CIRCUNSTÂNCIAS CONCRETAS E GRADUAR A INTENSIDADE DA SOLUÇÃO ESCOLHIDA, de modo a verificar se, sendo necessária a sanção ela é, simultaneamente, ADEQUADA AO CASO. NÃO HÁ MAIS ESPAÇO PARA ARBITRARIEDADES (IRRAZOABILIDADES) [...] essa constatação resta premente quando também as consequências do ato decisório deverão ser consideradas na motivação exaustiva.

Esse juízo é albergado pelo colendo Supremo Tribunal Federal, a seu modo, ao RECONHECER O CONTROLE DE ATOS SANCIONADORES DISCIPLINARES PELOS PRINCÍPIOS DA PROPORCIONALIDADE/RAZOABILIDADE (CONTROLE JUDICIAL DE ATOS MANIFESTAMENTE IRRAZOÁVEIS)[990] [991] e os direitos

---

meios e fins, vedada a imposição de obrigações, restrições e sanções em medida superior àquelas estritamente necessárias ao atendimento do interesse público; [...]".

[989] KENICKE, Pedro Henrique Gallotti; CLÈVE, Ana Carolina de Camargo; MARTYNYCHEN, Marina Michel de Macedo. A Nova Lei de Introdução às Normas do Direito Brasileiro (LINDB) e a efetivação dos direitos e garantias fundamentais. In: VALIATI, Thiago Priess; HUNGARO, Luis Alberto; CASTELLA, Gabriel Morettini e (Coord.). *A Lei de Introdução e o direito administrativo brasileiro*. Rio de Janeiro: Lumen Juris, 2019. p. 634.

[990] "I - O controle dos atos do CNJ pelo STF somente se justifica nas hipóteses de: [...] (iii) injuridicidade ou manifesta irrazoabilidade do ato impugnado (MS 35.100/DF, Relator Min. Roberto Barroso)" (Supremo Tribunal Federal, Segunda Turma, Rel. Min. Ricardo Lewandowski, j. 5.9.2022, public. 9.9.2022).

[991] "[...] 4. A hipótese dos autos não justifica a revisão judicial da punição disciplinar aplicada pelo CNJ sob a ótica da razoabilidade e da proporcionalidade, presentes a quebra de regras deontológicas da magistratura e o grave descumprimento de deveres funcionais previstos na LOMAN [...]" (Supremo Tribunal Federal, O nº 2.519, Primeira Turma, Rel. Min. Rosa Weber, j. 29.8.2022, public. 31.8.2022).

fundamentais cotejados no caso concreto,[992] como adrede abordado anteriormente nesta obra, ADMITINDO-SE MEDIDA DECISÓRIA MENOS SEVERA, DE FORMA COMPATÍVEL COM A GRAVIDADE MAIOR OU MENOR DA CONDUTA (art. 5º, XLVI, Constituição Federal de 1988; art. 128, Lei Federal nº 8.112/90), com a devida vênia da Súmula nº 650/STJ, observada a recente diretriz pretoriana do col. Supremo Tribunal Federal, inclusive:

> [...] 7. O EXERCÍCIO DA COMPETÊNCIA DISCIPLINAR PELA ADMINISTRAÇÃO PÚBLICA SOBRE OS SEUS SERVIDORES NÃO PODE SER ILIMITADO, NEM SE PODE TER O CUIDADO DESSA MATÉRIA EM LEI QUE NÃO ATENDA AOS DIREITOS FUNDAMENTAIS DAS PESSOAS, SEQUER SE LEGITIMANDO SEU REGRAMENTO EM DESAVENÇA COM AS GARANTIAS DO CONTRADITÓRIO, DA AMPLA DEFESA E DO DEVIDO PROCESSO LEGAL OU DOS PRINCÍPIOS DA LEGALIDADE, PROPORCIONALIDADE, DA RAZOABILIDADE E DA DIGNIDADE DA PESSOA HUMANA.[993]

As decisões sancionadoras da Administração Pública, que afetam a esfera jurídica dos servidores públicos no campo disciplinar, devem ater-se ao estritamente proporcional[994] à falta cometida, ainda em sede de poder disciplinar administrativo vinculado (em certo grau), vedando-se os excessos, que representarão abuso de poder e poderão ser corrigidos pelo controle judicial. Justino Vasconcelos confirma:

> EMBORA LEGAL, NÃO É LÓGICO, NEM JUSTO, E REPUGNA AO SENSO DE PROPORÇÃO E EQÜIDADE, se elimine tanto quem cometeu falta grave, apoderando-se de um lápis, como quem se apossou de centenas de caixas do mesmo material. *Não pode, com efeito, admitir a*

---

[992] "7. O exercício da competência disciplinar pela Administração Pública sobre os seus servidores não pode ser ilimitado, nem se pode ter o cuidado dessa matéria em lei que não atenda aos direitos fundamentais das pessoas, sequer se legitimando seu regramento em desavença com as garantias do contraditório, da ampla defesa e do devido processo legal ou dos princípios da legalidade, proporcionalidade, da razoabilidade e da dignidade da pessoa humana" (Supremo Tribunal Federal, Plenário, Arguição de Descumprimento de Preceito Fundamental nº 353, Rel. Min. Cármen Lúcia, j. 21.6.2021).

[993] Supremo Tribunal Federal, Plenário, Arguição de Descumprimento de Preceito Fundamental nº 353, Rel. Min. Cármen Lúcia, j. 21.6.2021.

[994] Alexy ensina que a proporcionalidade em sentido estrito é violada quando não existe pelo menos uma paridade entre a gravidade da interferência e o peso da razão para se interferir (ALEXY, Robert. *Teoria discursiva do direito*. Tradução de Alexandre Travessoni Gomes Trivisonno. Rio de Janeiro: Forense Universitária, 2014. p. 334).

opinião comum seja expulso dos quadros administrativos o servidor, por haver cometido a primeira infração, quando a sua ficha funcional, de largos anos ilibada, justifica se suponha outra menos grave capaz de o corrigir. Digno de registro é o voto de Orozimbo Nonato no Supremo Tribunal Federal: [...] A PENA DE DEMISSÃO, QUE É A CAPITAL, HÁ DE CORRESPONDER A UMA FALTA GRAVÍSSIMA, QUE DENUNCIE A INCOMPATIBILIDADE MORAL IRREMEDIÁVEL DO FUNCIONÁRIO COM A FUNÇÃO. A PENA IMPOSTA, E QUE É CAPITAL, SÓ PODIA CORRESPONDER OU A UMA SÉRIE DE FALTAS OU, ENTÃO, A UMA TÃO GRAVE QUE A JUSTIFICASSE.[995]

Portanto, o postulado da proporcionalidade funciona como mecanismo de controle inclusive das penas disciplinares máximas e do exercício da vinculação administrativa, sim, antepondo-se ao raciocínio simplista de que, nos casos de demissão, cassação de aposentadoria/disponibilidade ou destituição de cargo em comissão, as regras legais respectivas teriam incidência automática e incondicional, o que não se abona, com a vênia da Súmula nº 650/STJ (antagônica a todos os valores e princípios constitucionais e aos direitos fundamentais dos servidores públicos no direito administrativo), tendo em vista que a interpretação e aplicação do direito em geral, e sobretudo em casos excepcionais, tem que LEVAR EM CONTA AS CIRCUNSTÂNCIAS DO CASO CONCRETO e da perspectiva axiológica aí latente, sob a compreensão de que *o processo hermenêutico não é uma decisão final e acabada* (como aponta Ávila,[996] *predeterminada pelo dispositivo legal*, mas, sim, que *a norma jurídica derradeira será encontrada diante das especificidades do case* (Gunther[997] e Streck),[998] principalmente quando não há como se conceituar a situação vertente como entre os casos normais antevistos pela norma.

Nesse viés, Marçal Justen Filho[999] pontilha que uma das peculiaridades da PROPORCIONALIDADE consiste no reconhecimento

---

[995] VASCONCELOS, Justino. *Súmulas de legislação aplicável à função pública*. Porto Alegre: Sulina, 1952. p. 186-189.

[996] ÁVILA, Humberto. *Teoria dos princípios*: da definição à aplicação dos princípios jurídicos. 14. ed. atual. São Paulo: Malheiros, 2013, *passim*.

[997] GUNTHER, Klaus. *Teoria da argumentação no direito e na moral*: justificação e aplicação. São Paulo: Landy, 2004, *passim*.

[998] STRECK, Lenio. *Verdade e consenso*: constituição, hermenêutica e teorias discursivas. 4. ed. São Paulo: Saraiva, 2012. p. 134.

[999] JUSTEN FILHO, Marçal. *Curso de direito administrativo*. 14. ed. Rio de Janeiro: Forense, 2023. p. 53.

de que a solução jurídica não pode ser produzida pelo aplicador apenas pelo simples exame de textos legais abstratos (SUPERAÇÃO DO MITO DA RESPOSTA ÚNICA POSITIVISTA). O intérprete tem o dever de avaliar os efeitos concretos e efetivos potencialmente derivados da adoção de certa alternativa (MOTIVAÇÃO CONSEQUENCIALISTA). Deverá selecionar aquela que se configurar como a mais satisfatória, não do ponto de vista puramente lógico, mas em vista da situação real existente (FACTICIDADE).

O administrativista francês Yves Gaudemet[1000] pontua que o Conselho de Estado da França tem exercitado, ainda que de forma um pouco tímida, o manejo da doutrina do ERRO MANIFESTO DE APRECIAÇÃO, aquele grosseiro, flagrante, em matéria de controle sobre sanções disciplinares no que concerne à PROPORCIONALIDADE da pena em face da importância da falta.

O renomado administrativista francês Chapus[1001] explicita sobre o ERRO MANIFESTO DE APRECIAÇÃO:
    a) no que concerne ao sentido da jurisprudência em causa, é o de que não deve existir DESPROPORÇÃO EXCESSIVA OU IRRAZOÁVEL ENTRE UMA DECISÃO E OS FATOS QUE LHE DERAM ORIGEM. Basta que não haja desproporção manifesta;
    b) a importância do controle da proporcionalidade assim assegurado não deve ocultar o fato de ele estar relacionado com a classificação jurídica. É um controle limitado à QUALIFICAÇÃO JURÍDICA DOS FATOS. *Censurar uma decisão por erro manifesto de apreciação é censurá-la porque, manifestamente, os fatos não são suscetíveis de a justificar juridicamente.*

A administrativista Lang[1002] expõe que o erro manifesto de apreciação foi erigido como mecanismo de CONTROLE DE

[1000] GAUDEMET, Yves. *Droit administratif.* 20. ed. Paris: LGDJ, 2012. p. 177.
[1001] CHAPUS, René. *Droit administratif general.* 15. ed. Paris: Montchrestien, 2001. t. 1. p. 1066.
[1002] «Enfin, le contrôle de proportionnalité s'est étendu au domaine de la répression disciplinaire, par les arrêts Lebon, Vinolay et Cheval ICE 9 juin 1978, et 26 juill. 1978, AJDA 1978. 573. concl. Genevois), avec cette particularité qu'il se limite ici à la recherche d'une erreur manifeste d'appréciation. Confronté à une sanction disciplinaire, le juge procède désormais en deux étapes: il contrôle la qualification juridique des faits en vérifiant qu'ils étaient bien «constitutifs d'une faute de nature à justifier une sanction disciplinaire», puis se penche sur le choix de la sanction». (LANG, Agathe Van; GONDOUIN, Geneviève; BRISSET, Véronique Inseguet. *Dictionnaire de droit administratif.* 7. ed. Paris: Dalloz e Sirey, 2015. p. 369).

PROPORCIONALIDADE DA PENA DISCIPLINAR em 1978 pelo Conselho de Estado da França, mediante o COTEJO DA QUALIFICAÇÃO JURÍDICA DOS FATOS[1003] e se estes justificaram a sanção administrativa aplicada.

Nesse sentido julgou o Supremo Tribunal Administrativo de Portugal:[1004]

> Sumário: I - Não se afigura desproporcional e injusta a pena de demissão aplicada a magistrado que praticou várias infracções disciplinares, as quais, por revelarem uma personalidade inadequada ao exercício das respectivas funções, se mostram inviabilizadoras da manutenção da relação funcional. II - Sendo os factos comprovadamente praticados pela requerente puníveis com pena de demissão, e não sendo de relevar quaisquer circunstâncias atenuantes que diminuam substancialmente a sua culpa, é inviável a atenuação da pena aplicada.

5.4 Aplicação do princípio da proporcionalidade pela jurisprudência e pela doutrina no controle do poder disciplinar vinculado

A jurisprudência também tem controlado o exercício do poder disciplinar vinculado na imposição de penas máximas pelo princípio da proporcionalidade, inclusive no modelo do direito administrativo francês (Conselho de Estado, 2013), segundo Lang.[1005]

[1003] «Qualification juridique des faits Opération intellectuelle qui consiste à ranger des faits existants dans une catégorie juridique préétablie, pour leur appliquer des conséquences de droit. Point de contact entre les faits et le droit, la qualification juridique des faits constitue la quintessence du travail de l'administrateur. Le juge recherche donc si les faits sont «de nature à» justifier juridiquement la décision. L'examen de la qualification juridique des faits caractérise le contrôle dit «normal» sur les motifs de l'acte administratif. Ce type de contrôle s'exerce en principe dans les matières où la loi a fixé assez précisément les conditions d'intervention de l'autorité administrative, fournissant ainsi au juge les critères de son contrôle. Mais le CE procède aussi au contrôle de la qualification juridique des faits s'agissant de la répression admi- nistrative, pour s'assurer que les faits reprochés à l'intéressé peu- vent «légalement motiver l'appli- cation des sanctions» prévues par les textes (CE 14 janv. 1916, Camino, Rec. 15)» (LANG, Agathe Van; GONDOUIN, Geneviève; BRISSET, Véronique Inseguet. *Dictionnaire de droit administratif*. 7. ed. Paris: Dalloz e Sirey, 2015. p. 375).

[1004] 01409/12, Data do Acordão: 14.7.2015, Tribunal: 1 Secção, Rel. Maria Benedita Urbano.

[1005] «Avec sa décision Dahan, le CE a fait évoluer son contrôle, dans le domaine de la fonction publique, vers un contrôle normal de la proportionnalité de la sanction par rapport à la faute commise lass. 13 nov. 2013, nº 347704)» (LANG, Agathe Van; GONDOUIN, Geneviève; BRISSET, Véronique Inseguet. *Dictionnaire de droit administratif*. 7. ed. Paris: Dalloz e Sirey, 2015. p. 370).

Assim consagra a jurisprudência em vários julgados (*vide* notas de rodapé).[1006] [1007] [1008]

[1006] "APELRE 200950010129314, APELRE - APELAÇÃO/REEXAME NECESSÁRIO – 545963, Relator(a) Desembargador Federal JOSE ANTONIO LISBOA NEIVA, Tribunal Regional Federal da 2ª Região, Órgão julgador SÉTIMA TURMA ESPECIALIZADA, Fonte E-DJF2R - Data: 20/06/2013 Decisão: A Turma, por unanimidade, negou provimento à remessa necessária e à apelação do réu, bem como conheceu, em parte, do recurso adesivo e, na parte conhecida, deu-lhe provimento, nos termos do voto do Relator. Ementa ADMINISTRATIVO. PROCESSO ADMINISTRATIVO DISCIPLINAR. NULIDADE. INEXISTÊNCIA. PENA DE DEMISSÃO. AUSÊNCIA DE PROPORCIONALIDADE. [...] 5. Em relação à razoabilidade e proporcionalidade da pena imposta à autora, o Superior Tribunal de Justiça tem adotado a orientação no sentido de que deve ser apreciada pelo Poder Judiciário quando provocado para tanto. Nesse sentido: EDcl no MS 9526/DF, TERCEIRA SEÇÃO, Rel. Min. CELSO LIMONGI (DESEMBARGADOR CONVOCADO DO TJ/SP), *DJe* 03/08/2009. 6. A comprovação do dolo é essencial para se imputar a demissão ao servidor por afronta ao artigo 117, inciso IX, da Lei nº 8.112/90, para que se respeite a proporcionalidade entre a falta por ele cometida e a pena cominada. Precedente do STJ. 7. In casu, restou afastado o ânimo de causar dano por parte da autora, tendo em vista, principalmente, os depoimentos prestados em juízo, citados na sentença recorrida, e dos quais se destaca o prestado pela Chefe da autora à época dos fatos, testemunha indicada pelo réu. 8. Não restou comprovado que a autora teria sido informada pela chefia quanto aos documentos fraudados que deram azo à concessão indevida dos benefícios de LOAS. Não foi esclarecido sequer quais os erros que a autora estaria, em tese, cometendo. A declaração deve ser considerada em sua totalidade. 9. Além disso, ainda que a autora tenha dado treinamento a uma outra servidora quanto à concessão do LOAS, não induz ao raciocínio de que possuía aptidão suficiente para a realização de tal atividade, a exigir grande conhecimento sobre as questões inerentes às suas atribuições. Tanto é assim que a servidora a quem teria treinado também acabou por ser demitida em razão de conceder benefícios com base em documentação adulterada. 10. Ademais, o fato de os benefícios concedidos com base em documentação fraudada terem se concentrado na mesma época em que agiu a intermediadora, que reconheceu no âmbito criminal a falsificação em tela, não conduz à certeza de que a ação da autora tenha sido direcionada, mas indica, em tese, que não havia outros fraudadores agindo perante aquela agência previdenciária. 11. Não é demais consignar que haver um sobrenome 'Solsa' em certidão apresentada à autora não indica, como quer fazer crer o réu, qualquer indício de fraude, bem como o fato de o primeiro nome estar em caixa alta e os sobrenomes não. Ainda quanto às cópias dos documentos juntados pelo réu, da sua análise infere-se que algumas das adulterações não são de tão fácil percepção para um leigo, principalmente por estarem os originais em estado precário de conservação, como constatou o LAUDO DE EXAME DOCUMENTOSCÓPICO realizado pela Seção de Criminalística da Polícia Federal colacionado aos autos. 12. A cominação da pena de demissão, não obstante fazer referência ao artigo 128 da Lei nº 8.112/90, não se pautou nos critérios de razoabilidade e proporcionalidade, deixando de considerar as circunstâncias em que os atos foram praticados. 14. Remessa necessária e apelo do réu desprovidos. Recurso adesivo da autora conhecido em parte e, nesta parte, provido. Data da Decisão 12/06/2013, public. 20/06/2013".

[1007] "AC 200234000352299, AC - APELAÇÃO CIVEL – 200234000352299, Relator(a) JUIZ FEDERAL FÁBIO MOREIRA RAMIRO (CONV.), Sigla do órgão TRF1, Tribunal Regional Federal da 1ª Região, Órgão julgador SEGUNDA TURMA, Fonte e-DJF1 DATA: 23/08/2013 PAGINA: 246. Decisão A Turma, por unanimidade, deu provimento à apelação, quanto ao direito à reintegração do autor e, por maioria, vencido o relator, rejeitou o pedido de indenização por danos morais. Ementa: ADMINISTRATIVO. SERVIDOR PÚBLICO. NULIDADE DE PROCESSO ADMINISTRATIVO DISCIPLINAR. INOCORRÊNCIA. PENA DE DEMISSÃO. EXCESSO DE PUNIÇÃO. PENA DE ADVERTÊNCIA. REINTEGRAÇÃO. CORREÇÃO MONETÁRIA. JUROS DE MORA. VERBA HONORÁRIA. DANOS MORAIS. [...]. 6. Ao

No exame dos fatos e do direito pertinentes ao caso em julgamento, deve a autoridade competente, na aplicação da penalidade, em respeito ao princípio da PROPORCIONALIDADE (art. 2º, *caput*, Lei federal nº 9.784/1999,[1009] devida correlação na qualidade e quantidade da sanção, com a grandeza da falta e o grau de responsabilidade do servidor, NECESSIDADE e ADEQUAÇÃO da pena – Lei de Introdução às Normas do Direito Brasileiro, art. 20,

---

entender pela aplicação da pena de demissão em decorrência de cometimento de atos omissivos por parte do ora apelante, a autoridade administrativa adotou como fundamentação (motivação) as razões contidas no parecer da consultoria jurídica do Ministério da Justiça. 7. Pode o Judiciário rever as provas do processo administrativo para examinar a adequação da pena de demissão ou a necessidade de seu abrandamento. 8. Conquanto fosse o responsável legal pelo controle da gestão do programa de vale-alimentação no período em que ocupou o cargo de Coordenador de Pessoal Ensino e Disciplina, o autor não era o seu executor. 9. Para fixação da pena, há que ser levada em conta a individualização prevista no art. 128 da Lei 8.112/90, segundo a qual devem ser consideradas a natureza e a gravidade da infração cometida, os danos que dela provierem para o serviço público, as circunstâncias agravantes ou atenuantes e os antecedentes funcionais. 10. Ficou provado nos autos que o requerente não motivou, participou ou foi conivente com a improbidade administrativa concernente ao fornecimento de vales-alimentação, que ocorria desde 1992 e permaneceu até 1995, tarefas acometidas a outro servidor, por orientação de superior hierárquico. 11. Além disso, em mais de 25 (vinte e cinco) anos de serviço público como policial rodoviário federal, nunca foi punido, jamais se afastou, licenciou-se ou faltou ao trabalho, justificadamente ou não, ao invés, recebeu elogios e menções elogiosas por bons serviços prestados, exerceu funções de confiança e participou de diversas comissões e grupos de trabalho. 12. Ao assumir o cargo de Coordenador de Pessoal, Ensino e Disciplina, o autor incumbiu-se primacialmente da execução do concurso público a ser realizado no âmbito do órgão em que laborava. 13. Equivocado o nivelamento do grau de responsabilidade dos envolvidos no evento apurado em processo administrativo disciplinar, pois, conforme averiguado, foi patente a menor gravidade da conduta do autor. 14. Embora não tenha o requerente concorrido para a prática da improbidade administrativa, deixou de exigir prestação de contas de seu subordinado designado para executar ordens que deveriam ter sido dadas por ele, na condição de Coordenador do setor em que estava lotado. Assim, o postulante deixou de observar os deveres abrangidos pelo art. 116, I e III, da Lei 8.112/90. Apelação parcialmente provida. Data da Decisão 10/07/2013. public. 23/08/2013".

[1008] "AC 0000158102011405840201, AC - Apelação Cível - 547410/01, Relator(a) Desembargador Federal Lazaro Guimarães, Sigla do órgão TRF5, Tribunal Regional Federal da 5ª Região, Órgão julgador Quarta Turma, Fonte *DJe*, - Data: 18/07/2013 - Página: 288. Decisão UNÂNIME. Ementa: Administrativo e Processual Civil. Embargos de Declaração. Servidor Público. Processo Administrativo Disciplinar. PAD. Pena de demissão. Ausência de dolo. Desproporcionalidade configurada. Art. 128, da Lei nº 8.112/90. Possibilidade de controle judicial. Precedentes. Acórdão que apresenta com clareza fundamentação adequada. Inexistência de omissão, contradição ou obscuridade. Embargos de Declaração improvidos. Data da Decisão 09/07/2013. public. 18/07/2013".

[1009] "Art. 2º A Administração Pública obedecerá, dentre outros, aos princípios da legalidade, finalidade, motivação, razoabilidade, proporcionalidade, moralidade, ampla defesa, contraditório, segurança jurídica, interesse público e eficiência".

par. único),[1010] observar as normas contidas no ordenamento jurídico próprio, verificando a natureza da infração, os danos para o serviço público, as circunstâncias atenuantes ou agravantes e os antecedentes funcionais do servidor (art. 128, Lei federal nº 8.112/1990).[1011] Demarcou o Tribunal Regional Federal da 2ª Região:

> Na imposição da pena disciplinar, deve a autoridade observar, obrigatoriamente, o princípio da proporcionalidade, pondo em confronto a gravidade da falta, o dano causado ao serviço público, o grau de responsabilidade do servidor e os seus antecedentes funcionais de modo a demonstrar a justeza da sanção (cf. art. 128 da Lei nº 8.112/90). A afronta ao princípio da proporcionalidade constitui em desvio de finalidade por parte da Administração, tornando a sanção aplicada ilegal, sujeita à revisão pelo Poder Judiciário. Ademais, a dosagem desta penalidade deve atender, também, ao princípio da individualização da pena inserto no Texto Maior (art. 5º, XLVI), traduzindo-se na adequação da punição disciplinar à falta cometida. Evidenciado que o ato impugnado divorciou-se do disposto no parágrafo único do art. 168, da Lei nº 8.112/90, contaminando o processo neste ponto, é de se reconhecer a existência de vício apto a ensejar nulidade do ato demissório praticado em desfavor dos autores.[1012]

Em voto proferido no Supremo Tribunal Federal, consignou o Ministro César Peluso:

> *A IMPUTAÇÃO DE UMA AÇÃO CULPOSA, SEM DANO, A FUNCIONÁRIO COM MAIS DE VINTE ANOS DE SERVIÇO PÚBLICO, SEM NENHUMA PUNIÇÃO*, é absolutamente ilegal, porque contraria a Lei nº 8.112, em sendo DESPROPORCIONAL À GRAVIDADE E À NATUREZA DA FALTA A APLICAÇÃO DA PENA DE DEMISSÃO. A comissão teve por culposo um comportamento meramente desidioso, que ela própria reconheceu não haver causado dano [...]. *NÃO ERA, POIS, CASO DE APLICAR AO FUNCIONÁRIO, SEM*

[1010] "Art. 20. [...] Parágrafo único. A motivação demonstrará a necessidade e a adequação da medida imposta ou da invalidação de ato, contrato, ajuste, processo ou norma administrativa, inclusive em face das possíveis alternativas (Incluído pela Lei nº 13.655, de 2018)".

[1011] "Art. 128. Na aplicação das penalidades serão consideradas a natureza e a gravidade da infração cometida, os danos que dela provierem para o serviço público, as circunstâncias agravantes ou atenuantes e os antecedentes funcionais".

[1012] AC – Apelação Cível nº 305669, Processo: 199951010103745/RJ, Rel. Des. Federal Fernando Marques, 4ª Turma, decisão: 1º.10.2003, *DJU*, p. 169, 3.11.2003.

NENHUM ANTECEDENTE DISCIPLINAR, A PENA MAIS GRAVE DA ADMINISTRAÇÃO PÚBLICA.[1013]

O Tribunal de Justiça do Distrito Federal e Territórios sublinhou que, no processo administrativo disciplinar, "a sanção imposta deve guardar necessária proporcionalidade com a gravidade da transgressão".[1014]

Sintetizou o Supremo Tribunal Federal: "Embora o Judiciário não possa substituir-se à Administração na punição do servidor, pode determinar a esta, em homenagem ao princípio da proporcionalidade, a aplicação de pena menos severa, compatível com a falta cometida e a previsão legal".[1015]

Daí o caráter fundamental do PRINCÍPIO DA PROPORCIONALIDADE NO CONTROLE SOBRE O EXERCÍCIO DO PODER DISCIPLINAR VINCULADO contra servidores públicos, a justificar, em certos casos, o *afastamento da regra determinante da aplicação de penas máximas* diante de carga axiológica da espécie justificadora de medida menos severa, na visão de Max Möller,[1016] quando assevera que uma regra poderá ser invalidada, em certos casos, por um princípio constitucional que com ela diretamente conflite, ajuntando que é possível ao intérprete manejar um processo de ponderação das razões jurídicas para aplicar a regra e razões em contrário, em casos em que a solução prevista em determinada regra colide com um princípio jurídico, com o escopo de verificar a adequação da solução prevista pela regra.

5.5 Conteúdo e exemplos de controle jurisdicional sob a ótica do princípio da razoabilidade

A doutrina tem definido e acolhido a RAZOABILIDADE como relevante princípio de interpretação das normas jurídicas e de limitação das decisões da Administração Pública.

[1013] Recurso Ordinário em Mandado de Segurança nº 24.699-9, Rel. Min. Eros Grau, 1ª Turma, j. 30.11.2004.
[1014] Apelação Cível nº 20030110637059, registro do Acórdão nº 200141, Rel. Des. Nívio Gonçalves, 1ª Turma Cível, j. 16.08.2004, *DJU*, p. 15, 14.10.2004, Seção 3.
[1015] RMS nº 24.901/DF, Rel. Min. Carlos Britto, 1ª Turma, j. 26.10.2004, *DJ*, 11 fev. 2005.
[1016] MÖLLER, Max. *Teoria geral do neoconstitucionalismo*: bases teóricas do constitucionalismo contemporâneo. Porto Alegre: Livraria do Advogado, 2011. p. 242; 253.

Sarlet[1017] discorre que proporcionalidade e RAZOABILIDADE guardam uma forte relação com as noções de JUSTIÇA, equidade, isonomia, moderação, prudência, além de traduzirem a ideia de que o Estado de direito é o Estado do não arbítrio.

Sobre o conteúdo do princípio da razoabilidade, calha repetir a cátedra de João Batista Gomes Moreira[1018] no quanto enuncia que em função dele se PROSCREVE A IRRACIONALIDADE, O ABSURDO OU A INCONGRUÊNCIA NA APLICAÇÃO E, SOBRETUDO, NA INTERPRETAÇÃO DAS NORMAS JURÍDICAS, POR CUJO EFEITO É INVÁLIDO O ATO DESAJUSTADO DE PADRÕES LÓGICOS, aditando que o razoável no direito é noção de conteúdo variável, um valor-função (McCormick), que depende das condições histórico-sociais do momento, do campo de aplicação e de cada caso.

No direito comparado,[1019] a Corte Suprema da Irlanda proferiu decisão estribada no controle jurisdicional pelo PRINCÍPIO DA RAZOABILIDADE (*Abosede Olunwatoyin Meadows v the Minister for Justice, Equality and Law Reform, Ireland and the Attorney General [2010] IESC 3 Refugee status – Denial – Authorization to appeal before court – Judicial review of reasonableness of the administrative act*):

i) um estrangeiro solicitou o *status* de refugiado de acordo com as leis aplicáveis, solicitando ao Tribunal Superior permissão para recorrer dessa decisão. O Tribunal Superior negou esse pedido, mas permitiu que ele contestasse essa negação no Supremo Tribunal;

ii) o Supremo Tribunal da Irlanda anulou a decisão do Tribunal Superior, concluindo que a decisão do procurador-geral era, no presente caso, PATENTEMENTE IRRACIONAL;

iii) para chegar a esta conclusão, o tribunal considera que o direito a um recurso constitui um direito fundamental que cabe aos tribunais proteger. Considera assim que, quando

---

[1017] SARLET, Ingo Wolfgang; MITIDIERO, Daniel; MARINONI, Luiz Guilherme. *Curso de direito constitucional*. 9. ed. São Paulo: Saraiva Educação, 2020. p. 231.

[1018] MOREIRA, João Batista Gomes. *Direito administrativo*: da rigidez autoritária à flexibilidade democrática. Belo Horizonte: Fórum, 2005. p. 106.

[1019] ASSOCIATION INTERNATIONALE DES HAUTES JURIDICTIONS ADMINISTRATIVES/ INTERNATIONAL ASSOCIATION OF SUPREME ADMINISTRATIVE JURISDICTIONS. *Le contrôle des décisions administratives par les cours et les tribunaux administratifs*: Recueil de décisions des hautes Juridictions administratives. Paris: La documentation Française, 2013. p. 111.

a administração é chamada a tomar decisões em matéria técnica, os tribunais devem verificar a sua RAZOABILIDADE ANTE OS PRINCÍPIOS CONSTITUCIONAIS FUNDAMENTAIS;

iv) a avaliação desse caráter implica que os órgãos jurisdicionais verifiquem, em primeiro lugar, se a decisão não está manchada de ARBITRARIEDADE E NÃO SE BASEIA EM UMA AVALIAÇÃO IRRACIONAL;

v) em segundo lugar, que afete o menos possível os direitos do seu destinatário e, por último, que os seus efeitos sobre esses direitos sejam proporcionais aos objetivos prosseguidos.

Lacombe[1020] ensina:

a) o direito admite uma superposição entre duas esferas: a da compreensão da norma e a da compreensão do fato, levadas a cabo pelo ser historicamente presente, que se utiliza, para tanto, do procedimento argumentativo. Tecnicamente, A ARGUMENTAÇÃO VIABILIZA O ACORDO CAPAZ DE FORMULAR A COMPREENSÃO ATRAVÉS DE UMA INTERPRETAÇÃO QUE SIRVA DE FUNDAMENTO À SOLUÇÃO MAIS RAZOÁVEL;

b) admite-se o direito como concretização. A norma só ganha significado quando assume uma posição concreta, ou melhor, quando se revela realmente. O direito, como elemento ético da vida social-teoria da vida reta, pretende realizar o bem. Daí concordarmos com Gadamer quando mostra que "a interpretação correta das leis não é uma simples teoria da arte, uma espécie de técnica lógica da subsunção sob parágrafos, mas uma concreção prática da idéia do Direito. A arte dos juristas é também o cultivo do Direito";

c) o existencialismo de Gadamer serve de base, na medida em que vemos a compreensão do direito em função de sua existência concreta. O direito se revela na sua existência, quando interpretado e aplicado. Mas não como um processo espontâneo ou natural, pois *AS LEIS SÃO*

[1020] CAMARGO, Margarida Maria Lacombe. *Hermenêutica e argumentação*: uma contribuição ao estudo do direito. 3. ed. Rio de Janeiro: Renovar, 2003. p. 22; 44-45.

VOLITIVAS, FEITAS PELO HOMEM, COM INTENÇÕES DEFINIDAS SOBRE VALORES, INTERPRETADAS E APLICADAS TAMBÉM SOBRE VALORES RELATIVOS A CADA SITUAÇÃO ESPECÍFICA, O QUE FAZ COM QUE DEVAM SER COMPREENDIDAS.

O colendo Supremo Tribunal Federal[1021] manteve sua jurisprudência pela possibilidade de o princípio da RAZOABILIDADE servir ao controle jurisdicional do ato administrativo disciplinar sancionador, ainda que em sede de poder vinculado:

> [...] Na esteira desses precedentes, ocorre que o controle judicial dos atos do Conselho Nacional de Justiça pelo Supremo Tribunal Federal somente se justifica nas situações em que constatadas, de plano: a) inobservância do devido processo legal; b) exorbitância das atribuições do Conselho; c) antijuridicidade ou manifesta falta de razoabilidade do ato impugnado. [...]. (Supremo Tribunal Federal, Ag. Reg. em Mandado de Segurança nº 39.090/Distrito Federal, Rel. Min. Cármen Lúcia, Primeira Turma, j. 9.5.2023)

A Corte reiterou sua linha de entendimento:[1022]

> Ementa: Direito Administrativo. Agravo interno em mandado de segurança. Processo Administrativo Disciplinar. Conselho Nacional de Justiça. [...]. 2. Como regra geral, o controle dos atos do CNJ por esta Corte somente se justifica nas hipóteses de (i) inobservância do devido processo legal, (ii) exorbitância das competências do Conselho e (iii) INJURIDICIDADE OU MANIFESTA IRRAZOABILIDADE DO ATO IMPUGNADO. [...].

Nohara[1023] leciona que a RAZOABILIDADE se compagina com a qualidade de inerente à razão (*ratio*). Expressa o logicamente plausível, racional, aceitável pela razão, ponderado e sensato. Agrega que, em função desse princípio, no uso do juízo de razoabilidade,

---

[1021] "[...] Na esteira desses precedentes, ocorre que o controle judicial dos atos do Conselho Nacional de Justiça pelo Supremo Tribunal Federal somente se justifica nas situações em que constatadas, de plano: a) inobservância do devido processo legal; b) exorbitância das atribuições do Conselho; c) antijuridicidade ou manifesta falta de razoabilidade do ato impugnado. [...] Supremo Tribunal Federal, julgamento de 09/05/2023, PRIMEIRA TURMA, AG.REG. EM MANDADO DE SEGURANÇA 39.090 DISTRITO FEDERAL, RELATORA MIN. CÁRMEN LÚCIA".

[1022] Supremo Tribunal Federal, MS nº 38.902 AgR, Rel. Min. Roberto Barroso, Primeira Turma, j. 3.7.2023, public. 17.7.2023.

[1023] NOHARA, Irene Patrícia. *Direito administrativo*. 12. ed. Barueri: Atlas, 2023. p. 80; 82.

cada caso concreto analisado deve ser ponderado em função das suas particularidades.

Pedro Costa Gonçalves[1024] escreve que não se concebe uma Administração que não desenvolva as suas missões e NÃO PROFIRA AS SUAS DECISÕES SEGUNDO PROCESSOS QUE "FAÇAM SENTIDO", DE UMA FORMA RACIONAL (*reasoned decision making*).

Marçal Justen Filho,[1025] em lição que se deve considerar na exegese do art. 132, da Lei federal nº 8.112/1990, destaca:

a) o aplicador do direito, ao determinar o sentido e a extensão de uma norma, tem o dever de rejeitar alternativas hermenêuticas incompatíveis com o sistema jurídico, cujo reconhecimento conduziria à necessidade de invalidar a disposição interpretada;

b) há casos em que o sentido das palavras parece inequívoco, contudo sua adoção resultaria em conflito com norma superior; em vez de prestigiar o sentido das palavras, consagra-se a interpretação compatível com o sistema jurídico;

c) o PRINCÍPIO DA RAZOABILIDADE preconiza ser a interpretação jurídica uma atividade que ultrapassa a mera lógica formal. Interpretar significa valer-se do raciocínio, o que abrange não apenas soluções rigorosamente lógicas, mas especialmente as que se configuram como razoáveis; O QUE SE BUSCA É AFASTAR SOLUÇÕES QUE, EMBORA FUNDADAS NA RAZÃO, SEJAM INCOMPATÍVEIS COM O ESPÍRITO DO SISTEMA.

O Novo Código de Procedimento Administrativo de Portugal (Decreto-Lei nº 4, de 7.1.2015) enuncia:

> Artigo 8.º - Princípios da justiça e da razoabilidade
> A Administração Pública deve tratar de forma justa todos aqueles que com ela entrem em relação, e rejeitar as soluções manifestamente desrazoáveis ou incompatíveis com a ideia de Direito, nomeadamente em matéria de interpretação das normas jurídicas e das valorações próprias do exercício da função administrativa.

[1024] GONÇALVES, Pedro Costa. *Manual de direito administrativo*. Coimbra: Almedina, 2019. v. 1. p. 373.
[1025] JUSTEN FILHO, Marçal. *Curso de direito administrativo*. 14. ed. Rio de Janeiro: Forense, 2023. p. 52.

Angélica Petian[1026] proclama que *O PRINCÍPIO DA RAZOABILIDADE IMPÕE PADRÕES DE RACIONALIDADE NO EXERCÍCIO DA FUNÇÃO ADMINISTRATIVA, LOGICIDADE, COERÊNCIA; RAZOABILIDADE REPRESENTA ADEQUAÇÃO DO ATO COM AS RAZÕES DE ORDEM LÓGICA QUE O JUSTIFICAM.*

Igualmente, no direito administrativo argentino, Cassagne[1027] reconhece o princípio da razoabilidade como mecanismo de controle jurisdicional de vícios de IRRAZOABILIDADE OU ARBITRARIEDADE, ESPECIALMENTE FOCADO NAS PROPORÇÕES DO CASO CONCRETO.

Angélica Petian[1028] adiciona que, para o aplicador do direito, o princípio da razoabilidade o influencia a APLICAR A NORMA DE MANEIRA A PRESTIGIAR A SUA FINALIDADE, CONSIDERANDO TODAS AS VARIANTES QUE O CASO CONCRETO LHE APRESENTA, conferindo elasticidade à norma jurídica administrativa e com o efeito de permitir ao agente competente que dela se utilize com os devidos TEMPERAMENTOS exigidos em face da necessidade havida, sempre com vistas à finalidade genérica e específica da norma com a qual esteja lidando.

No direito comparado, em países de direito consuetudinário, o critério de "RAZOABILIDADE" é aplicado perguntando *SE A DECISÃO É TÃO IRRACIONAL QUE NENHUMA PESSOA RAZOÁVEL OU GRUPO DE PESSOAS PODERIA TER TOMADO TAL DECISÃO*. Este é um conceito conhecido como "IRRACIONALIDADE de Wednesbury" em referência a um caso famoso envolvendo um órgão público chamado Wednesbury Corporation. Ao considerar esta questão, os tribunais irão, na prática, considerar se o resultado é "GROSSEIRAMENTE DESPROPORCIONAL". Até certo ponto, isso corresponde ao *erreur manifeste d'appréciation* referido no francês.[1029]

[1026] PETIAN, Angélica. *Regime jurídico dos processos administrativos ampliativos e restritivos de direito*. São Paulo: Malheiros, 2011. p. 129.

[1027] CASSAGNE, Juan Carlos. *Curso de derecho administrativo*. 11. ed. actual. Buenos Aires: La Ley, 2016. v. 1. p. 697.

[1028] PETIAN, Angélica. *Regime jurídico dos processos administrativos ampliativos e restritivos de direito*. São Paulo: Malheiros, 2011. p. 131.

[1029] ASSOCIATION INTERNATIONALE DES HAUTES JURIDICTIONS ADMINISTRATIVES/ INTERNATIONAL ASSOCIATION OF SUPREME ADMINISTRATIVE JURISDICTIONS. *Le contrôle des décisions administratives par les cours et les tribunaux administratifs*: Recueil de décisions des hautes Juridictions administratives. Paris: La documentation Française, 2013. p. 110.

Agrega-se que, no Reino Unido, a PROPORCIONALIDADE foi agora adotada como um fundamento independente de revisão e é vista pelos tribunais ingleses como aplicando uma maior intensidade de revisão no sentido de que O TRIBUNAL EXAMINARÁ MAIS DE PERTO OS ASPECTOS FACTUAIS DA DECISÃO do que é o caso com "GROSSEIRA IRRACIONALIDADE".[1030]
Adiciona:

> A RAZOABILIDADE É UTILIZADA COMO DIRETRIZ QUE EXIGE A RELAÇÃO DAS NORMAS GERAIS COM AS INDIVIDUALIDADES DO CASO CONCRETO, quer mostrando sob qual perspectiva a norma deve ser aplicada, quer INDICANDO EM QUAIS HIPÓTESES O CASO INDIVIDUAL, EM VIRTUDE DE SUAS ESPECIFICIDADES, DEIXA DE SE ENQUADRAR NA NORMA GERAL. Segundo, a razoabilidade é empregada como diretriz que exige uma vinculação das normas jurídicas com o mundo ao qual elas fazem referência, seja reclamando a existência de um suporte empírico e adequado a qualquer ato jurídico, seja demandando uma relação congruente entre a medida adotada e o fim que ela pretende atingir. [...] A razoabilidade exige determinada interpretação como meio de preservar a eficácia de princípios axiologicamente sobrejacentes [...] A RAZOABILIDADE EXIGE A CONSIDERAÇÃO DO ASPECTO INDIVIDUAL DO CASO NAS HIPÓTESES EM QUE ELE É SOBREMODO DESCONSIDERADO PELA GENERALIZAÇÃO LEGAL. Para determinados casos, em virtude de determinadas especificidades, a norma geral não pode ser aplicável, por se tratar de caso anormal.[1031]

O grande mestre administrativista de Coimbra, Pedro Costa Gonçalves,[1032] citando outros grandes doutrinadores portugueses com igual entendimento,[1033] defende:

[1030] ASSOCIATION INTERNATIONALE DES HAUTES JURIDICTIONS ADMINISTRATIVES/ INTERNATIONAL ASSOCIATION OF SUPREME ADMINISTRATIVE JURISDICTIONS. *Le contrôle des décisions administratives par les cours et les tribunaux administratifs*: Recueil de décisions des hautes Juridictions administratives. Paris: La documentation Française, 2013. p. 111.

[1031] ASSOCIATION INTERNATIONALE DES HAUTES JURIDICTIONS ADMINISTRATIVES/ INTERNATIONAL ASSOCIATION OF SUPREME ADMINISTRATIVE JURISDICTIONS. *Le contrôle des décisions administratives par les cours et les tribunaux administratifs*: Recueil de décisions des hautes Juridictions administratives. Paris: La documentation Française, 2013. p. 175.

[1032] GONÇALVES, Pedro Costa. *Manual de direito administrativo*. Coimbra: Almedina, 2019. v. 1. p. 375.

[1033] Neste sentido, cf. SILVA, Suzana Tavares da. O princípio da razoabilidade. In: GOMES, Carla Amado; NEVES, Ana Fernanda; SERRÃO, Tiago. *Comentários ao Novo Código do*

a) em casos especiais, pode haver lugar à MOBILIZAÇÃO DE PRINCÍPIOS JURÍDICOS GERAIS MESMO QUANDO A AÇÃO DA ADMINISTRAÇÃO SE ENCONTRA ABRANGIDA POR REGRAS LEGAIS VINCULATIVAS: eis o que poderá efetivamente ocorrer por aplicação do princípio da proporcionalidade, bem como dos princípios da igualdade ou da imparcialidade e, segundo alguma doutrina, também O PRINCÍPIO DA RAZOABILIDADE;
b) em áreas de AÇÃO ADMINISTRATIVA VINCULADA, a aplicação dos PRINCÍPIOS conduz, necessariamente, à consequência de AFASTAR A PRODUÇÃO DE UM RESULTADO DEFINIDO NA LEI PARA UMA SITUAÇÃO CONCRETA PELO FATO DE A ADMINISTRAÇÃO OU O TRIBUNAL MOBILIZAREM UM PRINCÍPIO "CONTRA" A LEI.

Bulos[1034] sublinha que:

a) o PRINCÍPIO DA RAZOABILIDADE é o vetor por meio do qual o intérprete busca a *ADEQUAÇÃO, A RACIONALIDADE, A IDONEIDADE, A LOGICIDADE, O BOM SENSO, A PRUDÊNCIA, MODERAÇÃO,* no ato de compreender os textos normativos, eliminando o arbítrio e o abuso de poder (ideia de PRUDÊNCIA, SENSATEZ, BOM SENSO, EQUILÍBRIO). Isso é o que interessa;
b) é um mecanismo de controle jurisdicional para invalidar as ações abusivas ou destemperadas dos administradores públicos;
c) O PRINCÍPIO IMPLÍCITO DA RAZOABILIDADE integra o direito constitucional brasileiro, dessumindo-se do devido processo legal material (art. 5º, LIV) e do vetor que assegura o Estado democrático de direito (art. 1º, *caput*);
d) na vigência da Constituição de 1988, o uso do princípio da razoabilidade intensificou-se. Além do Supremo Tribunal Federal, juízes e tribunais passaram a invocá-lo, pois, como concluiu o Superior Tribunal de Justiça, "o Poder

---

Procedimento Administrativo. [s.l.]: [s.n.], [s.d.]. v. I. p. 291 e segs. (p. 313), advogando que o art. 8º do CPA pretendeu só determinar que a razoabilidade se aplique também em atos vinculados.

[1034] BULOS, Uadi Lammêgo. *Curso de direito constitucional*. 16. ed. São Paulo: SaraivaJur, 2023. p. 583; 584.

Judiciário não se poderia furtar à declaração de nulidade de absurdos evidentes" (STJ, REsp nº 21.923-5/MG, Rel. Min. Humberto Gomes de Barros).

O PRINCÍPIO DA RAZOABILIDADE é corroborado pelo clássico administrativista Dromi.[1035]

No mesmo norte, Pedro Lenza[1036] explana que o princípio da proporcionalidade, em essência, consubstancia uma pauta de natureza axiológica que emana diretamente das ideias de JUSTIÇA, EQUIDADE, BOM SENSO, PRUDÊNCIA, MODERAÇÃO, JUSTA MEDIDA, PROIBIÇÃO DE EXCESSO, DIREITO JUSTO E VALORES AFINS; precede e condiciona a positivação jurídica, inclusive de âmbito constitucional; e, ainda, *ENQUANTO PRINCÍPIO GERAL DO DIREITO, SERVE DE REGRA DE INTERPRETAÇÃO PARA TODO O ORDENAMENTO JURÍDICO.*

Dreviller, Bourdon e Poulet[1037] citam o direito comparado para reconhecer o princípio da razoabilidade, apontando que os juízes ingleses introduziram uma noção semelhante ao exigir que os atos da administração não fossem "IRRAZOÁVEIS" e o Tribunal Federal suíço anulou as decisões baseadas em "MANIFESTA INADVERTÊNCIA" da administração.

Cláudio Pereira de Souza Neto e Daniel Sarmento[1038] pontuam que a razoabilidade pode ser compreendida como equidade, ao permitir que, EM HIPÓTESES EXCEPCIONAIS, AS NORMAS GERAIS SEJAM ADAPTADAS, EM SUA APLICAÇÃO, ÀS CIRCUNSTÂNCIAS PARTICULARES DO CASO CONCRETO, OU AINDA QUE SE NEGUE A APLICAÇÃO DA NORMA, QUANDO ESTA PROVOCAR GRAVE E FLAGRANTE INJUSTIÇA, tendo em

---

[1035] "d) Razonabilidad. Todo acto de la Administración debe encontrar su justifica- ción en preceptos legales y en hechos, conductas y circunstancias que lo causen. Tiene que haber una relación lógica y proporcionada entre el consecuente y los antecedentes, entre el objeto y el fin. Por ello, los agentes públicos deben valorar razonablemente las circunstancias de hecho y el derecho aplicable y disponer medidas proporcionalmente adecuadas al fin perseguido por el orden jurídico (art. 28 CN; CSJN, 'Almirón, Gregoria c/Ministerio de Educación de la Nación', Fallos, 305:1.489; ED, 106-727, Nº 1.026)" (ROBERTO, Dromi. *Derecho administrativo.* 13. ed. Buenos Aires; Madrid; México; Ciudad Argentina: Hispania Libros, 2015. p. 443).

[1036] LENZA, Pedro. *Direito constitucional esquematizado.* 24. ed. São Paulo: Saraiva Educação, 2020. p. 181.

[1037] MORAND-DEVILLER, Jacqueline; BOURDON, Pierre; POULET, Florian. *Droit administratif.* 15. ed. Paris: LGDJ, 2017. p. 275.

[1038] SOUZA NETO, Cláudio Pereira de Souza; SARMENTO, Daniel. *Direito constitucional:* teoria, história e métodos de trabalho. Belo Horizonte: Fórum, 2013. p. 491.

vista que *normas são formuladas abstratamente e seu formulador não é capaz de prever todos os contextos em que a aplicação da norma poderia ter lugar, daí que A RAZOABILIDADE FUNCIONA, NESSA DIMENSÃO, COMO INSTRUMENTO PARA ATENUAR A RIGIDEZ NA APLICAÇÃO DA NORMA.*

João Batista Gomes Moreira[1039] ajunta sobre a razoabilidade com a lição de Mauro Cappelletti no sentido de que dele emana uma fronteira de bom senso, "que se impõe tanto no caso da interpretação do *case law*, quanto no direito legislativo. *Decidir o que é razoável é, para o aplicador do Direito, o mesmo que definir o que seja cruel, excessivo, devido ou igual*".

Sobre a razoabilidade, Celso Antônio Bandeira de Mello[1040] ensina que com esse princípio A ADMINISTRAÇÃO PÚBLICA TERÁ DE OBEDECER A CRITÉRIOS ACEITÁVEIS DO PONTO DE VISTA RACIONAL, em sintonia com o senso normal de pessoas equilibradas e respeitosas das finalidades que presidiram a outorga da competência exercida, em vista de DECISÕES SENSATAS.

Carlos Ari Sundfeld[1041] escreve que a razoabilidade "*PROSCREVE A IRRACIONALIDADE, O ABSURDO OU A INCONGRUÊNCIA NA APLICAÇÃO (E SOBRETUDO NA INTERPRETAÇÃO) DAS NORMAS JURÍDICAS. É INVÁLIDO O ATO DESAJUSTADO DOS PADRÕES LÓGICOS*".

Odete Medauar[1042] proclama que DO PRINCÍPIO DA RAZOABILIDADE APARECE O DEVER DE ADEQUADA CONSIDERAÇÃO DOS INTERESSES DIRETA OU INDIRETAMENTE ENVOLVIDOS NA DECISÃO.

O administrativista Marçal Justen Filho[1043] enaltece que o princípio da razoabilidade se destina a *afastar soluções que, embora fundadas na razão, sejam incompatíveis com o espírito do sistema jurídico.*

[1039] MOREIRA, João Batista Gomes. *Direito administrativo*: da rigidez autoritária à flexibilidade democrática. Belo Horizonte: Fórum, 2005. p. 107.

[1040] BANDEIRA DE MELLO, Celso Antônio. *Curso de direito administrativo*. 31. ed. rev. e atual. São Paulo: Malheiros, 2014. p. 111.

[1041] SUNDFELD, Carlos Ari. *Fundamentos de direito público*. São Paulo: Malheiros, 1992. p. 158.

[1042] MEDAUAR, Odete. *O direito administrativo em evolução*. 2. ed. rev., atual. e ampl. São Paulo: Revista dos Tribunais, 2003. p. 244.

[1043] JUSTEN FILHO, Marçal. *Curso de direito administrativo*. 10. ed. rev., atual. e ampl. São Paulo: Revista dos Tribunais, 2014. p. 167.

O princípio da razoabilidade, de forma igual, tem sido invocado pela jurisprudência no controle jurisdicional do poder disciplinar vinculado de aplicação de penas máximas a servidores públicos. Nesse sentido trilha a recente jurisprudência do Tribunal de Justiça do Distrito Federal e Territórios (*vide* nota de rodapé).[1044] A jurisprudência referenda.[1045]

[1044] "ADMINISTRATIVO. APOSENTADORIA. CERTIDÃO DE TEMPO DE SERVIÇO IRREGULAR. CASSAÇÃO DO BENEFÍCIO. DECADÊNCIA. INOCORRÊNCIA. MÁ FÉ. PROCESSO ADMINISTRATIVO. DEMISSÃO. DESARRAZOADA. II - Irrefragável o dolo da servidora, que, de forma livre e consciente, faz uso de certidão não emitida por unidade oficial da Previdência Social, alterando a verdade quanto à contagem do seu tempo de trabalho, para se beneficiar de aposentaria antecipada. III - Comprovada a violação dos deveres do servidor público e a prática de ato de improbidade administrativa, deve a servidora responder pelo fato praticado, na medida de sua culpabilidade. Nesse aspecto, deve o julgador observar não só a natureza e a gravidade da conduta como também a extensão do dano, o proveito econômico obtido, a intensidade do elemento subjetivo, as circunstâncias atenuantes e agravantes e os antecedentes funcionais da servidora. IV - A pena de demissão não se mostra a sanção disciplinar mais justa e razoável, diante das peculiaridades do caso, em que se verifica haver a servidora cumprido 28 anos de serviço público regular; ter os dias averbados irregularmente servido apenas para fins de aposentadoria; ter retornado prontamente à atividade quando tornado sem efeito o benefício; congregar antecedentes funcionais elogiáveis. V - Deu-se parcial provimento ao recurso" (Acórdão nº 653.547, 20110111931769APC, Rel. José Divino de Oliveira, Rev. Vera Andrighi, 6ª Turma Cível, j. 6.2.2013, *DJe*, 19.2.2013, p. 221).

[1045] "AC 200231000013348, AC - APELAÇÃO CÍVEL – 200231000013348, Relator(a) JUÍZA FEDERAL ADVERCI RATES MENDES DE ABREU, Sigla do órgão TRF1, Tribunal Regional Federal da 1ª Região, Órgão julgador SEGUNDA TURMA, Fonte e-DJF1 DATA: 11/09/2013 PAGINA: 338, Decisão A Turma Suplementar, por maioria, deu parcial provimento à apelação. Ementa: ADMINISTRATIVO. SERVIDOR PÚBLICO. PROCESSO ADMINISTRATIVO DISCIPLINAR. PENALIDADE DE DEMISSÃO. PROPORCIONALIDADE E RAZOABILIDADE. ASSIMETRIA ENTRE OS FATOS APURADOS NO PROCESSO E AS RAZÕES QUE MOTIVARAM A APLICAÇÃO DA PENA DE DEMISSÃO. REINTEGRAÇÃO. DANOS MORAIS NÃO CONFIGURADOS. 1. A Lei 8.112/90, em seu artigo 128, resguarda a proporcionalidade entre a infração cometida e a pena a ser aplicada. O ilícito pelo qual o apelante foi punido - permuta ilícita de senhas funcionais eletrônicas -, não obstante ilegítima, teria sido realizada com certa frequência em seu ambiente de trabalho, com o conhecimento, inclusive, de superiores, pelo que não poderia ensejar a penalidade máxima de demissão que lhe foi ao final aplicada. 2. Não obstante tenha restado incontroverso nos autos o emprego da senha do servidor (aqui apelante) para a inclusão fraudulenta de verbas remuneratórias para outrem, entretanto, remanesceu não esclarecida nos autos, tanto do processo penal como do procedimento administrativo, a autoria ou não do apelante na indevida inserção de valores remuneratórios. Em termos simples, sabe-se da utilização indevida de sua senha no fato delituoso, mas não se sabe, no caso concreto, se foi o apelante quem de fato a utilizou. 3. Qualquer sanção mais ajustada ao caso, advertência ou mesmo a suspensão, já teria sido superada e consumida pelo tempo decorrido desde o início deste processo. 4. Ausente o vínculo causal entre a conduta do Estado-administração e eventuais danos morais sofridos pelo apelante, não se pode pretender a condenação por danos morais. Com efeito, se dano moral existiu, teria sido de fato muito mais reconduzível ao apelante do que à Administração que, no caso concreto, agiu dentro do que lhe incumbia, aplicando ao servidor sanção por ilícito que de fato ele praticou. A eventual ausência de proporcionalidade entre a sanção aplicada e a

Novamente é válido ouvir a jurisprudência na recepção desse entendimento.[1046] Pontuou o Tribunal Regional Federal da 5ª Região:

> Hipótese em que policial rodoviário federal, demitido por ter disparado acidentalmente sua arma contra motoqueiro que trafegava próximo ao posto policial onde fazia plantão, pugna por sua reintegração ao cargo por entender excessiva a penalidade que lhe fora aplicada. As sanções disciplinares, como qualquer espécie de penalidade imposta ao indivíduo pelas mãos do Estado, devem possuir conotação lógica entre a reprimenda e a transgressão cometida. É possível ao Poder Judiciário a verificação da discricionariedade a partir de limitações postas em princípios como a razoabilidade e a proporcionalidade. A razoabilidade, ao agir como limite à discrição na avaliação dos motivos, exige que eles sejam adequáveis, compatíveis e proporcionais, de modo que o ato atenda à sua finalidade pública específica, contribuindo de modo eficaz para que ela seja atingida. Ao mesmo tempo em que o Judiciário não pode dizer, de modo substitutivo, como o julgador deveria ter julgado ou agido, deve emitir juízo principiológico e finalístico de como não deveria ter julgado ou agido, já que necessariamente a sua discrição deveria estar jungida pelos princípios que regem o atuar em sede de Administração Pública. Considerando todas as circunstâncias em que ocorreu o fato (hora avançada, atitude suspeita dos motoqueiros, alerta prévio de um caminhoneiro), pode-se afirmar que a atuação do policial, ao empunhar a arma quando da aproximação das motos, estava dentro do que se poderia esperar. Verificada a existência de desproporção na

---

conduta do apelante não é juízo, portanto, que se possa sem mais atribuir à Administração, já que, de fato, o servidor praticou o ato delituoso que lhe foi imputado, apenas não se mostrando proporcional a sanção a ele aplicada. 5. Censurada apenas a proporcionalidade da sanção aplicada, não negando a prática do ilícito pelo apelante, rejeita-se a existência de danos morais, ante a ausência, na espécie, de responsabilidade por parte da Administração. 6. Apelação a que se dá parcial provimento, para julgar procedente a apelação, com a consequente reintegração do apelante e o pagamento de indenização pela remuneração por ele não percebida no período de afastamento e demais consectários remuneratórios, a serem apurados em liquidação de sentença. Data da Decisão 18/07/2012. public. 11/09/2013".

[1046] "III - In casu, revela-se desproporcional e inadequada a penalidade de demissão do cargo de técnico do seguro social imposta à impetrante, por ter se utilizado de veículo contratado pela agência Rio de Janeiro/Sul do INSS, para efetuar deslocamentos no percurso residência/trabalho e vice-versa, enquanto no exercício do cargo de gerente executiva daquele posto de atendimento, tendo em vista seus bons antecedentes funcionais, a ausência de prejuízo ao erário, bem como a sua comprovada boa-fé. Segurança concedida, sem prejuízo da imposição de outra penalidade administrativa, menos gravosa. Prejudicado o exame do agravo regimental da União" (Superior Tribunal de Justiça, MS nº 13716/DF, Min. Felix Fischer, Terceira Seção, *DJe*, 13 fev. 2009).

aplicação da pena disciplinar, deve ser declarada sua invalidade, já que se trata de ato nulo.[1047]

Enfatizou o Tribunal Regional Federal da 5ª Região:

O ato administrativo de demissão não só afrontou o princípio da razoabilidade, que integra mesmo a essência do direito e se irradia na dogmática jurídica, mas está maculado pela ilegalidade, visto que a primeira parte do art. 129 da Lei nº 8.112/90 não deixa margens à outra medida que não a advertência.[1048]

Percebe-se que o princípio da razoabilidade tem sido invocado para controle judicial sobre o poder disciplinar vinculado, numa evidência de superação do mito positivista de legalidade absoluta (*onipotência/onisciência do legislador*) e da RESPOSTA/SOLUÇÃO ÚNICA[1049] [1050] e mecanicismo na aplicação inarredável/invariável/indiscriminada de penas administrativas máximas a servidores

---

[1047] AC nº 270867, Processo: 200105000423616/PB, 1ª Turma, decisão de 21.10.2004, *DJ*, p. 1063, 10 nov. 2004, Rel. Des. Federal Frederico Pinto de Azevedo, unânime.

[1048] EINFAC nº 218512/PE, EINFAC – Embargos de Declaração nos Embargos Infringentes na Ac, Processo: 2000.05.00.028136-2, Pleno, Rel. Des. Federal José Maria Lucena, j. 21.05.2003, *DJ*, p. 459, 25 fev. 2004.

[1049] "A introdução dos novos preceitos na LINDB constitui reação a determinados vícios da cultura jurídica que vêm predominando há anos. [...] a ideia de que seja possível extrair do direito e, até mesmo, exclusivamente de valores jurídicos abstratos, SOLUÇÃO ÚNICA PARA SITUAÇÕES EM CONCRETO; [...] O primeiro vício ou paradigma, relacionado à noção de que SERIA POSSÍVEL EXTRAIR DO ORDENAMENTO JURÍDICO SOLUÇÃO ÚNICA, e não específica para cada situação verificada em concreto" (SOUZA, Rodrigo Pagani de; ALENCAR, Letícia Lins de. O dever de contextualização na interpretação e aplicação do direito público. *In*: VALIATI, Thiago Priess; HUNGARO, Luis Alberto; CASTELLA, Gabriel Morettini e (Coord.). *A Lei de Introdução e o direito administrativo brasileiro*. Rio de Janeiro: Lumen Juris, 2019. p. 62).

[1050] Andrade complementa, contrariamente à visão da Súmula nº 650/STJ (pena máxima disciplinar obrigatória em todos os casos, à revelia da facticidade), acentuando que *não existe uma apriorística decisão correta e única, de antemão e abstratamente dada, nem solução única, mas a resposta do ordenamento jurídico será construída na aplicação da norma jurídica, depois de consideradas amplamente as especificidades do caso concreto*: "A DECISÃO CORRETA NÃO QUER DIZER OUTRA COISA SENÃO AQUELA QUE CONSIDEROU AS PARTICULARIDADES DO CASO CONCRETO mediante a descrição completa dos elementos fáticos relevantes. NÃO SE TRATA DE UMA DECISÃO QUE SERIA A EXPRESSÃO DA VERDADE ABSOLUTA, *A PRIORI* E ABSTRATAMENTE CONSIDERADA. NÃO HÁ, PER SE, A SOLUÇÃO UNÍVOCA. Esta é *CONSTRUÍDA NO JUÍZO DE APLICAÇÃO DA NORMA* e, dessa maneira, *a posteriori*, ou seja, quando, além das normas *prima facie* aplicáveis, tem-se a *completa descrição da situação concreta*" (ANDRADE, Fábio Martins de. *Comentários à Lei nº 13.655/2018*: proposta de sistematização e interpretação conforme. Rio de Janeiro: Lumen Juris, 2019. p. 153).

públicos (tese criticada da Súmula nº 650/STJ,[1051] incompatível com *as diretrizes da Nova Lei de Introdução às Normas do Direito Brasileiro*, art. 20, *caput* e parágrafo único), inclusive por ser incorreta a interpretação do art. 132, da Lei federal nº 8.112/1990, como ato vinculado absoluto e de uma solução única inarredável, independentemente das circunstâncias concretas em pauta.[1052]

5.6 Valores constitucionais e direitos fundamentais a serem observados no exercício do poder disciplinar vinculado

O instituto da vinculação administrativa não pode deixar de seguir essa perspectiva de ajuste à Constituição e aos direitos fundamentais, ainda mais quando se trata de exercício do poder sancionador estatal contra servidores públicos disciplinados, no que vale aplicar o ensino de Miguel Carbonell[1053] quando enuncia que, segundo o neoconstitucionalismo, os juízes devem trabalhar com VALORES que estão CONSTITUCIONALIZADOS e que requerem uma tarefa hermenêutica capaz de APLICÁ-LOS A CASOS CONCRETOS de forma justificada e razoável, dotando-os de conteúdos normativos concretos, tendo em vista que a Constituição é invasora, intrometida tanto sobre a legislação, a jurisprudência, como a doutrina, no modelo neoconstitucionalista.

[1051] Súmula nº 650/STJ – "A autoridade administrativa não dispõe de discricionariedade para aplicar ao servidor pena diversa de demissão quando caraterizadas as hipóteses previstas no artigo 132 da Lei 8.112/1990".

[1052] "A própria noção de hermenêutica que coloca o *intérprete como sujeito criador da norma*, uma vez que A REALIDADE DA PRÓPRIA ADMINISTRAÇÃO PÚBLICA É TÃO COMPLEXA EM FACE DA MULTIPLICIDADE DE POSSIBILIDADES DE APLICAÇÃO que obviamente *não há como imaginar o discurso da* SEGURANÇA JURÍDICA ABSOLUTA DE UM TEXTO NORMATIVO, uma vez que NÃO SE TRATA DE UMA SOLUÇÃO DEDUTIVA E NEM MESMO DA CONCEPÇÃO DE QUE HAJA UMA ÚNICA RESPOSTA CORRETA, ainda que a argumentação leve a crer que seja a melhor resposta naquele caso'. Esse trabalho praticamente artesanal de extrair do texto o sentido da norma é que se torna redundante para não dizer tautológico, que HAVERÁ SEMPRE QUE SE SITUAR EM UMA DADA REALIDADE EM TODA SUA COMPLEXIDADE" (BITENCOURT Caroline Müller; LEAL, Rogério Gesta. Consequencialismo das decisões e os valores jurídicos abstratos a partir da Lei 13.655/18: uma análise crítica sob a perspectiva da (in)segurança jurídica. *In*: MAFFINI, Rafael; RAMOS, Rafael (Coord.). *Nova LINDB*: consenquencialismo, deferência judicial, motivação e responsabilidade do gestor público. Rio de Janeiro: Lumen Juris, 2020. p. 116).

[1053] CARBONELL, Miguel. El neoconstitucionalismo: significado y niveles de análisis. *In*: CARBONELL, Miguel; GARCÍA JARAMILO, Leonardo. *El canon neoconstitucional*. Madrid: Trotta, 2010. p. 155; 159.

Calha acentuar que a Constituição, a partir do Pós-Guerra Mundial de 1945, deixou de ser vista como uma Carta meramente asseguradora de fins a serem alcançados pela lei ordinária, ou de conter medidas puramente programáticas, mas assumiu forte ênfase a FORÇA NORMATIVA CONSTITUCIONAL E SUA EFICÁCIA VINCULANTE DOS PODERES DO ESTADO E DE TODO O ORDENAMENTO JURÍDICO (EFEITO IRRADIANTE), com a força efetiva dos DIREITOS FUNDAMENTAIS, como o endossa Luís Roberto Barroso,[1054] em função do que os valores constitucionais pertinentes ao exercício e titularidade de cargos públicos não podem ser vistos como normas ineficientes, mas como norteadores da conduta das autoridades decisoras da Administração Pública, mormente em se tratando do exercício do poder de punir (disciplinar) e de imposição de penas máximas.

Os julgamentos de processos administrativos disciplinares da Administração Pública não podem findar com a aplicação mecânica (MITO DA RESPOSTA ÚNICA DO ORDENAMENTO JURÍDICO) de penalidades máximas (como demissão e cassação de aposentadoria ou de disponibilidade, arts. 132 e 134, Lei federal nº 8.112/1990), sem qualquer rigor argumentativo.

Antes deve ser observado no julgamento dos processos administrativos disciplinares o dever de MOTIVAÇÃO AMPLA E RACIONAL E INDIVIDUALIZADA, consequencialista, ao caso concreto por parte do hierarca competente.

Ademais, devem ser considerados no julgamento do processo administrativo disciplinar, em sua eficácia cogente, OS VALORES CONSTITUCIONAIS envolventes da situação jurídica dos servidores públicos disciplinados, como CARREIRA, ESTABILIDADE funcional, HONRA profissional, direito à PREVIDÊNCIA SOCIAL, direito de BUSCAR A FELICIDADE, proteção dos IDOSOS e da FAMÍLIA do funcionário do Estado, o próprio DIREITO AO TRABALHO dos agentes públicos (como ratificado por Carlos Alberto Conde da Silva Fraga).[1055]

[1054] BARROSO, Luís Roberto. Neoconstitucionalismo e constitucionalização do direito. O triunfo tardio do direito constitucional no Brasil. *Jus Navigandi*, Teresina, ano 10, n. 851, 1º nov. 2005. Disponível em: http://jus.com.br/artigos/7547. Acesso em: 22 abr. 2014.

[1055] FRAGA, Carlos Alberto Conde da Silva. *O poder disciplinar no Estatuto dos Trabalhadores da Administração Pública*: Lei 58/2008: doutrina: jurisprudência. Alfornelos: Petrony, 2011, *passim*.

Nesse contexto, não se admite que a força normativa da Constituição e dos valores nela abrigados seja relegada a terceiro plano, com a total primazia da legislação ordinária, num retrocesso positivista exegético já posto em xeque na teoria do direito, com o retorno da Lei Fundamental ao papel secundário de aglomerado frágil de normas meramente programáticas, em sentido diametralmente contrário ao propugnado por Torres,[1056] quando anota que o Estado democrático de direito supera a formulação estritamente legal da ordem estatal, deslocando o CENTRO DE GRAVIDADE DO ORDENAMENTO JURÍDICO PARA O RESPEITO AOS DIREITOS FUNDAMENTAIS e é nele que se consolida a retomada das relações entre o direito e a ética, operada no plano da filosofia jurídica por intermédio da teoria dos direitos fundamentais e a teoria da justiça.

Mais ainda, a imposição mecânica de penas máximas, com a decretação de perda do cargo público ou de cassação da aposentadoria ou disponibilidade, abrigada na dogmática mais antiga, implica subjacente um pressuposto de supremacia do Estado e seus interesses sobre a pessoa humana do seu servidor, considerado como MERO OBJETO DO EXERCÍCIO DO PODER disciplinar estatal, no que cabe relembrar a advertência de Pedro Machete[1057] quanto à imperatividade de REFORMULAÇÃO RADICAL DA DOGMÁTICA DO ATO ADMINISTRATIVO no quanto fundada na ANTIGA SUBORDINAÇÃO DO CIDADÃO AO PODER ADMINISTRATIVO, visto que hoje se impõe a tese da relação jurídica administrativa, assentada na igualdade jurídica de Administração e particulares, em vista de uma reconstrução da teoria, notadamente segundo o direito constitucional.

Machete[1058] finca, no particular, que o Estado-Administração deixa de ser um poder que confronta os cidadãos a partir de uma posição de supremacia jurídica, que não mais[1059] pode ser concebida, por presumir o ente estatal como mais valioso do que os indivíduos, tanto porque A ADMINISTRAÇÃO ESTÁ SUBORDINADA

[1056] TORRES, Silvia Faber. *A flexibilização do princípio da legalidade no direito do estado*. Rio de Janeiro; São Paulo: Renovar, 2012. p. 33.

[1057] MACHETE, Pedro. *Estado de direito democrático e administração paritária*. Coimbra: Almedina, 2007. p. 54.

[1058] MACHETE, Pedro. *Estado de direito democrático e administração paritária*. Coimbra: Almedina, 2007. p. 36.

[1059] MACHETE, Pedro. *Estado de direito democrático e administração paritária*. Coimbra: Almedina, 2007. p. 55-56.

À CONSTITUIÇÃO E ÀS LEIS, como ainda porque os particulares são titulares de posições jurídicas fundamentais que não estão na disponibilidade do poder público, visto que TODA E QUALQUER ATUAÇÃO DA ADMINISTRAÇÃO PÚBLICA DEVE OBSERVAR OS DIREITOS FUNDAMENTAIS CONSAGRADOS NA CONSTITUIÇÃO.

Daí que se solidifica a conclusão de que a Lei Fundamental deve embeber todos os ramos do ordenamento jurídico (EFICÁCIA IRRADIANTE com o efeito de TODAS AS LEIS SEREM INTERPRETADAS DE ACORDO COM A CONSTITUIÇÃO, como anota Marçal Justen Filho),[1060] inclusive o direito administrativo (disciplinar) e conformar a interpretação da lei ordinária (também da Lei federal nº 8.112/1990), com o consagrado reconhecimento efetivo da força normativa constitucional.

Em outras palavras, importa que sejam cotejadas, dimensionadas na sua correta e adequada perspectiva, as CONSEQUÊNCIAS DA PENA DISCIPLINAR MÁXIMA, NA SITUAÇÃO CONCRETA E SOBRE A PESSOA DO ESPECÍFICO SERVIDOR DISCIPLINADO,[1061] destoando da *fria imposição de uma penalidade-padrão e indiscriminada em todos os casos julgados pela Administração Pública.*

Andrade[1062] cita Flávio Unes, em comentários à Lei de Introdução às Normas do Direito Brasileiro, para acentuar que a CONSIDERAÇÃO DAS POSSÍVEIS ALTERNATIVAS (art. 20, par. único) é o elemento mais inovador, na medida em que, ao invés de apenas mencionar "motivação", densifica sua noção para impor o exame – e

---

[1060] JUSTEN FILHO, Marçal. *Curso de direito administrativo*. 10. ed. rev., atual. e ampl. São Paulo: Revista dos Tribunais, 2014. p. 231.
[1061] Também a visão consequencialista das decisões da Administração Pública é agudizada nos comentários sobre o art. 20, da Lei de Introdução às Normas do Direito Brasileiro: "Como hoje se acredita cada vez mais que os princípios podem ter força normativa - não só nas omissões legais, mas em qualquer caso - o mínimo que se pode exigir é que juízes e controladores (assim como os administradores) tenham de PONDERAR SOBRE 'AS CONSEQUÊNCIAS PRÁTICAS DA DECISÃO' E CONSIDERAR AS 'POSSÍVEIS ALTERNATIVAS'" (BILIERI, Mário Dittrich; FALK, Matheus. O controle judicial ablativo e mandamental dos atos administrativos com baixo e médio grau de juridicidade e a Nova Lei de Introdução às Normas do Direito Brasileiro (Lei nº 13.655/2018). *In*: VALIATI, Thiago Priess; HUNGARO, Luis Alberto; CASTELLA, Gabriel Morettini (Coord.). *A Lei de Introdução e o direito administrativo brasileiro*. Rio de Janeiro: Lumen Juris, 2019. p. 381).
[1062] PEREIRA, Flávio Henrique Unes. Artigo 20. *In*: PEREIRA, Flávio Henrique Unes (Coord.). *Segurança jurídica e qualidade das decisões públicas*: desafios de uma sociedade democrática. Brasília: Senado Federal, 2015. p. 17-19 *apud* ANDRADE, Fábio Martins de. *Comentários à Lei nº 13.655/2018*: proposta de sistematização e interpretação conforme. Rio de Janeiro: Lumen Juris, 2019. p. 153.

sua explicitação, obviamente, das *CONSEQUÊNCIAS QUE CADA SOLUÇÃO POSSA TRAZER PARA A REALIDADE*. Em outras palavras, *A DECISÃO DEVE SER ADEQUADA E LEGÍTIMA QUANDO SE REVELAR MENOS DANOSA E MAIS EFICAZ, SE CONSIDERADAS AS ALTERNATIVAS POSSÍVEIS EM DETERMINADA SITUAÇÃO FÁTICA*. Afinal, o processo e o direito servem à vida e esta não pode ser atingida sem que sejam mensurados os efeitos de cada solução possível – isso, também, insere-se na dimensão da decisão adequada.

Humberto Ávila assinala a esse propósito que a Constituição Federal estabeleceu VALORES FUNDAMENTAIS como dignidade, TRABALHO, JUSTIÇA, IGUALDADE, segurança, entre outros, cuja instituição implica o dever de consideração no exercício da atividade administrativa e a proibição de que sejam restringidos sem plausível justificação.[1063]

Lacombe[1064] refere que se pretende que O INTÉRPRETE DESVELE OS VALORES PROTEGIDOS no texto que traduz o comando legal, exploradas todas as suas possibilidades gramaticais, bem como o que constaria das suas entrelinhas, de forma a CONHECÊ-LOS ANTES MESMO DE APLICAR A LEI AO CASO CONCRETO, ao mesmo tempo em que se deve pautar pelo postulado de que O DIREITO LIDA DIRETAMENTE COM O ELEMENTO HUMANO, que não é homogêneo, *E VIVE SOB CIRCUNSTÂNCIAS HISTÓRICAS E CULTURAIS DIFERENCIADAS*.

Paulo Otero[1065] leciona que, na Constituição formal, reside a síntese axiológico-teleológica da ideia de direito vigente em determinado ordenamento jurídico positivo, dela sendo possível extrair uma HIERARQUIA DE VALORES e de bens que serve de modelo aferidor da unidade do sistema jurídico, traduzindo ainda o padrão de conformidade de todos os atos jurídicos: *A CONSTITUIÇÃO REPRESENTA, POR TUDO ISTO, A "PEDRA ANGULAR" DO SISTEMA JURÍDICO*.

Por isso, importa que os valores constitucionais e direitos fundamentais, por força da supremacia da Constituição e de sua

---

[1063] ÁVILA, Humberto. *Teoria dos princípios*: da definição à aplicação dos princípios jurídicos. 14. ed. atual. São Paulo: Malheiros, 2013. p. 102.

[1064] CAMARGO, Margarida Maria Lacombe. *Hermenêutica e argumentação*: uma contribuição ao estudo do direito. 3. ed. Rio de Janeiro: Renovar, 2003. p. 6.

[1065] OTERO, Paulo. *Legalidade e administração pública*: o sentido da vinculação administrativa à juridicidade. Coimbra: Almedina, 2011. p. 208-209.

irradiação sobre o direito administrativo, sejam cotejados e observados quando do exercício do poder disciplinar (inclusive e sobretudo vinculado), no que concerne ao julgamento de processo administrativo sancionador, em que se aprecia a responsabilidade passível de aplicação de penas máximas (demissão, cassação de aposentadoria, cassação de disponibilidade).

Romeu Felipe Bacellar Filho e Daniel Wunder Hachem[1066] sufragam que o *processo administrativo disciplinar pode representar atentado ou ameaça a direitos materiais do acusado servidor*, como a HONRA, A IMAGEM, O CARGO PÚBLICO, O DIREITO AO TRABALHO (VALOR SOCIAL DE DIGNIDADE CONSTITUCIONAL), uma vez que a inflição de pena pode atingir *o agente em seus assentamentos funcionais, maculados, timbrado com a pecha de* ímprobo, *desonesto, negligente ou ineficiente.* Entendem que estão em pauta, portanto, direitos indisponíveis da pessoa do agente estatal.

Eis, a seguir, alguns valores constitucionais relevantes no exercício do poder disciplinar atinente à imposição de penas máximas no processo administrativo sancionador contra os servidores públicos efetivos.

5.6.1 Valor e princípio constitucional de acesso amplo aos cargos públicos (e permanência neles) e efeitos danosos das penas disciplinares máximas a direitos sociais fundamentais dos servidores estatais (direito de proteção de idosos, previdência social/aposentadoria, busca da felicidade, sustento da família)

A constituição e manutenção do vínculo funcional estabelecido entre o investido em cargo de provimento efetivo e a Administração Pública envolvem diversa(o)s perspectivas/valores:
   a) o exercício de uma profissão ou o serviço das necessidades da sociedade e do Estado mediante o desempenho das atribuições do posto;

[1066] BACELLAR FILHO, Romeu Felipe; HACHEM, Daniel Wunder. A necessidade de defesa técnica no processo administrativo disciplinar e a inconstitucionalidade da Súmula Vinculante n. 5 do STF. *In*: PEREIRA, Flavio Henrique Unes *et al*. *O direito administrativo na jurisprudência do STF e do STJ*. Belo Horizonte: Fórum, 2014. p. 505-533.

b) a participação direta na gestão republicana do Estado (cidadania) por meio da investidura no cargo e respectiva atuação funcional, franqueando aos cidadãos;
c) o respeito ao mérito profissional evidenciado pela sagração em certame concursal público de recrutamento de pessoal do Estado, juntamente com o respeito à ampla oportunidade dos cidadãos de se qualificarem para servir à coisa pública, respeitadas as regras e os critérios do edital do concurso admissional;
d) a proteção do servidor efetivo quanto à permanência no cargo como mecanismo de evitar a ingerência política/econômica e o favoritismo/patrimonialismo/improbidade no funcionamento da Administração Pública, motivo por que o desempenho imparcial/isento/independente/probo das prerrogativas e competências do posto pelo funcionário estatal colima salvaguardar o interesse público e da sociedade contra a apropriação do erário e da máquina do Estado pelo forte poder partidário e/ou financeiro;
e) zelar pelo impessoal e técnico exercício da função administrativa por pessoal profissionalizado, experiente, eficiente, e não subserviente à política e ao mercado financeiro ou a grupos privados de enorme poder econômico/partidário, a bem dos interesses superiores da sociedade e dos valores da Constituição e das leis.

Carlos Fraga[1067] referenda que existe um NÚCLEO ESSENCIAL DOS DIREITOS FUNDAMENTAIS DOS SERVIDORES PÚBLICOS quanto à MANUTENÇÃO DO CARGO (interdição de perda respectiva salvo o caso de cometimento de infração disciplinar gravíssima), da HONRA, DA LIBERDADE, À CARREIRA.

Sublinhe-se: não se pode olvidar que A PERDA DO CARGO PÚBLICO PELO SERVIDOR EFETIVO diz com o PRINCÍPIO CONSTITUCIONAL DO DIREITO DE ACESSO AOS POSTOS ADMINISTRATIVOS (que remonta à Declaração de Direitos do Homem e do

---

[1067] FRAGA, Carlos Alberto Conde da Silva. *O poder disciplinar no Estatuto dos Trabalhadores da Administração Pública*: Lei 58/2008: doutrina: jurisprudência. Alfornelos: Petrony, 2011. p. 118, 164-165.

Cidadão de 1789, art. 6º)[1068] E PERMANÊNCIA NELES[1069] (sólido no direito espanhol),[1070] a cujo respeito Paulo Otero[1071] lembra que o acesso a cargos públicos de natureza administrativa expressa, inclusive, uma manifestação do DIREITO DE PARTICIPAÇÃO NA VIDA PÚBLICA, decorrência do próprio PRINCÍPIO REPUBLICANO.

A dogmática inclusive compagina o DIREITO À FELICIDADE com a PARTICIPAÇÃO NA VIDA PÚBLICA (combinado com o princípio de amplo acesso aos cargos públicos).

É o quanto explica a dogmática[1072] ao frisar que:
a) num Estado, é fundamental o papel da liberdade republicana na luta contra a tirania, em vista do estabelecimento de um ambiente de independência e autodeterminação, porquanto, na república, seria permitido a qualquer cidadão postular um cargo público;
b) essa liberdade de acesso aos postos públicos faria com que O PODER DECISÓRIO FOSSE DEMOCRATICAMENTE COMPARTILHADO POR UM GRUPO DE CIDADÃOS, GARANTINDO ASSIM UMA COMUNIDADE DEMOCRATICAMENTE AUTOGOVERNADA, sem a sujeição a um poder arbitrário.

J. J. Gomes Canotilho e Vital Moreira corroboram que o DIREITO CONSTITUCIONAL DE ACESSO AOS CARGOS PÚBLICOS (*JUS AD OFFICIUM*) e também o DIREITO DE SER MANTIDO

[1068] "Art. 6º [...] Todos os cidadãos são iguais a seus olhos e igualmente admissíveis a todas as dignidades, lugares e empregos públicos, segundo a sua capacidade e sem outra distinção que não seja a das suas virtudes e dos seus talentos".

[1069] O direito de acesso à função pública em condições de igualdade e liberdade consiste principalmente em: (a) não ser proibido de aceder à função pública em geral, ou a uma determinada função pública em particular (liberdade de candidatura); (b) poder candidatar-se aos lugares postos a concurso, desde que preenchidos os requisitos necessários; (c) não ser preterido por outrem com condições inferiores; (d) não haver escolha discricionária por parte da Administração, conforme julgado do Tribunal Constitucional de Portugal – AcTC nº 53/88 (CANOTILHO, J. J. Gomes; MOREIRA, Vital. *Constituição da República Portuguesa anotada*. 4. ed. rev. São Paulo e Coimbra: Coimbra e Revista dos Tribunais, 2007. p. 660).

[1070] "El derecho al cargo se proyectaria en exclusiva sobre el derecho a la permanencia en el puesto de trabajo y el ejercicio de funciones inherentes al mismo, en atención a que el término cargo, tal y como aparece plasmado en la Ley de Funcionarios de 1964, se utiliza como sinónimo de plaza, destino, puesto, funciones" (LORENZO DE MEMBIELA, Juan B. *Régimen disciplinario de los funcionarios de carrera*. 2. ed. Navarra: Arazandi, 2008. p. 80).

[1071] OTERO, Paulo. *Manual de direito administrativo*. Coimbra: Almedina, 2013. v. 1. p. 386.

[1072] LOPES, Ana Paula Veiga; VALIATI Thiago Priess. O republicanismo entre a felicidade e a justiça. In: GABARDO, Emerson; SALGADO, Eneida Desiree (Coord.). *Direito, felicidade e justiça*. Belo Horizonte: Fórum, 2014. p. 231.

NAS FUNÇÕES (*JUS IN OFFICIO*) apresentam-se como decorrência do direito de escolha e exercício de profissão, paralelamente ao direito de natureza política, ALÉM DAS PROMOÇÕES NA CARREIRA.[1073]

Os constitucionalistas lusos agudizam[1074] que o direito de não ser prejudicado pelo EXERCÍCIO DE CARGOS PÚBLICOS (na colocação, emprego, CARREIRA ou em BENEFÍCIOS SOCIAIS – TRABALHO, PREVIDÊNCIA SOCIAL) constitui uma garantia essencial dos direitos políticos (ex.: liberdade partidária, liberdade sindical etc.), pondo os cidadãos a coberto de prejuízos ou discriminações profissionais que lhes vedassem ou tornassem arriscado o exercício de direitos políticos (*incluindo o desempenho de cargos públicos*).

Alguns valores se dimensionam nesse panorama: O DIREITO AO TRABALHO (que, como direito social, é um direito fundamental[1075] de segunda geração)[1076] na Administração Pública, como meio de assegurar a SOBREVIVÊNCIA FINANCEIRA DO FUNCIONÁRIO E DE SUA FAMÍLIA; a preservação da dignidade e da moral profissional e da REPUTAÇÃO (que pode ser aniquilada por uma demissão).

Enoque Ribeiro dos Santos[1077] corrobora que, *mutatis mutandis, A PERDA DO POSTO DE TRABALHO TRANSCENDE A ESFERA JURÍDICA DO EMPREGADO,* uma vez que ATINGE NÃO APENAS A PESSOA DO TRABALHADOR, COMO TAMBÉM DA SUA FAMÍLIA E DEMAIS DEPENDENTES ECONÔMICOS.

[1073] "Embora o preceito refira expressamente apenas o direito de acesso (jus ad officium), o âmbito normativo-constitucional abrange igualmente o direito de ser mantido nas funções (jus in officio) e, bem assim, o direito ainda às promoções dentro da carreira" (CANOTILHO, J. J. Gomes; MOREIRA, Vital. *Constituição da República Portuguesa anotada*. 4. ed. rev. São Paulo e Coimbra: Coimbra e Revista dos Tribunais, 2007. p. 658, 660).

[1074] CANOTILHO, J. J. Gomes; MOREIRA, Vital. *Constituição da República Portuguesa anotada*. 4. ed. rev. São Paulo e Coimbra: Coimbra e Revista dos Tribunais, 2007. p. 677.

[1075] "Partindo do pressuposto de que na Constituição Federal os direitos sociais são direitos fundamentais, estando, em princípio, sujeitos ao mesmo regime jurídico dos demais direitos fundamentais (ainda que não necessariamente de modo igual quanto ao detalhe e em alguns casos), é preciso, numa primeira aproximação, destacar que o elenco dos direitos sociais (termo que aqui é utilizado como gênero) não se resume ao rol enunciado no art. 6.º da CF" (SARLET, Ingo Wolfgang: MITIDIERO, Daniel; MARINONI, Luiz Guilherme. *Curso de direito constitucional*. 9. ed. São Paulo: Saraiva Educação, 2020. p. 640).

[1076] MENDES, Gilmar Ferreira; BRANCO, Paulo Gonet. *Curso de direito constitucional*. 15. ed. São Paulo: Saraiva, 2020. p. 137.

[1077] SANTOS, Enoque Ribeiro dos. *O dano moral na dispensa do empregado*. 7. ed. Rio de Janeiro: Lumen Juris, 2020. p. 52.

Segundo a dogmática constitucionalista,[1078] OS DIREITOS SOCIAIS FUNDAMENTAIS, compaginados com o direito ao trabalho, possuem EFICÁCIA IRRADIANTE E ATUAM COMO PARÂMETRO NA APLICAÇÃO DO DIREITO ADMINISTRATIVO INFRACONSTITUCIONAL e se refletem, outrossim, como LIMITES AO EXERCÍCIO DO PODER DISCIPLINAR DA ADMINISTRAÇÃO PÚBLICA, na medida em que *as penas de demissão ou cassação de aposentadoria atingem o direito de permanência no cargo[1079] e exercício de profissão, além do próprio direito laboral, a manutenção econômica e bem-estar dos indivíduos que compõem a família do funcionário do Estado, a proteção previdenciária dos aposentados e idosos.*

É intuitiva a concordância, na Constituição Federal de 1988, da proteção da FAMÍLIA (notadamente no caso dos servidores com relações afetivas familiares e/ou com filhos), como VALOR CONSTITUCIONAL (art. 226),[1080] com os direitos ao TRABALHO[1081] [1082] e de exercício de uma PROFISSÃO, somado ao de ACESSO[1083] e de

---

[1078] "A perspectiva objetiva das normas de direitos sociais reflete o estreito liame desses direitos com o sistema de fins e valores constitucionais a serem respeitados e concretizados por toda a sociedade. Nesta esfera, como já assinalado na parte geral dos direitos fundamentais, também AS NORMAS DE DIREITOS SOCIAIS (SENDO NORMAS DE DIREITOS FUNDAMENTAIS) POSSUEM UMA EFICÁCIA DIRIGENTE OU IRRADIANTE, decorrente da perspectiva objetiva, que impõe ao Estado o dever de permanente realização dos direitos sociais, além de PERMITIR ÀS NORMAS DE DIREITOS SOCIAIS OPERAREM COMO PARÂMETRO, TANTO PARA A APLICAÇÃO E INTERPRETAÇÃO DO DIREITO INFRACONSTITUCIONAL quanto para a criação e o desenvolvimento de instituições, organizações e procedimentos voltados à proteção e promoção dos direitos sociais. Daí também resulta, entre outros aspectos, a EFICÁCIA DOS DIREITOS FUNDAMENTAIS SOCIAIS NAS RELAÇÕES" (SARLET, Ingo Wolfgang: MITIDIERO, Daniel; MARINONI, Luiz Guilherme. *Curso de direito constitucional.* 9. ed. São Paulo: Saraiva Educação, 2020. p. 643).

[1079] FRAGA, Carlos Alberto Conde da Silva. *O poder disciplinar no Estatuto dos Trabalhadores da Administração Pública:* Lei 58/2008: doutrina: jurisprudência. Alfornelos: Petrony, 2011. p. 118; 164-165.

[1080] "Art. 226. A família, base da sociedade, tem especial proteção do Estado".

[1081] "Art. 1º A República Federativa do Brasil, formada pela união indissolúvel dos Estados e Municípios e do Distrito Federal, constitui-se em Estado Democrático de Direito e tem como fundamentos: [...] IV - OS VALORES SOCIAIS DO TRABALHO [...]".

[1082] "A Constituição protege uma categoria de direitos, liberdades e garantias dos trabalhadores, ao lado dos de carácter pessoal e dos de carácter político, com um particular significado constitucional, do ponto em que ela traduz o abandono de uma concepção tradicional dos direitos, liberdades e garantias como direitos do homem ou do cidadão, genéricos e abstractos, fazendo intervir também o trabalhador como titular de direitos de igual dignidade" (CANOTILHO, J. J. Gomes; MOREIRA, Vital. *Constituição da República Portuguesa anotada.* 4. ed. rev. São Paulo e Coimbra: Coimbra e Revista dos Tribunais, 2007. v. I. p. 705).

[1083] Art. 37. [...] I - os cargos, empregos e funções públicas são acessíveis aos brasileiros que preencham os requisitos estabelecidos em lei, assim como aos estrangeiros, na forma da lei; (Redação dada pela Emenda Constitucional nº 19, de 1998)".

PERMANÊNCIA DO SERVIDOR ESTÁVEL NO CARGO PÚBLICO EFETIVO,[1084][1085] ao qual acedeu por CONCURSO PÚBLICO[1086] (como forma paralela de *PARTICIPAÇÃO NA VIDA PÚBLICA E DE EXERCÍCIO DE DIREITOS POLÍTICOS*), haja vista que a remuneração ou proventos decorrentes do exercício do posto administrativo[1087] CONSTITUI/EM MEIO DE SUBSISTÊNCIA DO GRUPO FAMILIAR DO AGENTE PÚBLICO, inclusive com relevância para a preservação dos direitos constitucionais de filhos crianças e adolescentes, dependentes econômicos do funcionário do Estado (art. 227, *caput*).[1088]

[1084] "Do que se trata é justamente de assegurar os direitos da parte dependente na relação de trabalho, desde logo perante o empregador [...]. Estão, assim, seguramente abrangidos pelo conceito constitucional de trabalhador os funcionários públicos trabalhadores da Administração Pública» [...] no respeitante à SEGURANÇA NO EMPREGO, O REGIME DA FUNÇÃO PÚBLICA GOZA TRADICIONALMENTE DE UMA PROTECÇÃO REFORÇADA, DADO QUE SÓ ADMITE DESPEDIMENTO» UNILATERAL POR MOTIVOS DISCIPLINARES (CANOTILHO, J. J. Gomes; MOREIRA, Vital. *Constituição da República Portuguesa anotada*. 4. ed. rev. São Paulo e Coimbra: Coimbra e Revista dos Tribunais, 2007. v. I. p. 706).

[1085] "Art. 41. São estáveis após três anos de efetivo exercício os servidores nomeados para cargo de provimento efetivo em virtude de concurso público (Redação dada pela Emenda Constitucional nº 19, de 1998). §1º O servidor público estável só perderá o cargo: (Redação dada pela Emenda Constitucional nº 19, de 1998) I - em virtude de sentença judicial transitada em julgado; (Incluído pela Emenda Constitucional nº 19, de 1998) II - mediante processo administrativo em que lhe seja assegurada ampla defesa; (Incluído pela Emenda Constitucional nº 19, de 1998) III - mediante procedimento de avaliação periódica de desempenho, na forma de lei complementar, assegurada ampla defesa (Incluído pela Emenda Constitucional nº 19, de 1998)".

[1086] "Art. 37. [...] II - a investidura em cargo ou emprego público depende de aprovação prévia em concurso público de provas ou de provas e títulos, de acordo com a natureza e a complexidade do cargo ou emprego, na forma prevista em lei, ressalvadas as nomeações para cargo em comissão declarado em lei de livre nomeação e exoneração; (Redação dada pela Emenda Constitucional nº 19, de 1998) [...]".

[1087] "I. É sem dúvida significativo o facto de o direito ao trabalho ser o primeiro dos direitos económicos, sociais e culturais, categoria que constitui uma das duas grandes divisões constitucionais dos direitos fundamentais, ao lado dos direitos, liberdades e garantias» (v. nota prévia, 2.2.). O direito ao trabalho está, assim, para os direitos económicos, sociais e culturais, na mesma posição em que se encontra o direito à vida no quadro dos direitos, liberdades e garantias, cujo elenco igual- mente inicia. Não sucede isto por acaso: o direito ao trabalho constitui, de certo modo, um pressuposto e um antecedente lógico de todos os restantes direitos económicos, sociais e culturais" (CANOTILHO, J. J. Gomes; MOREIRA, Vital. *Constituição da República Portuguesa anotada*. 4. ed. rev. São Paulo e Coimbra: Coimbra e Revista dos Tribunais, 2007. v. I. p. 762).

[1088] "Art. 227. É dever da família, da sociedade e do Estado assegurar à criança, ao adolescente e ao jovem, com absoluta prioridade, o direito à vida, à saúde, à alimentação, à educação, ao lazer, à profissionalização, à cultura, à dignidade, ao respeito, à liberdade e à convivência familiar e comunitária, além de colocá-los a salvo de toda forma de negligência, discriminação, exploração, violência, crueldade e opressão (Redação dada Pela Emenda Constitucional nº 65, de 2010)".

Demais, A PERDA DA CONDIÇÃO FINANCEIRA DO SERVIDOR PÚBLICO disciplinado, como efeito da imposição de pena administrativa de demissão (expulsão dos quadros da Administração Pública) e de cassação de aposentadoria (*SUPRESSÃO DO DIREITO SOCIAL DE PREVIDÊNCIA SOCIAL DO FUNCIONÁRIO APOSENTADO, ESPECIALMENTE MAIS GRAVE EM CASO DE IDOSOS E DOENTES*), termina por afetar o DIREITO CONSTITUCIONAL À BUSCA DA FELICIDADE do agente público.

Em análogo contexto de resguardo do DIREITO PREVIDENCIÁRIO DE APOSENTADORIA DE EX-SERVIDOR IDOSO, o próprio colendo Superior Tribunal de Justiça, encimando os valores constitucionais da dignidade da pessoa humana e outros postulados, temperou o rigor de sua Súmula nº 650 (publicada em setembro de 2021), em julgado de abril de 2022, para afastar a pena máxima ao disciplinado, em processo administrativo disciplinar por acumulação de cargos,[1089] com a seguinte fundamentação:

> A CASSAÇÃO DE APOSENTADORIA DE UM SERVIDOR APOSENTADO, ATUALMENTE COM QUASE 80 ANOS DE IDADE, DEPENDENTE DA INTEGRALIDADE DOS PROVENTOS QUE PERCEBIA PARA A SUA SUBSISTÊNCIA, E QUE CONTRIBUIU COM REGULARIDADE JUNTO À PREVIDÊNCIA SOCIAL, ATENTA CONTRA O PRINCÍPIO CONSTITUCIONAL DA SEGURANÇA JURÍDICA E DA DIGNIDADE DA PESSOA HUMANA.

Calha transcrever trechos mais amplos do v. acórdão/STJ:[1090]

EMENTA
MANDADO DE SEGURANÇA. CONSTITUCIONAL. ADMINISTRATIVO. ACUMULAÇÃO DE CARGOS PÚBLICOS. PENALIDADE DE CASSAÇÃO DE APOSENTADORIA. FUNDAMENTOS DA DECISÃO ADMINISTRATIVA EM DISSONÂNCIA COM O CONTEXTO FÁTICO-PROBATÓRIO APRESENTADO. PARECER MINISTERIAL FAVORÁVEL AO IMPETRANTE. DIREITO LÍQUIDO E CERTO AO

[1089] Superior Tribunal de Justiça, AgInt no MS nº 24728/DF, Agravo Interno no Mandado de Segurança 2018/0295636-1, Rel. Min. Francisco Falcão, Primeira Seção, j. 15.3.2022, *DJe*, 17.3.2022.

[1090] Superior Tribunal de Justiça, AgInt no MS nº 24728/DF, Agravo Interno no Mandado de Segurança 2018/0295636-1, Rel. Min. Francisco Falcão, Primeira Seção, j. 15.3.2022, *DJe*, 17.3.2022.

RESTABELECIMENTO DOS PROVENTOS. SEGURANÇA CONCEDIDA. AGRAVO INTERNO. DECISÃO MANTIDA.
I - Trata-se de mandado de segurança de competência originária desta E. Corte contra ato praticado por Ministro de Estado consistente na CASSAÇÃO DE APOSENTADORIA DE CARGOS PÚBLICOS DE MÉDICO SOB O FUNDAMENTO DE ACUMULAÇÃO ILEGAL DE CARGOS. A decisão concedeu segurança para o fim de determinar o reestabelecimento das aposentadorias da parte impetrante, sem prejuízo de posterior verificação da legalidade da acumulação de cargos que ensejou a aplicação da penalidade de cassação dos proventos impugnada.
II - O agravo interno não merece provimento, não sendo as razões nele aduzidas suficientes para infirmar a decisão de concessão de segurança recorrida, que deve ser mantida por seus próprios fundamentos.
III - Colhe-se do processo administrativo instaurado, que OS FUNDAMENTOS QUE LEVARAM À CASSAÇÃO DA APOSENTADORIA NÃO CONSIDERARAM A CIRCUNSTÂNCIA DE QUE A ACUMULAÇÃO DOS CARGOS PÚBLICOS NO ÂMBITO FEDERAL SE DEU EM SITUAÇÃO DE INATIVIDADE, O QUE TORNA IMPERTINENTE A FUNDAMENTAÇÃO NO SENTIDO DA EXTRAPOLAÇÃO DE CARGA HORÁRIA. Nesse sentido: AgRg no REsp 1438988/PB, Rel. Ministro HUMBERTO MARTINS, SEGUNDA TURMA, julgado em 22/04/2014, DJe 05/05/2014.
IV - Nesse sentido também são as conclusões do parecer do Il. Membro do Ministério Público José Bonifácio Borges de Andrada, conforme se confere dos seguintes excertos: "11. A consideração dessa realidade, por si só, é suficiente para findar qualquer outra análise que vise demonstrar o direito líquido e certo do impetrante. 12. No entanto, impende ressaltar o esforço do impetrante que, desde o decorrer do processo administrativo disciplinar não se desincumbiu do ônus de provar por todos os ângulos a plausibilidade jurídica do que vindima, qual se dá, a revogação definitiva do ato de cassação da aposentadoria em discussão e o retorno ao "status quo ante". 13.
Nessa moldura, merece relevo a observação apontada na contestação (fls. 113e.) que o impetrante apresentou no PAD e ressaltou na inicial do mandado de segurança, nas quais assumiu sim, as duas aposentadorias percebidas em razão do vínculo mantido junto ao Ministério da Saúde e ao Estado de Pernambuco, porém, data desde 1994, conforme comprovou às fls. 51,59 e 129e., antes, portanto, do período em que a regulamentação acerca da acumulação dc vínculos foi introduzida no Ordenamento Jurídico através da EC n. 19/98, que, a respeito do tema, assim dispôs: [...] 16. Apresentada a questão com tais contornos, estritamente atrelada ao arcabouço probatório encartado nos autos, não há outra possibilidade senão reconhecer que A CASSAÇÃO DE APOSENTADORIA DE UM SERVIDOR APOSENTADO, ATUALMENTE COM QUASE 80 ANOS

DE IDADE, DEPENDENTE DA INTEGRALIDADE DOS PROVENTOS QUE PERCEBIA PARA A SUA SUBSISTÊNCIA, E QUE CONTRIBUIU COM REGULARIDADE JUNTO À PREVIDÊNCIA SOCIAL, ATENTA CONTRA O PRINCÍPIO CONSTITUCIONAL DA SEGURANÇA JURÍDICA E DA DIGNIDADE DA PESSOA HUMANA."

V - Ainda, em contraponto às específicas alegações apresentadas no agravo interno, há de se ressaltar que a formulação de opção pelo impetrante, no âmbito do processo administrativo disciplinar de apuração da acumulação de cargos, confere panorama distinto à situação analisada em relação à premissa sustentada pela agravante.

Confira-se, novamente, por seu caráter elucidativo, trecho do parecer ministerial: "7. Observe-se, prévia e oportunamente, que qualquer cogitação acercada existência de vínculos do impetrante também junto ao fundo Municipal de saúde do Município de Monteiro/PB, ao Hospital Mana Alise Gomos Lafayette-Sertânia/PB e no Posto de Saúde Vila da COHAB/USF-Sertânia/PB, há de ser desconsiderada para solução da controvérsia, face à conclusão nesse sentido, no decorrer das investigações, da própria Comissão Processante, o que pode ser verificado às fls. 21e.(parágrafo n. 34), com relação ao primeiro, e às fls. 69, 71e 206e. (nota inserida na Conclusão, do Relatório Final datado de 17 de agosto de2015 c/c does. fls. 125 e 131e. - Confirmações de Desligamento Profissional junto ao CNES, opção, portanto, feita pelo impetrante quanto aos vínculos a serem preservados e reconhecida pela Comissão), com relação aos dois últimos, acerca dos quais, inclusive, aplica-se o disposto no art. 133, §5º, da Lei n. 8.1 12/90 [...] 8. Feitas tais ponderações e delimitado o ponto nodal da insurgência, impende considerar, de antemão, a inexistência do "detectado tríplice acúmulo de cargos públicos", tal como afirmado nas informações ofertadas pela Autoridade Coatora, encartadas às fls. 241e., que embasou o ato coator, e, assim, a inexistência de qualquer ilegalidade, mais, inconstitucionalidade perpetrada pelo impetrante, que viola a regra insculpida no inciso XVI, do artigo 37, da Constituição Federal.

Note-se que o julgado, posterior à edição da Súmula nº 650/ STJ, AFASTOU A APLICAÇÃO OBRIGATÓRIA DE PENA MÁXIMA DE CASSAÇÃO DE APOSENTADORIA POR ACUMULAÇÃO DE CARGOS PÚBLICOS, a despeito de a sanção mais grave ser cominada no art. 132, XII, da Lei federal nº 8.112/1990, c.c. art. 134.[1091]

[1091] "Art. 132. A demissão será aplicada nos seguintes casos: [...] XII - acumulação ilegal de cargos, empregos ou funções públicas; [...] Art. 134. Será cassada a aposentadoria ou a disponibilidade do inativo que houver praticado, na atividade, falta punível com a demissão (Vide ADPF nº 418)".

O conexo DIREITO DE BUSCAR A FELICIDADE (que se associa ao percebimento de remuneração do cargo efetivo e dos proventos de aposentadoria do ex-servidor), a seu turno, é reconhecido, *mutatis mutandis*, pelo colendo Supremo Tribunal Federal,[1092] bem como o DIREITO DE VIVER COM DIGNIDADE.[1093]

Enoque Ribeiro dos Santos[1094] explana sobre as repercussões da perda do posto de trabalho:

> A DISPENSA DO EMPREGO SIGNIFICA A PERDA DO BEM JURÍDICO MAIS IMPORTANTE PARA O EMPREGADO, pois ele não mais estará amparado no guarda-chuva protetor do contrato de trabalho, e secará a fonte (pequena, média ou grande, não importa) de onde ELE RETIRA O SEU SUSTENTO E O DE SUA FAMÍLIA, BEM COMO DE SEUS SONHOS E ANSEIOS. Como a pessoa humana é um ser em constante evolução, transformação ou construção, ou ainda nas palavras de Heidegger um ser incompleto, em "permanente inacabamento", É DO SEU EMPREGO OU TRABALHO QUE RETIRA OS MEIOS FINANCEIROS NECESSÁRIOS PARA O FINANCIAMENTO DE SEU DESTINO.

A consideração dos efeitos da decisão administrativa disciplinar, em conexão com os valores constitucionais atinentes à situação jurídica dos servidores públicos, é imposta pela própria Lei de Introdução às Normas do Direito Brasileiro, quando capitula que (art. 20, *caput*), nas esferas administrativa, controladora e judicial, não se decidirá com base em valores jurídicos abstratos SEM QUE SEJAM CONSIDERADAS AS CONSEQUÊNCIAS PRÁTICAS DA DECISÃO.

Como pontua Phillip Gil França[1095] acerca do princípio da legalidade CONSEQUENCIALISTA:

a) aplicar a hermenêutica consequencialista é, antes de tudo, reconhecer a NECESSIDADE DO OUTRO PARA

[1092] Supremo Tribunal Federal (ADI 4.277 e ADPF 132, Rel. Min. Ayres Britto, j. 5.5.2011, P, DJe, 14.10.2014; (RE 477.554 AgR, Rel. Min. Celso de Mello, j. 16.8.2011, 2ª T, DJe, 26.8.2011; (ADO 26, Rel. Min. Celso de Mello, j. 13.6.2019, P, DJe, 6.10.2020.) = MI 4.733, Rel. Min. Edson Fachin, j. 13.6.2019, P, DJe, 29.9.2020.

[1093] Supremo Tribunal Federal, ADI nº 3.510, Rel. Min. Ayres Britto, j. 29.5.2008, P, DJe, 28.5.2010.

[1094] SANTOS, Enoque Ribeiro dos. *O dano moral na dispensa do empregado*. 7. ed. Rio de Janeiro: Lumen Juris, 2020. p. 66.

[1095] FRANÇA, Phillip Gil. Algumas considerações sobre como decidir conforme o consequencialismo jurídico da Lei 13.655/2018. In: MAFFINI, Rafael; RAMOS, Rafael (Coord). *Nova LINDB*: consequencialismo, deferência judicial, motivação e responsabilidade do gestor público. Rio de Janeiro: Lumen Juris, 2020. p. 124; 128; 131.

O DESENVOLVIMENTO DO TODO (e de todos): *"QUANDO A INTERPRETAÇÃO ESQUECE O OUTRO, ELA SE TORNA UM MONÓLOGO EM VEZ DE UM DIÁLOGO"*;

b) o CONSEQUENCIALISMO jurídico tem como finalidade a análise da potencial adequação legal do ato avaliado NA REALIDADE CONCRETA de interação humana, e com o meio onde tal atividade acontece, com os valores do direito;

c) o direito é fruto de sua INTERAÇÃO COM A REALIDADE. E assim o identificamos a partir do estabelecimento do nexo causal entre a decisão estatal e as CONCRETAS CONSEQUÊNCIAS de tal interação, bem como da verificação dos EFEITOS NO TEMPO, NO ESPAÇO E NAS PESSOAS E BENS JURÍDICOS DIRETA E INDIRETAMENTE ATINGIDOS.

E arremata:[1096] *"É PRECISO CONSIDERAR OS EFEITOS E OS REFLEXOS DAS DECISÕES DISCIPLINARES NA VIDA DOS INDIVÍDUOS"*.

Não se tolera que a autoridade julgadora do processo administrativo disciplinar ignore os diversos valores constitucionais que tratam dos servidores públicos potencialmente em jogo ou a ser atingidos pela decisão sancionadora, especialmente com a aplicação de pena máxima, implicante de uma série de consequências gravosas ao titular de cargo público efetivo ou ao inativo/aposentado.

Por isso que Calil[1097] apregoa que, no direito administrativo atual, mais que a tradicional exposição meramente formal dos motivos decisórios, vigora a MOTIVAÇÃO DA VIDA REAL para o ato administrativo.

O DIREITO DE BUSCAR A FELICIDADE, na visão do Pretório Excelso,[1098] constitui-se como PRINCÍPIO CONSTITUCIONAL

[1096] FRANÇA, Phillip Gil. A efetividade da teoria dos fatos determinantes e o consequencialismo administrativo. In: PEREIRA, Flavio Henrique Unes et al. O direito administrativo na jurisprudência do STF e do STJ. Belo Horizonte: Fórum, 2014, p. 459-466.

[1097] CALIL, Ana Luiza. Motivação administrativa: passado, presente e futuro no direito administrativo brasileiro. *In*: MAFFINI, Rafael; RAMOS, Rafael (Coord.). *Nova LINDB*: consequencialismo, deferência judicial, motivação e responsabilidade do gestor público. Rio de Janeiro: Lumen Juris, 2020. p. 171.

[1098] "[...] do postulado constitucional implícito que consagra o DIREITO À BUSCA DA FELICIDADE, os quais configuram, numa estrita dimensão que privilegia o sentido de

IMPLÍCITO que decorre do núcleo de que se irradia do postulado da DIGNIDADE DA PESSOA HUMANA, assume papel de extremo relevo no processo de afirmação, gozo e expansão dos DIREITOS FUNDAMENTAIS, qualificando-se, em função de sua própria teleologia, como fator de *NEUTRALIZAÇÃO DE PRÁTICAS OU DE OMISSÕES LESIVAS CUJA OCORRÊNCIA POSSA COMPROMETER, AFETAR OU, ATÉ MESMO, ESTERILIZAR DIREITOS E FRANQUIAS INDIVIDUAIS.*

O DIREITO À FELICIDADE[1099] (*noções de bem-estar e de vida boa*) compreende:

a) a diferença operada por seu protagonista sobre o mundo;
b) OS RECURSOS ECONÔMICOS justificam-se ao permitir que cada um viva livremente conforme os recursos disponíveis, na busca de uma vida boa ou de viver bem.

Por conseguinte, a supressão da titularidade (PERDA) DO CARGO PÚBLICO PELO SERVIDOR, como efeito da DEMISSÃO, implica o desaparecimento da posição do disciplinado nos quadros da Administração Pública, operando diversas consequências prejudiciais ao agente do Estado:

a) causa gravame à sua posição na sociedade (o cidadão, em última instância, é o próprio posto cujas funções desempenha, é a carreira a que pertence e em que produz, é o cargo público que ocupa);
b) afeta o DIREITO AO TRABALHO e de granjear recursos para a própria sobrevivência e da família do agente público;
c) compaginando-se com o DIREITO DE PERMANÊNCIA NO POSTO ADMINISTRATIVO,[1100] redunda em significa-

---

inclusão decorrente da própria Constituição da República (art. 1º, III, e art. 3º, IV) [...] O postulado da dignidade da pessoa humana, que representa – considerada a centralidade desse princípio essencial (CF, art. 1º, III) [...] Assiste, por isso mesmo, a todos, sem qualquer exclusão, o DIREITO À BUSCA DA FELICIDADE, VERDADEIRO POSTULADO CONSTITUCIONAL IMPLÍCITO, que se qualifica como expressão de uma ideia-força que deriva do princípio da essencial DIGNIDADE DA PESSOA HUMANA" (RE nº 477.554 AgR, Rel. Min. Celso de Mello, j. 16.8.2011, 2ª T, *DJe*, 26.8.2011). *Vide* ADI nº 4.277 e ADPF nº 132, Rel. Min. Ayres Britto, j. 5.5.2011, P, *DJe*, 14.10.2011. Disponível em: https://portal. stf.jus.br/constituicao-supremo/constituicao.asp.

[1099] GABARDO, Emerson; SALGADO, Eneida Desiree (Coord.). *Direito, felicidade e justiça*. Belo Horizonte: Fórum, 2014. p. 63; 65.

[1100] FRAGA, Carlos Alberto Conde da Silva. *O poder disciplinar no Estatuto dos Trabalhadores da Administração Pública*: Lei 58/2008: doutrina: jurisprudência. Alfornelos: Petrony, 2011. p. 118; 164-165.

tivas perdas econômicas para o apenado, o qual é atingido, destarte, em seu DIREITO À BUSCA DA FELICIDADE e de procurar uma VIDA BOA OU VIVER BEM, porque é inafastável um PATAMAR FINANCEIRO[1101] para o desfrute de DIREITOS FUNDAMENTAIS SOCIAIS. Como bem se apontou: "O PRÓPRIO TRABALHO – desafiador, gratificante e ESTÁVEL – também CONTRIBUI BASTANTE PARA A FELICIDADE".[1102]

De outra banda, o PAPEL DO FUNCIONÁRIO DO ESTADO NO MUNDO, sob a ótica profissional, também é afetado, já que sua *participação na vida pública*, como exercente de um cargo na Administração Pública, com um reconhecimento muitas vezes no seio da sociedade e do Estado, é extinta pela DEMISSÃO, comprometendo essa faceta do DIREITO À FELICIDADE (*"a diferença operada por seu protagonista sobre o mundo"*).[1103]

A CASSAÇÃO DE APOSENTADORIA, a seu turno, também consubstancia afetação do DIREITO À FELICIDADE, no que tange ao alcance de MEIOS FINANCEIROS PARA GOZAR UMA VIDA BOA, já que o direito social fundamental de PREVIDÊNCIA SOCIAL é atingido, bem como os demais direitos constitucionais (*alimentação, saúde, moradia, proteção dos idosos/doentes, manutenção própria e de seus dependentes familiares*, lazer etc.).

O DIREITO DOS APOSENTADOS DE VIVER BEM, geralmente para os servidores que prestaram serviços de mais de 30, 35 anos, ou ainda mais tempo, em favor do Estado, termina gravemente alvejado pela medida sancionadora disciplinar de cassação de aposentadoria, haja vista que o(a) inativo(a) amiúde sustenta filhos, netos, esposa(o), ou pode se ter aposentado por doença/invalidez, em razão do que, perdidos os proventos alcançados depois de décadas de contribuições previdenciárias ao sistema de previdência social estatal, o punido certa/possivelmente experimentará gravames ao DIREITO DE BUSCAR UMA VIDA BOA, com reflexos negativos

---

[1101] GABARDO, Emerson; SALGADO, Eneida Desiree (Coord.). *Direito, felicidade e justiça*. Belo Horizonte: Fórum, 2014. p. 63; 65.

[1102] SCHOCH, Richard W. *A história da (in)felicidade*: três mil anos de busca para uma vida melhor. Tradução de Elena Gaidano. Rio de Janeiro: BestSeller, 2011. p. 10.

[1103] GABARDO, Emerson; SALGADO, Eneida Desiree (Coord.). *Direito, felicidade e justiça*. Belo Horizonte: Fórum, 2014. p. 63; 65.

sobre o gozo de DIREITOS SOCIAIS DE LAZER, ALIMENTAÇÃO, SAÚDE.

Yves Gaudemet[1104] averba que, no direito administrativo francês, a PENSÃO DE APOSENTADORIA é uma instituição de previdência destinada a garantir aos servidores públicos certa possibilidade e DIGNIDADE DE EXISTÊNCIA APÓS A CESSAÇÃO DO EXERCÍCIO DO CARGO.

Como adverte o grande constitucionalista Jorge Miranda,[1105] *O SER HUMANO NÃO PODE SER DESINSERIDO DAS CONDIÇÕES DE VIDA QUE USUFRUI; e, na nossa época, anseia-se pela sua CONSTANTE MELHORIA*, no que a lição reforça o oposto do quanto ocorre com a demissão ou a cassação de aposentadoria, que degradam o patamar econômico do servidor/inativo e lhe pioram a vida, na maioria das vezes.

Especialmente na TERCEIRA IDADE, o APOSENTADO sofrerá prejuízos até para sua sobrevivência (despesas com medicamentos, planos de saúde, internações hospitalares, consultas médicas etc.), quanto mais na legítima expectativa de viajar, curtir a vida, depois de servir ao Estado por 35 anos ou mais, depois de ter criado filhos e até netos, um sonho acalentado para o outono/inverno da vida que as penas disciplinares máximas tragicamente fazem ruir.

Por isso, afigura-se catastrófica, não raramente, a REPERCUSSÃO DA PERDA DOS PROVENTOS, EM VIRTUDE DA CASSAÇÃO DE APOSENTADORIA.

Atinge-se a saúde física e mental do idoso que tem sua aposentadoria cassada por meio de ato administrativo sancionador de motivação abstrata positivista/logicista (subsunção, resposta única obrigatória de pena disciplinar máxima), em descompasso com as diretrizes e direitos que lhe são reconhecidos no ordenamento jurídico.[1106]

O valor constitucional positivado, contrariamente, que deve influenciar a interpretação sistemática do direito administrativo brasileiro no atinente à aplicação das penas máximas estipuladas na

---

[1104] GAUDEMET, Yves. *Droit administratif.* 20. ed. Paris: LGDJ, 2012. p. 469.
[1105] MIRANDA, Jorge. *Manual de direito constitucional:* direitos fundamentais. 5. ed. Coimbra: Coimbra, 2012. t. IV. p. 236.
[1106] Art. 10. [...] §2º O direito ao respeito consiste na inviolabilidade da integridade física, psíquica e moral, abrangendo a preservação da imagem, da identidade, da autonomia, de valores, idéias e crenças, dos espaços e dos objetos pessoais (Estatuto do Idoso)".

Lei federal nº 8.112/1990, é de que o idoso goza de todos os direitos fundamentais inerentes à pessoa humana, assegurando-se-lhe todas as oportunidades e facilidades para PRESERVAÇÃO DE SUA SAÚDE FÍSICA E MENTAL E SEU APERFEIÇOAMENTO MORAL, INTELECTUAL, ESPIRITUAL E SOCIAL, em condições de liberdade e DIGNIDADE (art. 2º, Lei federal nº 10.741/2003 – Estatuto do Idoso).

Uma visão drástica desse quadro é retratada, *mutatis mutandis*, por Primo Levi:[1107]

> Imagine-se, agora, UM HOMEM PRIVADO NÃO APENAS DOS SERES QUERIDOS, MAS DE SUA CASA, SEUS HÁBITOS, SUA ROUPA, TUDO, ENFIM, RIGOROSAMENTE TUDO QUE POSSUÍA; ELE SERÁ UM SER VAZIO, REDUZIDO A PURO SOFRIMENTO E CARÊNCIA, ESQUECIDO DE DIGNIDADE e discernimento - pois QUEM PERDE TUDO, muitas vezes perde também a si mesmo; transformado em algo tão MISERÁVEL, que facilmente se decidirá sobre sua vida e sua morte, sem qualquer sentimento de afinidade humana, na melhor das hipóteses considerando puros critérios de conveniência.

Por outro prisma, segundo Canotilho,[1108] a FAMÍLIA é reconhecida enquanto realidade social objetiva e instituição jurídica necessária, protegida como um DIREITO FUNDAMENTAL, digna da proteção da sociedade e do Estado, mediante a propiciação das condições para a REALIZAÇÃO PESSOAL DOS SEUS MEMBROS (constitucionalmente, a *FAMÍLIA É FEITA DE PESSOAS E EXISTE PARA REALIZAÇÃO PESSOAL DELAS*). Trata-se de um típico DIREITO SOCIAL.

Consequentemente, a PERDA DO CARGO EFETIVO (demissão), da mesma forma que a cassação de aposentadoria/disponibilidade, também atinge a família do servidor e pode ser capaz de decretar a expressiva deterioração financeira ou mesmo a RUÍNA SOCIAL/FINANCEIRA OU PROFISSIONAL DO FUNCIONÁRIO (e de seus dependentes econômicos), amiúde com faixa etária (IDOSO)[1109] que lhe obsta o acesso ao mercado de trabalho na ini-

---

[1107] LEVI, Primo. *É isto um homem*. Rio de Janeiro: Rocco, 1988. p. 33.
[1108] CANOTILHO, J. J. Gomes; MOREIRA, Vital. *Constituição da República Portuguesa anotada*. 4. ed. rev. São Paulo e Coimbra: Coimbra e Revista dos Tribunais, 2007. v. I. p. 856-857.
[1109] "A Constituição também conferiu um TRATAMENTO DIFERENCIADO E PRIORITÁRIO AOS IDOSOS, em razão de sua especial VULNERABILIDADE. Além de consagrar direitos específicos, como BENEFÍCIO PREVIDENCIÁRIO (CF, art. 201, I) e proteção assistencial (CF, art. 203, I), a Constituição impôs à família, à sociedade e ao Estado o dever de AMPARAR

ciativa privada, no qual se reconhecem preconceitos de contratação de pessoas com idade avançada.

A perda da aposentadoria também se reflete no valor familiar e social do idoso ex-servidor público, na medida em que deixa de contribuir para sua família economicamente e de se sustentar com recursos previdenciários próprios (às vezes até ajudando financeiramente netos e filhos) para se tornar, infelizmente, como acontece numa sociedade muitas vezes ingrata e intolerante com a velhice, um peso financeiro para seus parentes e cônjuge/companheiro, vulnerando direitos sociais e à saúde, além da autoestima e da dignidade humana do aposentado, tudo em virtude de uma pena disciplinar injusta ou aplicada sem profunda motivação consequencialista, comprometendo o direito de participação na vida familiar do idoso (art. 10, §1º, V, Estatuto do Idoso).

Em outro patamar, o direito positivo enuncia que é obrigação do Estado garantir à pessoa idosa a proteção à vida e à saúde, bem como um envelhecimento saudável e em condições de dignidade (art. 9º, Estatuto do Idoso).

Canotilho[1110] alinha sobre a proteção dos IDOSOS:
a) os direitos das pessoas idosas assumem tanto mais importância quanto é certo que os progressos nas condições de vida e nos cuidados de saúde vão prolongando a esperança média de vida, ampliando por conseguinte o tempo entre o abandono da vida ativa e o fim da vida;
b) os DIREITOS DAS PESSOAS IDOSAS ou "direitos do envelhecimento" adquirem expressão prática através da concretização e efetivação de outros direitos, entre os quais a Constituição destaca o DIREITO À SEGURANÇA ECONÔMICA (que deve ser garantido naturalmente pelo SISTEMA DE SEGURANÇA SOCIAL, mediante PENSÕES DE VELHICE E DE APOSENTAÇÃO) (cfr. AcTC nº 576/96) e o direito a CONDIÇÕES DE HABITAÇÃO, DE CONVÍVIO FAMILIAR e comunitário apropriadas

---

AS PESSOAS IDOSAS, assegurando sua participação na comunidade, defendendo sua DIGNIDADE E BEM-ESTAR e garantindo-lhes o direito à vida (CF, art. 230)" (NOVELINO, Marcelo. *Curso de direito constitucional*. 15. ed. rev., ampl. e atual. Salvador: JusPodivm, 2020. p. 925).

[1110] CANOTILHO, J. J. Gomes; MOREIRA, Vital. *Constituição da República Portuguesa anotada*. 4. ed. rev. São Paulo e Coimbra: Coimbra e Revista dos Tribunais, 2007. v. I. p. 884.

(que devem ser asseguradas pela integração familiar dos idosos;
c) DIREITO À SAÚDE (bem-estar físico, mental e social); direito de acesso a tratamentos de prevenção, cura e reabilitação; o direito a serviços sanitários públicos; o direito a seguros de saúde; o direito à SEGURANÇA ECONÔMICA (cfr. AcTC nº 576/96); o direito a condições de habitação socialmente dignas (cfr. AcTC nº 543/01).

Bulos[1111] aprofunda que a TERCEIRA IDADE mereceu TUTELA CONSTITUCIONAL destacada, providência muito oportuna, pois o RESPEITO AOS IDOSOS deve ser levado a sério, em todos os seus termos, inclusive à luz da jurisprudência do colendo Supremo Tribunal Federal, que tem reconhecido o amparo que a Constituição de 1988 propiciou ao idoso.

Tanto pior, portanto, é a aplicação de PENA DISCIPLINAR MÁXIMA SOBRE OS SERVIDORES INATIVOS, APOSENTADOS, geralmente IDOSOS,[1112] os quais podem ser surpreendidos com os efeitos devastadores da CASSAÇÃO DE SUA APOSENTADORIA, imposta depois de 30, 35 anos de dedicação ao trabalho profissional para o Estado, no inverno de suas vidas (quiçá aos 60, 70 anos de idade ou mais), em meio a uma VIDA FINANCEIRA COM DESPESAS MAIS ELEVADAS COM SAÚDE (medicamentos, planos de saúde etc., internação hospitalar, tratamentos médicos e psicológicos, fisioterapêuticos) E SUSTENTO DE PESSOAS COM DEPENDÊNCIA ECONÔMICA DELES (filhos inválidos ou não, netos menores, cônjuge/companheiro).

[1111] Numa assentada, a Corte Suprema concluiu que os idosos devem ter atendimento prioritário (julgamento de 10.12.2004, Precedente: STF, Recl. nº 2.396-AgRg, Rel. Min. Ellen Gracie). Noutro julgado, determinou que paciente idoso, acometido de doença grave, que requer cuidados especiais, condenado por delito tipificado como hediondo, tem direito à prisão domiciliar, pois a dignidade da pessoa humana, especialmente a dos idosos, sempre será preponderante, dada a sua condição de princípio fundamental da República (CF, art. 1º, III) (BULOS, Uadi Lammêgo. *Curso de direito constitucional*. 16. ed. São Paulo: SaraivaJur, 2023. p. 1.457).

[1112] "À luz dos princípios da solidariedade e proteção, a família, a sociedade E O ESTADO TÊM O DEVER DE AMPARAR AS PESSOAS IDOSAS, assegurando sua participação na comunidade, DEFENDENDO SUA DIGNIDADE E BEM-ESTAR e garantindo-lhes o direito à vida. O ENVELHECIMENTO É UM DIREITO PERSONALÍSSIMO E A SUA PROTEÇÃO, UM DIREITO SOCIAL, sendo obrigação do Estado garantir à pessoa idosa a proteção à vida e à saúde, mediante a efetivação de políticas sociais públicas que permitam um envelhecimento saudável e em condições de DIGNIDADE" (LENZA, Pedro. *Direito constitucional esquematizado*. 24. ed. São Paulo: Saraiva Educação, 2020. p. 1.545).

Bulos[1113] delineia que A APOSENTADORIA, mais que conferir renda ao servidor público sem que mais precise trabalhar, existe para FAZER JUSTIÇA, EVITANDO O ABANDONO E A MISÉRIA DAQUELES QUE LABORARAM EM PROL DO ESTADO, garantindo-lhes os meios materiais de subsistência, em razão de INVALIDEZ, IDADE OU TEMPO DE SERVIÇO.

A APOSENTADORIA, *embora não mais ostente a condição de prêmio da dedicação de décadas do servidor ao trabalho para o Estado,* já que agora obedece ao critério CONTRIBUTIVO[1114] (Constituição Federal de 1988, art. 40, *caput*), não deixa de representar um RECONHECIMENTO DO ESTADO PELO LONGO TEMPO DE LABOR DO FUNCIONÁRIO, CONSAGRADO À ADMINISTRAÇÃO PÚBLICA AO LONGO DE DÉCADAS, cursos, treinamentos, leitura/estudo, páginas e mais páginas lidas ou centenas de peças redigidas por ele de/em autos de processos administrativos em que atuou, milhares de horas devotadas ao desempenho das atribuições de seu posto administrativo.

Não cabe, nesse panorama, que o julgamento de processo administrativo disciplinar (que pode culminar na perda da aposentadoria de um idoso) simplesmente vire as costas à longa contribuição não somente previdenciária, mas também laboral e pessoal, do ex-servidor aposentado à Administração Pública, durante anos de exercício do posto, restringindo-se a uma imposição de penalidade máxima por meio de uma motivação do ato sancionador de caráter simplista, abstrato, não consequencialista, de apreciação não realista e sem consideração da facticidade do caso concreto (não desigualação de situações distintas), desproporcional, não individualizada, desarrazoada.

Ainda que julgada constitucional a cassação de aposentadoria pelo colendo Supremo Tribunal Federal (ADPF nº 418), segue longo passo supor que a motivação do ato administrativo que impõe essa reprimenda duríssima possa desprezar os valores e princípios

---

[1113] BULOS, Uadi Lammêgo. *Curso de direito constitucional.* 16. ed. São Paulo: SaraivaJur, 2023. p. 877.
[1114] "Art. 40. O regime próprio de previdência social dos servidores titulares de cargos efetivos terá caráter contributivo e solidário, mediante contribuição do respectivo ente federativo, de servidores ativos, de aposentados e de pensionistas, observados critérios que preservem o equilíbrio financeiro e atuarial (Redação dada pela Emenda Constitucional nº 103, de 2019)".

constitucionais, os direitos fundamentais, as diretrizes de aplicação e interpretação do direito fixadas na Lei de Introdução às Normas do Direito Brasileiro.

Mais, a inatividade funcional/aposentação é um novo horizonte na vida pessoal do servidor, que se volta para sua família ou para seus projetos de vida na maturidade ou na velhice (DIREITOS A UMA VIDA CULTURAL, A ASSISTIR ESPETÁCULOS COM PREÇOS REDUZIDOS, à EDUCAÇÃO, arts. 20 e 23, Estatuto do Idoso),[1115] agora já aposentado, e que se vê apoiado nos PROVENTOS DE APOSENTADORIA para lograr SEGURANÇA ECONÔMICA para todos os seus novos tempos, ou para confortar cônjuge/companheiro/a, netos e filhos dependentes economicamente.

Imagine-se o IMPACTO EMOCIONAL, PSICOLÓGICO, FINANCEIRO, MORAL, FAMILIAR, causado ao ex-servidor aposentado com a aplicação de pena de *CASSAÇÃO DE SUA APOSENTADORIA*.

O servidor público aposentado, idoso, com toda a justiça, em virtude de anos dedicados ao serviço do Estado e mediante contribuições previdenciárias por ele arcadas, TEM DIREITO A DESFRUTAR DE UMA VIDA SOCIALMENTE ATIVA E COM ACESSO A UMA BOA QUALIDADE DE VIDA, ESTUDANDO NOVOS TEMAS OU IDIOMAS, FREQUENTANDO PEÇAS DE TEATRO OU ESPETÁCULOS MUSICAIS, USUFRUINDO DE LAZER OU DE ATIVIDADE ESPORTIVA, SEM ESTAR AVASSALADO PELAS PREOCUPAÇÕES ECONÔMICAS IMPOSTAS PELA PERDA DOS PROVENTOS DE APOSENTADORIA em função de uma pena disciplinar gravíssima, infligida numa motivação rasa/abstrata/mecânica sem robusta consideração de seus efeitos sobre a pessoa atingida e das possíveis consequências devastadoras na terceira idade nem atenta à sua proporcionalidade/razoabilidade/individualização ao caso concreto.

[1115] "Art. 20. A pessoa idosa tem direito a educação, cultura, esporte, lazer, diversões, espetáculos, produtos e serviços que respeitem sua peculiar condição de idade. (Redação dada pela Lei nº 14.423, de 2022) [...]. Art. 23. A participação das pessoas idosas em atividades culturais e de lazer será proporcionada mediante descontos de pelo menos 50% (cinquenta por cento) nos ingressos para eventos artísticos, culturais, esportivos e de lazer, bem como o acesso preferencial aos respectivos locais. (Redação dada pela Lei nº 14.423, de 2022)".

Tanto que a Lei federal nº 10.741/2003 (Estatuto do Idoso) assegura que a pessoa idosa tem direito à educação, cultura, esporte, lazer, diversões, espetáculos (art. 20).

Essa perspectiva não pode passar ao largo da MOTIVAÇÃO CONSEQUENCIALISTA DECISÓRIA DO PROCESSO ADMINISTRATIVO DISCIPLINAR.

Dificilmente uma pessoa de mais de 50 anos é procurada no mercado de trabalho privado, salvo raras vagas, motivo por que A PERDA DA APOSENTADORIA se afigura social/economicamente desastrosa, trágica, para o ex-servidor público apenado, ameaçando sua DIGNIDADE COMO PESSOA HUMANA, podendo desembocar em *doenças psiquiátricas graves e até em suicídio* do funcionário atingido pelo julgamento do processo administrativo disciplinar com pena máxima (art. 134, Lei federal nº 8.112/1990).[1116]

O ordenamento jurídico protege, ao contrário, o direito *à* inviolabilidade da integridade física, psíquica e moral do idoso (art. 10, §2º, Estatuto do Idoso).

Trata-se, paralelamente, do DIREITO FUNDAMENTAL DO SERVIDOR PÚBLICO À SEGURIDADE SOCIAL (art. 40, da Constituição Federal de 1988), segurança jurídica, ameaçados pela perda da APOSENTADORIA.

Bulos[1117] aduz que a APOSENTADORIA constitui o RENDIMENTO PARA A MANUTENÇÃO DE VIDA DAQUELES QUE ESTEJAM IMPOSSIBILITADOS DE TRABALHAR, como ocorre com os doentes/idosos.

Canotilho[1118] discorre sobre a importância da SEGURIDADE SOCIAL:

a) o direito à segurança social é um típico direito social de natureza positiva, cuja realização exige o fornecimento de prestações por parte do Estado, impondo-lhe verdadeiras obrigações de fazer e de prestar;

[1116] "Art. 134. Será cassada a aposentadoria ou a disponibilidade do inativo que houver praticado, na atividade, falta punível com a demissão".
[1117] BULOS, Uadi Lammêgo. *Curso de direito constitucional*. 16. ed. São Paulo: SaraivaJur, 2023. p. 727.
[1118] CANOTILHO, J. J. Gomes; MOREIRA, Vital. *Constituição da República Portuguesa anotada*. 4. ed. rev. São Paulo e Coimbra: Coimbra e Revista dos Tribunais, 2007. v. I. p. 815-816.

b) a principal incumbência do Estado consiste na organização e manutenção do sistema de segurança social, de natureza pública e obrigatória;
c) o sistema público de segurança social deve ser um sistema geral ou integral (princípio da integralidade), isto é, abranger todas as situações de falta ou diminuição de meios de subsistência ou de capacidade para o trabalho. A integralidade ou generalidade do SISTEMA PÚBLICO DE SEGURANÇA SOCIAL significa que ele deve PROTEGER AS PESSOAS em relação a todos os eventos e fatores de risco relevantes, desde a DOENÇA ao DESEMPREGO, da VELHICE à orfandade.

O administrativista francês Yves Gaudemet, a propósito, observa que OS PROVENTOS DE APOSENTADORIA são uma instituição previdenciária destinada a garantir aos agentes do Estado certa possibilidade e DIGNIDADE DE EXISTÊNCIA DEPOIS DO TÉRMINO DO EXERCÍCIO FUNCIONAL, além de trazer a lume o Preâmbulo da Constituição francesa quanto à proteção dos idosos e de sua seguridade material.[1119]

Bulos[1120] agrega que a PREVIDÊNCIA SOCIAL é a instituição encarregada de prover as VICISSITUDES DO TRABALHADOR E DE SUA FAMÍLIA, em casos de DOENÇA, INVALIDEZ, MORTE, IDADE AVANÇADA.

Sérgio Sérvulo da Cunha[1121] averba que a SEGURANÇA, que termina por se compaginar com a dignidade da pessoa humana, é valor básico da organização social, pois sem os BENS E MEIOS NECESSÁRIOS À SUA SUBSISTÊNCIA OS HOMENS não têm como firmar sua liberdade.

Fabrice Melleray[1122] cita o Código de Pensões Civis e Militares francês e salienta que o VALOR DOS PROVENTOS DE APOSENTADORIA tem em conta o nível, a duração, a natureza dos serviços prestados, como forma de GARANTIA, NO FINAL DA CARREIRA DE SEU BENEFICIÁRIO, DE CONDIÇÕES MATERIAIS DE

[1119] GAUDEMET, Yves. *Droit administratif*. 20. ed. Paris: LGDJ, 2012. p. 469; 471.
[1120] BULOS, Uadi Lammêgo. *Curso de direito constitucional*. 16. ed. São Paulo: SaraivaJur, 2023. p. 1.396.
[1121] CUNHA, Sérgio Sérvulo. *Princípios constitucionais*. 2. ed. São Paulo: Saraiva, 2013. p. 90.
[1122] MELLERAY, Fabrice. *Droit de La fonction publique*. 13. ed. Paris: Economica, 2013. p. 316; 328.

EXISTÊNCIA COMPATÍVEL COM A DIGNIDADE DA FUNÇÃO PÚBLICA DESEMPENHADA.

Fabrice Melleray[1123] enfatiza que *o regime previdenciário constitui um fator de atratividade da função pública e que ainda incentiva o funcionário a se vincular* à *Administração por toda a sua carreira.* Segue da longa exposição dogmática que o julgamento do processo administrativo disciplinar, porventura determinante da perda da aposentadoria ou da demissão do cargo público do (ex-) servidor estável, deve nortear-se por esses diversos valores constitucionais, prudentemente ponderados, antes de chegar a uma decisão conclusiva.

Não há lugar, num direito administrativo informado pela MOTIVAÇÃO CONSEQUENCIALISTA, para um julgamento de imposição de penas disciplinares máximas sem COTEJO E REFLEXÃO PRUDENTE E PROFUNDA ACERCA DOS IMPACTOS ECONÔMICOS, SOCIAIS E PESSOAIS/MORAIS da cassação de aposentadoria ou da demissão dos agentes públicos, juntamente com a MINUCIOSA CONSIDERAÇÃO DAS ESPECIFICIDADES DO CASO CONCRETO E DO PERFIL DO INFRATOR, além de circunstâncias incidentes.

Longe resta, no direito administrativo, a solução logicista positivista da subsunção e da resposta única nesse cenário, haja vista que SE RECUSA A CONFRONTAR OS DADOS DA REALIDADE, OU A OLHAR A PESSOA DO DISCIPLINADO e sobre quem incidirá a pena máxima demissória ou de perda de aposentadoria, AS CONSEQUÊNCIAS DAS DECISÕES ADMINISTRATIVAS, a ponderar os valores constitucionais incidentes sobre o julgamento do processo administrativo disciplinar, que envolve uma motivação/resposta decisória plural (POSSIBILIDADE DE MAIS DE UMA SOLUÇÃO, E NÃO UNICAMENTE A PENA MÁXIMA EM TODOS OS CASOS, cotejando-se A FACTICIDADE), COMPLEXA, ARGUMENTATIVA, e não abstrata nem predeterminada em grau absoluto pelo mito da onipotência do legislador.

[1123] MELLERAY, Fabrice. *Droit de La fonction publique*. 13. ed. Paris: Economica, 2013. p. 316; 351.

5.6.2 Valor constitucional do trabalho como direito social do servidor público

J. J. Gomes Canotilho et al.[1124] destacam:
a) o TRABALHO é considerado CONDIÇÃO DE SOBREVIVÊNCIA DO HOMEM, além de reunir o VALOR PRODUTIVO NO SENTIDO ECONÔMICO de agregar valor e valorizar o capital, envolve não somente a produção de bens de consumo, mas ainda o PODER DE CONSUMIR OS MESMOS BENS QUE PRODUZIU (HOMEM ECONÔMICO);
b) o trabalho é categoria-chave econômica e social da sociedade, a ponto de se considerar a sociedade moderna como "*sociedade do trabalho*"; É TRABALHANDO QUE O HOMEM ADQUIRE A POSSIBILIDADE DE AQUISIÇÃO DE BENS NECESSÁRIOS À SUA SUBSISTÊNCIA E DE SUA FAMÍLIA;
c) o trabalho é fonte de preservação da vida e de construção da sociedade e É POR INTERMÉDIO DELE QUE O SER HUMANO SE CONSTITUI COMO SER SOCIAL NAS RELAÇÕES QUE TRAVA;
d) o trabalho é valor social fundamental no estado democrático de direito. O trabalho é um direito universal, além de que a perda do posto de trabalho determina exclusão social, afetação da saúde mental,

> POIS A PERDA DA POSSIBILIDADE DE EXERCER UM DIREITO AO TRABALHO GERA UM SENTIMENTO DE FRACASSO. O SUCESSO PROFISSIONAL É FATOR DE INTEGRAÇÃO SOCIAL: O TRABALHADOR É A EMPRESA, A PROFISSÃO QUE EXERCE, O CARGO QUE OCUPA, O SALÁRIO QUE AUFERE, OS BENS QUE CONSOME.

Bulos[1125] explana sobre os direitos fundamentais de segunda geração: direitos sociais, econômicos e culturais, os quais visam a assegurar o bem-estar e a igualdade, impondo ao Estado uma

---

[1124] CANOTILHO, J. J. Gomes et al. *Comentários à Constituição do Brasil*. São Paulo e Brasília: Saraiva, IDP e Almedina, 2013. p. 550-551.
[1125] BULOS, Uadi Lammêgo. *Curso de direito constitucional*. 16. ed. São Paulo: SaraivaJur, 2023. p. 406.

prestação positiva, no sentido de fazer algo de natureza social em favor do homem: "Aqui encontramos os direitos relacionados ao TRABALHO, AO SEGURO SOCIAL, à subsistência digna do homem, ao AMPARO À DOENÇA E À VELHICE".

Caio Tácito[1126] anota que o trabalho é obrigação social, devendo ser assegurado a todos, de forma a possibilitar existência digna.

Enuncia a Constituição de Portugal (art. 58º, direito ao trabalho):

1. Todos têm direito ao trabalho.
2. Para assegurar o direito ao trabalho, incumbe ao Estado promover:
a) A execução de políticas de pleno emprego;
b) A igualdade de oportunidades na escolha da profissão ou género de trabalho e condições para que não seja vedado ou limitado, em função do sexo, o acesso a quaisquer cargos, trabalho ou categorias profissionais;
c) A formação cultural e técnica e a valorização profissional dos trabalhadores.

Leonardo Carneiro Assumpção Vieira lembra que O CARGO OCUPADO REPRESENTA A OPORTUNIDADE DE GANHAR A VIDA COM A PROFISSÃO PARA A QUAL O SERVIDOR SE PREPAROU; O ESFORÇO MANEJADO EM PROVEITO PRÓPRIO; O FATO DE QUE A ESCOLHA PROFISSIONAL REPRESENTA TAMBÉM UMA OPÇÃO NA HIERARQUIA SOCIAL.[1127]

No mesmo vértice, Marcelo Novelino[1128] referenda:
a) o TRABALHO é imprescindível à promoção da dignidade da pessoa humana, uma vez que, a partir do momento em que CONTRIBUI PARA O PROGRESSO DA SOCIEDADE À QUAL PERTENCE, O INDIVÍDUO SE SENTE ÚTIL E RESPEITADO;
b) sem ter qualquer perspectiva de obter um trabalho com uma justa remuneração e com razoáveis condições para exercê-lo, o indivíduo acaba tendo sua dignidade violada;

[1126] TÁCITO, Caio. *Temas de direito público*: estudos e pareceres. Renovar: Rio de Janeiro, 1997. v. 1. p. 47.
[1127] VIEIRA, Leonardo Carneiro Assumpção. *Merecimento na administração pública*. Belo Horizonte: Fórum, 2011. p. 130.
[1128] NOVELINO, Marcelo. *Curso de direito constitucional*. 15. ed. rev., ampl. e atual. Salvador: JusPodivm, 2020. p. 298.

c) por essa razão, A CONSTITUIÇÃO RECONHECE O TRABALHO COMO UM DIREITO SOCIAL FUNDAMENTAL (CF, art. 6º), conferindo uma extensa proteção aos direitos dos trabalhadores (CF, arts. 7º a 11).

Ives Gandra Martins Filho[1129] acentua que O TRABALHO HUMANO, santificado pelo labor de Jesus Cristo, como Filho de Deus encarnado como homem, no ofício de carpinteiro, é aureolado por DIGNIDADE e passa a ser caminho de perfeição humana, de transformação própria e do mundo.

Leib Soibelman[1130] escreve que trabalho é ocupação, atividade destinada a qualquer fim, PROFISSÃO, atividade remunerada prestada a um empregador.

J. J. Gomes Canotilho e Vital Moreira[1131] traçam como TAREFAS DO ESTADO propiciar formação cultural e técnica e VALORIZAÇÃO PROFISSIONAL AOS SEUS SERVIDORES, proporcionando possibilidades de adaptação a novas técnicas de trabalho e progressão na carreira profissional.

Uadi Lammêgo Bulos frisa que O TRABALHO, COMO OS OUTROS DIREITOS SOCIAIS, SERVE DE SUBSTRATO PARA O EXERCÍCIO DE INCONTÁVEIS DIREITOS HUMANOS FUNDAMENTAIS (arts. 5º e 7º, Constituição Federal de 1988).[1132]

Jorge Miranda[1133] propugna a organização do trabalho em condições socialmente dignificantes, de forma a facultar a REALIZAÇÃO PESSOAL E A GARANTIA DE REALIZAÇÃO PROFISSIONAL.

J. J. Gomes Canotilho e Vital Moreira[1134] enunciam:
a) O DIREITO SOCIAL AO TRABALHO, consistente em obter um emprego ou exercer uma atividade profissional,

---

[1129] MARTINS FILHO, Ives Gandra. Os direitos sociais na Constituição Federal de 1988. *In*: MARTINS, Ives Gandra; REZEK, Francisco. *Constituição federal*: avanços, contribuições e modificações no processo democrático brasileiro. São Paulo: Revista dos Tribunais, 2008. p. 85.
[1130] SOIBELMAN, Leib. *Enciclopédia do advogado*. 4. ed. rev. e aum. Rio de Janeiro: Editora Rio, 1983. p. 354.
[1131] CANOTILHO, J. J. Gomes; MOREIRA, Vital. *Constituição da República Portuguesa anotada*. 4. ed. rev. São Paulo e Coimbra: Coimbra e Revista dos Tribunais, 2007. p. 765.
[1132] BULOS, Uadi Lammêgo. *Curso de direito constitucional*. 3. ed. rev. e atual. São Paulo: Saraiva, 2009. p. 624.
[1133] MIRANDA, Jorge. *Manual de direito constitucional*: direitos fundamentais. 5. ed. Coimbra: Coimbra, 2012. t. IV. p. 225; 231.
[1134] CANOTILHO, J. J. Gomes; MOREIRA, Vital. *Constituição da República Portuguesa anotada*. 4. ed. rev. São Paulo e Coimbra: Coimbra e Revista dos Tribunais, 2007. p. 762-764.

é o primeiro e um antecedente lógico dos direitos econômicos, sociais e culturais;
b) o direito ao trabalho, em seu âmbito próprio, COMPAGINA-SE COM O DIREITO À VIDA, ENQUANTO DIREITO À SOBREVIVÊNCIA;
c) o direito ao trabalho abrange o de *EXERCER EFETIVAMENTE A ATIVIDADE CORRESPONDENTE AO SEU POSTO LABORAL*, vedada a manutenção arbitrária do trabalhador na inatividade ("colocação na prateleira") ou a suspensão não justificada e o DIREITO DE NÃO SER PRIVADO DO POSTO DE TRABALHO ALCANÇADO.

Ilton Norberto Robi Filho[1135] consigna que, nesse novo modelo societal desenvolvido a partir da Idade Moderna, o labor é a atividade por excelência que pauta a esfera social.

Jorge Miranda[1136] aponta que os direitos funcionais são situações de vantagem destinadas a propiciar o desempenho do cargo em condições ótimas e a contribuir para a dignificação da função.

Fábio Konder Comparato[1137] acentua que uma sociedade ornada pela verdadeira justiça é aquela em que cada qual *exerce a função que lhe cabe por vocação própria*.

Francisco Antonio de Oliveira[1138] exalta o RESPEITO AO TRABALHADOR COMO SER HUMANO, por cujo efeito o trabalhador não mais poderá ser visto como máquina que venda sua força laboral, protegendo-se a sua dignidade e individualidade.

Arnaldo Sussekind *et al.*[1139] explicam:
a) O TRABALHO SE COMPAGINA COM O DESENVOLVIMENTO DA PERSONALIDADE DO HOMEM NA ORDEM SOCIAL, COM O EXERCÍCIO DE SUAS APTIDÕES E CAPACIDADES;

[1135] ROBI FILHO, Ilton Norberto. *Direito, intimidade e vida privada*: paradoxos jurídicos e sociais na sociedade pós-moralista e hipermoderna. Curitiba: Juruá, 2010. p. 62.

[1136] MIRANDA, Jorge. *Manual de direito constitucional*: direitos fundamentais. 5. ed. Coimbra: Coimbra, 2012. t. IV. p. 78.

[1137] COMPARATO, Fábio Konder. Ética: direito, moral e religião no mundo moderno. 3. ed. São Paulo: Companhia das Letras, 2006. p. 98.

[1138] OLIVEIRA, Francisco Antonio de. *Comentários à Consolidação das Leis do Trabalho*. 3. ed. rev., atual. e ampl. São Paulo: Revista dos Tribunais, 2005. p. 52.

[1139] SUSSEKIND, Arnaldo et al. *Instituições de direito do trabalho*. 22. ed. atual. São Paulo: LTR, 2005. v. 1. p. 37; 82-83; 85; 100.

b) o trabalho agradava aos deuses (criava recursos e consideração social), fazia os homens independentes e afamados, além de que a alma, ao desejar riquezas, nos impulsiona ao trabalho;
c) a virtude é trabalho, sendo este que, como finalidade última, *CONFERE DIGNIDADE À VIDA, UM MEIO DE OBTER A MANUTENÇÃO PRÓPRIA SEM SER POR MÃOS ALHEIAS, UM CORRETIVO DO ÓCIO*. "Quando alguém é chamado para qualquer trabalho, realiza-o como coisa honrosíssima";
d) o direito do trabalho persegue uma política para a sociedade, de paz e harmonia social.

Chama a atenção que a Constituição Federal de 1988 tenha estendido expressamente aos servidores públicos (art. 39, §3º)[1140] uma série de direitos trabalhistas do art. 7º,[1141] reconhecendo o valor do trabalho também para o funcionariado.

Já sobre a natureza de direitos fundamentais daqueles conferidos pelo art. 39, §3º, da Constituição Federal, confirmam J. J. Gomes Canotilho *et al*.:[1142]

> De início é importante destacar a natureza dos direitos inscritos no art. 7º do texto constitucional federal. Os direitos dos trabalhadores são, como é mais do que sabido, direitos sociais, que integram o rol dos direitos fundamentais, consagrados na Constituição. Tanto é assim que tal dispositivo encontra-se no título dos direitos e garantias fundamentais.

[1140] "Art. 39. [...] §3º Aplica-se aos servidores ocupantes de cargo público o disposto no art. 7º, IV, VII, VIII, IX, XII, XIII, XV, XVI, XVII, XVIII, XIX, XX, XXII e XXX, podendo a lei estabelecer requisitos diferenciados de admissão quando a natureza do cargo o exigir (Redação dada pela Emenda Constitucional nº 19, de 1998)".

[1141] "Art. 7º São direitos dos trabalhadores urbanos e rurais, além de outros que visem à melhoria de sua condição social: [...] VIII - décimo terceiro salário com base na remuneração integral ou no valor da aposentadoria; IX - remuneração do trabalho noturno superior à do diurno; [...] XVI - remuneração do serviço extraordinário superior, no mínimo, em cinqüenta por cento à do normal; (*Vide* Dec.-Lei nº 5.452, art. 59 §1º) [...] XVII - gozo de férias anuais remuneradas com, pelo menos, um terço a mais do que o salário normal; XVIII - licença à gestante, sem prejuízo do emprego e do salário, com a duração de cento e vinte dias; XIX - licença-paternidade, nos termos fixados em lei; XX - proteção do mercado de trabalho da mulher, mediante incentivos específicos, nos termos da lei; [...] XXII - redução dos riscos inerentes ao trabalho, por meio de normas de saúde, higiene e segurança; [...] XXX - proibição de diferença de salários, de exercício e funções e de critério de admissão por motivo de sexo, idade, cor ou estado civil; [...]".

[1142] CANOTILHO, J. J. Gomes *et al. Comentários à Constituição do Brasil*. São Paulo e Brasília: Saraiva, IDP e Almedina, 2013. p. 941.

Por outro lado, o dispositivo do §3º do art. 39 da Constituição, ao fazer remissão ao art. 7º, acaba por ser igualmente uma norma consagradora de direitos fundamentais, ainda que fora do título específico dessa matéria. Isso porque há muito reconheceu o STF que os direitos e garantias fundamentais consagrados na Constituição não se restringem àqueles mencionados no seu Título II, mas compreendem também outros dispositivos que sejam materialmente de direitos fundamentais, espalhados pelos mais variados artigos do texto constitucional.

É ainda pertinente a admoestação de Raquel Dias da Silveira sobre a ampla aplicabilidade dos direitos sociais em favor de todos os servidores públicos:

> TODO E QUALQUER SERVIDOR PÚBLICO, ESTATUTÁRIO OU TRABALHISTA, É, ANTES DE TUDO, TRABALHADOR. UM TRABALHADOR QUE PRECISA SER TRATADO COM O RESPEITO E A DIGNIDADE QUE O DIREITO CONFERE AO SER HUMANO, COMO PROFISSIONAL.[1143]

Alice Monteiro de Barros[1144] destaca que o trabalho traduz uma expressão do valor e da personalidade de quem o executa, além de atuar como meio de subsistência, de acesso à propriedade, cumprindo um conjunto de funções sociais e como obra moral de um homem moral. "O TRABALHO É TÍTULO DE HONRA, QUE TOCA A DIGNIDADE DA PESSOA HUMANA".

Em face do longo retrospecto dogmático declinado em torno do direito ao trabalho, enquanto direito fundamental social dos servidores públicos, exsurge, enfatize-se, o peso da reflexão profunda, complexa, plural, quando do julgamento do processo administrativo disciplinar, sobre a decretação da perda não somente de um cargo público ou aposentadoria, mas acerca dos efeitos deletérios sobre toda uma vida funcional e pessoal, uma carreira de anos ou décadas muitas vezes, com supressão da fonte de sobrevivência do servidor e de seus dependentes econômicos, direito de idosos, enfim, com mais repercussão sobre direitos fundamentais dos agentes públicos disciplinados, pior ainda quando atinge os funcionários com

---

[1143] SILVEIRA, Raquel Dias da. *Profissionalização da função pública*. Belo Horizonte: Fórum, 2009. p. 60.

[1144] BARROS, Alice Monteiro de. *Curso de direito do trabalho*. 2. ed. São Paulo: LTR, 2006. p. 50-51; 60.

dedicação exclusiva ao Estado, ou os aposentados por invalidez ou por limite etário (aposentadoria compulsória).

Por conseguinte, quando da decisão de um processo administrativo disciplinar, no que concerne à imposição de penas máximas, a autoridade administrativa deve pesar, em sua fundamentação, O VALOR SOCIAL DO TRABALHO PARA O FUNCIONÁRIO DO ESTADO E A REPERCUSSÃO QUE A MEDIDA SANCIONADORA QUE DECRETA A PERDA DO CARGO PÚBLICO PRODUZ NA VIDA ECONÔMICA, PESSOAL, FAMILIAR, SOCIAL, DO DISCIPLINADO, confrontando, de forma racional, nos termos dos arts. 20 a 23, da LINDB, à luz da proporcionalidade, a NECESSIDADE, ADEQUAÇÃO E PROPORCIONALIDADE EM SENTIDO ESTRITO da demissão (ainda da cassação de aposentadoria ou de disponibilidade) e a razoabilidade da medida repressiva, exercitando o poder disciplinar vinculado não somente à lei estrita, mas ao direito como um todo,[1145] ao sistema jurídico e sua principiologia constitucional, com a consideração de que se lida com uma pessoa humana, segundo a advertência de Marçal Justen Filho,[1146] e não com um objeto do poder administrativo, um mero súdito.[1147] [1148]

[1145] Marcelo Rebelo de Sousa e André Salgado de Matos apontam que não existe poder totalmente vinculado, mas apenas predominantemente, e admoestam que os princípios da atividade administrativa são limites de todas as condutas administrativas (vinculadas ou discricionárias), e não apenas da margem de livre decisão, pois a violação dos princípios, com a desproporcionalidade, a desigualdade ou a injustiça de um ato vinculado, também acarreta invalidade da decisão vinculada da Administração Pública (SOUSA, Marcelo Rebelo de; MATOS, André Salgado. *Direito administrativo geral*: introdução e princípios fundamentais. 3. ed. Alfragide: Dom Quixote, 2008. t. I. p. 202).

[1146] JUSTEN FILHO, Marçal. O direito administrativo de espetáculo. *In*: ARAGÃO, Alexandre Santos de; MARQUES NETO, Floriano de Azevedo (Coord.). *Direito administrativo e seus novos paradigmas*. Belo Horizonte: Fórum, 2012. p. 73-74.

[1147] "O cidadão não é um súdito, um inferior, um servo do Estado" (JUSTEN FILHO, Marçal. *Curso de direito administrativo*. 10. ed. rev., atual. e ampl. São Paulo: Revista dos Tribunais, 2014. p. 103).

[1148] Otero observa que o direito administrativo oitocentista, enquanto ordenamento regulador da atividade administrativa dotado de *ius imperii*, expressão da autoridade de quem tem o poder e da subordinação ou obediência de quem é súdito, tem uma evolução histórica que se pode resumir numa luta entre a "razão de Estado", habilitando poderes extraordinários de supremacia da Administração Pública, e a "razão do Estado", justificando agora mecanismos de tutela e garantia dos cidadãos perante o poder e limitativos de sua ação: nos últimos dois séculos, o moderno direito administrativo tornou-se um campo de batalha na luta contra os privilégios e as imunidades do poder (OTERO, Paulo. *Manual de direito administrativo*. Coimbra: Almedina, 2013. v. 1. p. 29).

Igual é o escólio de Paulo Otero[1149] quando grafa que a pessoa não pode ser mera destinatária passiva do procedimento administrativo, nem tratada como súdito, antes o procedimento se estrutura em função da centralidade da pessoa como cidadão.

5.6.3 Valor constitucional da carreira que deve ser ponderado no caso de aplicação de penas máximas

Umbilicalmente conexo com o valor constitucional do trabalho se apresenta o de carreira para os servidores do Estado titulares de cargos de provimento efetivo.

O art. 39, da Constituição Federal de 1988,[1150] previu e valorizou OS SERVIDORES DE CARREIRA (prevendo

---

[1149] OTERO, Paulo. *Direito do procedimento administrativo*. Coimbra: Almedina, 2016. p. 81.

[1150] "Art. 39. A União, os Estados, o Distrito Federal e os Municípios instituirão, no âmbito de sua competência, regime jurídico único e planos de carreira para os servidores da administração pública direta, das autarquias e das fundações públicas (*vide* ADIN nº 2.135-4) – redação original. "Art. 39. A União, os Estados, o Distrito Federal e os Municípios instituirão conselho de política de administração e remuneração de pessoal, integrado por servidores designados pelos respectivos Poderes (Redação dada pela Emenda Constitucional nº 19, de 1998) (*vide* ADIN nº 2.135-4) §1º A fixação dos padrões de vencimento e dos demais componentes do sistema remuneratório observará: (Redação dada pela Emenda Constitucional nº 19, de 1998) I - a natureza, o grau de responsabilidade e a complexidade dos cargos componentes de cada carreira; (Incluído pela Emenda Constitucional nº 19, de 1998) II - os requisitos para a investidura; (Incluído pela Emenda Constitucional nº 19, de 1998) III - as peculiaridades dos cargos (Incluído pela Emenda Constitucional nº 19, de 1998) §2º A União, os Estados e o Distrito Federal manterão escolas de governo para a formação e o aperfeiçoamento dos servidores públicos, constituindo-se a participação nos cursos um dos requisitos para a promoção na carreira, facultada, para isso, a celebração de convênios ou contratos entre os entes federados (Redação dada pela Emenda Constitucional nº 19, de 1998) §3º Aplica-se aos servidores ocupantes de cargo público o disposto no art. 7º, IV, VII, VIII, IX, XII, XIII, XV, XVI, XVII, XVIII, XIX, XX, XXII e XXX, podendo a lei estabelecer requisitos diferenciados de admissão quando a natureza do cargo o exigir (Incluído pela Emenda Constitucional nº 19, de 1998) §4º O membro de Poder, o detentor de mandato eletivo, os Ministros de Estado e os Secretários Estaduais e Municipais serão remunerados exclusivamente por subsídio fixado em parcela única, vedado o acréscimo de qualquer gratificação, adicional, abono, prêmio, verba de representação ou outra espécie remuneratória, obedecido, em qualquer caso, o disposto no art. 37, X e XI (Incluído pela Emenda Constitucional nº 19, de 1998) §5º Lei da União, dos Estados, do Distrito Federal e dos Municípios poderá estabelecer a relação entre a maior e a menor remuneração dos servidores públicos, obedecido, em qualquer caso, o disposto no art. 37, XI (Incluído pela Emenda Constitucional nº 19, de 1998) §6º Os Poderes Executivo, Legislativo e Judiciário publicarão anualmente os valores do subsídio e da remuneração dos cargos e empregos públicos (Incluído pela Emenda Constitucional nº 19, de 1998) §7º Lei da União, dos Estados, do Distrito Federal e dos Municípios disciplinará a aplicação de recursos orçamentários provenientes da economia com despesas correntes em cada órgão, autarquia e fundação, para aplicação no desenvolvimento de programas de qualidade e produtividade, treinamento e desenvolvimento, modernização, reaparelhamento e racionalização do serviço público, inclusive sob a forma de adicional ou prêmio de produtividade (Incluído pela Emenda Constitucional nº 19, de 1998) §8º A remuneração dos

promoções[1151] e incentivos à eficiência, além do desenvolvimento de programas de qualidade e produtividade, treinamento e desenvolvimento, inclusive sob a forma de adicional ou prêmio de produtividade),[1152] incluindo nessa premissa o reconhecimento remuneratório do tempo de dedicação à Administração Pública, encarecendo o VALOR QUE DEVE PERCEBER O PROFISSIONAL QUE SERVE AO ESTADO NUMA INVESTIDURA EM CARGO PÚBLICO DE CARÁTER PERMANENTE.

A carreira compagina-se com a natureza do vínculo profissional do pessoal admitido ao exercício dos cargos públicos efetivos, com mérito aferido no procedimento admissional do concurso público, a permanência do elo funcional, a estabilidade como garantia aos funcionários para que desempenhem as atribuições de seus postos em conformidade com os valores cimeiros que informam a Administração Pública, a probidade/moralidade, eficiência, impessoalidade/ imparcialidade, interesse público.

Mais, *a ideia de pessoal organizado em* CARREIRA *representa uma atuação técnica, com* INDEPENDÊNCIA *funcional,* dissocia-se de INFLUÊNCIA POLÍTICA, PARTIDARISMO, PATRIMONIALISMO, SUJEIÇÃO AO FISIOLOGISMO OU PROTEÇÃO DE GRUPOS ECONÔMICOS OU POLÍTICOS, no escopo de satisfazer os interesses da sociedade e os fins legais e da Constituição nos atos da Administração Pública.

CARREIRA trata de LONGA DEDICAÇÃO AO SERVIÇO DO ESTADO, zelo, comprometimento com os valores administrativos, honra e ascensão profissional pelo merecimento e antiguidade devotados à Administração Pública, valorização do pessoal e altaneiro desempenho das funções administrativas, SEM SUBMISSÃO A

---

servidores públicos organizados em carreira poderá ser fixada nos termos do §4º (Incluído pela Emenda Constitucional nº 19, de 1998)".

[1151] "Art. 39. [...] §2º A União, os Estados e o Distrito Federal manterão escolas de governo para a formação e o aperfeiçoamento dos servidores públicos, constituindo-se a participação nos cursos um dos requisitos para a *promoção na carreira,* facultada, para isso, a celebração de convênios ou contratos entre os entes federados (Redação dada pela Emenda Constitucional nº 19, de 1998)".

[1152] "Art. 39. [...] §7º Lei da União, dos Estados, do Distrito Federal e dos Municípios disciplinará a aplicação de recursos orçamentários provenientes da economia com despesas correntes em cada órgão, autarquia e fundação, para aplicação no desenvolvimento de programas de qualidade e produtividade, treinamento e desenvolvimento, modernização, reaparelhamento e racionalização do serviço público, inclusive sob a forma de adicional ou prêmio de produtividade (Incluído pela Emenda Constitucional nº 19, de 1998)".

ORDENS MANIFESTAMENTE ILEGAIS, IMORAIS, DESONES-
TAS, OU CORRUPÇÃO, eventualmente promovidas por alguns
particulares desonestos, desvinculados funcionalmente do Poder
Público, e que não o querem servir, mas se servir dele, dilapidar e se
apropriar do patrimônio público, furtá-lo, desviar recursos estatais
para enriquecimento ilícito.
Veja-se a lição de José Cretella Júnior:

> CARREIRA significa corrida, caminho, estrada, percurso. Este qualificativo é empregado como atributo de cargo – o CARGO DE CARREIRA, que pressupõe POSSIBILIDADE DE MARCHA, DE CAMINHO CONTINUADO, DE ASCENSÃO, DE PROMOÇÃO. [...] O empregado, embora com as atribuições inalteradas, consegue, com *o decorrer do tempo*, periódicos melhoramentos em seu estipêndio, passando, assim, a relação funcional a adquirir certo dinamismo. Entre as pessoas públicas maiores, porém, é que se observa o dinamismo, por excelência, do cargo, mudando o agente, gradualmente, de posição, mediante sincrônico movimento ascensional, ao qual corresponde mudança de responsabilidade, com retribuições econômicas maiores [...] cargo isolado ou estático é aquele em que o funcionário não tem possibilidades de ser promovido.[1153]

Também comentando sobre carreira, Themístocles Brandão Cavalcanti anota:

> A carreira será representada em sentido vertical, constituída por diversas classes com padrões de movimentos diversos dentro de um mesmo grupo profissional [...] Movimento ascensional, com modificações na competência, nas atribuições e na responsabilidade, e um aumento relativo nos vencimentos [...] profissão em que pode haver promoção.[1154]

Leib Soibelman ensina que CARREIRA É UMA SÉRIE ASCENDENTE DE LUGARES OU CARGOS PÚBLICOS QUE O FUNCIONÁRIO DEVERÁ PERCORRER EM SUA VIDA FUNCIONAL.[1155]

O administrativista francês Fabrice Melleray[1156] pontua que, uma vez investido em um grau na hierarquia administrativa, o

---

[1153] CRETELLA JÚNIOR, José. *Dicionário de direito administrativo*. 3. ed. rev. e aum. Rio de Janeiro: Forense, 1978. p. 118.
[1154] CAVALCANTI, Themistocles Brandão. *Curso de direito administrativo*. 8. ed. São Paulo: Biblioteca Universitária Freitas Bastos, 1967. p. 368.
[1155] SOIBELMAN, Leib. *Enciclopédia do advogado*. 4. ed. rev. e aum. Rio de Janeiro: Editora Rio, 1983. p. 58.
[1156] MELLERAY, Fabrice. *Droit de La fonction publique*. 13. ed. Paris: Economica, 2013. p. 301.

funcionário ocupa um lugar e é DE TODA A LÓGICA DO SISTEMA DE CARREIRA QUE O SERVIDOR CUMPRA A INTEGRALIDADE DE SUA VIDA PROFISSIONAL NA FUNÇÃO PÚBLICA, todavia o vínculo de longa duração não se compagina com o imobilismo ou estagnação. Ao contrário, o funcionário pode se encontrar em diferentes posições e ver sua carreira estimulada por uma dinâmica, ainda que decorra de sua antiguidade mais comumente do que do seu mérito, até o fim da carreira.

O administrativista francês Patrice Chrétien[1157] grifa que toda a lei do serviço público francês é construída sobre a ideia de que trabalhar no serviço público é algo diferente de trabalhar no setor privado e que isso justifica um quadro jurídico diferente. Adiciona que o *sistema de carreira* é *majoritário na Europa*: 12 Estados em 20 têm um regime de carreira.

Fabrice Melleray[1158] adita que é evidente que o funcionário será muito mais motivado e logo com MELHOR DESEMPENHO NA SUA AÇÃO PROFISSIONAL com uma PERSPECTIVA DE CARREIRA e sentencia que nada seria mais danoso para a Administração, para o administrado e para o interesse público que uma estrutura de carreira sem nenhum atrativo.

José de Melo Alexandrino, Isabel Celeste M. Fonseca e Ana Fernanda Neves chamam de "indeterminabilidade segura" com relação à PERMANÊNCIA DO VÍNCULO DO SERVIDOR COM A ADMINISTRAÇÃO PÚBLICA, acentuando que A SEGURANÇA NO EMPREGO PÚBLICO É TAMBÉM INFLUENCIADA PELO SISTEMA DE CARREIRA, pelo qual, em parte, se organiza, pois não é possível existir uma carreira sem uma certa duração do emprego.[1159]

Celso Antônio Bandeira de Mello ensina que *os cargos de provimento efetivo são os predispostos a receber ocupantes em caráter definitivo*, com fixidez.[1160]

[1157] CHRÉTIEN, Patrice. *Droit administratif*. 15. ed. Paris: Sirey, 2016. p. 450.
[1158] MELLERAY, Fabrice. *Droit de La fonction publique*. 13. ed. Paris: Economica, 2013. p. 316.
[1159] ALEXANDRINO, José de Melo; FONSECA, Isabel Celeste M.; NEVES, Ana Fernanda. *In*: OTERO, Paulo; GONÇALVES, Pedro (Coord.). *Tratado de direito administrativo especial*. Coimbra: Almedina, 2010. v. IV. p. 537.
[1160] BANDEIRA DE MELLO, Celso Antônio. *Curso de direito administrativo*. 31. ed. rev. e atual. São Paulo: Malheiros, 2014. p. 310.

Leonardo Carneiro Assumpção Vieira[1161] alinha que entre as características atrativas da atividade profissional do servidor público de carreira reluz a oportunidade de GANHAR A VIDA COM A PROFISSÃO PARA A QUAL SE PREPAROU; O ESFORÇO QUE FEZ EM PROVEITO PRÓPRIO; O FATO DE QUE A ESCOLHA DA PROFISSÃO CORRESPONDE À OPÇÃO POR DETERMINADO LUGAR NA HIERARQUIA SOCIAL.

Igual é a cátedra dos administrativistas lusos José de Melo Alexandrino, Isabel Celeste M. Fonseca e Ana Fernanda Neves, em obra sob a coordenação científica dos eméritos professores doutores de direito administrativo Paulo Otero e Pedro Gonçalves:

> A remuneração do trabalhador aumenta pela mudança para posição remuneratória com nível ou valor superior. Tal pode acontecer pela mudança do posto de trabalho ou por via de um certo desempenho realizado no mesmo, durante um determinado período de tempo.[1162]

O valor abrigado na Constituição não se resume, porém, ao mero conceito de progresso na carreira, de promoções e melhorias remuneratórias com o passar do tempo devotado ao serviço profissional em prol da Administração Pública, mas envolve, no caso dos titulares de cargos de provimento efetivo, com vinculação permanente com o Estado, uma ESTABILIDADE E CONTINUIDADE DESSA RELAÇÃO JURÍDICA, UMA MANUTENÇÃO DO ELO FUNCIONARIAL COM O PODER PÚBLICO, salvo hipóteses gravíssimas justificadores do rompimento, tanto que prevista a ESTABILIDADE E A GARANTIA DO PROCESSO ADMINISTRATIVO DISCIPLINAR PARA PERDA DO CARGO (art. 41, §1º, II, Constituição Federal de 1988).[1163]

[1161] VIEIRA, Leonardo Carneiro Assumpção. *Merecimento na administração pública*. Belo Horizonte: Fórum, 2011. p. 130.

[1162] "A carreira constitui um instrumento jurídico de ordenação dos trabalhadores na Administração Pública. Posiciona-os em termos relativos e estrutura a sua evolução profissional. A carreira é referenciada funcional e remuneratoriamente, o que significa que importa crescentes e inerentes exigência e/ou diferenciação. [...] A evolução na mesma processa-se ao nível remuneratório e reflete a valia do desempenho do trabalhador. [...] Alteração do posicionamento remuneratório" (ALEXANDRINO, José de Melo; FONSECA, Isabel Celeste M.; NEVES, Ana Fernanda. *In*: OTERO, Paulo; GONÇALVES, Pedro (Coord.). *Tratado de direito administrativo especial*. Coimbra: Almedina, 2010. v. IV. p. 486-487; 506).

[1163] "Art. 41. São estáveis após três anos de efetivo exercício os servidores nomeados para cargo de provimento efetivo em virtude de concurso público (Redação dada pela Emenda Constitucional nº 19, de 1998) §1º O servidor público estável só perderá o cargo: (Redação

Tanto que Canotilho e Moreira pontuam[1164] que há limites constitucionais incontornáveis quanto a se substituir a "estatutização" pela "contratualização" (expressa na adoção do contrato individual de trabalho como esquema regulativo das relações jurídicas de emprego público), dada a DIMENSÃO ESTATUTÁRIA DA FUNÇÃO PÚBLICA, por força dos *princípios constitucionais materiais da Administração Pública* (IGUALDADE, PROPORCIONALIDADE, BOA-FÉ, JUSTIÇA E IMPARCIALIDADE) e dos princípios de RESERVA DE ADMINISTRAÇÃO PÚBLICA e de FUNÇÃO PÚBLICA PARA DETERMINADAS ATIVIDADES (EX.: FUNÇÕES DE AUTORIDADE).

No modelo do direito administrativo francês, que tanto influenciou o sistema brasileiro, Yves Gaudemet[1165] enaltece as GARANTIAS QUE RESGUARDAM OS FUNCIONÁRIOS ESTATAIS, a bem do *EXERCÍCIO INDEPENDENTE E IMPARCIAL DAS FUNÇÕES PÚBLICAS*, consignando que, no ordenamento da França, estabelecem-se COMISSÕES MISTAS DE ADMINISTRAÇÃO, que integram *representantes do pessoal (eleitos por sufrágio secreto*, COM REPRESENTAÇÃO PROPORCIONAL DOS FUNCIONÁRIOS), e que passam a constituir organismos unificados chamados a tratar de todas as questões individuais relativas ao pessoal (recrutamento, avaliação, promoção, DISCIPLINA), função já desempenhada em face do chefe de departamento pelos vários tipos de comissões administrativas (comissão de progressão, CONSELHO DISCIPLINAR).

Fabrice Dion[1166] confirma a importância das COMISSÕES PARITÁRIAS NO DIREITO ADMINISTRATIVO FRANCÊS enquanto

---

dada pela Emenda Constitucional nº 19, de 1998) I - em virtude de sentença judicial transitada em julgado; (Incluído pela Emenda Constitucional nº 19, de 1998) II - mediante processo administrativo em que lhe seja assegurada ampla defesa; (Incluído pela Emenda Constitucional nº 19, de 1998) III - mediante procedimento de avaliação periódica de desempenho, na forma de lei complementar, assegurada ampla defesa (Incluído pela Emenda Constitucional nº 19, de 1998)".

[1164] CANOTILHO, J. J. Gomes; MOREIRA, Vital. *Constituição da República Portuguesa anotada*. 4. ed. rev. São Paulo e Coimbra: Coimbra e Revista dos Tribunais, 2007. v. I. p. 662.

[1165] GAUDEMET, Yves. *Droit administratif*. 20. ed. Paris: LGDJ, 2012. p. 478.

[1166] O autor refere que o agente público será citado e informado dos fatos alegados e do seu direito à comunicação dos autos. Após a sua convocação e entrevista durante a qual terá tido oportunidade de se expressar e de se fazer acompanhar de um defensor da sua escolha, será tomada uma decisão. Só poderá ser feito após encaminhamento ao conselho disciplinar. Trata-se de órgão obrigatório, que é a comissão administrativa do pessoal em causa na qualidade de órgão disciplinar, constituindo uma garantia adicional e importante forma de *GARANTIA DE ATUAÇÃO ISENTA DOS FUNCIONÁRIOS PÚBLICOS*, inclusive de natureza disciplinar.

A ideia é de uma prestação de *SERVIÇO PROFISSIONAL PROGRESSIVAMENTE MELHOR POR PARTE DO AGENTE PÚBLICO EM FAVOR DO ESTADO E DA COLETIVIDADE*, com o maior tempo passado no exercício do posto permanente, no qual adquire EXPERIÊNCIA E CONHECIMENTO que devem ser paulatinamente aperfeiçoados em *cursos e escolas de governo* (art. 39, §2º, Constituição Federal de 1988),[1167] com mútuo proveito para a Administração e para seu funcionário, em virtude do que *A RUPTURA DO RELACIONAMENTO FUNCIONAL SÓ DEVE TER CABIMENTO EM SITUAÇÕES DE GRAVÍSSIMAS INFRAÇÕES DISCIPLINARES, das quais decorra a IMPOSSIBILIDADE DE MANUTENÇÃO DO VÍNCULO*.

Luís Vasconcelos Abreu[1168] confirma essa conclusão, no sentido de afiançar que a *demissão, como pena disciplinar máxima, é reservada para irregularidades gravíssimas, em que se patenteia elevado o grau de censura* à *conduta e quando se revele a impossibilidade de manutenção do vínculo do agente com a Administração Pública, notadamente em face do pressuposto da quebra de confiança*:

> A finalidade característica das medidas disciplinares é, pois, a prevenção especial ou correção, motivando o agente administrativo que praticou uma infracção disciplinar para o cumprimento, no futuro, dos seus deveres, sendo as finalidades retributiva e de prevenção geral só secundária ou acessoriamente realizadas. Quando a gravidade da infracção praticada torne impossível a subsistência da relação, terá lugar a aplicação de uma medida expulsiva, ficando o corpo de agentes administrativos livre de quem, pela sua conduta, mostrou não possuir condições para lhe pertencer, já que não dá garantias de poder continuar a contribuir para assegurar a capacidade funcional da Administração.[1169]

---

para o agente no exame contraditório da sua situação. O conselho de disciplina emite um parecer fundamentado (DION, Fabrice. *Emploi public*. Paris: Berger Levrault, 2014. p. 86).

[1167] "Art. 39. [...] §2º A União, os Estados e o Distrito Federal manterão escolas de governo para a formação e o aperfeiçoamento dos servidores públicos, constituindo-se a participação nos cursos um dos requisitos para a promoção na carreira, facultada, para isso, a celebração de convênios ou contratos entre os entes federados (Redação dada pela Emenda Constitucional nº 19, de 1998)".

[1168] ABREU, Luís Vasconcelos. *Para o estudo do procedimento disciplinar no direito administrativo português vigente*: as relações com o processo penal. Coimbra: Almedina, 1993. p. 43.

[1169] A respeito da quebra de confiança como fator determinante da extinção sancionadora do vínculo funcional do servidor com a Administração Pública, calha trazer a lume a cátedra de Luís Vasconcelos Abreu, professor de direito administrativo na Faculdade de Direito

Essa exegese se afina com as exigências da Lei de Introdução às Normas do Direito Brasileiro – LINDB quando define (art. 20, *caput*),[1170] contrariamente à juridicamente defeituosa tese da Súmula nº 650/STJ (*data máxima venia*), que a MOTIVAÇÃO das decisões administrativas não poderá abranger uma SOLUÇÃO ÚNICA, inarredável e invariável, indiscriminada (repudiada na doutrina),[1171] [1172]

---

de Lisboa: "Saber, por exemplo, se uma determinada pessoa pode continuar como agente administrativo depende mais do seu comportamento – avaliação baseada em factos, não arbitrária –, do que das consequências de suas ações. Toda a [sic] relação de trabalho subordinado assenta em elementos pessoais, designadamente na confiança entre as partes, assumindo os chamados deveres acessórios um vigor reforçado. Ora, a confiança pode ser posta em causa pela simples realização de determinadas condutas violadoras dos deveres a que o agente se encontra vinculado, independentemente da produção de resultados materiais negativos pelas mesmas" (ABREU, Luís Vasconcelos. *Para o estudo do procedimento disciplinar no direito administrativo português vigente*: as relações com o processo penal. Coimbra: Almedina, 1993. p. 29-30).

[1170] "Art. 20. Nas esferas administrativa, controladora e judicial, não se decidirá com base em valores jurídicos abstratos sem que sejam consideradas as consequências práticas da decisão".

[1171] "Mais, a lição doutrinária repudia, em função das novas disposições legais, a tese da resposta única e padrão no direito administrativo sancionador, o que se entende, logicamente, ao problema de APLICAÇÃO AUTOMÁTICA DE PENAS MÁXIMAS COMO SOLUÇÃO ESTANDARDIZADA E ÚNICA NO PROCESSO ADMINISTRATIVO DISCIPLINAR (por exemplo, art. 132 e art. 143, Lei federal n. 8.112/1990), a demonstrar o ofuscante descompasso da Súmula 650/STJ com as diretrizes da Nova Lei de Introdução às Normas do Direito Brasileiro (art. 20, caput e parágrafo único): "A introdução dos novos preceitos na LINDB constitui reação a determinados vícios da cultura jurídica que vêm predominando há anos. [...] a ideia de que seja possível extrair do direito e, até mesmo, exclusivamente de valores jurídicos abstratos, SOLUÇÃO ÚNICA PARA SITUAÇÕES EM CONCRETO; [...] O primeiro vício ou paradigma, relacionado à noção de que SERIA POSSÍVEL EXTRAIR DO ORDENAMENTO JURÍDICO SOLUÇÃO ÚNICA, e não específica para cada situação verificada em concreto" (SOUZA, Rodrigo Pagani de; ALENCAR, Letícia Lins de. O dever de contextualização na interpretação e aplicação do direito público. *In*: VALIATI, Thiago Priess; HUNGARO, Luis Alberto; CASTELLA, Gabriel Morettini e (Coord.). *A Lei de Introdução e o direito administrativo brasileiro*. Rio de Janeiro: Lumen Juris, 2019. p. 62).

[1172] Andrade complementa, contrariamente à visão da Súmula nº 650/STJ (pena máxima disciplinar obrigatória em todos os casos, à revelia da faticidade), acentuando que não existe uma apriorística decisão correta e única, de antemão e abstratamente dada, nem solução única, mas a resposta do ordenamento jurídico será construída na aplicação da norma jurídica, depois de consideradas amplamente as especificidades do caso concreto: "A DECISÃO CORRETA NÃO QUER DIZER OUTRA COISA SENÃO AQUELA QUE CONSIDEROU AS PARTICULARIDADES DO CASO CONCRETO mediante a descrição completa dos elementos fáticos relevantes. NÃO SE TRATA DE UMA DECISÃO QUE SERIA A EXPRESSÃO DA VERDADE ABSOLUTA, A PRIORI E ABSTRATAMENTE CONSIDERADA. NÃO HÁ, PER SE, A SOLUÇÃO UNÍVOCA. Esta é CONSTRUÍDA NO JUÍZO DE APLICAÇÃO DA NORMA e, dessa maneira, a posteriori, ou seja, quando, além das normas *prima facie* aplicáveis, tem-se a completa descrição da situação concreta" (ANDRADE, Fábio Martins de. *Comentários à Lei nº 13.655/2018*: proposta de sistematização e interpretação conforme. Rio de Janeiro: Lumen Juris, 2019. p. 153).

[1173] sem consideração das circunstâncias do caso (o que colide com o preceituado no art. 22, *caput* e §1º, LINDB), embasada em VALORES ABSTRATOS[1174] ou no mito da resposta apriorística/predeterminada na regra legal (mito da onipotência do legislador,[1175] contrário ao art. 20, *caput*, LINDB).

Muito mais, a Lei de Introdução às Normas do Direito Brasileiro – LINDB prevê uma decisão do processo administrativo disciplinar numa abordagem DE MOTIVAÇÃO CONSEQUENCIALISTA (art. 20, *caput* e par. único; art. 21 e par. único),[1176] realista (prevendo as dificuldades práticas e o PRIMADO DA REALIDADE[1177] no cotejo da responsabilidade do servidor, refletindo sobre a situação concreta em todas as suas especificidades, FACTICIDADE, art. 22, *caput* e §1º),[1178] assim como, em vez de uma só resposta decisória,

---

[1173] NIEBUHR, Pedro; OLIVEIRA, Claudia Ladeira de; MEDEIROS, Isaac Kofi. Controle e deferência judicial à Administração Pública (...). *In*: MAFFINI, Rafael; RAMOS, Rafael (Coord.). *Nova LINDB*: consenquencialismo, deferência judicial, motivação e responsabilidade do gestor público. Rio de Janeiro: Lumen Juris, 2020. p. 81.

[1174] A Exposição de Motivos do Novo Código de Procedimento Administrativo de Portugal, no mesmo traçado da Lei de Introdução às Normas do Direito Brasileiro (LINDB, art. 20, *caput*, ao repelir soluções abstratas no direito administrativo), encima que "HOUVE, DESIGNADAMENTE, A PREOCUPAÇÃO DE EVITAR SOLUÇÕES PURAMENTE LOGICISTAS".

[1175] BITENCOURT Caroline Müller; LEAL, Rogério Gesta. Consequencialismo das decisões e os valores jurídicos abstratos a partir da Lei 13.655/18: uma análise crítica sob a perspectiva da (in)segurança jurídica. *In*: MAFFINI, Rafael; RAMOS, Rafael (Coord.). *Nova LINDB*: consenquencialismo, deferência judicial, motivação e responsabilidade do gestor público. Rio de Janeiro: Lumen Juris, 2020. p. 116.

[1176] "Art. 20. Nas esferas administrativa, controladora e judicial, não se decidirá com base em valores jurídicos abstratos sem que sejam consideradas as consequências práticas da decisão (Incluído pela Lei nº 13.655, de 2018). Parágrafo único. A motivação demonstrará a necessidade e a adequação da medida imposta ou da invalidação de ato, contrato, ajuste, processo ou norma administrativa, inclusive em face das possíveis alternativas (Incluído pela Lei nº 13.655, de 2018). Art. 21. A decisão que, nas esferas administrativa, controladora ou judicial, decretar a invalidação de ato, contrato, ajuste, processo ou norma administrativa deverá indicar de modo expresso suas consequências jurídicas e administrativas (Incluído pela Lei nº 13.655, de 2018). Parágrafo único. A decisão a que se refere o caput deste artigo deverá, quando for o caso, indicar as condições para que a regularização ocorra de modo proporcional e equânime e sem prejuízo aos interesses gerais, não se podendo impor aos sujeitos atingidos ônus ou perdas que, em função das peculiaridades do caso, sejam anormais ou excessivos (Incluído pela Lei nº 13.655, de 2018)".

[1177] MAFFINI, Rafael. LINDB, Covid-19 e sanções administrativas aplicáveis a agentes públicos. *In*: MAFFINI, Rafael; RAMOS, Rafael (Coord.). *Nova LINDB*: consenquencialismo, deferência judicial, motivação e responsabilidade do gestor público. Rio de Janeiro: Lumen Juris, 2020. p. 203.

[1178] "Art. 22. Na interpretação de normas sobre gestão pública, serão considerados os obstáculos e as dificuldades reais do gestor e as exigências das políticas públicas a seu cargo, sem prejuízo dos direitos dos administrados. §1º Em decisão sobre regularidade de conduta ou

admite ALTERNATIVAS DECISÓRIAS (art. 20, par. único, LINDB), impõe a justificativa da NECESSIDADE E ADEQUAÇÃO da pena no caso (PROPORCIONALIDADE, art. 20, par. único)[1179] e a consideração da *natureza e a gravidade da infração cometida, os danos que dela provierem para a Administração Pública, as circunstâncias agravantes ou atenuantes e os antecedentes do agente* (INDIVIDUALIZAÇÃO DA PENA, art. 22, §2º).[1180]

Deve-se pensar que, no estágio atual do direito administrativo, ao Estado não é dado incorrer em leviandade de simplesmente descartar de seus quadros funcionais a pessoa do servidor disciplinado, como se fosse um objeto indigno de qualquer consideração, aplicando-lhe, por meio de solução jurídica abstrata, única, com pena máxima obrigatória e inarredável em todos os casos (demissão ou cassação de aposentadoria/disponibilidade).

Trata-se de proceder que ignora que O SERVIDOR É PERTENCENTE A UMA CARREIRA COM DÉCADAS DE DEDICAÇÃO À ADMINISTRAÇÃO PÚBLICA e que sofrerá diversas CONSEQUÊNCIAS DANOSAS ECONÔMICAS, PESSOAIS, MORAIS, FAMILIARES, COM A IMPOSIÇÃO DA REPRIMENDA DISCIPLINAR MAIS GRAVE, motivo por que se devem cotejar todos os valores constitucionais incidentes, numa PROFUNDA E LONGA REFLEXÃO MOTIVACIONAL DO ATO ADMINISTRATIVO DECISÓRIO, e NÃO NUM JULGAMENTO SIMPLISTA, formalista, fundado em valores jurídicos abstratos, por mera subsunção (resposta única dada por um mítico onipotente legislador para todos os casos, indiscriminadamente), que despreza toda a FACTICIDADE do caso.

O entendimento da Súmula nº 650/STJ (solução decisória única, indiscriminada, para todos os casos, aprioristicamente definida pelo onisciente/onipotente legislador antes mesmo da consideração de todas as circunstâncias do caso) desconsidera, frontalmente, a LINDB

---

validade de ato, contrato, ajuste, processo ou norma administrativa, serão consideradas as circunstâncias práticas que houverem imposto, limitado ou condicionado a ação do agente".

[1179] "Art. 20. [...] Parágrafo único. A motivação demonstrará a necessidade e a adequação da medida imposta ou da invalidação de ato, contrato, ajuste, processo ou norma administrativa, inclusive em face das possíveis alternativas (Incluído pela Lei nº 13.655, de 2018)".

[1180] "Art. 22. [...] §2º Na aplicação de sanções, serão consideradas a natureza e a gravidade da infração cometida, os danos que dela provierem para a administração pública, as circunstâncias agravantes ou atenuantes e os antecedentes do agente".

e ignora a admoestação doutrinária[1181] de que *A REALIDADE DA PRÓPRIA ADMINISTRAÇÃO PÚBLICA É TÃO COMPLEXA, EM FACE DA MULTIPLICIDADE DE POSSIBILIDADES DE APLICAÇÃO, QUE NÃO HÁ COMO IMAGINAR O DISCURSO DA SEGURANÇA JURÍDICA ABSOLUTA DE UM TEXTO NORMATIVO* (aplicação inarredável da pena máxima em todas as situações), *uma vez que não se trata de uma solução dedutiva, nem mesmo da concepção de que haja uma* única *resposta correta, a qual somente se pode produzir em face da realidade em toda sua complexidade.*

Demais, na interpretação constitucional da Seção II, que trata dos servidores públicos (art. 39, Constituição Federal de 1988), não se pode esquecer da lembrança de Marcelo Caetano,[1182] que parece abraçar a profundidade do VALOR CONSTITUCIONAL DE CARREIRA para os servidores públicos com sua cátedra:

> É muito diferente a posição que perante a Administração pública assume o indivíduo que ingressa nos seus quadros para neles *FAZER CARREIRA, DEVOTANDO-SE AO SERVIÇO, NELE SE ESPECIALIZANDO COM DESISTÊNCIA DE OUTRO QUALQUER MODO DE VIDA* [...] o funcionário é, antes de mais, um profissional da função pública, um homem que dela faz o objecto de sua actividade ocupacional e nela procura a sua carreira [...] a natureza das funções permitam a DEVOÇÃO DO AGENTE à atividade administrativa com INTENÇÃO DE DELA FAZER POR TODA A VIDA A SUA PROFISSÃO.

Como explicita o administrativista luso Caupers:[1183]

a) no chamado modelo de carreira (também conhecido por "modelo francês"), as PESSOAS ENTRAM PARA O SERVIÇO DA ADMINISTRAÇÃO PÚBLICA, usualmente através de um procedimento de concorrência (concurso), E AÍ FICAM, MUITAS VEZES, A VIDA INTEIRA, sendo regularmente promovidos a partir de uma posição de entrada até uma posição de topo na carreira que abraçaram;

[1181] BITENCOURT Caroline Müller; LEAL, Rogério Gesta. Consequencialismo das decisões e os valores jurídicos abstratos a partir da Lei 13.655/18: uma análise crítica sob a perspectiva da (in)segurança jurídica. *In:* MAFFINI, Rafael; RAMOS, Rafael (Coord.). *Nova LINDB:* consenquencialismo, deferência judicial, motivação e responsabilidade do gestor público. Rio de Janeiro: Lumen Juris, 2020. p. 116.

[1182] CAETANO, Marcelo. *Manual de direito administrativo.* 10. ed. Coimbra: Almedina, 2008. v. II. p. 669; 671.

[1183] CAUPERS, João. *Introdução à ciência do direito administrativo.* Lisboa: Âncora, 2002. p. 107.

b) o novo agente ao serviço da administração deixa temporariamente a sua atividade profissional e DEDICA ALGUNS ANOS DA SUA VIDA AO SERVIÇO PÚBLICO;
c) o modelo de CARREIRA contribui para a formação de um ESCOL BUROCRÁTICO, ISTO É, DE UMA ELITE PROFISSIONALIZADA DE FUNCIONÁRIOS PÚBLICOS, coisa que o modelo de emprego não proporciona.

Dentro desse panorama, o VALOR CONSTITUCIONAL DA CARREIRA inibe o rompimento do vínculo funcionarial por uma MEDIDA IRRACIONAL, INADEQUADA ou puramente mecanicista, legalista, única e invariável/inarredável, com o eventual desprezo mesmo da FACTICIDADE (consideração das circunstâncias do caso concreto, na ótica de Cláudio Pereira de Souza Neto e Daniel Sarmento),[1184] num exercício do PODER DISCIPLINAR VINCULADO ANACRÔNICO E INCOMPATÍVEL COM O SISTEMA JURÍDICO-CONSTITUCIONAL e com a LINDB (como pondera Bacellar Filho)[1185] e com o princípio da juridicidade, inclusive diante da razoabilidade, a qual, na visão de Celso Antônio Bandeira de Mello,[1186] determina que a Administração Pública terá de obedecer a critérios aceitáveis do ponto de vista racional, em sintonia com o senso normal de pessoas equilibradas e respeitosa das finalidades que presidiram a outorga da competência exercida, em vista de decisões

---

[1184] Os autores pontuam que a razoabilidade pode ser compreendida como equidade, ao permitir que, em hipóteses excepcionais, as normas gerais sejam adaptadas, em sua aplicação, às circunstâncias particulares do caso concreto, ou ainda que se negue a aplicação da norma, quando esta provocar grave e flagrante injustiça, tendo em vista que normas são formuladas abstratamente e seu formulador não é capaz de prever todos os contextos em que a aplicação da norma poderia ter lugar, daí que a razoabilidade funciona, nessa dimensão, como instrumento para atenuar a rigidez na aplicação da norma (SOUZA NETO, Cláudio Pereira de Souza; SARMENTO, Daniel. *Direito constitucional*: teoria, história e métodos de trabalho. Belo Horizonte: Fórum, 2013. p. 491).

[1185] Romeu Felipe Bacellar Filho, abordando a perspectiva da vinculação da atividade administrativa, expõe que a legalidade deve ser vista como forma de garantia para o cidadão e como limite ao Estado e que, se o agente público não pode furtar-se ao cumprimento da lei, esse ato deve ser realizado em atenção e consonância com todo o sistema jurídico-constitucional, de sorte que "a legalidade não tem condão de transformar o Administrador Público em aplicador cético e desmesurado do texto legal; legalidade não é sinônimo de legalismo (formalismo na aplicação da lei que a desliga da realidade social). O espírito da lei – o conteúdo – é pressuposto de sua aplicação. O irrestrito cumprimento da norma não significa aplicá-la fria e descompromissadamente" (BACELLAR FILHO, Romeu Felipe. *Princípios constitucionais do processo administrativo disciplinar*. São Paulo: Max Limonad, 1998. p. 161-162).

[1186] BANDEIRA DE MELLO, Celso Antônio. *Curso de direito administrativo*. 31. ed. rev. e atual. São Paulo: Malheiros, 2014. p. 111.

sensatas, no mesmo compasso que Carlos Ari Sundfeld,[1187] ao enfatizar que se proscreve a irracionalidade, o absurdo ou a incongruência na aplicação (e sobretudo na interpretação) das normas jurídicas.

5.6.4 Estabilidade como princípio constitucional que deve ser ponderado no caso de aplicação de penas máximas: sua conexão com o interesse coletivo/da sociedade numa Administração Pública imparcial/impessoal e proba

Marcello Caetano, comentando sobre a ORIGEM DA SITUAÇÃO DOS SERVIDORES PÚBLICOS QUANTO À SUA ESTABILIDADE NO CARGO, escreve que as Constituições liberais não estenderam inicialmente aos agentes administrativos do Estado as mesmas garantias da judicatura, o que levou a situações frequentes, como vivenciado nos Estados Unidos da América do século XIX, em que A MUDANÇA POLÍTICA GOVERNAMENTAL, DETERMINADA PELA ASSUNÇÃO DE NOVO CHEFE DO PODER EXECUTIVO, IMPUNHA A EXPULSÃO DOS ADVERSÁRIOS OUTRORA NOMEADOS EM CARGOS PÚBLICOS PELO PARTIDO DERROTADO NO ÚLTIMO PLEITO ELEITORAL: "As funções públicas constituíam os despojos da batalha eleitoral que, por direito, pertenciam à facção vitoriosa".[1188]

O administrativista luso adita:
- a) A ESTABILIDADE DOS SERVIDORES NOS CARGOS surgiu, no cenário das monarquias absolutas europeias, em face da venda ou doação dos postos públicos pelo erário ou pela Coroa e respectiva incorporação ao patrimônio do comprador ou donatário, inclusive a transmissão por herança ou dote para as filhas transferirem o direito para que seus maridos exercessem os cargos;
- b) a necessidade de CONTINUIDADE E REGULARIDADE DO SERVIÇO PÚBLICO LOGO FEZ VER A PREMÊNCIA DE PESSOAL PERMANENTE PARA MOVIMENTAR A

[1187] SUNDFELD, Carlos Ari. *Fundamentos de direito público*. São Paulo: Malheiros, 1992. p. 158.
[1188] CAETANO, Marcello. *Princípios fundamentais do direito administrativo*. Rio de Janeiro: Forense, 1977. p. 361-366.

MÁQUINA DO ESTADO ATRAVÉS DAS VICISSITUDES PARTIDÁRIAS E MUDANÇAS GOVERNAMENTAIS;
c) daí surgiu a necessidade de estabelecimento de *cargos efetivos*, criados por lei por tempo indeterminado, para ASSEGURAR A PERMANÊNCIA DO SERVENTUÁRIO ESTATAL NOS QUADROS DA ADMINISTRAÇÃO PÚBLICA, inclusive com o surgimento de estatutos funcionais para regrar o vínculo jurídico entre funcionário e Poder Público.[1189]

Ramón Parada lembra:[1190]
a) o pensamento burocrático prussiano implicou a existência de uma BUROCRACIA, em que se incute a ideia e fé absoluta de que constitui o melhor modo de governo e administração;
b) contar com uma sólida e eficiente burocracia é um fator imprescindível para a implantação de uma administração moderna;
c) a NECESSIDADE DE CONTAR COM UM FUNCIONARIADO PERMANENTE E PROFISSIONALIZADO constitui exigência funcional do Estado moderno e instrumento IMPRESCINDÍVEL PARA ATENDER AO FUNCIONAMENTO REGULAR DOS SERVIÇOS PÚBLICOS.

Leonardo Carneiro Assumpção Vieira[1191] explica que o escopo da ESTABILIDADE NA FUNÇÃO PÚBLICA (que é, a um só tempo, *MEDIDA DE SEGURANÇA E PROFISSIONALIZAÇÃO DO SERVIÇO PÚBLICO*) é garantir a *CONTINUIDADE DAS POLÍTICAS PÚBLICAS*, conferindo qualidade ao agir administrativo, bem como EVITAR A APROPRIAÇÃO DOS CARGOS PÚBLICOS POR GOVERNANTES INTERESSADOS EM ACOMODAR SEUS APOIADORES (*spoil's system*).

Dentro dessa *GARANTIA DE PERMANÊNCIA NO SERVIÇO PÚBLICO*,[1192] empenhada em favor dos servidores estáveis titulares

---

[1189] CAETANO, Marcello. *Princípios fundamentais do direito administrativo*. Rio de Janeiro: Forense, 1977. p. 361-366.

[1190] PARADA, Ramón. *Derecho administrativo II*: organización y empleo público. 19. ed. Madrid: Marcial Pons, 2007. p. 360; 362.

[1191] VIEIRA, Leonardo Carneiro Assumpção. *Merecimento na administração pública*. Belo Horizonte: Fórum, 2011. p. 190.

[1192] FRAGA, Carlos Alberto Conde da Silva. *O poder disciplinar no Estatuto dos Trabalhadores da Administração Pública*: Lei 58/2008: doutrina: jurisprudência. Alfornelos: Petrony, 2011. p. 118; 164-165.

de cargos efetivos, o instituto do processo administrativo disciplinar compagina-se com a estabilidade, que PROTEGE O AGENTE ESTATAL DA ARBITRÁRIA PERDA DO POSTO PÚBLICO, permanentemente ocupado, por meio de simples decisão discricionária do Estado, de sorte que, além de resguardar os interesses pessoais dos funcionários, a referida garantia processual também se presta como instrumento assecuratório da ISENÇÃO E INDEPENDÊNCIA DOS AGENTES PÚBLICOS EM SUA ATUAÇÃO FUNCIONAL, o que termina por atender a uma aspiração da coletividade quanto ao desenvolto desempenho das funções públicas, ACIMA DAS CONVENIÊNCIAS POLÍTICAS TEMPORÁRIAS, EM SALVAGUARDA DO INTERESSE PÚBLICO.

Recentemente, houve situações de conhecimento nacional, divulgadas na mídia, em que se reconheceu a importância da ESTABILIDADE dos servidores públicos na DEFESA DOS INTERESSES DA ADMINISTRAÇÃO PÚBLICA E DO ESTADO BRASILEIRO, inclusive com RECUSA DE CUMPRIMENTO DE ALEGADAS ORDENS SUPERIORES OU SUPOSTAS PRESSÕES POLÍTICAS DESATRELADAS DO INTERESSE PÚBLICO.

Tanto que até a imprensa, que há pouco proferia duras críticas contra a estabilidade dos servidores públicos, durante a pretendida abolição dessa garantia fundamental de funcionamento da Administração Pública, tem vislumbrado, enfim, a IMPORTÂNCIA DE OS AGENTES DO ESTADO EXERCEREM SEUS CARGOS COM INDEPENDÊNCIA, MORALIDADE, LEGALIDADE, SEM SUJEIÇÃO A EGOÍSTICOS/IRREGULARES/ÍMPROBOS INTERESSES ECONÔMICOS, POLÍTICOS OU ELEITORAIS.

Cuida-se de decorrência do intitulado direito à proteção funcional: "O trabalhador, por estar sujeito, no exercício de funções, a agressões, a riscos ou a outras consequências com essa causa, goza de uma dada protecção jurídica. Esta proteção manifesta-se, por um lado, nas GARANTIAS que lhe são conferidas".[1193]

O instituto da ESTABILIDADE DO SERVIDOR PÚBLICO e a sua correspondente garantia do processo administrativo disciplinar contra a perda arbitrária do cargo são consagrados no texto das Constituições brasileiras de 1934 (art. 169), de 1946 (art. 189, II), de 1967 (arts. 99, *caput*, e 103, II) e na vigente Carta Magna de 1988

[1193] ALEXANDRINO, José de Melo; FONSECA, Isabel Celeste M.; NEVES, Ana Fernanda. *In*: OTERO, Paulo; GONÇALVES, Pedro (Coord.). *Tratado de direito administrativo especial*. Coimbra: Almedina, 2010. v. IV. p. 514.

(art. 41, *caput*, e §1º, II, com a redação determinada pela Emenda Constitucional nº 19/98).

A ESTABILIDADE NO SERVIÇO PÚBLICO, como encarece Juarez Freitas, é um dos elevados PRINCÍPIOS CONSTITUTIVOS DA ORDEM BRASILEIRA e opera como uma das diretrizes supremas do nosso ordenamento e tem por escopo *GARANTIR A CONTINUIDADE DAS POLÍTICAS PÚBLICAS E DO INTERESSE COLETIVO A DESPEITO DA ALTERNÂNCIA DOS AGENTES POLÍTICOS* mandatários nos poderes Executivo e Legislativo, além de visar à proteção do consumidor de serviços públicos, porquanto o desempenho da função administrativa do Estado, dependente da pessoa do servidor estatal titular de cargo efetivo, deve pautar-se pelo princípio da regularidade, em nome da supremacia do interesse público e da impessoalidade na gestão das atividades estatais.[1194]

Outro aspecto pontuado por Ramón Parada[1195] é que o sistema da função pública se justificará também, especialmente, por afastar o vetusto "*SPOIL'S SYSTEM*", por sua capacidade de *NEUTRALIZAR POLITICAMENTE A ADMINISTRAÇÃO DIANTE DO RISCO DE APROPRIAÇÃO DOS PARTIDOS POLÍTICOS QUE VENCEM AS ELEIÇÕES E ASSUMEM A MÁQUINA ADMINISTRATIVA ESTATAL.*

Não se podem encimar os meramente egoísticos INTERESSES POLÍTICOS ou DO CAPITAL FINANCEIRO *em detrimento da sociedade como um todo e do* CORPO FUNCIONAL ISENTO E IMPARCIAL *da Administração Pública, cujo* PROFISSIONALISMO E MÉRITO *são diariamente desacreditados por injustos antagonistas, sequiosos de, no lugar do pessoal concursado, investir seus apaniguados nos cargos administrativos, com o escopo de se apropriar dos recursos e dos bens do Estado,* já sem a resistência do FUNCIONARIADO DE CARREIRA, ressuscitando, por via direta ou indireta, o malsinado sistema de *SPOIL'S SYSTEM.*

Será que o caminho para uma BOA ADMINISTRAÇÃO PÚBLICA deve ser realmente a designação, para as funções públicas em geral, de não mais que SUBMISSOS E CONIVENTES PARTIDÁRIOS POLÍTICOS (CABOS ELEITORAIS) E/OU REPRESENTANTES DE LOBISTAS, OU INTERESSES FINANCEIROS, PARA

[1194] FREITAS, Juarez. *O controle dos atos administrativos e os princípios fundamentais.* 3. ed. rev. e atual. São Paulo: Malheiros, 2004. p. 194-195.

[1195] PARADA, Ramón. *Derecho administrativo II*: organización y empleo público. 19. ed. Madrid: Marcial Pons, 2007. p. 363.

O RETORNO AO PATRIMONIALISMO SOBRE A ESTRUTURA ADMINISTRATIVA DO ESTADO, em vez de pessoal de carreira imparcial?

A imprensa tem revisto sua posição de INJUSTA CRÍTICA AO SERVIDOR DE CARREIRA (como se fez na monológica campanha pela injusta Reforma da Previdência, Emenda Constitucional nº 103/2019), caricaturado como um PROFISSIONAL DESMOTIVADO/ INCOMPETENTE/DESATUALIZADO, para reconhecer a diametral realidade do MÉRITO DO FUNCIONALISMO PREPARADO E INDEPENDENTE, ZELOSO PELO INTERESSE PÚBLICO E RESISTENTE À PRESSÃO POLÍTICA IMORAL/ÍMPROBA, como se testemunhou recentemente em episódios de projeção nacional, quando a própria grande mídia se viu forçada a enaltecer a relevância da ESTABILIDADE COMO GARANTIA DA SOCIEDADE quanto à PROTEÇÃO DOS INTERESSES PÚBLICO E COLETIVO E DA LEI/ DIREITO EM FACE DE PRETENSÕES ESCUSAS.

Leciona o clássico administrativista luso Marcello Caetano:

> O primeiro critério é o da PERMANÊNCIA DO LUGAR OCUPADO. A ideia que está na base desta orientação é a de que, se um lugar é individualmente criado por lei por tempo indeterminado e tem dotação própria no Orçamento da entidade pública a que pertence, de modo a assegurar a regularidade do pagamento dos vencimentos do seu titular, exige ESTABILIDADE de quem o ocupa, e dá GARANTIAS DE CONTINUIDADE AO SERVENTUÁRIO. O funcionário será, pois, o agente que ocupa um LUGAR PERMANENTE NOS QUADROS DA ADMINISTRAÇÃO.[1196]

Justino Vasconcelos demarca o casamento da ESTABILIDADE e sua proteção por meio do PROCESSO ADMINISTRATIVO DISCIPLINAR, como garantia fundamental do servidor efetivo nos quadros da Administração:

> O que, nesses artigos, visou a Constituição, foi, indubitavelmente, a proteger o funcionalismo contra o arbítrio dos vencedores nas degladiações eleitorais, contra a sempre possível malquerença de chefes menos íntegros, contra o inescrúpulo dos que sobrepõem as conveniências do partido, transitoriamente no poder, aos interesses

---

[1196] CAETANO, Marcello. *Manual de direito administrativo*. 10. ed. Coimbra: Almedina, 2008. v. 2. p. 669.

superiores do país, os quais só podem ter plena execução por meio de organismo administrador forte, estável, seguro [sic].[1197]

Na verdade, OS AGENTES PÚBLICOS PROFISSIONALMENTE VINCULADOS AO ESTADO DE MODO PERMANENTE, no exercício da função administrativa, desempenham um *munus*, um dever de satisfação de interesses alheios (da coletividade), mediante a aplicação, de ofício, das normas legais e dos princípios constitucionais e infraconstitucionais (*JURIDICIDADE*, art. 2º, parágrafo único, I, Lei federal nº 9.784/1999), inspirando-se sempre na obediência ao interesse público, à luz do princípio constitucional da IMPESSOALIDADE e de outros tantos preceitos constitucionais e legais reitores das atividades administrativas, modo por que o exercício das ATRIBUIÇÕES TÍPICAS E PERMANENTES DA ADMINISTRAÇÃO PÚBLICA não deve restar ao inteiro alvedrio, ditado pelas suas CONVENIÊNCIAS POLÍTICAS OU PRIVADAS CASUÍSTICAS, DOS TITULARES DE MANDATO POPULAR, investidos temporariamente na chefia do Poder Executivo ou com mandato parlamentar, antes deverá ser confiado a SERVIDORES PÚBLICOS DE INVESTIDURA *EFETIVA* NA FUNÇÃO, NÃO MERAMENTE TEMPORÁRIA (caso dos contratados por prazo determinado – art. 37, IX, Constituição Federal de 1988), menos ainda passíveis de SUMÁRIA EXONERAÇÃO, AO NUTO DA AUTORIDADE ADMINISTRATIVA (titulares de cargos em comissão – art. 37, II, *fine*, da Carta de 1988).

Para assegurar, portanto, o desempenho das funções administrativas estritamente calcado na satisfação dos INTERESSES PÚBLICO E COLETIVO, de forma alheia a PRESSÕES DE PARTICULARES OU DOS PRÓPRIOS GOVERNANTES, a Constituição Federal em vigor, na linha histórica do direito pátrio, consagra a ESTABILIDADE como garantia indireta para a PROTEÇÃO DA PRÓPRIA SOCIEDADE e direta para os servidores públicos nomeados em cargo de provimento efetivo, previamente aprovados em concurso público (art. 37, II).

A ESTABILIDADE foi erigida como PRINCÍPIO FUNDAMENTAL CONSTITUCIONAL DA ADMINISTRAÇÃO PÚBLICA e consubstancia o DIREITO À PERMANÊNCIA NO SERVIÇO

[1197] VASCONCELOS, Justino. *Súmulas de legislação aplicável à função pública*. Porto Alegre: Sulina, 1952. p. 199.

PÚBLICO[1198] como instrumento de LIVRE, EFICIENTE E IMPESSOAL ATUAÇÃO DOS AGENTES ADMINISTRATIVOS, que não podem ficar sujeitos a intimações ou ao RECEIO DE EXONERAÇÃO, OU EVENTUAL DEMISSÃO ARBITRÁRIA (veiculada sob o rótulo de poder disciplinar vinculado em aplicação mecânica de penas administrativas máximas), quando venham porventura a CONTRARIAR ASPIRAÇÕES PRIVADAS OU DOS POLÍTICOS temporariamente titulares de mandato nos poderes Executivo ou Legislativo.

Leciona Marcello Caetano sobre os fundamentos do regime estatutário enquanto garantia do funcionalismo:

> A luta por um regime estatutário que os funcionários travaram no final desse século teve por objecto obter o reconhecimento da existência de UMA PROFISSÃO DA FUNÇÃO PÚBLICA COM GARANTIAS DE ESTABILIDADE, EM TROCA DA NEUTRALIDADE POLÍTICA DOS FUNCIONÁRIOS [...] a investidura na qualidade jurídica de funcionária determina a atribuição de um complexo de poderes e de deveres legais à pessoa investida: atribui-lhe um estado. [...] Pouco a pouco foi-se radicando a ideia de que TODOS OS FUNCIONÁRIOS DEVIAM, COMO PROFISSIONAIS DA FUNÇÃO PÚBLICA, TER A SITUAÇÃO GARANTIDA POR LEIS QUE OBRIGASSEM E LIMITASSEM OS SUPERIORES. Essa estabilidade, esse estado, constaria assim de um estatuto legal. Chama-se estatuto dos funcionários o conjunto das normas legais que define e regula os poderes e deveres correspondentes à qualidade de funcionário. [...] Por outro lado, os funcionários conquistaram a estabilidade nos seus lugares e a certeza dos seus direitos graças à radicação do princípio de que a respectiva situação jurídica devia ser regulada genericamente por lei e não deixada ao critério dos superiores.[1199]

Edimur Ferreira de Faria afirma, a propósito, que *É A ESTABILIDADE QUE PERMITE AO SERVIDOR NÃO CUMPRIR ORDEM SUPERIOR EM DESACORDO COM A LEI OU COM A MORALIDADE ADMINISTRATIVA*,[1200] *SEM O RECEIO DE COM ISSO PERDER O CARGO PÚBLICO COMO EVENTUAL RETALIAÇÃO DE SEUS SUPERIORES HIERÁRQUICOS CONTRARIADOS.*

[1198] FRAGA, Carlos Alberto Conde da Silva. *O poder disciplinar no Estatuto dos Trabalhadores da Administração Pública*: Lei 58/2008: doutrina: jurisprudência. Alfornelos: Petrony, 2011. p. 118; 164-165.

[1199] CAETANO, Marcello. *Manual de direito administrativo*. 10. ed. Coimbra: Almedina, 2008. v. 2. p. 673; 685; 689.

[1200] FARIA, Edimur Ferreira de. *Curso de direito administrativo positivo*. 5. ed. rev. e ampl. Belo Horizonte: Del Rey, 2004. p. 94.

Juarez Freitas[1201] soma que a *estabilidade, conceituada por ele como garantia individual*, tem o condão de compensar o servidor público pela possibilidade de alteração unilateral do vínculo estatutário, até porque já firmada pela jurisprudência do Supremo Tribunal Federal a máxima da inexistência de direito adquirido a regime jurídico.

José Afonso da Silva referenda a lição ao sentenciar que *A ESTABILIDADE "É GARANTIA DO SERVIDOR, NÃO ATRIBUTO DO CARGO [...] É UM DIREITO QUE A CONSTITUIÇÃO GARANTE AO SERVIDOR"*.[1202]

A ESTABILIDADE, por conseguinte, grife-se, NÃO REPRESENTA UM PRIVILÉGIO DOS SERVIDORES, MAS UMA GARANTIA DA SOCIEDADE E DA PRÓPRIA ADMINISTRAÇÃO PÚBLICA NO QUE CONCERNE AO PERFEITO ATENDIMENTO DOS FINS PÚBLICOS, capitulados no ordenamento jurídico, sobretudo no caso dos agentes administrativos que exercem funções típicas ou atividades exclusivas de Estado, como procuradores públicos, policiais, fiscais tributários, os quais amiúde CONTRARIAM INTERESSES DE PARTICULARES E MESMO DE GOVERNANTES NA LEGÍTIMA ATUAÇÃO FUNCIONAL, a bem dos INTERESSES DA COLETIVIDADE, e precisam dispor de proteção constitucional contra arbítrios disciplinares de autoridades administrativas superiores, porventura tendentes a expulsar o servidor do cargo sem justa causa, apenas em nome de PROPÓSITOS ESCUSOS DESATENDIDOS OU DE PURA RETALIAÇÃO.

Em sua disciplina histórica no direito brasileiro,[1203] a estabilidade significa a garantia do servidor contra a perda do cargo

---

[1201] FREITAS, Juarez. *O controle dos atos administrativos e os princípios fundamentais*. 3. ed. rev. e atual. São Paulo: Malheiros, 2004. p. 195.

[1202] SILVA, José Afonso da. *Curso de direito constitucional positivo*. 11. ed. São Paulo: Malheiros, 1996. p. 676.

[1203] A Emenda Constitucional nº 19/98 (Reforma Administrativa), porém, veio flexibilizar o instituto da estabilidade para que o servidor público estável se sujeite a mais duas hipóteses de perda do cargo. A primeira é o caso de insuficiência verificada em *avaliação periódica de desempenho* (art. 41, §1º, III, da Carta Magna), criada em face da adoção do *princípio da eficiência* (inserido pela Emenda Constitucional nº 19/98 ao texto do *caput* do art. 37 da Constituição Federal), por cujo efeito, mesmo depois de aprovado em estágio probatório e de adquirida a estabilidade, o agente público fica submetido à constante aferição de suas condições para permanência no serviço público, conforme seu rendimento no exercício funcional. A outra hipótese de perda do cargo público do servidor estável, acrescentada pela Emenda Constitucional nº 19/98, é a *exoneração em caso de excesso de gastos com pessoal*, prevista no art. 169, *caput* e §§1º a 7º, da Lei Maior, quando, superados os fixados limites de despesa dos entes federativos com o funcionalismo, poderá consumar-se a medida

público, exceto em caso de decisão judicial transitada em julgado ou de processo administrativo em que lhe seja assegurada ampla defesa, com o fito de assegurar a permanência do agente administrativo no serviço público para o regular desempenho de suas atribuições, em nome do interesse público, sem subordinação a casuísmos políticos ou desvios de comando das autoridades superiores.

Esse quadro de reconhecimento de GARANTIA FUNCIONAL, ou seja, de proteção para o INDEPENDENTE EXERCÍCIO DO CARGO sob o norte do INTERESSE PÚBLICO, foi o que ensejou decisão do Supremo Tribunal Federal contra o desempenho de atividades em agências reguladoras por celetistas (ADIn nº 2.310-1-DF), mas exclusivamente por servidores que desfrutem das garantias do REGIME ESTATUTÁRIO, DE CARGO PÚBLICO.

O rompimento do vínculo institucional com o Estado somente se pode dar no caso de prática de irregularidades pelo funcionário, passíveis de imposição de sanções disciplinares administrativas, ou de sentença condenatória (perda do cargo público em ação de improbidade administrativa, ou por efeito acessório de condenação criminal).

O colendo Supremo Tribunal Federal admitiu a perda do cargo, em processo administrativo disciplinar, com previsão legal expressa julgada constitucional, por DESEMPENHO INSUFICIENTE DE SERVIDOR ESTÁVEL:

> É constitucional a norma legal pela qual se impõe demissão por ineficiência no serviço público, apurada em processo administrativo disciplinar, assegurada a ampla defesa. Hipótese prevista no inc. II do §1º do art. 41 da Constituição da República que não equivale à perda de cargo público por avaliação de desempenho a que se refere o inc. III do §1º do art. 41 da Constituição da República. (ADI nº 5.437, Rel. Min. Cármen Lúcia, j. 23.11.2020, P, *DJe*, 3.12.2020)

A Emenda Constitucional nº 19/98 (Reforma Administrativa), porém, veio flexibilizar o instituto da estabilidade para que o servidor público estável se sujeite a mais duas hipóteses de perda do cargo.

---

exoneratória do serviço público de agentes estáveis, depois de reduzidas em pelo menos vinte por cento as despesas com cargos e funções comissionados e após exonerados os servidores sem estabilidade, restando ao agente estável uma simplória indenização de um mês de sua remuneração por ano trabalhado.

A primeira é o caso de insuficiência verificada em AVALIAÇÃO PERIÓDICA DE DESEMPENHO, cujo procedimento deverá ser regrado em lei complementar federal (art. 41, §1º, III, da Carta Magna), criada em face da adoção do PRINCÍPIO DA EFICIÊNCIA (inserido pela Emenda Constitucional nº 19/98 ao texto do *caput* do art. 37 da Constituição Federal), por cujo efeito, mesmo depois de aprovado em estágio probatório e de adquirida a estabilidade, *o agente público fica submetido* à *constante aferição de suas condições para* PERMANÊNCIA NO SERVIÇO PÚBLICO,[1204] *conforme seu rendimento no exercício funcional*, de acordo com recente entendimento do colendo Supremo Tribunal Federal:[1205]

> É constitucional a norma legal pela qual se impõe demissão por ineficiência no serviço público, apurada em processo administrativo disciplinar, assegurada a ampla defesa. Hipótese prevista no inc. II do §1º do art. 41 da Constituição da República que não equivale à perda de cargo público por avaliação de desempenho a que se refere o inc. III do §1º do art. 41 da Constituição da República.

Carlos Alberto Conde da Silva Fraga ainda chama a atenção para a agressão da atipicidade das infrações disciplinares ao próprio princípio do acesso e permanência nos cargos públicos e de obter promoções na carreira, ameaçando a segurança no emprego e a estabilidade, ante o risco de punição do servidor por uma qualquer infração que não se sabe sequer de antemão o que possa ser, resultando de possível ARBITRARIEDADE contra direitos fundamentais.[1206]

A decisão sobre a perda do cargo público de provimento efetivo pelo servidor, portanto, agora em face do VALOR CONSTITUCIONAL E PRINCÍPIO DA ESTABILIDADE,[1207] não pode ser editada sob

---

[1204] FRAGA, Carlos Alberto Conde da Silva. *O poder disciplinar no Estatuto dos Trabalhadores da Administração Pública*: Lei 58/2008: doutrina: jurisprudência. Alfornelos: Petrony, 2011. p. 118; 164-165.

[1205] ADI nº 5.437, Rel. Min. Cármen Lúcia, j. 23.11.2020, P, *DJe*, 3.12.2020.

[1206] FRAGA, Carlos Alberto Conde da Silva. *O poder disciplinar no Estatuto dos Trabalhadores da Administração Pública*: Lei 58/2008: doutrina: jurisprudência. Alfornelos: Petrony, 2011. p. 158-161.

[1207] Não se olvide a lição de Marçal Justen Filho quando insiste que a transformação concreta da realidade social e sua adequação ao modelo constitucional dependem primordialmente do desenvolvimento de atividades administrativas efetivas. O enfoque constitucionalizante acarreta submeter a interpretação jurídica de todas as instituições do direito administrativo a uma compreensão fundada concreta e pragmaticamente nos valores constitucionais (JUSTEN FILHO, Marçal. O direito administrativo de espetáculo. *In*: ARAGÃO, Alexandre

uma fundamentação legalista estrita, mecânica, sem a consideração das CIRCUNSTÂNCIAS DO CASO CONCRETO[1208] (o que confronta as disposições da LINDB, art. 22, *caput* e §1º),[1209] das atenuantes, agravantes e outros parâmetros de INDIVIDUALIZAÇÃO DA PENA (art. 22, §2º, LINDB), numa mera interpretação literal/legalista do art. 132, da Lei federal nº 8.112/1990, com a necessidade + adequação (PROPORCIONALIDADE, LINDB, art. 20, par. único) da medida, em face de outras soluções alternativas (LINDB, art. 20, par. único) e do cotejo dos efeitos da pena sobre o disciplinado (MOTIVAÇÃO CONSEQUENCIALISTA, art. 20, *caput*, LINDB).

Antes se reclama a análise de uma RESPOSTA ADEQUADA AO SISTEMA JURÍDICO COMO UM TODO,[1210] AOS DIREITOS FUNDAMENTAIS, à juridicidade administrativa, com o sopesamento de que o administrador público não lida meramente com um titular de cargo comissionado, de livre nomeação e provimento, nem de celetista,[1211] mas de pessoa com VÍNCULO PERMANENTE COM O ESTADO, cuja ruptura, de contundentes efeitos sobre o disciplinado,

---

Santos de; MARQUES NETO, Floriano de Azevedo (Coord.). *Direito administrativo e seus novos paradigmas*. Belo Horizonte: Fórum, 2012. p. 83).

[1208] Max Möller apregoa que pode suceder um complexo confronto de razões axiológicas em prol e contra a aplicação da regra, o que será avaliado pelo intérprete, deixando-se de aplicar, como razão hermenêutica, a solução prevista pela regra quando não é adequada para a realização do bem jurídico que colima proteger, conquanto com maior ônus argumentativo do intérprete, da mesma forma que pode ocorrer o afastamento da regra quando necessária sua invalidação no caso concreto, mesmo que em abstrato a norma se mostre válida, ou seja, quando as circunstâncias do caso concreto tornem intolerável o atrito com uma norma hierarquicamente superior (MÖLLER, Max. *Teoria geral do neoconstitucionalismo*: bases teóricas do constitucionalismo contemporâneo. Porto Alegre: Livraria do Advogado, 2011. p. 268-269).

[1209] "Art. 22. Na interpretação de normas sobre gestão pública, serão considerados os obstáculos e as dificuldades reais do gestor e as exigências das políticas públicas a seu cargo, sem prejuízo dos direitos dos administrados. §1º Em decisão sobre regularidade de conduta ou validade de ato, contrato, ajuste, processo ou norma administrativa, serão consideradas as circunstâncias práticas que houverem imposto, limitado ou condicionado a ação do agente (Incluído pela Lei nº 13.655, de 2018)".

[1210] Como admoesta Lenio Streck, "o texto da regra não resiste à Constituição (e sua principiologia)", advertindo que a resposta hermenêutica correta é aquela adequada à Constituição (STRECK, Lenio. *Verdade e consenso*: constituição, hermenêutica e teorias discursivas. 4. ed. São Paulo: Saraiva, 2012. p. 340; 351).

[1211] Os quais ainda assim são protegidos pela vedação de dispensa sem justa causa. No Recurso Extraordinário nº 589.998, o Plenário do STF concluiu que, "em atenção aos princípios da impessoalidade e isonomia, que regem a admissão por concurso público, a dispensa do empregado de empresas públicas e sociedades de economia mista que prestam serviços públicos deve ser motivada". O entendimento foi de que deve ser assegurado que esses princípios, observados no momento da admissão, "sejam também respeitados por ocasião da dispensa".

reclama SOBEJA, CONGRUENTE E SÓLIDA MOTIVAÇÃO pela FACTICIDADE (PRIMADO DA REALIDADE,[1212] CONTEXTUALIZAÇÃO[1213] da decisão em face da situação concreta, LINDB, art. 22, *caput* e §1º), sem a adoção de uma SOLUÇÃO ÚNICA (rechaçada pela doutrina[1214] [1215] [1216] à luz da LINDB, art. 20, *caput*), apriorística, estandarizada, padrão, eventualmente incompatível com os princípios da razoabilidade, proporcionalidade, individualização da pena, tendo em vista que, segundo Torres,[1217] o Estado democrático de direito é eminentemente orientado a valores e, por conseguinte, tendencialmente principialista.

5.6.5 Direito de proteção da honra do servidor

A Constituição Federal de 1988 (art. 5º, X)[1218] protege a honra das pessoas, o que abrange os servidores públicos, os quais têm o direito, como profissionais que em regra consagram suas vidas ao serviço do Estado, no caso dos titulares de cargo de provimento efetivo, de não terem seu nome e sua honra profissional maculados, contundentemente, por uma pena disciplinar máxima imposta de forma mecânica.

[1212] MAFFINI, Rafael. LINDB, Covid-19 e sanções administrativas aplicáveis a agentes públicos. In: MAFFINI, Rafael; RAMOS, Rafael (Coord.). *Nova LINDB*: consequencialismo, deferência judicial, motivação e responsabilidade do gestor público. Rio de Janeiro: Lumen Juris, 2020. p. 203.

[1213] SOUZA, Rodrigo Pagani de; ALENCAR, Letícia Lins de. O dever de contextualização na interpretação e aplicação do direito público. In: VALIATI, Thiago Priess; HUNGARO, Luis Alberto; CASTELLA, Gabriel Morettini e (Coord.). *A Lei de Introdução e o direito administrativo brasileiro*. Rio de Janeiro: Lumen Juris, 2019. p. 51.

[1214] ANDRADE, Fábio Martins de. *Comentários à Lei nº 13.655/2018*: proposta de sistematização e interpretação conforme. Rio de Janeiro: Lumen Juris, 2019. p. 153.

[1215] SOUZA, Rodrigo Pagani de; ALENCAR, Letícia Lins de. O dever de contextualização na interpretação e aplicação do direito público. In: VALIATI, Thiago Priess; HUNGARO, Luis Alberto; CASTELLA, Gabriel Morettini e (Coord.). *A Lei de Introdução e o direito administrativo brasileiro*. Rio de Janeiro: Lumen Juris, 2019. p. 62.

[1216] NIEBUHR, Pedro; OLIVEIRA, Claudia Ladeira de; MEDEIROS, Isaac Kofi. Controle e deferência judicial à Administração Pública (...). In: MAFFINI, Rafael; RAMOS, Rafael (Coord.). *Nova LINDB*: consequencialismo, deferência judicial, motivação e responsabilidade do gestor público. Rio de Janeiro: Lumen Juris, 2020. p. 81.

[1217] TORRES, Silvia Faber. *A flexibilização do princípio da legalidade no direito do estado*. Rio de Janeiro; São Paulo: Renovar, 2012. p. 37.

[1218] "Art. 5º [...] X - são invioláveis a intimidade, a vida privada, a honra e a imagem das pessoas, assegurado o direito a indenização pelo dano material ou moral decorrente de sua violação; [...]".

Bulos[1219] ensina que A HONRA é um bem imaterial de pessoas físicas, protegida pela Carta de 1988. Traduz-se pelo *sentimento de dignidade própria* (honra interna ou subjetiva), aprovação social, REPUTAÇÃO E BOA FAMA (honra exterior ou objetiva).

David Duarte[1220] prega que a norma do DIREITO AO BOM NOME E REPUTAÇÃO é uma sinonímia de HONORABILIDADE e concerne à consideração da pessoa na sua dignidade e RESPEITO PERANTE OS OUTROS, SUA RESPEITABILIDADE, PRESTÍGIO.

Alice Monteiro de Barros[1221] afiança a proteção da honra com a VALORAÇÃO DA PERSONALIDADE DA PARTE DE MEMBROS DA SOCIEDADE, a boa reputação que compreende a estima política, profissional e de outros âmbitos de respeitabilidade, além do sentimento que a pessoa tem de sua própria dignidade – sua honra objetiva, o conjunto de valores morais, como retidão, probidade, lealdade, comuns às pessoas em geral e que o indivíduo atribui a si mesmo.

Outro aspecto é que a demissão lança labéu, mácula, que não pode ser elidido(a) do nome abalado do servidor punido, atingindo-lhe a honra,[1222] até porque a sua expulsão dos quadros da Administração Pública chega pela imprensa ao conhecimento geral, hoje inclusive com a publicação em sítios eletrônicos de nomes de

---

[1219] BULOS, Uadi Lammêgo. *Curso de direito constitucional*. 16. ed. São Paulo: SaraivaJur, 2023. p. 450.

[1220] DUARTE, David. *A norma de legalidade procedimental administrativa*: a teoria da norma e a criação de normas de decisão na discricionariedade instrutória. Coimbra: Almedina, 2006. p. 853-854.

[1221] BARROS, Alice Monteiro de. *Curso de direito do trabalho*. 2. ed. São Paulo: LTR, 2006. p. 608.

[1222] "A honra de uma pessoa (tal qual protegida como direito fundamental pelo art. 5º, X da CF) consiste num bem tipicamente imaterial, vinculado à noção de dignidade da pessoa humana, pois diz respeito ao bom nome e à reputação dos indivíduos. [...] o direito à honra, na condição de direito fundamental expressamente positivado, [...] direito ao bom nome e/ou à reputação [...] O direito à honra, a defesa do bom nome e a reputação insere-se no âmbito da assim chamada integridade e inviolabilidade moral [...] o bem jurídico protegido pelo direito à honra é o apreço social, a boa fama e a reputação do indivíduo, ou seja, seu merecimento aos olhos dos demais, o que se costuma designar de honra objetiva (o conceito social sobre o indivíduo), de um ponto de vista subjetivo (que, à evidência, guarda relação com a face objetiva), a honra guarda relação com o sentimento pessoal de autoestima, ou seja, do respeito de cada um por si próprio e por seus atributos físicos, morais e intelectuais. [...] O direito à honra protege, nessa perspectiva, a reputação da pessoa e a consideração de sua integridade como ser humano por terceiros e pelo próprio titular do direito (honra subjetiva), destinando-se a salvaguardar o indivíduo de expressões ou outras formas de intervenção no direito que possam afetar o crédito e o sentimento de estima e inserção social de alguém" (SARLET, Ingo Wolfgang: MITIDIERO, Daniel; MARINONI, Luiz Guilherme. *Curso de direito constitucional*. 9. ed. São Paulo: Saraiva Educação, 2020. p. 494-495).

servidores demitidos, quando não sucede que a infração disciplinar envolve fatos notórios de interesse político nacional, em que jornalistas nas redes de televisão, ou populares/*influencers* de redes sociais/internet chegam a cobrar a demissão do agente público faltoso, em meio a fatos de conflagração eleitoral de partidos ou candidatos adversários figadais.

A própria LEI DE ABUSO DE AUTORIDADE (Lei federal nº 13.869/2019), reconhecendo o constrangimento e dano moral causado ao servidor público pelo *manejo*/INSTAURAÇÃO DE PROCESSO ADMINISTRATIVO DISCIPLINAR (SEM JUSTA CAUSA), *quando praticadas pelo agente com a finalidade específica de* PREJUDICAR OUTREM OU BENEFICIAR A SI MESMO OU A TERCEIRO, ou, ainda, POR MERO CAPRICHO OU SATISFAÇÃO PESSOAL (art. 1º, §1º), prevê como crime:

    a) requisitar instauração ou instaurar procedimento investigatório de infração penal ou administrativa, em desfavor de alguém, à falta de qualquer indício da prática de crime, de ilícito funcional ou de infração administrativa: "Pena – detenção, de 6 (seis) meses a 2 (dois) anos, e multa (art. 27), ressalvando que não há crime quando se tratar de sindicância ou investigação preliminar sumária, devidamente justificada" (art. 27, parágrafo único);

    b) dar início ou proceder à persecução penal, civil ou administrativa sem justa causa fundamentada ou contra quem se sabe inocente: "Pena – detenção, de 1 (um) a 4 (quatro) anos, e multa" (art. 30).

O sistema disciplinar agasalha a preservação do bom nome e da honra do profissional, entre outros valores. Nesse prisma, Mauro Roberto Gomes de Mattos endossa sob a ótica da vedação de instauração de processos disciplinares sem justa causa:

> Os procedimentos disciplinares entram também nessa escalada, pois é vedada a instituição de inquérito disciplinar genérico, em que ACUSAÇÕES VAGAS SERVEM PARA INICIAR UMA DEVASSA NA VIDA DO AGENTE PÚBLICO NO AFÃ DE ENCONTRAR-SE PROVA DE PSEUDOCONDUTA ILÍCITA. A sociedade clama por uma justiça administrativa séria e que, antes de mais nada, respeite os direitos e as prerrogativas dos acusados. Não é lícito e nem factível que ainda ocorram ACUSAÇÕES GENÉRICAS contra a honra de quem quer que seja. O direito não permite procedimentos de caráter aberto, SEM QUE

HAJA JUSTA CAUSA, contra agentes públicos que renderão ou não espaço na mídia contra seus nomes. Essa garantia de inviolabilidade da intimidade, da honra e da imagem das pessoas retira do administrador a discricionariedade de INSTAURAR PROCEDIMENTO DISCIPLINAR CONTRA SERVIDOR PÚBLICO SEM UM MÍNIMO DE INDÍCIO OU PLAUSIBILIDADE DE ACUSAÇÃO. Não se admite a acusação genérica, sem justa causa.[1223]

Fábio Medina Osório expõe pertinentes notas sobre esse tipo de abuso contra o servidor e sua honra profissional:

> Note-se que a INVESTIGAÇÃO ABUSIVA, COM DESVIO DE FINALIDADE OU DE PODER, é passível de caracterização típica quando imputa à pessoa, sabidamente inocente, qualquer ilícito, penal ou administrativo. [...]. [...] É claro que, se uma autoridade INSTAURA PROCEDIMENTO ou ação judicial contra outrem, SABENDO-O INOCENTE ou quando assim deveria presumir, não importa se para alcançar fins ilícitos, associados, inclusive, a sentimentos invisíveis de preconceitos ou busca de exposição na mídia, ou porque se trata de pessoa inapta às funções, estará exposta à LGIA, induvidosamente. Nesse caso, pensamos que também há possibilidade de exame acerca do enquadramento penal na figura da denunciação caluniosa, em que o sujeito ativo pode ser funcionário público, tratando-se de ilícitos doloso. Não há imunidades absolutas em favor dos agentes políticos. [...] As ATUAÇÕES ESTATAIS ABUSIVAS, TANTO NA INSTAURAÇÃO TEMERÁRIA DE PROCEDIMENTOS ADMINISTRATIVOS INVESTIGATÓRIOS quanto no ajuizamento ou processamento de ações baseadas em argumentos ou provas grosseiramente inadequadas, podem ensejar responsabilidade dos agentes públicos à luz da LGIA. O próprio art. 11 da LGIA permite essa tipologia normativa mais abrangente. [...] Reprimir condutas transgressoras projetadas por erros teratológicos ou grosseiros, no campo investigativo, significa aperfeiçoar os mecanismos de controle do Estado sobre seus próprios agentes. Fomentar espaços mais reduzidos às AVENTURAS PROCESSUAIS, QUE PODEM DESTRUIR A HONRA OU A IMAGEM PROFISSIONAL DE PESSOAS FÍSICAS ou jurídicas, alimentando ambientes ineficientes, significa fomentar a qualidade das atuações institucionais do Estado que investiga, acusa e cobra responsabilidades. Os valores jurídicos em jogo são importantes,

---

[1223] MATTOS, Mauro Roberto Gomes de. *O limite da improbidade administrativa*: o direito dos administrados dentro da Lei n. 8.429/92. 4. ed. rev. e atual. Niterói: Impetus, 2009. p. 133.

relacionando-se ao ideário republicano que projeta funcionários públicos responsáveis, honestos e técnicos.[1224]

Leda Maria Messias da Silva e Lanaira da Silva[1225] inscrevem que o DIREITO À HONRA representa *o valor íntimo do homem como a estima dos outros, a consideração social, o bom nome ou a boa fama, o sentimento ou consciência da própria dignidade pessoal.*

A jurisprudência referente à coibição de danos à honra e dignidade dos servidores públicos reprova a divulgação de investigações de fatos ainda incertos quando da abertura de procedimento disciplinar. O Tribunal Regional Federal da 4ª Região decidiu:

> A Portaria que dá ampla divulgação à imputação de fatos graves à honra e dignidade do servidor, sem qualquer apuração ou comprovação prévia das acusações, importa em flagrante desvio da finalidade do processo, violando direitos personalíssimos constitucionalmente protegidos e justificando a indenização pelos danos morais sofridos.[1226]

Sebastião José Lessa registra que o princípio do devido processo legal protege o servidor contra a ação estatal desarrazoada e arbitrária, que se manifesta ante a INSTAURAÇÃO DE PROCEDIMENTO APURADOR OU APENATÓRIO SEM A EXISTÊNCIA DE JUSTA CAUSA, OU DA IMPUTAÇÃO DE ILÍCITOS SEM SUSTENTAÇÃO FÁTICA OU JURÍDICA, patenteando-se constrangimento ilegal nessas situações.[1227]

Basta lembrar que a INSTAURAÇÃO DE PROCESSO ADMINISTRATIVO DISCIPLINAR CORRESPONDE A UMA ACUSAÇÃO, SIM, DE PRÁTICA DE ILÍCITO FUNCIONAL, a despeito de depender de aprofundamento e confirmação pela via processual em regime contraditorial, modo por que *A DEMONSTRAÇÃO DE QUE A CONCLUSÃO ACUSATÓRIA ERA IMPROCEDENTE OU FALSA JUSTIFICA O DEVER DE INDENIZAR OS DANOS MORAIS*

[1224] OSÓRIO, Fábio Medina. *Teoria da improbidade administrativa.* São Paulo: Revista dos Tribunais, 2007. p. 334-336.
[1225] SILVA, Leda Maria Messias da; SILVA, Lanaira da. *O assédio moral na administração pública*: um livro em prol da extinção dessa praga. São Paulo: LTR, 2015. p. 65.
[1226] AC – Apelação Cível nº 689177, Processo: 200170000364375/PR, 3ª Turma, decisão de 22.02.2005, *DJU*, p. 657, 30 mar. 2005, Rel. Des. Federal Carlos Eduardo Thompson Flores Lenz.
[1227] LESSA, Sebastião José. *Temas práticos de direito administrativo disciplinar.* Brasília: Brasília Jurídica, 2005. p. 164.

À *REPUTAÇÃO DO SERVIDOR INJUSTAMENTE PROCESSADO*, ainda mais em caso de improcedente atribuição ao acusado de condutas vexatórias, como de cometer conduta escandalosa na repartição, de improbidade administrativa, de se valer do cargo para lograr proveito próprio em detrimento da dignidade da função pública, de corrupção, de incontinência pública, entre outras imputações graves, que ecoam no meio do funcionalismo, dos colegas de trabalho do funcionário, atingindo sua dignidade, sua honra, seu amor próprio, sua qualidade de bom agente público, sua probidade.

O conselho disciplinar precisa sentir sobre si o peso do manto da justiça, ciente de que está indiretamente a orientar o julgamento de um processo punitivo, no qual não apenas se discute acerca da indisponível preservação do interesse público quanto ao respeito pelas normas disciplinares que regem a conduta funcional dos servidores estatais, mas ainda se cogita da PESSOA HUMANA DO ACUSADO, SUA HONRA E ATÉ SUA SOBREVIVÊNCIA, pois que até lhe poderá ser imposta, se o caso, penalidade de demissão ou cassação de aposentadoria, com a PERDA DA FONTE DE RENDA DO FUNCIONÁRIO E DOS SEUS DIREITOS REFERENTES AO REGIME PREVIDENCIÁRIO ESPECIAL PÚBLICO,[1228] no caso dos titulares de cargo efetivo (o processo administrativo disciplinar pode também ser instaurado contra apenas ocupantes de cargos comissionados).

A propósito, constitui *crime a representação por ato de improbidade contra agente público ou terceiro beneficiário, quando o autor da denúncia o sabe inocente,* passível de pena de detenção de seis a dez meses e multa, além de o denunciante estar sujeito a indenizar o denunciado pelos danos materiais, morais ou à imagem que houver provocado (art. 19, *caput* e par. único, Lei Federal nº 8.429/92, Lei de Improbidade Administrativa).

[1228] A despeito de alguns doutrinadores defenderem o caráter contributivo do direito à aposentadoria como fundamento da sua subsistência mesmo em caso de perda do cargo público a título de demissão, o Supremo Tribunal Federal, conquanto em julgado não muito recente, trilhou outro entendimento: "Não obstante o caráter contributivo de que se reveste o benefício previdenciário, o Tribunal tem confirmado a aplicabilidade da pena de cassação de aposentadoria". Precedente (MS nº 23.299, Rel. Min. Sepúlveda Pertence, *DJ*, 12.4.2002).

Comenta Mauro Roberto Gomes de Mattos sobre o dispositivo:

> O presente art. 19 coloca um freio na atuação irresponsável do titular da ação de improbidade administrativa, que não pode utilizar da sua faculdade de ingresso na Justiça, se sabedor da inocência de quem é alçado à condição de réu. Vamos mais além: entendemos que mesmo que o autor da ação não tenha certeza da inocência do réu, mas se o seu pleito é lastreado em meras suspeitas, sem provas ou indícios concretos, e mesmo na dúvida ele ingressa com a lide temerária, está caracterizada a infringência ao art. 19 da LIA, pois o dispositivo em debate tem por objeto evitar ações aventureiras. A aventura de uma ação insubsistente possui o condão de possibilitar o nascimento de uma chaga de injustiça, reprimida pela lei e pelo direito.[1229]

Julgou a Segunda Turma Recursal dos Juizados Especiais Cíveis e Criminais da Justiça do Distrito Federal:

> A imputação de conduta abusiva e ilegal a policial civil, no estrito exercício do dever legal, não comprovada após abertura de processo administrativo disciplinar e processo criminal, tendo havido rejeição da queixa-crime e arquivamento do processo administrativo, por constatada a regularidade do ato guerreado; efetivamente, é imputação a causar gravame à honra, constrangimentos e situação vexatória, configurando o dano moral.[1230]

Decidiu a Primeira Turma Recursal dos Juizados Especiais Cíveis e Criminais do Distrito Federal:

> CIVIL – INDENIZAÇÃO – DANO MORAL – ABERTURA DE SINDICÂNCIA – FALSA COMUNICAÇÃO DE DELITO ADMINISTRATIVO – DANO MORAL CARACTERIZADO – RECURSO IMPROVIDO. Não se confunde a comunicação de um fato que deva ser apurado com a imputação direta de falta funcional a outrem sem que haja provas suficientes de autoria e materialidade. Neste sentido restou evidenciado o constrangimento indevido que sofreu o autor perante familiares e colegas de trabalho por um ato ilícito não comprovado. Dano moral caracterizado, é dever de indenizar do réu.[1231]

[1229] MATTOS, Mauro Roberto Gomes de. *O limite da improbidade administrativa*: o direito dos administrados dentro da Lei n. 8.429/92. 4. ed. rev. e atual. Niterói: Impetus, 2009. p. 645.
[1230] Tribunal de Justiça do Distrito Federal e Territórios, Apelação Cível no Juizado Especial nº 20030110928355ACJ DF, registro do acórdão número: 215245, j. 11.05.2005, Rel. Juiz Alfeu Machado, *DJU*, p. 112, 6.6.2005.
[1231] Rel. Esdras Neves, *DJU*, p. 317, 21.5.2007.

Mauro Roberto Gomes de Mattos anota sobre o dano moral decorrente da injusta instauração de processo administrativo disciplinar contra o servidor público:

> O dano moral fica invencivelmente demonstrado pela humilhação e tristeza com que foi acometido o agente público, indevidamente alçado à condição de acusado, com reflexo no âmbito das relações familiares, sociais e profissionais, respingando na reputação, no bom nome, na imagem da vítima perante terceiros. O aumento de intensidade dessa dor é facilmente verificado pela condição de agente público da vítima, em que a sociedade, com toda razão, menospreza o corrupto. Assim, o agente público tido como devasso, mesmo o seu acusador sabendo que ele é inocente, sofre intensamente com essa injúria, cabendo ao irresponsável denunciante, no mínimo, o dever de indenizar o dano moral e também o dano material, caso existente este último.[1232]

Egberto Maia Luz arremata: "GRAVE, TAMBÉM, É A IMPUTAÇÃO FEITA PELO AGENTE DO PODER PÚBLICO A QUALQUER SERVIDOR, ATRIBUINDO-LHE FALTA FUNCIONAL SEM, NO ENTANTO, PROVÁ-LA".[1233]

No direito português, o comportamento irresponsável é tão abominado que é previsto como causa de demissão a denúncia falsa dolosamente formulada para prejudicar outro colega ou servidor.[1234]

[1232] MATTOS, Mauro Roberto Gomes de. *O limite da improbidade administrativa*: o direito dos administrados dentro da Lei n. 8.429/92. 4. ed. rev. e atual. Niterói: Impetus, 2009. p. 648.

[1233] LUZ, Egberto Maia. *Direito administrativo disciplinar*: teoria e prática. São Paulo: José Bushatsky, 1977. p. 195.

[1234] "Artigo 18 Demissão e despedimento por facto imputável ao trabalhador 1 – As penas de demissão e de despedimento por facto imputável ao trabalhador são aplicáveis em caso de infracção que inviabilize a manutenção da relação funcional, nomeadamente aos trabalhadores que: [...] f) Dolosamente participem infracção disciplinar supostamente cometida por outro trabalhador; [...] SUBSECÇÃO II Fase de instrução do processo Artigo 40 Participação ou queixa 1 – Todos os que tenham conhecimento de que um trabalhador praticou infracção disciplinar podem participá-la a qualquer superior hierárquico daquele. 2 – Quando se verifique que a entidade que recebeu a participação ou queixa não tem competência para instaurar procedimento disciplinar, aquelas são imediatamente remetidas à entidade competente para o efeito. [...] 5 – As participações ou queixas verbais são sempre reduzidas a escrito por quem as receba. 6 – Quando conclua que a participação é infundada e dolosamente apresentada no intuito de prejudicar o trabalhador ou que contém matéria difamatória ou injuriosa, a entidade competente para punir participa o facto criminalmente, sem prejuízo de instauração de procedimento disciplinar quando o participante seja trabalhador a que o presente Estatuto é aplicável. [...] Artigo 41 Despacho liminar 1 – Assim que seja recebida participação ou queixa, a entidade competente para instaurar procedimento disciplinar decide se a ele deve ou não haver lugar. 2 – Quando entenda que não há lugar a procedimento disciplinar, a entidade referida no número anterior manda arquivar a participação ou queixa. 3 – No caso contrário, instaura ou determina que

Se a INSTAURAÇÃO DE PROCESSO ADMINISTRATIVO DISCIPLINAR SEM JUSTA CAUSA, ou a divulgação precipitada de fatos ainda pendentes de apuração, já configura dano moral à honra do servidor afetado (OU EVENTUALMENTE ATÉ CRIME DE ABUSO DE AUTORIDADE, Lei federal nº 13.869/2019, arts. 27 e 30),[1235] muito maior é a repercussão de se exercitar o poder vinculado sem maior reflexão, como adverte Marcondes,[1236] e com a imposição de uma pena disciplinar máxima de perda do cargo ou da aposentadoria ou da situação de disponibilidade por meio de uma decisão mecânica, como pontua Figueiredo,[1237] legalista, de fundo positivista, sem acurada prudência e motivação da adequação, racionalidade e congruência da sanção à luz dos direitos fundamentais, da juridicidade administrativa, DOS VALORES CONSTITUCIONAIS, da demonstração de INEQUÍVOCA NECESSIDADE DE RUPTURA DO VÍNCULO FUNCIONAL E DE PERDA DE CONFIANÇA NA PESSOA DO FUNCIONÁRIO DISCIPLINADO (necessidade e adequação da medida sancionadora, art. 20, par. único, Lei de Introdução às Normas do Direito Brasileiro).[1238]

---

se instaure procedimento disciplinar. 4 – Quando não tenha competência para aplicação da pena e entenda que não há lugar a procedimento disciplinar, a entidade referida no nº 1 sujeita o assunto a decisão da entidade competente".

[1235] "Art. 27. Requisitar instauração ou instaurar procedimento investigatório de infração penal ou administrativa, em desfavor de alguém, à falta de qualquer indício da prática de crime, de ilícito funcional ou de infração administrativa: (Vide ADIN nº 6.234) (Vide ADIN nº 6.240) Pena - detenção, de 6 (seis) meses a 2 (dois) anos, e multa. Parágrafo único. Não há crime quando se tratar de sindicância ou investigação preliminar sumária, devidamente justificada. [...] Art. 30. Dar início ou proceder à persecução penal, civil ou administrativa sem justa causa fundamentada ou contra quem sabe inocente: Pena - detenção, de 1 (um) a 4 (quatro) anos, e multa".

[1236] Ricardo Marcondes Martins, na ótica do poder vinculado no direito administrativo, chega a acentuar que, como o legislador não pode antever todas as peculiaridades de cada caso concreto, a sua ponderação não pode ser tomada como absoluta, impondo-se à Administração, ao aplicar a lei, o dever de promover nova ponderação para apurar "qual princípio, diante das circunstâncias, apresenta maior peso: o concretizado pela lei ou o que se opõe a ela" (MARTINS, Ricardo Marcondes. *Efeitos dos vícios do ato administrativo*. São Paulo: Malheiros, 2008. p. 89).

[1237] Cabe aí a cátedra de Lúcia Valle Figueiredo no sentido de que o conceito de vinculação entra em crise e deve se sujeitar à radical revisão no quanto apregoava a exclusão da efetiva e operante participação intelectual da Administração nos juízos necessários para cada agir, sob a premissa de que existe uma vontade do legislador precisa, que a Administração deve realizar, para cujo efeito deve agir não como máquina, mas como ser inteligente que, entendido o valor da norma, entendido em seu fim, liga-o ao fato e a tal ligação ajusta a sua ação (FIGUEIREDO, Lucia Valle. *Curso de direito administrativo*. 5. ed. rev., atual. e ampl. São Paulo: Malheiros, 2001. p. 200).

[1238] "Art. 20. [...] Parágrafo único. A motivação demonstrará a necessidade e a adequação da medida imposta ou da invalidação de ato, contrato, ajuste, processo ou norma administrativa, inclusive em face das possíveis alternativas (Incluído pela Lei nº 13.655, de 2018)".

É fundamental, destarte, a análise do caso concreto[1239] e suas plenas circunstâncias (FACTICIDADE, REALIDADE), a teor da Lei de Introdução às Normas do Direito Brasileiro (art. 22, *caput* e §1º),[1240] antes de a autoridade formular uma decisão impositiva de penalidade extremada, medida gravíssima que não pode decorrer de mecanicidade decisória, conforme admoesta Juarez Freitas,[1241] mas de sobejamente fundamentada avaliação decisória por parte do hierarca competente, o qual lança grave mácula sobre a honra profissional e o bom nome, muitas vezes, de servidor primário, com bons antecedentes, e que não pode sofrer a pecha de cometimento de infração disciplinar gravíssima sem a demonstração sólida e firme de robustos motivos fáticos e jurídicos.

O Estatuto dos Servidores Públicos da União, enaltecendo o valor da honra e do bom nome do servidor, admite mesmo a revisão de processos administrativos disciplinares já encerrados, por iniciativa de parentes de disciplinado falecido, reconhecendo-se o interesse dos sucessores de preservar a reputação profissional/ pessoal histórica do ente querido já morto.

Com efeito, ainda que não seja o caso de os familiares obterem favores legais de natureza previdenciária, é justo que os familiares do servidor finado possam requerer a revisão do processo administrativo

---

[1239] Calha ouvir Marçal Justen Filho quando ensina que uma das peculiaridades do princípio da proporcionalidade consiste no reconhecimento de que a solução jurídica não pode ser produzida por meio do isolamento do aplicador em face da situação concreta: "Não é possível extrair a solução pelo simples exame de textos legais abstratos. O intérprete tem o dever de avaliar os efeitos concretos e efetivos potencialmente derivados da adoção de certa alternativa. Deverá selecionar aquela que se configurar como a mais satisfatória, não do ponto de vista puramente lógico, mas em vista da situação real existente" (JUSTEN FILHO, Marçal. *Curso de direito administrativo*. 10. ed. rev., atual. e ampl. São Paulo: Revista dos Tribunais, 2014. p. 168.)

[1240] "Art. 22. Na interpretação de normas sobre gestão pública, SERÃO CONSIDERADOS OS OBSTÁCULOS E AS DIFICULDADES REAIS DO GESTOR e as exigências das políticas públicas a seu cargo, sem prejuízo dos direitos dos administrados (Regulamento). §1º Em decisão sobre regularidade de conduta ou validade de ato, contrato, ajuste, processo ou norma administrativa, SERÃO CONSIDERADAS AS CIRCUNSTÂNCIAS PRÁTICAS QUE HOUVEREM IMPOSTO, LIMITADO OU CONDICIONADO A AÇÃO DO AGENTE".

[1241] Juarez Freitas adverte que a vinculação, no mundo concreto, está condicionada não só à legalidade, que afugentaria os juízos de conveniência, senão aos princípios constitucionais, entendidos na sua dimensão superior: "Assim, haverá de sempre ser tomado em consideração o princípio da legalidade, porém de modo jamais excludente ou inflacionado a ponto de depreciar ou desvincular a autoridade administrativa dos demais princípios. A reserva legal não pode ser a negação da fundamentalidade dos princípios. Tampouco deve haver subsunção automática da lei ao caso" (FREITAS, Juarez. *O controle dos atos administrativos e os princípios fundamentais*. 3. ed. rev. e atual. São Paulo: Malheiros, 2004. p. 212-213).

disciplinar, devido ao predito INTERESSE DE PRESERVAR O BOM NOME, A DIGNIDADE E A MEMÓRIA HONRADA DO FUNCIONÁRIO FALECIDO, motivo de a oportunidade de demonstrar a inocência do ente querido ser deferida aos parentes do injustamente punido.

É por isso que, em caso de falecimento, ausência ou desaparecimento do servidor, qualquer pessoa da família poderá apresentar o pedido revisional (art. 174, §1º, Lei federal nº 8.112/90). Na hipótese de insanidade mental do funcionário apenado, compete ao seu curador formular o pleito pertinente (art. 174, §2º, Lei federal nº 8.112/90).

Compreende-se a possibilidade de reapreciação do feito disciplinar a qualquer tempo, desde que presentes os pressupostos especiais de admissibilidade, sob a consideração de que a reabilitação moral do servidor punido pode surtir, além de efeitos financeiros, se formulado nos prazos prescricionais dos pleitos contra a Administração Pública, UMA RESTAURAÇÃO DA HONRA PESSOAL DO EX-FUNCIONÁRIO DEMITIDO, por exemplo, o qual pretende VER SEU NOME LIMPO DA NÓDOA LANÇADA PELA PUNIÇÃO DISCIPLINAR DESCABIDA, APESAR DE IMPOSTA HÁ MUITOS ANOS, do mesmo modo que – sublinhe-se – os familiares do agente apenado já morto podem ostentar legítimo interesse em preservar a honra do ente querido injustamente censurado, valendo-se de provas ou elementos capazes de desfazer os efeitos da sanção administrativa.

Muitas vezes, gerações de uma família, filho, pai e avô, seguem a mesma trilha profissional no serviço público, mediante investidura no mesmo cargo efetivo por meio de concurso público, como delegados de polícia, juízes de direito, promotores de justiça, procuradores de Estado, auditores da Fazenda Pública etc., motivo por que o descendente mais jovem pode, trabalhando no mesmo órgão onde laborou o seu progenitor punido, ter interesse moral em demonstrar a inocência do avô quanto à reprimenda disciplinar de demissão ou suspensão de 90 dias imposta, porque o neto pode sentir constrangimento pelo fato de o nome familiar ter sido maculado por uma sanção considerada injusta e descabida. Daí a possibilidade de parentes requererem a instauração de feito revisional do processo administrativo originário, com o escopo de reabilitar moralmente o nome do falecido funcionário pré-morto, dignificando-lhe a memória.

Daí que novamente o VALOR CONSTITUCIONAL DA PRESERVAÇÃO DA HONRA PROFISSIONAL E DO BOM NOME

DO SERVIDOR deve ser ponderado pela autoridade decisora de processo administrativo disciplinar, a qual não pode se adstringir a invocar uma mera previsão apriorística do art. 132, da Lei federal nº 8.112/1990, sem paralela incursão na razoabilidade, proporcionalidade (NECESSIDADE e ADEQUAÇÃO da medida sancionadora, art. 20, par. único, Lei de Introdução às Normas do Direito Brasileiro),[1242] pessoalidade, da pena administrativa máxima em vista das PECULIARIDADES DO CASO CONCRETO (FACTICIDADE, REALIDADE), a teor da Lei de Introdução às Normas do Direito Brasileiro (art. 22, *caput* e §1º),[1243] na medida em que, segundo Freitas,[1244] em matéria de atos vinculados, deles se pode dizer que, havendo riscos de violações irreparáveis, ou de difícil reparação, dos princípios, impõe-se deixar de praticá-los, visto que a vinculação é uma necessidade condicionada pelo sistema jurídico.

Calha a advertência de Vinício Ribeiro sobre a relevância da honra para os servidores públicos:

> A honra está historicamente associada com ideias de consideração, estima e glória, liga-se à existência de dignidades e magistraturas públicas, recompensas, ornamentos e vestuário que levantam aquele que as possui acima dos restantes membros da comunidade. [...] elenco de valores éticos que cada pessoa humana possui tais como o carácter, a lealdade, a probidade, a rectidão, ou seja, a dignidade subjetiva, o patrimônio pessoal e interno de cada um.[1245]

[1242] "Art. 20. [...] Parágrafo único. A motivação demonstrará a necessidade e a adequação da medida imposta ou da invalidação de ato, contrato, ajuste, processo ou norma administrativa, inclusive em face das possíveis alternativas (Incluído pela Lei nº 13.655, de 2018)".

[1243] "Art. 22. Na interpretação de normas sobre gestão pública, SERÃO CONSIDERADOS OS OBSTÁCULOS E AS DIFICULDADES REAIS DO GESTOR e as exigências das políticas públicas a seu cargo, sem prejuízo dos direitos dos administrados (Regulamento). §1º Em decisão sobre regularidade de conduta ou validade de ato, contrato, ajuste, processo ou norma administrativa, SERÃO CONSIDERADAS AS CIRCUNSTÂNCIAS PRÁTICAS QUE HOUVEREM IMPOSTO, LIMITADO OU CONDICIONADO A AÇÃO DO AGENTE".

[1244] FREITAS, Juarez. *O controle dos atos administrativos e os princípios fundamentais*. 3. ed. rev. e atual. São Paulo: Malheiros, 2004. p. 212-213.

[1245] RIBEIRO, Vinício A. P. *Estatuto disciplinar dos funcionários públicos comentado*. 3. ed. Coimbra: Coimbra Ed., 2006. p. 284.

5.7 Exemplos de situações que permitem afastar a regra (solução decisória legislativa abstrata) da pena disciplinar máxima, a despeito do enquadramento formal dos fatos no art. 132, da Lei federal nº 8.112/1990, em razão da facticidade do caso

Cabe, pois, em certos e vários casos em princípio sujeitos a penas máximas numa literal aplicação do art. 132, da Lei federal nº 8.112/1990, que a autoridade administrativa aplique, em nome do princípio constitucional da proporcionalidade ou individualização da penalidade, pena de suspensão, exemplificativamente quando, por exemplo:
a) não há prática de improbidade nem ruptura da confiança depositada na pessoa do infrator pela Administração, nem severa demonstração de indignidade profissional ou pessoal;
b) não existe desvio ou aproveitamento das vantagens do cargo para fins pessoais próprios ou de terceiros, sem grave desonestidade funcional;
c) não há crime doloso contra a Administração Pública;
d) o bem jurídico disciplinar tutelado não chegou efetivamente a ser ofendido ou ameaçado na verdade;
e) não há prejuízos consideráveis ao erário, nem enriquecimento sem causa, violência contra servidores ou cidadãos ou demonstração de intolerável falta de idoneidade.

Nohara[1246] exemplifica como excessiva/injustificada a demissão na exemplificativa situação de funcionária que pratica uma "CONDUTA ESCANDALOSA" NA REPARTIÇÃO, MAS QUE NÃO CAUSOU DANOS AO SERVIÇO PÚBLICO, SENDO QUE ELA TEM EXCELENTES ANTECEDENTES FUNCIONAIS, SENDO UMA SERVIDORA DEDICADA E QUE APRESENTA ELEVADO RENDIMENTO NAS ATIVIDADES QUE DESENVOLVE.

Por exemplo, em outra situação real ocorrida na Administração Pública acerca do exercício de GERÊNCIA OU ADMINISTRAÇÃO

[1246] NOHARA, Irene Patrícia. 5 passos para a superação de um processo administrativo disciplinar "medieval". *Irene Nohara – Direito Administrativo*, 13 jun. 2014. Disponível em: http://blog.direitoadm.com.br/o-que-fazer-casosdireitoadministrativo/5-passos-para-superacao-de-um-processo-administrativo-disciplinar-medieval/.

DE SOCIEDADE COMERCIAL/EMPRESÁRIA (art. 132, XIII, c.c. art. 117, X, da Lei federal nº 8.112/90), havia os seguintes dados no processo administrativo disciplinar pertinente:
a) o servidor acusado contava com mais de 25 anos de serviços prestados à Administração Pública;
b) o disciplinado era mero sócio-cotista de sociedade de responsabilidade limitada, em estabelecimento comercial mal conduzido (de baixíssima atuação empresarial/comercial), com pouca dedicação gerencial; o estabelecimento possuía, oficialmente, na prática, um verdadeiro gerente empregado atuante e contratado como de direito; o funcionário estatal raramente comparecia à sede da loja de que é sócio-cotista; a entidade privada não celebrou contratos com o erário nem disputou licitações com o órgão a que pertence o servidor; o agente público já transferira a participação na sociedade empresarial a terceiros há mais de cinco anos antes do julgamento do processo disciplinar;
c) os atos imputados ao servidor processado foram os seguintes: procedeu à cobrança de uma dívida extrajudicial, pessoalmente; teria contratado um ou dois empregados (atos episódicos de administração);
d) O ACUSADO: JAMAIS FALTOU AO SERVIÇO NA REPARTIÇÃO PÚBLICA; CUMPRIA REGULARMENTE SUAS FUNÇÕES ADMINISTRATIVAS NA ADMINISTRAÇÃO PÚBLICA; RECEBEU VÁRIOS ELOGIOS FUNCIONAIS.

Todas essas circunstâncias foram sopesadas, ao final, para um julgamento contrário à demissão do serviço público por prática de atos de administração social isolados, pois, apesar de em tese estar formalmente prevista (numa hipótese de poder relativamente vinculado) no art. 132, XIII, c.c. art. 117, X, da Lei Federal nº 8.112/90,[1247] a PENA DISCIPLINAR MÁXIMA seria exacerbada e DESARRAZOADA no caso, sobretudo ante a FALTA DE

[1247] "Art. 117. Ao servidor é proibido: [vide Medida Provisória nº 2.225-45, de 4.9.2001] [...] X - participar de gerência ou administração de sociedade privada, personificada ou não personificada, exercer o comércio, exceto na qualidade de acionista, cotista ou comanditário; (Redação dada pela Lei nº 11.784, de 2008) [...] Art. 132. A demissão será aplicada nos seguintes casos: [...] XIII - transgressão dos incisos IX a XVI do art. 117".

INCOMPATIBILIDADE COM O CARGO E A AUSÊNCIA DE PREJUÍZOS AO EXERCÍCIO FUNCIONAL.

A aplicação mecânica (mito da resposta única, falácia da onipotência do legislador) do art. 132, da Lei federal nº 8.112/1990, reclamaria a DESPROPORCIONAL/INADEQUADA DEMISSÃO do servidor, enquanto AS PECULIARIDADES DO CASO CONCRETO revelavam que a pena disciplinar máxima se afigurava, ao contrário, incompatível com os princípios da individualização da pena, da proporcionalidade, da RAZOABILIDADE.

Diante disso, a Procuradoria-Geral do Distrito Federal entendeu, em parecer, pelo cabimento de pena de suspensão de 90 dias, em vez de demissão, na apreciação desse quadro fático no Processo Administrativo nº 052.002.427/2010/Distrito Federal.

NÃO BASTA UM MERO ENQUADRAMENTO FORMAL NO TIPO DISCIPLINAR (art. 132, XIII, c.c. art. 117, X, da Lei Federal nº 8.112/90), PARA SE IMPOR, SEM MAIOR RIGOR DE MOTIVAÇÃO, A PENALIDADE ADMINISTRATIVA MÁXIMA DE DEMISSÃO.

DEVE, AO CONTRÁRIO DA PROVIDÊNCIA MECÂNICA NÃO DEVIDAMENTE EXPLICADA NA MAGNITUDE PERTINENTE A UMA EXPULSÃO DO SERVIÇO PÚBLICO, OU A UMA CASSAÇÃO DE APOSENTADORIA, HAVER UMA JUSTIFICADA REPULSA DA ADMINISTRAÇÃO PÚBLICA QUANTO À GRAVIDADE DA CONDUTA, no que se refere à IMPOSSIBILIDADE DE PERMANÊNCIA DO INFRATOR NOS QUADROS DA ADMINISTRAÇÃO PÚBLICA e acerca da IMPOSSIBILIDADE DE REPROVAÇÃO SANCIONADORA DE MENOR GRAVIDADE EM FACE DAS CIRCUNSTÂNCIAS DO CASO.

Outras situações teóricas exemplificativas: o fato de um servidor, ocupante de cargo de PADIOLEIRO, OU DE AUXILIAR DE ENFERMAGEM DE HOSPITAL PÚBLICO FEDERAL, ACEITAR EMPREGO DE IGUAL NATUREZA, OFERECIDO POR PARTE DE ESTADO ESTRANGEIRO em organização filantrópica por este mantida, deve determinar, *ipso facto*, a demissão do funcionário da União? Pela aplicação do art. 132, XIII, c.c. art. 117, XIII, da Lei federal nº 8.112/1990,[1248] a pena cabível seria a demissão, em caso

---

[1248] "Art. 132. A demissão será aplicada nos seguintes casos: [...] XIII - transgressão dos incisos IX a XVI do art. 117. [...] Art. 117. Ao servidor é proibido: (*Vide* Medida Provisória nº 2.225-45, de 4.9.2001) [...] XIII - aceitar comissão, emprego ou pensão de estado estrangeiro; [...]".

de aparente poder disciplinar vinculado (se interpretado em grau absoluto, inarredável). Mas a sanção máxima é ajustada ao caso? A resposta é compatível com o sistema jurídico-constitucional como um todo? O BEM JURÍDICO PROTEGIDO PELO ESTATUTO É A FIDELIDADE AO PAÍS E O INTERESSE E SEGURANÇA NACIONAL.[1249] Não se esqueça.

Por isso, pergunta-se: *HOUVE, NO CASO, TODAVIA, RISCO À SEGURANÇA NACIONAL, QUEBRA DE SIGILO DE INFORMAÇÕES PRIVILEGIADAS?* É ofuscante que NÃO. A reprimenda extrema não seria harmônica com a Constituição e sua principiologia.[1250]

A conduta nem sequer se compagina com o propósito da norma jurídica (*rule's purpose*),[1251] ou seja, não está presente a *ratio essendi* (a razão de ser da regra), na situação, a gravíssima violação do dever de preservar a segurança da Nação e do Estado brasileiro em face de um contraposto interesse ESTRANGEIRO.

Não haveria justificativa para, desproporcional/desarrazoadamente/imotivadamente, impor a drástica perda do cargo público ou da aposentadoria a um servidor efetivo numa CONDUTA QUE NEM SEQUER AMEAÇOU O BEM JURÍDICO TUTELADO PELA NORMA JURÍDICA DISCIPLINAR (SEGURANÇA NACIONAL), em razão do que reluz a temeridade da tese de obrigação inarredável (poder vinculado em grau absoluto, Súmula nº 650/STJ) do exercício do poder disciplinar e da punição máxima a partir do simples enquadramento formal dos fatos na regra (art. 132, XIII, c.c. art. 117, XIII, da Lei federal nº 8.112/1990).

Em razão disso, Karl Engisch, depois de assinalar que *não se deve contemplar no direito "a expressão da vontade caprichosa de um déspota, mas o produto de ponderações racionais"*, enfatiza que *a INDAGAÇÃO DOS VALORES SUBJACENTES ÀS REGRAS JURÍDICAS é de máxima importância para "A CORRECTA COMPREENSÃO E PARA A DETERMINAÇÃO DO CONTEÚDO DE TAIS REGRAS".*[1252]

[1249] "Art. 117. Ao servidor é proibido: [*vide* Medida Provisória nº 2.225-45, de 4.9.2001] [...] XIII - aceitar comissão, emprego ou pensão de estado estrangeiro; [...] Art. 132. A demissão será aplicada nos seguintes casos: [...] XIII - transgressão dos incisos IX a XVI do art. 117".

[1250] STRECK, Lenio. *Verdade e consenso*: constituição, hermenêutica e teorias discursivas. 4. ed. São Paulo: Saraiva, 2012. p. 340; 351.

[1251] ÁVILA, Humberto. *Teoria dos princípios*: da definição à aplicação dos princípios jurídicos. 14. ed. atual. São Paulo: Malheiros, 2013. p. 81; 84.

[1252] ENGISCH, Karl. *Introdução ao pensamento jurídico*. Lisboa: Fundação Calouste Gulbenkian, [s.d.]. p. 47.

No caso das regras disciplinares, insta apurar quais valores justificam a reprovação da conduta tipificada como falta grave, passível de pena máxima em tese, cotejando-se, no caso concreto, SE A AÇÃO OU OMISSÃO EFETIVAMENTE OFENDEU GRAVEMENTE O BEM OU INTERESSE JURÍDICO PROTEGIDO PELA NORMA, em vez de se proceder a uma aplicação do direito positivo administrativo com fundamento em VALORES ABSTRATOS,[1253] por subsunção formalista e segundo o MITO DA RESPOSTA ÚNICA, sem sequer confrontar a REALIDADE, a FACTICIDADE, as ESPECIFICIDADES DO CASO CONCRETO, a teor da Lei de Introdução às Normas do Direito Brasileiro (art. 22, *caput* e §1º),[1254] ainda mais em se cuidando de penas máximas de perda de cargo público efetivo ou de aposentadoria.

De todo diferente seria a apreciação dos fatos, de outro prisma, por exemplo, no caso de um AGENTE DA AGÊNCIA BRASILEIRA DE INTELIGÊNCIA QUE ACEITE REPASSAR INFORMAÇÕES PRIVILEGIADAS NACIONAIS A OUTRO PAÍS NO EXERCÍCIO DE EMPREGO EM EMBAIXADA, com possível risco ou inconveniência para os interesses territoriais, comerciais, militares ou econômicos do Brasil.

Será que tanto num caso como noutro a autoridade administrativa deve adotar a medida demissória, indistintamente, de forma mecânica, na aplicação automatizada do art. 132, à revelia do caso concreto e suas circunstâncias? Segundo a Súmula nº 650/STJ, sim! Em tese, sim.

A lógica, o bom senso passam ao largo dessa exegese, *data vênia*.

Veja-se mais um exemplo da desarrazoabilidade em que deságua a interpretação do poder vinculado absoluto na inflição de penas máximas no processo administrativo disciplinar.

[1253] A Exposição de Motivos do Novo Código de Procedimento Administrativo de Portugal, no mesmo traçado da Lei de Introdução às Normas do Direito Brasileiro (LINDB, art. 20, *caput*, ao repelir soluções abstratas no direito administrativo), encima que "HOUVE, DESIGNADAMENTE, A PREOCUPAÇÃO DE EVITAR SOLUÇÕES PURAMENTE LOGICISTAS".

[1254] "Art. 22. Na interpretação de normas sobre gestão pública, SERÃO CONSIDERADOS OS OBSTÁCULOS E AS DIFICULDADES REAIS DO GESTOR e as exigências das políticas públicas a seu cargo, sem prejuízo dos direitos dos administrados (Regulamento). §1º Em decisão sobre regularidade de conduta ou validade de ato, contrato, ajuste, processo ou norma administrativa, SERÃO CONSIDERADAS AS CIRCUNSTÂNCIAS PRÁTICAS QUE HOUVEREM IMPOSTO, LIMITADO OU CONDICIONADO A AÇÃO DO AGENTE".

Qual é o risco para a SEGURANÇA NACIONAL que determinaria a demissão de um ocupante de CARGO PÚBLICO DE MOTORISTA DE VEÍCULOS OFICIAIS, lotado em repartição no interior, em pequeno município, apenas porque, para conseguir sustentar a família, ACEITOU EMPREGO DE MOTORISTA DE UM CONSULADO OU REPRESENTAÇÃO DIPLOMÁTICA DE UM PAÍS COM BOAS RELAÇÕES CONSULARES COM O BRASIL?

Deve-se demitir o servidor, *ipso facto*, porque aceitou emprego de estado estrangeiro? Mesmo que não tenha ocorrido qualquer vulneração do interesse nacional ou traição da pátria, nenhum gravame ao Estado brasileiro?

Somente por uma medida formalista silogística, de subsunção mecânica, para aplicar pena máxima inadequada e desnecessária, não motivada devidamente?

Nesse contexto, impende trazer a lume a lição do administrativista luso Pedro Costa Gonçalves:[1255]

a) o regime disciplinar decorre de interesses como a ordem e o correto funcionamento da instituição ou do grupo em causa, a organização e a imagem de um serviço, o prestígio de uma atividade ou profissão etc.;

b) a finalidade do ilícito disciplinar e da aplicação de sanções disciplinares já não consiste primacialmente na punição dos infratores; as sanções disciplinares visam a outros objetivos, e, em especial, procuram a efetiva reintegração do interesse público violado; o que conta não é a simples transgressão, que se vai punir, mas antes ou também a realização de finalidades específicas de interesse público, como a recuperação da boa ordem do serviço, o correto funcionamento da organização, a imagem da instituição ou a reputação de uma profissão, valores atingidos ou perturbados pelo cometimento da infração.

Ora, se a conduta do servidor não representou, na verdade, perturbação real ao funcionamento da instituição ou à ordem do serviço, nem comprometimento da imagem da Administração Pública, não malferiu o interesse público, não ofendeu valores do ordenamento jurídico, não há como se justificar uma punição

---

[1255] GONÇALVES, Pedro Costa. *Manual de direito administrativo*. Coimbra: Almedina, 2019. v. 1. p. 1.075.

máxima nesse contexto, apesar de uma meramente formal tipificação jurídica do fato.

Importa novamente ouvir a nota do jurista escocês Neil MacCormick:

> A exigência da justiça formal consiste em tratarmos casos semelhantes de modo semelhante, e casos diferentes de modo diferente; e dar a cada um o que lhe é devido. [...] a escolha de obedecer à justiça formal em tais questões é uma escolha entre o racional e o arbitrário na condução das relações humanas, e ao afirmar como princípio fundamental que os seres humanos deveriam ser racionais em lugar de arbitrários na condução de seus assuntos públicos e sociais.[1256]

Na verdade, a própria *defeasibilty* ou o reconhecimento de *cancelling facts* num caso concreto, ou seja, de CIRCUNSTÂNCIAS EXCEPCIONAIS QUE JUSTIFICAM A DESAPLICAÇÃO DA REGRA APARAMENTE APLICÁVEL NUMA PERSPECTIVA INICIAL DO CASO JURÍDICO, como defende MÖLLER,[1257] atende aos reclamos do próprio PRINCÍPIO DA IGUALDADE EM DIFERENCIAR SITUAÇÕES, sobretudo em se tratando de possível violação de direitos do servidor, exposto a sofrer pena máxima por fato não proporcionalmente grave, numa (des)consideração (que seria irracional, ilógica) das especificidades presentes.

Nessa ótica, vale a lembrança do administrativista lusitano Pedro Moniz Lopes:

> O PRINCÍPIO DA IGUALDADE DETERMINA QUE, EM TODAS AS SITUAÇÕES HIPOTIZÁVEIS EM QUE SE ENCONTREM REALIDADES EM COMPARAÇÃO, DEVER-SE-Á TRATAR IGUALMENTE AS REALIDADES IGUAIS E DESIGUALMENTE AS REALIDADES DESIGUAIS.[1258]

[1256] MACCORMICK, Neil. *Argumentação jurídica e teoria do direito*. São Paulo: Martins Fontes, 2006. p. 93; 97.

[1257] "Nem sempre a solução predeterminada na regra é a que será aplicada ao caso concreto", cabendo ao intérprete afastar a regra que regula *prima facie* a situação fática vertente, demonstrando os motivos que o levam a fazê-lo, na medida em que as regras possuem dimensões axiológicas que permitem a consideração de aspectos concretos e individuais, que serão decisivos para a respectiva aplicação" (MÖLLER, Max. *Teoria geral do neoconstitucionalismo*: bases teóricas do constitucionalismo contemporâneo. Porto Alegre: Livraria do Advogado, 2011. p. 270).

[1258] LOPES, Pedro Muniz. *Princípio da boa-fé e decisão administrativa*. Coimbra: Almedina, 2011. p. 93.

Mais outra ilustração da ilogicidade da tese posta na Súmula nº 650/STJ, com a mais respeitosa vênia, a qual, demais, termina restringindo em demasia a zona de discussão no controle jurisdicional de validade dos atos administrativos praticados no processo administrativo disciplinar.

Tornando ao exemplo da irrazoabilidade da tese esposada na Súmula nº 650/STJ, um DOCENTE UNIVERSITÁRIO FEDERAL QUE ACEITE EMPREGO DE PROFESSOR DE PORTUGUÊS EM CONSULADO ESTRANGEIRO deve ser DEMITIDO POR RISCO OU AMEAÇA À SEGURANÇA NACIONAL, pela mecânica aplicação do art. 117, XIII, c.c. art. 132, XIII, da Lei federal nº 8.112/1990?

Salta aos olhos a incompatibilidade de uma resposta sancionadora máxima num caso desses, ferindo o DEVER DE RACIONALIDADE NAS DECISÕES DA ADMINISTRAÇÃO PÚBLICA, no que vale citar Robert Alexy[1259] ao registrar que *NÃO SE PRETENDE QUE DECISÕES JURÍDICAS SEJAM CORRETAMENTE FUNDAMENTÁVEIS DE UM MODO ABSOLUTO, MAS SIM QUE SEJA POSSÍVEL, NO CONTEXTO DO RESPECTIVO ORDENAMENTO JURÍDICO VÁLIDO, FUNDAMENTÁ-LAS DE FORMA CORRETA, O QUE OCORRE QUANDO ELAS PODEM SER FUNDAMENTADAS RACIONALMENTE, LEVANDO-SE EM CONSIDERAÇÃO A LEI, O PRECEDENTE, A DOGMÁTICA*.

Ainda outro exemplo.

Um servidor de um outro órgão, que não conhece ninguém no departamento de trânsito estadual, solicita a transferência de veículo de sua filha, mediante procuração por ela outorgada, sem exercício de atividade remunerada, nem profissional/habitual, sem projetar INFLUÊNCIA PARA ACELERAR OU OBTER QUALQUER TIPO DE PRIVILÉGIO/FAVORECIMENTO NA TRAMITAÇÃO ADMINISTRATIVA DA FORMALIDADE, que é atendido por senha eletrônica e espera sua vez como qualquer outro cidadão, deve ser demitido por ATUAR COMO PROCURADOR JUNTO A REPARTIÇÕES PÚBLICAS (alguns estatutos disciplinares condenam com demissão o servidor que atua como procurador junto a repartições públicas, como é o caso do art. 117, XI, c.c. art. 132, XIII, da Lei federal nº 8.112/1990)?[1260]

[1259] ALEXY, Robert. *Teoria discursiva do direito*. Tradução de Alexandre Travessoni Gomes Trivisonno. Rio de Janeiro: Forense Universitária, 2014. p. 268.
[1260] "Art. 117. Ao servidor é proibido: [*vide* Medida Provisória nº 2.225-45, de 4.9.2001] [...] XI - atuar, como procurador ou intermediário, junto a repartições públicas, salvo quando se

É evidente que a norma em apreço rechaça é a figura do SERVIDOR LOBISTA, do que SE SERVE DAS FACILIDADES, CONHECIMENTOS, AMIZADES, INFLUÊNCIA E PENETRAÇÃO NA REPARTIÇÃO, PROPORCIONADOS POR SEU CARGO PÚBLICO E POR SUA CONDIÇÃO DE SERVIDOR DO ESTADO, PARA OSTENSIVAMENTE FACILITAR E AGILIZAR O DEFERIMENTO DE PLEITOS, do que age como um despachante, do que desembaraça processos administrativos em troca de recompensas financeiras. É para essas situações que a demissão se aplica.

O que o preceptivo considera punível com penalidade máxima (perda do cargo ou da aposentadoria ou disponibilidade) é a conduta análoga ao crime contra a Administração Pública DE ADVOCACIA ADMINISTRATIVA (art. 321, Código Penal).[1261]

Cezar Roberto Bitencourt alinha sobre a advocacia administrativa:[1262]

a) a ação incriminada consiste em PATROCINAR (advogar, proteger, defender), direta ou indiretamente, interesse privado (do particular) perante a Administração Pública, valendo-se da qualidade de funcionário, isto é, APROVEITANDO-SE DA FACILIDADE DE ACESSO JUNTO A SEUS COLEGAS E DA CAMARADAGEM, CONSIDERAÇÃO OU INFLUÊNCIA DE QUE GOZA ENTRE ESTES;

b) com o PRESTÍGIO que tem no interior das repartições públicas, e a facilidade de acesso às informações ou troca de favores, a interferência de um funcionário público, patrocinando interesse privado de alguém, RETIRA A IMPARCIALIDADE E A ISENÇÃO que a Administração Pública deve manter na administração do interesse público;

c) o que se reprime efetivamente é o patrocínio do interesse privado, que pode, inclusive, chocar-se com os próprios

---

tratar de benefícios previdenciários ou assistenciais de parentes até o segundo grau, e de cônjuge ou companheiro; [...]".

[1261] "Advocacia administrativa: Art. 321. Patrocinar, direta ou indiretamente, interesse privado perante a administração pública, valendo-se da qualidade de funcionário: Pena - detenção, de um a três meses, ou multa. Parágrafo único - Se o interesse é ilegítimo: Pena - detenção, de três meses a um ano, além da multa".

[1262] BITENCOURT, Cezar. *Código Penal comentado*. 5. ed. São Paulo: Saraiva, 2009. p. 1048.

interesses da Administração, especialmente na forma qualificada em que o interesse é ilegítimo.

Situação idêntica foi julgada pelo colendo Superior Tribunal de Justiça:[1263]

> 3. A configuração da ADVOCACIA ADMINISTRATIVA pressupõe que O SERVIDOR, USANDO DAS PRERROGATIVAS E FACILIDADES RESULTANTES DE SUA CONDIÇÃO DE FUNCIONÁRIO PÚBLICO, patrocine, como procurador ou intermediário, interesses alheios perante a Administração. [...]
> 5. Hipótese em que O RECORRENTE TERIA PROTOCOLADO, PARA TERCEIROS, UMA ÚNICA VEZ, UM PEDIDO DE TRANSFERÊNCIA DE UM ÚNICO VEÍCULO na CIRETRAN, *sem notícia de que estivesse auferindo alguma vantagem por isso ou se utilizando do cargo que ocupava para obter algum benefício.*

O festejado criminalista Nelson Hungria[1264] aponta que *a advocacia administrativa compreende, para o patrocínio direto ou por interposta pessoa* (PATROCINAR É AMPARAR, DEFENDER, ADVOGAR, PLEITEAR), *de interesse de terceiros perante a Administração Pública,* o MANEJO DA QUALIDADE DE AGENTE PÚBLICO E A DECORRENTE FACILIDADE DE ACESSO JUNTO AOS COLEGAS, A CAMARADAGEM, USO DA CONSIDERAÇÃO OU INFLUÊNCIA PERANTE OS PARES.

Hungria preleciona que *PATROCINAR É PROTEGER, FAVORECER, FACILITAR. É FAZER DEFESAS, ELABORAR REQUERIMENTOS, CONVERSAR E TRATAR COM OS FUNCIONÁRIOS DE QUE SE PODE VALER*. O funcionário criminoso pode agir abertamente ou na sombra.[1265]

Nota-se que não caberia, portanto, a demissão como pena máxima automática, formalista, em virtude do mero enquadramento dos fatos na hipótese de atuar como procurador junto a repartições públicas, SE O SERVIDOR, no exemplo, NÃO OFENDEU NEM DE LONGE O BEM JURÍDICO TUTELADO PELA REGRA, porquanto agiu por dever de consciência ou familiar, sem manejo de qualquer influência ou proveito em decorrência do posto titularizado na Administração Pública.

[1263] RMS nº 20665/SC, 5ª Turma, j. 5.11.2009.
[1264] HUNGRIA, Nelson. *Comentários ao Código Penal*. Rio de Janeiro: Forense, 1958. v. IX. p. 376; 381-382.
[1265] NORONHA, E. Magalhães. *Direito penal*. 24. ed. São Paulo: Saraiva, 2003. v. 4. p. 276.

Situação muito similar foi julgada pelo colendo Superior Tribunal de Justiça:[1266]

> 3. A CONFIGURAÇÃO DA ADVOCACIA ADMINISTRATIVA PRESSUPÕE QUE O SERVIDOR, USANDO DAS PRERROGATIVAS E FACILIDADES RESULTANTES DE SUA CONDIÇÃO DE FUNCIONÁRIO PÚBLICO, patrocine, como procurador ou intermediário, interesses alheios perante a Administração. [...]
> 5. Hipótese em que o recorrente teria PROTOCOLADO, PARA TERCEIROS, UMA ÚNICA VEZ, UM PEDIDO DE TRANSFERÊNCIA DE UM ÚNICO VEÍCULO NA CIRETRAN, SEM NOTÍCIA DE QUE ESTIVESSE AUFERINDO ALGUMA VANTAGEM POR ISSO OU SE UTILIZANDO DO CARGO QUE OCUPAVA PARA OBTER ALGUM BENEFÍCIO.

Note-se que a cultura da resposta única, abstrata, invariável, presa ao mito da onipotência/onisciência do legislador (ao definir a decisão da Administração Pública em todas as situações), SEM SEQUER CONHECER A PECULIARIDADE DE CADA CASO CONCRETO, demonstra-se manifestamente inadequada em muitas situações da realidade, como ensina Lacombe:[1267]

a) para a hermenêutica, não se trata de pensar o direito de forma abstrata, independentemente da sua realização, uma vez que é o problema que incita o direito, mas sim *pensar o problema como centro de gravidade de toda discussão jurídica;*

b) O JUSTO E O RAZOÁVEL JURIDICAMENTE, PARA CADA SITUAÇÃO, É DETERMINADO PELO DIREITO APLICADO; O DIREITO CONCRETIZADO;

c) ao contrário dessas posições monolíticas, o que se aponta agora, sob o viés da pós-modernidade, é que, no lugar do universal, encontra-se o histórico; no lugar do simples, o complexo; NO LUGAR DO ÚNICO, O PLURAL; NO LUGAR DO ABSTRATO, O CONCRETO; E NO LUGAR DO FORMAL, O RETÓRICO;

d) a lógica formal não serve mais ao direito, porque a solução jurídica não se restringe a uma operação puramente teórico-silogística. A SUBSUNÇÃO DOS FATOS

[1266] RMS nº 20665/SC, 5ª Turma, j. 5.11.2009.
[1267] CAMARGO, Margarida Maria Lacombe. *Hermenêutica e argumentação*: uma contribuição ao estudo do direito. 3. ed. Rio de Janeiro: Renovar, 2003. p. 250-251.

À REGRA GERAL (QUE FUNCIONA COMO AXIOMA) PODE PRODUZIR UM RESULTADO FORMALMENTE LÓGICO, MAS NÃO ADEQUADO À REALIDADE. Ou ainda, na cátedra de Rafael Maffini,[1268] o art. 22 da LINDB, "consagra o 'primado da realidade'", com a exigência de contextualização e produz uma espécie de "pedido de empatia" com o gestor público e com as suas dificuldades, enfrentando também os ônus que o administrador enfrenta.

São apenas ilustrações da INIQUIDADE, INJUSTIÇA, IRRAZOABILIDADE E DESPROPORÇÃO que o manejo irrestrito, obtuso, irredutível, de competência sancionadora disciplinar, a título de vinculação mecânica absoluta (tese da Súmula nº 650/STJ), pode revelar. Novamente, vale escutar o jurista escocês Neil MacCormick:

Pode-se estabelecer um contraste entre o melhor e mais correto entre a equidade e o direito, e isso apenas no sentido de que normas formais do direito positivo podem causar injustiça em sua aplicação, o que pode justificar a criação de exceções à lei para classes de situações às quais, por bons motivos, não deveria ser aplicada a lei previamente promulgada ou estabelecida.[1269]

Daí que relevam as diretrizes e regras da Lei de Introdução às Normas do Direito Brasileiro – LINDB no julgamento do processo administrativo disciplinar e na reflexão sobre o cabimento de pena máxima (demissão ou cassação de aposentadoria/disponibilidade, arts. 132 e 134, Lei federal nº 8.112/1990):

    a)   com o pressuposto de que a INTERPRETAÇÃO E APLICAÇÃO DO DIREITO SE DÁ NO CASO CONCRETO E SUAS ESPECIFICIDADES (FACTICIDADE, REALIDADE),[1270] inclusive a teor da Lei de Introdução às Normas do Direito Brasileiro (art. 22, *caput* e §1º),[1271] como pontilha

---

[1268] MAFFINI, Rafael. LINDB, Covid-19 e sanções administrativas aplicáveis a agentes públicos. *In*: MAFFINI, Rafael; RAMOS, Rafael (Coord.). *Nova LINDB*: consequencialismo, deferência judicial, motivação e responsabilidade do gestor público. Rio de Janeiro: Lumen Juris, 2020. p. 203.

[1269] MACCORMICK, Neil. *Argumentação jurídica e teoria do direito*. São Paulo: Martins Fontes, 2006. p. 125.

[1270] "É evidente que o direito é concretude e que é feito para resolver casos particulares" (STRECK, Lenio. *Verdade e consenso*: constituição, hermenêutica e teorias discursivas. 4. ed. São Paulo: Saraiva, 2012. p. 278).

[1271] "Art. 22. Na interpretação de normas sobre gestão pública, SERÃO CONSIDERADOS OS OBSTÁCULOS E AS DIFICULDADES REAIS DO GESTOR e as exigências das políticas públicas a seu cargo, sem prejuízo dos direitos dos administrados (Regulamento). §1º Em decisão sobre regularidade de conduta ou validade de ato, contrato, ajuste, processo ou

Andrade,[1272] no quanto frisa que a LINDB afeta a motivação dos atos administrativos decisórios com o dever de considerar as circunstâncias do caso concreto, como os OBSTÁCULOS E DIFICULDADES REAIS reportados pelos gestores ou administradores, os ASPECTOS MATERIAIS, TEMPORAIS, ORÇAMENTÁRIOS E DE PESSOAL;

a.1) como admoesta Leonardo Coelho Ribeiro,[1273] O CONTEXTO FÁTICO DA DECISÃO NÃO PODERÁ SER DESCONSIDERADO. A LEI DE INTRODUÇÃO ÀS NORMAS DO DIREITO BRASILEIRO ENCIMA A CONSIDERAÇÃO DA REALIDADE NA APLICAÇÃO DO DIREITO ADMINISTRATIVO SANCIONADOR, como apontam Georghio Tomelin[1274] e Mônica Bandeira de Mello Lefèvre;[1275]

---

norma administrativa, SERÃO CONSIDERADAS AS CIRCUNSTÂNCIAS PRÁTICAS QUE HOUVEREM IMPOSTO, LIMITADO OU CONDICIONADO A AÇÃO DO AGENTE".

[1272] ANDRADE, Fábio Martins de. *Comentários à Lei nº 13.655/2018*: proposta de sistematização e interpretação conforme. Rio de Janeiro: Lumen Juris, 2019. p. 153.

[1273] RIBEIRO, Leonardo Coelho. Comentários gerais ao art. 21 da Lei de Introdução às Normas do Direito Brasileiro (Decreto-Lei n. 4.657/1942, alterado pela Lei n. 13.655/2018). In: *Lei de Introdução às Normas do Direito Brasileiro* – Anotada. São Paulo: Quartier Latin, 2019. v. II. p. 147.

[1274] "[...] A jurídica moderna, inexplicavelmente, tem se afastado dos fatos contextuais a uma realidade normativa encadeada apenas em abstrato do mundo do direito. [...] tem prevalecido a posição individual do aplicador da norma, que deliberadamente ouvidos moucos ou olhos míopes para os fatos que não lhe interessam. [...] o que a LINDB faz é olhar para decretos, instruções, portarias, resoluções, ordens de serviço, circulares, contratos administrativos, e quejandos, no sentido de que sua interpretação não leve a ferro e fogo soluções impossíveis para a lógica do local onde o direito é aplicado. [...] é óbvio que qualquer agente público não pode deixar de considerar os obstáculos reais [...] todos nós estamos agora obrigados a olhar com cuidado a realidade local e o que é possível ou não diante de um quadro material de fatos substantivos. [...] evitar que sejam tiradas conclusões precipitadas sobre a aplicação do ordenamento legal, tachando com incorreções quaisquer condutas ou erros administrativos não grosseiros ou não dolosos. [...] A conjuntura é o elemento sempre presente. [...] Não se promovam decisões arbitrárias desvinculadas da realidade, pois o intérprete não pode agir como alienígena desconectado da vida local e de suas condicionantes de ergonomia do sistema [...] A realidade circunstante que condicionou a prática do ato cuja regularidade esteja sendo analisada precisa ser tomada em consideração. Se fatos demonstram que não poderia ter sido tomada decisão administrativa diversa, diante das circunstâncias, não há como o direito sancionador ser usado para apenar tal conduta. Pela nova LINDB passa a ser inválida uma dosimetria exponencial faça ouvidos moucos para a realidade material circunscrita por todos os órgãos de controle" (TOMELIN, Georghio. Interpretação consequencial e dosimetria conglobante na Nova LINDB. In: *Lei de Introdução às Normas do Direito Brasileiro* – Anotada. São Paulo: Quartier Latin, 2019. v. II. p. 166-175).

[1275] "[...] O legislador com a introdução deste dispositivo desejou que as normas sobre gestão pública não fosse feita de maneira abstrata, mas levasse em conta a realidade administrativa

b) pela vedação de respostas extraídas de valores abstratos[1276] (art. 20, *caput*), como obtempera Andrade:[1277]

A decisão correta não quer dizer outra coisa senão aquela que considerou as particularidades do caso concreto mediante a descrição completa dos elementos fáticos relevantes. Não se trata de uma decisão que seria a expressão da verdade absoluta, *a priori* e abstratamente considerada. Não há, per se, a solução unívoca. Esta é construída no juízo de aplicação da norma e, dessa maneira, *a posteriori*, ou seja, quando, além das normas *prima facie* aplicáveis, tem-se a completa descrição da situação concreta;

b.1) ou ainda como Bitencourt e Leal[1278] sublinham:

> A própria noção de hermenêutica que coloca o *intérprete como sujeito criador da norma*, uma vez que A REALIDADE DA PRÓPRIA ADMINISTRAÇÃO PÚBLICA É TÃO COMPLEXA EM FACE DA MULTIPLICIDADE DE POSSIBILIDADES DE APLICAÇÃO que obviamente *não há como imaginar o discurso da* SEGURANÇA JURÍDICA ABSOLUTA DE UM TEXTO NORMATIVO, uma vez que NÃO SE TRATA DE UMA SOLUÇÃO DEDUTIVA E NEM MESMO DA CONCEPÇÃO DE QUE HAJA UMA ÚNICA RESPOSTA CORRETA, ainda que a argumentação leve a crer que seja a melhor resposta naquele caso. Esse trabalho praticamente artesanal de extrair do texto o sentido da norma é que se torna redundante para não dizer tautológico, que HAVERÁ SEMPRE QUE SE SITUAR EM UMA DADA REALIDADE EM TODA SUA COMPLEXIDADE.

---

fática na qual as decisões são tomadas. [...] Realmente, trata-se de evitar que as instâncias de controle apliquem de forma simplista as normas jurídicas que disciplinam a atividade do gestor público. [...] A complexidade da premissa fática deve ser levada a sério pelo intérprete" (LEFÈVRE, Mônica Bandeira de Mello. A interpretação normativa e a necessária consideração dos direitos dos administrados. In: *Lei de Introdução às Normas do Direito Brasileiro* – Anotada. São Paulo: Quartier Latin, 2019. v. II. p. 180; 182).

[1276] A Exposição de Motivos do Novo Código de Procedimento Administrativo de Portugal, no mesmo traçado da Lei de Introdução às Normas do Direito Brasileiro (LINDB, art. 20, *caput*, ao repelir soluções abstratas no direito administrativo), encima que "HOUVE, DESIGNADAMENTE, A PREOCUPAÇÃO DE EVITAR SOLUÇÕES PURAMENTE LOGICISTAS".

[1277] ANDRADE, Fábio Martins de. *Comentários à Lei nº 13.655/2018*: proposta de sistematização e interpretação conforme. Rio de Janeiro: Lumen Juris, 2019. p. 153.

[1278] BITENCOURT Caroline Müller; LEAL, Rogério Gesta. Consequencialismo das decisões e os valores jurídicos abstratos a partir da Lei 13.655/18: uma análise crítica sob a perspectiva da (in)segurança jurídica. In: MAFFINI, Rafael; RAMOS, Rafael (Coord.). *Nova LINDB*: consequencialismo, deferência judicial, motivação e responsabilidade do gestor público. Rio de Janeiro: Lumen Juris, 2020. p. 116.

c) porque imperiosa a prova da NECESSIDADE E ADEQUAÇÃO (art. 20, par. único),[1279] da sanção disciplinar máxima no caso, na esteira da compreensão do colendo Supremo Tribunal Federal de incidência do princípio da proporcionalidade no processo administrativo disciplinar;[1280]

d) e o exame de penas alternativas (art. 20, par. único),[1281] como a doutrina agudiza[1282] no sentido de que o mínimo que se pode exigir é que os administradores tenham de ponderar sobre "as consequências práticas da decisão" e considerar as "possíveis alternativas", na linha de entendimento de Andrade,[1283] que cita Flávio Unes, em comentários à Lei de Introdução às Normas do Direito Brasileiro, para acentuar que a consideração das possíveis alternativas é o elemento mais inovador, na medida em que, ao invés de apenas mencionar "motivação", densifica sua noção para IMPOR O EXAME – E SUA EXPLICITAÇÃO, OBVIAMENTE DAS CONSEQUÊNCIAS QUE CADA SOLUÇÃO POSSA TRAZER PARA A REALIDADE. Em outras palavras, a decisão ser adequada e legítima quando se revelar menos danosa e mais eficaz se consideradas as alternativas possíveis em determinada

---

[1279] "Art. 20. [...] Parágrafo único. A motivação demonstrará a necessidade e a adequação da medida imposta ou da invalidação de ato, contrato, ajuste, processo ou norma administrativa, inclusive em face das possíveis alternativas (Incluído pela Lei nº 13.655, de 2018)".

[1280] "7. O exercício da competência disciplinar pela Administração Pública sobre os seus servidores não pode ser ilimitado, nem se pode ter o cuidado dessa matéria em lei que não atenda aos direitos fundamentais das pessoas, sequer se legitimando seu regramento em desavença com as garantias do contraditório, da ampla defesa e do devido processo legal ou dos princípios da legalidade, proporcionalidade, da razoabilidade e da dignidade da pessoa humana" (Supremo Tribunal Federal, Plenário, Arguição de Descumprimento de Preceito Fundamental nº 353, Rel. Min. Cármen Lúcia, j. 21.6.2021).

[1281] "Art. 20. [...] Parágrafo único. A motivação demonstrará a necessidade e a adequação da medida imposta ou da invalidação de ato, contrato, ajuste, processo ou norma administrativa, inclusive em face das possíveis alternativas (Incluído pela Lei nº 13.655, de 2018)".

[1282] BILIERI, Mário Dittrich; FALK, Matheus. O controle judicial ablativo e mandamental dos atos administrativos com baixo e médio grau de juridicidade e a Nova Lei de Introdução às Normas do Direito Brasileiro (Lei nº 13.655/2018). In: VALIATI, Thiago Priess; HUNGARO, Luis Alberto; CASTELLA, Gabriel Morettini e (Coord.). *A Lei de Introdução e o direito administrativo brasileiro*. Rio de Janeiro: Lumen Juris, 2019. p. 381.

[1283] PEREIRA, Flávio Henrique Unes. Artigo 20. In: PEREIRA, Flávio Henrique Unes (Coord.). *Segurança jurídica e qualidade das decisões públicas*: desafios de uma sociedade democrática. Brasília: Senado Federal, 2015. p. 17-19 apud ANDRADE, Fábio Martins de. *Comentários à Lei nº 13.655/2018*: proposta de sistematização e interpretação conforme. Rio de Janeiro: Lumen Juris, 2019. p. 153.

situação fática. Afinal, o processo e o direito servem à vida e esta não pode ser atingida sem que sejam mensurados os efeitos de cada solução possível – isso, também, insere-se na dimensão da decisão adequada;

e) a MOTIVAÇÃO CONSEQUENCIALISTA (art. 20, par. único),[1284] como apregoa Phillip Gil França,[1285] quando escreve que aplicar a hermenêutica consequencialista é, antes de tudo, reconhecer a necessidade do outro para o desenvolvimento do todo (e de todos): "quando a interpretação esquece o outro, ela se torna um monólogo em vez de um diálogo"; consequencialismo jurídico tem como finalidade a análise da potencial adequação legal do ato avaliado na realidade concreta de interação humana, e com o meio onde tal atividade acontece, com os valores do direito;

f) em virtude da individualização da penalidade (art. 20, §2º),[1286] ADMITINDO-SE MEDIDA DECISÓRIA MENOS SEVERA, DE FORMA COMPATÍVEL COM A GRAVIDADE MAIOR OU MENOR DA CONDUTA (art. 5º, XLVI, Constituição Federal de 1988; art. 128, Lei Federal nº 8.112/90).[1287]

O legislador exerceu uma ponderação de valores das condutas (*que não é definitiva, obrigatória, absoluta, FORA DA FACTICIDADE DO CASO; DEVE SER CONSIDERADA NAS CIRCUNSTÂNCIAS CONCRETAS*, art. 22, *caput* e §1º, LINDB), sim, ao tipificar as infrações graves sujeitas a penas de rompimento do vínculo funcional ou previdenciário, orientando genericamente a autoridade administrativa no rumo decisório dos processos disciplinares dessa formatação,

---

[1284] "Art. 20. [...] Parágrafo único. A motivação demonstrará a necessidade e a adequação da medida imposta ou da invalidação de ato, contrato, ajuste, processo ou norma administrativa, inclusive em face das possíveis alternativas (Incluído pela Lei nº 13.655, de 2018)".

[1285] FRANÇA, Phillip Gil. Algumas considerações sobre como decidir conforme o consequencialismo jurídico da Lei 13.655/2018. In: MAFFINI, Rafael; RAMOS, Rafael (Coord.). *Nova LINDB*: consenquencialismo, deferência judicial, motivação e responsabilidade do gestor público. Rio de Janeiro: Lumen Juris, 2020. p. 124.

[1286] "Art. 22. [...] §2º Na aplicação de sanções, serão consideradas a natureza e a gravidade da infração cometida, os danos que dela provierem para a administração pública, as circunstâncias agravantes ou atenuantes e os antecedentes do agente".

[1287] "Art. 128. Na aplicação das penalidades serão consideradas a natureza e a gravidade da infração cometida, os danos que dela provierem para o serviço público, as circunstâncias agravantes ou atenuantes e os antecedentes funcionais".

em linha geral, e sempre sob o viés garantista para os servidores quanto à tipicidade das faltas disciplinares, mas a vinculação administrativa (RELATIVA, NÃO ABSOLUTA, NA APLICAÇÃO DE PENAS DISCIPLINARES) deve ser harmônica com os princípios da PROPORCIONALIDADE, RAZOABILIDADE e individualização da pena, tanto que a lei administrativa incluiu parâmetros decisórios para fundamentar a aplicação final, ou não, da pena máxima no caso (art. 128, Lei federal nº 8.112/1990).

Por isso, deve-se cotejar a efetiva gravidade da conduta diante da pena a ser imposta, e, SE A INJUSTIÇA DECORRENTE DA APLICAÇÃO DA LEI EM TESE SE AFIGURAR MANIFESTA, EXCESSIVA, IRRAZOÁVEL, DESPROPORCIONAL, EM FACE DA MENOR GRAVIDADE DA FALTA, O HIERARCA DECISOR DEVE INVOCAR A PROPORCIONALIDADE/RAZOABILIDADE, nos casos inquestionavelmente justificados, para dar uma *RESPOSTA ADEQUADA À CONSTITUIÇÃO* e fazer justiça e apenar os ilícitos na medida cabível.

Diferentemente da tese da Súmula nº 650/STJ, com o devido respeito, pode a autoridade administrativa julgadora do processo administrativo disciplinar *(com maior ônus argumentativo quanto à motivação decisória distinta da provisão geral do legislador, por força das circunstâncias do caso concreto)* deixar de aplicar o dispositivo legal cominador da pena máxima, no que Robert Alexy[1288] sentencia que SEMPRE É POSSÍVEL QUE O CASO DÊ ENSEJO À INCLUSÃO DE UMA NOVA EXCEÇÃO, NA FORMA DE UMA CARACTERÍSTICA NEGATIVA NO ANTECEDENTE DA REGRA. OCORRENDO ISSO, NÃO SERÁ A REGRA, EM SUA FORMULAÇÃO ATÉ CONHECIDA, APLICADA.

A imposição de pena máxima (para motivos de fato que não traduzem compatível nível de gravidade) representa, demais, além de desajuste de razoabilidade, atentado ao próprio PRINCÍPIO DA MOTIVAÇÃO DOS ATOS ADMINISTRATIVOS, a revelar *INCONGRUÊNCIA, ILOGICIDADE, INCOERÊNCIA*, no que traz luzes Paulo Otero:

[1288] ALEXY, Robert. *Teoria discursiva do direito*. Tradução de Alexandre Travessoni Gomes Trivisonno. Rio de Janeiro: Forense Universitária, 2014. p. 175.

A exigência de que a FUNDAMENTAÇÃO DAS DECISÕES ADMINISTRATIVAS NÃO DEVE SER CONTRADITÓRIA, impondo um requisito de CONGRUÊNCIA OU DE COERÊNCIA, enquanto expressão de RACIONALIDADE, determina que O CONTEÚDO DO ACTO SE CONFIGURE COMO UMA CONSEQUÊNCIA LÓGICA DAS RAZÕES DE FACTO OU DE DIREITO INVOCADAS NA SUA JUSTIFICAÇÃO, envolvendo também uma harmonia lógica dos próprios fundamentos entre si, postula a subordinação de todo o juízo ou discurso justificativo a uma regra básica da lógica formal: o princípio da identidade ou da não-contradição.[1289]

Caso contrário, revelar-se-ia aí, sobretudo, uma resposta inadequada à Constituição e que desconsideraria os direitos fundamentais, na máxima de Streck.[1290]

Sucede, nessa situação, o descompasso condenado por Diogo Freitas do Amaral: *"NÃO HÁ, POIS, CORRESPONDÊNCIA ENTRE A SITUAÇÃO ABSTRACTAMENTE DELINEADA NA NORMA E OS PRESSUPOSTOS DE FACTO E DE DIREITO QUE INTEGRAM A SITUAÇÃO CONCRETA SOBRE A QUAL A ADMINISTRAÇÃO AGE"*.[1291]

Pondera Robert Alexy:

> Poder ser considerado como uma proposição verdadeira analiticamente que cada fundamentação ou é correta, acertada ou boa ou, então, falsa, não acertada ou ruim. [...] Como condição mínima para uma fundamentação, que dá bom resultado, de uma sentença judicial deve ser exigido que a decisão seja reconstruível de modo que a sentença resulte logicamente das proposições citadas nos fundamentos, juntamente com proposições lá pressupostas, em que essas proposições (ex falso quod libet) devem ser livres de contradição.[1292]

Por todos os fundamentos declinados, revela-se que a decretação legalista/mecânica da perda do cargo público ou da inatividade remunerada, mediante a imposição de penas máximas pelo

---

[1289] OTERO, Paulo. *Legalidade e administração pública*: o sentido da vinculação administrativa à juridicidade. Coimbra: Almedina, 2011. p. 774.
[1290] STRECK, Lenio. *Verdade e consenso*: constituição, hermenêutica e teorias discursivas. 4. ed. São Paulo: Saraiva, 2012. p. 340; 351.
[1291] AMARAL, Diogo Freitas do. *Curso de direito administrativo*. 2. ed. Coimbra: Almedina, 2011. v. II. p. 430.
[1292] ALEXY, Robert. *Direito, razão, discurso*: estudos para a filosofia do direito. Tradução de Luís Afonso Heck. Porto Alegre: Livraria do Advogado, 2010. p. 19-20.

exercício do poder disciplinar vinculado, *SEM A CONSIDERAÇÃO DAS CIRCUNSTÂNCIAS ESPECÍFICAS DO CASO E DA EFETIVA NOCIVIDADE E GRAVIDADE DA CONDUTA*, se afigura descompassada do PRINCÍPIO CONSTITUCIONAL DA ESTABILIDADE DO SERVIDOR PÚBLICO, a tutela de sua honra, o direito de buscar a felicidade, o direito à previdência social/aposentadoria, proteção dos idosos, e o próprio VALOR DO TRABALHO PARA O FUNCIONÁRIO DE CARREIRA, para a manutenção de sua FAMÍLIA, seu direito ao exercício profissional e à manutenção/PERMANÊNCIA NO POSTO ADMINISTRATIVO,[1293] salvo em caso de irregularidades efetivamente gravíssimas, após um julgamento administrativo que considere, com ROBUSTA MOTIVAÇÃO, a individualização da pena, a PROPORCIONALIDADE e a RAZOABILIDADE da medida sancionadora segundo os parâmetros fáticos da espécie, e não por meio de uma atividade mecânica de aplicação da prévia solução padronizada na regra estatutária sem a devida apreciação do *case* e suas especificidades. Ricardo Marcondes Martins confirma esse entendimento sob a ótica do direito administrativo disciplinário:

> Suponha-se que, diante da prática de determinada falta disciplinar, uma lei exija a aplicação da pena de demissão; os princípios concretizados pela regra instituidora da falta disciplinar não são afastados no caso concreto por princípios opostos, e a pena de demissão mostra-se adequada, necessária e proporcional. Num outro caso, porém, suponha-se que a pena de demissão se mostre inadequada, desnecessária ou desproporcional (a disjunção é necessariamente excludente porque as etapas do procedimento de verificação são subsidiárias) e que, diante das circunstâncias, apenas a advertência mostre-se proporcional. Nas duas hipóteses, a aplicação, respectivamente, das penas de demissão e de advertência é vinculada e, caso não aplicadas pela Administração, poderão, havendo provocação, ser impostas pelo Judiciário.[1294]

Afigura-se, como observado, enorme o risco de o pretexto de exercício autômato de poder disciplinar vinculado render ensejo ao arbítrio e até à perseguição contra um servidor estável antipatizado

---

[1293] FRAGA, Carlos Alberto Conde da Silva. *O poder disciplinar no Estatuto dos Trabalhadores da Administração Pública*: Lei 58/2008: doutrina: jurisprudência. Alfornelos: Petrony, 2011. p. 118; 164-165.

[1294] MARTINS, Ricardo Marcondes. *Efeitos dos vícios do ato administrativo*. São Paulo: Malheiros, 2008. p. 213.

pelo hierarca administrativo, numa decisão aplicadora de pena máxima sem a observância de circunstâncias atenuantes e da individualização da reprimenda, sua proporcionalidade e razoabilidade, sua motivação, sem a ponderação dos valores constitucionais envolvidos no vínculo funcionarial com a Administração Pública, o que salta aos olhos como uma resposta francamente inadequada à Constituição e aos direitos fundamentais.

5.8 Crítica à Súmula nº 650/Superior Tribunal de Justiça

À doutrina incumbe o papel de criticar a jurisprudência do direito administrativo quando divise interpretação que se divorcie dos postulados fundamentais do estágio atual da disciplina jurídica da Administração Pública, notadamente quando em jogo direitos fundamentais, princípios constitucionais e valores da Constituição contempladores da situação jurídica dos servidores públicos efetivos.

É como obtempera Marçal Justen Filho[1295] ao articular que, malgrado a relevância da jurisprudência no direito administrativo, À DOUTRINA importa, dentro do seu papel no processo de produção democrática do direito, MANIFESTAR DISCORDÂNCIA COM O POSICIONAMENTO JURISPRUDENCIAL, e não apenas descrever a posição adotada pelos órgãos de aplicação concreta do direito, na medida em que INCUMBE À DOGMÁTICA A FUNÇÃO DE REVISAR CRITICAMENTE AS ORIENTAÇÕES ADOTADAS EM SEDE PRETORIANA, até porque, em muitos casos, essa dinâmica dialética conduz à superação de precedentes e à consagração de SOLUÇÕES MAIS COMPATÍVEIS COM OS VALORES FUNDAMENTAIS.

O aclamado administrativista Paulo Otero enfatiza[1296] que O DIREITO ADMINISTRATIVO NÃO SE DEVE CONSUBSTANCIAR NUM CAMPO EXPLICATIVO DE CERTEZAS UNIFORMES E DOTADAS DE INFALIBILIDADE, mas sim adotar uma metodologia conducente a um *DIREITO ADMINISTRATIVO CRÍTICO, ABERTO A NOVAS EXPLICAÇÕES, SEMPRE DISPOSTO A CORRIGIR-SE, A REDISCUTIR PROBLEMAS E SOLUÇÕES.*

[1295] JUSTEN FILHO, Marçal. *Curso de direito administrativo*. 14. ed. Rio de Janeiro: Forense, 2023. p. VII, Apresentação.
[1296] OTERO, Paulo. *Manual de direito administrativo*. Coimbra: Almedina, 2013. v. 1. p. 7.

O administrativista luso Colaço Antunes,[1297] no mesmo compasso, adverte que, na interpretação e aplicação da ciência jurídica administrativa, outro perigo não desprezível é o do *ENSINO DE UM DIREITO ADMINISTRATIVO IMAGINÁRIO QUE NÃO SE INTERROGA, QUE NÃO COLHE AS CONTRADIÇÕES, AFINAL, que não considera O CHÃO DA VIDA*.

Por isso, cumpre consignar que merece críticas, *data venia*, o respaldo judicial da aplicação de PENAS MÁXIMAS, como medida pretensamente INDISCRIMINADA E OBRIGATÓRIA EM TODOS OS CASOS (*tese do poder administrativo vinculado em grau absoluto, inarredável*), independentemente da FACTICIDADE de cada situação concreta (Súmula nº 650/Superior Tribunal de Justiça-STJ),[1298] ao arrepio dos princípios da RAZOABILIDADE/PROPORCIONALIDADE, INDIVIDUALIZAÇÃO DA PENA, dos DIREITOS FUNDAMENTAIS e dos VALORES CONSTITUCIONAIS que cercam a situação jurídica dos servidores públicos efetivos.

A justificada censura ao teor da Súmula nº 650/STJ radica, de antemão, na falta de mais profunda reflexão pretoriana, com a mais respeitosa vênia, acerca de quanto arbítrio pode ser arquitetado no artificioso enquadramento jurídico do fato nas infrações mais graves, cominadas com penas máximas (como nas hipóteses do art. 132, da Lei federal nº 8.112/1990), sob pretexto de pseudo-discricionariedade (convenientemente alegada como insindicável no controle judicial), a par de se olvidar o influente e distinto paradigma do direito administrativo francês e da jurisprudência de seu Conselho de Estado, que há mais de século considera que constitui ILEGALIDADE, passível de controle jurisdicional, a APLICAÇÃO ERRADA DE NORMA JURÍDICA A CASO FÁTICO EM QUE ELA NÃO DEVERIA INCIDIR (*erro de tipificação jurídica*).[1299]

[1297] ANTUNES, Luís Filipe Colaço. *A ciência jurídica administrativa*. Coimbra: Almedina, 2016. p. 16-17.
[1298] "Súmula 650/STJ – A autoridade administrativa não dispõe de discricionariedade para aplicar ao servidor pena diversa de demissão quando caraterizadas as hipóteses previstas no artigo 132 da Lei 8.112/1990".
[1299] A APLICAÇÃO DE NORMA JURÍDICA QUE NÃO DEVERIA INCIDIR NO CASO CONCRETO CONSTITUI ERRO DE DIREITO: ENQUADRAMENTO JURÍDICO ERRADO É ILEGALIDADE, PASSÍVEL DE CONTROLE JURISDICIONAL, consoante o entende o Conselho de Estado da França desde 1914 (30.6.1859), pela primeira vez, já em 1859 (*"ERREUR DU DROIT"* – QUANDO A ADMINISTRAÇÃO FAZ INCIDIR UMA NORMA INAPLICÁVEL, HÁ ERRO QUANTO À BASE LEGAL DA DECISÃO), posteriormente repetido em 1976 (Rec 1069) e 1992 (Rec 197) (LANG, Agathe Van; GONDOUIN, Geneviève;

Até porque é pertinente a lição do administrativista luso Colaço Antunes,[1300] quando sustenta que A AQUISIÇÃO E QUALIFICAÇÃO JURÍDICA DOS FATOS determinantes consistem numa *operação interpretativa da norma de direito administrativo* EM DIÁLOGO COM A SITUAÇÃO CONCRETA DA VIDA.

Não é possível proceder ao ENQUADRAMENTO JURÍDICO como ATO pretensamente INESCRUTINÁVEL pelo acusado (*velho chavão de que o disciplinado se defende de fatos e não de tipificação jurídica do quadro fático*) nem mesmo pelo controle jurisdicional (abolindo o direito fundamental do art. 5º, XXXV, da Carta Magna de 1988, em retrocesso ao Estado absolutista), ao argumento de suposta DISCRICIONARIEDADE AMPLÍSSIMA do órgão processante ou da autoridade administrativa nessa tarefa, ao que depois se chega a uma SIMPLISTA APLICAÇÃO DE PENA MÁXIMA, INDEPENDENTEMENTE DA FACTICIDADE DO CASO, DA REALIDADE, do contexto concreto da ação ou omissão.

Explica-se que não se trata de mera zona de IRRESTRITA DISCRICIONARIEDADE da autoridade administrativa, como amiúde se tem no entendimento jurisprudencial brasileiro, em que o Judiciário, demais, geralmente declina de contrastar as consentâneas provas e até mesmo de examinar a existência efetiva dos fatos (MOTIVOS DO ATO ADMINISTRATIVO SANCIONADOR, justificadores do pretendido ENQUADRAMENTO JURÍDICO EM FATO EM PRINCÍPIO PASSÍVEL DE PENA MÁXIMA), seja à conta de jurisprudência defensiva, em sede recursal nos Tribunais Superiores, seja por restrições processuais (dilação probatória em mandado de segurança), ou ainda por imprópria suposição de que se trataria, na hipótese, de suposta sindicância do mérito do ato administrativo (quando se cuida de tema de legalidade, sim, sujeito ao controle judicial constitucional, enquanto direito fundamental do cidadão servidor público, art. 5º, XXXV, Constituição Federal).

O professor Flávio Unes[1301] critica a linha jurisprudencial que deu azo à Súmula nº 650/Superior Tribunal de Justiça:

BRISSET, Véronique Inseguet. *Dictionnaire de droit administratif*. 7. ed. Paris: Dalloz e Sirey, 2015. p. 195).

[1300] ANTUNES, Luís Filipe Colaço. *A ciência jurídica administrativa*. Coimbra: Almedina, 2016. p. 315.

[1301] PEREIRA, Flávio Henrique Unes. O controle jurisdicional da sanção disciplinar: por uma reflexão crítica sobre o posicionamento do STJ a partir do MS nº 12.927/DF. *In*: BARATA,

a) a um, explica que a validade de uma norma jurídica (art. 132, da Lei federal nº 8.112/1990), no plano geral e abstrato, não se confunde com a sua possibilidade de *aplicação em um caso concreto*, acentuando que, ao se discorrer sobre a aplicação do direito, está-se referindo ao SENSO DE ADEQUABILIDADE, que se dá por meio de um processo de CONCREÇÃO em que se revelam TODAS AS CARACTERÍSTICAS DA SITUAÇÃO, bem como se analisam as normas que possam ser aplicadas ao caso concreto. NÃO ESTÁ EM PAUTA A VALIDADE DA NORMA, MAS A SUA ADEQUAÇÃO OU NÃO ÀS especificidades DE UM único contexto fático;
b) discorda que haveria uma *solução-padrão única* pela imposição de pena disciplinar máxima em todos os casos, expondo que A DECISÃO PERFEITA, OU CORRETA, OU ÚNICA, não quer dizer outra coisa senão aquela que se demonstrou ADEQUADA AO CASO CONCRETO, A PARTIR DA DESCRIÇÃO COMPLETA DOS ELEMENTOS FÁTICOS RELEVANTES;
c) rejeitando a mecanicidade da incidência do art. 132, da Lei federal nº 8.112/1990, para aplicação de reprimenda máxima em todos os casos (suposta absolutidade da previsão geral do legislador), grifa que não se trata de uma decisão que seria a expressão da verdade absoluta, *a priori e abstratamente considerada*: NÃO HÁ, PER SE, A SOLUÇÃO UNÍVOCA. Esta é CONSTRUÍDA NO JUÍZO DE APLICAÇÃO DA NORMA e, dessa maneira, *a posteriori*, ou seja, quando, ALÉM DAS NORMAS *PRIMA FACIE* APLICÁVEIS, TEM-SE A COMPLETA DESCRIÇÃO DA SITUAÇÃO CONCRETA;
d) arremata pontificando que, quando se afirma que a única solução justa é um artifício irreal, está-se levando em conta apenas o juízo de justificação das normas. De fato, no plano de validade, NÃO HÁ COMO APONTAR A ÚNICA DECISÃO COMO VERDADE ABSOLUTA, vez que é possível imaginar uma PLURALIDADE DE

Ana Maria Rodrigues; GONTIJO, Danielly Cristina Araújo; PEREIRA, Flávio Henrique Unes (Coord.). *Coleção de direito administrativo sancionador*. Rio de Janeiro: CEEJ, 2021. p. 264-265.

SOLUÇÕES, à medida que se imaginam HIPÓTESES COM PECULIARIDADES DIVERSAS;
e) PARA CADA situação, EM TESE, PODE HAVER RESPOSTAS DIFERENTES, A PARTIR DOS ELEMENTOS QUE TENHAM SIDO COGITADOS. Exatamente por isso, faz-se necessária a inauguração do DISCURSO DE APLICAÇÃO, A PARTIR DA OCORRÊNCIA DO CASO CONCRETO – DATADO E CONTEXTUALIZADO –, PARA QUE SE CONSTRUA A ÚNICA DECISÃO ADEQUADA;
f) citando Menelick de Carvalho Netto, este bem observa que a SENSIBILIDADE DO OPERADOR DO DIREITO PARA AS ESPECIFICIDADES DO CASO CONCRETO É FUNDAMENTAL PARA QUE SE POSSA ENCONTRAR A NORMA ADEQUADA A PRODUZIR JUSTIÇA NAQUELA SITUAÇÃO ESPECÍFICA:
f.1) segundo o autor, a diferença entre o discurso de justificação – validade ou legislativo –, regido pela exigência de abstração, e os discursos de aplicação – judiciais ou executivos –, regidos pela exigência de RESPEITO ÀS ESPECIFICIDADES E À CONCRETUDE DE CADA CASO, é que fornece o substrato que Klaus Gunther denomina de SENSO DE ADEQUABILIDADE, que, NO ESTADO DEMOCRÁTICO DE DIREITO, É DE SE EXIGIR DO CONCRETIZADOR DO ORDENAMENTO AO TOMAR AS DECISÕES.

Na verdade, o próprio Supremo Tribunal Federal[1302] compreendeu que, EMBORA FOSSE LEGALMENTE COMINADA A PENA MÁXIMA DE DEMISSÃO para os fatos imputados ao acusado em processo administrativo disciplinar, FOI CORRETA A APLICAÇÃO DE PENA DE SUSPENSÃO pelo Conselho Nacional do Ministério Público no caso concreto, conforme trecho da ementa do julgado:

> 4. Verifica-se que as condutas imputadas ao impetrante foram capituladas no art. 236, IX, da Lei Complementar nº 75/1993, e nos arts. 9º, caput e inciso IV, e 11, caput, da Lei Federal nº 8.429/1992, ambas caracterizadoras de improbidade administrativa, para as quais o art. 240, inciso V, alínea b,

---

[1302] Supremo Tribunal Federal, Mandado de Segurança nº 30.943/Distrito Federal, Rel. Min. Gilmar Mendes, Red. Acórdão Min. Edson Fachin, Plenário, j. 16.6.2020.

da Lei Orgânica do Ministério Público da União COMINA SANÇÃO DE DEMISSÃO. No entanto, POR ENTENDER QUE A CONDUTA EXIGIA PENALIDADE PROPORCIONALMENTE MENOS GRAVOSA, O CNMP APLICOU A SANÇÃO DE SUSPENSÃO, INEXISTINDO ILEGALIDADE QUANTO À PENA DISCIPLINAR que o órgão correicional entendeu incidente ao caso.

Calha transcrever a fundamentação do v. acórdão:[1303]

> [...] As condutas que deram ensejo à aplicação das penas de suspensão foram as seguintes:
> - tratativas indevidas do Ministério Público do Distrito Federal e dos Territórios com o ex-Governador do Distrito Federal José Roberto Arruda;
> - cessação, por meio ilícito, de publicação de matéria jornalística;
> Nos termos assentados pelo CNMP, as condutas imputadas ao impetrante foram capituladas no art. 236, IX, da Lei Complementar 75/1993, e nos arts. 9º, caput e inciso IV, e 11, caput, da Lei Federal 8.429/1992, ambas caracterizadoras DE IMPROBIDADE ADMINISTRATIVA, para as quais o art. 240, inciso V, alínea b, da Lei Orgânica do Ministério Público da União COMINA SANÇÃO DE DEMISSÃO.
> Todavia, LEVANDO EM CONSIDERAÇÃO QUE A APLICAÇÃO DA ALUDIDA PENA MÁXIMA SERIA MEDIDA POR DEMAIS GRAVOSA, A AUTORIDADE IMPETRADA ENTENDEU POR FIXAR PENAS DE SUSPENSÃO.

A esse propósito, confira-se trecho do julgamento dos embargos de declaração:

> [...] O que o embargante sustenta, em verdade, é a existência de *error in judicando*, o que não desafia embargos de declaração, as condutas descritas como tratativas indevidas com autoridades do Governo do Distrito Federal sobre a atuação do Ministério Público do Distrito Federal e Territórios foram capituladas no art. 236, IX, da Lei Complementar nº 75/93, e no art. 11, caput, da Lei Federal nº 8.429/92.
> De igual modo, percebe-se que a conduta narrada como cessação, por meio ilícito, de publicação de matéria jornalística foi capitulada no art. 236, inciso IX, da Lei Complementar nº 75/93 e nos artigos 9º, caput e inciso IV, e 11, caput, da Lei Federal nº 8.429/92.

[1303] Supremo Tribunal Federal, Mandado de Segurança nº 30.943/Distrito Federal, Rel. Min. Gilmar Mendes, Red. Acórdão Min. Edson Fachin, Plenário, j. 16.6.2020.

A ambas imputações, caracterizadoras de IMPROBIDADE ADMINIS-TRATIVA, o art. 240, inciso V, alínea b, da Lei Orgânica do Ministério Público da União, COMINA SANÇÃO DE DEMISSÃO. QUANDO DO JULGAMENTO DESTE PROCESSO ADMINISTRATIVO DISCIPLINAR, ENTENDEU-SE QUE A APLICAÇÃO DA ALUDIDA PENA MÁXIMA SERIA MEDIDA POR DEMAIS GRAVOSA, RAZÃO PELA QUAL FORAM FIXADAS DUAS PENAS DE SUSPENSÃO, uma de 90 (noventa) dias para [...] (por tratativas indevidas com autoridades do Governo do Distrito Federal sobre a atuação do Ministério Público do Distrito Federal e Territórios) e outra de 60 (sessenta) dias para [...] (em virtude da cessação, por meio ilícito, de publicação de matéria jornalística).

Por força do art. 240, incisos II, IV e V, alínea b, e VI, da Lei Orgânica do Ministério Público da União, as condutas caracterizadoras de desempenho ímprobo das funções (decorrentes do dever legal de zelo e probidade – artigo 236, inciso IX, da Lei Complementar nº 75/93) podem ser infligidas as penas de censura, de suspensão, de demissão ou de cassação de aposentadoria ou de disponibilidade. [...]

Não por outra razão o art. 241 estabelece que NA APLICAÇÃO DAS SANÇÕES DISCIPLINARES CONSIDERAR-SE-ÃO OS ANTECE-DENTES DO INFRATOR, A NATUREZA E A GRAVIDADE DA INFRAÇÃO, AS CIRCUNSTÂNCIAS EM QUE FOI PRATICADA E OS DANOS QUE DELA RESULTARAM AO SERVIÇO E À DIGNIDADE DA INSTITUIÇÃO. [...]

O acórdão reconheceu que AS IMPUTAÇÕES de tratativas indevidas com autoridades do Governo do Distrito Federal sobre a atuação do Ministério Público do Distrito Federal e Territórios, bem como de cessação, por meio ilícito, de publicação de matéria jornalística, NÃO SE REVESTIRAM DE GRAVIDADE PROPORCIONAL À DEMISSÃO. Tais condutas estão capituladas como violação de deveres funcionais, no caso, o dever de probidade, e a descrição de uma postura cogente pelo legislador consagra, como consectário, a proibição de conduta em sentido contrário (art. 236, inciso IX, da Lei Complementar nº 75/93).

Em tais condições, A FIXAÇÃO DE UMA PENA DE SUSPENSÃO PARA CADA UMA DAS IMPUTAÇÕES ORA EM DEBATE REVELOU-SE MEDIDA LEGÍTIMA E RAZOÁVEL, consoante fundamentos expostos no aresto embargado e nos moldes do artigo 240, inciso IV, da Lei Complementar nº 75/93.

Não se trata, aqui, de integração da lei *in malam partem* ou de analogia sancionatória, porquanto é Lei Complementar chega a cominar pena de demissão à improbidade administrativa. E NÃO SE TRATA DE ESCOLHA, A PARTIR DE CRITÉRIOS DE CONVENIÊNCIA E OPORTUNIDADE, MAS DE PONDERAÇÃO DE CIRCUNSTÂNCIAS

RELACIONADAS À CONDUTA E AOS ACUSADOS, segundo parâmetros definidos pela própria lei. (grifo nosso)
Dessa forma, NÃO VERIFICO DESPROPORCIONALIDADE OU ILEGALIDADE NA APLICAÇÃO DAS CITADAS PENAS DE SUSPENSÃO, a configurar violação a direito líquido e certo do impetrante. [...].

O colendo Conselho Nacional de Justiça – CNJ tem adotado interpretação/aplicação do direito disciplinário dos magistrados sob a premissa de INDIVIDUALIZAÇÃO DE PENALIDADES e cotejo da FACTICIDADE, mesmo em SITUAÇÕES EM TESE PASSÍVEIS DE PENAS MÁXIMAS, em posição, portanto, que (acertadamente, a nosso ver) deixa de acolher o teor da Súmula nº 650/STJ.

Vide acórdão/decisão/CNJ nesse diapasão,[1304] em cuja fundamentação e ementa tivemos a honra de sermos citados:

> [...] Nessa circunstância, é oportuna a seguinte lição do professor ANTONIO CARLOS ALENCAR CARVALHO:
> "A ideia de justo envolve também a proporção das decisões administrativas e os pressupostos fáticos que a motivaram. Para fatos graves, penas severas; para fatos de menor repercussão, sanções mais brandas. O postulado do comedimento e da motivação das medidas aflitivas não se afina com o exagero e a incongruente correspondência entre conduta e reprimenda infligida, ainda que a pretexto do exercício de atividade sancionadora administrativa vinculada. Portanto, o postulado da proporcionalidade funciona como mecanismo de controle inclusive das penas disciplinares máximas e do exercício da vinculação administrativa, sim, antepondo-se ao raciocínio simplista de que, nos casos de demissão, cassação de aposentadoria/disponibilidade ou destituição de cargo em comissão, as regras legais respectivas teriam incidência automática e incondicional, o que não se abona, tendo em vista que a interpretação e aplicação do direito, em casos excepcionais, TEM QUE LEVAR EM CONTA AS CIRCUNSTANCIAS DO CASO CONCRETO E DA PERSPECTIVA AXIOLÓGICA ai latente, sob a compreensão de que O PROCESSO HERMENÊUTICO NÃO E UMA DECISÃO FINAL E ACABADA, PREDETERMINADA PELO DISPOSITIVO LEGAL, MAS SIM QUE A NORMA JURÍDICA DERRADEIRA SERÁ ENCONTRADA DIANTE DAS ESPECIFICIDADES DO 'CASE', principalmente quando não ha como se conceituar a situação vertente como dentre os casos

---

[1304] "N. 0000196-33.2019.2.00.0000 - PROCESSO ADMINISTRATIVO DISCIPLINAR EM FACE DE MAGISTRADO - A: CONSELHO NACIONAL DE JUSTIÇA – CNJ, Data de public. 03/03/2023, Tribunal: SECRETARIA GERAL (CNJ), Secretaria Processual PJE, Página: 00003, Conselheiro Marcio Luiz Freitas Relator".

normais antevistos pela norma (art. 20, caput, Lei de Introdução as Normas do Direito Brasileiro)" [11] CARVALHO, ANTONIO CARLOS ALENCAR. Manual de Processo Administrativo Disciplinar e Sindicância: A Luz da Jurisprudência dos Tribunais e da Casuística da Administração Publica. Belo Horizonte: Fórum, 2021. p. 468. Disponível em: https://www.forumconhecimento.com.br/livro/1192/4370/30033. Acesso em: 1 nov. 2022. [12] [...]

6. Para o administrativista ANTONIO CARLOS ALENCAR CARVALHO, "o postulado da proporcionalidade funciona como mecanismo de controle inclusive das penas disciplinares máximas e do exercício da vinculação administrativa, sim, antepondo-se ao raciocínio simplista de que, nos casos de demissão, cassação de aposentadoria/disponibilidade ou destituição de cargo em comissão, as regras legais respectivas teriam incidência automática e incondicional" (in Manual de Processo Administrativo Disciplinar e Sindicância: A Luz da Jurisprudência dos Tribunais e da Casuística da Administração Publica. Belo Horizonte: Fórum, 2021. p. 468). [...]

Assim, considerando os princípios da proporcionalidade e razoabilidade e considerando ainda que o magistrado pode prestar importantes serviços a sociedade, tendo em vista que sua postura não foi absolutamente incompatível com o exercício da judicatura a ensejar pena máxima de aposentadoria compulsória, a pena a ser aplicada dever ser a disponibilidade, consoante o art. 6º da Resolução/CNJ nº 135.

Diante do exposto, julgo procedente as imputações formuladas no presente Processo Administrativo Disciplinar, para aplicar ao Desembargador [...], do Tribunal de Justiça do Estado do [...], pena de disponibilidade com vencimentos proporcionais ao tempo de serviço, nos termos do art. 6º da Resolução CNJ nº 135. [...] Intimem-se. Publique-se nos termos do artigo 140 do RICNJ. Em seguida, arquivem-se independentemente de nova conclusão. A Secretaria Processual, para providencias. Brasília, data registrada no sistema. Conselheiro Marcio Luiz Freitas Relator.

O próprio colendo Superior Tribunal de Justiça temperou o rigor de sua Súmula nº 650 (publicada em setembro de 2021) em julgado de abril de 2022, quando DEIXOU DE CONSIDERAR APLICÁVEL A PENA DE CASSAÇÃO DE APOSENTADORIA EM CASO DE ACUMULAÇÃO DE CARGOS PÚBLICOS/PROVENTOS DE APOSENTADORIA, POR FORÇA DAS PECULIARIDADES DA SITUAÇÃO:[1305]

[1305] Superior Tribunal de Justiça, AgInt no MS nº 24728/DF, Agravo Interno no Mandado de Segurança 2018/0295636-1, Rel. Min. Francisco Falcão, Primeira Seção, j. 15.3.2022, *DJe*, 17.3.2022.

EMENTA
MANDADO DE SEGURANÇA. CONSTITUCIONAL. ADMINISTRATIVO. ACUMULAÇÃO DE CARGOS PÚBLICOS. PENALIDADE DE CASSAÇÃO DE APOSENTADORIA. FUNDAMENTOS DA DECISÃO ADMINISTRATIVA EM DISSONÂNCIA COM O CONTEXTO FÁTICO-PROBATÓRIO APRESENTADO. PARECER MINISTERIAL FAVORÁVEL AO IMPETRANTE. DIREITO LÍQUIDO E CERTO AO RESTABELECIMENTO DOS PROVENTOS. SEGURANÇA CONCEDIDA. AGRAVO INTERNO. DECISÃO MANTIDA.
I - Trata-se de mandado de segurança de competência originária desta E. Corte contra ato praticado por Ministro de Estado consistente na CASSAÇÃO DE APOSENTADORIA DE CARGOS PÚBLICOS DE MÉDICO SOB O FUNDAMENTO DE ACUMULAÇÃO ILEGAL DE CARGOS. A decisão concedeu segurança para o fim de determinar o reestabelecimento das aposentadorias da parte impetrante, sem prejuízo de posterior verificação da legalidade da acumulação de cargos que ensejou a aplicação da penalidade de cassação dos proventos impugnada.
II - O agravo interno não merece provimento, não sendo as razões nele aduzidas suficientes para infirmar a decisão de concessão de segurança recorrida, que deve ser mantida por seus próprios fundamentos.
III - Colhe-se do processo administrativo instaurado, que OS FUNDAMENTOS QUE LEVARAM À CASSAÇÃO DA APOSENTADORIA NÃO CONSIDERARAM A CIRCUNSTÂNCIA DE QUE A ACUMULAÇÃO DOS CARGOS PÚBLICOS NO ÂMBITO FEDERAL SE DEU EM SITUAÇÃO DE INATIVIDADE, O QUE TORNA IMPERTINENTE A FUNDAMENTAÇÃO NO SENTIDO DA EXTRAPOLAÇÃO DE CARGA HORÁRIA. Nesse sentido: AgRg no REsp 1438988/PB, Rel. Ministro HUMBERTO MARTINS, SEGUNDA TURMA, julgado em 22/04/2014, DJe 05/05/2014.
IV - Nesse sentido também são as conclusões do parecer do Il. Membro do Ministério Público José Bonifácio Borges de Andrada, conforme se confere dos seguintes excertos: "11. A consideração dessa realidade, por si só, é suficiente para findar qualquer outra análise que vise demonstrar o direito líquido e certo do impetrante. 12. No entanto, impende ressaltar o esforço do impetrante que, desde o decorrer do processo administrativo disciplinar não se desincumbiu do ônus de provar por todos os ângulos a plausibilidade jurídica do que vindima, qual se dá, a revogação definitiva do ato de cassação da aposentadoria em discussão e o retorno ao "status quo ante". 13.
Nessa moldura, merece relevo a observação apontada na contestação (fls. 113e.) que o impetrante apresentou no PAD e ressaltou na inicial do mandado de segurança, nas quais assumiu sim, as DUAS APOSENTADORIAS PERCEBIDAS EM RAZÃO DO VÍNCULO MANTIDO JUNTO AO MINISTÉRIO DA SAÚDE E AO ESTADO DE PERNAMBUCO, PORÉM,

DATA DESDE 1994, conforme comprovou às fls. 51,59 e 129e., antes, portanto, do período em que a regulamentação acerca da acumulação dw vínculos foi introduzida no Ordenamento Jurídico através da EC n. 19/98, que, a respeito do tema, assim dispôs: [...] 16. Apresentada a questão com tais contornos, estritamente atrelada ao arcabouço probatório encartado nos autos, não há outra possibilidade senão reconhecer que A CASSAÇÃO DE APOSENTADORIA DE UM SERVIDOR APOSENTADO, ATUALMENTE COM QUASE 80 ANOS DE IDADE, DEPENDENTE DA INTEGRALIDADE DOS PROVENTOS QUE PERCEBIA PARA A SUA SUBSISTÊNCIA, E QUE CONTRIBUIU COM REGULARIDADE JUNTO À PREVIDÊNCIA SOCIAL, ATENTA CONTRA O PRINCÍPIO CONSTITUCIONAL DA SEGURANÇA JURÍDICA E DA DIGNIDADE DA PESSOA HUMANA."

V - Ainda, em contraponto às específicas alegações apresentadas no agravo interno, há de se ressaltar que a formulação de opção pelo impetrante, no âmbito do processo administrativo disciplinar de apuração da acumulação de cargos, confere panorama distinto à situação analisada em relação à premissa sustentada pela agravante.

Confira-se, novamente, por seu caráter elucidativo, trecho do parecer ministerial: "7. Observe-se, prévia e oportunamente, que qualquer cogitação acercada existência de vínculos do impetrante também junto ao fundo Municipal de saúde do Município de Monteiro/PB, ao Hospital Mana Alise Gomos Lafayette-Sertânia/PB e no Posto de Saúde Vila da COHAB/USF-Sertânia/PB, há de ser desconsiderada para solução da controvérsia, face à conclusão nesse sentido, no decorrer das investigações, da própria Comissão Processante, o que pode ser verificado às fls. 21e. (parágrafo n. 34), com relação ao primeiro, e às fls. 69, 71e 206e. (nota inserida na Conclusão, do Relatório Final datado de 17 de agosto de 2015 c/c does. fls. 125 e 131e. - Confirmações de Desligamento Profissional junto ao CNES, opção, portanto, feita pelo impetrante quanto aos vínculos a serem preservados e reconhecida pela Comissão), com relação aos dois últimos, acerca dos quais, inclusive, aplica-se o disposto no art. 133, §5º, da Lei n. 8.1 12/90 [...] 8. Feitas tais ponderações e delimitado o ponto nodal da insurgência, impende considerar, de antemão, a inexistência do "detectado tríplice acúmulo de cargos públicos", tal como afirmado nas informações ofertadas pela Autoridade Coatora, encartadas às fls. 241e., que embasou o ato coator, e, assim, a inexistência de qualquer ilegalidade, mais, inconstitucionalidade perpetrada pelo impetrante, que viola a regra insculpida no inciso XVI, do artigo 37, da Constituição Federal.

Além disso, já se demonstrou alhures neste livro que a Súmula nº 650/STJ, que foi um enorme retrocesso na jurisprudência do Superior Tribunal de Justiça (com a devida vênia), colide frontalmente com a Lei de Introdução às Normas do Direito Brasileiro e diversos postulados do direito administrativo constitucionalizado.[1306][1307][1308][1309]

A Súmula nº 650/STJ preceitua: "A autoridade administrativa não dispõe de discricionariedade para aplicar ao servidor pena diversa de demissão quando caraterizadas as hipóteses previstas no artigo 132 da Lei 8.112/1990".

Isto é, o verbete sumular adota os seguintes postulados:
a) uma vez enquadrado o fato em uma das infrações disciplinares previstas no art. 132, da Lei federal nº 8.112/1990,[1310] a que são cominadas pelo legislador penalidade de demissão, ou de cassação de aposentadoria (art. 134, Lei federal nº 8.112/1990), A DEMISSÃO SERIA ATO VINCULADO EM GRAU ABSOLUTO, A PENA ÚNICA APLICÁVEL, INARREDÁVEL, INVARIAVELMENTE, EM TODOS OS CASOS CONCRETOS, *independentemente da facticidade, das peculiaridades de cada situação, da realidade envolvida;*

[1306] "NENHUM DISPOSITIVO, nenhuma disciplina, enfim, nada que tenha relação com o Direito, PODE SER COMPREENDIDO FORA DA CONSTITUIÇÃO" (STRECK, Lenio. *Hermenêutica jurídica e(m) crise*: uma exploração hermenêutica da construção do direito. 10. ed. rev., atual. e ampl. Porto Alegre: Livraria do Advogado, 2011. p. 361).

[1307] O autor explicita que a constitucionalização do direito administrativo impõe a VINCULAÇÃO DO ADMINISTRADOR À CONSTITUIÇÃO, E NÃO APENAS À LEI ORDINÁRIA (BARROSO, Luís Roberto. A constitucionalização do direito e suas repercussões no âmbito administrativo. *In*: ARAGÃO, Alexandre Santos de; MARQUES NETO, Floriano de Azevedo (Coord.). *Direito administrativo e seus novos paradigmas*. Belo Horizonte: Fórum, 2012. p. 50).

[1308] Verificou-se a mudança de perspectiva no direito administrativo atual, por cujo efeito a CONSTITUIÇÃO, E NÃO MAIS A LEI, PASSA A SITUAR-SE NO CERNE DA VINCULAÇÃO ADMINISTRATIVA À JURIDICIDADE (BINENBOJM, Gustavo. *Uma teoria do direito administrativo*: direitos fundamentais, democracia e constitucionalização. 3. ed. Rio de Janeiro: Renovar, 2014. p. 25; 30; 33; 36; 38; 64-65; 67-68).

[1309] A doutrina prenota que o processo de constitucionalização do direito administrativo deve ser entendido como uma postura de RELEITURA E REDEFINIÇÃO DE INSTITUTOS E CONCEITOS DA VELHA DOGMÁTICA DA DISCIPLINA SOB A ÓTICA DOS PRINCÍPIOS DA CONSTITUIÇÃO (CASTRO, Sérgio Pessoa de Paula. Administração Pública – Consensualidade e eficiência. *In*: PIRES, Maria Coeli Simões; PINTO, Luciana Moraes Raso Sardinha (Coord.). *Paulo Neves de Carvalho* – Suas lições por seus discípulos. Belo Horizonte: Fórum, 2012. p. 343).

[1310] "Art. 132. A demissão será aplicada nos seguintes casos: I - crime contra a administração pública; II - abandono de cargo; III - inassiduidade habitual; IV - improbidade administrativa; V - incontinência pública e conduta escandalosa, na repartição; VI - insubordinação grave em serviço; VII - ofensa física, em serviço, a servidor ou a particular, salvo em legítima defesa própria ou de outrem; VIII - aplicação irregular de dinheiros públicos; IX - revelação de segredo do qual se apropriou em razão do cargo; X - lesão aos cofres públicos e dilapidação do patrimônio nacional; XI - corrupção; XII - acumulação ilegal de cargos, empregos ou funções públicas; XIII - transgressão dos incisos IX a XVI do art. 117. [...] Art. 134. Será cassada a aposentadoria ou a disponibilidade do inativo que houver praticado, na atividade, falta punível com a demissão (*Vide* ADPF nº 418)".

b) a orientação pretoriana adota o mito da cultura jurídica da RESPOSTA ÚNICA, da ONIPOTÊNCIA E ONISCIÊNCIA DO LEGISLADOR QUANTO A PROVER UMA SÓ SOLUÇÃO JURÍDICA PARA TODAS AS SITUAÇÕES CONCRETAS (como desaprova Otero),[1311] *sem sequer conhecer a REALIDADE em que se darão todas as ocorrências de relevo disciplinar*, albergando o formalismo da SUBSUNÇÃO positivista[1312] e da decisão do processo administrativo disciplinar por VALORES ABSTRATOS,[1313] *alheios à CONCRETUDE FÁTICA da casuística disciplinar*.

A Súmula nº 650/STJ, *data máxima venia*, afigura-se INCONSTITUCIONAL E ILEGAL por diversos motivos e inconsistências que foram declinados ao longo desta obra e que se expõem novamente a seguir, em síntese.

Um ponto digno de nota é a ofensa pela Súmula nº 650/STJ ao regramento da Lei de Introdução às Normas do Direito Brasileiro, norma legal que *implementou os direitos fundamentais, os princípios e garantias da Constituição Federal*, designadamente o direito do administrado à MOTIVAÇÃO EXAUSTIVA das decisões administrativas, segundo a doutrina.[1314]

[1311] Paulo Otero CRITICA A VINCULAÇÃO NO SENTIDO DE QUE A TENTATIVA DE ENCONTRAR NA LEI A RESPOSTA EXATA PARA CADA PROBLEMA CONCRETO, NUM QUADRO IDÍLICO DA MAIS COMPLETA VINCULAÇÃO DECORRENTE DE UM MODELO SILOGÍSTICO-SUBSUNTIVO DE APLICAÇÃO DA LEI PELA ADMINISTRAÇÃO, revelaria ainda mais uma muito maior imperfeição da lei, observando-se que o cristalizar das previsões normativas conduziria à sua rápida desatualização e a uma visível formulação lacunar da norma legal, em vista de que UMA ESTATUIÇÃO FECHADA NÃO RESPONDERIA À MULTIPLICIDADE DE SITUAÇÕES DIFERENTES e mostraria a completa incapacidade de adaptação da lei ao imprevisto (OTERO, Paulo. *Legalidade e administração pública*: o sentido da vinculação administrativa à juridicidade. Coimbra: Almedina, 2011. p. 159).

[1312] "UMA POSTURA DECISÓRIA SILOGÍSTICO-SUBSUNTIVA DAS NORMAS ENCONTRA-SE COMPLETAMENTE ULTRAPASSADA PELA FLEXIBILIDADE DO CONTEÚDO DA LEGALIDADE" (OTERO, Paulo. *Legalidade e administração pública*: o sentido da vinculação administrativa à juridicidade. Coimbra: Almedina, 2011. p. 161-163).

[1313] A Exposição de Motivos do Novo Código de Procedimento Administrativo de Portugal, no mesmo traçado da Lei de Introdução às Normas do Direito Brasileiro (LINDB, art. 20, *caput*, ao repelir soluções abstratas no direito administrativo), encima que "HOUVE, DESIGNADAMENTE, A PREOCUPAÇÃO DE EVITAR SOLUÇÕES PURAMENTE LOGICISTAS".

[1314] KENICKE, Pedro Henrique Gallotti; CLÈVE, Ana Carolina de Camargo; MARTYNYCHEN, Marina Michel de Macedo. A Nova Lei de Introdução às Normas do Direito Brasileiro (LINDB) e a efetivação dos direitos e garantias fundamentais. *In*: VALIATI, Thiago Priess; HUNGARO, Luis Alberto; CASTELLA, Gabriel Morettini e (Coord.). *A Lei de Introdução e o direito administrativo brasileiro*. Rio de Janeiro: Lumen Juris, 2019. p. 642.

A Súmula nº 650/STJ conflita com a Lei de Introdução às Normas do Direito Brasileiro – LINDB, entre outros aspectos, no ponto em que repudia a aplicação do direito administrativo por meio de valores abstratos,[1315] adotando o mito da doutrinariamente criticada[1316] [1317] RESPOSTA ÚNICA (PENA MÁXIMA SEMPRE E OBRIGATÓRIA NO PROCESSO ADMINISTRATIVO DISCIPLINAR, depois do mero enquadramento nos tipos do art. 132, da Lei federal nº 8.112/1990).

Essa inteligência passa ao largo do postulado de que a Administração Pública se subordina não apenas à lei, mas AO DIREITO COMO UM TODO, ao PRINCÍPIO DA JURIDICIDADE,[1318] [1319] haja vista que as soluções de casos concretos podem ser ditadas ou ter sua interpretação influenciada e determinada por PRINCÍPIOS[1320] (*que*

[1315] Ao contrário dessas posições monolíticas, o que se aponta agora, sob o viés da pós-modernidade, é que, no lugar do universal, encontra-se o histórico; NO LUGAR DO SIMPLES, O COMPLEXO; NO LUGAR DO ÚNICO, O PLURAL; NO LUGAR DO ABSTRATO, O CONCRETO; e no lugar do formal, o retórico (CAMARGO, Margarida Maria Lacombe. *Hermenêutica e argumentação*: uma contribuição ao estudo do direito. 3. ed. Rio de Janeiro: Renovar, 2003. p. 250-251).

[1316] MITO DA RESPOSTA ÚNICA POSITIVISTA, recriminado pelo art. 20, da LINDB: "A imposição de que a administração pública apenas faça aquilo que a lei em sentido estrito expressamente tenha permitido, passa a ser flexibilizada. Trata-se (tal flexibilização) de imperativo de ordem prática, mais reconhecido alguns anos após a promulgação Constituição Federal de 1988 [...] O LEGISLADOR É INCAPAZ DE CONFERIR SOLUÇÃO ADEQUADA A TODA E QUALQUER SITUAÇÃO EXISTENTE NA PRÁTICA, HAJA VISTA A COMPLEXIDADE DO MUNDO [...] a interpretação do princípio da legalidade como vinculação positiva à lei sofre temperamentos, cedendo espaço à noção de 'princípio da juridicidade', ou da 'legalidade ampliada', segundo o qual a administração pública se sujeita a múltiplas normas, independentemente de previstas em lei em sentido estrito ou em regulamento ou na própria Constituição" (SOUZA, Rodrigo Pagani de; ALENCAR, Letícia Lins de. O dever de contextualização na interpretação e aplicação do direito público. *In*: VALIATI, Thiago Priess; HUNGARO, Luis Alberto; CASTELLA, Gabriel Morettini e (Coord.). *A Lei de Introdução e o direito administrativo brasileiro*. Rio de Janeiro: Lumen Juris, 2019. p. 70).

[1317] SOUZA, Rodrigo Pagani de; ALENCAR, Letícia Lins de. O dever de contextualização na interpretação e aplicação do direito público. *In*: VALIATI, Thiago Priess; HUNGARO, Luis Alberto; CASTELLA, Gabriel Morettini e (Coord.). *A Lei de Introdução e o direito administrativo brasileiro*. Rio de Janeiro: Lumen Juris, 2019. p. 62.

[1318] Os professores de direito administrativo francês Martine Lombard, Gilles Dumont e Jean Sirinelli denotam que a LEGALIDADE hoje deve ser entendida como um conceito mais vasto, NÃO SOMENTE EM VISTA DA LEI, MAS TAMBÉM DAS NORMAS CONSTITUCIONAIS, DOS PRINCÍPIOS GERAIS DO DIREITO (LOMBARD, Martine; DUMONT, Gilles; SIRINELLI, Jean. *Droit administratif*. 10. ed. Paris: Dalloz, 2013. p. 23).

[1319] NOBRE JÚNIOR, Edilson Pereira. *O princípio da boa-fé e sua aplicação no direito administrativo brasileiro*. Porto Alegre: Sérgio Antonio Fabris, 2002. p. 18.

[1320] A doutrina delineia que, a par da reviravolta antipositivista de Dworkin, num momento culminante para o advento do pós-positivismo, urge, no tocante aos princípios, reconhecer-lhes a normatividade, em face das posições mais recentes e definidas do CONSTITUCIONALISMO

aumentam a justificação racional das decisões administrativas, segundo Moncada),[1321] não somente por regras, a par de que os princípios podem se sobrepor às regras em situações concretas,[1322] [1323] [1324] [1325] ainda na lição do emérito administrativista Pedro Gonçalves.[1326]

Aliás, Marcelo Madureira Prates,[1327] referendando esse entendimento, cita julgado do Tribunal Constitucional português[1328] quando decidiu pela INCONSTITUCIONALIDADE DE PENA ÚNICA PARA TODA E QUALQUER FALTA, INDEPENDENTEMENTE DA NATUREZA, GRAVIDADE, GRAU DE RESPONSABILIDADE DO AGENTE, POR OFENSA AOS PRINCÍPIOS DA NECESSIDADE E PROPORCIONALIDADE, e critica que a *previsão de sanções fixas, decorrentes de vinculação, é censurável porque essas punições não atendem aos princípios da proporcionalidade, da justiça, da igualdade e, por consequência, da regra da pessoalidade da sanção, punindo de igual modo atuações circunstancialmente diversas.*

Como pontuado retro, a cultura da resposta única, abstrata, invariável, presa ao mito da onipotência/onisciência do legislador (ao definir, infalivelmente, a decisão da Administração Pública em todas as situações), SEM SEQUER CONHECER A PECULIARIDADE DE

---

contemporâneo e seus precursores, que erigiram os PRINCÍPIOS a categorias de NORMAS, numa reflexão profunda e aperfeiçoadora; "A verdade que fica é a de que os princípios são um indispensável elemento de fecundação da ordem jurídica positiva. Contêm em estado de virtualidade grande número das soluções que a prática exige" (BONAVIDES, Paulo. *Curso de direito constitucional*. 29. ed. atual. São Paulo: Malheiros, 2014. p. 271; 273).

[1321] MONCADA, Luiz S. Cabral de. *Autoridade e liberdade na teoria do acto administrativo*: contributo dogmático. Coimbra: Editora Coimbra, 2014. p. 665.

[1322] FIGUEIREDO, Lucia Valle. *Curso de direito administrativo*. 5. ed. rev., atual. e ampl. São Paulo: Malheiros, 2001. p. 42-43.

[1323] BINENBOJM, Gustavo. O sentido da vinculação administrativa à juridicidade no direito brasileiro. *In*: ARAGÃO, Alexandre Santos de; MARQUES NETO, Floriano de Azevedo (Coord.). *Direito administrativo e seus novos paradigmas*. Belo Horizonte: Fórum, 2012. p. 159.

[1324] BACELLAR FILHO, Romeu Felipe. A noção jurídica de interesse público no direito administrativo brasileiro. *In*: BACELLAR FILHO, Romeu Felipe; HACHEM, Daniel Wunder (Coord.). *Direito administrativo e interesse público*: estudos em homenagem ao professor Celso Antônio Bandeira de Mello. Belo Horizonte: Fórum, 2010. p. 99.

[1325] OTERO, Paulo. *Legalidade e administração pública*: o sentido da vinculação administrativa à juridicidade. Coimbra: Almedina, 2011. p. 15.

[1326] Gonçalves frisa que, embora se trate de uma situação excepcional, NÃO É DE SE EXCLUIR A EVENTUALIDADE DE UM PRINCÍPIO AFASTAR O CUMPRIMENTO DE UMA REGRA, por força de a aplicação do princípio da proporcionalidade excluir uma regra vinculativa (GONÇALVES, Pedro Costa. *Manual de direito administrativo*. Coimbra: Almedina, 2019. v. 1. p. 370).

[1327] PRATES, Marcelo Madureira. *Sanção administrativa geral*: anatomia e autonomia. Coimbra: Almedina, 2005. p. 113.

[1328] Acórdão nº 282/1986 (*Acórdãos do Tribunal Constitucional*, v. 8, p. 207-231, 1986).

CADA CASO CONCRETO, demonstra-se manifestamente inadequada em muitas situações da realidade, como reprova Lacombe:[1329]
a) importa pensar o problema como centro de gravidade de toda discussão jurídica;
b) O JUSTO E O RAZOÁVEL JURIDICAMENTE, PARA CADA SITUAÇÃO, É DETERMINADO PELO DIREITO APLICADO; O DIREITO CONCRETIZADO;
c) ao contrário dessas posições monolíticas, o que se aponta agora, sob o viés da pós-modernidade, é que, no lugar do universal, encontra-se o histórico; no lugar do simples, o complexo; NO LUGAR DO ÚNICO, O PLURAL; NO LUGAR DO ABSTRATO, O CONCRETO; E NO LUGAR DO FORMAL, O RETÓRICO;
d) a lógica formal não serve mais ao direito, porque a solução jurídica não se restringe a uma operação puramente teórico-silogística. A SUBSUNÇÃO DOS FATOS À REGRA GERAL (QUE FUNCIONA COMO AXIOMA) PODE PRODUZIR UM RESULTADO FORMALMENTE LÓGICO, MAS NÃO ADEQUADO À REALIDADE.

Portanto, não há espaço para uma ÚNICA SOLUÇÃO num mundo fenomênico complexo e polifacético (resposta abstrata vedada pelo vincado pelo art. 20, *caput*, LINDB), motivo por que a provisão geral do legislador (arts. 132 e 134, Lei federal nº 8.112/1990)[1330] NÃO É SEMPRE OBRIGATÓRIA (E PODERÁ NÃO SER ADEQUADA AO CASO CONCRETO), nem a motivação decisória de um processo administrativo disciplinar pode se reduzir a uma SUBSUNÇÃO

[1329] CAMARGO, Margarida Maria Lacombe. *Hermenêutica e argumentação*: uma contribuição ao estudo do direito. 3. ed. Rio de Janeiro: Renovar, 2003. p. 250-251.
[1330] Bacellar Filho consigna que A LEGALIDADE NÃO PODE MERECER UMA APLICAÇÃO MECÂNICA SEM OBSERVÂNCIA DE OUTROS PRINCÍPIOS QUE EMERGEM DA CONSTITUIÇÃO, ENTRE OS QUAIS ELENCA A RAZOABILIDADE, A PROPORCIONALIDADE, a confiança da boa-fé, a lealdade, como base axiológica do Estado brasileiro (BACELLAR FILHO, Romeu Felipe. *Reflexões sobre direito administrativo*. Belo Horizonte: Fórum, 2009. p. 22).

SIMPLISTA[1331] de meramente, por automatismo,[1332] enquadrar o fato no preceito legal, sem qualquer atenção às CIRCUNSTÂNCIAS DO FATO, DO INFRATOR/ACUSADO, DAS CONDIÇÕES REAIS CIRCUNJACENTES à aferida transgressão disciplinar.

Trata-se de superar o mito da onipotência e onisciência do legislador ao prever uma pena administrativa genericamente, haja vista que as CIRCUNSTÂNCIAS DO MUNDO REAL (art. 22, *caput* e §1º, LINDB) são muitas vezes dimensionadas com fatores relevantes desconhecidos da previsão legislativa geral,[1333] demonstrando-se que a SUBSUNÇÃO e o mito da cultura jurídica da RESPOSTA ÚNICA[1334] [1335] produzem RESPOSTAS INADEQUADAS em muitos

---

[1331] "Entendemos que A TRADICIONAL DICOTOMIA DISCRICIONARIEDADE (ATOS DISCRICIONÁRIOS) X VINCULAÇÃO (ATOS VINCULADOS) DEVE SER ADAPTADA À REALIDADE, ESPECIALMENTE A PARTIR DO FENÔMENO DA CONSTITUCIONALIZAÇÃO DO DIREITO ADMINISTRATIVO. Por um lado, a atividade administrativa totalmente livre e fora do alcance do controle judicial seria sinônimo de arbitrariedade. Por outro lado, NÃO SE PODE CONCEBER QUE A ATUAÇÃO DO ADMINISTRADOR SEJA EXCLUSIVAMENTE VINCULADA E MECANIZADA, POIS SEMPRE EXISTIRÁ ALGUMA MARGEM INTERPRETATIVA DA NORMA JURÍDICA" (OLIVEIRA, Rafael Carvalho Rezende. *Curso de direito administrativo*. 5. ed. rev., atual. e ampl. Rio de Janeiro: Forense; São Paulo: Método, 2017. p. 306).

[1332] Dissertando sobre o conceito de poder vinculado no direito administrativo, Eduardo García de Enterría e Tomás-Ramón Fernández advertem "que o processo de aplicação da lei, por exaustivas que sejam as previsões nesta contidas, raramente permite utilizar com propriedade a idéia de automatismo, diante da necessidade de processos interpretativos que incluem obrigatoriamente avaliações" (GARCÍA DE ENTERRÍA, Eduardo; FERNÁNDEZ, Tomás-Ramón. *Curso de direito administrativo*. São Paulo: Revista dos Tribunais, 2014. v. 1. p. 462).

[1333] BACELLAR FILHO, Romeu Felipe. *Reflexões sobre direito administrativo*. Belo Horizonte: Fórum, 2009. p. 22.

[1334] "A introdução dos novos preceitos na LINDB constitui reação a determinados vícios da cultura jurídica que vêm predominando há anos. [...] a ideia de que seja possível extrair do direito e, até mesmo, exclusivamente de valores jurídicos abstratos, SOLUÇÃO ÚNICA PARA SITUAÇÕES EM CONCRETO; [...] O primeiro vício ou paradigma, relacionado à noção de que SERIA POSSÍVEL EXTRAIR DO ORDENAMENTO JURÍDICO SOLUÇÃO ÚNICA, e não específica para cada situação verificada em concreto" (SOUZA, Rodrigo Pagani de; ALENCAR, Letícia Lins de. O dever de contextualização na interpretação e aplicação do direito público. *In*: VALIATI, Thiago Priess; HUNGARO, Luis Alberto; CASTELLA, Gabriel Morettini e (Coord.). *A Lei de Introdução e o direito administrativo brasileiro*. Rio de Janeiro: Lumen Juris, 2019. p. 62).

[1335] Andrade complementa, contrariamente à visão da Súmula nº 650/STJ (pena máxima disciplinar obrigatória em todos os casos, à revelia da facticidade), acentuando que *não existe uma apriorística decisão correta e única, de antemão e abstratamente dada, nem solução única, mas a resposta do ordenamento jurídico será construída na aplicação da norma jurídica, depois de consideradas amplamente as especificidades do caso concreto*: "A DECISÃO CORRETA NÃO QUER DIZER OUTRA COISA SENÃO AQUELA QUE CONSIDEROU AS PARTICULARIDADES DO CASO CONCRETO mediante a descrição completa dos elementos fáticos relevantes. NÃO SE TRATA DE UMA DECISÃO QUE SERIA A EXPRESSÃO DA VERDADE ABSOLUTA, *A PRIORI* E ABSTRATAMENTE CONSIDERADA. NÃO HÁ, PER SE, A

casos e INJUSTIÇA (tanto que a doutrina do direito administrativo marca que A INJUSTIÇA MACULA E INVALIDA MESMO UM ATO VINCULADO).[1336]

A imposição de pena máxima envolve VALORES CONSTITUCIONAIS, DIREITOS FUNDAMENTAIS dos servidores efetivos, PRINCÍPIOS CONSTITUCIONAIS[1337] EXPLÍCITOS E IMPLÍCITOS (proporcionalidade –[1338] em seus componentes da necessidade e adequação,[1339] razoabilidade[1340] (reconhecido no direito administra-

---

SOLUÇÃO UNÍVOCA. Esta é CONSTRUÍDA NO JUÍZO DE APLICAÇÃO DA NORMA e, dessa maneira, *a posteriori*, ou seja, quando, além das normas *prima facie* aplicáveis, tem-se a *completa descrição da situação concreta*" (ANDRADE, Fábio Martins de. *Comentários à Lei nº 13.655/2018*: proposta de sistematização e interpretação conforme. Rio de Janeiro: Lumen Juris, 2019. p. 153).

[1336] Rebelo de Sousa e Matos apontam que não existe poder totalmente vinculado, mas apenas predominantemente, e admoestam que os princípios da atividade administrativa são limites de todas as condutas administrativas (vinculadas ou discricionárias), e não apenas da margem de livre decisão, pois a violação dos princípios, com a desproporcionalidade, a desigualdade ou a injustiça de um ato vinculado, também acarreta invalidade da decisão vinculada da Administração Pública (SOUSA, Marcelo Rebelo de; MATOS, André Salgado. *Direito administrativo geral*: introdução e princípios fundamentais. 3. ed. Alfragide: Dom Quixote, 2008. t. I. p. 202).

[1337] MESMO NO CASO DOS ATOS VINCULADOS (mais rigidamente atrelados à lei), JUSTIFICAM-SE CLARAMENTE A INVOCAÇÃO E APLICAÇÃO DOS PRINCÍPIOS GERAIS DO DIREITO, em face do alcance geral e permanente dos princípios (MONCADA, Luiz S. Cabral de. *Autoridade e liberdade na teoria do acto administrativo*: contributo dogmático. Coimbra: Editora Coimbra, 2014. p. 663).

[1338] Lenza prenota que o princípio da proporcionalidade, em essência, consubstancia uma pauta de natureza axiológica que emana diretamente das ideias de JUSTIÇA, EQUIDADE, BOM SENSO, PRUDÊNCIA, MODERAÇÃO, JUSTA MEDIDA, PROIBIÇÃO DE EXCESSO, DIREITO JUSTO E VALORES AFINS; precede e condiciona a positivação jurídica, inclusive de âmbito constitucional; e, ainda, ENQUANTO PRINCÍPIO GERAL DO DIREITO, SERVE DE REGRA DE INTERPRETAÇÃO PARA TODO O ORDENAMENTO JURÍDICO" (LENZA, Pedro. *Direito constitucional esquematizado*. 24. ed. São Paulo: Saraiva Educação, 2020. p. 181).

[1339] Os administrativistas franceses Pierre-Laurent Frier e Jacques Petit trilham similar entendimento quando alinham que, na apreciação da conduta de um funcionário faltoso, podem existir circunstâncias atenuantes, ou ainda os meandros da situação podem autorizar que a autoridade hierárquica escolha, de forma ampla e justificada, UMA SANÇÃO MAIS ADEQUADA NO CASO CONCRETO (FRIER, Pierre-Laurent; PETIT, Jacques. *Droit administratif*. 8. ed. Paris: LGDJ, 2013. p. 359).

[1340] Bulos ensina que a) o princípio da razoabilidade é o vetor por meio do qual o intérprete busca a adequação, a racionalidade, a idoneidade, a logicidade, o bom senso, a prudência, a moderação, no ato de compreender os textos normativos, eliminando o arbítrio e o abuso de poder (ideia de prudência, sensatez, bom senso, equilíbrio). Isso é o que interessa; b) é um mecanismo de controle jurisdicional para invalidar as ações abusivas ou destemperadas dos administradores públicos; c) o princípio implícito da razoabilidade integra o direito constitucional brasileiro, dessumindo-se do devido processo legal material (art. 5º, LIV) e do vetor que assegura o Estado democrático de direito (art. 1º, *caput*); d) na vigência da Constituição de 1988, o uso do princípio da razoabilidade intensificou-se. Além do Supremo Tribunal Federal, juízes e tribunais passaram a invocá-lo, pois, como concluiu o Superior Tribunal de Justiça, "o Poder Judiciário não se poderia furtar à declaração de nulidade de

tivo comparado, inclusive),[1341] individualização da pena, igualdade etc.).[1342]

Em razão disso, a MOTIVAÇÃO DO JULGAMENTO DO PROCESSO ADMINISTRATIVO DISCIPLINAR passa a exigir MAIOR COMPLEXIDADE, reflexão profunda sobre as CONSEQUÊNCIAS da medida sobre o disciplinado (art. 20, *caput*, LINDB), porquanto a motivação das decisões administrativas é:
a) COMPLEXA (a teor do art. 22, caput e §1º, LINDB, demanda-se cotejo de diversos FATORES DA REALIDADE, CIRCUNSTÂNCIAS OBJETIVAS (CIRCUNSTÂNCIAS PRÁTICAS QUE LIMITARAM A CONDUTA, OS OBSTÁCULOS E AS DIFICULDADES REAIS DO GESTOR) e subjetivas do disciplinado, e não mais simplista, como na subsunção de uma resposta igual e imutável para todos os casos);
b) PLURAL[1343] (mais de uma forma de solução do caso ou de aplicação de pena distinta da máxima; não se obriga a demitir ou cassar a aposentadoria/disponibilidade do acusado em todos os casos, *ipso facto*, pelo mero enquadramento do quadro fático na previsão dos arts. 132 ou 134, da Lei federal nº 8.112/1990);
c) obtida em CONCRETO (não é abstratamente definida, ou manejo de valores abstratos,[1344] mas só depois de vistas as

---

absurdos evidentes" (STJ, REsp nº 21.923-5/MG, Rel. Min. Humberto Gomes de Barros) (BULOS, Uadi Lammêgo. *Curso de direito constitucional*. 16. ed. São Paulo: SaraivaJur, 2023. p. 583-584).

[1341] Dreviller, Bourdon e Poulet citam o direito comparado para reconhecer o princípio da razoabilidade, apontando que os juízes ingleses introduziram uma noção semelhante ao exigir que os atos da administração não fossem "IRRAZOÁVEIS" e o Tribunal Federal suíço anulou as decisões baseadas em "MANIFESTA INADVERTÊNCIA" da administração (MORAND-DEVILLER, Jacqueline; BOURDON, Pierre; POULET, Florian. *Droit administratif*. 15. ed. Paris: LGDJ, 2017. p. 275).

[1342] Os princípios do Estado de direito (PROPORCIONALIDADE, não retroatividade, confiança, SEGURANÇA) e os princípios constitucionais da Administração Pública (legalidade, imparcialidade, JUSTIÇA) forçaram a RECONSTRUÇÃO DO DIREITO ADMINISTRATIVO À LUZ DO DIREITO CONSTITUCIONAL (GONÇALVES, Pedro Costa. *Manual de direito administrativo*. Coimbra: Almedina, 2019. v. 1. p. 345).

[1343] CAMARGO, Margarida Maria Lacombe. *Hermenêutica e argumentação*: uma contribuição ao estudo do direito. 3. ed. Rio de Janeiro: Renovar, 2003. p. 250-251.

[1344] A Exposição de Motivos do Novo Código de Procedimento Administrativo de Portugal, no mesmo traçado da Lei de Introdução às Normas do Direito Brasileiro (LINDB, art. 20, *caput*, ao repelir soluções abstratas no direito administrativo), encima que "HOUVE, DESIGNADAMENTE, A PREOCUPAÇÃO DE EVITAR SOLUÇÕES PURAMENTE LOGICISTAS".

PECULIARIDADES DO CASO), a teor do art. 22, *caput* e §1º, LINDB.

Permite-se, a teor do PRINCÍPIO DA INDIVIDUALIZAÇÃO DA PENA no processo administrativo disciplinar (art. 22, §2º, LINDB),[1345] o afastamento da penalidade mais grave no caso concreto e inflição de reprimenda menos severa (como defende Martins),[1346] mediante ampla justificação do aplicador do direito administrativo – MAIOR ÔNUS ARGUMENTATIVO PARA SUPERAR UMA REGRA[1347] [1348] [1349] (solução retórica,[1350] não silogística), de modo a evidenciar que AS CIRCUNSTÂNCIAS DO CASO (como ensina Vieira de Andrade)[1351] não representam invalidação da provisão

---

[1345] "Art. 22. [...] §1º Em decisão sobre regularidade de conduta ou validade de ato, contrato, ajuste, processo ou norma administrativa, serão consideradas as circunstâncias práticas que houverem imposto, limitado ou condicionado a ação do agente (Incluído pela Lei nº 13.655, de 2018) §2º Na aplicação de sanções, serão consideradas a natureza e a gravidade da infração cometida, os danos que dela provierem para a administração pública, as circunstâncias agravantes ou atenuantes e os antecedentes do agente".

[1346] O doutrinador pontua que a relação disciplinar tem particularidades, na relação de labor, que se exige seja dada, em abstrato, maior liberdade ao aplicador da sanção, de modo que, DIANTE DAS CIRCUNSTÂNCIAS, ELE POSSA, apesar da adequação tipificada do fato à previsão legal cominadora de penalidades, DECIDIR POR APLICAR UMA SANÇÃO MENOS SEVERA (MARTINS, Ricardo Marcondes. *Efeitos dos vícios do ato administrativo*. São Paulo: Malheiros, 2008. p. 616-617; 623-624).

[1347] "Quem, com base em um princípio, quer fazer uma exceção a uma regra, suporta o ônus da argumentação, de forma semelhante ao que ocorre quando se afastam precedentes ou regulamentações em geral" (ALEXY, Robert. *Teoria discursiva do direito*. Tradução de Alexandre Travessoni Gomes Trivisonno. Rio de Janeiro: Forense Universitária, 2014. p. 187).

[1348] Max Möller apregoa que pode suceder um complexo confronto de razões axiológicas em prol e contra a aplicação da regra, o que será avaliado pelo intérprete, deixando-se de aplicar, como razão hermenêutica, a solução prevista pela regra quando não é adequada para a realização do bem jurídico que colima proteger, conquanto com maior ônus argumentativo do intérprete, da mesma forma que pode ocorrer o afastamento da regra quando necessária sua invalidação no caso concreto, mesmo que em abstrato a norma se mostre válida, ou seja, quando as circunstâncias do caso concreto tornem intolerável o atrito com uma norma hierarquicamente superior (MÖLLER, Max. *Teoria geral do neoconstitucionalismo*: bases teóricas do constitucionalismo contemporâneo. Porto Alegre: Livraria do Advogado, 2011. p. 268-269).

[1349] A segurança jurídica é protegida, na teoria neoconstitucionalista, pela imposição ao intérprete, no caso de não aplicação de uma regra, por um maior e mais complexo e amplo ônus argumentativo dentro do sistema para justificar o afastamento de uma lei, por sua incompatibilidade sistêmica no caso concreto (ÁVILA, Humberto. *Teoria dos princípios*: da definição à aplicação dos princípios jurídicos. 14. ed. atual. São Paulo: Malheiros, 2013, *passim*).

[1350] CAMARGO, Margarida Maria Lacombe. *Hermenêutica e argumentação*: uma contribuição ao estudo do direito. 3. ed. Rio de Janeiro: Renovar, 2003. p. 250-251.

[1351] "NAS ÁREAS VINCULADAS, em que não haja concessão legal de poderes discricionários, os órgãos administrativos podem e devem concretizar a lei, colmatar as eventuais lacunas, resolver as dúvidas de aplicação ou ADEQUAR AS NORMAS ÀS CIRCUNSTÂNCIAS DOS CASOS CONCRETOS – *'authority-made law'*, ESTANDO ESSA ACTUAÇÃO ADMINISTRATIVA SUJEITA A UM REEXAME OU CONTROLO TOTAL POR PARTE

geral, mas sim o RECONHECIMENTO DA PRESENÇA DE FATOS QUE NÃO SE COADUNAM COM OS PRÓPRIOS FINS E VALORES VISADOS PELO ORDENAMENTO JURÍDICO PARA AS SITUAÇÕES PASSÍVEIS DE SANÇÃO EXTREMA (inclusive os "CANCELLING FACTS")[1352] e a incidência do PRINCÍPIO DA MATERIALIDADE SUBJACENTE[1353] [1354] (que não admite[1355] que se expulse a realidade do mundo do direito).

DO JUIZ" (ANDRADE, José Carlos Vieira de. *Lições de direito administrativo*. 3. ed. Coimbra: Universidade de Coimbra, 2013. p. 56).

[1352] "Nesse caso, as propriedades dos casos genéricos que constituem a previsão normativa da regra jurídica. Esta consideração abre, desde logo, a porta a QUE DETERMINADOS CASOS JURÍDICOS, COM UMA MORFOLOGIA FACTUAL PRÓPRIA, ESTEJAM SIMPLESMENTE FORA DO ALCANCE DA PREVISÃO DAS REGRAS JURÍDICAS APLICÁVEIS, NÃO OBSTANTE, EM TERMOS APARENTES, SE ENCONTRAR PREENCHIDA A PREVISÃO DAS MESMAS: a excepção à regra aplicável verificar-se-á quando as principais razões (princípios) que apóiam a regra não forem aplicáveis ao caso jurídico concreto. Seguindo o raciocínio, os casos jurídicos encontram-se numa situação de excepção à regra quando algumas das principais razões em prol da regra são aplicáveis a eles, mas o compromisso ínsito na regra, ou, noutras palavras, a ponderação de princípios da qual resultou a regra, considera que prevalece outro sentido do dever ser. A explicação normativa para o desvio da aplicação peremptória da regra jurídica a um caso concreto reside, precisamente, na morfologia do caso concreto que suscitou a criação da regra jurídica. Na verdade, O CASO JURÍDICO PODE INTEGRAR [...] FACTOS QUE CONSTITUAM ARGUMENTOS PARA A NÃO APLICAÇÃO DESSA REGRA JURÍDICA. ESTES ÚLTIMOS FACTOS, DORAVANTE REFERIDOS COMO FACTOS EXCEPCIONAIS, são o que, na terminologia de Joseph Raz, se chama CANCELLING FACTS e constituem, no plano normativo, os factos que preenchem a previsão de princípios jurídicos de sinal contrário da regra jurídica aplicável" (LOPES, Pedro Muniz. *Princípio da boa-fé e decisão administrativa*. Coimbra: Almedina, 2011. p. 84).

[1353] A regra pode deixar de ser aplicada se os fatos presentes no caso se desassociam dos próprios motivos que justificam a aplicação da norma: "a reformulação prescritiva da norma DE PRIMAZIA DA MATERIALIDADE SUBJACENTE corresponde a uma permissão de dar PREVALÊNCIA (PRIMAZIA) AO OBJETIVO A ALCANÇAR ATRAVÉS DA ACTUAÇÃO ADMINISTRATIVA EM CAUSA QUANDO ESSE OBJECTIVO NÃO SEJA SUSCEPTÍVEL DE SER ALCANÇADO NUM CASO ADMINISTRATIVO CONCRETO, DESIGNADAMENTE POR ESTE ENGLOBAR FACTOS EXCEPCIONAIS (CANCELLING FACTS) QUE NÃO PRESIDIRAM À PONDERAÇÃO DE PRINCÍPIOS QUANDO DA POSITIVAÇÃO DA REGRA APLICATIVA. Nesse caso, o princípio constitui um mandato optimizador da permissão de (i) DESCONSIDERAÇÃO DO MODELO REGULATIVO DA REGRA E (ii) de consideração exclusiva do fim da regra de conduta, a qual corresponde, nos termos referidos, ao resultado da ponderação entre os princípios subjacentes em colisão. Considerados estes princípios FACE À MORFOLOGIA DO CASO ADMINISTRATIVO E, BEM ASSIM, AOS FACTOS EXCEPCIONAIS QUE O CONSTITUAM, é permitido ao decisor administrativo que responder aos princípios subjacentes à regra e DESATENDA O EFEITO JURÍDICO PRESCRITO POR AQUELA, na hipótese em que o princípio que decaiu (quando da positivação da regra) seja agora o princípio prevalecente de acordo com um juízo de proporcionalidade" (LOPES, Pedro Muniz. *Princípio da boa-fé e decisão administrativa*. Coimbra: Almedina, 2011. p. 301).

[1354] SOUSA, Marcelo Rebelo de; MATOS, André Salgado. *Direito administrativo geral*: introdução e princípios fundamentais. 3. ed. Alfragide: Dom Quixote, 2008. t. I. p. 221.

[1355] ANTUNES, Luís Filipe Colaço. *A ciência jurídica administrativa*. Coimbra: Almedina, 2016. p. 326-327.

Ou seja, as disposições dos arts. 132 e 134, da Lei federal nº 8.112/1990 podem, sim, ser excepcionadas quando promovam INJUSTIÇA[1356] num caso concreto, ou quando se revelarem desproporcionais ou desarrazoadas (RESPOSTA INADEQUADA), como sustenta o jurista escocês Neil MacCormick[1357] ao demarcar que NORMAS FORMAIS DO DIREITO POSITIVO PODEM CAUSAR INJUSTIÇA EM SUA APLICAÇÃO, O QUE PODE JUSTIFICAR A CRIAÇÃO DE EXCEÇÕES À LEI PARA CLASSES DE SITUAÇÕES ÀS QUAIS, POR BONS MOTIVOS, NÃO DEVERIA SER APLICADA A LEI PREVIAMENTE PROMULGADA OU ESTABELECIDA.

O direito deve ser definido e aplicado em face das CARACTERÍSTICAS DA SITUAÇÃO CONCRETA[1358] (FACTICIDADE, art. 22, *caput* e §1º, LINDB),[1359] mediante a COMPREENSÃO DO PROBLEMA NO MUNDO REAL pelo intérprete, numa AMPLA E LATITUDINAL REFLEXÃO, e não mediante a mera subsunção simplista a uma solução padronizada e única, que ignora a

---

[1356] A doutrina asserta que o princípio constitucional da JUSTIÇA do agir administrativo assume a configuração de um "superprincípio geral", traduzindo "o critério autêntico" do SENTIDO MATERIAL DO ESTADO DE DIREITO ou a síntese da "ideia de Direito"; O PRINCÍPIO DA JUSTIÇA surge como "pedra de fecho" do sistema, verdadeira cláusula residual que permite a REJEIÇÃO DA VALIDADE DAS "SOLUÇÕES MANIFESTAMENTE [...] INCOMPATÍVEIS COM A IDEIA DE DIREITO"; A RELEVÂNCIA DAS SITUAÇÕES DE FATO NA CONFIGURAÇÃO E CONFORMAÇÃO DO AGIR ADMINISTRATIVO fundamenta-se, em última análise, no princípio da JUSTIÇA (OTERO, Paulo. *Direito do procedimento administrativo*. Coimbra: Almedina, 2016. p. 216; 259).

[1357] MACCORMICK, Neil. *Argumentação jurídica e teoria do direito*. São Paulo: Martins Fontes, 2006. p. 125.

[1358] A dogmática enaltece a RELEVÂNCIA DAS SITUAÇÕES DE FATO NA CONFIGURAÇÃO E CONFORMAÇÃO DO AGIR ADMINISTRATIVO, que se fundamenta, em última análise, no princípio da JUSTIÇA; é a ideia de justiça material que postula a proibição de ausência de articulação ou a existência de uma disparidade radical entre a conduta da Administração Pública e faticidade envolvida; a atendibilidade das situações de fato no agir administrativo, revelando que estamos diante de uma questão de fato de uma certa questão de direito, pois "O DIREITO NÃO PODE PRESCINDIR DO FACTO e o facto não pode prescindir do direito", conduz à juridificação da factualidade: a atendibilidade da situação fatual pela Administração Pública ainda é, em todas as suas dimensões e sempre, uma questão de direito (OTERO, Paulo. *Direito do procedimento administrativo*. Coimbra: Almedina, 2016. p. 216; 259).

[1359] "Art. 22. Na interpretação de normas sobre gestão pública, SERÃO CONSIDERADOS OS OBSTÁCULOS E AS DIFICULDADES REAIS DO GESTOR e as exigências das políticas públicas a seu cargo, sem prejuízo dos direitos dos administrados (Regulamento). §1º Em decisão sobre regularidade de conduta ou validade de ato, contrato, ajuste, processo ou norma administrativa, SERÃO CONSIDERADAS AS CIRCUNSTÂNCIAS PRÁTICAS QUE HOUVEREM IMPOSTO, LIMITADO OU CONDICIONADO A AÇÃO DO AGENTE".

FACTICIDADE[1360] e pretende preservar o superado mito positivista da onipotência do legislador, ainda mais em um MUNDO FENOMÊNICO VASTO E REPLETO DE PECULIARIDADES (em face do qual são os princípios que desempenham o papel de enfrentar a REALIDADE, segundo Streck).[1361]

Por conseguinte, o aplicador do direito deve, sob o influxo do CONTEXTO DA REALIDADE perante ele posto, em face dos dados concretos da experiência (art. 22, *caput* e §1º, LINDB),[1362] MOTIVAR PROFUNDAMENTE A SOLUÇÃO DECISÓRIA DISCIPLINAR (que NÃO É ÚNICA, porém definida no caso motivadamente, sob as balizas de aplicação do direito administrativo, inclusive a Lei de Introdução às Normas do Direito Brasileiro).

Não há uma FÓRMULA ABSTRATA, veiculadora de uma formalista/logicista RESPOSTA PRONTA E OBRIGATÓRIA PARA TODOS OS CASOS.

Tanto que a Exposição de Motivos do Novo Código de Procedimento Administrativo de Portugal,[1363] no mesmo traçado da Lei de Introdução às Normas do Direito Brasileiro (LINDB, art. 20, *caput*, ao *repelir soluções abstratas no direito administrativo*), encima que "HOUVE, DESIGNADAMENTE, A PREOCUPAÇÃO DE EVITAR SOLUÇÕES PURAMENTE LOGICISTAS".

[1360] "Segundo a forma hermenêutica de interpretar, para levar a cabo uma COMPLETA E RACIONAL COMPREENSÃO DA NORMA JURÍDICA, a função (criativa) do intérprete é fundamental ao PÔR EM DIÁLOGO O HORIZONTE DE SENTIDO DA NORMA COM O HORIZONTE FACTUAL DO OBJETO DE INTERPRETAÇÃO, sendo que esta fusão de horizontes epistemológicos constitui simultaneamente o resultado do processo interpretativo-compreensivo e da aplicação da norma. NÃO HÁ COMPREENSÃO DA NORMA QUE NÃO SE CONFORME AO MODO DE MANIFESTAÇÃO DA COISA, OU SEJA, DA SITUAÇÃO CONCRETA" (ANTUNES, Luís Filipe Colaço. *A ciência jurídica administrativa*. Coimbra: Almedina, 2016. p. 317-318).

[1361] Streck resume que falar de princípios significa que o direito passa a cuidar do mundo prático; a FATICIDADE penetra no território jurídico antes inacessível ante as barreiras postas pelo positivismo (direito como modelo de regras). "É evidente que O DIREITO É CONCRETUDE E QUE É FEITO PARA RESOLVER CASOS PARTICULARES" (STRECK, Lenio. *Verdade e consenso*: constituição, hermenêutica e teorias discursivas. 4. ed. São Paulo: Saraiva, 2012. p. 227; 278).

[1362] "Art. 22. Na interpretação de normas sobre gestão pública, SERÃO CONSIDERADOS OS OBSTÁCULOS E AS DIFICULDADES REAIS DO GESTOR e as exigências das políticas públicas a seu cargo, sem prejuízo dos direitos dos administrados (Regulamento). §1º Em decisão sobre regularidade de conduta ou validade de ato, contrato, ajuste, processo ou norma administrativa, SERÃO CONSIDERADAS AS CIRCUNSTÂNCIAS PRÁTICAS QUE HOUVEREM IMPOSTO, LIMITADO OU CONDICIONADO A AÇÃO DO AGENTE".

[1363] Disponível em: https://diariodarepublica.pt/dr/legislacao-consolidada/decreto-lei/2015-105602322.

Mais, o julgamento do processo administrativo disciplinar deve ser proferido sob as luzes da RAZOABILIDADE e em busca de fazer JUSTIÇA no caso, e NÃO SEGUIR UMA DECISÃO ÚNICA INVARIÁVEL ESTANDARDIZADA, ABSTRATA (como critica Streck),[1364] numa insustentável hegemonia da provisão geral do legislador (condenada pela LINDB, art. 20, *caput*), que nunca abarcará todas as EXCEÇÕES[1365] [1366] possíveis da norma jurídica[1367] na vida real, cuja incidência em todos os casos pode redundar em INJUSTIÇA[1368] e INADEQUAÇÃO, no que os PRINCÍPIOS CONSTITUCIONAIS, O CONTEÚDO DOS DIREITOS FUNDAMENTAIS E DOS VALORES DA CONSTITUIÇÃO atinentes aos servidores públicos prestarão relevante concurso exegético para uma melhor resolução do caso concreto.

Patente o erro da Súmula nº 650/STJ, com respeitosa vênia, quando alega que a DEMISSÃO seria OBRIGATÓRIA EM TODOS OS CASOS (ATO ADMINISTRATIVO VINCULADO como obrigação de impor pena demissória sempre), porque deixa de sopesar que o instituto do PODER VINCULADO, no direito administrativo,

---

[1364] "O problema é que as súmulas (brasileiras) têm uma pretensão de universalização que é incompatível com um direito que deve ser construído a partir da discussão dos casos concretos [...] através delas, acredita-se que é possível lidar com conceitos sem as coisas (enfim, sem as multiplicidades e as peculiaridades dos casos concretos) [...] O DIREITO É 'UMA QUESTÃO DE CASO CONCRETO'" (STRECK, Lenio. *Hermenêutica jurídica e(m) crise*: uma exploração hermenêutica da construção do direito. 10. ed. rev., atual. e ampl. Porto Alegre: Livraria do Advogado, 2011. p. 390-391).

[1365] Alexy explica que uma regra pode deixar de ser aplicada numa situação concreta por força de um princípio e respectivas conclusões a respeito: a) a INAPLICABILIDADE DE UMA REGRA, NUM CASO CONCRETO, POR FORÇA DE UM PRINCÍPIO, não significa que ela se torna simplesmente inválida, porém representa que, nessa hipótese, uma cláusula de exceção à regra é estatuída; b) se se aceita que os contraexemplos a princípios não são enumeráveis, então se deve também aceitar que os casos de sua aplicação não são enumeráveis; c) se os casos da aplicação de princípios não são enumeráveis e se a aplicação de princípios pode conduzir a exceções a regras, então, em virtude disso, não podem as exceções a regras ser enumeráveis (ALEXY, Robert. *Teoria discursiva do direito*. Tradução de Alexandre Travessoni Gomes Trivisonno. Rio de Janeiro: Forense Universitária, 2014. p. 176).

[1366] DWORKIN critica o arroubo de completude jurídico-normativa do positivismo com a nota de que A ENUNCIAÇÃO "PLENA" DE UMA REGRA DEVERIA INCLUIR SUAS EXCEÇÕES e que uma regra que despreze as exceções será incompleta (DWORKIN, Ronald. *Levando os direitos a sério*. São Paulo: Martins Fontes, 2002. p. 120).

[1367] As regras não conterão todas as exceções nos seus pressupostos (LOPES, Pedro Muniz. *Princípio da boa-fé e decisão administrativa*. Coimbra: Almedina, 2011. p. 84).

[1368] O autor pontilha que HÁ CASOS EM QUE A APLICAÇÃO RÍGIDA DA LEI LEVA O INTÉRPRETE A COMETER INJUSTIÇA (LIMA, Fábio Lucas de Albuquerque. *Elementos de direito administrativo disciplinar*. Belo Horizonte: Fórum, 2014. p. 140).

erige-se fundamentalmente como MECANISMO DE PROTEÇÃO DOS SERVIDORES PÚBLICOS, sujeitos ao regime disciplinar, contra ARBITRARIEDADES das autoridades administrativas, caso pudessem livremente impor penas máximas para fatos nem sequer conhecidos dos disciplinados (segurança jurídica, tipicidade das faltas disciplinares passíveis de sanções máximas).[1369]

Até porque as disposições legais que delimitam, exaustivamente, as condutas passíveis de penas máximas (excluindo a discricionariedade de criação de infrações e sanções disciplinares por ato infralegal) visam, não se esqueça, a proporcionar INDEPENDÊNCIA para que os servidores públicos efetivos exerçam suas competências de modo LEGAL/ISENTO/IMPARCIAL/PROBO, *sem sujeição e fragilidade perante ingerências hierárquicas ilegais ou desonestas, nem sob o medo de pressões de interesses econômicos ou partidários* que afetem o interesse público e os princípios constitucionais da Administração Pública, coibindo o abusivo exercício do poder disciplinar (e ameaça de aplicação de penalidades mais graves para perda do cargo ou de aposentadoria) contra o funcionariado como ferramenta de OBTER FAVORES E GANHOS ESCUSOS/IMORAIS.

Isto é, muito ao contrário de a previsão das faltas disciplinares ser interpretada como uma obrigação inarredável da autoridade administrativa, no que tange a impor penas máximas em todos os casos, como erra a Súmula nº 650/STJ, *concessa venia*, o mais adequado é considerar que as disposições foram estatuídas pela Lei federal nº 8.112/1990 como mecanismo de salvaguarda dos servidores efetivos (TIPICIDADE DAS FALTAS DISCIPLINARES PASSÍVEIS DE SANÇÕES MÁXIMAS COMO MEIO DE CONCESSÃO DE SEGURANÇA JURÍDICA) contra a perda do cargo público ou de sua aposentadoria

---

[1369] Carlos Fraga destaca que o PRINCÍPIO DA RESERVA LEGAL EM TEMA DE REGIME SANCIONADOR DO FUNCIONALISMO PÚBLICO significa que o órgão legislativo fica adstrito a imprimir um conteúdo útil, uma densificação suficiente, uma direção específica à lei a emitir, pois, caso se cingir a preceitos vagos, imprecisos, muito gerais, em branco, frustrará o próprio sentido do mandamento da reserva legal, modo por que se antolha incompatível com o princípio da separação dos poderes a ausência de TIPICIDADE DA INFRAÇÃO DISCIPLINAR quando se confia à Administração a prerrogativa de definir o que constitui falta funcional e a criação, pois, de tipos sancionadores. "Ao atribuir-se à Administração competência para definir casuisticamente o que constitui infracção disciplinar, atribuindo-se-lhe um poder legislativo, está-se a violar a vontade popular e, concomitantemente, o princípio democrático de que a soberania reside no Povo, detentor do Poder" (FRAGA, Carlos Alberto Conde da Silva. *O poder disciplinar no Estatuto dos Trabalhadores da Administração Pública*: Lei 58/2008: doutrina: jurisprudência. Alfornelos: Petrony, 2011. p. 189).

sem justa causa ou por qualquer fato, sob o indesejado arbítrio do hierarca exercente do poder disciplinar.

Nessa vertente, o capitulado nos arts. 132 e 134, da Lei federal nº 8.112/1990, deve ser interpretado como NORMA FAVORÁVEL AOS SERVIDORES PÚBLICOS (e a favor destes deve ser sua exegese), E NÃO SER APLICADA CONTRA QUEM SE PROCUROU TUTELAR (como o fez a Súmula nº 650/STJ, ao sentenciar, erroneamente, que os dispositivos teriam sido estatuídos para obrigar a autoridade administrativa decisora a sempre impor penas máximas em todos os casos, sem jamais diferenciar as situações concretas), o que significa enorme prejuízo aos acusados em processo administrativo sancionador, postos como objeto do poder disciplinar, já que podem facilmente perder seus cargos efetivos e suas aposentadorias em função do enquadramento jurídico de sua conduta num dos dispositivos legais que relacionam as hipóteses exaustivas em que as penas máximas poderiam ser aplicadas.[1370]

A hermenêutica do direito, em diretriz contraposta à Súmula nº 650/STJ, enaltece, na obra clássica de Carlos Maximiliano: *"CUMPRE ATRIBUIR AO TEXTO UM SENTIDO TAL QUE RESULTE HAVER A LEI REGULADO A ESPÉCIE A FAVOR E NÃO EM PREJUÍZO DE QUEM ELA EVIDENTEMENTE VISA A PROTEGER"*.[1371]

No mesmo sentido é o ensino de Paulo Otero:[1372] *"Nada permite que aquilo que foi estabelecido para utilidade e benefício das pessoas deva ser tornado mais severo, por via de uma interpretação em termos demasiado duros e contra o interesse das pessoas"*.

[1370] Por conseguinte, a TIPICIDADE das faltas sujeitas a penas máximas (VINCULAÇÃO) deve ser interpretada como MECANISMO DE PROTEÇÃO DOS SERVIDORES CONTRA O ARBÍTRIO DAS AUTORIDADES EXERCENTES DO PODER DISCIPLINAR (discricionariedade muito ampla), e não como uma norma jurídica que obrigaria o hierarca julgador de processos administrativos disciplinares a sempre aplicar, inarredavelmente (e sem importar as circunstâncias do caso, a facticidade), a sanção máxima em todos os casos, bastando que o fato seja enquadrado em um dos tipos disciplinares como do art. 132 ou art. 134, da Lei federal nº 8.112/1990.

[1371] MAXIMILIANO, Carlos. *Hermenêutica e aplicação do direito*. Rio de Janeiro: Forense, 1996. p. 156.

[1372] OTERO, Paulo. *Direito do procedimento administrativo*. Coimbra: Almedina, 2016. p. 56-57.

Em vez de reconhecer que a VINCULAÇÃO foi um mecanismo de PROTEGER OS DIREITOS DOS CIDADÃOS[1373][1374] contra os males da DISCRICIONARIEDADE da Administração Pública,[1375] a Súmula nº 650/STJ, paradoxalmente, *data venia*, interpreta uma regra (arts. 132 e 134, da Lei federal nº 8.112/1990, TIPICIDADE DAS FALTAS DISCIPLINARES EM TESE PASSÍVEIS DE SANÇÕES MÁXIMAS), concessiva de SEGURANÇA JURÍDICA aos servidores públicos contra a perda de seu cargo efetivo ou de sua aposentadoria, por meio de medida discricionária ou arbitrária (se não houvesse limites exaustivos em lei das condutas em tese passíveis de penalidades mais severas), contra os que a lei visou a resguardar, dado o risco de a arbitrariedade[1376] no manejo do poder disciplinar da Administração Pública.

Ou seja, É COM O VIÉS ESPECIAL DE RESTRINGIR OS MALES DA DISCRICIONARIEDADE PLENA NO REGIME E NO PODER DISCIPLINAR QUE SE LIMITAM AS PENAS MÁXIMAS AOS CASOS EXAUSTIVOS DAS CORRESPONDENTES FALTAS DISCIPLINARES DESCRITAS EM LEI, evitando-se que a autoridade administrativa, *casuisticamente, ou de modo persecutório*, crie infrações disciplinares ou possa decretar a perda do cargo efetivo ou da aposentadoria/disponibilidade dos servidores estáveis *por qualquer motivo*, o que poderia operar como via de intimidação sobre servidores de carreira para cumprimento de ordens ilegais ou desonestas, sob a ameaça de imposição de reprimenda disciplinar severa.

Aditivamente, a Súmula nº 650/STJ falha ao supor que o ato disciplinar seria absolutamente vinculado, obrigatório em todos os

---

[1373] "Diante de um poder vinculado, O PARTICULAR TEM UM DIREITO SUBJETIVO DE EXIGIR DA AUTORIDADE A EDIÇÃO DE DETERMINADO ATO, sob pena de, não o fazendo, sujeitar-se à correção judicial" (DI PIETRO, Maria Sylvia Zanella. *Direito administrativo*. 27. ed. São Paulo: Saraiva, 2014. p. 221).

[1374] Como no reconhecimento do direito de promoção por antiguidade no direito administrativo francês. "Et, si un fonctionnaire remplit certaines conditions d'ancienneté, son avancement à l'échelon prevú par les textes doit être prononcé" (FRIER, Pierre-Laurent; PETIT, Jacques. *Droit administratif*. 8. ed. Paris: LGDJ, 2013. p. 359).

[1375] "A origem da VINCULAÇÃO SE MOTIVA NA DESCONFIANÇA CONTRA A AUTORIDADE E NO CONTROLE PREVENTIVO DE ARBÍTRIO DA PARTE DO AGENTE PÚBLICO, mas admoesta que O RECEIO APRIORÍSTICO DE ARBITRARIEDADE NÃO PODE SE PRESTAR PARA EVITAR A BOA AÇÃO" (FREITAS, Juarez. *O controle dos atos administrativos e os princípios fundamentais*. 3. ed. rev. e atual. São Paulo: Malheiros, 2004. p. 212-213).

[1376] O autor explica que A VINCULAÇÃO DA ATIVIDADE ADMINISTRATIVA VISA A COIBIR ARBITRARIEDADE (ARAÚJO, Edmir Netto de. *Curso de direito administrativo*. 6. ed. São Paulo: Saraiva, 2014. p. 511).

casos, quando a maciçamente majoritária doutrina atual do direito administrativo, ao contrário, de forma geral (salvo raras situações), pondera que há atos administrativos editados sob um PODER PREPONDERANTE OU RELATIVAMENTE VINCULADO,[1377] *não em grau absoluto, inarredável*.[1378]

A doutrina confirma os efeitos da Lei de Introdução às Normas do Direito Brasileiro sobre o controle judicial dos atos administrativos vinculados também, em contraposição à Súmula nº 650/STJ:[1379]

> Impõe a necessidade de SUPERAÇÃO DE UMA VISÃO ESTÁTICA SOBRE CONTROLE JUDICIAL DOS ATOS ADMINISTRATIVOS, FUNDADA EM CRITÉRIO SIMPLISTA E INADEQUADO, CALCADO NA DIFERENCIAÇÃO ENTRE ATOS VINCULADOS E DISCRICIONÁRIOS. A extensão do âmbito controle deve ser dinâmica.

Rafael Oliveira[1380] também esposa essa compreensão:

> Entendemos que A TRADICIONAL DICOTOMIA DISCRICIONARIEDADE (ATOS DISCRICIONÁRIOS) X VINCULAÇÃO (ATOS VINCULADOS) DEVE SER ADAPTADA À REALIDADE, ESPECIALMENTE A PARTIR DO FENÔMENO DA CONSTITUCIONALIZAÇÃO DO DIREITO ADMINISTRATIVO. Por um lado, a atividade administrativa totalmente livre e fora do alcance do controle judicial seria sinônimo de arbitrariedade. Por outro lado, NÃO SE PODE CONCEBER QUE A ATUAÇÃO DO ADMINISTRADOR SEJA EXCLUSIVAMENTE VINCULADA E MECANIZADA, POIS SEMPRE EXISTIRÁ ALGUMA MARGEM INTERPRETATIVA DA NORMA JURÍDICA.

[1377] JUSTEN FILHO, Marçal. *Curso de direito administrativo*. 10. ed. rev., atual. e ampl. São Paulo: Revista dos Tribunais, 2014. p. 249.

[1378] O eminente administrativista português Pedro Costa Gonçalves anota que, NO DIREITO ALEMÃO, a questão tem-se colocado quanto a várias medidas decisórias administrativas que a lei configura como DECISÕES VINCULADAS (*v.g.*, recusa de licenças, revogações de autorizações, expulsão de estrangeiros), RELATIVIZANDO A VINCULAÇÃO LEGAL (GONÇALVES, Pedro Costa. *Manual de direito administrativo*. Coimbra: Almedina, 2019. v. 1. p. 380).

[1379] BILIERI, Mário Dittrich; FALK, Matheus. O controle judicial ablativo e mandamental dos atos administrativos com baixo e médio grau de juridicidade e a Nova Lei de Introdução às Normas do Direito Brasileiro (Lei nº 13.655/2018). In: VALIATI, Thiago Priess; HUNGARO, Luis Alberto; CASTELLA, Gabriel Morettini e (Coord.). *A Lei de Introdução e o direito administrativo brasileiro*. Rio de Janeiro: Lumen Juris, 2019. p. 381.

[1380] OLIVEIRA, Rafael Carvalho Rezende. *Curso de direito administrativo*. 5. ed. rev., atual. e ampl. Rio de Janeiro: Forense; São Paulo: Método, 2017. p. 306.

Igualmente, o administrativista luso Vieira de Andrade encarece:[1381]

> NAS ÁREAS VINCULADAS, em que não haja concessão legal de poderes discricionários, os órgãos administrativos podem e devem concretizar a lei, colmatar as eventuais lacunas, resolver as dúvidas de aplicação ou ADEQUAR AS NORMAS ÀS CIRCUNSTÂNCIAS DOS CASOS CONCRETOS - "*authority-made law*", ESTANDO ESSA ACTUAÇÃO ADMINISTRATIVA SUJEITA A UM REEXAME OU CONTROLO TOTAL POR PARTE DO JUIZ.

Junte-se que, na mesma toada, Marcelo Rebelo de Sousa e André Salgado de Matos[1382] apontam que, em regra, *não existe poder totalmente vinculado, mas apenas predominantemente,* e admoestam que OS PRINCÍPIOS DA ATIVIDADE ADMINISTRATIVA SÃO LIMITES DE TODAS AS CONDUTAS ADMINISTRATIVAS (VINCULADAS OU DISCRICIONÁRIAS), E NÃO APENAS DA MARGEM DE LIVRE DECISÃO, POIS A VIOLAÇÃO DOS PRINCÍPIOS, COM A DESPROPORCIONALIDADE, A DESIGUALDADE OU A INJUSTIÇA DE UM ATO VINCULADO, TAMBÉM ACARRETA INVALIDADE DA DECISÃO VINCULADA DA ADMINISTRAÇÃO PÚBLICA.

Por conseguinte, o entendimento pretoriano (Súmula nº 650/STJ) peca por desconsiderar a compreensão uníssona da dogmática do direito administrativo quanto à CONSTITUCIONALIZAÇÃO[1383] de seus institutos (como afirma Barroso)[1384] e da interpretação deles (inclusive do poder vinculado disciplinar) sob a EFICÁCIA

[1381] ANDRADE, José Carlos Vieira de. *Lições de direito administrativo.* 3. ed. Coimbra: Universidade de Coimbra, 2013. p. 56.

[1382] SOUSA, Marcelo Rebelo de; MATOS, André Salgado. *Direito administrativo geral:* introdução e princípios fundamentais. 3. ed. Alfragide: Dom Quixote, 2008. t. I. p. 202.

[1383] MENDES, Gilmar Ferreira; COELHO, Inocêncio Mártires; BRANCO, Paulo Gustavo Gonet. *Curso de direito constitucional.* 7. ed. São Paulo: Saraiva, 2012. p. 192. Também: SARLET, Ingo Wolfgang; MARINONI, Luiz Guilherme; MITIDIERO, Daniel. *Curso de direito constitucional.* São Paulo: Revista dos Tribunais, 2012. p. 217.

[1384] O agora ministro do Supremo Tribunal Federal leciona que se impõe a INFLUÊNCIA DOS PRINCÍPIOS CONSTITUCIONAIS SOBRE AS CATEGORIAS DO DIREITO ADMINISTRATIVO, com o efeito de que, para a configuração do modelo atual, DIVERSOS PARADIGMAS ESTÃO SENDO REPENSADOS OU SUPERADOS (BARROSO, Luís Roberto. Neoconstitucionalismo e constitucionalização do direito. O triunfo tardio do direito constitucional no Brasil. *Jus Navigandi,* Teresina, ano 10, n. 851, 1º nov. 2005. Disponível em: http://jus.com.br/artigos/7547. Acesso em: 22 abr. 2014).

IRRADIANTE DOS DIREITOS FUNDAMENTAIS,[1385][1386][1387][1388] DOS PRINCÍPIOS CONSTITUCIONAIS[1389] IMPLÍCITOS E EXPLÍCITOS (razoabilidade, proporcionalidade, individualização da pena) e dos VALORES DA CONSTITUIÇÃO[1390] para o pessoal permanente da Administração Pública (*CARREIRA, ESTABILIDADE, DIREITO DE ACESSO E PERMANÊNCIA NOS CARGOS EFETIVOS, DIREITO AO TRABALHO,*[1391] *PROTEÇÃO DA HONRA, DIREITO À PREVIDÊNCIA SOCIAL, FAMÍLIA, DIREITO DE BUSCAR A FELICIDADE* etc.).

[1385] BINENBOJM, Gustavo. O sentido da vinculação administrativa à juridicidade no direito brasileiro. *In*: ARAGÃO, Alexandre Santos de; MARQUES NETO, Floriano de Azevedo (Coord.). *Direito administrativo e seus novos paradigmas*. Belo Horizonte: Fórum, 2012. p. 151.

[1386] "A perspectiva objetiva das normas de direitos sociais reflete o estreito liame desses direitos com o sistema de fins e valores constitucionais a serem respeitados e concretizados por toda a sociedade. Nesta esfera, como já assinalado na parte geral dos direitos fundamentais, também AS NORMAS DE DIREITOS SOCIAIS (SENDO NORMAS DE DIREITOS FUNDAMENTAIS) POSSUEM UMA EFICÁCIA DIRIGENTE OU IRRADIANTE, decorrente da perspectiva objetiva, que impõe ao Estado o dever de permanente realização dos direitos sociais, além de PERMITIR ÀS NORMAS DE DIREITOS SOCIAIS OPERAREM COMO PARÂMETRO, TANTO PARA A APLICAÇÃO E INTERPRETAÇÃO DO DIREITO INFRACONSTITUCIONAL quanto para a criação e o desenvolvimento de instituições, organizações e procedimentos voltados à proteção e promoção dos direitos sociais. Daí também resulta, entre outros aspectos, a EFICÁCIA DOS DIREITOS FUNDAMENTAIS SOCIAIS NAS RELAÇÕES" (SARLET, Ingo Wolfgang; MITIDIERO, Daniel; MARINONI, Luiz Guilherme. *Curso de direito constitucional*. 9. ed. São Paulo: Saraiva Educação, 2020. p. 643).

[1387] "Eficácia irradiante ou efeito de irradiação dos direitos fundamentais, no sentido de que estes, na sua condição de direito objetivo, fornecem impulsos e diretrizes para a aplicação e interpretação do direito infraconstitucional, implicando uma interpretação conforme aos direitos fundamentais de todo o ordenamento jurídico" (SARLET, Ingo Wolfgang; MARINONI, Luiz Guilherme; MITIDIERO, Daniel. *Curso de direito constitucional*. São Paulo: Revista dos Tribunais, 2012. p. 296).

[1388] ALEXY, Robert. *Direito, razão, discurso*: estudos para a filosofia do direito. Tradução de Luís Afonso Heck. Porto Alegre: Livraria do Advogado, 2010. p. 162.

[1389] O ato administrativo deve estar harmonizado com o plexo de princípios e arremata que se terá que controlar o ato administrativo como estando, em maior ou menor intensidade, VINCULADO NÃO APENAS À LEGALIDADE, SENÃO QUE À TOTALIDADE DOS PRINCÍPIOS REGENTES DAS RELAÇÕES JURÍDICO-ADMINISTRATIVAS, MORMENTE OS DE VULTO CONSTITUCIONAL (FREITAS, Juarez. *O controle dos atos administrativos e os princípios fundamentais*. 3. ed. rev. e atual. São Paulo: Malheiros, 2004. p. 212-213).

[1390] "TODAS AS LEIS DEVEM SER INTERPRETADAS DE ACORDO COM A CONSTITUIÇÃO" (JUSTEN FILHO, Marçal. *Curso de direito administrativo*. 10. ed. rev., atual. e ampl. São Paulo: Revista dos Tribunais, 2014. p. 231).

[1391] "[...] Muito embora os direitos fundamentais sociais não estejam apenas sediados no art. 6. da CF e neste dispositivo que foram concentrados os direitos fundamentais sociais básicos (educação, saúde, alimentação, trabalho, moradia, lazer, segurança, previdência social [...] boa parte dos direitos sociais consagrados, em termos gerais, no art. 6. da CF foi objeto de densificação por meio de dispositivos diversos ao longo do texto constitucional, especialmente nos títulos que tratam da ordem social (normas sobre o sistema de seguridade social, designadamente, previdência social, família, proteção do idoso, etc.), destacando-se os diversos direitos dos trabalhadores enunciados nos arts. 7. a 11. que constituem um

Todas essas diretrizes deságuam numa *decisão do processo administrativo disciplinar que não será* única *nem inarredável*, mas dependerá dos dados e parâmetros do caso concreto, inclusive admitidas alternativas decisórias sancionadoras (art. 20, parágrafo único, LINDB).

Outro erro latente da Súmula nº 650/STJ, *permissa venia*, é de não considerar sequer a interpretação sistemática da Lei federal nº 8.112/1990, haja vista que o seu art. 128 deve ser combinado com os respectivos arts. 132 e 134, em vista de, considerados os parâmetros legais (*a natureza e a gravidade da infração cometida, os danos que dela provierem para o serviço público, as circunstâncias agravantes ou atenuantes e os antecedentes funcionais*), ponderar se as penas máximas (cassação de aposentadoria/disponibilidade ou demissão) devem, ou não, ser aplicadas no caso (DISCURSO DE APLICAÇÃO MOTIVADO PELA FACTICIDADE).

É rasa e errônea, com a devida vênia, a argumentação de que o disposto no art. 128, da Lei federal nº 8.112/1990, somente seria aplicável à penalidade de suspensão (que pode ser dosada entre 1 e 90 dias, a teor do seu art. 130, *caput*),[1392] mas não poderia pretensamente incidir em casos de penas de advertência, demissão ou cassação de aposentadoria/disponibilidade.

Cabe obtemperar que o preceito do art. 128, da Lei federal nº 8.112/1990, compagina-se com o DISCURSO DE APLICAÇÃO DA NORMA JURÍDICA, impondo ao intérprete do direito administrativo que, no caso concreto específico, afira, com prudência e profundamente, os parâmetros definidores da reflexão sobre a escolha da pena cabível (a natureza e a gravidade da infração cometida, os danos que dela provierem para o serviço público, as circunstâncias agravantes ou atenuantes e os antecedentes funcionais), em consonância com a LINDB, art. 22, §2º.[1393]

---

conjunto de direitos e garantias que concretizam o direito geral ao trabalho e à proteção do trabalhador (contemplado no art. 6., em condição de igualdade em relação aos demais direitos sociais), promoção e proteção do trabalho" (SARLET, Ingo Wolfgang: MITIDIERO, Daniel; MARINONI, Luiz Guilherme. *Curso de direito constitucional*. 9. ed. São Paulo: Saraiva Educação, 2020. p. 635).

[1392] "Art. 130. A suspensão será aplicada em caso de reincidência das faltas punidas com advertência e de violação das demais proibições que não tipifiquem infração sujeita a penalidade de demissão, não podendo exceder de 90 (noventa) dias".

[1393] "Art. 22. [...] §1º Em decisão sobre regularidade de conduta ou validade de ato, contrato, ajuste, processo ou norma administrativa, serão consideradas as circunstâncias práticas que houverem imposto, limitado ou condicionado a ação do agente (Incluído pela Lei nº

Isto é, os arts. 132 e 134, da Lei federal nº 8.112/1990, constituem, na lição de Alexy,[1394] o DISCURSO DE FUNDAMENTAÇÃO de penas máximas, legitimando seu cabimento nos casos exaustivamente neles descritos (tipicidade das faltas disciplinares em princípio sujeitas a penalidades mais graves, excluindo o cabimento da sanção extrema em situações não descritas no dispositivo legal), ao passo que o art. 128, da Lei federal nº 8.112/1990, envolve o discurso de APLICAÇÃO das reprimendas, MOMENTO DE CONCRETIZAÇÃO DA REGRA A SER MEDITADO EM FACE DAS PECULIARIDADES DA SITUAÇÃO, como ressalta o professor Flávio Unes,[1395] ao cri-

---

13.655, de 2018). §2º Na aplicação de sanções, serão consideradas a natureza e a gravidade da infração cometida, os danos que dela provierem para a administração pública, as circunstâncias agravantes ou atenuantes e os antecedentes do agente".

[1394] "Segundo Günther, existe entre a FUNDAMENTAÇÃO e a APLICAÇÃO DE UMA NORMA uma diferença fundamental. Na fundamentação de uma norma trata-se de sua validade, e somente de sua validade; na sua APLICAÇÃO, de sua conveniência, e somente de sua conveniência. A conveniência de uma norma somente pode ser determinada com vista a uma situação de aplicação determinada. PARA COMPROVAR SE UMA NORMA, EM UMA SITUAÇÃO DETERMINADA, É CONVENIENTE, É NECESSÁRIO APRECIÁ-LA COM VISTA A TODAS AS CARACTERÍSTICAS DESSA SITUAÇÃO E COM VISTA A TODAS AS NORMAS QUE, ALTERNATIVAMENTE, ENTRAM EM QUESTÃO. A conveniência de uma norma compõe-se, por conseguinte, de dois componentes: de sua relação (1) para com uma situação determinada e (2) para com todas as outras normas que entram em questão nessa situação Günther tenta compreender isso com auxílio do conceito de coerência. UM DISCURSO DE APLICAÇÃO É, POR CONSEGUINTE, UM DISCURSO NO QUAL É TENTADO CONSIDERAR TODAS AS CARACTERÍSTICAS DE UMA SITUAÇÃO" (ALEXY, Robert. *Direito, razão, discurso*: estudos para a filosofia do direito. Tradução de Luís Afonso Heck. Porto Alegre: Livraria do Advogado, 2010. p. 46).

[1395] a) a um, explica que a validade de uma norma jurídica (art. 132, da Lei federal nº 8.112/1990), no plano geral e abstrato, não se confunde com a sua possibilidade de aplicação em um caso concreto, acentuando que, ao se discorrer sobre a aplicação do Direito, está-se referindo no SENSO DE ADEQUABILIDADE, que se dá por meio de um processo de CONCREÇÃO em que se revelam TODAS AS CARACTERÍSTICAS DA SITUAÇÃO, bem como se analisam as normas que possam ser aplicadas ao caso concreto. NÃO ESTÁ EM PAUTA A VALIDADE DA NORMA, MAS A SUA ADEQUAÇÃO OU NÃO ÀS CARACTERÍSTICAS DE UMA ÚNICA SITUAÇÃO; b) rebate que haveria uma solução padrão única pela imposição de pena disciplinar máxima em todos os casos, expondo que A DECISÃO PERFEITA, OU CORRETA, OU ÚNICA, não quer dizer outra coisa senão aquela que se demonstrou ADEQUADA AO CASO CONCRETO, A PARTIR DA DESCRIÇÃO COMPLETA DOS ELEMENTOS FÁTICOS RELEVANTES; c) rejeitando a mecanicidade da incidência do art. 132, da Lei federal nº 8.112/1990, para aplicação de reprimenda máxima em todos os casos (suposta absolutidade da previsão geral do legislador), grifa que não se trata de uma decisão que seria a expressão da verdade absoluta, *a priori* e abstratamente considerada: NÃO HÁ, PER SE, A SOLUÇÃO UNÍVOCA. Esta é CONSTRUÍDA NO JUÍZO DE APLICAÇÃO DA NORMA e, dessa maneira, *a posteriori*, ou seja, quando, ALÉM DAS NORMAS *PRIMA FACIE* APLICÁVEIS, TEM-SE A COMPLETA DESCRIÇÃO DA SITUAÇÃO CONCRETA; d) arremata pontificando que, quando se afirma que a única solução justa é um artifício irreal, está-se levando em conta apenas o juízo de justificação das normas. De fato, no plano de validade, NÃO HÁ COMO APONTAR A ÚNICA DECISÃO COMO VERDADE ABSOLUTA, vez que é possível imaginar uma PLURALIDADE DE SOLUÇÕES, à medida que se imaginam

ticar a linha jurisprudencial que deu azo à Súmula nº 650/Superior Tribunal de Justiça.

Nesse norte, reconhecendo a incidência do princípio da individualização da pena e a aplicabilidade do estatuído no art. 128, da Lei federal nº 8.112/1990, até nos casos de penas máximas disciplinares (aplaudindo a interpretação sistemática com os arts. 132 e 134, do Estatuto dos Servidores Públicos da União), Nohara[1396] critica parecer da Advocacia-Geral da União e a linha de entendimento doutrinário ou jurisprudencial pela aplicação de penas máximas de forma automática/obrigatória/invariável, apontando as medidas necessárias para abolir um processo administrativo disciplinar que classifica de ainda medieval na Administração Pública:

> 5. Afastar a aplicação automática da pena capital/demissão
> A AGU tem pareceres, como o GQ 177/1998, que opinam que diante das hipóteses listadas nos incisos do art. 132 da lei, que abarcam, por exemplo, crime contra a administração pública, abandono de cargo, inassiduidade habitual, improbidade administrativa, incontinência pública e conduta escandalosa na repartição, insubordinação grave em serviço, por exemplo, APLICA-SE A SANÇÃO MÁXIMA DE DEMISSÃO, SEM POSSIBILIDADE DE ATENUAÇÃO DA PENALIDADE, sob pena de nulidade do ato.
> O parecer AGU n. GQ 183, por exemplo, dispõe que "é compulsória a aplicação da penalidade expulsiva, se caracterizada infração disciplinar antevista no art. 132 da lei nº 8.112, de 1990".
> AFASTA-SE, PELA ORIENTAÇÃO CONTRÁRIA À DOSIMETRIA DA PENA, A POSSIBILIDADE DE ATENUAÇÃO DA SANÇÃO PREVISTA NO CAPUT DO ART. 132 DO ESTATUTO FEDERAL, PELO ART. 128 DA MESMA LEI, QUE DETERMINA QUE NA APLICAÇÃO DAS PENALIDADES SERÃO CONSIDERADAS: A NATUREZA E A GRAVIDADE DA INFRAÇÃO COMETIDA, OS DANOS QUE DELA PROVIEREM

HIPÓTESES COM PECULIARIDADES DIVERSAS; e) PARA CADA situação, EM TESE, PODE HAVER RESPOSTAS DIFERENTES, A PARTIR DOS ELEMENTOS QUE TENHAM SIDO COGITADOS. Exatamente por isso, faz-se necessária a inauguração do DISCURSO DE APLICAÇÃO, A PARTIR DA OCORRÊNCIA DO CASO CONCRETO – DATADO E CONTEXTUALIZADO –, PARA QUE SE CONSTRUA A ÚNICA DECISÃO ADEQUADA (PEREIRA, Flávio Henrique Unes. O controle jurisdicional da sanção disciplinar: por uma reflexão crítica sobre o posicionamento do STJ a partir do MS nº 12.927/DF. In: BARATA, Ana Maria Rodrigues; GONTIJO, Danielly Cristina Araújo; PEREIRA, Flávio Henrique Unes (Coord.). Coleção de direito administrativo sancionador. Rio de Janeiro: CEEJ, 2021. p. 264-265).

[1396] NOHARA, Irene Patrícia. 5 passos para a superação de um processo administrativo disciplinar "medieval". Irene Nohara – Direito Administrativo, 13 jun. 2014. Disponível em: http://blog.direitoadm.com.br/o-que-fazer-casosdireitoadministrativo/5-passos-para-superacao-de-um-processo-administrativo-disciplinar-medieval/.

AO SERVIÇO PÚBLICO, AS CIRCUNSTÂNCIAS AGRAVANTES OU ATENUANTES E OS ANTECEDENTES FUNCIONAIS. ALÉM DE NÃO SER UMA INTERPRETAÇÃO SISTEMÁTICA, [...] É BASTANTE ULTRAPASSADO NA HERMENÊUTICA JURÍDICA PÓS-POSITIVISTA, PRETENDER IMPEDIR A UTILIZAÇÃO DO PRINCÍPIO DA INDIVIDUALIZAÇÃO DA PENA, UMA VEZ QUE SE TRATA DE COROLÁRIO DA PROPORCIONALIDADE.

O princípio constitucional da INDIVIDUALIZAÇÃO DA PENA, portanto, tem que ser aplicado na esfera administrativa também e conformar a interpretação do art. 132, da Lei federal nº 8.112/1990, por sua combinação com o seu art. 128, *caput*[1397] (INTERPRETAÇÃO SISTEMÁTICA correta, segundo entendimento de Nohara),[1398] mesmo nos casos de penas máximas, tendo em vista que *"O ALCANCE DE UM ARTIGO DE LEI SE AVALIA CONFRONTANDO-O COM OUTROS, ISTO É, COM APLICAR O PROCESSO SISTEMÁTICO DE INTERPRETAÇÃO"*.[1399]

Humberto Ávila[1400] sufraga que "AS NORMAS não são textos e nem o conjunto deles, mas OS SENTIDOS CONSTRUÍDOS A PARTIR DA INTERPRETAÇÃO SISTEMÁTICA DE TEXTOS NORMATIVOS".

[1397] "Art. 128. Na aplicação das penalidades serão considerados a natureza e a gravidade da infração cometida, os danos que dela provierem para o serviço público, as circunstâncias agravantes ou atenuantes e os antecedentes funcionais".

[1398] "[...] O parecer AGU n. GQ 183, por exemplo, dispõe que 'é compulsória a aplicação da penalidade expulsiva, se caracterizada infração disciplinar antevista no art. 132 da lei nº 8.112, de 1990'. Afasta-se, pela orientação contrária à dosimetria da pena, a possibilidade de atenuação da sanção prevista no caput do art. 132 do estatuto federal, pelo art. 128 da mesma lei, que determina que na aplicação das penalidades serão considerados: a natureza e a gravidade da infração cometida, os danos que dela provierem ao serviço público, as circunstâncias agravantes ou atenuantes e os antecedentes funcionais. ALÉM DE NÃO SER UMA INTERPRETAÇÃO SISTEMÁTICA, é bastante ultrapassado na hermenêutica jurídica pós-positivista, PRETENDER IMPEDIR A UTILIZAÇÃO DO PRINCÍPIO DA INDIVIDUALIZAÇÃO DA PENA, UMA VEZ QUE SE TRATA DE COROLÁRIO DA PROPORCIONALIDADE. Ora, a pena deve ser, não só no direito penal, mas também no direito administrativo, necessária e suficiente para a reprovação do ilícito, na prevenção da ocorrência de outros. Já dizia Jellinek: *nicht mit Kanonen auf Spatzen schiessen* (não se abatem pardais com canhões). [...]" (NOHARA, Irene Patrícia. 5 passos para a superação de um processo administrativo disciplinar "medieval". *Irene Nohara – Direito Administrativo*, 13 jun. 2014. Disponível em: http://blog.direitoadm.com.br/o-que-fazer-casosdireitoadministrativo/5-passos-para-superacao-de-um-processo-administrativo-disciplinar-medieval/).

[1399] MAXIMILIANO, Carlos. *Hermenêutica e aplicação do direito*. Rio de Janeiro: Forense, 1996. p. 38.

[1400] ÁVILA, Humberto. *Teoria dos princípios*: da definição à aplicação dos princípios jurídicos. 14. ed. atual. São Paulo: Malheiros, 2013. p. 33-34.

Colaço Antunes[1401] endossa que a hermenêutica perpassa a adaptação da norma jurídica às circunstâncias concretas e atuais, em vista de estabelecer um RELACIONAMENTO SISTEMÁTICO ENTRE AS NORMAS. A interpretação do art. 132 ou do art. 134, da Lei federal nº 8.112/1990, deve ser conforme a Constituição (resposta correta segundo o sistema – Streck),[1402] abrigando o PRINCÍPIO DA INDIVIDUALIZAÇÃO DA PENA MESMO EM CASO DE PODER DISCIPLINAR VINCULADO E PENALIDADES MÁXIMAS. Chama a atenção que o art. 128, da Lei federal nº 8.112/1990, reza que

> Art. 128. NA APLICAÇÃO DAS PENALIDADES serão consideradas a natureza e a gravidade da infração cometida, os danos que dela provierem para o serviço público, as circunstâncias agravantes ou atenuantes e os antecedentes funcionais.

Perceba-se que o dispositivo NÃO RESTRINGIU SUA INCIDÊNCIA À PENA DE SUSPENSÃO, mas a interpretação gramatical revela que o texto legal aludiu a que "NA APLICAÇÃO DAS PENALIDADES", grife-se: penalidades, *no plural*, ABRANGENDO TODAS AS OUTRAS SANÇÕES DISCIPLINARES estipuladas na Lei federal nº 8.112/1990 (inclusive a cassação de aposentadoria ou de disponibilidade e a demissão), previstas no seu art. 127:

> Art. 127. São penalidades disciplinares:
> I - advertência;
> II - suspensão;
> III - demissão;
> IV - cassação de aposentadoria ou disponibilidade; (Vide ADPF nº 418)
> V - destituição de cargo em comissão;
> VI - destituição de função comissionada.

Ainda mais, perceba-se que o art. 132 e o art. 134 – e também o art. 128 –, todos da Lei federal nº 8.112/1990, cuidam da etapa de APLICAÇÃO DAS PENAS DISCIPLINARES.

[1401] ANTUNES, Luís Filipe Colaço. *A ciência jurídica administrativa.* Coimbra: Almedina, 2016. p. 311.
[1402] STRECK, Lenio. *Verdade e consenso*: constituição, hermenêutica e teorias discursivas. 4. ed. São Paulo: Saraiva, 2012, *passim*.

O art. 128, da Lei federal nº 8.112/1990, presta-se exatamente a fazer preponderar, NA APLICAÇÃO das sanções disciplinares contra servidores públicos, a consideração dos PRINCÍPIOS DA RAZOABILIDADE, JUSTIÇA, PROPORCIONALIDADE, IGUALDADE (desigualação de situações distintas), INDIVIDUALIZAÇÃO DA PENA, atenuando qualquer rigor absoluto na pretensa obrigatoriedade de imposição de penalidades máximas em todos os casos que adviria da interpretação literal do seu art. 132 ou art. 134 (PODER ABSOLUTAMENTE VINCULADO), com o efeito de *dissuadir o mito da onipotência do legislador e da resposta decisória única e invariável – pior, com reprimenda extrema sempre,* o que não é sustentável no sistema jurídico administrativo constitucionalizado.

O Estatuto dos Servidores Públicos, por meio de seu art. 128, procurou orientar a autoridade julgadora de processo administrativo disciplinar a se empenhar por uma RESPOSTA ADEQUADA E PROPORCIONAL NO CASO CONCRETO (FACTICIDADE), quando resolve aplicar penas máximas, exegese que ainda mais se reforça pelos consectários da Lei de Introdução às Normas do Direito Brasileiro – LINDB (arts. 20 a 22).

Não parece uma resposta coerente com o sistema jurídico constitucional entender pela individualização na pena somente em caso de reprimenda de suspensão, quando, ao contrário, o legislador expressamente se preocupou em explicitar que, NA APLICAÇÃO DE PENALIDADES (atente-se para o termo plural, "penalidades", abrangendo todas as hipóteses de sanções descritas no art. 127, da Lei federal nº 8.112/1990, ou seja, TODAS AS PENAS DISCIPLINARES, INCLUSIVE DEMISSÃO OU CASSAÇÃO DE APOSENTADORIA), serão considerados:

a) a natureza e a gravidade da infração cometida;
b) os danos que dela provierem para o serviço público;
c) as circunstâncias agravantes;
d) as circunstâncias atenuantes;
e) os antecedentes funcionais.

Não há lugar para, NUMA EXEGESE DESCONFORME À CARTA MAGNA, restringir a aplicabilidade do art. 128, da Lei federal nº 8.112/1990, tão somente aos casos de aplicação de pena de SUSPENSÃO, quando o Estatuto dos Servidores Públicos, diferentemente, previu (aludindo a "NA APLICAÇÃO DE PENALIDADES", plural, todas as penalidades, sem exceção) que os parâmetros definidos no dispositivo em comento seriam observados referentemente a TODAS AS OUTRAS PENALIDADES (e TAMBÉM NAS HIPÓTESES DE PENAS MÁXIMAS – DEMISSÃO, CASSAÇÃO DE APOSENTADORIA/disponibilidade), quanto às quais também se impõe a respectiva INDIVIDUALIZAÇÃO/PROPORCIONALIDADE/RAZOABILIDADE na situação vertente (porque são os princípios que desempenham o papel de enfrentar a REALIDADE, segundo Streck[1403] e ÁVILA),[1404] quer dizer, uma INTERPRETAÇÃO CONFORME A CONSTITUIÇÃO FEDERAL, uma interpretação do preceptivo legal segundo a Lei Fundamental de 1988, numa perspectiva constitucionalizada do direito administrativo.

Somente em face do conhecimento de todas as características da situação (FACTICIDADE) que exsurge a resposta adequada para o caso, interpretação consoante os termos da Lei de Introdução às Normas do Direito Brasileiro (art. 22, *caput* e §1º, LINDB),[1405] e também albergada pela doutrina do direito administrativo (consoante Gunther[1406] [1407] e Streck),[1408] haja vista que NÃO EXISTE SOLUÇÃO

[1403] Streck resume que falar de princípios significa que o direito passa a cuidar do mundo prático; a FATICIDADE penetra no território jurídico antes inacessível ante as barreiras postas pelo positivismo (direito como modelo de regras). "É evidente que O DIREITO É CONCRETUDE E QUE É FEITO PARA RESOLVER CASOS PARTICULARES" (STRECK, Lenio. *Verdade e consenso*: constituição, hermenêutica e teorias discursivas. 4. ed. São Paulo: Saraiva, 2012. p. 227; 278).

[1404] "Muitas vezes o caráter absoluto da regra é completamente modificado depois da consideração de todas as circunstâncias do caso" (ÁVILA, Humberto. *Teoria dos princípios*: da definição à aplicação dos princípios jurídicos. 14. ed. atual. São Paulo: Malheiros, 2013. p. 50-51).

[1405] "Art. 22. Na interpretação de normas sobre gestão pública, SERÃO CONSIDERADOS OS OBSTÁCULOS E AS DIFICULDADES REAIS DO GESTOR e as exigências das políticas públicas a seu cargo, sem prejuízo dos direitos dos administrados (Regulamento). §1º Em decisão sobre regularidade de conduta ou validade de ato, contrato, ajuste, processo ou norma administrativa, SERÃO CONSIDERADAS AS CIRCUNSTÂNCIAS PRÁTICAS QUE HOUVEREM IMPOSTO, LIMITADO OU CONDICIONADO A AÇÃO DO AGENTE".

[1406] "A APLICAÇÃO DAS NORMAS deve ser institucionalizada em procedimentos que possibilitem a CONSIDERAÇÃO DE TODOS OS SINAIS CARACTERÍSTICOS DE UMA SITUAÇÃO. Só assim será possível resolver os paradoxos aparentes do Direito positivo e compatibilizar a sua potencial alteração aleatória com a exigência de reconhecimento geral de sua validade" (GUNTHER, Klaus. *Teoria da argumentação no direito e na moral*: justificação e aplicação. São Paulo: Landy, 2004. p. 393).

[1407] "Da idéia de aplicação imparcial faz parte o exame de TODOS OS SINAIS CARACTERÍSTICOS NORMATIVAMENTE RELEVANTES DE UMA SITUAÇÃO. Por conseguinte, ela está VINCULADA À PONDERAÇÃO DE PRINCÍPIOS e aos procedimentos que possibilitem uma consideração integral e adequada" (GUNTHER, Klaus. *Teoria da argumentação no direito e na moral*: justificação e aplicação. São Paulo: Landy, 2004. p. 395-396).

[1408] STRECK, Lenio. *Verdade e consenso*: constituição, hermenêutica e teorias discursivas. 4. ed. São Paulo: Saraiva, 2012. p. 134.

ÚNICA DITADA EM CARÁTER INARREDÁVEL POR UM ONIPOTENTE LEGISLADOR.

Sucede o mesmo enfoque, só que de forma cogente, pela incidência das regras da Lei de Introdução às Normas do Direito Brasileiro (art. 22, §2º),[1409] que expressamente adotou o PRINCÍPIO DA INDIVIDUALIZAÇÃO DA PENA na interpretação/aplicação também do direito administrativo sancionador, estipulando que, na imposição de penalidades, deverão ser sopesadas A NATUREZA E A GRAVIDADE DA INFRAÇÃO COMETIDA, OS DANOS QUE DELA PROVIEREM PARA A ADMINISTRAÇÃO PÚBLICA, AS CIRCUNSTÂNCIAS AGRAVANTES OU ATENUANTES E OS ANTECEDENTES DO AGENTE PÚBLICO.

Outro aspecto censurável da Súmula nº 650/STJ, em colisão com a LINDB, é impor uma SOLUÇÃO ÚNICA EM ABSTRATO, alheia à realidade do caso, o que se afasta completamente do estipulado no art. 22, *caput* e §1º, LINDB.[1410]

Como admoesta Leonardo Coelho Ribeiro,[1411] O CONTEXTO FÁTICO DA DECISÃO NÃO PODERÁ SER DESCONSIDERADO (e evidentemente com efeitos na definição da resposta sancionadora do Estado – pena disciplinar). A LEI DE INTRODUÇÃO ÀS NORMAS DO DIREITO BRASILEIRO ENCIMA A CONSIDERAÇÃO DA REALIDADE NA APLICAÇÃO DO DIREITO ADMINISTRATIVO

[1409] "Art. 22. [...] §2º Na aplicação de sanções, serão consideradas a natureza e a gravidade da infração cometida, os danos que dela provierem para a administração pública, as circunstâncias agravantes ou atenuantes e os antecedentes do agente (Incluído pela Lei nº 13.655, de 2018)".

[1410] "Art. 22. Na interpretação de normas sobre gestão pública, SERÃO CONSIDERADOS OS OBSTÁCULOS E AS DIFICULDADES REAIS DO GESTOR e as exigências das políticas públicas a seu cargo, sem prejuízo dos direitos dos administrados (Regulamento). §1º Em decisão sobre regularidade de conduta ou validade de ato, contrato, ajuste, processo ou norma administrativa, SERÃO CONSIDERADAS AS CIRCUNSTÂNCIAS PRÁTICAS QUE HOUVEREM IMPOSTO, LIMITADO OU CONDICIONADO A AÇÃO DO AGENTE".

[1411] RIBEIRO, Leonardo Coelho. Comentários gerais ao art. 21 da Lei de Introdução às Normas do Direito Brasileiro (Decreto-Lei n. 4.657/1942, alterado pela Lei n. 13.655/2018). In: *Lei de Introdução às Normas do Direito Brasileiro* – Anotada. São Paulo: Quartier Latin, 2019. v. II. p. 147.

SANCIONADOR, como apontam Georghio Tomelin[1412] e Mônica Bandeira de Mello Lefèvre.[1413]

Ou ainda, na cátedra de Rafael Maffini,[1414] o art. 22 da LINDB, "consagra o '*PRIMADO DA REALIDADE*'", com a exigência de CONTEXTUALIZAÇÃO, e produz uma espécie de "pedido de empatia" com o gestor público e com as suas dificuldades, enfrentando também os ônus que o administrador enfrenta.

[1412] "[...] A jurídica moderna, inexplicavelmente, tem se afastado dos fatos contextuais a uma realidade normativa encadeada apenas em abstrato do mundo do direito. [...] tem prevalecido a posição individual do aplicador da norma, que deliberadamente ouvidos moucos ou olhos míopes para os fatos que não lhe interessam. [...] o que a LINDB faz é olhar para decretos, instruções, portarias, resoluções, ordens de serviço, circulares, contratos administrativos, e quejandos, no sentido de que sua interpretação não leve a ferro e fogo soluções impossíveis para a lógica do local onde o direito é aplicado. [...] é óbvio que qualquer agente público não pode deixar de considerar os obstáculos reais [...] todos nós estamos agora obrigados a olhar com cuidado a realidade local e o que é possível ou não diante de um quadro material de fatos substantivos. [...] evitar que sejam tiradas conclusões precipitadas sobre a aplicação do ordenamento legal, tachando com incorreções ou falhas quaisquer condutas ou Erros administrativos não grosseiros ou não dolosos. [...] A conjuntura é o elemento sempre presente. [...] Não se promovam decisões arbitrárias desvinculadas da realidade, pois o intérprete não pode agir como alienígena desconectado da vida local e de suas condicionantes de ergonomia do sistema [...] A realidade circunstante que condicionou a prática do ato cuja regularidade esteja sendo analisada precisa ser tomada em consideração. Se fatos demonstram que não poderia ter sido tomada decisão administrativa diversa, diante das circunstâncias, não há como o direito sancionador ser usado para apenar tal conduta. Pela nova LINDB passa a ser inválida uma dosimetria exponencial faça ouvidos moucos para a realidade material circunscrita por todos os órgãos de controle" (TOMELIN, Georghio. Interpretação consequencial e dosimetria conglobante na Nova LINDB. *In*: Lei de Introdução às Normas do Direito Brasileiro – Anotada. São Paulo: Quartier Latin, 2019. v. II. p. 166-175).

[1413] "[...] O legislador com a introdução deste dispositivo desejou que as normas sobre gestão pública não fosse feita de maneira abstrata, mas levasse em conta a realidade administrativa fática na qual as decisões são tomadas. [...] Realmente, trata-se de evitar que as instâncias de controle apliquem de forma simplista as normas jurídicas que disciplinam a atividade do gestor público. [...] A complexidade da premissa fática deve ser levada a sério pelo intérprete" (LEFÈVRE, Mônica Bandeira de Mello. A interpretação normativa e a necessária consideração dos direitos dos administrados. *In: Lei de Introdução às Normas do Direito Brasileiro* – Anotada. São Paulo: Quartier Latin, 2019. v. II. p. 180; 182).

[1414] MAFFINI, Rafael. LINDB, Covid-19 e sanções administrativas aplicáveis a agentes públicos. *In*: MAFFINI, Rafael; RAMOS, Rafael (Coord.). *Nova LINDB*: consequencialismo, deferência judicial, motivação e responsabilidade do gestor público. Rio de Janeiro: Lumen Juris, 2020. p. 203.

Outrossim, não há que falar de resposta/decisão administrativa SEM CONTEXTUALIZAÇÃO[1415] [1416] [1417] [1418] (PRIMADO DA REALIDADE[1419] na interpretação/aplicação da Lei federal nº 8.112/1990, arts. 132 e 134 ou 135), independentemente das circunstâncias da situação específica (*A SOLUÇÃO É DEFINIDA SOB A CONSIDERAÇÃO*

[1415] SOUZA, Rodrigo Pagani de; ALENCAR, Letícia Lins de. O dever de contextualização na interpretação e aplicação do direito público. *In*: VALIATI, Thiago Priess; HUNGARO, Luis Alberto; CASTELLA, Gabriel Morettini e (Coord.). *A Lei de Introdução e o direito administrativo brasileiro*. Rio de Janeiro: Lumen Juris, 2019. p. 51.

[1416] Como admoesta Ribeiro, O CONTEXTO FÁTICO DA DECISÃO NÃO PODERÁ SER DESCONSIDERADO. A LEI DE INTRODUÇÃO ÀS NORMAS DO DIREITO BRASILEIRO ENCIMA A CONSIDERAÇÃO DA REALIDADE NA APLICAÇÃO DO DIREITO ADMINISTRATIVO SANCIONADOR (RIBEIRO, Leonardo Coelho. Comentários gerais ao art. 21 da Lei de Introdução às Normas do Direito Brasileiro (Decreto-Lei n. 4.657/1942, alterado pela Lei n. 13.655/2018). *In: Lei de Introdução às Normas do Direito Brasileiro* – Anotada. São Paulo: Quartier Latin, 2019. v. II. p. 147).

[1417] "[...] A jurídica moderna, inexplicavelmente, tem se afastado dos fatos contextuais a uma realidade normativa encadeada apenas em abstrato do mundo do direito. [...] tem prevalecido a posição individual do aplicador da norma, que deliberadamente ouvidos moucos ou olhos míopes para os fatos que não lhe interessam. [...] o que a LINDB faz é olhar para decretos, instruções, portarias, resoluções, ordens de serviço, circulares, contratos administrativos, e quejandos, no sentido de que sua interpretação não leve a ferro e fogo soluções impossíveis para a lógica do local onde o direito é aplicado. [...] é óbvio que qualquer agente público não pode deixar de considerar os obstáculos reais [...] todos nós estamos agora obrigados a olhar com mais cuidado a realidade local e o que é possível ou não diante de um quadro material de fatos substantivos. [...] evitar que sejam tiradas conclusões precipitadas sobre a aplicação do ordenamento legal, tachando com incorreções ou falhas quaisquer condutas ou Erros" administrativos não grosseiros ou não dolosos. [...] A conjuntura é o elemento sempre presente. [...] Não se promovam decisões arbitrárias desvinculadas da realidade, pois o intérprete não pode agir como alienígena desconectado da vida local e de suas condicionantes de ergonomia do sistema [...] A realidade circunstante que condicionou a prática do ato cuja regularidade esteja sendo analisada precisa ser tomada em consideração. Se fatos demonstram que não poderia ter sido tomada decisão administrativa diversa, diante das circunstâncias, não há como o direito sancionador ser usado para apenar tal conduta. Pela nova LINDB passa a ser inválida uma dosimetria exponencial faça ouvidos moucos para a realidade material circunscrita por todos os órgãos de controle (TOMELIN, Georghio. Interpretação consequencial e dosimetria conglobante na Nova LINDB. *In: Lei de Introdução às Normas do Direito Brasileiro* – Anotada. São Paulo: Quartier Latin, 2019. v. II. p. 166-175).

[1418] [...] O legislador com a introdução deste dispositivo desejou que as normas sobre gestão pública não fosse feita de maneira abstrata, mas levasse em conta a realidade administrativa fática na qual as decisões são tomadas. [...] Realmente, trata-se de evitar que as instâncias de controle apliquem de forma simplista as normas jurídicas que disciplinam a atividade do gestor público. [...] A complexidade da premissa fática deve ser levada a sério pelo intérprete (LEFÈVRE, Mônica Bandeira de Mello. A interpretação normativa e a necessária consideração dos aspectos dos administrados. *In: Lei de Introdução às Normas do Direito Brasileiro* – Anotada. São Paulo: Quartier Latin, 2019. v. II. p. 180; 182).

[1419] MAFFINI, Rafael. LINDB, Covid-19 e sanções administrativas aplicáveis a agentes públicos. *In*: MAFFINI, Rafael; RAMOS, Rafael (Coord.). *Nova LINDB*: consequencialismo, deferência judicial, motivação e responsabilidade do gestor público. Rio de Janeiro: Lumen Juris, 2020. p. 203.

DO CASO CONCRETO E SEUS SINAIS CARACTERÍSTICOS, consoante Gunther[1420] e Streck)[1421] e da individualização da sanção disciplinar máxima, e não a partir de uma SOLUÇÃO ÚNICA EM ABSTRATO (que frontalmente viola o preceituado no art. 20, *caput*, da Lei de Introdução às Normas do Direito Brasileiro – LINDB).

Daí que relevam as diretrizes e regras da Lei de Introdução às Normas do Direito Brasileiro – LINDB no julgamento do processo administrativo disciplinar e na reflexão sobre o cabimento, ou não, de pena máxima (demissão ou cassação de aposentadoria/disponibilidade, arts. 132 e 134, Lei federal nº 8.112/1990):

a) com o pressuposto de que a INTERPRETAÇÃO E APLICAÇÃO DO DIREITO SE DÁ NO CASO CONCRETO E SUAS ESPECIFICIDADES (FACTICIDADE, REALIDADE),[1422] inclusive a teor da Lei de Introdução às Normas do Direito Brasileiro (art. 22, *caput* e §1º),[1423] como pontilha Andrade,[1424] no quanto frisa que a LINDB afeta a motivação dos atos administrativos decisórios com o dever de considerar as circunstâncias do caso concreto, como os OBSTÁCULOS E DIFICULDADES REAIS reportados pelos gestores ou administradores, os ASPECTOS MATERIAIS, TEMPORAIS, ORÇAMENTÁRIOS E DE PESSOAL;

a.1) como admoesta Leonardo Coelho Ribeiro,[1425] O CONTEXTO FÁTICO DA DECISÃO NÃO PODERÁ SER DESCONSIDERADO. A LEI DE INTRODUÇÃO ÀS

[1420] GUNTHER, Klaus. *Teoria da argumentação no direito e na moral*: justificação e aplicação. São Paulo: Landy, 2004, *passim*.

[1421] STRECK, Lenio. *Verdade e consenso*: constituição, hermenêutica e teorias discursivas. 4. ed. São Paulo: Saraiva, 2012. p. 134.

[1422] "É evidente que o direito é concretude e que é feito para resolver casos particulares" (STRECK, Lenio. *Verdade e consenso*: constituição, hermenêutica e teorias discursivas. 4. ed. São Paulo: Saraiva, 2012. p. 278).

[1423] "Art. 22. Na interpretação de normas sobre gestão pública, SERÃO CONSIDERADOS OS OBSTÁCULOS E AS DIFICULDADES REAIS DO GESTOR e as exigências das políticas públicas a seu cargo, sem prejuízo dos direitos dos administrados (Regulamento) §1º Em decisão sobre regularidade de conduta ou validade de ato, contrato, ajuste, processo ou norma administrativa, SERÃO CONSIDERADAS AS CIRCUNSTÂNCIAS PRÁTICAS QUE HOUVEREM IMPOSTO, LIMITADO OU CONDICIONADO A AÇÃO DO AGENTE".

[1424] ANDRADE, Fábio Martins de. *Comentários à Lei nº 13.655/2018*: proposta de sistematização e interpretação conforme. Rio de Janeiro: Lumen Juris, 2019. p. 153.

[1425] RIBEIRO, Leonardo Coelho. Comentários gerais ao art. 21 da Lei de Introdução às Normas do Direito Brasileiro (Decreto-Lei n. 4.657/1942, alterado pela Lei n. 13.655/2018). *In: Lei de Introdução às Normas do Direito Brasileiro* – Anotada. São Paulo: Quartier Latin, 2019. v. II. p. 147.

NORMAS DO DIREITO BRASILEIRO ENCIMA A CONSIDERAÇÃO DA REALIDADE NA APLICAÇÃO DO DIREITO ADMINISTRATIVO SANCIONADOR, como apontam Georghio Tomelin[1426] e Mônica Bandeira de Mello Lefèvre;[1427]

b) pela vedação de respostas extraídas de valores abstratos (art. 20, *caput*), como obtempera Andrade:[1428]

> A DECISÃO CORRETA NÃO QUER DIZER OUTRA COISA SENÃO AQUELA QUE CONSIDEROU AS PARTICULARIDADES DO CASO CONCRETO MEDIANTE A DESCRIÇÃO COMPLETA DOS ELEMENTOS FÁTICOS RELEVANTES. Não se trata de uma decisão que seria a expressão da verdade absoluta, *a priori* e abstratamente considerada. NÃO HÁ, PER SE, A SOLUÇÃO UNÍVOCA. ESTA É CONSTRUÍDA NO JUÍZO DE APLICAÇÃO DA NORMA E, dessa maneira, *a posteriori*, ou seja, quando, além

---

[1426] "[...] A jurídica moderna, inexplicavelmente, tem se afastado dos fatos contextuais a uma realidade normativa encadeada apenas em abstrato do mundo do direito. [...] tem prevalecido a posição individual do aplicador da norma, que deliberadamente ouvidos moucos ou olhos míopes para os fatos que não lhe interessam. [...] o que a LINDB faz é olhar para decretos, instruções, portarias, resoluções, ordens de serviço, circulares, contratos administrativos, e quejandos, no sentido de que sua interpretação não leve a ferro e fogo soluções impossíveis para a lógica do local onde o direito é aplicado. [...] é óbvio que qualquer agente público não pode deixar de considerar os obstáculos reais [...] todos nós estamos agora obrigados a olhar com cuidado a realidade local e o que é possível ou não diante de um quadro material de fatos substantivos. [...] evitar que sejam tiradas conclusões precipitadas sobre a aplicação do ordenamento legal, tachando com incorreções ou falhas quaisquer condutas ou Erros administrativos não grosseiros ou não dolosos. [...] A conjuntura é o elemento sempre presente. [...] Não se promovam decisões arbitrárias desvinculadas da realidade, pois o intérprete não pode agir como alienígena desconectado da vida local e de suas condicionantes de ergonomia do sistema [...] A realidade circunstante que condicionou a prática do ato cuja regularidade esteja sendo analisada precisa ser tomada em consideração. Se fatos demonstram que não poderia ter sido tomada decisão administrativa diversa, diante das circunstâncias, não há como o direito sancionador ser usado para apenar tal conduta. Pela nova LINDB passa a ser inválida uma dosimetria exponencial faça ouvidos moucos para a realidade material circunscrita por todos os órgãos de controle" (TOMELIN, Georghio. Interpretação consequencial e dosimetria conglobante na Nova LINDB. *In*: *Lei de Introdução às Normas do Direito Brasileiro* – Anotada. São Paulo: Quartier Latin, 2019. v. II. p. 166-175).

[1427] "[...] O legislador com a introdução deste dispositivo desejou que as normas sobre gestão pública não fosse feita de maneira abstrata, mas levasse em conta a realidade administrativa fática na qual as decisões são tomadas. [...] Realmente, trata-se de evitar que as instâncias de controle apliquem de forma simplista as normas jurídicas que disciplinam a atividade do gestor público. [...] A complexidade da premissa fática deve ser levada a sério pelo intérprete" (LEFÈVRE, Mônica Bandeira de Mello. A interpretação normativa e a necessária consideração dos direitos dos administrados. *In*: *Lei de Introdução às Normas do Direito Brasileiro* – Anotada. São Paulo: Quartier Latin, 2019. v. II. p. 180; 182).

[1428] ANDRADE, Fábio Martins de. *Comentários à Lei nº 13.655/2018*: proposta de sistematização e interpretação conforme. Rio de Janeiro: Lumen Juris, 2019. p. 153.

das normas *prima facie* aplicáveis, tem-se a completa descrição da situação concreta; [...].

A Exposição de Motivos do Novo Código de Procedimento Administrativo de Portugal,[1429] no mesmo traçado da Lei de Introdução às Normas do Direito Brasileiro (LINDB, art. 20, *caput*, ao repelir soluções abstratas no direito administrativo), encima que "HOUVE, DESIGNADAMENTE, A PREOCUPAÇÃO DE EVITAR SOLUÇÕES PURAMENTE LOGICISTAS".

b.1) ou ainda, como Bitencourt e Leal[1430] sublinham:

> A própria noção de hermenêutica que coloca o *intérprete como sujeito criador da norma*, uma vez que A REALIDADE DA PRÓPRIA ADMINISTRAÇÃO PÚBLICA É TÃO COMPLEXA EM FACE DA MULTIPLICIDADE DE POSSIBILIDADES DE APLICAÇÃO que obviamente *não há como imaginar o discurso da* SEGURANÇA JURÍDICA ABSOLUTA DE UM TEXTO NORMATIVO, uma vez que NÃO SE TRATA DE UMA SOLUÇÃO DEDUTIVA E NEM MESMO DA CONCEPÇÃO DE QUE HAJA UMA ÚNICA RESPOSTA CORRETA, ainda que a argumentação leve a crer que seja a melhor resposta naquele caso". Esse trabalho praticamente artesanal de extrair do texto o sentido da norma é que se torna redundante para não dizer tautológico, que HAVERÁ SEMPRE QUE SE SITUAR EM UMA DADA REALIDADE EM TODA SUA COMPLEXIDADE;

c) porque imperiosa a prova da NECESSIDADE E ADEQUAÇÃO (art. 20, par. único),[1431] da sanção disciplinar máxima no caso, na esteira da compreensão do colendo Supremo Tribunal Federal de incidência do princípio da

---

[1429] Disponível em: https://diariodarepublica.pt/dr/legislacao-consolidada/decreto-lei/2015-105602322.

[1430] BITENCOURT Caroline Müller; LEAL, Rogério Gesta. Consequencialismo das decisões e os valores jurídicos abstratos a partir da Lei 13.655/18: uma análise crítica sob a perspectiva da (in)segurança jurídica. In: MAFFINI, Rafael; RAMOS, Rafael (Coord.). *Nova LINDB*: consenquencialismo, deferência judicial, motivação e responsabilidade do gestor público. Rio de Janeiro: Lumen Juris, 2020. p. 116.

[1431] "Art. 20. [...] Parágrafo único. A motivação demonstrará a necessidade e a adequação da medida imposta ou da invalidação de ato, contrato, ajuste, processo ou norma administrativa, inclusive em face das possíveis alternativas (Incluído pela Lei nº 13.655, de 2018)".

PROPORCIONALIDADE no processo administrativo disciplinar;[1432]

d) A MOTIVAÇÃO CONSEQUENCIALISTA envolve o exame de PENAS ALTERNATIVAS (art. 20, par. único),[1433] como a doutrina agudiza[1434] no sentido de que o mínimo que se pode exigir é que os administradores tenham de ponderar sobre "AS CONSEQUÊNCIAS PRÁTICAS DA DECISÃO" e considerar as "POSSÍVEIS ALTERNATIVAS", na linha de entendimento de Andrade,[1435] que cita Flávio Unes, em comentários à Lei de Introdução às Normas do Direito Brasileiro, para acentuar que a consideração das possíveis alternativas é o elemento mais inovador, na medida em que, ao invés de apenas mencionar "motivação", densifica sua noção para IMPOR O EXAME – E SUA EXPLICITAÇÃO, OBVIAMENTE DAS CONSEQUÊNCIAS QUE CADA SOLUÇÃO POSSA TRAZER PARA A REALIDADE;

d.1) em outras palavras, a decisão será adequada e legítima quando se revelar menos danosa e mais eficaz se consideradas as alternativas possíveis em determinada situação fática. Afinal, o processo e o direito servem à vida e esta não pode ser atingida sem que sejam mensurados os

---

[1432] "7. O exercício da competência disciplinar pela Administração Pública sobre os seus servidores não pode ser ilimitado, nem se pode ter o cuidado dessa matéria em lei que não atenda aos direitos fundamentais das pessoas, sequer se legitimando seu regramento em desavença com as garantias do contraditório, da ampla defesa e do devido processo legal ou dos princípios da legalidade, proporcionalidade, da razoabilidade e da dignidade da pessoa humana" (Supremo Tribunal Federal, Plenário, Arguição de Descumprimento de Preceito Fundamental nº 353, Rel. Min. Cármen Lúcia, j. 21.6.2021).

[1433] "Art. 20. [...] Parágrafo único. A motivação demonstrará a necessidade e a adequação da medida imposta ou da invalidação de ato, contrato, ajuste, processo ou norma administrativa, inclusive em face das possíveis alternativas (Incluído pela Lei nº 13.655, de 2018)".

[1434] BILIERI, Mário Dittrich; FALK, Matheus. O controle judicial ablativo e mandamental dos atos administrativos com baixo e médio grau de juridicidade e a Nova Lei de Introdução às Normas do Direito Brasileiro (Lei nº 13.655/2018). In: VALIATI, Thiago Priess; HUNGARO, Luis Alberto; CASTELLA, Gabriel Morettini e (Coord.). *A Lei de Introdução e o direito administrativo brasileiro*. Rio de Janeiro: Lumen Juris, 2019. p. 381.

[1435] PEREIRA, Flávio Henrique Unes. Artigo 20. In: PEREIRA, Flávio Henrique Unes (Coord.). *Segurança jurídica e qualidade das decisões públicas*: desafios de uma sociedade democrática. Brasília: Senado Federal, 2015. p. 17-19 apud ANDRADE, Fábio Martins de. *Comentários à Lei nº 13.655/2018*: proposta de sistematização e interpretação conforme. Rio de Janeiro: Lumen Juris, 2019. p. 153.

efeitos de cada solução possível – isso, também, insere-se dimensão da decisão adequada;

e) a MOTIVAÇÃO CONSEQUENCIALISTA (art. 20, par. único)[1436] expressa, como apregoa Phillip Gil França,[1437] aplicar a hermenêutica consequencialista, que é, antes de tudo, RECONHECER A NECESSIDADE DO OUTRO PARA O DESENVOLVIMENTO DO TODO (E DE TODOS): "QUANDO A INTERPRETAÇÃO ESQUECE O OUTRO, ELA SE TORNA UM MONÓLOGO EM VEZ DE UM DIÁLOGO"; consequencialismo jurídico tem como finalidade a análise da *potencial adequação legal do ato avaliado na realidade concreta de interação humana, e com o meio onde tal atividade acontece, com os valores do direito;*

f) em virtude da individualização da penalidade (art. 20, §2º),[1438] ADMITINDO-SE MEDIDA DECISÓRIA MENOS SEVERA, DE FORMA COMPATÍVEL COM A GRAVIDADE MAIOR OU MENOR DA CONDUTA (art. 5º, XLVI, Constituição Federal de 1988; art. 128, Lei Federal nº 8.112/90),[1439] inclusive porque se reconhece a incidência do PRINCÍPIO DA INDIVIDUALIZAÇÃO DA PENA no direito administrativo, segundo Nohara.[1440]

[1436] "Art. 20. [...] Parágrafo único. A motivação demonstrará a necessidade e a adequação da medida imposta ou da invalidação de ato, contrato, ajuste, processo ou norma administrativa, inclusive em face das possíveis alternativas (Incluído pela Lei nº 13.655, de 2018)".

[1437] FRANÇA, Phillip Gil. Algumas considerações sobre como decidir conforme o consequencialismo jurídico da Lei 13.655/2018. In: MAFFINI, Rafael; RAMOS, Rafael (Coord.). *Nova LINDB*: consequencialismo, deferência judicial, motivação e responsabilidade do gestor público. Rio de Janeiro: Lumen Juris, 2020. p. 124.

[1438] "Art. 22. [...] §2º Na aplicação de sanções, serão considerados a natureza e a gravidade da infração cometida, os danos que dela provierem para a administração pública, as circunstâncias agravantes ou atenuantes e os antecedentes do agente".

[1439] "Art. 128. Na aplicação das penalidades serão consideradas a natureza e a gravidade da infração cometida, os danos que dela provierem para o serviço público, as circunstâncias agravantes ou atenuantes e os antecedentes funcionais".

[1440] "A AGU tem pareceres, como o GQ 177/1998, que opinam que diante das hipóteses listadas nos incisos do art. 132 da lei, que abarcam, por exemplo, crime contra a administração pública, abandono de cargo, inassiduidade habitual, improbidade administrativa, incontinência pública e conduta escandalosa na repartição, insubordinação grave em serviço, por exemplo, APLICA-SE A SANÇÃO MÁXIMA DE DEMISSÃO, SEM POSSIBILIDADE DE ATENUAÇÃO DA PENALIDADE, [...] O parecer AGU n. GQ 183, por exemplo, dispõe que 'é compulsória a aplicação da penalidade expulsiva, se caracterizada infração disciplinar antevista no art. 132 da lei nº 8.112, de 1990'. Afasta-se, pela orientação contrária à dosimetria da pena, a possibilidade de atenuação da sanção prevista no caput do art. 132 do estatuto federal, pelo art. 128 da mesma lei, que determina que na aplicação das

O legislador exerceu uma ponderação de valores das condutas (*que não é definitiva, obrigatória, absoluta, FORA DA FACTICIDADE DO CASO; DEVE SER CONSIDERADA NAS CIRCUNSTÂNCIAS CONCRETAS*, art. 22, *caput* e §1º, LINDB), sim, ao tipificar as infrações graves, sujeitas a penas de rompimento do vínculo funcional ou previdenciário, orientando genericamente a autoridade administrativa no rumo decisório dos processos disciplinares dessa formatação, em linha geral, e sempre sob o viés garantista para os servidores quanto à tipicidade das faltas disciplinares, mas a vinculação administrativa (RELATIVA, NÃO ABSOLUTA, NA APLICAÇÃO DE PENAS DISCIPLINARES) deve ser harmônica com os princípios da PROPORCIONALIDADE, RAZOABILIDADE e individualização da pena.

Por isso, deve-se cotejar a efetiva gravidade da conduta diante da pena a ser imposta, e, SE A INJUSTIÇA DECORRENTE DA APLICAÇÃO DA LEI EM TESE SE AFIGURAR MANIFESTA, EXCESSIVA, IRRAZOÁVEL, DESPROPORCIONAL, EM FACE DA MENOR GRAVIDADE DA FALTA, O HIERARCA DECISOR DEVE INVOCAR A PROPORCIONALIDADE/RAZOABILIDADE, nos casos inquestionavelmente justificados, para dar uma *RESPOSTA ADEQUADA À CONSTITUIÇÃO* e fazer justiça e apenar os ilícitos na medida cabível.

Diferentemente da tese da Súmula nº 650/STJ, com o devido respeito, pode a autoridade administrativa julgadora do processo administrativo disciplinar *(com maior ônus argumentativo*[1441] *quanto à motivação decisória distinta da provisão geral do legislador, por força das*

---

penalidades serão consideradas: a natureza e a gravidade da infração cometida, os danos que dela provierem ao serviço público, as circunstâncias agravantes ou atenuantes e os antecedentes funcionais. Além de não ser uma interpretação sistemática, É BASTANTE ULTRAPASSADO NA HERMENÊUTICA JURÍDICA PÓS-POSITIVISTA, PRETENDER IMPEDIR A UTILIZAÇÃO DO PRINCÍPIO DA INDIVIDUALIZAÇÃO DA PENA, UMA VEZ QUE SE TRATA DE COROLÁRIO DA PROPORCIONALIDADE. Ora, A PENA DEVE SER, NÃO SÓ NO DIREITO PENAL, MAS TAMBÉM NO DIREITO ADMINISTRATIVO, NECESSÁRIA E SUFICIENTE PARA A REPROVAÇÃO DO ILÍCITO [...]" (NOHARA, Irene Patrícia. 5 passos para a superação de um processo administrativo disciplinar "medieval". *Irene Nohara – Direito Administrativo*, 13 jun. 2014. Disponível em: http://blog.direitoadm. com.br/o-que-fazer-casosdireitoadministrativo/5-passos-para-superacao-de-um-processo-administrativo-disciplinar-medieval/).

[1441] Robert Alexy destaca a advertência de que o PRINCÍPIO DA GENERALIZABILIDADE exige que aquele que quer tratar uma pessoa de forma diferente de outra pessoa deve apresentar uma razão para isso (ALEXY, Robert. *Teoria discursiva do direito*. Tradução de Alexandre Travessoni Gomes Trivisonno. Rio de Janeiro: Forense Universitária, 2014. p. 56).

circunstâncias do caso concreto) deixar de aplicar o dispositivo legal cominador da pena máxima, no que Robert Alexy[1442] sentencia que SEMPRE É POSSÍVEL QUE O CASO DÊ ENSEJO À INCLUSÃO DE UMA NOVA EXCEÇÃO, NA FORMA DE UMA CARACTERÍSTICA NEGATIVA NO ANTECEDENTE DA REGRA. OCORRENDO ISSO, NÃO SERÁ A REGRA, EM SUA FORMULAÇÃO ATÉ CONHECIDA, APLICADA.

De outro lado, a inteligência da Súmula nº 650/STJ, no sentido de obrigatoriedade da pena máxima em todos os casos, destoa substancialmente da orientação da Lei de Introdução às Normas do Direito Brasileiro – LINDB, ao admitir instrumentos como o COMPROMISSO (art. 26, *caput* e §1º, I a IV),[1443] a PONDERAÇÃO DA NECESSIDADE, ADEQUAÇÃO (art. 20, par. único)[1444] E INDIVIDUALIZAÇÃO DA PENA no caso (art. 22, §2º),[1445] a visão consequencialista dos efeitos da medida decisória, a contemplação das CIRCUNSTÂNCIAS CONCRETAS/DIFICULDADES REAIS (REALISMO), a restrição de SOLUÇÕES BASEADAS EM VALORES ABSTRATOS,[1446] sem a atenção à FACTICIDADE, a possibilidade de ALTERNATIVAS DECISÓRIAS (em vez do julgamento

---

[1442] ALEXY, Robert. *Teoria discursiva do direito*. Tradução de Alexandre Travessoni Gomes Trivisonno. Rio de Janeiro: Forense Universitária, 2014. p. 175.

[1443] "Art. 26. Para eliminar irregularidade, incerteza jurídica ou situação contenciosa na aplicação do direito público, inclusive no caso de expedição de licença, a autoridade administrativa poderá, após oitiva do órgão jurídico e, quando for o caso, após realização de consulta pública, e presentes razões de relevante interesse geral, celebrar compromisso com os interessados, observada a legislação aplicável, o qual só produzirá efeitos a partir de sua publicação oficial (Incluído pela Lei nº 13.655, de 2018) (Regulamento) §1º O compromisso referido no caput deste artigo: (Incluído pela Lei nº 13.655, de 2018) I - buscará solução jurídica proporcional, equânime, eficiente e compatível com os interesses gerais; (Incluído pela Lei nº 13.655, de 2018) [...] III - não poderá conferir desoneração permanente de dever ou condicionamento de direito reconhecidos por orientação geral; (Incluído pela Lei nº 13.655, de 2018) IV - deverá prever com clareza as obrigações das partes, o prazo para seu cumprimento e as sanções aplicáveis em caso de descumprimento (Incluído pela Lei nº 13.655, de 2018)".

[1444] "Art. 20. [...] Parágrafo único. A motivação demonstrará a necessidade e a adequação da medida imposta ou da invalidação de ato, contrato, ajuste, processo ou norma administrativa, inclusive em face das possíveis alternativas (Incluído pela Lei nº 13.655, de 2018)".

[1445] "Art. 22. [...] §2º Na aplicação de sanções, serão consideradas a natureza e a gravidade da infração cometida, os danos que dela provierem para a administração pública, as circunstâncias agravantes ou atenuantes e os antecedentes do agente".

[1446] A Exposição de Motivos do Novo Código de Procedimento Administrativo de Portugal, no mesmo traçado da Lei de Introdução às Normas do Direito Brasileiro (LINDB, art. 20, *caput*, ao repelir soluções abstratas no direito administrativo), encima que "HOUVE, DESIGNADAMENTE, A PREOCUPAÇÃO DE EVITAR SOLUÇÕES PURAMENTE LOGICISTAS".

invariavelmente pela pena disciplinar máxima), a LINDB enfoca a maior COMPLEXIDADE do julgamento do processo administrativo disciplinar e a magnitude do exame das CIRCUNSTÂNCIAS CONCRETAS, porque a solução não é predeterminada em caráter absoluto pela disposição apriorística e geral da regra (por exemplo art. 132, Lei federal nº 8.112/1990), porquanto a decisão deve ser construída (DISCURSO DE APLICAÇÃO, argumentação jurídica, segundo Gunther,[1447] [1448] Flavio Unes,[1449] Alexy,[1450] Lenio Streck)[1451] sob as luzes factuais da situação específica, além de motivada pelo aplicador do direito administrativo.

Conclui-se que a Súmula nº 650/STJ divorcia-se da Constituição, em seus princípios implícitos e explícitos, e nos valores por ela albergados em torno dos servidores públicos e seus direitos fundamentais, ao mesmo tempo em que viola/colide com as regras da Lei de Introdução às Normas do Direito Brasileiro, com a interpretação sistemática da Lei federal nº 8.112/1990 (art. 128, c.c. art. 132 e art. 134) e da Lei Geral de Processo Administrativo da União (Lei federal nº 9.784/1999, art. 2º, *caput*).

[1447] "A APLICAÇÃO DAS NORMAS deve ser institucionalizada em procedimentos que possibilitem a CONSIDERAÇÃO DE TODOS OS SINAIS CARACTERÍSTICOS DE UMA SITUAÇÃO. Só assim será possível resolver os paradoxos aparentes do Direito positivo e compatibilizar a sua potencial alteração aleatória com a exigência de reconhecimento geral de sua validade" (GUNTER, Klaus. *Teoria da argumentação no direito e na moral*: justificação e aplicação. São Paulo: Landy, 2004. p. 393).

[1448] "Da idéia de aplicação imparcial faz parte o exame de TODOS OS SINAIS CARACTERÍSTICOS NORMATIVAMENTE RELEVANTES DE UMA SITUAÇÃO. Por conseguinte, ela está VINCULADA À PONDERAÇÃO DE PRINCÍPIOS e aos procedimentos que possibilitem uma consideração integral e adequada" (GUNTER, Klaus. *Teoria da argumentação no direito e na moral*: justificação e aplicação. São Paulo: Landy, 2004. p. 395-396).

[1449] PEREIRA, Flavio Henrique Unes. O controle jurisdicional da sanção disciplinar: por uma reflexão crítica sobre o posicionamento do STJ a partir do MS n. 12.927/DF. *In*: PEREIRA, Flavio Henrique Unes et al. *O direito administrativo na jurisprudência do STF e do STJ*. Belo Horizonte: Fórum, 2014. p. 243-251.

[1450] ALEXY, Robert. *Direito, razão, discurso*: estudos para a filosofia do direito. Tradução de Luís Afonso Heck. Porto Alegre: Livraria do Advogado, 2010. p. 46.

[1451] STRECK, Lenio Luiz. *Verdade e consenso*: Constituição, hermenêutica e teorias discursivas. 4. ed. São Paulo: Saraiva, 2012. p. 127.

CONCLUSÃO

Conclui-se com as seguintes ponderações e propostas de solução do problema pesquisado:
a) o modelo do direito administrativo do século XIX, espelhado no positivismo jurídico exegético e no dogma da supremacia absoluta do interesse público, moldado ainda no liberalismo burguês, entrou em crise com a maior complexidade da vida social e do movimento constitucionalista verificado após a Segunda Guerra Mundial;
b.1) o novo paradigma do neoconstitucionalismo, com a superação da lei como fonte única do direito, repercute necessariamente sobre a dogmática do direito administrativo, em face da constitucionalização de todos os ramos do direito como fundamento do neoconstitucionalismo, bem como dos corolários da eficácia irradiante dos direitos fundamentais;
b.2) o direito deixa de ostentar mero aspecto de lógica formal e com a Constituição como simples instrumento de organização do Estado e repartição dos poderes para ver emergir limites materiais ao direito com a positivação da moral incorporada nos direitos fundamentais, o que operou uma completamente nova perspectiva do direito administrativo (constitucionalização);
c) a prática do direito, em função dos postulados do neoconstitucionalismo, ocasionou expressiva mudança no modelo do positivismo jurídico do exegetismo, em que o juiz e o administrador público executavam atividade mecânica de aplicação da lei aos casos concretos (subsunção

automática), para uma mais complexa atuação do intérprete do direito, que agora se vê instado a motivar sua operação hermenêutica em busca de uma resposta adequada e coerente com o sistema, afinada com os valores e princípios constitucionais e com os direitos fundamentais;
d) superado o império da lei como centro do direito pela preponderância da Constituição e de seus valores e princípios implícitos e explícitos, constrói-se a possibilidade de afastamento de regras na aplicação do direito, tanto por força de um princípio contrário, como em virtude do paralelo requisito da coerência com o sistema ou a própria finalidade da aludida regra (*rule's purpose*);
e) supera-se a identificação da norma com o mero enunciado da lei e se finca o postulado essencial de que a aplicação do direito se define no caso concreto, não de antemão meramente pela solução estandardizada na regra, inclusive com incidência, com as luzes do direito luso, do princípio da primazia da materialidade subjacente, mais o possível reconhecimento dos *cancelling facts* no caso, em virtude da não ocorrência de confronto entre a conduta e os valores subjacentes à norma jurídica cominadora de penas máximas (inexistência de ofensa aos fins da regra disciplinar);
f) a dogmática do direito administrativo, na antiga interpretação das regras dos estatutos dos servidores públicos que descrevem as condutas graves passíveis de demissão, deixa de se focar na vinculação como suposta obrigatoriedade de a autoridade administrativa adotar a solução predeterminada pela regra, independentemente das circunstâncias do caso concreto, para considerar preponderante a perspectiva garantista da previsão legal das infrações mais graves em tipos disciplinares (tipicidade das sanções máximas como garantia funcional e a título de segurança jurídica – *vinculação como reação aos males da discricionariedade da Administração Pública na concessão de direitos aos cidadãos*), não isentando o hierarca competente do dever de fundamentar sua decisão de acordo com as especificidades da situação vertente, com uma resposta adequada à Constituição e aos direitos fundamentais

e compatível com os princípios da proporcionalidade, razoabilidade e individualização da pena, inclusive para deixar de aplicar a sanção extrema na situação específica;

g) a melhor jurisprudência tem passado a (e deve fazê-lo) exercitar, mediante o manejo dos princípios da proporcionalidade, razoabilidade e individualização da pena, controle jurisdicional sobre o exercício do poder disciplinar vinculado em caso de aplicação de penas máximas a servidores públicos, anulando demissões e cassações de aposentadoria incompatíveis com a Constituição;

h) a imposição de penas disciplinares máximas contra servidores públicos, quando ausentes efetivas circunstâncias justificadoras no caso concreto, revela-se resposta inadequada à Constituição, por violar o princípio da estabilidade do servidor público titular de cargo efetivo, além de ofender direitos fundamentais e valores constitucionais circunjacentes à situação dos servidores públicos, como direito à busca da felicidade, direito ao trabalho/carreira, direito à previdência social, proteção dos idosos e da família e dependentes econômicos dos funcionários do Estado, honra profissional, direito de acesso aos cargos efetivos e de permanência neles (em combinação com as garantias da estabilidade e do processo administrativo disciplinar);

i) o exercício do poder disciplinar vinculado da Administração Pública, no que tange à imposição antes mecânica de penas máximas a servidores públicos estatutários, sofreu completa mudança de eixos e de perspectiva pelos efeitos do paradigma do neoconstitucionalismo, da constitucionalização do direito administrativo e dos consectários do Estado democrático de direito implantado no Brasil pela Constituição Federal de 1988, em que a atuação administrativa passa a ser controlada e destinada a oferecer resposta adequada aos valores e princípios constitucionais e aos direitos fundamentais, em razão do que a prática do direito não mais se sustenta como operação automática de aplicação, sem o cotejo do caso concreto, pela adoção da solução estandardizada na regra, mas requer agora coerência com o sistema jurídico constitucional, motivação sólida quanto à gravidade nas circunstâncias específicas da espécie, além de compatibilidade com os princípios da proporcionalidade, razoabilidade e individualização da pena;

j) o princípio da legalidade em sentido estrito, de fundo positivista, é substituído pelo princípio mais amplo da juridicidade, da vinculação da Administração Pública ao direito como um todo, com o sistema jurídico (máxime a constitucionalização do direito administrativo e a releitura de seus institutos, como o poder disciplinar vinculado na aplicação de penas máximas, à luz da Constituição);

k) o conceito de vinculação administrativa, no campo do direito administrativo disciplinar, deve ser revisto para ser compreendido não mais como ordem de aplicação mecânica de regras cominadoras de sanções máximas em todas as situações, mas como instrumento de contenção do arbítrio do Estado e como meio adotado pelo legislador de impor limites no exercício do poder disciplinar, sem afetar o dever de serem cotejadas as circunstâncias do caso concreto, os direitos fundamentais, os valores constitucionais incidentes, em busca de alcançar-se, em cada situação, um ato decisório proporcional, razoável e com uma pena personalizada;

l) o poder disciplinar vinculado deve ponderar e é limitado pelos valores constitucionais pertinentes à situação dos servidores públicos titulares de cargos efetivos, como a carreira, a estabilidade, o direito social ao trabalho, a honra profissional e a preservação do bom nome do acusado, a proteção contra danos morais decorrentes de penas disciplinares máximas desproporcionais ou irrazoadas, ou sem pessoalidade, como direito à busca da felicidade, direito ao trabalho, direito à previdência social, proteção dos idosos e da família e dependentes econômicos dos funcionários do Estado, direito de acesso aos cargos efetivos e de permanência neles (em combinação com a garantia do processo administrativo disciplinar);

m) a interpretação do art. 132, da Lei federal nº 8.112/1990, deve ser formulada em conformidade com a Constituição Federal e sua principiologia, inspirada pelos princípios da individualização da pena, da proporcionalidade, da razoabilidade;

n) o art. 132, da Lei federal nº 8.112/1990, deve ser interpretado sistematicamente, em combinação com o art. 128, do mesmo Estatuto, em vista de que a pena seja individualizada também nos casos de exercício de poder disciplinar vinculado e de ato decisório de possível aplicação de demissão, cassação de aposentadoria ou disponibilidade, com a consideração da natureza da infração, gravidade da falta disciplinar, consequências e danos para a Administração Pública, antecedentes funcionais, circunstâncias agravantes e atenuantes, tolhendo-se o arcaico manejo mecânico de mero enquadramento jurídico nos tipos disciplinares passíveis de penas máximas, visto que a motivação do ato administrativo de julgamento requer complexa, racional e sobeja exposição de motivos e completa análise do caso e suas especificidades, inclusive com o cotejo dos princípios e valores constitucionais incidentes;

o) o princípio da moralidade e do combate à corrupção e ao desvio de conduta dos servidores públicos na prática de infrações graves motiva a expulsão dos quadros administrativos dos transgressores em situações de manifesta gravidade e outros aspectos determinados pelo legislador para casos gerais, todavia a realidade concreta e suas circunstâncias podem revelar que a razoabilidade, a proporcionalidade, a vedação de excesso e a rigorosa confrontação, em último grau, da efetiva gravidade dos fatos na espécie não justificam a imposição de pena máxima, demonstrando que a razão determinante da sanção extrema não se faz presente, na realidade, no caso administrativo decidido;

p) é possível, mesmo nos casos de poder disciplinar vinculado à aplicação de penas máximas, previstas em dispositivo legal (regra), que a autoridade administrativa escolha sanção menos grave, de forma motivada, conforme as circunstâncias do caso concreto, inclusive em nome da ponderação de princípios contrapostos à legalidade estrita;

q) a Lei de Introdução às Normas do Direito Brasileiro – LINDB reforçou as conclusões anteriores e mais:

q.1) a Nova Lei de Introdução às Normas do Direito Brasileiro estatuiu diversas regras acerca da aplicação e interpretação das leis no direito administrativo, na esfera controladora, administrativa e judicial, em âmbito nacional e vinculante de todas as autoridades públicas de todos os poderes da República, motivo por que, evidentemente, incide no exercício do poder disciplinar da Administração Pública e na imposição de penas máximas no processo administrativo disciplinar;

q.2) reconhece-se o direito do administrado à motivação exaustiva das decisões administrativas, o consequencialismo na fundamentação (art. 20, *caput*, LINDB), o cotejo de soluções alternativas (LINDB, art. 20, par. único), a necessidade e adequação da resposta produzida no julgamento do processo administrativo disciplinar (art. 20, par. único, LINDB), exigindo-se reflexão profunda sobre as CONSEQUÊNCIAS da medida sobre o disciplinado, haja vista que a motivação das decisões administrativas deve ser COMPLEXA (cotejo de diversos fatores da realidade, circunstâncias objetivas e subjetivas do disciplinado, e não mais simplista, como na subsunção de uma resposta igual e imutável para todos os casos), PLURAL (mais de uma forma de solução do caso ou de aplicação de pena distinta da máxima; não se obriga a demitir ou cassar a aposentadoria/disponibilidade do acusado pelo mero enquadramento do fato na previsão dos arts. 132 ou 134, da Lei federal nº 8.112/1990), obtida em CONCRETO (não é abstratamente definida, ou manejo de valores abstratos, mas só depois de vistas as peculiaridades do caso);

q.3) a teor do seu art. 20, *caput*, LINDB, patenteia-se o repúdio à aplicação do direito administrativo por meio de valores abstratos e ao mito da onipotência do legislador (insustentável hegemonia da provisão geral do legislador, que nunca abarcará todas as EXCEÇÕES possíveis da norma jurídica na vida real), nem da RESPOSTA ÚNICA (PENA MÁXIMA SEMPRE E OBRIGATÓRIA NO PROCESSO ADMINISTRATIVO DISCIPLINAR, depois do mero enquadramento nos tipos do art. 132, da Lei federal nº 8.112/1990), simplismo insustentável num mundo fenomênico complexo e polifacético, em face da primazia do postulado de que a Administração Pública se subordina não apenas à lei, mas AO DIREITO COMO UM TODO, ao PRINCÍPIO DA JURIDICIDADE, haja vista que as soluções de casos concretos podem ser ditadas ou ter sua interpretação influenciada e determinada por PRINCÍPIOS (ainda *que estes aumentem o* ônus *da justificação racional das decisões administrativas,* não somente por regras, a par de que os princípios podem se sobrepor às regras em situações concretas);

q.4) a provisão geral do legislador (arts. 132 e 134, Lei federal nº 8.112/1990) não é sempre obrigatória (nem sempre será adequada ao caso concreto e pode produzir solução injusta, desproporcional ou desarrazoada) nem a motivação decisória de um processo administrativo disciplinar pode se reduzir a uma subsunção simplista de mero automatismo de simplesmente enquadrar o fato no preceito legal (mito da onipotência e onisciência do legislador ao prever uma pena genericamente, sem conhecer as peculiaridades do mundo real), sem qualquer atenção às circunstâncias do fato, do infrator/acusado, das condições reais circunjacentes à aferida transgressão disciplinar;

q.5) nos termos do seu art. 21, *caput* e par. único, a LINDB pronuncia que o direito deve ser definido e aplicado em face das características da situação concreta (FACTICIDADE), mediante a compreensão do problema no mundo real pelo intérprete (PECULIARIDADES DO CASO), numa ampla e latitudinal reflexão, e não mediante uma solução predeterminada pela mera subsunção simplista, nem uma resposta jurídica padronizada e única, que ignora um mundo fenomênico vasto e repleto de peculiaridades (o aplicador do direito deve decidir sob o influxo do contexto da realidade perante ele posto, em face dos dados concretos da experiência, *considerados os obstáculos e as dificuldades reais do gestor e as circunstâncias práticas que houverem imposto, limitado ou condicionado a ação do agente* (a teor do art. 22, *caput* e §1º, LINDB);

q.6) a Lei de Introdução às Normas do Direito Brasileiro – LINDB (art. 20, par. único) também obriga a Administração

Pública a observar o princípio da PROPORCIONALI-DADE (necessidade + adequação da providência) nas medidas decisórias administrativas;

q.7) a LINDB (art. 21, *caput* e par. único) expressamente incorporou a proporcionalidade em sentido estrito quando dispôs que, em caso de decisão da Administração Pública que invalidar ato ou processo/norma administrativa, ao indicar de modo expresso suas consequências jurídicas e administrativas, não poderá impor aos sujeitos atingidos ônus ou perdas que, em função das peculiaridades do caso, sejam anormais ou excessivos, o que se aplica subsidiariamente ao processo administrativo disciplinar e à justificação da pena máxima;

q.8) a LINDB (art. 22, §2º) albergou o PRINCÍPIO DA INDIVIDUALIZAÇÃO DA PENA, estipulando que, na imposição de penalidades, deverão ser sopesados a natureza e a gravidade da infração cometida, os danos que dela provierem para a Administração Pública, as circunstâncias agravantes ou atenuantes e os antecedentes do agente público;

r) a Súmula nº 650/STJ se afigura inconstitucional e ilegal e colidente com o regramento da Lei de Introdução às Normas do Direito Brasileiro, norma legal que implementou os direitos fundamentais, os princípios e garantias da Constituição Federal, notadamente porque o verbete sumular falha ao supor que o ato disciplinar de aplicação de pena máxima (como solução genérica) seria absolutamente vinculado, sempre obrigatório em todos os casos, quando, ao contrário, a doutrina pondera que, no campo disciplinar, reside um poder preponderante ou relativamente vinculado, *não em grau absoluto, inarredável, porquanto* os princípios da atividade administrativa são limites de todas as condutas administrativas (vinculadas ou discricionárias), devendo-se sobretudo adotar a interpretação sistemática e individualizar a pena, a teor do art. 128, da Lei federal nº 8.112/1990 (em combinação com seus arts. 132 e 134), e do art. 22, §2º, da Lei de Introdução às Normas do Direito Brasileiro;

r.1) o entendimento pretoriano (Súmula nº 650/STJ) peca por desconsiderar a necessidade uníssona da dogmática do direito administrativo quanto à constitucionalização de seus institutos e da interpretação deles (inclusive do poder vinculado disciplinar) sob a eficácia irradiante dos direitos fundamentais, dos princípios constitucionais implícitos e explícitos (razoabilidade, proporcionalidade, individualização da pena) e dos valores da Constituição para o pessoal permanente da Administração Pública (carreira, estabilidade, direito de acesso e permanência nos cargos efetivos, direito ao trabalho, proteção da honra, direito à previdência social, família, direito de buscar a felicidade etc.).

REFERÊNCIAS

ABREU, Luís Vasconcelos. *Para o estudo do procedimento disciplinar no direito administrativo português vigente*: as relações com o processo penal. Coimbra: Almedina, 1993.

ALEXANDRINO, José de Melo; FONSECA, Isabel Celeste M.; NEVES, Ana Fernanda. *In*: OTERO, Paulo; GONÇALVES, Pedro (Coord.). *Tratado de direito administrativo especial*. Coimbra: Almedina, 2010. v. IV.

ALEXY, Robert. *Direito, razão, discurso*: estudos para a filosofia do direito. Tradução de Luís Afonso Heck. Porto Alegre: Livraria do Advogado, 2010.

ALEXY, Robert. *Teoria da argumentação jurídica*: a teoria do discurso racional como teoria da fundamentação jurídica. Tradução de Zilda Hutchinson Schild Silva. 3. ed. Rio de Janeiro: Forense, 2013.

ALEXY, Robert. *Teoria discursiva do direito*. Tradução de Alexandre Travessoni Gomes Trivisonno. Rio de Janeiro: Forense Universitária, 2014.

ALFAIA, João. *Conceitos fundamentais do regime jurídico do funcionalismo público*. Coimbra: Almedina, 1985. t. I.

ALMEIDA, Francisco António de M. L. de. *Direito administrativo*. Coimbra: Almedina, 2018.

ALVES, Léo da Silva. *Processo disciplinar em 50 questões*. Brasília: Brasília Jurídica, 2002.

AMARAL, Antônio Carlos Cintra. *Teoria do ato administrativo*. Belo Horizonte: Fórum, 2008.

AMARAL, Diogo Freitas do. *Curso de direito administrativo*. 2. ed. Coimbra: Almedina, 2011. v. II.

AMARAL, Diogo Freitas do. *Curso de direito administrativo*. 3. ed. Coimbra: Almedina, 2012. v. I.

AMARAL, Diogo Freitas do; FEIJÓ, Carlos. *Direito administrativo angolano*. Coimbra: Almedina, 2016.

ANDRADE, Alberto Guimarães. Advocacia pública ética e eficaz. *In*: PIRES, Maria Coeli Simões; PINTO, Luciana Moraes Raso Sardinha (Coord.). *Paulo Neves de Carvalho – Suas lições por seus discípulos*. Belo Horizonte: Fórum, 2012.

ANDRADE, Fábio Martins de. *Comentários à Lei nº 13.655/2018*: proposta de sistematização e interpretação conforme. Rio de Janeiro: Lumen Juris, 2019.

ANDRADE, José Carlos Vieira de. *Lições de direito administrativo*. 3. ed. Coimbra: Universidade de Coimbra, 2013.

ANDRADE, José Carlos Vieira de. *O dever da fundamentação expressa de actos administrativos.* Coimbra: Almedina, 2007.

ANDRÉ, Adélio Pereira. *Vinculação da administração e protecção dos administrados.* Coimbra: Coimbra, 1989.

ANTUNES, Luís Filipe Colaço. *A ciência jurídica administrativa.* Coimbra: Almedina, 2016.

ARAGÃO, Alexandre Santos de; MARQUES NETO, Floriano de Azevedo (Coord.). *Direito administrativo e seus novos paradigmas.* Belo Horizonte: Fórum, 2012.

ARAÚJO, Edmir Netto de. *Curso de direito administrativo.* 6. ed. São Paulo: Saraiva, 2014.

ARAÚJO, Edmir Netto de. *O ilícito administrativo e seu processo.* São Paulo: Revista dos Tribunais, 1994.

ARENDT, Hannah. *Eichman em Jerusalém*: um relato sobre a banalidade do mal. São Paulo: Companhia das Letras, 1999.

ARTILES, Carlos Luis Carrillo. Ámbito subjectivo del derecho disciplinario público en Venezuela. *In*: CELY, Martha Lucía Bautista; SILVEIRA, Raquel Dias da (Coord.). *Direito disciplinário internacional:* estudos sobre a formação, profissionalização, disciplina, transparência, controle e responsabilidade da função pública. Belo Horizonte: Fórum, 2011. v. 1.

ASSOCIATION INTERNATIONALE DES HAUTES JURIDICTIONS ADMINISTRATIVES/ INTERNATIONAL ASSOCIATION OF SUPREME ADMINISTRATIVE JURISDICTIONS. *Le contrôle des décisions administratives par les cours et les tribunaux administratifs*: Recueil de décisions des hautes Juridictions administratives. Paris: La documentation Française, 2013.

ATIENZA, Manuel. *O sentido do direito.* Lisboa: Escolar, 2012.

ÁVILA, Humberto. *Teoria dos princípios:* da definição à aplicação dos princípios jurídicos. 14. ed. atual. São Paulo: Malheiros, 2013.

AZEVEDO, Sylvio Ximenes de. *Direito administrativo disciplinar:* em perguntas e respostas. 2. ed. Rio de Janeiro: Edições Trabalhistas, 1988.

BACELLAR FILHO, Romeu Felipe. *Princípios constitucionais do processo administrativo disciplinar.* São Paulo: Max Limonad, 1998.

BACELLAR FILHO, Romeu Felipe. *Reflexões sobre direito administrativo.* Belo Horizonte: Fórum, 2009.

BACELLAR FILHO, Romeu Felipe; HACHEM, Daniel Wunder (Coord.). *Direito administrativo e interesse público:* estudos em homenagem ao professor Celso Antônio Bandeira de Mello. Belo Horizonte: Fórum, 2010.

BACELLAR FILHO, Romeu Felipe; HACHEM, Daniel Wunder. A necessidade de defesa técnica no processo administrativo disciplinar e a inconstitucionalidade da Súmula Vinculante n. 5 do STF. *In*: PEREIRA, Flavio Henrique Unes *et al*. *O direito administrativo na jurisprudência do STF e do STJ.* Belo Horizonte: Fórum, 2014. p. 505-533.

BANDEIRA DE MELLO, Celso Antônio. *Curso de direito administrativo*. 31. ed. rev. e atual. São Paulo: Malheiros, 2014.

BANDEIRA DE MELLO, Celso Antônio. *Regime constitucional dos servidores da administração direta e indireta*. 2. ed. rev., atual. e ampl. São Paulo: Revista dos Tribunais, 1991.

BANDEIRA DE MELLO, Oswaldo Aranha. *Princípios gerais de direito administrativo*. Rio de Janeiro: Forense, 1969. v. 2.

BARBOSA, Rui. *Oração aos moços*. São Paulo: H B, 2016.

BARROS, Alice Monteiro de. *Curso de direito do trabalho*. 2. ed. São Paulo: LTR, 2006.

BARROSO, Luís Roberto. A constitucionalização do direito e suas repercussões no âmbito administrativo. *In*: ARAGÃO, Alexandre Santos de; MARQUES NETO, Floriano de Azevedo (Coord.). *Direito administrativo e seus novos paradigmas*. Belo Horizonte: Fórum, 2012.

BARROSO, Luís Roberto. *Curso de direito constitucional contemporâneo*: os conceitos fundamentais e a construção do novo modelo. São Paulo: Saraiva, 2009.

BARROSO, Luís Roberto. Neoconstitucionalismo e constitucionalização do direito. O triunfo tardio do direito constitucional no Brasil. *Jus Navigandi*, Teresina, ano 10, n. 851, 1º nov. 2005. Disponível em: http://jus.com.br/artigos/7547. Acesso em: 22 abr. 2014.

BARROSO, Luís Roberto. *O novo direito constitucional brasileiro*: contribuições para a construção teórica e prática da jurisdição constitucional no Brasil. Belo Horizonte: Fórum, 2013.

BAUMAN, Zygmunt. *Modernidade e holocausto*. Rio de Janeiro: Zahar, 1988.

BIELSA, Rafael. *Derecho administrativo*. 6. ed. Buenos Aires: La Ley, 1964. t. I-IV.

BILIERI, Mário Dittrich; FALK, Matheus. O controle judicial ablativo e mandamental dos atos administrativos com baixo e médio grau de juridicidade e a Nova Lei de Introdução às Normas do Direito Brasileiro (Lei nº 13.655/2018). *In*: VALIATI, Thiago Priess; HUNGARO, Luis Alberto; CASTELLA, Gabriel Morettini e (Coord.). *A Lei de Introdução e o direito administrativo brasileiro*. Rio de Janeiro: Lumen Juris, 2019.

BINENBOJM, Gustavo. O sentido da vinculação administrativa à juridicidade no direito brasileiro. *In*: ARAGÃO, Alexandre Santos de; MARQUES NETO, Floriano de Azevedo (Coord.). *Direito administrativo e seus novos paradigmas*. Belo Horizonte: Fórum, 2012.

BINENBOJM, Gustavo. *Uma teoria do direito administrativo*: direitos fundamentais, democracia e constitucionalização. 3. ed. Rio de Janeiro: Renovar, 2014.

BITENCOURT Caroline Müller; LEAL, Rogério Gesta. Consequencialismo das decisões e os valores jurídicos abstratos a partir da Lei 13.655/18: uma análise crítica sob a perspectiva da (in)segurança jurídica. *In*: MAFFINI, Rafael; RAMOS, Rafael (Coord.). *Nova LINDB*: consenquencialismo, deferência judicial, motivação e responsabilidade do gestor público. Rio de Janeiro: Lumen Juris, 2020.

BOBBIO, Norberto. *O positivismo jurídico*: lições de filosofia do direito. São Paulo: Ícone, 1995.

BOBBIO, Norberto. *Teoria da norma jurídica*. 5. ed. rev. São Paulo: Edipro, 2012.

BOBBIO, Norberto. *Teoria do ordenamento jurídico*. 10. ed. Brasília: Universidade de Brasília, 1999.

BONAVIDES, Paulo. *Curso de direito constitucional*. 29. ed. atual. São Paulo: Malheiros, 2014.

BONFIM, Anderson Medeiros; SERRANO, Pedro Estevam Alves Pinto. Autoritarismo líquido e direito administrativo sancionador: hipernomia e exceção. *In*: OLIVEIRA, José Roberto Pimenta (Coord.). *Direito administrativo sancionador*: estudos em homenagem ao professor emérito da PUC-SP Celso Antônio Bandeira de Mello. São Paulo: Malheiros, 2019.

BOROWSKI, Martin. The Beginnings of Germany's Federal Constitutional Court. *Ratio Juris*, v. 16, n. 2, p. 155-186, jun. 2003.

BULOS, Uadi Lammêgo. *Curso de direito constitucional*. 16. ed. São Paulo: SaraivaJur, 2023.

BULOS, Uadi Lammêgo. *Curso de direito constitucional*. 3. ed. rev. e atual. São Paulo: Saraiva, 2009.

BUSTAMANTE, Thomas da Rosa de. A razoabilidade na dogmática jurídica contemporânea: em busca de um mapa semântico. *In*: NOVELLINO, Marcelo. *Leituras complementares de direito constitucional*: controle de constitucionalidade e hermenêutica constitucional. 2. ed. rev. e atual. Salvador: JusPodivm, 2008.

BUTLER, Rupert. *Gestapo*. Brasil: Lafonte, 2020.

CAETANO, Marcello. *Manual de direito administrativo*. 10. ed. Coimbra: Almedina, 2005. v. 1.

CAETANO, Marcello. *Manual de direito administrativo*. 10. ed. Coimbra: Almedina, 2008. v. 2.

CAETANO, Marcello. *Princípios fundamentais do direito administrativo*. Rio de Janeiro: Forense, 1977.

CAETANO, Marcello. *Princípios fundamentais do direito administrativo*. Coimbra: Almedina, 2010.

CALIL, Ana Luiza. Motivação administrativa: passado, presente e futuro no direito administrativo brasileiro. *In*: MAFFINI, Rafael; RAMOS, Rafael (Coord.). *Nova LINDB*: consenquencialismo, deferência judicial, motivação e responsabilidade do gestor público. Rio de Janeiro: Lumen Juris, 2020.

CAMARGO, Margarida Maria Lacombe. *Hermenêutica e argumentação*: uma contribuição ao estudo do direito. 3. ed. Rio de Janeiro: Renovar, 2003.

CAMBI, Eduardo. *Neoconstitucionalismo e neoprocessualismo*: direitos fundamentais, políticas públicas e protagonismo judiciário. São Paulo: Revista dos Tribunais, 2010.

CAMMAROSANO, Márcio. Cargos em comissão – algumas reflexões em face de limites constitucionais e da orientação do STF. *In*: PEREIRA, Flavio Henrique Unes *et al*. *O direito administrativo na jurisprudência do STF e do STJ*. Belo Horizonte: Fórum, 2014.

CANOTILHO, J. J. Gomes *et al*. *Comentários à Constituição do Brasil*. São Paulo e Brasília: Saraiva, IDP e Almedina, 2013.

CANOTILHO, J. J. Gomes. *Direito constitucional e teoria da Constituição*. 2. ed. Coimbra: Almedina, 1998.

CANOTILHO, J. J. Gomes; MOREIRA, Vital. *Constituição da República Portuguesa anotada*. 4. ed. rev. São Paulo e Coimbra: Coimbra e Revista dos Tribunais, 2007. v. I.

CANOTILHO, J. J. Gomes; MOREIRA, Vital. *Constituição da República Portuguesa anotada*. 4. ed. Coimbra: Coimbra, 2014. v. II.

CARBONELL, Miguel. El neoconstitucionalismo: significado y niveles de análisis. *In*: CARBONELL, Miguel; GARCÍA JARAMILO, Leonardo. *El canon neoconstitucional*. Madrid: Trotta, 2010.

CARBONELL, Miguel. *Neoconstitucionalismo(s)*. Madrid: Trota, 2009.

CARBONELL, Miguel. Neoconstitucionalismo: elementos para uma definición. *In*: MOREIRA, Eduardo; PUGLIESI, Marcio. 20 anos da Constituição brasileira. São Paulo: Saraiva, 2009 *apud* GALVÃO, Jorge Octávio Lavocat. *O neoconstitucionalismo e o fim do Estado de direito*. São Paulo: Saraiva, 2013.

CARVALHO FILHO, José dos Santos. *Manual de direito administrativo*. 27. ed. rev., ampl. e atual. São Paulo: Atlas, 2014.

CARVALHO, Kildare Gonçalves. *Direito constitucional*: teoria do Estado e da Constituição – Direito constitucional positivo. 15. ed. rev., atual. e ampl. Belo Horizonte: Del Rey, 2009.

CASIN, René. A recente evolução das jurisdições administrativas na França. Tradução de Honorina Abreu. *Revista do Serviço Público*, p. 42-53, out. 1954. Disponível em: file:///C:/Users/anton/Downloads/5682-Texto%20do%20Artigo-18456-1-10-20210525.pdf.

CASSAGNE, Juan Carlos. *Curso de derecho administrativo*. 11. ed. actual. Buenos Aires: La Ley, 2016. v. 1.

CASTAÑEDA, José Patrocinio (Org.). *Lecciones de derecho disciplinario*. Instituto de Estudios del Ministerio Público. Colômbia: Imprenta Nacional de Colômbia, 2007. v. II. p. 1-364. Disponível em: http://www.icdd.org.co/doc/Publicaciones/febrero_2008/Lecciones2.pdf.

CASTRO, Sérgio Pessoa de Paula. Administração Pública – Consensualidade e eficiência. *In*: PIRES, Maria Coeli Simões; PINTO, Luciana Moraes Raso Sardinha (Coord.). *Paulo Neves de Carvalho* – Suas lições por seus discípulos. Belo Horizonte: Fórum, 2012.

CAUPERS, João. *Introdução à ciência do direito administrativo*. Lisboa: Âncora, 2002.

CAVALCANTI, Themistocles Brandão. *Curso de direito administrativo*. 8. ed. São Paulo: Biblioteca Universitária Freitas Bastos, 1967.

CAVALCANTI, Themistocles Brandão. *Tratado de direito administrativo*. 4. ed. São Paulo: Freitas Bastos, 1961. v. 4.

CHAPUS, René. *Droit administratif general*. 15. ed. Paris: Montchrestien, 2001. t. 1.

CHRÉTIEN, Patrice. *Droit administratif*. 15. ed. Paris: Sirey, 2016.

COMPARATO, Fábio Konder. *Ética*: direito, moral e religião no mundo moderno. 3. ed. São Paulo: Companhia das Letras, 2006.

CORREIA, Fernando Alves. *Alguns conceitos de direito administrativo*. Coimbra: Almedina, 2001.

COSTA, J. M. Nogueira da. *Estatuto disciplinar dos trabalhadores que exercem funções públicas*: normas disciplinares do Estatuto do Ministério Público. Lisboa: Sindicato dos Magistrados do Ministério Público, 2013.

COSTA, José Armando da. *Direito administrativo disciplinar*. Brasília: Brasília Jurídica, 2004.

COSTA, José Armando da. *Teoria e prática do direito disciplinar*. Rio de Janeiro: Forense, 1981.

CRETELLA JÚNIOR, José. *Controle jurisdicional do ato administrativo*. Rio de Janeiro: Forense, 1984.

CRETELLA JÚNIOR, José. *Dicionário de direito administrativo*. 3. ed. rev. e aum. Rio de Janeiro: Forense, 1978.

CRETELLA JÚNIOR, José. *Direito administrativo brasileiro*. 2. ed. Rio de Janeiro: Forense, 2000.

CRETELLA JÚNIOR, José. *Direito administrativo*: perguntas e respostas. 5. ed. Rio de Janeiro: Forense, 1994.

CRETELLA JÚNIOR, José. *Do ato administrativo*. São Paulo: José Bushatsky, 1977.

CUNHA, Sérgio Sérvulo. *Princípios constitucionais*. 2. ed. São Paulo: Saraiva, 2013.

DALLARI, Adilson Abreu; FERRAZ, Sergio. *Processo administrativo*. São Paulo: Malheiros, 2001.

DELGADO, Mauricio Godinho. *Curso de direito do trabalho*. 5. ed. São Paulo: LTR, 2006.

DI PIETRO, Maria Sylvia Zanella. *Da constitucionalização do direito administrativo* – Reflexos sobre o princípio da legalidade e a discricionariedade administrativa. Disponível em: http://www.editoraforum.com.br/ef/wp-content/uploads/2014/05/Da-constitucionalizacao-do-direito-administrativo.pdf.

DI PIETRO, Maria Sylvia Zanella. *Direito administrativo*. 17. ed. São Paulo: Atlas, 2004.

DI PIETRO, Maria Sylvia Zanella. *Direito administrativo*. 27. ed. São Paulo: Saraiva, 2014.

DI PIETRO, Maria Sylvia Zanella. *Direito administrativo*. 33. ed. Rio de Janeiro: Forense, 2020.

DION, Fabrice. *Emploi public*. Paris: Berger Levrault, 2014.

DOMÉNECH PASCUAL, Gabriel. El principio de legalidad y las potestades administrativas. *In*: RECUERDA GIRELA, Miguel Ángel (Coord.). *Lecciones de derecho administrativo con ejemplos*. Madri: Tecnos, 2014.

DRÉVILLON, Hervé. *Les rois absolus*: 1629-1715, histoire de France. Paris: Belin, 2014.

DRUZIANI, Yvelise de Cássia. *O servidor público civil e a nova Administração Pública brasileira*. Campinas: Copola, 1996.

DUARTE, David. *A norma de legalidade procedimental administrativa*: a teoria da norma e a criação de normas de decisão na discricionariedade instrutória. Coimbra: Almedina, 2006.

DURAND, Dominique. *Une histoire de la fonction publique territoriale*. Paris: La Dispute, 2004.

DWORKIN, Ronald. *Levando os direitos a sério*. São Paulo: Martins Fontes, 2002.

DWORKIN, Ronald. *O império do direito*. São Paulo: Martins Fontes, 2003.

ENGISCH, Karl. *Introdução ao pensamento jurídico*. Lisboa: Fundação Calouste Gulbenkian, [s.d.].

FAGUNDES, Miguel Seabra. *O controle dos atos administrativos pelo Poder Judiciário*. 4. ed. atual. Rio de Janeiro: Forense, 1967.

FARIA, Edimur Ferreira de. *Controle do mérito do ato administrativo pelo judiciário*. Belo Horizonte: Fórum, 2011.

FELLET, André. *Regras e princípios, valores e normas*. São Paulo: Saraiva, 2014.

FERRAJOLI, Luigi. *Constitucionalismo garantista e neoconstitucionalismo*. Anais do IX Simpósio Nacional de Direito Constitucional. Curitiba: Academia Brasileira de Direito Constitucional, [s.d.].

FERRAZ JÚNIOR, Tércio Sampaio. *A ciência do direito*. 2. ed. São Paulo: Atlas, 1980.

FERREIRA FILHO, Manoel Gonçalves. *Curso de direito constitucional*. 41. ed. Rio de Janeiro: Forense e Gen, 2020.

FERREIRA, Daniel. *Sanções administrativas*. São Paulo: Malheiros, 2001.

FERREIRA, Daniel. *Teoria geral da infração administrativa a partir da Constituição Federal de 1988*. Belo Horizonte: Fórum, 2009.

FIGUEIREDO, Lucia Valle. *Curso de direito administrativo*. 5. ed. rev., atual. e ampl. São Paulo: Malheiros, 2001.

FIGUEROA, Alfonso García. Positivismo corrigido e positivistas incorrigíveis. *In*: MOREIRA, Eduardo Ribeiro (Coord.). *Argumentação e estado constitucional*. São Paulo: Ícone, 2012.

FRAGA, Carlos Alberto Conde da Silva. *O poder disciplinar no Estatuto dos Trabalhadores da Administração Pública*: Lei 58/2008: doutrina: jurisprudência. Alfornelos: Petrony, 2011.

FRANÇA, Phillip Gil. A efetividade da teoria dos fatos determinantes e o consequencialismo administrativo. *In*: PEREIRA, Flavio Henrique Unes *et al*. *O direito administrativo na jurisprudência do STF e do STJ*. Belo Horizonte: Fórum, 2014.

FRANÇA, Phillip Gil. Algumas considerações sobre como decidir conforme o consequencialismo jurídico da Lei 13.655/2018. *In*: MAFFINI, Rafael; RAMOS, Rafael (Coord.). *Nova LINDB*: consenquencialismo, deferência judicial, motivação e responsabilidade do gestor público. Rio de Janeiro: Lumen Juris, 2020.

FREIRE, André Luiz. Direito público sancionador: vinte anos de reflexões acerca das sanções e das infrações administrativas: revolvendo alguns temas polêmicos, complexos e atuais. In: OLIVEIRA, José Roberto Pimenta (Coord.). Direito administrativo sancionador: estudos em homenagem ao professor emérito da PUC-SP Celso Antônio Bandeira de Mello. São Paulo: Malheiros, 2019.

FREITAS, Juarez. A interpretação sistemática do direito. 3. ed. rev. e ampl. São Paulo: Malheiros, 2002.

FREITAS, Juarez. Direito fundamental à boa administração pública. 3. ed. São Paulo: Malheiros, 2014.

FREITAS, Juarez. O controle dos atos administrativos e os princípios fundamentais. 2. ed. rev. e ampl. São Paulo: Malheiros, 1999.

FREITAS, Juarez. O controle dos atos administrativos e os princípios fundamentais. 3. ed. rev. e atual. São Paulo: Malheiros, 2004.

FRIER, Pierre-Laurent; PETIT, Jacques. Droit administratif. 8. ed. Paris: LGDJ, 2013.

GABARDO, Emerson; HACHEM, Daniel Wunder. O suposto caráter autoritário da supremacia do interesse público e das origens do direito administrativo – Uma crítica da crítica. In: BACELLAR FILHO, Romeu Felipe; HACHEM, Daniel Wunder (Coord.). Direito administrativo e interesse público: estudos em homenagem ao professor Celso Antônio Bandeira de Mello. Belo Horizonte: Fórum, 2010.

GALVÃO, Jorge Octávio Lavocat. O neoconstitucionalismo e o fim do Estado de direito. São Paulo: Saraiva, 2013.

GARCÍA DE ENTERRÍA, Eduardo; FERNÁNDEZ, Tomás-Ramón. Curso de direito administrativo. São Paulo: Revista dos Tribunais, 2014. v. 1.

GASPARINI, Diogenes. Direito administrativo. 5. ed. rev., atual. e aum. São Paulo: Saraiva, 2000.

GAUDEMET, Yves. Droit administratif. 20. ed. Paris: LGDJ, 2012.

GILBERT, Martin. A história do século XX. São Paulo: Planeta, 2016.

GILBERT, Martin. O Holocausto. 2. ed. São Paulo: Hucitek, 2010.

GONÇALVES, Fernando et al. Novo Código do Procedimento Administrativo anotado e comentado. Coimbra: Almedina, 2015.

GONÇALVES, Pedro Costa. Manual de direito administrativo. Coimbra: Almedina, 2019. v. 1.

GORDILLO, Agustín. Tratado de derecho administrativo. 6. ed. Belo Horizonte: Del Rey, 2003. t. 3.

GUERRA FILHO, Willis Santiago. Noções sobre o princípio constitucional da proporcionalidade. In: NOVELLINO, Marcelo. Leituras complementares de direito constitucional: controle de constitucionalidade e hermenêutica constitucional. 2. ed. rev. e atual. Salvador: JusPodivm, 2008.

GUNTHER, Klaus. *Teoria da argumentação no direito e na moral*: justificação e aplicação. São Paulo: Landy, 2004.

HAURIOU, Maurice. *Précis de droit administratif et de droit public*. Paris: Librairie du Recueil Sirey, 1933.

HEINEN, Juliano. *Curso de direito administrativo*. 4. ed. rev., atual. e ampl. São Paulo: JusPodivm, 2023.

HENRIQUES, M. Leal. *Procedimento disciplinar*: função pública, outros estatutos, regime de férias, faltas e licenças. 5. ed. Lisboa: Rei dos Livros, 2007.

HERVADA, Javier. *O que é o direito?* A moderna resposta do realismo jurídico. São Paulo: Martins Fontes, 2006.

HUNGRIA, Nelson. *Comentários ao Código Penal*. Rio de Janeiro: Forense, 1958. v. IX.

ISSA, Rafael Hamze. Âmbito de aplicabilidade da LINDB: fundamento constitucional e aspectos federativos. *In*: CUNHA FILHO, Alexandre Jorge Carneiro da; ISSA, Rafael Hamze; SCHWIND, Rafael Wallbach (Coord.). *Lei de Introdução às Normas de Direito Brasileiro – Anotada Decreto-Lei n. 4.657, de 4 de setembro de 1942*. São Paulo: Quartier Latin, 2019. v. 1.

JESCHECK. *Lehrbuch des Strafrechts*. Allgemeiner Teil, 1969.

JOHNSTON, Jennifer. Prefácio. *In*: LEWIS, Helen. *É hora de falar*. Rio de Janeiro: Bertrand Brasil, 2013.

JUSTEN FILHO, Marçal. *Curso de direito administrativo*. 10. ed. rev., atual. e ampl. São Paulo: Revista dos Tribunais, 2014.

JUSTEN FILHO, Marçal. *Curso de direito administrativo*. 14. ed. Rio de Janeiro: Forense, 2023.

JUSTEN FILHO, Marçal. O direito administrativo de espetáculo. *In*: ARAGÃO, Alexandre Santos de; MARQUES NETO, Floriano de Azevedo (Coord.). *Direito administrativo e seus novos paradigmas*. Belo Horizonte: Fórum, 2012.

KELSEN, Hans. *Teoria geral do direito e do Estado*. São Paulo: Martins Fontes, 1990.

KENICKE, Pedro Henrique Gallotti; CLÈVE, Ana Carolina de Camargo; MARTYNYCHEN, Marina Michel de Macedo. A Nova Lei de Introdução às Normas do Direito Brasileiro (LINDB) e a efetivação dos direitos e garantias fundamentais. *In*: VALIATI, Thiago Priess; HUNGARO, Luis Alberto; CASTELLA, Gabriel Morettini e (Coord.). *A Lei de Introdução e o direito administrativo brasileiro*. Rio de Janeiro: Lumen Juris, 2019.

KNOERR, Fernando Gustavo; KNOERR, Cibele Fernandes Dias. Efeitos da vinculação e da discricionariedade. *In*: GUIMARÃES, Edgar (Coord.). *Cenários do direito administrativo*: estudos em homenagem ao Professor Romeu Felipe Bacellar Filho. Belo Horizonte: Fórum, 2004.

LANG, Agathe Van; GONDOUIN, Geneviève; BRISSET, Véronique Inseguet. *Dictionnaire de droit administratif*. 7. ed. Paris: Dalloz e Sirey, 2015.

LEFÈVRE, Mônica Bandeira de Mello. A interpretação normativa e a necessária consideração dos direitos dos administrados. In: Lei de Introdução às Normas do Direito Brasileiro – Anotada. São Paulo: Quartier Latin, 2019. v. II.

LENZA, Pedro. *Direito constitucional esquematizado*. 24. ed. São Paulo: Saraiva Educação, 2020.

LESSA, Sebastião José. *Temas práticos de direito administrativo disciplinar*. Brasília: Brasília Jurídica, 2005.

LEVI, Primo. *É isto um homem*. Rio de Janeiro: Rocco, 1988.

LEVI, Primo; BENEDETTI, Leonardo de. *Assim foi Auschwitz*. São Paulo: Companhia das Letras, 2015.

LEWIS, Helen. *É hora de falar*. Rio de Janeiro: Bertrand Brasil, 2013.

LIMA, Fábio Lucas de Albuquerque. *Elementos de direito administrativo disciplinar*. Belo Horizonte: Fórum, 2014.

LIMA, Ruy Cirne. *Princípios de direito administrativo*. 7. ed. rev. e reelab. São Paulo: Malheiros, 2007.

LOMBARD, Martine; DUMONT, Gilles; SIRINELLI, Jean. *Droit administratif*. 10. ed. Paris: Dalloz, 2013.

LOPES, Ana Paula Veiga; VALIATI Thiago Priess. O republicanismo entre a felicidade e a justiça. In: GABARDO, Emerson; SALGADO, Eneida Desiree (Coord.). *Direito, felicidade e justiça*. Belo Horizonte: Fórum, 2014.

LOPES, Pedro Muniz. *Princípio da boa-fé e decisão administrativa*. Coimbra: Almedina, 2011.

LORENZO DE MEMBIELA, Juan B. *Régimen disciplinario de los funcionarios de carrera*. 2. ed. Navarra: Arazandi, 2008.

LUZ, Egberto Maia. *Direito administrativo disciplinar*: teoria e prática. São Paulo: José Bushatsky, 1977.

MACCORMICK, Neil. *Argumentação jurídica e teoria do direito*. São Paulo: Martins Fontes, 2006.

MACHETE, Pedro. *Estado de direito democrático e administração paritária*. Coimbra: Almedina, 2007.

MAFFINI, Rafael. LINDB, Covid-19 e sanções administrativas aplicáveis a agentes públicos. In: MAFFINI, Rafael; RAMOS, Rafael (Coord.). *Nova LINDB*: consenquencialismo, deferência judicial, motivação e responsabilidade do gestor público. Rio de Janeiro: Lumen Juris, 2020.

MARINELA, Fernanda. *Manual de direito administrativo*. 16. ed. rev., atual. e ampl. São Paulo: JusPodivm, 2022.

MARRUS, Michael R. *A assustadora história do holocausto*. Rio de Janeiro: Ediouro, 2003.

MARTINS FILHO, Ives Gandra. Os direitos sociais na Constituição Federal de 1988. *In*: MARTINS, Ives Gandra; REZEK, Francisco. *Constituição federal*: avanços, contribuições e modificações no processo democrático brasileiro. São Paulo: Revista dos Tribunais, 2008.

MARTINS, Ives Gandra; REZEK, Francisco. *Constituição federal*: avanços, contribuições e modificações no processo democrático brasileiro. São Paulo: Revista dos Tribunais, 2008.

MARTINS, Ricardo Marcondes. *Efeitos dos vícios do ato administrativo*. São Paulo: Malheiros, 2008.

MARTINS, Ricardo Marcondes. *Estudos de direito administrativo neoconstitucional*. São Paulo: Malheiros, 2015.

MASAGÃO, Mário. *Curso de direito administrativo*. 5. ed. São Paulo: Revista dos Tribunais, 1974.

MATTOS, Mauro Roberto Gomes de. *O limite da improbidade administrativa*: o direito dos administrados dentro da Lei n. 8.429/92. 4. ed. rev. e atual. Niterói: Impetus, 2009.

MATTOS, Mauro Roberto Gomes de. *Tratado de direito administrativo disciplinar*. Rio de Janeiro: América Jurídica, 2008.

MAURER, Hartmut. *Direito administrativo geral*. Barueri: Manole, 2006.

MAURIN, André. *Droit Administratif*. 11. ed. Paris: Sirey, 2018.

MAXIMILIANO, Carlos. *Hermenêutica e aplicação do direito*. Rio de Janeiro: Forense, 1996.

MEDAUAR, Odete. Ato administrativo: origem, concepções, abrangência. *In*: MEDAUAR, Odete; SCHIRATO, Vitor Rhein (Coord.). *Os caminhos do ato administrativo*. São Paulo: Revista dos Tribunais, 2011.

MEDAUAR, Odete. *Direito administrativo moderno*. 11. ed. rev. e atual. São Paulo: Revista dos Tribunais, 2007.

MEDAUAR, Odete. *O direito administrativo em evolução*. 2. ed. rev., atual. e ampl. São Paulo: Revista dos Tribunais, 2003.

MEIRELLES, Hely Lopes. *Direito administrativo brasileiro*. 29. ed. atual. São Paulo: Malheiros, 2004.

MEIRELLES, Hely Lopes. *Direito administrativo brasileiro*. 40. ed. atual. São Paulo: Malheiros, 2014.

MEIRELLES, Hely Lopes; ALEIXO, Délcio Balestero; BURLE FILHO, José Emmanuel. *Direito administrativo brasileiro*. 40. ed. atual. São Paulo: Malheiros, 2014.

MELLERAY, Fabrice. *Droit de La fonction publique*. 13. ed. Paris: Economica, 2013.

MENDES, Gilmar Ferreira; BRANCO, Paulo Gustavo Gonet. *Curso de direito constitucional*. 7. ed. São Paulo: Saraiva, 2012.

MENDES, Gilmar Ferreira; COELHO, Inocêncio Mártires; BRANCO, Paulo Gustavo Gonet. *Curso de direito constitucional*. 15. ed. São Paulo: Saraiva, 2020.

MINERBI, Alessandra. *A história ilustrada do nazismo*. São Paulo: Larousse do Brasil, 2008.

MIRANDA, Jorge. *Manual de direito constitucional*: direitos fundamentais. 5. ed. Coimbra: Coimbra, 2012. t. IV.

MÖLLER, Max. *Teoria geral do neoconstitucionalismo*: bases teóricas do constitucionalismo contemporâneo. Porto Alegre: Livraria do Advogado, 2011.

MONCADA, Luiz S. Cabral de. *Autoridade e liberdade na teoria do acto administrativo*: contributo dogmático. Coimbra: Editora Coimbra, 2014.

MOREIRA, Eduardo Ribeiro (Coord.). *Argumentação e estado constitucional*. São Paulo: Ícone, 2012.

MOREIRA, João Batista Gomes. *Direito administrativo*: da rigidez autoritária à flexibilidade democrática. Belo Horizonte: Fórum, 2005.

MOURA, Paulo Veiga e. *Estatuto disciplinar dos trabalhadores da Administração Pública anotado*. 2. ed. Coimbra: Coimbra, 2011.

NETTO, Luísa Cristina Pinto e. *Participação administrativa procedimental* – Natureza jurídica, garantias, riscos e disciplina adequada. Belo Horizonte: Fórum, 2009.

NIEBUHR, Pedro; OLIVEIRA, Claudia Ladeira de; MEDEIROS, Isaac Kofi. Controle e deferência judicial à Administração Pública (...). *In*: MAFFINI, Rafael; RAMOS, Rafael (Coord.). *Nova LINDB*: consenquencialismo, deferência judicial, motivação e responsabilidade do gestor público. Rio de Janeiro: Lumen Juris, 2020.

NOBRE JÚNIOR, Edilson Pereira. *O princípio da boa-fé e sua aplicação no direito administrativo brasileiro*. Porto Alegre: Sérgio Antonio Fabris, 2002.

NOHARA, Irene Patrícia. 5 passos para a superação de um processo administrativo disciplinar "medieval". *Irene Nohara – Direito Administrativo*, 13 jun. 2014. Disponível em: http://blog.direitoadm.com.br/o-que-fazer-casosdireitoadministrativo/5-passos-para-superacao-de-um-processo-administrativo-disciplinar-medieval/.

NOHARA, Irene Patrícia. *Direito administrativo*. 12. ed. Barueri: Atlas, 2023.

NOHARA, Irene Patrícia. *Direito administrativo*. 4. ed. São Paulo: Atlas, 2014.

NORONHA, E. Magalhães. *Direito penal*. 24. ed. São Paulo: Saraiva, 2003. v. 4.

NOVELINO, Marcelo. *Curso de direito constitucional*. 15. ed. rev., ampl. e atual. Salvador: JusPodivm, 2020.

OLIVEIRA, Francisco Antonio de. *Comentários à Consolidação das Leis do Trabalho*. 3. ed. rev., atual. e ampl. São Paulo: Revista dos Tribunais, 2005.

OLIVEIRA, Gustavo Justino de. *Direito administrativo democrático*. Belo Horizonte: Fórum, 2010.

OLIVEIRA, Rafael Carvalho Rezende. *Curso de direito administrativo*. 5. ed. rev., atual. e ampl. Rio de Janeiro: Forense; São Paulo: Método, 2017.

OSÓRIO, Fábio Medina. *Direito administrativo sancionador*. São Paulo: Revista dos Tribunais, 2000.

OSÓRIO, Fábio Medina. *Teoria da improbidade administrativa*. São Paulo: Revista dos Tribunais, 2007.

OTERO, Paulo. *Direito do procedimento administrativo*. Coimbra: Almedina, 2016.

OTERO, Paulo. *Legalidade e administração pública*: o sentido da vinculação administrativa à juridicidade. Coimbra: Almedina, 2011.

OTERO, Paulo. *Manual de direito administrativo*. Coimbra: Almedina, 2013. v. 1.

PARADA, Ramón. *Derecho administrativo II*: organización y empleo público. 19. ed. Madrid; Marcial Pons, 2007.

PEREIRA JÚNIOR, Jessé Torres. *Controle judicial da administração pública*: da legalidade estrita à lógica do razoável. 2. ed. Belo Horizonte: Fórum, 2009.

PEREIRA, Armando. *O processo administrativo e o direito de petição*. Rio de Janeiro: Irmãos Pongetti, 1962.

PEREIRA, Flavio Henrique Unes. O controle jurisdicional da sanção disciplinar: por uma reflexão crítica sobre o posicionamento do STJ a partir do MS n. 12.927/DF. *In*: PEREIRA, Flavio Henrique Unes *et al*. *O direito administrativo na jurisprudência do STF e do STJ*. Belo Horizonte: Fórum, 2014.

PEREIRA, Flávio Henrique Unes. O controle jurisdicional da sanção disciplinar: por uma reflexão crítica sobre o posicionamento do STJ a partir do MS nº 12.927/DF. *In*: BARATA, Ana Maria Rodrigues; GONTIJO, Danielly Cristina Araújo; PEREIRA, Flávio Henrique Unes (Coord.). *Coleção de direito administrativo sancionador*. Rio de Janeiro: CEEJ, 2021.

PETIAN, Angelica. A motivação das decisões administrativas sancionadoras. *In*: OLIVEIRA, José Roberto Pimenta (Coord.). *Direito administrativo sancionador*: estudos em homenagem ao professor emérito da PUC-SP Celso Antônio Bandeira de Mello. São Paulo: Malheiros, 2019.

PETIAN, Angélica. *Regime jurídico dos processos administrativos ampliativos e restritivos de direito*. São Paulo: Malheiros, 2011.

PIRES, Luis Manuel Fonseca. *Controle judicial da discricionariedade administrativa*. 2. ed. Belo Horizonte: Fórum, 2013.

PIRES, Luis Manuel Fonseca. Interpretação jurídica e o direito administrativo sancionador. *In*: OLIVEIRA, José Roberto Pimenta (Coord.). *Direito administrativo sancionador*: estudos em homenagem ao professor emérito da PUC-SP Celso Antônio Bandeira de Mello. São Paulo: Malheiros, 2019.

POSNER, Gerald L.; WARE, John. *Mengele*. São Paulo: Cultrix, 2019.

PRATES, Marcelo Madureira. *Sanção administrativa geral*: anatomia e autonomia. Coimbra: Almedina, 2005.

RATO, António Esteves Fermiano. *Código administrativo actualizado*. 2. ed. rev. e aum. Coimbra: Almedina, 1973.

REALE, Miguel. *Lições preliminares de direito*. 23. ed. São Paulo: Saraiva, 1996.

RIBEIRO, Leonardo Coelho. Comentários gerais ao art. 21 da Lei de Introdução às Normas do Direito Brasileiro (Decreto-Lei n. 4.657/1942, alterado pela Lei n. 13.655/2018). In: *Lei de Introdução às Normas do Direito Brasileiro* – Anotada. São Paulo: Quartier Latin, 2019. v. II.

RIBEIRO, Vinício A. P. *Estatuto disciplinar dos funcionários públicos comentado*. 3. ed. Coimbra: Coimbra Ed., 2006.

ROBERTO, Dromi. *Derecho administrativo*. 13. ed. Buenos Aires; Madrid; México; Ciudad Argentina: Hispania Libros, 2015.

ROBI FILHO, Ilton Norberto. *Direito, intimidade e vida privada*: paradoxos jurídicos e sociais na sociedade pós-moralista e hipermoderna. Curitiba: Juruá, 2010.

RODRÍGUEZ-ARANA MUÑOZ, Jaime. *Direito fundamental à boa administração pública*. Belo Horizonte: Fórum, 2012.

ROLAND, Paul. *Os julgamentos de Nuremberg*. São Paulo: M. Books, 2013.

ROXIN, Claus. *Política criminal e sistema jurídico-penal*. Rio de Janeiro e São Paulo: Renovar, 2012.

SALDANHA, Ricardo Azevedo. *Introdução ao procedimento administrativo comum*. Coimbra: Coimbra, 2013.

SANTOS, Enoque Ribeiro dos. *O dano moral na dispensa do empregado*. 7. ed. Rio de Janeiro: Lumen Juris, 2020.

SARLET, Ingo Wolfgang: MITIDIERO, Daniel; MARINONI, Luiz Guilherme. *Curso de direito constitucional*. 9. ed. São Paulo: Saraiva Educação, 2020.

SARLET, Ingo Wolfgang; MARINONI, Luiz Guilherme; MITIDIERO, Daniel. *Curso de direito constitucional*. São Paulo: Revista dos Tribunais, 2012.

SARMENTO, Daniel. Supremacia do interesse público? As colisões entre direitos fundamentais e interesses da coletividade. In: ARAGÃO, Alexandre Santos de; MARQUES NETO, Floriano de Azevedo (Coord.). *Direito administrativo e seus novos paradigmas*. Belo Horizonte: Fórum, 2012.

SCHAFER, Jairo. *Classificação dos direitos fundamentais*: do sistema geracional ao sistema unitário: uma proposta de compreensão. 2. ed. rev. e atual. Porto Alegre: Livraria do Advogado, 2013.

SCHLOSS, Eva. *Depois de Auschwitz*. São Paulo: Universo dos Livros, 2015.

SCHOCH, Richard W. *A história da (in)felicidade*: três mil anos de busca para uma vida melhor. Tradução de Elena Gaidano. Rio de Janeiro: BestSeller, 2011.

SERENY, Gitta. *O trauma alemão*. Rio de Janeiro: Bertrand Brasil, 2007.

SILVA, José Afonso da. *Curso de direito constitucional positivo*. 11. ed. São Paulo: Malheiros, 1996.

SILVA, Kelly Susane Alfen da. *Hermenêutica jurídica e concretização judicial*. Porto Alegre: Sergio Antonio Fabris, 2000.

SILVA, Leda Maria Messias da; SILVA, Lanaira da. *O assédio moral na administração pública*: um livro em prol da extinção dessa praga. São Paulo: LTR, 2015.

SILVA, Vasco Manuel Pascoal Dias Pereira da. *Em busca do acto administrativo perdido*. Coimbra: Almedina, 2003.

SILVEIRA, Raquel Dias da. *Profissionalização da função pública*. Belo Horizonte: Fórum, 2009.

SOIBELMAN, Leib. *Enciclopédia do advogado*. 4. ed. rev. e aum. Rio de Janeiro: Editora Rio, 1983.

SOUSA, António Francisco de. *Código do Procedimento Administrativo anotado e comentado*. 2. ed. rev. e atual. Lisboa: Quid Juris, 2010.

SOUSA, Marcelo Rebelo de; MATOS, André Salgado. *Direito administrativo geral*: introdução e princípios fundamentais. 3. ed. Alfragide: Dom Quixote, 2008. t. I.

SOUSA, Rui Correia de. *Estatuto disciplinar dos trabalhadores que exercem funções públicas*: anotado e comentado. 2. ed. atual. e aum. Lisboa: Quid Juris, 2011.

SOUZA NETO, Cláudio Pereira de Souza; SARMENTO, Daniel. *Direito constitucional*: teoria, história e métodos de trabalho. Belo Horizonte: Fórum, 2013.

SOUZA, Eduardo Stevanato Pereira de. *Atos administrativos inválidos*. Belo Horizonte: Fórum, 2012.

SOUZA, Rodrigo Pagani de; ALENCAR, Letícia Lins de. O dever de contextualização na interpretação e aplicação do direito público. *In*: VALIATI, Thiago Priess; HUNGARO, Luis Alberto; CASTELLA, Gabriel Morettini e (Coord.). *A Lei de Introdução e o direito administrativo brasileiro*. Rio de Janeiro: Lumen Juris, 2019.

STRECK, Lenio. *Hermenêutica jurídica e(m) crise*: uma exploração hermenêutica da construção do direito. 10. ed. rev., atual. e ampl. Porto Alegre: Livraria do Advogado, 2011.

STRECK, Lenio. *Jurisdição constitucional e decisão jurídica*. 3. ed. São Paulo: Thomson Reuters, 2013.

STRECK, Lenio. *Verdade e consenso*: constituição, hermenêutica e teorias discursivas. 4. ed. São Paulo: Saraiva, 2012.

SUNDFELD, Carlos Ari. *Direito administrativo para céticos*. 2. ed. São Paulo: Malheiros, 2014.

SUNDFELD, Carlos Ari. *Fundamentos de direito público*. São Paulo: Malheiros, 1992.

SUSSEKIND, Arnaldo *et al*. *Instituições de direito do trabalho*. 22. ed. atual. São Paulo: LTR, 2005. v. 1.

SWEET, Alec Stone; MATHEWS, Jud. Proportionality balancing and global constitutionalism. *Columbia Journal of Transnational Law*, v. 47, p. 73-165, 2008.

TÁCITO, Caio. *Temas de direito público*: estudos e pareceres. Renovar: Rio de Janeiro, 1997. v. 1.

TAVARES, André Ramos. *Curso de direito constitucional*. 12. ed. rev. e atual. São Paulo: Saraiva, 2014.

TOCQUEVILLE, Alexis de. *O antigo regime e a revolução*. São Paulo: Martins Fontes, 2017.

TOLEDO, Francisco de Assis. *Princípios básicos de direito penal*. 4. ed. atual. e ampl. São Paulo: Saraiva, 1991.

TOMELIN, Georghio. Interpretação consequencial e dosimetria conglobante na Nova LINDB. *In*: *Lei de Introdução às Normas do Direito Brasileiro* – Anotada. São Paulo: Quartier Latin, 2019. v. II.

TORRES, Silvia Faber. *A flexibilização do princípio da legalidade no direito do estado*. Rio de Janeiro; São Paulo: Renovar, 2012.

TRINDADE, André Karam. Garantismo versus neoconstitucionalismo: os desafios do protagonismo judicial em terraebrasilis. *In*: ROSA, Alexandre Morais *et al.* (Org.). *Garantismo, hermenêutica e (neo)constitucionalismo*. Porto Alegre: Livraria do Advogado, 2012.

TRUCHET, Didier. *Droit administratif*. 6. ed. Paris: Themis droit, 2016.

VALLE, Vanice Regina Lírio do. *Direito fundamental à boa administração e governança*. Belo Horizonte: Fórum, 2011.

VASCONCELOS, Justino. *Súmulas de legislação aplicável à função pública*. Porto Alegre: Sulina, 1952.

VERNASCHI, Rafael Valle. Princípio da legalidade no direito administrativo sancionador. *In*: OLIVEIRA, José Roberto Pimenta (Coord.). *Direito administrativo sancionador*: estudos em homenagem ao professor emérito da PUC-SP Celso Antônio Bandeira de Mello. São Paulo: Malheiros, 2019.

VIEIRA, Leonardo Carneiro Assumpção. *Merecimento na administração pública*. Belo Horizonte: Fórum, 2011.

VITTA, Heraldo Garcia. A atividade administrativa sancionadora e o princípio da segurança jurídica. *In*: VALIM, Rafael; OLIVEIRA, José Roberto Pimenta; POZZO, Augusto Neves Dal (Coord.). *Tratado sobre o princípio da segurança jurídica no direito administrativo*. Belo Horizonte: Fórum, 2013.

VITTA, Heraldo Garcia. *Aspectos da teoria geral no direito administrativo*. São Paulo: Malheiros, 2001.

ZANCANER, Weida. *Da convalidação e da invalidação dos atos administrativos*. 2. ed. São Paulo: Malheiros, 2001.

Esta obra foi composta em fonte Palatino Linotype, corpo 10
e impressa em papel Chambril Avena 70g (miolo) e
Supremo 250g (capa) pela Gráfica Star7.